鹽亭縣志五種

中共鹽亭縣委黨史研究室　編

胥潤東　點校

巴蜀書社

圖書在版編目（CIP）數據

鹽亭縣志五種/胥潤東點校 . —成都：巴蜀書社，
2022.9

ISBN 978-7-5531-1778-2

Ⅰ.①鹽… Ⅱ.①胥… Ⅲ.①鹽亭縣－地方志 Ⅳ.
①K297.14

中國版本圖書館 CIP 數據核字（2022）第 139062 號

鹽亭縣志五種

胥潤東　點校

責任編輯　且志宇　易欣韡
封面製作　四川宏豐印務有限公司
出　　版　巴蜀書社
　　　　　（成都市錦江區三色路 238 號新華之星 A 座 36 層　郵政編碼：610023）
發 行 科　（028）86361856
網　　址　www.bsbook.com
經　　銷　新華書店
照　　排　四川宏豐印務有限公司
印　　刷　四川宏豐印務有限公司
　　　　　電話：（028）85726655　13689082673
成品尺寸　175mm×250mm
印　　張　37.75
字　　數　650 千字
版　　次　2022 年 9 月第 1 版
印　　次　2022 年 9 月第 1 次印刷
書　　號　ISBN 978-7-5531-1778-2
定　　價　198.00 圓

ISBN 978-7-5531-1778-2

本書如有印裝質量問題，請與印廠聯繫

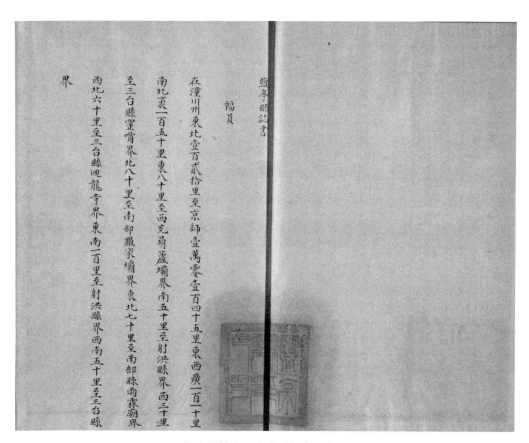

幅員

臨亭縣誌書

在潼川州東北壹百貳拾里至京師壹萬零壹百四十五里東西廣一百一十里

南北袤一百五十里東八十里至西充葫蘆壩界南五十里至射洪縣界西三十里

至三台縣窰嘴界北八十里至南部羅家壩界東北七十里至南部縣兩霖廟界

界

西北六十里至三台縣迴龍亭界東南一百里至射洪縣界西南五十里至三台縣

乾隆間鈔本《鹽亭縣誌書》書影

中國國家圖書館藏

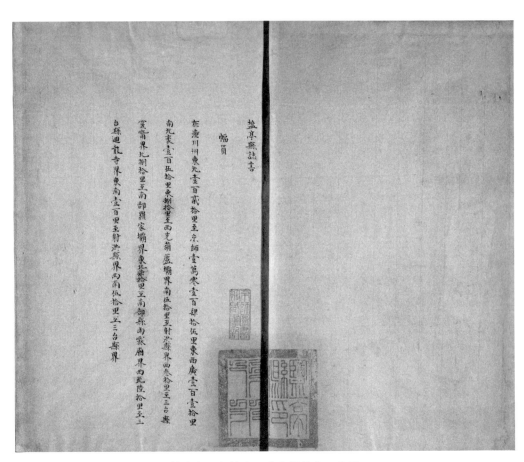

鹽亭縣誌書

幅員

在潼川州東北壹百貳拾里至京師壹萬零壹百肆拾伍里東西廣壹百壹拾里南北袤壹百伍拾里東捌拾壹至光朝盧壩界南伍拾里至射洪縣界四壹里至三台縣宣帝界北朝拾里至南部羅家壩界東北柒拾里至南部與兩縣兩界四北陸拾里至三台縣迴龍寺界東南壹百里至射洪縣界西南伍拾里至三台縣界

乾隆十七年鈔本《鹽亭縣誌書》書影

中國國家圖書館藏

鹽亭縣志卷之一

鹽亭令董夢曾修

輿地志

粵自景運開於中天王土不遺尺地故彈丸蕞爾

盡入版圖輴軒來茲亦容車轍輿地固應有志矣

其間疆域形勝均歸柔祇之中山川城池不踰坤

輿之上以及賦役倉貯廟壇學校郵傳津梁等類

何一非輸自下土托處大矩也者縷縷專志其繁

已甚至於星野雖肪周禮或多致疑且一度所覆

鹽亭縣志卷一

土地部

建置志

粵稽封建廢而設郡縣剗制定而百世因之漢興蜀置益
州部刺史察舉諸郡各屬邑隸焉自西魏改宕渠郡縣均
名鹽亭至元間併入東關永泰二縣以後復代有沿革猶
可籍攷我
國朝因時定制分合改併皆度地繁簡而斟酌損益期於
無弊司民牧者訪宕渠之古蹟臨廢縣之舊基因地制宜

建置志

潼郡世號東川為劍南一大都會鹽其屬邑漢屬廣漢愿

代沿革遷徙不常厥居自西魏改鹽亭後或因或革我

朝因明之舊在府東百二十里負戴山之麓背山面水雲

樹縈環二百年來城郭如故山川如故而官衙神祠壇壝

舍庫學舍不無傾圮或補葺一新或更諸爽塏不登諸簡

冊後益無可鈎稽續建置志二

按漢世廣漢郡遷徙無常高帝置廣漢郡初在繩鄉今漢

州尋移梓潼漢安帝元初二年移治涪縣即今縣涪州縣

四

光緒八年本《鹽亭縣志》書影

四川潼川府鹽亭縣鄉土志

歷史 建置沿革

鹽亭縣舊屬廣郡治梁置北宕渠郡 今治城地及縣西魏恭帝改郡縣俱名鹽亭

未置本境以前夏時為禹貢梁州之域秦蜀郡地漢廣漢縣地王莽改為廣信

後漢復名廣漢

跌置本境以後劉宋文帝元嘉十九年置西宕渠郡 今毛公場許家壩 領縣四梁

武帝天監中廢齊志西宕渠郡有東關縣 今金雞場地 梁魏時廢 周保定

中置高渠郡 隋文帝開皇三年廢高渠為縣煬帝大業三年縣亦廢併

入鹽亭 唐高帝武德四年分置地號永泰縣屬梓州 宋高宗三十一年

復置永泰縣併仍置東關縣屬潼川府 元至元至正間省東關永泰二

縣併入鹽亭縣 屬潼川府 明降潼川府屬潼川州

《四川潼川府鹽亭縣鄉土志》書影

目　録

序一

卢　昊

鹽亭地處四川盆地北部，綿陽、遂寧、南充三市交界處，"以近鹽井因名"。鹽亭歷史悠久，據文獻記載，自東晉義熙元年（公元 405 年）萬安縣移址潺亭至今已 1600 餘年，是名副其實的千年古縣。鹽亭人文底蘊深厚，是軒轅黃帝元妃、中華民族人文始母嫘祖的出生和歸葬之地，素有"華夏母親之都，世界絲綢之源"的美譽。2021 年，鹽亭縣張家壩考古發現距今 3600 餘年的三星堆文化時期重要遺址，對古蜀文明研究具有重大意義和價值。鹽亭孕育了中醫始祖岐伯，唐代縱橫家趙蕤、宰相嚴震，宋代詩書畫大師文同，當代歷史學家蒙文通等一大批歷史名人。鹽亭區位優越，成巴高速、綿西高速穿境而過，是成都東向出川和綿遂南地區的重要交通節點。鹽亭環境優美，山清水秀，宜居宜業，森林覆蓋率達 49.68％，是天然氧吧。鹽亭資源豐富，土地肥沃，物產富饒，尤其是天然氣儲量豐富，是"氣大慶"核心區。鹽亭政通人和，群眾安居樂業，營商環境良好，已成爲一方投資熱土。鹽亭產業興旺，產業結構不斷優化，三大產業正以前所未有的速度高速發展。鹽亭正以奮發昂揚的姿態建設產業振興新天地、通達開放新高地、和諧美麗新福地。

"最古之史，實爲方志"，方志具有存史、資政、育人的重要意義，編修方志是中華民族幾千年來的優良傳統。鹽亭富史，歷代都注重修志，明弘治、嘉靖、清康熙、乾隆、光緒，以及民國，均編修有縣志。中華人民共和國成立後，鹽亭又先後兩輪修志二部。鹽亭歷史上雖修志十餘次，但由於古志書保存不易，存世版本相當有限，如我縣檔案館、地方志資料室等處，就僅存乾隆五十一年本《鹽亭縣志》和光緒八年本《鹽亭縣志續編》兩種。

如今，祖籍鹽亭的學子胥潤東懷着濃濃的鄉關情愫，歷時一年有餘，通過多種渠道，廣搜鹽亭方志典籍，並深挖史料，對比研究，予以點校注釋，編纂成《鹽亭縣志五種》一書，爲鹽亭方志編修與研究再添新景，既保存了鹽亭地方歷史資料、豐富了史志資源，又爲鹽亭歷史和地方志研究提供了便利，同時，還爲地方文化傳承和經濟社會建設豐富了佐證資料，可以說意義重大。

作爲“零零後”，潤東熱愛並專注於研究傳統文化、地方文化的情懷，是值得肯定的；熱愛家鄉並積極爲家鄉建設作貢獻的精神，是值得弘揚的。在《鹽亭縣志五種》即將出版之際，謹向潤東表示祝賀，向他爲鹽亭歷史文化傳承和研究所做出的貢獻表示敬意。同時，我們也希望更多的有識之士能夠關心關注、幫助支持鹽亭的經濟社會發展。

二〇二二年八月

鹽亭縣人民政府縣長　盧昊

序二

杜澤遜

　　胥君潤東游學山左，時時來問，皆其家鄉四川《鹽亭縣志》整理事也。鹽亭小邑，驟言之或不能知其何所，然四川缺鹽亭則不能成一省之歷史，猶國家缺四川則不能成一國之歷史也。普天之下，率土之濱，無非國家經略之區，人民繁衍之地。祖宗之足跡存焉，先哲之智慧寓焉。瓜瓞綿綿，自強不息。拜讀之下，則舊家喬木之思油然而起，豈非立德樹人之要，津逮後學之資乎！然則潤東之董理鄉邦文獻，亦可謂有功學術矣。君裒集整理者凡五種，曰《乾隆十七年鹽亭縣志書》《乾隆二十八年鹽亭縣志》《乾隆五十一年鹽亭縣志》《光緒八年鹽亭縣志續編》《清末四川潼川府鹽亭縣鄉土志》。君爲此役，懷抱敬畏之心，一字一句不敢苟，必校其異同，考其正變，究其源流，發其隱微，形之於注釋，表之於前言。更就萬曆《潼川州志》鉤輯明本《鹽亭縣志》萬五千言，附錄卷末，存亡續絕，足爲地方志整理之借鑑。君素喜經史舊典，古文奇字，吾見《鹽亭縣志五種》，知其鉤深探賾，功在不舍，必將纘續前哲，造福士林，跂予望之。是爲序。

二〇二二年一月二十三日
滕人杜澤遜於山東大學文學院

序三

何　　崝

　　方志是中國史學中重要的一種體裁，是記載一個地區歷史的史書。方志的起源很早，孟子説"晉之《乘》，楚之《檮杌》，魯之《春秋》"，常璩也説"古者國無大小，必有記事之史，表成著敗，以明懲勸。稽之前式，州部宜然"，這類史書，實已具備方志的雛形，但真正較完全具備方志性質的史書，是東漢時袁康的《越絕書》，此後，方志遂成爲一種重要的史體。

　　作爲一種重要的史體，方志自有其他史體不可替代的作用，這可以從方志的體例看到。關於方志的體例，清章學誠有"三書"之議："倣紀傳正史之體而作志，倣律令典例之體而作掌故，倣《文選》《文苑》之體而作文徵。""志"大致相當於正史的紀、傳之類，"掌故"相當於書（禮書、樂書等）、志（地理志、五行志等）、表（月表、年表、百官公卿表等）之類，"文徵"相當於歷代詩文的選本。這樣的體例已可囊括社會的方方面面，因此，歷代統治者都認爲方志具有"資治、教化、存史"三大功能。故方志具有記載地方歷史、保存地方文獻、提供學術資料，并爲施政提供參考借鑑等作用，對政府治理、經濟運作、學術研究等方面具有重要意義。鹽亭縣歷史悠久，自然資源和人文資源都十分優越，要充分地利用這些資源，首先要利用縣志。毫無疑問，縣志是了解自然資源和人文資源的導航圖，是治理縣政不可或缺的工具書。

　　鹽亭縣有志，據蒙文通先生考證，始於明弘治間，爲縣教諭潘緒撰。但他又説："上論《鹽亭志》，溯源於明潘緒，兹考《輿地紀勝》於縣之女徒山，引《舊經》述女徒捍賊事，與今《志》文合，知《志》之更導源於宋也。"（蒙文通：《古地甄微·鹽亭縣志書後》）但自宋及清有關鹽亭的文獻資料我們現在是很少見到了，現在能夠見到的鹽亭縣志，也就是本書編者搜集的五種鹽亭縣志，都是清代編寫的，分別是乾隆十七年本《鹽亭縣志書》、乾隆二十八年本《鹽亭縣志》、乾隆五十一年本《鹽亭縣志》、光緒八年本《鹽亭縣志續編》和清末編《鹽亭縣鄉土志》。此外，本書編者利用墓志、《縉紳全書》以及相關方志等多種材料編寫了《鹽亭縣志官師表補遺》，或有一定的參考價值。編者還從日本國會圖書館藏萬曆四十七年序刊本《重修潼川州志》中輯錄了有關鹽亭縣的資料約一萬五千字，附錄於書後，大致可以窺見明代鹽亭志書的概貌。

方志作爲地方文獻，不僅記載一個地方的歷史，在某種意義上説也是一種資料書和工具書，因此必須使資料具備連續性和完備性，同時要做到準確無誤。本書收集了清代五種鹽亭志書，已盡最大努力使資料符合連續和完備的要求，同時，編者對這五種志書進行了精心的標點和校勘，盡量做到準確無誤。

本書標點的準確度，讀者自可於閱讀中有所體會，此不多贅。本書校勘所用底本都是學術機構所藏善本，校勘時不輕易改動原文，凡有改動，均出校説明。這就保證了本書作爲文獻的準確性。本書整理時，内外校並重，内校則五種舊志、州府志、省志互參，外校則與五種舊志引文原書對校。這樣的内外校可以大大減省讀者的翻檢之勞，而其工作的繁難程度可想而知。

本書編者還撰寫了《鹽亭縣志十種考論》刊於書前。據編者統計，目前已知道的鹽亭志書有十種，其中清代五種，已收入本書。另外五種爲明弘治二年本、明嘉靖間本、清張泰階纂修的《古鹽志略》、吳宏纂修的《鹽亭縣志》和民國三十年蔡天石主纂的《鹽亭縣志》，這五種都已佚。編者在《考論》中對已佚五種進行了一番考查，不僅考證出這五種志書的編修者，還對其體例和大致内容作了一些鉤沉輯要的工作，雖難窺全貌，但對瞭解鹽亭志書編纂源流，不無小補。

我國中央政府和各地方政府對修志工作一直十分重視，方志的編纂工作已經取得很大成績。從現在的方志編寫實踐看，必須要在歷代方志的基礎上拓寬領域，創新體例；同時，歷代方志也是學術研究所需資料的重要來源，本書附錄的蒙文通先生所撰《漢潺亭考》就引用了許多歷代方志資料。因此，在編修當代的方志的同時，也要加強對歷代方志的整理。本書也就是爲此目的而作的一些努力。

二〇二一年十一月二十日

何崝序於川大花園之南園

鹽亭縣志十種考論

胥潤東

　　四川省鹽亭縣，位於四川北部，綿陽市東南部。本屬漢廣漢縣，南朝梁置北宕渠郡及縣，西魏改郡、縣，俱名鹽亭，隋郡廢，縣屬新城郡。唐屬梓州，宋、元屬潼川府，明屬潼川州，清屬潼川府。鹽亭建縣歷史雖長，然其間所修方志屈指可數，目前可知的共有十種（其中五種已佚）。

　　鹽亭纂修縣志始於明弘治年間，成《鹽亭縣志》，嘉靖間再修成《鹽亭縣志》一部。有清一代，鹽亭亦屢次修志，包括康熙十五年本《古鹽志略》、三十六年本《鹽亭縣志稿》、乾隆十七年本《鹽亭縣志書》、二十八年本《鹽亭縣志》、五十一年本《鹽亭縣志》、光緒八年本《鹽亭縣志續編》以及光緒末年成書的《四川潼川府鹽亭縣鄉土志》。民國間鹽亭亦嘗兩次修志，然惟民國三十年（1941）前後成書《鹽亭縣志》一部。

　　蒙文通先生《漢潺亭考》文後附有一長跋，題作《〈鹽亭縣志〉書後》[1]，對鹽亭舊有縣志做了簡要的梳理。惟先生此文將論述的重點放在了已佚諸本的考辨上，於現存版本的搜集、闡述等方面著墨不多，因此似有對鹽亭縣志以及相關史料進行進一步系統討論的必要。本文希望能夠通過對相關材料的分析和梳理，揭示鹽亭縣志諸本的淵源遞嬗，並對各本的文獻、歷史價值做出適當的評價。

---

　　〔1〕　蒙文通《蒙文通全集》第四冊，巴蜀書社，2015年，第439－444頁。

一、明代鹽亭縣志的纂修

　　鹽亭縣志，明以前無聞。明代自建立之初，統治者即對方志的編纂高度重視，明永樂十年、十六年，朝廷兩次頒布《纂修志書凡例》，對志書的門目設置作出了具體規定。有明一代，在政府的推動、修志風氣的影響和地方官員的主持之下，鹽亭縣曾兩次修志，成書二部，分別爲弘治二年本和嘉靖間本。縣志並非鹽亭方志資料的唯一載體，景泰《寰宇通志》、天順《大明一統志》、四川省現存的四部明代總志以及潼川州現存的兩部明代州志等均包含有大量記載，這些記載往往較爲分散零碎，不便利用，但是在鹽亭明代兩部專志均已散佚的情況下，却是極重要的參考。

（一）弘治二年本《鹽亭縣志》

　　湖北武昌人、前教諭潘縉纂修，已佚。

　　《內閣藏書目録》卷六載“《鹽亭縣志》一冊全，弘治己酉教諭潘縉修”，《千頃堂書目》卷七亦有著録。

　　潘縉，本姓董，因過繼給姑母承祧潘嗣而改姓，武昌人，成化十三年（1477）丁酉科舉人。成化末任鹽亭縣教諭，弘治十三年任潁州訓導。嘉靖《潼川志》鈔本[1]卷四載：“潘縉，□□□鄉舉，勤訓誨，嘗校文河南。”萬曆四十七年序刊本《重修潼川州志》卷十二載：“潘縉，武昌人，由舉人。師模嚴重，誨教不倦。聘典河南考試。”

　　《鹽亭縣志》當是其任鹽亭縣教諭時所修。由於此書已佚，我們不再能夠看到全書，但是嘉靖《潼川志》鈔本在《凡例》中明言“今攷《一統志》及監[2]亭舊志”“藝文據各舊志”等等或可證明在《鹽亭縣志》成書以後，陳講纂修的嘉靖本《潼川志》還保存有弘治本《鹽亭縣志》的部分內容。這些內容不僅能夠讓我們一窺已佚的弘治本《鹽亭縣志》的風貌，還能夠用以訂正以後諸本《鹽亭縣志》的錯謬以及疏漏之處（尤其在卷四《官守志》和卷六、七《選舉志》中。例如《官守志》所載

---

〔1〕　按此本係國家圖書館藏民國傳鈔本，本嘉靖二十九年本《潼川志》，原刻本已佚。
〔2〕　“監”，當作“鹽”。

宋主簿白彦洪、永泰尉鐵栖榛、明主簿江浩等，後續縣志皆失載，至於姓名記載歧異更多），極具參考價值。

（二）嘉靖本《鹽亭縣志》

此志成書於嘉靖五年以後，纂修者不詳，卷數不詳，已佚，亦不見於著録。

董夢曾在乾隆二十八年本《鹽亭縣志》自序中提及"最後得明志一册，漫漶舛錯，首尾俱亡，未詳纂自何時何人，約爲嘉靖中物，距今二百餘年矣"。二十八年本引此志有嘉靖間事："嘉靖五年，知縣雷轟覆以串樓五百餘間，城始堅。"則此"明志一册"當成書於嘉靖五年以後。萬曆本《重修潼川州志》卷一《凡例》云："《潼川志》舊本二：一成化間者，太簡；一嘉靖辛亥者，稍詳。"嘉靖本《鹽亭縣志》成書或同嘉靖本《潼川志》的纂修存在一定聯繫。至於乾隆五十一年本《鹽亭縣志》中有"嘉靖年志引舊志"之語，所謂"舊志"可能就是指弘治本《鹽亭縣志》了。

經查，他書引文中還保存着嘉靖本《鹽亭縣志》的一些片段，如明天啟本《新修成都府志》卷十二張寬條下徑引"《鹽亭縣志》：'宅心平恕，時值兵燹，供億得直[1]，上下稱善。後以憂去，服闋，補任新都。'"胡進律條下引"《鹽亭縣志》：'剛介有守，脩築城樓，至今爲邑保障。'"按張寬、胡進律俱在正德間任鹽亭令，因而《新修成都府志》所引只能是嘉靖本《鹽亭縣志》。

另如明嘉靖本《四川總志》卷十一分別於《形勝》《風俗》二門引《鹽亭志》兩條："高山雄峙，瀰水環流。介劍、潼、果、閬之間，達京畿藩鎮之道。""地瘠俗固，不尚爭訟。"曹學佺《蜀中廣記》卷五十四引："《志》云：'治東百里有東關市。'"卷一百五引："《鹽亭志》：'縣有聖像碑，吳道子筆，趙子昂贊。'"此外還有一些分附於明嘉靖、萬曆本《四川總志》各門之下，關於鹽亭沿革、山水、名勝、人物、藝文等方面的記載，這些內容往往没有明確的時間標誌或出處標記，不過鑒於較高層級志書如總志、通志的纂修普遍採用將舊有州府縣志重加甄選排比以成書的工作方式，我們可以認爲這些引文片段同弘治、嘉靖本《鹽亭縣志》有着相當比例的重合。這些片段一次次出現在後續存世的縣志之中，它們部分地保存了《鹽亭縣志》的最初面貌。

---

[1]　"直"，當作"宜"。

二、清代鹽亭縣志的纂修

如前所述，目前可知明代纂修的鹽亭專志只有明弘治本《鹽亭縣志》、嘉靖本《鹽亭縣志》兩種，鹽亭修志的高潮是在清代，相繼編成了康熙十五年本《古鹽志略》、康熙三十六年本《鹽亭縣志》、乾隆十七年《鹽亭縣志書》、乾隆二十八年本《鹽亭縣志》、乾隆五十一年本《鹽亭縣志》、光緒八年本《鹽亭縣志續編》、清末《鹽亭縣鄉土志》七種，以下分別做出説明。

（一）康熙十五年本《古鹽志略》不分卷 或名《鹽亭志略》《先輩志略》

邑人張泰階纂修，已佚。

張泰階，字徵平，號槎齋，順治八年（1651）辛卯科舉人。歷任廣西恭城縣知縣、直隸深州知州、安徽廬州府同知。雍正本《廣西通志》卷六十九、雍正十年本《直隸深州志》卷三、二十八年本、五十一年本、《鄉土志》有傳。

此書雖已佚，然二十八、五十一年本尚保存有張的自序、舊跋及顏堯揆序各一篇。

據顏堯揆序可知，此書自張泰階太翁碧潭先生即開始"掇拾舊稿及《丹淵集》，藏之行篋中如宗譜然，惟恐散失"，爲編集鹽亭藝文作資料準備，《鹽亭修志史略》徑將張氏中舉時間作爲《志略》開始纂修的時間恐怕並不合適。顏堯揆序、張泰階自序俱署在康熙十五年，且顏序又明言"徵翁承先志，取次編輯，付之剞劂"，可知《古鹽志略》當在康熙十五年前後成書刊刻。

關於此書内容，二十八年本引《志略》云"主參一度"，則書中應有《星野》一門。

其自序云："故嘗録得先賢往喆所經行、所瀏覽、所題識。凡詩若文，自北而南。"舊跋云："其中有鹽人而留題於外邑，或外邑之士大夫文詞有關於鹽者，皆得並録，蓋從楊太史修《蜀志》例也。"由是又可看出書中當有《藝文》一門。

此外，二十八年本中有"顧應昌，萬曆乙卯（進士）。《志略》作昌胤""宋紹興間進士章朝建，《志略》作張朝禄""文葆光……《志略》缺"等記載，正合舊跋"其山川人物，或聞見所未及，一時遺志者，缺略尚多"之語。那麼書中應該還有

《人物》《山川》二門。

可以説《古鹽志略》的門目較爲完備，規模已不甚小。張泰階在舊跋中言"統俟後之修志君子詳加續補可也"，雖是套話，但此書確實給後來《志稿》、乾隆二十八年本《鹽亭縣志》的編修起到了重要的參考作用。

（二）康熙三十六年本《鹽亭縣志》六卷 或名《鹽亭縣志稿》

浙江淳安縣人、前邑令吳宏纂修，已佚。

吳宏，字芬月，號竹城，康熙二年（1663）癸卯科舉人。康熙二十八年至三十六年任鹽亭縣知縣。歷任四川鹽亭縣知縣、河南汝州知州。雍正本《浙江通志》卷一百七十、乾隆二十一年本《淳安縣志》卷九、二十八年本、五十一年本《鹽亭縣志》《鄉土志》有傳。《淳安縣志》載吳宏"有《文稿》及《鵝溪吟詩集》行世"，另方葇如《集虛齋學古文》卷七有《吳竹城先生文集敍》[1] 一篇，此文當是方氏爲吳宏之孫吳世培新刊《吳竹城先生文集》所作的序文，文中記載方氏嘗促成吳世培"就舊刻益整頓之"，可知吳宏詩文集還分初刻、重刻兩種，初刻本或即《文稿》，重刻本或即《文集》。《鵝溪吟詩集》《文稿》《文集》雖均已佚失，然吳宏所爲詩文尚多見於二十八、五十一年本《鹽亭縣志》。

《志稿》雖已佚，然二十八、五十一年本尚保存有吳宏自序一篇。據其末署"時康熙三十六年丁丑孟秋月"，此書當在康熙三十六年前後成書。吳宏於是年任期期滿離任，《志稿》稿本並未付梓。

吳宏自序云："初得張槎齋《先輩志略》，已得大概，再得《潼川州志》，又得《全蜀總志》，因挼邑中殘碑斷石，並集所見聞，做《總志》體，手自抄録，彙成六卷。"那麼《志稿》同《志略》是有着明顯的承接關係的。又因吳宏已經交代"做《總志》體"，則《志稿》細分的各種門目自然要較《志略》更加完善，且這些門目的排列也應當同康熙本《四川總志》一樣，採用所謂的"平列體"，而非大多數後志所採用的"綱目體"。在資料的搜集上，吳宏不僅充分利用紙面上的舊志記載，並且十分注重實地採訪，故而《志稿》內容的豐富程度和準確性較前志又大有提升。

二十八、五十一年本引用的《志稿》內容以及所揭示的一些異文都具有較高的史料價值。例如二十八年本引《志稿》，對其"（叩雲亭）在縣西南五里"一說進行

---

[1] 按《吳竹城先生文集敍》或題作《吳竹城先生文敍》。

了糾正，指出縣西南五里並無叩雲亭，並進一步推測 "疑今縣東南二里迴龍廟地近是"，爲今人探究鹽亭名勝古跡的具體位置提供了參考。再如五十一年本引《志稿》云 "舊有四樓，曰東擁鳳岡、西環負戴、南通天府、北望神京。今俱廢"，與縣志所載明人伏思輔《築城記》"新更四樓，東曰鳳儀，西曰春谷，南曰雲溪，北曰瀰江" 形成異文，對探究鹽亭明代故城城樓名稱及其内涵具有相當的史料價值。

另外，據《鹽亭縣志續編》卷首《凡例》所云 "舊志始於乾隆二十八年"，我們或可推斷，《志略》《志稿》二書至遲於光緒八年本成書之前即已佚失，不復得見。

（三）乾隆十七年本《鹽亭縣志書》不分卷

江西南昌人、前邑令胡華訓纂修。

《清學部圖書館方志目》著録，作 "乾隆鹽亭縣清册，一册。知縣胡華訓造，乾隆十九年寫本"[1]。"乾隆十九年" 疑爲著録錯誤。

胡華訓，字覲光，乾隆三年（1738）戊午科舉人、四年（1739）己未科進士。乾隆十六年至十九年任鹽亭縣知縣。歷任寧遠同知、兼攝會理州篆、鹽亭縣知縣、郯城縣知縣、鄆城縣知縣。同治十二年本《南昌府志》卷四十二有傳。

《鹽亭縣志書》現存兩鈔本，俱藏國家圖書館，四川省圖書館、四川大學圖書館藏有膠卷[2]。兩鈔本俱收入《國家圖書館藏地方志珍本叢刊》。其中，甲本於書末署 "乾隆拾柒年　月　日，署知縣胡華訓"，乙本則無之。經過比對，甲乙兩本内容基本相同，但存在着少量的異體字以及異文。總的來講，乙本的質量要高於甲本。《鹽亭修志史略》載 "《鹽亭縣志》一部，於乾隆十七年刻本問世"[3]，作 "刻本" 非是。

《志書》作爲現存最早的鹽亭專志，字數約四千字，篇幅短小精悍，但却包含了《幅員》《星野》《建置》《形勢》《風俗》《城池》《山川》《津梁》《古蹟》《學校》《壇壝、祠廟、寺觀》《名宦》《節烈》《人物》《土產》計十五門，可謂 "麻雀雖小五臟俱全"。《志書》全書行文簡練，其中《形勢》《風俗》《城池》《土產》等門的内容甚至不到一列，尤其誇張。同時，受其自身内容較少和《志稿》體例兩個因素的影響，《志書》仍舊沿用了 "平列體"，後志如乾隆二十八年本、五十一年本和光緒八年本

---

〔1〕　繆荃孫《繆荃孫全集·目録》第一册，鳳凰出版社，2013 年，第 672 頁。
〔2〕　中國科學院北京天文臺主編《中國地方志聯合目録》，中華書局，1985 年，第 752 頁。
〔3〕　中國人民政治協商會議四川省鹽亭縣委員會編《鹽亭文史資料選輯》第五輯，1988 年，第 24 頁。

則改用時興的"綱目體"，直到清末《鄉土志》又遵循《鄉土志例目》的規定再次使用"平列體"。

《志書》纂修之時，《志略》《志稿》當是其重要參考資料，而既然有此二書作爲先例，《志書》四千字上下的篇幅顯然不太正常。例如作者在《壇壝、祠廟、寺觀》門記載："昭格行祠……縣尹昝子和有記，見《藝文》。""明末，僧月現脱化於此，詳見《仙釋》。"如前所列，《志書》是没有《藝文》《仙釋》二門的。據此，我們可以推測《志書》可能是一個提綱、簡編性質的文獻，需要與《志略》或者《志稿》對照參看。至於《志書》的性質，由於此書鈔有副本；無私人藏書印，僅鈐有"京師圖書館藏書記"；格式正規（書名、署名、每頁騎縫處俱蓋有一漢滿兩文"鹽亭縣印"），再結合《清學部圖書館方志目》將之著録爲"清冊"，我們認爲《志書》應是一進呈之本。《故宫博物院藏稀見方志叢刊》中收有乾隆間鈔本《四川保寧府南江縣備造新編志書清冊》一冊，其形制、内容、篇幅均與《志書》相似。《叢刊》在書前提到"是志極其簡略，僅薄薄一冊，不分卷次，略分數門……爲南江縣修志時的大綱，用於上報"[1]，或有助我們正確理解《志書》的性質。

此外，由於後續纂修的二十八、五十一年本等所引用的都是之前的《志略》《志稿》乃至於明志，從未引用《志書》，加之《志書》本身在嚴格意義上並不屬於縣志，即便後志在内容上同《志書》存在大量的重複，也不能説明後人在修志時就參考了《志書》，後志同《志書》不存在"重修"的關係。儘管如此，《志書》究竟是現存最早的鹽亭專志，其中保存的大量先前《志略》《志稿》乃至於明志中的資料，實可用以校訂後志，不容忽視。

（四）乾隆二十八年本《鹽亭縣志》四卷首一卷

山東定陶縣人、前邑令董夢曾纂修。

董夢曾，號魯齋，乾隆元年（1736）丙辰科拔貢。乾隆二十五年至三十年任鹽亭縣知縣。歷任莘縣教諭、武城教諭、奉節縣知縣、鹽亭縣知縣。民國元年本《武城縣志》續卷之九有傳。所爲詩文，多載二十八、五十一年本《鹽亭縣志》、民國五年本《定陶縣志》。

---

[1]　李歡主編《故宫博物院藏稀見方志叢刊》第一冊，故宫出版社，2012年，第30頁。

二十八年本《鹽亭縣志》存世不多，僅故宫博物院圖書館、北京大學圖書館[1]有藏，收入《故宫博物院稀見方志叢刊》《北京大學圖書館藏稀見方志叢刊》。上海圖書館另藏有 1959 年鈔本四册，参考價值有限。北京大學圖書館藏本於《修志姓氏》後段有脱漏。

據考察，二十八年本曾經剜改，先後存在至少兩個印本。例如卷一"風雲雷雨山川城隍壇"後，故宫博物院圖書館藏本作"城西"，北京大學圖書館藏本作"城南"。

作爲鹽亭現存第一部成規模、成體系的縣志，二十八年本字數約七萬，是《志書》的十七倍多。而愈大的體量往往需要愈細密的架構，二十八年本分《輿地志》《人物志》《藝文志》三志，四十六門，如下表所示：

乾隆二十八年本《鹽亭縣志》目録

卷數	總目	細　　　　目
卷首		序[2]、舊序跋[3]、凡例、修志姓氏、鹽亭城圖、鹽亭輿圖
卷一	輿地志	星野、建置、疆域、形勝、山川、古蹟、城池、賦役、倉貯、課税、廟壇、學校、坊表、廨舍、郵傳、塘汛、津梁、關隘、鄉場、丘墓、寺觀
卷二	人物志	職官、宦績、選舉、賢蹤、隱逸、流寓、仙釋、列女、風俗、土産、祥異、寇變
卷三	藝文志	勅誥、傳、記
卷四	藝文志	序、跋、説、簡、文、墓誌、賦、贊、銘、詩
		後序

卷首川北道劉益序及董夢曾自序詳細介紹了此書於乾隆二十七年前後書成付梓，二十八年刻成印行的編刻始末。董夢曾在自序中指出：除康熙間《古鹽志略》《鹽亭縣志稿》二志外，鹽亭的縣志可謂是"前此者多缺，後來者罔聞"。董夢曾既然"罔聞"乾隆十七年《志書》，加之《鹽亭縣志稿》又僅存稿本，從康熙十五年《古鹽志略》成書到乾隆二十七年近百年之間鹽亭便一直缺乏經過正式編刻的縣志，而這也就給董氏纂修二十八年本提供了一個契機。此外，卷首收録的《〈志略〉序》、跋、顔序、《〈志稿〉序》四篇序跋作爲已佚的《志略》《志稿》兩書僅存的文字，更是成爲我們探究清代前期鹽亭舊志的重要窗口，二十八年本保存之功甚巨。

---

[1]　中國科學院北京天文臺主編《中國地方志聯合目録》，第 752 頁。

[2]　按"序"包括劉益序、董夢曾自序兩篇。

[3]　按"舊序跋"包括張泰階《志略》舊序、跋、顔堯揆序、吳宏《志稿》舊序四篇。

　　至於正文，二十八年本最重要的一個特點便是其編修理念的先進性。例如董夢曾向在《凡例》中言"修志者每撮四字，約載幾景，無景亦必強合，此常例也。鹽邑本無媺景，論景隨在皆是，何必特立其名，定拘其數？向有十景，兹俱刪却"，旗幟鮮明地擯斥所謂"十景"，董氏這一觀點的提出甚至比戴震[1]、章學誠[2]更早。再如"修志者每在外設局，分手協纂，甚有狥情納賄、致滋物議者，殊失公道，令人赧顏。夫志與史同，以嚴爲貴，兹則概存署内，若筆若削，惟由寸衷考核，敘次頗費苦心"，其修志時所秉持的公正無私的態度更足以垂範後世。《凡例》之中，"不録"二字比比皆是，表明的正是董夢曾去除"浮詞陳言"的決心。

　　此外，董氏在書中偶加按語，增附資料，考辨史實，多出新穎確鑿之論。例如關於杜甫《光禄坂行》詩中"光禄坂"的所在，杜詩舊注"光禄坂在銅山縣"，據劉泰焰先生考證，此説可以追溯至南宋，時人蔡夢弼在《杜工部草堂詩箋》中指出"光禄坂，在梓州銅山縣"，後人如仇兆鰲、浦起龍在其《杜詩詳注》《讀杜心解》等一批影響大、流布廣的杜詩注本中皆沿用其説，引爲定論[3]。而董氏在稽考之後仍堅持光禄坂在鹽亭之説，並作按語云："銅山縣併入中江，今中江縣無此坂名，而鹽亭縣東有光禄山，長坂里許，即此無疑。"1984 年，鹽亭縣黄甸鎮南山村出土一宋碑，云：

> 光禄坂高鹽亭東，潼江直下如彎弓。
> 山長水遠快望眼，少陵過後名不空。
> 當時江山意不在，草動怕賊悲途窮。
> 客行益遠心益泰，即今何羨開元中。
> 崇寧元年閏六月廿五日，道祖再按鹽亭，經光禄坂，留題頓軒。

　　此碑一錘定音，證實了光禄坂屬鹽亭之説，從知董氏識見之高。正是在董氏先進編修理念的指導之下，二十八年本才得以以其精煉之語言、精審之材料從同時代縣志中脱穎而出。

　　二十八年本的《藝文志》保存有相當多有價值的鹽亭地方文獻，例如宋任伯傳

---

〔1〕　按戴震在乾隆三十四年（1769）七月十四日《與段若膺論縣志》中指出："至若志之俗體，湊合八景、十景，繪圖卷首，近來名手頗有知爲陋習宜削去者。"

〔2〕　按章學誠在乾隆二十九年（1764）所作《修志十議》中指出："（修志）有八忌……忌粧點名勝。"

〔3〕　劉泰焰《杜詩〈光禄坂行〉作於何處？》，《文史雜志》1987 年第 2 期，第 36—37 頁。

《叩雲亭記》、劉千之《新建儒學記》、杜寅孫《東關縣遷建天禄觀記》、元昝子和《昭格行祠記》、明楊澄《重修上乘寺記》、馮元杰《重修廟學記》、清岳鍾琪詩三首等，這些兼具文學性和史料性的珍貴文獻俱前所未見，倘無二十八年本之保存，恐早已散佚無傳。此外，《藝文志》還大量收録了文同以及和文同相關的詩文，爲文同生平事蹟、交遊行誼、文學藝術成就等方面的進一步研究提供了寶貴的專題性資料。

二十八年本《藝文志》中收録的《鹽亭》《永泰縣新修孔子廟記》均未署作者，我們認爲這並非漏刻，而是二十八年本編者在其作者問題上有所保留，是審慎的表現。經過查找，我們得知《鹽亭》的作者爲楊廷和[1]，而《永泰縣新修孔子廟記》的作者爲無名氏。與之不同的是，五十一年本編者將《鹽亭》《永泰縣新修孔子廟記》的作者均署成文同，這恐怕並不是通過仔細考證得出的結論，而是五十一年本編者機械填充二十八年本留空部分所造成的錯誤。因爲二十八年本中《鹽亭》《永泰縣新修孔子廟記》均處在文同詩文之中或之後，而二十八年本《藝文志》同一文體下同一作者的作品又往往放在一起，五十一年本編者便徑直將這兩篇二十八年本未署作者的詩文歸在文同名下，其處理方式顯然是缺乏考慮的。

《永泰縣新修孔子廟記》一文不見於各版本《丹淵集》，《全蜀藝文志》亦未載。此文最早見於嘉靖《潼川志》鈔本卷十（僅存文章開頭，後文因脱頁佚失），又見於萬曆四十七年序刊本《重修潼川州志》卷三十八，二書均署作"無名氏"，二十八年本不署作者正與此暗合。另外，《重修潼川州志》録文文末無"宋熙寧三年六月十五日記"，此句始見於二十八年本，後來各本皆襲用。另本文各版本皆有"歲在庚辰"一句，而本文又作於熙寧間，結合文末新增的"宋熙寧三年"實爲庚戌年，可知"庚辰"乃"庚戌"之誤。二十八年本增録此句，不爲無據。

再結合史事，文同《送朱郎中詩序》首云"熙寧三年庚戌三月癸丑，同自蜀還臺"，《利州綿谷縣羊模谷仙洞記》云"熙寧庚戌春，予還朝"，可知文同在是年三月離開四川，如在"六月十五日"寫作此文，必定是有人來信請求。文同作文，往往會把成文的來龍去脈交代得非常清楚，而文中却無一語及此，進一步佐證了《永泰縣新修孔子廟記》非文同所作。

綜合來看，《永泰縣新修孔子廟記》既未收入《丹淵集》，五十一年本以前諸書又基本署爲無名氏作，且五十一年本以前文作者充替其後未署名詩文的做法又非孤

---

〔1〕《文同全集編年校注》對《鹽亭》一詩作者持"存疑"態度，並不必要。按《鹽亭》詩不見於《丹淵集》，此外，詩中有云"幾番寓宿鹽亭縣"，文同本是鹽人，斷無將居留鹽亭稱作"寓宿"之理。《全蜀藝文志》卷十六收爲"楊廷和"作，可從。

例，此外還有文同行跡作爲旁證，可以認爲《永泰縣新修孔子廟記》的作者未必是文同，實際作者尚待考證。由於後世文獻如嘉慶《四川通志》、光緒《新修潼川府志》以及後來的《宋代蜀文輯存》《全宋文》《文同全集編年校注》等皆沿用五十一年本《永泰縣新修孔子廟記》的作者爲文同一説，幾成定讞，二十八年本《永泰縣新修孔子廟記》不署作者便成爲了一個重要的線索和版本依據，引發了我們對此文真實作者的進一步討論，更加顯示出二十八年本巨大的版本價值。

不過需要指出的是，《藝文志》中仍存在一些著録錯誤，例如誤署陸游《自廣漢歸宿十八里草市》一詩作者爲文同，值得注意。

（五）乾隆五十一年本《鹽亭縣志》八卷首一卷

江蘇長洲人、前潼川府知府張松孫總纂。西安鳳翔人雷懋德、安徽婺源縣人、前邑令胡光琦纂修。

張松孫，監生，字稺赤，號鶴坪、勵堂。乾隆四十八年至五十二年任潼川府知府。歷任東平州判、攝濟陽知縣，泉河通判、懷慶府黃沁同知、下北同知、潼川府知府、歸德知府、河南府知府。墓誌尚存，敘其生平事蹟甚詳，收入《亦有生齋集》文卷十七。張氏曾主持纂修《潼川府志》《三臺縣志》《射洪縣志》《蓬溪縣志》《安岳縣志》《樂至縣志》《鹽亭縣志》《中江縣志》《遂寧縣志》《永寧縣志》等志，另嘗於乾隆三十一年刊刻《研露樓琴譜》四卷首一卷，五十五年刊刻《御定子史精華》一百六十卷，五十六年刊刻《孔門易緒》十六卷首一卷、輯注並刊刻《文心雕龍》十卷。所爲詩文，多散見所修各志。

雷懋德，字迪修。乾隆九年（1744）甲子科舉人，二十二年（1757）丁丑科進士。歷任江油知縣、陝西西寧縣教諭、充八旗官學教習、艸堂書院掌教、花馬池州同。嘉慶二十二年本《續潼關廳志》卷之中有傳。雷懋德參與了張松孫總纂八邑之志的大部分過程，故在《蓬溪縣志》《安岳縣志》《樂至縣志》《鹽亭縣志》《中江縣志》五志中均署爲“纂修”或“分纂”。

胡光琦，字步韓，號韞川。乾隆三十三年（1768）戊子科舉人、三十七年（1772）壬辰科進士。乾隆四十九年至五十三年任鹽亭縣知縣，五十一年曾充任同考官。五十三年，胡氏即因病告退，返鄉講學，曾任嘉慶十二年《婺源縣志》參訂。道光六年本《婺源縣志》卷十五、光緒四年本《重修安徽通志》卷二百二十五有傳。著有《日知筆記》二卷、《古文詩集》若干卷。所爲詩文，多載五十一年本。

張氏任潼川府知府期間，曾纂修"一府八邑之志"，其中《潼川府志》先成，於乾隆五十年刊刻，初印百部（無錢樾、孟顔序及後序），五十一年再經校讎印行，故此書有初印本、剜改本兩種。此外，《三臺縣志》《射洪縣志》《蓬溪縣志》《安岳縣志》《樂至縣志》《鹽亭縣志》五志，據其牌記、序言，均當於乾隆五十一年刊刻成書，却俱於《營制志》載"五十二年，奉文禁習鳥槍"，可知五十一年本《鹽亭縣志》及其他四種志書可能和《潼川府志》一樣，在初次刊印之後進行過至少一次修訂重印，這一點我們將在後文進行具體説明。

五十一年本《鹽亭縣志》存世尚多，國家圖書館、故宫博物院圖書館、中國第一歷史檔案館、北京大學圖書館、上海圖書館、大連圖書館、南京圖書館、南京大學圖書館、中國科學院南京地理研究所圖書館、南通市圖書館、湖北省圖書館、武漢大學圖書館、四川省圖書館、四川省社會科學院圖書館、四川大學圖書館、北碚圖書館、瀘州市圖書館〔1〕、成都圖書館、江油市圖書館、蓬溪縣圖書館〔2〕、鹽亭縣檔案館、哈佛燕京圖書館、日本内閣文庫、東洋文庫等有藏。四川省圖書館藏本被收入《中國地方志集成·四川府縣志輯》，鹽亭縣檔案館亦曾影印出版其藏本。

上列各館之中，除國家圖書館和北碚圖書館著録其藏本爲"乾隆五十一年原刻，光緒八年補刻重印本"之外〔3〕，其他各館均徑直著録其藏本爲五十一年原刻本，我們對此持懷疑態度。筆者曾調查四川省圖書館、國家圖書館、北碚圖書館、鹽亭縣檔案館、哈佛燕京圖書館等五館藏本，無一原刻，不過四川省圖書館藏本較後四館藏本補版更少（例如四川省圖書館藏本卷八第三十一頁爲原刻，後四館藏本皆爲補刻），因而其印刷時間更加接近原刻。

補刻重印本五十一年本《鹽亭縣志》最明顯的特徵便是版式、字體的不一。與原刻普遍採用四周雙邊、無魚尾的版式不同，補刻頁還存在左右雙邊、上單邊、下單邊三種版框形式，其版心往往有單黑魚尾。補刻所用字體也同原刻有異：原刻風格秀雅小巧，結字取縱勢；補刻風格嚴肅方正，結字取橫勢。借助這些特徵，我們不僅可以區別原刻和後世的補刻重印本，還可以識別出不同印次補刻重印本的時代早晚，且可以將補刻重印本中原刻頁和補刻頁區分開來。

關於國家圖書館、北碚圖書館著録其藏本補刻重印的時間爲光緒八年這一問題，我們暫未找到有力的佐證，國家圖書館、北碚圖書館藏本中均未提及光緒八年補刻

〔1〕 中國科學院北京天文臺主編《中國地方志聯合目録》，第 752 頁。

〔2〕 林英主編《四川地方志聯合目録》，西南交通大學出版社，2018 年，第 61 頁。

〔3〕 按日本東洋文庫著録其藏本爲"清乾隆五十一年刊，清光緒八年重刊本"，不準確。

事，光緒八年本《鹽亭縣志續編》亦無此事記載。如果單從補刻頁和光緒八年本版式相似、字體相類出發得此結論，未免失之武斷；如果單就光緒八年有刻印《鹽亭縣志續編》一事便認定五十一年本的補刻也在是年，未免失之穿鑿。此問題尚待進一步考察。

另外，哈佛燕京圖書館藏本的情況較他館藏本更爲特殊，需要在此作一特別説明。此本曾被拆分，内容有所遺漏，例如纂修姓氏部分、書末舊志後序部分。部分漫漶不清的書頁被抽掉並另鈔一紙配補，且正因其所據書頁漫漶，難以識別，故鈔寫時多有錯誤。例如卷首《凡例》第三頁"宕"誤作"岩"，卷一第三頁"綿"誤作"編"，卷六第三十二頁"江"誤作"汪"等。燕京圖書館藏本部分順序亦不同於他本，例如燕京圖書館藏本《纂修姓氏》之後爲卷首《凡例》部分，其後才是目録。而四川圖書館藏本《纂修姓氏》之後爲目録，其次才是卷首《凡例》部分，與縣志目録所記順序相合。燕京圖書館藏本似不宜作爲參考首選。

五十一年本字數近十一萬，體量較二十八年本又進一步增加。對於二十八年本的内容，五十一年本基本秉持全盤照録的態度，但在文字上還是下過一番校讎的工夫；於二十八年本内容表述過於簡略或意見不同處，即在照録之後增加按語，但數量均不甚多。故而五十一年本十一萬字的體量中有接近七萬字是從前志繼承得來，所增補者僅四萬字而已。不過鑒於兩志相隔僅二十年出頭，可供增補的材料十分有限，且修志時間倉促，其處理方式也是可以理解的。

我們認爲，張松孫主持纂修五十一年本的最主要原因就是鹽亭縣志是其重修"一府八邑之志"這一文化工程中不可或缺的一部分。無論前志好壞，潼川下轄各縣的縣志都需要重修。張松孫曾在序言中評價二十八年本"不免顛錯繁蕪，亥豕叠見；且采輯未備，難云善本"，現在看來，張氏的評價並不公道，不過是爲了讓自己主持重修縣志"師出有名"，五十一年本在纂修實踐中幾乎全盤照録二十八年本本身就是對張氏此説的有力回擊。

五十一年本在體例上同二十八年本有着很大的不同。張松孫作爲總纂，在乾隆五十年成書的《潼川府志》中即已確定了之後續修各縣縣志的體例——"以《土地》《人民》《政事》爲三綱"，即所謂"三寶體"，與二十八年本劃分的《輿地志》《人物志》《藝文志》有所不同。再如"（藝文）散見各門，附於本條之下。郡志藝文不立專門，亦纂輯之別體也"，同二十八年本單列《藝文志》的處理方式亦自有別。此外，與二十八年本相比，五十一年本在各志前均增附一段引言，對是志的内容、主旨作出簡要説明，以便讀者快速把握相關背景知識。此形式在光緒八年本中得到沿用。

五十一年本分《土地》《人民》《政事》三部，三十六門。門類總數較二十八年本有所精簡，同時又在其基礎上增加了張松孫序、胡光琦序、《天文分野圖》《鹽亭輿圖》《城池圖》（後二圖係重繪重製，與二十八年本《鹽亭輿圖》《鹽亭城圖》不同）等十張圖像、《時序》《官師表》《選舉表》《禮儀》《貢賦》《雜課》《倉儲》《民壯》等內容，並且增補了二十八年本失收的部分前代詩文以及乾隆二十八年至五十一年之間創作的藝文。其中尤其是《貢賦》《雜課》《官師表》《選舉表》《時序》等重要經濟、政治、科舉、民俗文獻的增入，使得鹽亭縣志真正實現了其內容、體例的詳盡和完備，以至於後續縣志的纂修在體例的確定、門類的劃分等問題上很難再跳出這個範圍。但論其內容，由於《官師表》《選舉表》之類的資料細微蕪雜，極易失收，故往往有漏載。例如明萬曆間任鹽亭知縣的蒲以懌，此人於鹽亭之文教頗有貢獻，嘗於萬曆四十年重刻《丹淵集》，但包括五十一年本在內，鹽亭現存五種縣志全部失收，直到光緒二十三年本《新修潼川府志》才重新予以收錄。再如藝文的選錄，五十一年本沿襲了二十八年本誤署陸游《自廣漢歸宿十八里草市》一詩作者爲文同的錯誤，還新增了誤署楊廷和《鹽亭》、無名氏《永泰縣新修孔子廟記》作者爲文同的錯誤。此外，新收吳宏《山行至天禄觀坐雨有作》及張松孫《小憩天禄觀》二詩的詩題和署名恐怕也都有問題。二詩俱見同治八年重刊康熙本《寧化縣志》卷一，又見作者別集、民國五年鉛印本《天潮閣集》卷二，題作《石巢（四首）》，作者均署作"劉琅"[1]。故而對於這類文獻的利用，我們應當持有審慎的態度，不能偏信縣志記載。

此外，我們還注意到一個有趣的問題，即時任潼川府知府的張松孫在這部縣志中的出現頻率明顯高於雷懋德和知縣胡光琦，張氏同五十一年本的關係似乎較雷氏、胡氏同五十一年本的關係更爲緊密。我們認爲，張松孫纂修《潼川府志》時並非僅僅著眼於重修府志本身，而是有意識地爲後續纂修八邑之志探索路徑、積累經驗。《潼川府志》的內容、體例同包括五十一年本在內後續修纂的八邑之志是高度重合的，這便是一個顯性的證明。我們還發現五十一年本中除卷首序言及部分詩文是張松孫所作之外，部分細目下的內容竟也是由張氏親自撰寫的，例如《古蹟志》引言、《四景圖説·鵝溪》引言、《書院志》結尾等。這類近乎越俎代庖的行爲，在各地縣志纂修實踐中都相當罕見，直接體現了張松孫對於五十一年本纂修工作的關心和重

---

〔1〕 劉琅，又名坊，字季英，號礨石，福建上杭人，明末清初時人。生平詩文見《劉礨石先生詩文集》，又稱《天潮閣集》。

視。張氏同五十一年本以至於一府八邑之志都有着極爲密切的關係，其對潼川府的方志事業起到了至關重要的推動作用，遠非他府知府慣常的僅僅挂名作序可比。

（六）光緒八年本《鹽亭縣志續編》四卷首一卷

直隸河間府吳橋縣人、前邑令邢錫晉修。邑人胥乾熙、趙宗藩纂。

邢錫晉，或名邢元愷，字申父。生於道光十五年[1]（1835），咸豐十一年（1861）辛酉科舉人、同治二年（1863）癸亥科貢士、四年（1865）乙丑科進士。同治十一年七月至光緒二年六月、五年七月至九年三月、十年十二月至十一年六月、十一年十月至十三年閏四月任鹽亭縣知縣。歷任户部主事、鹽亭縣、廣安縣、巴縣、安岳縣、岳池縣、東鄉縣、平武縣、萬縣、達縣知縣。民國二十八年本《巴縣志》卷九有傳。邢氏留存文字甚少，光緒八年本收録《〈鹽亭縣志續編〉序》《渡船嘴義渡碑記》《添修文場記》三篇，光緒稿本《重修邢氏族譜》另收有邢錫晉所作《〈重修邢氏族譜〉序》一篇[2]。

胥乾熙，字静山，光緒八年壬午科恩貢，嘗任山長。

趙宗藩，字价臣，咸豐十一年辛酉科拔貢，光緒元年任江西會昌縣知縣。《中國地方志總目提要》《四川歷代舊志提要》均誤作"趙崇藩"。

光緒八年本存世較多，國家圖書館、中國科學院圖書館、中共中央黨校圖書館、北京大學圖書館、上海圖書館、天津圖書館、南京大學圖書館、湖北省圖書館、武漢大學圖書館、四川省圖書館、四川大學圖書館、北碚圖書館[3]、成都圖書館[4]、鹽亭縣檔案館、日本東洋文庫等有藏。四川省圖書館藏本被收入《中國地方志集成·四川府縣志輯》，鹽亭縣檔案館亦曾影印出版其藏本。

經調查，光緒八年本存在兩種印本：一種爲全本，其内容無脱漏，如四川省圖書館藏本；另一種卷一《津梁》後段、《砦堡》《土産》（即三十八至五十二頁）全部脱去，如國家圖書館藏本、鹽亭縣檔案館藏本之一（該館共藏有三套），值得留意。

光緒八年本分《土地》《人民》《政事》三部，二十八門，附十門。全書六萬餘

〔1〕 中國第一歷史檔案館藏，秦國經主編《清代官員履歷檔案全編》，華東師範大學出版社，1997 年，第 27 册 153 頁："同治十一年二月二十八日，臣邢錫晉……年三十七歲。"

〔2〕 馮爾康著，南開大學歷史學院編《馮爾康文集·清代宗族史論》，天津人民出版社，2019 年，第 408 頁。

〔3〕 中國科學院北京天文臺主編《中國地方志聯合目録》，第 752 頁。

〔4〕 林英主編《四川地方志聯合目録》，第 62 頁。

字，體量較五十一年本又有所縮小，這是由光緒八年本的内容取向決定的。鹽亭現存縣志大致可以分成兩個系統：第一個系統由《志書》、二十八年本、五十一年本構成，此三本的内容是逐漸遞增的，後出本幾乎會涵括前本的所有内容，呈現出明顯的淵源遞嬗的特點；另一個系統則由光緒八年本和《鄉土志》構成。光緒八年本既名爲“續編”，與幾乎同名的前一個系統相較，自然更有些另起爐灶的味道。其體例大致沿襲前志，但其内容則與前志少有重複。由於“鹽邑舊志，纂自乾隆間，迄今近百年。物換星移，疆域依舊。其政治之得失，人物之盛衰，制作沿革磨滅不彰者，不知凡幾矣”，故其所記多乾隆五十一年以後事，門目下偶標有“舊志已載者不敍”一類的小字注文亦可證。《鄉土志》的編纂方法類似《志書》，近半内容係縮編光緒八年本而成，故《鄉土志》之内容同光緒八年本也大抵近似，可以歸入一個系統。

如《凡例》所言“舊志……以土地、人民、政事提綱，今仍其舊”，光緒八年本繼承了五十一年本舊有的“綱”，同時也增補了如《鹽課》《砦堡》《義夫》等“目”，從經濟、軍事、禮教等各方面記録當時社會的不變與變。即便前志的舊目得到保留，新數據、新内容也會替換原有的記載。光緒八年本對於鹽課、稅收、人口的詳盡記録，如今都是極有價值的經濟、社會史料。光緒八年本新收的官宦、選舉名録，爲歷史人物生平的考訂提供了重要的參考。至於新收的藝文，亦多他志所未載，這些都是乾隆末至光緒初近百年間珍貴的鄉土資料。

值得一提的是，光緒八年本的編修理念較二十八、五十一年本似乎又有退步，例如“（五面山）八景”的重新出現。再如前志《列女》一門在光緒八年本析而爲《節烈》《節孝》二門，二十八年本《列女》門僅六百餘字，五十一年本《列女》門也才一千三百餘字，而到了光緒八年本，《節烈》《節孝》二門竟直達六千餘字，令人咂舌。這反映了編纂光緒八年本所謂“彰之以觀風化”的落後編修理念，同時也反映出清末封建禮教對於婦女變本加厲的壓迫。

《續修四庫全書總目提要（稿本）》評價光緒八年本“筆尚謹飭，無他疵謬，足免續貂之誚”[1]。可以認爲，此本的編纂相對中規中矩，雖然創新性不高，但資料性頗强，宜於查閱參考。

---

〔1〕 中國科學院圖書館整理《續修四庫全書總目提要（稿本）》第二十四册，齊魯書社，1996年，第730頁。

（七）清末修《四川潼川府鹽亭縣鄉土志》不分卷

佚名撰。

《四川潼川府鹽亭縣鄉土志》編成於光緒末年（《鄉土志》記事最晚到光緒三十年），現存三鈔本，分藏四川大學圖書館、四川省圖書館、上海圖書館[1]。

四川大學圖書館藏本時代最早，當即《鄉土志》初編成時鈔本，較其餘兩本多出《鹽亭縣圖説》一頁，包含手繪鹽亭全境地圖及其解説。書體爲楷書，筆畫妍美，格式工整。此本爲現存三種《鄉土志》中質量最上乘者，故後文皆就此本展開論述。收入《四川大學圖書館館藏珍稀四川地方志叢刊續編》。

四川省圖書館藏本時代稍晚，鈔在特製朱絲欄稿紙之上，版框左欄外下側有仿宋體“四川省通志館稿紙”八字，每半頁八行，行二十五字。鈔寫此本蓋爲四川省通志館後續編修《四川省方志簡編》做準備。四川省通志館成立於民國卅一年九月，故此本鈔寫時間當在一九四二年之後，一九四四年之前（是年《四川省方志簡編》編成，之後不復有鈔寫此書之動機）。書體爲行書，用筆瀟灑，起伏有致。此本質量稍遜於前本。

上海圖書館藏本時代最晚，鈔在特製烏絲欄稿紙之上，版心下有仿宋體“上海圖書館”五字，每半頁十行，行二十五字。上海圖書館著録此本爲“一九六二年刻本”，作“刻本”非是，實爲鈔本。書體爲楷書，用筆纖細，結體方正。此鈔本偶有訛錯顛倒，質量較差，且鈔寫時代過晚，故並不推薦參考利用。

相較於前志，《鄉土志》就是徹徹底底的時代產物了。光緒末年，正值民族危亡之際，清政府在内外各種因素影響下開始施行新政。在教育領域，張百熙等人於光緒二十九年制定《奏定學堂章程》。他們指出歷史教育“尤當先講鄉土歷史，採本境内鄉賢名宦流寓諸名人之事蹟”“講鄉土之大端故事及本地古先名人之事實”，地理教育“尤當先講鄉土有關係之地理，以養成其愛鄉土之心”“講鄉土之道里建置，附近之山水以及本地先賢之祠廟遺蹟等類”，格致教育“當先以鄉土格致”“講鄉土之動物植物礦物，凡關於日用所必需者，使知其作用及名稱”[2]，強調了鄉土教育的重要性並大致指明了教授的具體辦法。光緒三十一年，時任京師編書局監督的黄紹

〔1〕　中國科學院北京天文臺主編《中國地方志聯合目録》，第752頁。
〔2〕　張百熙著，譚承耕、李龍如校點《張百熙集》，嶽麓書社，2008年，第144—146頁。

箕更進一步，撰寫《鄉土志例目》，爲後續全國範圍内編寫鄉土志的熱潮提供了一個切實可行的大綱。

在《鄉土志例目》中，黄氏劃定了一部標準的鄉土志所應具有的十五門目，分别爲"歷史、政績、兵事、耆舊、人類、户口、氏族、宗教、實業、地理、山、水、道路、物産、商務"[1]。《鄉土志》並未照搬，而是在其基礎上進行了一定程度的改造：一方面增加部分内容，另一方面將其中部分門類進一步細分或者易名。例如《鄉土志》在書前增加《鹽亭縣圖説》，新增《風俗》《鄉土》二門，《商務》後新增《本境物品行銷本地表》《本境行銷外境物品表》《本境所産製物品行銷外境表》三表，其後復新增《古蹟》《祠廟》《坊表》《橋梁》《已開初等小學堂校地表》五表。《政績録》細分爲《政績興利》《政績去害》《政績平訟》三小目，《人類》細分爲《本境文學》《本藉[2]武略》《本籍忠節》《本境節烈》四小目，《物産》細分爲《天然常産植物表》《天然常産動物表》《天然特産植物表》《天然特産動物表》，《地理》更名爲《地理疆域》，《山》更名爲《山勢》，《水》更名爲《水程》，《道路》更名爲《道里》。與黄氏所擬《例目》相比，《鄉土志》更見條理清晰，眉目豁然，其行文的層次性、體例的完善性、内容的豐富性都得到了躍升。

同以前所修各志相較，《鄉土志》所體現出的眼界和層次更達到了其所無法企及的高度。例如前志常有的《祥異》一門，在《鄉土志》中徑被删去，此外，《物産》門中《植物》兩表甚至是"仿日本齋田氏《植物入門》例"進行編寫，《動物》兩表也有引用近代的動物分類法進行説明（如蝸牛屬"腹足類"，蜻蜓屬"脈翅類"），體現了近代科學知識、科學精神在方志編纂過程中的運用和發揮。再如《宗教》門記載了回教、耶穌教和天主教在鹽亭的信教情況，"回教，係漢人自明成化時入境"，雖然回教自明成化間即傳入鹽亭，但是現存的前四部縣志却無一例外均未提及，這不能不説是一個缺憾，端賴《鄉土志》别立門目加以記載。至於耶穌教和天主教，《宗教》門更是指出當時存在"奉教者多有出此入彼，人數殊難查攷"的情況，這對於考察清末四川耶穌教、天主教教民的信教動機和實際情形具有相當的參考價值。此外，《商務》三表、《物産》四表、《已開初等小學堂校地表》、《户口》《實業》等内容對於光緒末年鹽亭貿易的貨類、規模、去向，對於研究當時的人口、職業構成以及近代教育事業的開展都有詳盡的記録，反映了清末社會的巨大變遷。

---

〔1〕 黄紹箕著，謝作拳點校《黄紹箕集》，中華書局，2018年，第78—82頁。

〔2〕 "藉"，當作"籍"。

作爲鹽亭最後一部專志,《鄉土志》只有兩萬三千餘字的篇幅。如同它所産生的那個時代,《鄉土志》新舊内容參半,其新内容來源於對西方科學文化、科學方法的吸收;舊内容大都取材於光緒八年本,部分取材於再往前的二十八、五十一年本。誠然,限於如此篇幅,在鄉土資料的保存能力方面,《鄉土志》是很不佔優勢的,但同時我們也要看到,《鄉土志》的體例、内容順應時代潮流發生了巨大的轉變,而這種轉變却使得它達到了鹽亭方志纂修史上某種意義上的頂峰。

三、民國鹽亭縣志的纂修

鹽亭明清兩代所修專志,我們已經做出了一個簡要的介紹和評價。由於資料有限,民國時期鹽亭的修志情況,特別是關於民國三十年前後成書的《鹽亭縣志》,我們只能沿用前人記述,以見其詳。

何天度先生曾在《鹽亭修志史略》一文中記述:

"民國二十年(1931),四川酉陽人秦光弟任鹽亭縣長時,於四月一日在縣城西門外陝西會館設立'鹽亭縣修志局'。聘請鄉望杜佩紳任總纂,蒙君弼任副總纂,杜連漪任編纂員兼庶務,編修鹽亭縣志。政府專撥修志款生洋四千餘元。時過兩載,到民國二十二年修志局撤銷時,經費已耗殆盡,未見修志成果,引起縣人極度憤慨,以'枉耗公款案',列爲當時縣内'五大贓案'之一,進行抨擊控告。"[1] 此爲民國間鹽亭第一次修志,由於並未成書,故不作數。

民國三十年修《鹽亭縣志》,江蘇阜寧縣人、縣長蔡天石主持,邑人何炳靈[2]等纂修,已佚。

蔡天石,生於光緒三十年(1904),民國二十二年(1933)畢業於南京中央政治學校大學部行政系市政組[3]。曾任縣府地方自治股主任、縣民政科長、財政科長、專署視察、四川省民政廳科員、股長、視察員、省行政幹部訓練團上校主任教官、鹽亭縣長、廣安縣長[4]。民國二十九年至三十三年任鹽亭縣長。蔡天石嘗編寫《四

---

〔1〕 何天度《鹽亭修志史略》,中國人民政治協商會議四川省鹽亭縣委員會編《鹽亭文史資料選輯》第五輯,第25頁。

〔2〕 按民國二十六年本《犍爲縣志》卷五載何氏籍貫爲"四川郫縣"。

〔3〕《中央政校學員已到工部局見習》,1933年7月5日《申報》,第4張。

〔4〕 鹽亭縣志辦《民國時期鹽亭的縣官》,中國人民政治協商會議四川省鹽亭縣委員會編《鹽亭縣文史資料選輯》第一輯,1984年,第66頁。

川省保甲概況》《辦理保甲須知》《縣政府文書管理》《縣政府檔案管理》等書，在《服務月刊》《新四川月刊》上發表文章多篇。

何炳靈，字拔茹[1]，一作拔儒，生於咸豐十一年（1861），光緒八年（1882）中秀才，十一年（1885）補廩生。二十五年任犍爲縣教諭，三十年六月以官費東渡日本留學，後肄業於弘文學院。歸國後，曾擔任三台、鹽亭視學，在成都、川北等地區講學、興辦教育事業。一九五二年被聘爲四川省文史館館員，一九五五年去世。何氏著有《四書題竅》一書，今已亡佚。

何天度先生載修志始末云：“民國二十九年（1940），畢業於中央政治大學，江蘇阜寧縣人蔡天石任鹽亭縣長後，於民國三十年，聘請本邑拔貢何拔儒等編修縣志。初稿寫成，又花生洋三百元，請折弓鄉拔貢王縉紳修改，繼又另致酬金托鹽亭中學國文教員張伯良增删潤色。後被宏濟中學校長敬百皆[2]插手，攬志稿於己室，大塞私貨，爲本人樹碑立傳。拖延數載，蔡調離鹽亭後，修志無人過問，結果全部志稿不知下落。”[3]

此外，還有“第十一部《鹽亭縣志》”，但這並不是一部專志，而是前文述及的《四川省方志簡編》一書中《分論》部分“鹽亭縣”一節的記載。如前所述，四川省通志館成立於民國卅一年九月，《四川省方志簡編》編成於民國卅三年，未付印，現存清稿本九冊，朱絲欄，每半頁八行，行二十五字，採用新式標點。書體爲楷書，用筆端正不苟。藏四川省圖書館，並已由該館影印出版。鹽亭縣時屬第十二專員督察區，“鹽亭縣”一節在第七冊第十二區所轄九縣中最末。

“鹽亭縣”一節分《沿革》《職官》《疆域》《地形》《氣候》《人口》《物產》《交通》《商業》《教育》《風俗》《人物》十二門，內容較少，係襲取《鄉土志》成書。分設章節多無新意，惟《人口》《教育》二門或提供了一些可資利用的材料。此外，《總論》部分行文也會分區而論，偶涉鹽亭，有一定的參考價值。

二十世紀八九十年代，《鹽亭縣志》編委會曾編成《民國時期鹽亭縣志》文稿一部，四十五萬餘字[4]，未付印；鹽亭縣政協主編《鹽亭（縣）文史資料選輯》十餘

---

〔1〕《四川學報》乙巳第十一冊第四十一篇，殷夢霞、李強選編《民國文獻資料叢編·近代學報匯刊》第二冊，國家圖書館出版社，2012年，第467頁。

〔2〕按“皆”或作“諧”，《李劼人全集》第十卷載有李劼人致熊揚信（編號：520104），後並附有敬百皆、蒙文通致李函，李劼人在信中及敬函自署皆作“敬百諧”。蒙在信中稱之爲“敬百皆”，與何天度同。

〔3〕何天度《鹽亭修志史略》，中國人民政治協商會議四川省鹽亭縣委員會編《鹽亭文史資料選輯》第五輯，第26頁。

〔4〕何天度《鹽亭修志史略》，中國人民政治協商會議四川省鹽亭縣委員會編《鹽亭文史資料選輯》第五輯，第28頁。

輯，收錄了衆多本地學者的回憶和研究文章，涉及民國時期鹽亭的方方面面，庶幾可補民國時期鹽亭縣志之闕。

四、結語

自明弘治二年以來，鹽亭歷經十餘次修志，總計修成縣志十部，這體現了我國歷代踵續修志的優良傳統。此十志在長期流傳過程中半數亡佚，對於鹽亭的歷史文化來講不能不説是十分重大的損失。但同時我們知道，亡佚之本的內容在編纂之初，來源是多樣的，去路也很豐富，這些內容並不會簡單地隨原書失傳，而是往往能夠在包括縣志在內的多種體裁的文獻記載中得到保存。隨着舊志亡佚而失傳的內容必然是有的，但憑藉現存的五種縣志等材料，我們仍能夠略窺佚失諸本的風貌。"邑志，志一邑也"，儘管存在着因個人識見、時代局限等因素造成的種種不足和疏漏，這十部縣志仍爲鹽亭保存了大量自然、社會、經濟、政治、文學、歷史、文化等方面的第一手資料，我們相信，這些資料對於鹽亭一縣乃至於全四川的地方志本身及其所承載的鄉土文化的研究都將具有重要的參考價值並産生積極的推動作用。

（本文原載《四川圖書館學報》2022 年第 3 期，發表時有刪改）

整理凡例

一、本書所整理的鹽亭五種舊志及底本分別爲：

1. 乾隆間鈔本《鹽亭縣誌書》，國家圖書館藏本。

2. 乾隆二十八年本《鹽亭縣志》，故宮博物院圖書館藏本。

3. 乾隆五十一年本《鹽亭縣志》，四川省圖書館藏本。

4. 光緒八年本《鹽亭縣志續編》，四川省圖書館藏本。

5. 清末鈔本《四川潼川府鹽亭縣鄉土志》，四川大學圖書館藏本。

二、凡底本所用之異體字、俗體字、簡體字，均視情況盡量予以保留。

三、凡底本中避諱字，均逕回改，不出校。

四、凡底本中用表尊崇之擡頭、頂格、空格等格式，一律免去。

五、爲保持古籍原貌，本書格式悉從底本，不再分段。

六、受歷史局限影響，舊志蔑稱農民起義軍爲“賊”“匪”“寇”“逆”，稱少數民族爲“猺”“獞”“蠻”等。爲保持古籍原貌，文字不作變動，請讀者用批判的眼光看待這一問題。

七、本書整理除非必要，基本不改動原文。凡有改動，均出校說明。

八、本書整理內外校並重。內校則五種舊志、州府志、省志互參，外校則與五種舊志引文原書對校。內外校均出校說明，間於其後附以己意。

九、底本或無目錄，或有目錄而過簡，爲檢索方便，本次整理重新編製目錄，附於書前。

乾隆十七年本鹽亭縣誌書

乾隆十七年本鹽亭縣誌書

幅員

在潼川州東北壹百貳拾里，至京師壹萬零壹百四十五里。東西廣一百一十里，南北袤一百五十里。東八十里至西充葫蘆壩界，南五十里至射洪縣界，西三十里至三台縣窯嘴界，北八十里至南部羅家壩界。東北七十里至南部縣雨霖廟界，西北六十里至三台縣迴龍寺界，東南一百里至射洪縣界，西南五十里至三台縣界。

星野

按天文所屬觜、參之次，入參一度。蓋按分野，舊誌多縮於秦雍，爲東井、輿鬼、鶉首之次，蓋主《周禮・職方》與《方輿勝覽》"梁合於雍"而言也。今依天文、地理志及詩、書等圖而考證之。益州，《禹貢》梁州之域。東據華陽，西距黑水，乃觜、參之分野，直實沈之次。天干己，地支申，其分魏，其位陰，其卦兑金，其律夷則，其宮咸池，其器鎛鍾，其音商[1]，其星太白，其象白虎，其應斗璣。本縣實主參一度。

建置

漢廣漢郡地，梁置白巖渠[1]郡及鹽亭縣，唐屬梓州，宋因之，元併永泰、東關入焉。明因之，編户二里[2]，隸潼川州。本朝因之，爲鹽亭縣。

形勢

高山雄峙，瀰水環流。東跨鳳凰，南馳白馬[3]。介劍、潼、果、閬之間，達京畿藩鎮之道。

風俗

地瘠俗固，不尚争訟，男女力穡。

城池

石城一座，周圍六里，明成化初知縣李惟[4]中築。門四：鳳儀、雲谿、春谷、瀰江，今崩圮。

---

〔1〕 "白巖渠"，二十八、五十一年本俱作"北宕渠"，當是。

〔2〕 按明天順五年本《大明一統志》卷七十一、萬曆本《四川總志》卷十一俱云："本朝因之，編户三里。"

〔3〕 "東跨鳳凰，南馳白馬"，明嘉靖《潼川志》鈔本卷一、萬曆四十七年序刊本《重脩潼川州志》卷三俱作"東跨鳳凰之高，西馳白馬之深"。二十八、五十一年本俱作"西跨鳳山之高，東馳白馬之深"，疑誤。

〔4〕 "惟"，或作"維"。

山川

鳳凰山，治東北。下臨瀰江，孤峯絶島，起伏翼然，狀如鳳凰。《寰宇記》云："隋開皇間，縣令董淑[1]封嘗遊晏於此，後人思之，號董淑山。"

高山，治西一里。杜甫詩："馬首見鹽亭，高山擁縣青。"又名負戴山。

賜子山，治北一里。有帝君祠，士民多祈嗣。潼川州守高文芳改爲賜子山。

紫金山，治北十五里。世傳嚴震封馮翊郡王，有紫金之荣，因名。

光禄山，治南十里。

駙馬山，治西北二十里，上有神女慈孝元[2]妙真人祠。

玉屏山，治北十里，在瀰江上。狀如玉屏，故名。

天禄山，治北三十里。

寶蓮山，治南一里。爲儒學之文峯，縣城之樹塞。

龍固山，治西北六十里。山高，四面懸絶，可以固守。

女徒山，治東北七十里。俗傳有女徒千人，置棚山頂禦變，故名。但不識何年事。今山上有祠。

蠶絲山，治東六十里。

鼓楼山，治東一百二十里。有三層，高五十丈。又蓬溪亦有鼓樓山，雙峯對峙，可望数百里。蜀王建時常置鼓楼烽火於上，故名。

梓潼水，治南二里，源出劍州廢陰平縣寶團[3]山。經梓潼，過鹽亭，至白馬河，與涪江合流。

雲溪，源出高山，入縣城，過德星橋，合瀰江，入梓江。杜甫詩："雲溪花淡淡。"

鶯溪，治西北八十里。昔時産絹，文同詩："待將一片鶯溪絹，掃取寒稍[4]萬尺長。"東波[5]詩："爲愛鶯溪白繭光。"本朝成都知府翼[6]應熊大書"鶯溪流韻"

---

〔1〕"淑"，二十八、五十一年本俱作"叔"，後同。
〔2〕"元"，或作"圓"。
〔3〕"團"，或作"圖"。
〔4〕"稍"，或作"梢"。
〔5〕"波"，疑當作"坡"。
〔6〕"翼"，疑當作"冀"。

四字，刻於石。

麟溪，治西。蜀王時有麟見於此，因名。

楊溪，治南，源出順慶府。

竹溪，治北十里，有寺。

花溪，治南三里。

春谷溪，在高山下，水甚甘美。

飛龍泉，負戴山下。

浴丹井，治内鳳凰山下，易鉉[1]子浴丹於此。

津梁

德星橋，治南，近嚴氏故宅。杜甫詩有"嚴家聚德星"之句，因以名橋。

雲溪橋，治南八十步。

春谷橋，治西五十步，杜[2]詩："春谷水泠泠。"

龍門橋，治東百步。

廣漢橋，治南五百步。

龍江橋，治北一里。明尚書甘爲霖有"龍江秋漲"之句。

虎洞橋，治東一里。明尚書甘爲霖有"虎洞雲深"之句。

古蹟

廢東關縣，元併入鹽亭。

廢永泰縣，元併入鹽亭。

廢高渠縣，治西六十里。隋置，尋改。

廢宕渠縣，治西北二十六里。

李義府碑，《寰宇記》："在永泰縣北。"

---

〔1〕 "鉉"，或作"玄"。

〔2〕 乾隆十七年鈔本《志書》"杜"後有"甫"字，當是。

烏龍洞，治東四十里。有龍泉[1]，大旱不涸。上有古木蟠遶，扣之風雨即至。

學校

文廟，治南。唐貞觀建，明洪武九年重修，後遷城西北。

儒學，縣署西。

東臺書院，治西南，宋任伯傳讀書處，今圮。

太元書院，治東北四十里，文同讀書處，今名太元觀。

青蓮書院，治東六十里，相傳李白讀書處。

壇壝　祠廟　寺觀

社稷壇，治南。

風雲雷雨山川[2]壇，治西。

郡厲[3]壇，治北。

先農壇，雍正貳年奉旨建立。知縣呂應瑞建于東關嶺上，地土浮鬆，旋築旋壞。知縣史步高改建于近城平壤官地，計正房三間、東西配房二間、祠門一座，外築壇壝，耤田四畝九分。

忠義孝弟祠，在學宮右側。正房三間、石碑一通，知縣史步高建。

節孝祠，在縣治分司街。正房三間、祠門外大坊一座，知縣史步高建。

城隍廟，在忠義孝弟祠西，有古柏三株。

馬神廟，城內。

文昌祠，在學宮左側。

善惠行祠[4]，治東八十里。祠下有小潭，旱[5]不涸，雨不溢。祀李冰。

---

〔1〕 “泉”，二十八、五十一年本俱作“潭”。

〔2〕 二十八、五十一年本“山川”後俱有“城隍”二字。

〔3〕 “厲”，乾隆十七年鈔本《志書》作“勵”。

〔4〕 “善惠行祠”，二十八、五十一年本俱作“普惠行祠”。

〔5〕 “旱”，乾隆十七年鈔本《志書》作“旱”，當是。

東臺祠，治東南，宋任伯傳讀書處。

名宦祠，舊學宮左。內祀隋知縣董淑封，唐知縣李匡遠，明知縣吳昌衍、胡進律、陳玩[1]、雷轟，教諭宋奎、潘晉、馮暘，訓導李一本、王和，凡十一人。又死難知縣李紹先，江南人，崇禎十一年入祀。今廢。

鄉賢祠，舊在[2]學宮右。內祀唐徵君趙蕤、太師嚴震、節度使嚴礪、員外郎任伯傳、忠義士李湛、集賢校理牟袤、著作郎蒲規、宋翰林學士文同、明戶部郎中黃衡、國子監學正譚紹祖、經元陳萬正，凡十人。又以江南副使任時芳之父諱纘，崇禎年間入祀。今廢。

昭格行祠，在學治二里高山絕頂。洛陽張竣[3]夫一日登山，受上帝牒，爲神主此山，邑人祀之。宋紹興賜廟號曰昭格行祠[4]。縣尹昝子和有記，見《藝文》。今廢。

净光寺，治西。宋建，康熙五[5]年重修。

龍臺寺，治北，宋紹興中建。

超果寺，治東。元至正間建，康熙六年知縣江昆淶重修[6]。

章邦寺，治北十五里。天順間建。明末，僧月現脫化於此，詳見《仙釋》。

上乘寺，治城內，宋慶元間建。

定光寺，治東十五里，天慶[7]間建。

鷲溪寺，治北五十里，元至正間建。

高院寺，治東五十里。

海門寺，治北三十里。

涪山寺，治北七十里。

曇雲庵，治西。

天禄觀，治東北，宋紹興中建。

真常觀，治北五十里。

青霞觀，治南十五里。唐開元初，道士陳大有見青霞覆山，因建觀以名。今石塔尚在。

---

[1] "玩"，二十八、五十一年本俱作"琓"。

[2] 乾隆十七年鈔本《志書》無"在"字。

[3] "竣"，乾隆十七年鈔本《志書》、二十八、五十一年本俱作"峻"，當是。

[4] "行祠"二字疑衍。

[5] 按文淵閣《四庫全書》本《四川通志》卷二十八下云："净光寺……康熙五年重修。"乾隆十七年鈔本《志書》"五"後有"拾"字，疑誤。

[6] "康熙六年知縣江昆淶重修"，乾隆十七年鈔本《志書》作"康熙陸拾年知縣江昆球重修"，疑誤。

[7] "天慶"，嘉慶二十一年本《四川通志》卷四十二作"皇慶"。

大士閣，治南郊。

名宦

董淑封，隋開皇四年爲鹽亭令，有惠政。常遊鳳凰山，後人思之，號爲董淑山。

李匡遠，唐開元中爲鹽亭令。捕盜勤勞，時號健令。

扈元[1]，宋永泰令。興學重教，有善政及民。

趙希著[2]，宋嘉定間任，以顯謨閣丞出宰本邑。恤民興利，德[3]洽人心，去思不泯。

吳昌衍，明進士，宣德間知縣。勤恤民隱，因地制[4]賦，甚協人心。後徵入爲御史，陞四川參政。

陳琬[5]，明成化間由監生知鹽亭。剛直有才，邑路去保寧甚遠，夫役苦之。議南部民出柳邊驛接[6]迎，又申免戍邊民丁，邑人至今頌其功德。

胡進律，明正德由舉人除爲鹽亭令。剛介明敏，創修城池，爲邑保障。時鄢、藍猖獗，賴以固守云。

李紹先，江西人，明崇禎中知鹽亭。流寇陷邑，縛執紹先，不屈死。贈光禄大夫，廕一子。祀名宦。

雷轟，明貴州都匀人，由監生知鹽亭。勤慎有聲，賑荒多所全活。陞雲南北勝州。祀名宦。

梁一桂，明廣西懷集人，由舉人知鹽亭。政尚簡静，百事振修。祀名宦。

張寬，湖廣應山人，知鹽亭。政期平恕，時值兵燹，禦備得宜[7]，上下稱善。

---

[1] “元”，二十八、五十一年本俱作“充”，二十八年本又云“充一作元”。

[2] “著”，明萬曆四十七年序刊本《重脩潼川州志》卷十二作“普”。

[3] “德”，乾隆十七年鈔本《志書》作“得”。

[4] “制”，乾隆十七年鈔本《志書》作“利”，疑誤。

[5] “琬”，或作“玩”，乾隆十七年鈔本《志書》作“光”。

[6] “接”，乾隆十七年鈔本《志書》作“按”，疑誤。

[7] “禦備得宜”，明萬曆四十七年序刊本《重脩潼川州志》卷十二作“保障得宜”，二十八、五十一年本俱作“供億得宜”。

節烈

蘇氏，明鹽亭縣民陳子剛妻。年二十四歲，子剛卒，時妊方数月。後生男名魁，撫之成立，以節終。

伏氏，明鹽亭[1]人雷曷妻。年二十七[2]，曷卒，無子守制，孝養翁姑。壽至八十。

許氏，明鹽亭民何瑛妻。年二十二歲，瑛卒，養翁姑，撫幼子名溥長能立家，延生四孫。壽八十二卒。

文氏，明鹽亭[3]民李通妻。二十四寡，只三女。治家勤儉，孝養翁姑。壽九十。

周氏，明鹽亭庠生顧蕭妻。二十五，蕭遊學營山，賊執。周孀居，撫育二子成立。次子顧邦皞，授閬鄉尉。周壽百歲有餘卒。

孫氏，明鹽亭顧鼎妻。年二十，鼎卒。孫貞静自守，甘貧至老。壽九十有五。

黄氏，明鹽亭周環妻。孀居守節，享年百有五歲。萬曆初，縣令蔣其才、王世充詣黄門，見其康寧，聞於撫按，給米肉衣帛，仍扁其門曰"百年人瑞"。

鄧氏，本朝潼川人，適鹽亭庠生許鴻儒。病篤，父七十，母七十，餘二子襁褓。儒[4]泣曰："我死，諸孤固不望成人，但恨家貧，親老無人供養。"言罷淚下而殁。妻治殮畢，紡[5]績爲資，以供甘旨，事舅姑猶夫在時。扶[6]二子成立。二十年來，閭里以孝婦慈母稱之。

袁氏，本朝鹽亭人，庠生張玫妻。玫病危，呼袁訣曰："身後事，吾不能爲女預計也。"袁曰："君以家貧子幼乎？有妾在。"乃截指示[7]。撫子成立[8]，苦節自堅，閭里咸高其節。

---

[1] 乾隆十七年鈔本《志書》"鹽亭"後有"縣"字。
[2] 乾隆十七年鈔本《志書》"二十七"後有"歲"字。
[3] 乾隆十七年鈔本《志書》"鹽亭"後有"縣"字。
[4] "儒"，乾隆十七年鈔本《志書》作"鴻"。
[5] "紡"，乾隆十七年鈔本《志書》作"訪"，疑誤。
[6] "扶"，疑當作"撫"。
[7] 乾隆十七年鈔本《志書》"示"後有"信"字。
[8] "立"，乾隆十七年鈔本《志書》作"人"。

人物

嚴昌文，唐時，歷官御史，以言事不合黜爲合江令。卒於官，葬合江，號端正公墓云。

嚴震，唐時，與兄侁登進士。詞氣豪贍，仕至屯田侍[1]郎。震任尚書左僕射，進同中書門下平章事，爲國棟梁，勳[2]名盈於旂常。継爲興鳳團練，興利除害。建中間，韋禎[3]狀其治行爲山南第一。德宗幸鳳[4]天，進封太保。卒諡忠穆。

嚴礪，唐時，震之從祖弟。貞元十五年以興利刺史兼御史大夫，後爲山西道節度使。寬明儉約，嘗疏嘉陵江、通澧[5]水以溉民田，州民德之。元和元年以檢校尚書左僕射移東川節度使。平劉闢，拔劍門，守險坊[6]居一省之先。

牟衮，宋時，字君華，端拱元年進士[7]。少負奇[8]志，嘗受學於普[9]多岳，以文章著名。後累官翰林學士，天禧間致仕。著書自娛，有詩文行於世。其後用中、義元[10]、積中、學元[11]兄弟先後中省試，號一門四桂[12]。

任伯傳，宋時，皇祐初登進士，仕至職方員外[13]。以孝行稱，喪母廬墓，有靈芝醴泉之祥。作《叩雲亭記》。

文同，宋時，字與可。皇祐元年間以博學宏詞登進士，官至湖州太守。興利除害，不避權勢，超然自適。善詩、文、篆、隸、行、草、飛白，又善畫竹。文彥博奇之，曰："襟懷洒落，如晴雲秋月，塵埃不到。"司馬光、蘇軾尤加敬重。官太常博士、集賢校理，歷知陵、洋、湖、陳四州。所著有《丹淵集》。本朝成都知府

---

〔1〕"侍"，乾隆十七年鈔本《志書》作"仕"，疑誤。

〔2〕"勳"，乾隆十七年鈔本《志書》作"黜"，疑誤。

〔3〕"禎"，乾隆武英殿本《新唐書》卷一百五十八作"楨"。

〔4〕"鳳"，二十八、五十一年本俱作"奉"，當是。

〔5〕"澧"，乾隆十七年鈔本《志書》作"禮"，疑誤。

〔6〕"坊"，二十八、五十一年本俱作"功"，當是。

〔7〕"端拱元年進士"，明景泰本《寰宇通志》卷六十六作"宋端拱二年陳堯叟榜"，當是。

〔8〕"奇"，乾隆十七年鈔本《志書》作"其"，疑誤。

〔9〕二十八、五十一年本"普"後俱有"州"字，當是。

〔10〕"元"，二十八、五十一年本俱作"先"。

〔11〕同上。

〔12〕"桂"，乾隆十七年鈔本《志書》作"柱"，疑誤。

〔13〕"外"後疑脫"郎"字。乾隆十七年鈔本《志書》作"職方員方"，疑誤。

翼[1]應熊過其里，大書"晴雲秋月"四字，刻於石。

土產

鹽、牡丹、天門冬、茱萸、棗[2]。

---

〔1〕 "翼"，疑當作"冀"。

〔2〕 乾隆十七年鈔本《志書》於書末另有"乾隆拾柒年　月　日，署知縣胡華訓"二句。

乾隆二十八年本鹽亭縣志

鹽亭縣志卷首[1]

鹽亭縣志序

余曩時讀杜少陵《行次鹽亭》詩"雲溪花淡淡，春郭水泠泠"之句，意其山川風景足以尋遊選勝者，輒神往久之。乾隆丙子春，余承乏巴西，取道鹽亭，登臨憑眺，峰巒縹渺，流水溶溶，始憶文與可所云"高山曾受杜陵知"，固自有心賞也。夫鹽亭介潼、綿、果、閬之間，雖蕞爾邑，然諸山環列，左瀰江而右梓水，若襟帶然，足稱名勝。獨詢其邑志闕如，俾古蹟湮没，無所稽覈。蓋嘗攷崇禎丁丑十月，流寇猖獗，迨順治乙酉、丙戌，獻賊兩至鹽亭，尋走西充之鳳凰山，爲劉進忠一矢所殪，而毛西河《後鑒録》謂就戮於鹽亭之鳳凰坡者，譌也。當是時，他邑各鳥獸散，而鹽人獨重去其鄉，守死勿離，至今猶多土著。第歷經兵燹，典籍罕存，蓋自是而鹽邑之志已多零落山丘之感矣。越數十年，而邑人張槎齋泊前令吳竹城各有紀述，然尚有缺略，不足以備參攷。乾隆壬午歲，邑令董君恐久而失傳，廼旁蒐博採，編輯成帙，付之剞劂，庶幾山川、人物、政事、文章堪備掌故焉。夫鹽邑固川北名區，自隋、唐、宋以來，《宦蹟》《賢蹤》若董叔封、嚴忠穆、文與可諸人，聲稱卓卓，至《藝文》所載，如李青蓮、杜少陵以及司馬涑水、趙清獻、范文忠、王半山、蘇東坡、穎[2]濱諸公，不産於鹽而詞翰有關於鹽者，皆得備録，從程篁墩新安之《文獻志》例也。於虖！建置沿革亦何常之有？鹽亭本廣漢宕渠故地，然其始稱郡漢延熙中，分廣漢爲四。其守令政績以及俊瑋倜儻之士，或播功立事，羽儀上京；或貞

---

〔1〕 按原文本無"鹽亭縣志卷首"，今據目録補足之。

〔2〕 "穎"，或作"潁"。

良節烈，鄉曲垂芳；或自負不羈，甘心隱遯，見於常璩之《華陽國志》者，自漢迄晉，所在多有。而果郡亦稱宕渠，即《通志》所載劉全白指彰明爲廣漢。今昔人地之同不同，未可知也。噫！安得如陳承祚其人者，傳之《耆舊》而補鹽志之遺闕也哉？癸未春，余行部詣鳳山講院，適董君以邑志參證，沉吟數四。第見山翠襲人，滿郭皆青，猶想像杜少陵“馬首見鹽亭”時也。乾隆二十八年歲次癸未孟春中澣九日，川北道劉益序。

董夢曾序

歲乙亥，余初膺夔之奉節符，受事後，吏以邑志呈，戔戔數弓。猶憶曩披輿圖，見夫夔踞白帝之衝，下瞰大江，瞿塘、灩澦、赤甲、白鹽之險，聖姥、麝香、七曜、八陣之奇，昭烈、忠武之所憑依，少陵、太白之所游息，李衛公、劉夢得、王梅溪、陸務觀之所化理。而魚復爲附郭邑，一切山川、人物、政事、文章，意其紀載不知若何宏鉅，而廼戔戔如是，可勝於邑。竊欲補綴，尋以疾解龜去，未逮也。詎知洎庚辰補視鹽亭篆，詢邑乘，并所爲戔戔者且自昔闕如，益增切怛矣。夫簪筆濡墨，遐稽周咨，以備一邑掌故，守土者之責也。聚族於斯，而使文獻無徵，名勝淪亡，亦士君子之羞也。鹽雖丸邑，未能如魚復之勝，而爲廣漢、宕渠故地，東關、永泰併入，其一切山川、人物、政事、文章，夫豈無可以輝映耳目、照徹今古者乎？我國家承平百餘年，而猶藉口獻賊一炬，聽其沉没漸滅，終與草木同朽也。已獲邑先達張槎齋所輯《志略》，偶記數則，未遑倫敍。及前令吳竹城所存《志稿》，亦惟依舊略敍，未及細核。且前此者多缺，後來者罔聞，抑猶[1]悲矣。最後得明志一册，漫漶舛錯，首尾俱亡，未詳纂自何時何人，約爲嘉靖中物，距今二百餘年矣。其間缺略，又曷可勝道？亟謀諸學博呂君、傅君暨邑之紳士，廣蒐博採，訂譌補遺，彙成一編。延及壬午，爰始開雕。自茲以還，鹽邑有志矣。雖然，更僕以數爲字，亦無幾耳。鹽本小邑，無大可紀。且愚以爲邑志，志一邑也。藉使羅取寓内所大公，不專於一邑，且可以移之邑[2]邑者，附會雷同，誇多鬭靡，徒欲粉飾觀聽，震驚庸俗，是郡志、通志、一統志矣，何邑志之云？以故鹽雖有志乎，夫亦猶愧戔戔焉耳矣。乾隆壬午八月既望，山左董夢曾魯齋甫序。

---

〔1〕"猶"，五十一年本作"可"。
〔2〕"邑"，五十一年本作"他"，當是。

誌略舊序

　　士不越鄉井，而瑰節高文榮於當世，耀乎來茲者，即志其人，兼志其地，紀幸也。雖然，人與地繫於志，而所以顯晦乎志者，有時爲之焉。吾鹽亭，古廣漢地，其志閱纂傳原有成書，緣獻賊亂蜀，郡邑志悉付之灰燼中。予宦遊久去其鄉，間嘗稽古昔典型，輒生浩歎。時披視輿圖，如鳳凰、紫金、龍固、鵝溪，宛宛其如見也。及見當年之趙雲卿、文與可諸君子，而冥與之契，故嘗錄得先賢往喆所經行、所瀏覽、所題識，凡詩若文，自北而南，罷馬敝車無長物，惟此相晨夕，庶幾涉四方猶如故都也。昔先大人令真州時，曾鐫《丹淵》一集，乃與可舊帙也，後旋失之。茲《誌略》一書，如不謀之剞劂氏，其何以謝先大夫？何以謝吾鹽諸君子？昔袁公安束陶周望云：“徐山陰[1]老年詩文，幸爲索出，倘[2]一旦入醋婦酒媼之手，二十年雲山泠落，此非細事[3]。”嗟乎！人有可與志者，前之人莫與志之，前人之過也。前人有其志之，脫或世代升沉，霞煙霏森，遂謂此繫乎時，而坐令大雅銷亡，風流衰歇，此其過前之人，恐不任受。茲《誌略》之役，以云侈宦績，可已也，若以壽邑志、廣先獻而因之與時俱顯，未可以已也。矧與可有言：“夜向德星橋上望，仰高鄉衮有餘思[4]。”則予今日之於諸君子，殆猶與可昔日之於鄉衮已。夫諸君子有知，謂予爲略而多所遺，其惡敢贅辭以辨？時康熙丙辰歲端陽，邑人張泰階槎齋父題於濡須署中。

---

　〔1〕“徐山陰”，明崇禎二年武林佩蘭居本《袁中郎全集》卷二十三作“徐文長”。

　〔2〕“倘”，明崇禎二年武林佩蘭居本《袁中郎全集》卷二十三作“恐”。

　〔3〕“二十年雲山泠落，此非細事”，明崇禎二年武林佩蘭居本《袁中郎全集》卷二十三作“二百年雲山，便覺泠落，此非細事也”。

　〔4〕按此詩《丹淵集》未載，《全蜀藝文志》卷十六收爲“楊廷和”作。此本未標明作者，五十一年本收爲“文同”作。

顔堯揆序

　　誌者，志也。郡邑皆有志，志其建置、封域以及風俗、田賦、山川、人物諸例，而以藝文殿其後，斯所謂志也。曾見吾鄉曹能始先生志天下名勝百餘卷，唯蜀最詳。蓋先生宦蜀十八年，或親歷其地，或捘考遺文，全蜀之奇觀畢備，而藝文鮮及。茲徵翁張老大人手録《古鹽誌略》一書，其義何居！鹽亭爲西川[1]名區，昔固有志，因明季獻賊蹂躪，各郡邑志乘悉付祖龍一炬矣。徵翁太翁碧潭先生以名勝古蹟、山川人物猶有載於《一統》《廣輿》諸志，獨藝文無復存者，咨歎扼腕，捘拾舊稿及《丹淵集》，藏之行篋中如宗譜然，惟恐散失。徵翁承先志，取次編輯，付之剞劂，爲桑梓鄉先進謀不朽，其有功於古鹽之風雅藝林匪小也。乃屬揆序簡端。揆疎陋寡聞，安敢爲斯志辱？又分不能辭，因考古鹽先代人物，如嚴忠穆之事業彪炳，則見之杜甫詩、宋祁《傳》；趙徵君之清高卓越，則見之李白詩，又見蘇頲對唐睿宗曰："李白文章，趙蕤術數。"其藝文不少概見。惟文湖州與可，若詩若記，皆奇特迥異。人僅知與可善畫竹，而不知其文學之優贍如此也。亦如王右軍、米南宮，皆以書學之術掩其經濟文章耳。幸與蘇長公中表至善，互相欽重，故其詩若記與長公之贈與可者，連篇纍帙，一一採輯而表揚之，徵翁亦可稱爲與可千古知己矣。茲并諸名公所題咏，《名勝志》[2]録梓靡遺，俾後日之修《古鹽全志》者，必以徵翁之《誌略》爲校定。則徵翁與碧潭先生允矣爲古鹽之風雅藝林功不小也，能不與古鹽之先進竝勒金石哉？康熙十五年丙辰重陽，舊属吏閩温陵顔堯揆孝敘拜手題於須江旅邸。

---

〔1〕　"川"，五十一年本作"蜀"。
〔2〕　指（明）曹學佺《大明一統名勝志》。

志略舊跋

西蜀自獻逆焚刼之後，凡文獻圖書，片紙無存，真千古奇厄也。康熙甲辰歲，余待罪嶺南，於灌陽陸生案頭塵土寸積中，見有《西蜀藝文全集》，共二十本，乃升菴楊太史手訂也。亂離之後，忽覯故物，驚喜如狂。後至京邸[1]，謀之同鄉李子静翁，欲約我同人共爲翻刻。後因滇、黔報急，遂爲中止。予恐其久而湮没，先將吾鹽摘出，附以聞見所及，彙爲小帖，以付剞劂。其中有鹽人而留題於外邑，或外邑之士大夫文詞有關於鹽者，皆得并録，蓋從楊太史修《蜀志》例也。其山川人物，或聞見所未及，一時遺忘者，缺略尚多，統俟後之修志君子詳加續補可也。泰階識。

---

〔1〕 "邸"，五十一年本作 "師"。

志稿舊序

　　天文則星野列觜、參之介，地理則山川擅麟、鳳之秀，人才則嚴氏竹林，德星聚焉。趙徵君《長短經》無傳矣，文湖州《丹淵集》至今膾炙。又若孝義忠貞，行誼卓犖，騷人過客，文采風流。科名之盛事猶傳，循良之去思未泯。文獻足徵，豈容缺然？我皇上德威遐布，海隅日出之鄉，罔不隸版圖，奉正朔。《統志》垂成，行將跨漢唐而軼三代，猶且博採逸事，搜訪遺書。部檄絡繹下州縣，苟有片善，皆得附青雲而顯後世。乃前此奉旨修志，而鹽猶闕焉，何歟？或曰："獻賊灰燼後，文獻寥寥，千百存什一耳。"余喟然曰："不愈於并什一而亡之耶？"初得張槎齋《先輩志略》，已得大概，再得《潼川州志》，又得《全蜀總志》，因搜邑中殘碑斷石，并集所見聞，倣《總志》體，手自抄錄，彙成六卷。蓋省志宜簡，邑志宜詳，況秦焰遺編，墨金字絹，寧蹈濫竽之譏，毋致遺珠之嘆。倘有脫略，以俟君子焉。後之覽斯編者，庶幾考而知之。曰某山某水經某題咏，某寺某觀留某轍迹，某也循吏，某也才人，某也以科第功名顯，某也以文章節義傳。登高而臨流，撫今而弔古，其必有慨然而興起者，或亦鼓人心、移風化之一助也。是爲序。時康熙三十六年丁丑孟秋月，文林郎知鹽亭縣事今陞奉直大夫河南直隸汝州知州東浙吳宏竹城氏撰。

凡例

一、修志者每撮四字，約載幾景，無景亦必强合，此常例也。鹽邑本無嬙景，論景隨在皆是，何必特立其名，定拘其數？向有十景，兹俱刪却。

一、修志者每類必冠以小序，末云作某志，此常例也。間有志語無多，而序幾相等，且多浮詞陳言，儘可襲取，意仿龍門。然子長亦袛總序數語，不若後人之類序紛紛也。兹惟志首總序，各切本志語，無泛設，餘以類從，不復序。

一、每類中有疑義宜析、餘意宜補者，不得不著按語，但惟期明盡而止。或長或短，或大書或小書，各隨所宜，不拘一律。若義已無疑、意已無餘者，則不强贅。

一、鹽邑祀名宦、鄉賢者各十數人，其餘有稱名賢未入祀者，如單標名宦、鄉賢名目，則未入祀者恐嫌於不在名賢之列。兹袛以《宦績》《賢蹤》紀其事實，其入祀者各載本名下，不另標。

一、節孝業經旌表建坊者固必載入。其有節孝屬實，與例相符，前已登記，衆論僉同。即未及建坊旌表，亦附載之，否則不敢濫入。

一、風俗或有異於他邑，或他邑所無而爲鹽邑所獨者，載之。其餘歲時節序、冠婚喪祭與他邑大都相同者，一概不載。

一、物產或爲他邑所不盡有，或雖有，不如鹽邑之著且良者載之。其餘九穀百蔬、花果竹木、羽毛鱗甲，到處皆有者，一概不載。

一、藝文必關鹽人、鹽地者乃錄之。其餘鹽人爲他邑作者，無關本邑，以及詩賦之泛詠者，雖多佳章，不錄。至所錄者，間有譌誤，無從考證，閱者諒之。

一、修志者每在外設局，分手協纂，甚有狗情納賄、致滋物議者，殊失公道，令人赧顏。夫志與史同，以嚴爲貴，兹則概存署內，若筆若削，惟由寸衷，考核敘次頗費苦心。

一、鹽志久缺，采訪伊始，曉人最尠。至不獲已，躬親經歷，甚從蠹簡泐石、呡口竪眼中摻索一二，遺漏實多。即如環鹽皆山，而著名寥寥。故所纂止四卷、三志、四十六類，每類各留其餘，以待續補，幸將來者有同心焉。

修志姓氏

總裁

四川分巡川北道　劉益

四川潼川府知府　劉建吉

纂修

鹽亭縣知縣　董夢曾

校閱

鹽亭縣教諭　呂嘉元

鹽亭縣訓導　傅商賓

督刊

鹽亭縣典史　劉繼瑚

采訪

鹽亭縣貢生　任璜

貢生　楊冕

廩生　胥耀祖

廩生　顧東閣

增生　王良臣

附生　顧琛

附生　王廷碧

附生　王銘可

附生　趙崇岱

附生　張炘

繕稿

鹽亭縣吏書　馬騰龍

助梓

温江縣教諭　岳中

候選州同　張士枚

候選州同　張士標

武舉人　江文煦

武舉人　達貫一

武舉人　顧思貞

雲南禄勸州吏目　王廷颸

廩生　勾翀鳳　任碩彦　王祖望　顧東閣

增生　霍九峰

附生　胥登選　潘時中　張士棋　王家麟　顧照宇　趙崇岱　杜華松

武生　趙宏碧　桑培

監生　杜宏道

贊禮　金聲　李藝

約正　王基

童生　顧大本

鹽亭城圖

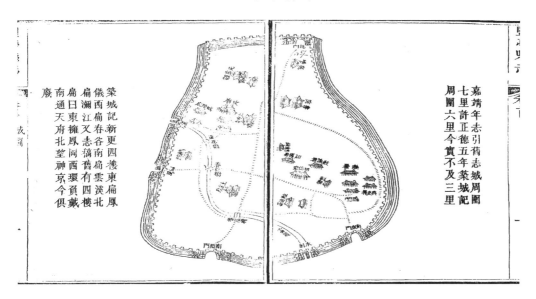

築城記新更四樓東扁鳳
儀西扁春谷南扁雲北
扁溯江又志搞舊有四樓
扁日東擁鳳閣西環貢
南通天府北堊神京今俱
廢

嘉靖年志引舊城周圍
七里許正德五年築城記
周圍六里今實不及三里

鹽亭輿圖

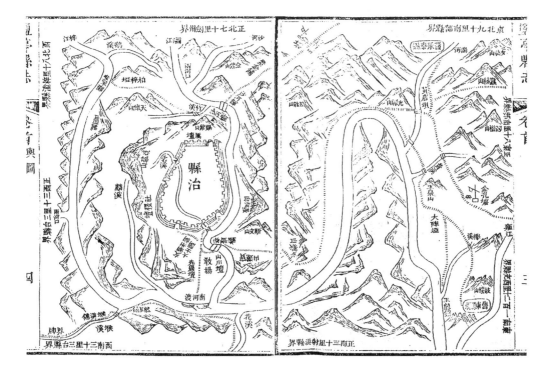

鹽亭縣志總目

鹽亭縣志卷之一　輿地志

鹽亭令董夢曾纂

　　粤自景運開於中天，王土不遺尺地，故彈丸蕞爾，盡入版圖，輶軒來茲，亦容車轍，輿地固應有志矣。其間疆域形勝，均歸柔祇之中；山川城池，不踰坤載之上。以及賦役、倉貯、廟壇、學校、郵傳、津梁等類，何一非輸自下土，托處大矩也者？縷縷專志，其繁已甚。至於星野，雖昉《周禮》，或多致疑。且一度所覆，何窮偏隅，豈得獨擅專志？更無謂矣。是以《遼史》不志天文，極爲有見。況星分之野，亦猶是地也，統諸《輿地志》可矣。志凡二十一類如左：星野、建置、疆域、形勝、山川、古蹟、城池、賦役、倉貯、課稅、廟壇、學校、坊表、廨舍、郵傳、塘汛、津梁、關隘、鄉場、丘墓、寺觀。

星野　輿地一

　　鹽亭縣，觜、參之次，入觜一度。《志略》云：“主參一度。”

　　按：在天一度，或云統地二千五百餘里，或云三千九百餘里，本不必志。志此者，太倉之稊米爾。馬宛斯云：“分野之説，古人每詳言之。《周禮》保章之職既難考論，而見於《左氏內外傳》者，猶可類推也。武王克商，歲在鶉火，故伶州鳩曰：‘歲之所在，我周之分野也。’則鶉火爲周分矣。晉文即位，歲受實沈，故董因曰：‘晉人是居。’則實沈爲晉分矣。襄二十八年，歲淫玄枵，禍衝鳥尾，周、楚惡之，則鶉尾爲楚分矣。昭十七年，星見大辰，梓慎知宋、鄭之災，曰：'宋，大辰之虛。'則大火爲宋分矣。獨其説有可疑者，星紀北而吳、越南，井、鬼南而秦則西，虛、危在北，齊表東海，降婁属西，魯宅曲阜。或又以受封之始，歲星所在爲説，然有絶而復續者，封日既異，前星又[1]可據乎？夫春秋、戰國，地域變遷。三晉未分，晉當何區？秦拔西河，魏當何属？周未東遷，何故已直鶉火？陳滅於楚，何自而入韓分？天道在西北而晉不害，越得歲而吳乃[2]受其凶，皆以歲星所在言之也。然豕韋實衛，晉何以吉？吳、越同野，吳何以凶？衛既水属，何故與宋、陳、鄭同火，而裨竈先知之？顓頊之虛，姜氏、任氏實守其祀，是又齊、薛之分矣。且中國幾何？蠻夷戎狄豈日星所不臨哉[3]！此皆不可曉者[4]。"又祝枝山云："下洋兵鄧老爲予言，向歷諸國，惟地上之物有異耳。其天象大小、遠近、顯晦之類，雖遠國視之，一切與中國無異。予因此益知舊以二十八舍分隷中國之九州者，謬也[5]。"

建置 輿地二

鹽亭縣，本漢廣漢縣地，王莽改名廣信，後漢復名廣漢。梁置北宕渠[6]郡及縣，西魏恭帝改郡、縣，俱名鹽亭。隋開皇初郡廢，鹽亭縣属新城郡。唐属梓州。宋属潼川府。元因之，至元間省東關、永泰二縣併入鹽亭。明降潼川府爲州，属潼川州。皇清因之，雍正十二年陞潼川州爲府，鹽亭縣属焉。

疆域 輿地三

鹽亭縣，在府東北一百二十里。東西廣一百一十里，南北袤一百里。東至保寧府南部縣界八十里，東北至南部縣界九十里，北至保寧府劍州界七十里，西北至直

---

〔1〕 文淵閣《四庫全書》本《左傳事緯前集》卷六 "又"後有 "豈"字。

〔2〕 文淵閣《四庫全書》本《左傳事緯前集》卷六無 "乃"字。

〔3〕 "且中國……不臨哉"，文淵閣《四庫全書》本《左傳事緯前集》卷六在前 "何自而入韓分"句後。

〔4〕 見馬驌《左傳事緯前集》卷六，亦見《繹史》卷一百五十一。

〔5〕 見《説郛續》卷十三《枝山前聞》。

〔6〕 "北宕渠"，《志書》作 "白巖渠"，疑誤。

隸綿州梓潼縣界八十里，西至本府三台縣界三十里，西南至三台縣界三十里，南至本府射洪縣界三十里，東南至順慶府西充縣界一百二十里。

形勝　輿地四

鹽亭縣千山雄峙，萬壑競流。介潼、綿、果、閬之間，居然鎖鑰；達西秦、北燕之道，儼若咽喉。東永泰而南東關，幅幀之錯布如繡；左瀰江而右梓水，襟帶之迴繞若環。洵北川之要區，實西蜀之巖邑。果州，今順慶府。

山川　輿地五

董叔山　城東數步，瀰江東岸。孤峯壁立，上有樹數百株，隋縣令董叔封嘗遊宴於此，後人思其德，名董叔山，一名董政山。山上舊有亭，名潺亭，故又名潺亭山。俗名鳳凰山。

賜紫山　城北門外數步。因隋主賜張峻夫紫袍於此，故名。上有梓潼神祠，士民祈嗣多應，故又名賜子山。

斯文山　城東數十步，特起一峯。與董叔山相連，與寶蓮山相映。

負戴山　城西一里，高五里。自劍門南來，起伏四百里，至此而蹲。一名高山，杜詩“高山擁縣青”是也。

寶蓮山　城東南一里。爲學宮，面山。明嘉靖二十四年，知縣劉演創修石塔[1]一座，爲學宮文峯，久廢。塔基尚存，周植樹數百株，又建亭一座。乾隆二十二年撤毀，惜哉！

永樂山　縣東南二里。上有叩雲亭，今廢。

光禄山　縣東十里。杜工部有《光禄坂行》，見《藝文》。

金紫山　縣北十里。相傳因唐嚴忠穆公兄弟貴顯，有光禄金紫之榮，故名。又名紫金山，宋寶祐二年西川帥余晦城紫金山，即此。

玉屏山　縣北十里，瀰江之上。狀如玉屏，故名。

三臺山　縣西十里。

玉龍山　縣東北十里。

---

〔1〕　“塔”，五十一年本作“塔”，當是，後同。

五面山　縣北二十[1]里。五峯秀出，故名。

天禄山　縣北二[2]十里。山麓有東嶽廟，内有"天禄寶山，岱宗嶽府"八字扁額，前題云"至治改元太歲辛酉"，後云"張嗣成書"。按：至治，元英宗年號也。其字亦尋常俗筆，舊傳隋張峻夫書，訛也。

駙馬山　縣西北二十里，有慈孝元[3]妙真人祠。

衣禄山　縣南四十里。

二龍山　縣西北五十里，今柏梓埡[4]。

龍峯山　城東五十里。

麒麟山　縣東南五十里，今大碑埡。

玉泉山　縣東南五十里。

金峯山　縣南五十里。

金龜山　縣北六十里。

蠶絲山　縣東北[5]六十里。《九域志》："每歲[6]上春七日，遠近士女多遊於此[7]，以祈蠶絲。"故名。

龍固山　縣西北七十里。山勢高聳，四面陡絶，可以固守，故名。

九臺山　縣西北七十里。

轉機山　縣東八十里。山峯玲瓏透巧，故名。

女徒山[8]　縣東北八十里。《寰宇記》："在永泰縣東二十里，其山從閬州新井縣界來。相傳昔有女徒千人，自通泉縣康督井行役，遇賊，乃於山頂結寨捍禦，遂以破賊。後人置祠祀之[9]。"故名。閬州，今閬中縣。新井併入南部縣，通泉併入射洪縣。

天台山　城東南九十里。

鼓樓山　縣東南一百二十里。《九域志》："東關縣有鼓樓山。"《輿地紀勝》："在永泰縣東

---

〔1〕 五十一年本"十"後有"五"字。

〔2〕 "二"，《志書》作"三"。

〔3〕 "元"，或作"圓"。

〔4〕 "柏梓埡"，《鄉土志》作"柏子埡"。

〔5〕 "東北"，五十一年本作"西北"。

〔6〕 文淵閣《四庫全書》本《元豐九域志》卷七無"歲"字。

〔7〕 "遠近士女多遊於此"，文淵閣《四庫全書》本《元豐九域志》卷七作"遠近士女遊於此山"。

〔8〕 "女徒山"，文淵閣《四庫全書》本《太平寰宇記》卷八十二作"徒女山"，疑誤。

〔9〕 "在永泰……祀之"，文淵閣《四庫全書》本《太平寰宇記》卷八十二作"在東二十五里，其山從閬州新井縣界來。故老相傳昔有女徒千人於通泉縣康督井配役，遇賊於此山，乃於山頂置柵禦捍，遂破其賊。俗爲之置祠"。

南，山聳三台，水盤七曲，高五十餘丈[1]。”相傳前蜀時營鼓樓，置烽火於此，故名[2]。上有昭格行祠、張右丞祠。

龍翔山　城東南一百二十里，上有天禄觀。

龍鳳山　縣東南一百二十里。

石馬山　縣東南一百二十里。

石牛山　縣東南一百二十里。有泉，夏不溢，冬不涸。

啟文山　縣東南一百二十里。

梓江　自梓潼縣來，經縣南三里合瀰江，至射洪縣入涪江。按：梓江即宕渠，蓋江中多石灘，自安家灘以下尚可通舟，以上宕舟難行。故今縣治即北宕渠郡治，縣西北許家壩即西宕渠郡治，皆近江干。後世因自梓潼縣來名梓潼江，失其本矣。一名白馬河。

瀰江　自劍州來，經縣東南門外，西南流三里合梓江，至射洪縣入涪江。

雍江　自西充縣來，經鹽亭大唐[3]寺、舊東關縣，流至射洪界入涪江。一名楊桃溪。

湍河　自南部縣來，發源岨井之旁，流經舊永泰縣黃店壩、孫家埡，入梓江。其流急湍，故名。

沙河　自閬中縣來，經南部縣界，至鹽亭城北兩河口合瀰江，流入梓江。

雲溪　源出負戴山飛龍泉，雲從龍，故溪以雲名，杜詩“雲溪花澹澹”是也。流經城內蓮花、春谷、德星三橋下，至城外入瀰江。乾隆二十七年新疏。

麟溪　縣西五里。相傳蜀王建時有麟見於此，故名。流入梓江。

花溪　縣南五里。其地多花，故名。流入梓江。

竹溪　縣北十里。其地多竹，故名。流入瀰江。

堠溪　縣西南二十里。以近斥堠，故名。流入梓江。

黃溪　縣東南四十里。以在黃家村，故名。流經廣善橋，至亭子庵入梓江。

櫸溪　縣東南五十里。岸多櫸木，故名。流經中峯橋，至玉龍鎮入梓江。

鵝溪　縣西北八十里。其地舊產絹，文與可詩“持將一段[4]鵝溪絹”，蘇東坡詩“爲愛鵝溪白蠒光”是也。相傳昔有仙鵝飛集於此，舊有仙鵝池、叩鵝山、鵝宿潭、金鵝鎮，今俱無考。按：溪上山形前銳後闊，似鵝首，因名鵝溪耳，無他奇異也。山右偪臨梓江，溪水流入。成都守冀應熊書“鵝溪流韻”四大字於瀰江上賜紫山壁，誤矣。

---

〔1〕“在永泰……餘丈”，清影宋鈔本《輿地紀勝》卷一百五十四作“在永泰縣東北，上有三層，高五十丈”。

〔2〕按蓬溪縣亦有一鼓樓山，清影宋鈔本《輿地紀勝》卷一百五十五云“在蓬溪縣北十里……王蜀時嘗置鼓樓烽火於其上，故名”，縣志所載疑有錯亂。

〔3〕“唐”，或作“塘”。

〔4〕按此本作“叚”，係段字異體叚字之誤，逕改之，後不出注。

浴丹泉　董叔山下。易玄子浴丹於此，故名。水甚甘潔，流入瀰江[1]。

飛龍泉　負戴山半。水甚甘美，土人以爲瓊漿。流爲[2]雲溪。

蟠龍泉　負戴山半。相傳昔有雲氣覆之，龍蟠其中，故名。每旱，取水禱雨輒應。流經虎洞橋下，至龍門橋合雲溪，入瀰江。其水澄清如鏡，味甚甘美，飲之涼氣入骨，杜詩“春谷水泠泠”是也。一名春谷泉。

龍吼泉　縣東南五十里玉泉山上。泉水湧出，聲如龍吼，故名。灌山下田數百畝。

老陂潭　春聚橋下。水深丈餘，旁有石穴，可容人入，直通負戴山上紫微仙洞。又名魚藏。

龍潭　縣東八十里。相傳有烏龍洞，古木蟠繞，叩之風雨即至。其中有泉，大旱不涸，灌田數百畝。

古蹟　輿地六

北宕渠故城　今縣治。《元和志》：“本漢廣漢縣地，前梁於此置北宕渠郡及縣，後魏恭帝改郡、縣，俱名鹽亭。以近鹽井，故名[3]。”《隋志》：“文帝開皇初廢郡，鹽亭縣屬新城郡。”即今潼川府。

西宕渠故城　《寰宇記》：“在鹽亭西北三十二里安樂村。”李膺《蜀記》：“劉宋文帝元嘉十九年，置西宕渠郡，領縣四。梁武帝天監中廢[4]。”《齊志》：“西宕渠郡領宕渠縣。”今許家壩。

東關故城　《名勝志》：“在鹽亭縣東南[5]百里，今名東關市。”《寰宇記》：“本鹽亭縣雍江草市也。蜀明德四年以其地去縣遠，爲寇盜盤泊之所，因割樂平等三鄉立招葺院。宋太祖乾德四年升爲縣，取古東關地之名，從知州張澹[6]之請也。”《齊志》：“西宕渠郡有東關縣。”梁、魏時廢，宋復置[7]。“元至正二十年，併入鹽亭縣[8]。”今金雞場。

永泰故城　《元和志》：“本漢充國縣地，唐高帝武德四年分置。地號永泰，因以爲名。”

---

〔1〕“江”，五十一年本作“口”。

〔2〕“爲”，五十一年本作“入”。

〔3〕“前梁……故名”，文淵閣《四庫全書》本《元和郡縣志》卷三十四作“梁於此置北宕渠郡及縣，後魏恭帝改爲鹽亭縣。以近鹽井，因名”。

〔4〕據《四部叢刊續編》本《大清一統志》卷四百九，“梁武帝天監中廢”一句係出李膺《蜀記》，此句誤置於《齊志》引文之後，今逕改。

〔5〕明崇禎三年本《大明一統名勝志·四川名勝志》卷十五無“南”字。

〔6〕“澹”，文淵閣《四庫全書》本《太平寰宇記》卷八十二作“儋”。

〔7〕據《四部叢刊續編》本《大清一統志》卷四百九，“梁、魏時廢，宋復置”二句係出《一統志》本文，非出《齊志》。

〔8〕據《四部叢刊續編》本《大清一統志》卷四百九，此句係出《元史·地理志》。

《寰宇記》：“唐巡檢皇甫無逸以四境遥遠，人多草寇，遂於鹽亭及劍州黄安、閬州西水三縣界置[1]。”《九域志》：“宋神宗熙寧五年省永泰爲鎮，入鹽亭。十年，復置尉司。”《輿地紀勝》：“徽宗建中靖國初，以犯哲宗陵名改曰安泰。高宗紹興初復爲縣，尋廢。三十一年，復置永泰縣[2]。”元初省入鹽亭縣。在縣東北六十里，今舊縣壩。

　　廣漢故城　《輿地紀勝》：“在鹽亭東北十五里。”《水經注》：“漢高帝六年，置廣漢郡於乘鄉。”《華陽國志》：“廣漢郡本治繩鄉。”“置廣漢縣，王莽改名廣信，後漢復名廣漢。光武帝建武十一年，岑彭等伐公孫述，述兵廣漢以拒漢，即此[3]。”“安帝永初二年，始移治涪[4]。”今三台界。

　　高渠故城　《寰宇記》：“在鹽亭縣西六十[5]里，北臨[6]梓潼水。北周保定中置高渠郡，隋文帝開皇三年廢爲縣，煬帝大業三年縣亦廢。”併入鹽亭。一云在縣西十五里。

　　充國故城　在鹽亭縣東北。《元和志》：“西南至梓州一百四十五里。本漢充國縣地，唐分置永泰縣。”

　　方安故城　李膺《蜀記》：“靈江東鹽亭井[7]，古方安郡也。”

　　見龍樓　縣署西數步，對南東門，遥鎮西門。舊懸鐘鼓，擊之聲聞四野。高聳連雲，一邑巨觀。未詳創自何時，乾隆二十四年撤毁，惜哉！

　　潺亭　東城外董叔山上。未詳建自何時，今廢。

　　曇雲菴　城西一里負戴山麓杜工部寓室，號曇雲深處。今廢爲關帝廟。

　　叩雲亭　永樂山上，宋知縣李某建。文與可有詩，見《藝文》。《志稿》云：“在縣西南五里。”按：今縣西南五里無此處。據宋任伯傳《叩雲亭記》云：“西跨鳳山，東馳白馬。”明嘉靖間志云：“遺址尚存。”疑今縣東南二里迴龍廟地近是。

　　孝義臺　縣東南一百二十里，爲宋孝子馮伯瑜築。

　　文與可龍巖寺墨竹碑　城内小東街，今無。宋程壬孫有詩，見《藝文》。

　　文與可大元觀[8]題壁詩碑　城西南一里文公祠内，八分書，詩見《藝文》。按：大元觀在縣東北四十里文與可讀書處。既云題壁，何以鐫碑在此？疑此乃後人所摹勒也。古色蒼然，剥

---

〔1〕“唐巡檢……三縣界置”，文淵閣《四庫全書》本《太平寰宇記》卷八十二作“遂於當州鹽亭縣及劍州普安縣、閬州西水縣三縣界村置此縣”，當是。

〔2〕“徽宗……永泰縣”，清影宋鈔本《輿地紀勝》卷一百五十四作“《國朝會要》云：‘……建中靖國初，以犯哲宗陵名改安泰。’《圖經》云：‘紹興初復爲縣，未幾復廢，後紹興三十一年復置永泰縣。’”。

〔3〕據文淵閣《四庫全書》本《四川通志》卷二十七，此句係《水經注》語雜入。然覈之《水經注》，似並無此句。

〔4〕“安帝永初二年，始移治涪”，武英殿聚珍本《水經注》卷三十三作“漢安帝永初二年，移治涪城”。

〔5〕“六十”，文淵閣《四庫全書》本《太平寰宇記》卷八十二作“十六”。

〔6〕“臨”，五十一年本作“至”。

〔7〕“鹽亭井”，文淵閣《四庫全書》本《太平寰宇記》卷八十二作“鹽亭亭”。

〔8〕“大元觀”，後文蔣垣《次文湖州太元觀題壁韻》詩作“太元觀”，當是，後同。

落弗全。

吳道子畫觀音像碑　城西南一里大士閣內。像高四尺，飄飄仙舉，宛然如生。未詳其所自始。

李義府碑　《寰宇記》：“在永泰縣。”今無。

城池　輿地七

鹽亭縣城，明成化初，知縣李惟[1]中築土。正德中，知縣胡進律甃以石。高一丈六尺，闊七尺，周二里六分，計四百六十八丈。門四：北門、西門、南西門、南東門。水洞二處：一在西門之北，一在南西門之東。每處二洞。水出負戴山飛龍泉，入西水洞，出南水洞，歸瀰江。城東南臨江，西北壍土爲池。

賦役　輿地八

鹽亭縣共三鄉，現報戶口共四千二百八十丁，田地共九百七十九頃六十一畝零。中田二百六十七頃九十九畝零，徵銀七百四十五兩四錢零；下田一十八頃五十九畝零，徵銀二十五兩八錢零；中地六百一十七頃五十一畝零，徵銀一千三百五十九兩八錢零；下地七十五頃五十二畝零，徵銀八十三兩一錢零。丁糧合併，共徵銀二千二百一十四兩三錢零，遇閏加徵。

廟壇祭祀，每歲共支銀三十二兩。

知縣一員，每歲支俸銀四十五兩。衙役三十一名、民壯八名、捕役二名、仵作二名、倉夫二名、斗級一名、禁卒八名、更夫五名、舖司兵一十八名，每歲共支工食銀四百七十八兩。

教諭、訓導各一員，每歲共支俸銀八十兩。衙役共四名，每歲共支工食銀二十四兩。

典史一員，每歲支俸銀三十一兩五錢二分。衙役六名，每歲共支工食銀三十六兩。

---

〔1〕“惟”，或作“維”。

廩生二十名，每歲共支餼銀六十四兩。

以上祭祀、官俸、廩餼、役食，每歲共支銀七百九十兩五錢二分，俱於本縣丁糧銀內扣支，剩銀一千四百三十三兩七錢八分零申解。

倉貯　輿地九

鹽亭縣原貯常平倉斗穀五千二百七十二石，捐監倉斗穀一萬一千一百四十二石，共穀一萬六千四百一十四石。歷年動支一萬一千一百六十四石，實貯常監倉斗穀共五千二百五十石。

課稅　輿地十

鹽亭縣鹽井共一百二十二眼，共徵課銀七十八兩一錢。計口授鹽，本地行銷陸引五百零七張，共徵稅銀一百五十九兩一錢零。行黔水引三十五張，共徵稅銀一百一十九兩一錢零。

鹽亭縣茶於通江縣採買，本縣發賣。分銷名山縣茶引五張，共徵課稅銀二兩九錢零。

廟壇　輿地十一

文廟　在治西水巷內。照壁一座，東西門各一間，欞星門三間，戟門三間，正殿三間，東西廡各三間。按舊學自唐貞觀建在城內東隅，至宋大觀四年戊子[1]，知縣林棟新建於西隅，縣尉[2]劉千[3]之有記。元延祐己未，知縣成世榮等重修，府學教授馮元杰有記。至明成化二十二年丙午，因學宮弗堪，且不南面，知縣馮瓚移在縣南八十步，南面而鼎新之，翰林院修撰太和曾

---

〔1〕 "戊子"，後文作"庚寅"，當是。

〔2〕 "縣尉"，後文作"主簿"，當是。

〔3〕 "千"，或作"迁"。

彦有記。嘉靖三年甲申，以其地湫隘，前逼江水，盛夏水漲，瀰漫衝突，學訓崔巒時署縣事，議遷於負戴山下，四川學道四明張邦奇有記。嗣是，知縣陳傑、雷轟等相繼遷之，至六年丁亥告竣，直隸巡按東川王完有記。其後學中生徒有罹災禍者，僉云："此乃嚴太保墓所，山勢巃惡幽隱，非立學地，且東向。"至嘉靖十七年戊戌，知縣陳憲等乃相舊址，復遷之，雲南學道成都王閭有記。二十四年乙巳，知縣劉演重修。萬曆三十二年甲辰又重修，即今學宮也。自此以至本朝，屢經修葺，但無碑記可考。至乾隆二年丁巳，知縣史步高；二十四年己卯，知縣凌霄等重修，有記。第諸記辭煩，不能悉載，擇其要者録入《藝文》，餘惟撮其大略如此。

崇聖祠　正殿後，三間。

名宦祠　東廡南，一間，共十八人。

鄉賢祠　西廡南，一間，共十七人。

忠孝祠　鄉賢祠右，三間，共六人。

節孝祠　小東街西，三間，牌坊一座。

關帝廟　治北街西玄靈觀内，康熙四十一年李玉銘捐建。

社稷壇　城西，計地四畝九分八毫三絲三忽。

風雲雷雨山川城隍壇　城西[1]，計地一畝五分七釐五毫。

先農壇　城南。正廟三間，左右廂房各一間，大門一間，瓦墻四圍，計地五畝六分八釐七毫五絲。

厲壇　城北賜紫山前右側。

城隍廟　治西文廟右。明洪武九年知縣李時美創建，萬曆七年知縣周世科重修，有碑，庠生衡澄記。

文昌廟　治北街西上乘寺内，一在賜紫山。

江神祠　南東門外右側，瀰江北岸。

馬神祠　治北街東，一在小西街。

土主廟　治南街西，祀張峻夫。舊在負戴山上，久圮，改建於此。

土地祠　縣署二門右。

文湖州祠　南[2]西門外山麓。歷任知縣石參、吳宏、劉堂、高鈜、董夢曾重修。祠右石壁有成都守冀應熊大書"晴雲秋月"四字。

普[3]惠行祠　縣東六十里，祀秦蜀守李冰。祠下有小潭，旱不涸，雨不溢。今名會仙觀。

昭格行祠　縣東南一百二十里舊東關縣城後鼓樓山上，祀隋張峻夫。有元知縣皆子和碑記。

---

〔1〕 "西"，北京大學圖書館藏二十八年本作"南"，當是。

〔2〕 五十一年本無"南"字，疑誤。

〔3〕 "普"，《志書》作"善"。

張右丞祠　縣東南一百二十里舊東關縣城後鼓樓山上，祀宋張雍。有宋主簿馮華祖碑。

雙忠祠　縣北六十里富村驛，祀明寧番衛百户賈雄、茂州知州汪鳳朝。時富村驛属鹽亭。

孚應廟　縣東八十里。宋熙寧中，禱雨有應，聞於朝，賜廟號曰"孚應"，勅封靈濟惠澤侯。

學校　輿地十二

鹽亭縣學　額入文武生員各十二名，廩生二十名，增生二十名，附生□□名，武生□□名。

明倫堂　縣署右，學署前。五間，久圮，乾隆十二[1]年知縣趙朝棟重建。

鳳山書院　治北街東。大門三間，二門一間，屏門墻三間，講堂五間，左右廂房各二間，厦房左右各一間。乾隆二十三年知縣凌霙建，二十六年知縣董夢曾續修。

聚賢書院　負戴山麓，今廢爲關帝廟。

東臺書院　縣西十五里任伯傳讀書處，今廢爲東臺寺。

太元書院　縣東北四十里文與可讀書處，今廢。

青蓮書院　縣東六十里李太白讀書處，今廢。

儒學書籍　共十八部，四百九十六本；

上諭一部，三十四本；《樂善堂集》一部，十八本；《吏部品級考》一部，十本；《學政全書》一部，八本；《續增學政全書》一部，四本；《周易折衷》一部，十三本；《書經彙纂》一部，十本；《詩經彙纂》一部，二十四本；《春秋彙纂》一部，二十三本；《三禮義疏》一部，九十二本；《四書解義》一部，十二本；《性理精義》一部，五本；《朱子全書》一部，三十三本；《近思録》一部，四本；《四書文》一部，十本；《通鑑綱目》一部，八十本；《明史》一部，一百一十二本；《祀典儀制》一部，四本。

坊表　輿地十三

折桂坊　德星橋街，明宣德年爲舉人杜容立。今無。

飛騰坊　治北街，明景泰年爲舉人李奎立。今無。

---

〔1〕"二"，五十一年本作"三"。

雄飛坊　十字街，明景泰年爲舉人胥璿立。今無。

文光坊　儒學左，明弘治年爲舉人陳萬正、伏思輔立。今無。

登雲坊　儒學右，明萬曆年爲舉人張黼立。今無。

承流坊　縣左，今無。

宣化坊　縣右，今無。

育才坊　儒學前，今無。

駐驄坊　雲溪驛前，今無。

節孝坊　治北街，雍正元年爲節婦王氏立。

節孝坊　治北街張門前，乾隆元年爲節婦汪氏立。

廨署　輿地十四

縣署　南東門内。大門三間，二門三間，牌坊一座，大堂三間，捲棚三間，書吏房左右各五間，二堂一間，三堂三間，書房三間，寢房三間，廂房左右各四間，後房三間。宋知縣李駿[1]建，明洪武中李時美、成化中李惟[2]中、萬曆中周世科、本朝順治初張效葵、康熙六年江昆淶、三十五年吳宏、乾隆十二年趙朝棟、二十年凌霑、二十六年董夢曾續修。

儒學署　縣署右，明倫堂後。諭左訓右。署外學街地基共計闊五十七丈五尺，長一百四十二丈。每年收租，支給廟夫工食。

典史署　縣署左。

駐防署　小東街舊察院。

常平倉[3]　縣署左右，共四十間。康熙十三年知縣劉鑛建，二十九年知縣吳宏重修。

申明亭　治北街西，一間。

監獄　縣署右。獄房二間，厦二間，圍墻二層。

---

〔1〕 "李駿"，或作 "李駿卿"。

〔2〕 "惟"，或作 "維"。

〔3〕 五十一年本 "縣署" 前有 "在" 字。

郵傳　興地十五

秋林驛　縣西南六十里。原額：官旂甲軍共一百一十三員名，內百戶一員，總旂二名，甲軍一百一十名；馬驢共六十四頭匹。未詳何年併入潼川，今裁。

富村驛　縣北六十里。原額：官旂甲軍共一百一十三員名，內百戶一員，總旂一名，甲軍一百一十一名；馬驢共五十一頭匹。未詳何年併入南部，今裁。

雲溪驛　城內。原額：馬十六匹，夫四十八名；驢九頭，夫一十八名；站夫十三名，馬三匹；舘夫五名。後改馬三十匹，馬夫十五名，損夫三十名。至康熙二十九年，改設中路，裁歸綿州。

底舖　城內，每舖司兵三名。

龍淮舖　縣西南十里。

堠溪舖　縣西南二十里。

沙河舖　縣北十里。

紫金舖　縣東北二十里。

靈山舖　縣東北三十里。

右除底舖，上二舖遞潼川府，下三舖遞保寧府。舊有遞隣州縣花溪、界牌、泠子、黃店、蘇家、于家、東溪、會陽、富村、趙灣、白馬、大慶、沽酒、丹鳳、金雞、虎崖等十六舖，今俱奉裁。

塘汛　興地十六

汛兵　額設步兵十七名，川北鎮右營轄。

教場　城南一里，計地十畝九分七釐七毫一絲六忽。

底塘　在北門，每塘兵二名。

靈山塘　縣東北三十里。

金孔塘　縣東南一百里。

津梁 輿地十七

南河渡　縣南三里梓江。

沙河渡　縣北八里瀰江。

舊設官船共六隻，渡夫共四名，今俱奉裁。沙河渡修橋一座，南河渡義船二隻。

德星橋　一洞，城內南街，跨雲溪之上。在嚴氏宅傍，故取杜詩"嚴家聚德星"之句爲名。元大德八年知縣羅元祐重[1]修。

春谷橋　二洞，城內西街，跨雲溪之上。取杜詩"春谷水泠泠"之句。春谷，本作春郭。

蓮花橋　一洞，文廟右側，跨雲溪之上。其下舊爲嚴太保蓮花池，故名。乾隆二十七年新建。

龍門橋　一洞，南東門右八十步雲溪入江處。

春聚橋　十五洞，南東門外二百步，跨瀰江之上。取杜詩"江橋春聚船"之句。乾隆二十七年新建。

龍江橋　二洞，城北半里。上覆瓦亭一座，原名清官橋。

虎洞橋　一洞，城南門外數步。

以上二橋，取明尚書甘爲霖"龍江秋漲，虎洞雲深"之句。

廣漢橋　一洞，城南五百步先農壇前，取古廣漢地名。

玄武橋　三洞，城北一里。橋側山形似龜蛇，故名。

沙河橋　九洞，城北八里，跨瀰江之上。

泠[2]子橋　一洞，城東十里。

泥垻橋　五洞，縣西南十五里。

慎成橋　三洞，縣北十二里。

大板橋　三洞，縣北二十里。

彭家橋　二洞，縣東二十里。

孫家橋　五洞，縣東南二十五里。

章邦橋　二洞，縣西北三十里。

---

〔1〕　五十一年本無"重"字。

〔2〕　"泠"，五十一年本作"泠"。

黃店橋　九洞，縣東三十里。

佛寶橋　三洞，縣南三十里。

金魚橋　二洞，縣東南四十里。

兩板橋　四洞，縣北四十里。

廣善橋　五洞，縣東南四十里。

玉龍橋　四洞，縣東南六十里。

觀音橋　六洞，縣東南六十里。

湍水橋　五洞，縣西北七十里。

文星橋　五洞，縣西北八十里。

鵝溪橋　四洞，縣西北八十里。

楊家橋　二洞，縣東六十里。

王武橋　一洞，縣東六十里。

觀音橋　二洞，縣東六十里。

蒙樹橋　四洞，縣東八十里。

洛陽橋　二洞，縣東八十里。

馮家橋　六洞，縣東八十里。

大板橋　三洞，縣東南六十里。

龍定橋　五洞，縣東南六十里。

辛家橋　五洞，縣東南六十里。

大板橋　八洞，縣東南七十里。

雙龍橋　四洞，縣東南七十里。

金龜橋　六洞，縣東南八十里。

觀音橋　六洞，縣東南八十里。

接龍橋　四洞，縣東南一百里。

章華橋　四洞，縣東南一百二十里。

迴龍橋　四洞，縣東南一百二十里。

廖家橋　四洞，縣東南一百二十里。

東關橋　二洞，縣東南一百二十里。

金雞橋　四洞，縣東南一百二十里。

萬安橋　八洞，縣東南一百二十里。

飛龍橋　五洞，縣東南一百二十里。

玉坪橋　四洞，縣東南一百二十里。

李家橋　二洞，縣東南一百二十里。

龍鳳橋　四洞，縣東南一百二十里。

金剛橋　二洞，縣東南一百二十里。

關隘　輿地十八

水南鎮　縣南三里，今廢。

靈山鎮　縣北三十里，今廢。

玉龍鎮　縣東南六十里。

大汴[1]鎮　縣東北六十里，今廢。

鵝溪鎮　縣西北八十里，今廢。

東關鎮　縣東南一百二十里，今廢。

鄉場　輿地十九

安樂鄉　縣四圍以及西北，分上下甲。

永賢鄉　縣東北，分十甲。

樂平鄉　縣東南，分十甲。

黃店場　縣東[2]三十里。

佛實場　縣南三十里。

毛公場　縣西三十里。

玉龍場　縣東南六十里。

張官場　縣北六十里。

觀音場　縣西北八十里。

土橋場　縣西北八十里。

---

〔1〕　“汴”，嘉慶二十一年本《四川通志》卷二十九、光緒二十三年本《新修潼川府志》卷四俱作“汁”。

〔2〕　五十一年本“東”後有“南”字。

安家場　縣西北八十里。

八角場　縣東六十里。

石狗場　縣東南六十里。

演武場　縣東北六十里。

大平〔1〕場　縣東北七十里。

黄連場　縣東北八十里。

高登場　縣東南九十里，即蹋泥壩。

金孔場　縣東南一百里。

折弓場　縣東南一百二十里。

金雞場　縣東南一百二十里，即二井子。

丘墓　輿地二十

嚴震墓　負戴山麓。

嚴礪墓　負戴山麓。

七人墓　縣西北八十里鵝溪之上，左四右三。相傳唐嚴氏登進士榜七人，俱葬於此。其右一墓崩露，石室洞然。石門二層，内安一棺，朱漆如新。壬午四月十八日，余親至目覩，命人掩而封之。惜無誌石。考其職名，杜工部稱“嚴遂州、蓬州兩使君及〔2〕諸昆季”，或其是歟？

文同墓　《墓誌》云：“葬永泰縣新興鄉新興里。”今舊縣壩西北河岸有墓。明天啟中，王百户盜發，文公見夢邑宰，驗之，果然，遂寘王於法。墓碑題云：“大宋賜進士及第户部士〔3〕郎兼理勸農光禄大夫與可文公之墓，二十四代孫文嗣書立。”按：此與《文公墓誌》所載官職迥異，譌謬可笑，蓋好事者爲之。

馮伯瑜墓　縣東南一百二十里。

黄衡墓　縣東南一百二十里華頭山。

任時芳墓　縣東南一百二十里斷頭山下，進士灘上。

陳書墓　縣南二十五里四房嘴。

張漢墓　縣南三里邱家溝。

---

〔1〕 “大平”，五十一年本作“太平”，光緒八年本作“大坪”。

〔2〕 “及”，《續古逸叢書》本《杜工部集》卷十二作“咨議”。

〔3〕 “士”，五十一年本作“侍”，當是。

萬人塚　南東門外江神廟右數步。乃明末流寇所戮，遺骸盡委一壑。乾隆二十七年，里人築室掘土獲焉。張士標見而傷之，以白於余，爲築一塚。周圍六丈，高二丈，立碑識之。

漏澤園　城北五里山坡。

義塚　一在先農壇後，一在厲壇右。

寺觀　輿地二十一

上乘寺　治北街西。本名定光寺，宋慶元間建。僧會司在此。

玄靈觀　治北街西，道紀司在此。

寶臺觀　城西門外突起一阜如臺，中有圓石如珠，故名寶臺。相傳嚴忠穆公捨宅爲之，今廢。

大士閣　城西南一里，一名凌雲閣。

圓覺寺　城東南一里寶蓮山麓。

定光寺　縣南二十里，元至正間重建。

青霞觀　縣南二十里。相傳唐開元初，道士陳大有見青霞覆山，因建。

章邦寺　縣西北三十里，明天順間建。崇禎末，僧月現示寂於此。有指西菴，今廢。

佛寶寺　縣南三十里，宋紹興間建，今廢。

海門寺　縣北三十里。

龍臺寺　縣北三十里，宋紹興間建。

大元觀〔1〕　縣東北四十里，今廢。

超果寺　縣東五十里，元至正間建。

高院寺　縣東五十里。

鳳臺觀　縣東北五十里。

彌勒寺　縣北五十里。

真常觀　縣北五十里。

中峯寺　縣東南六十里。

瀰江寺　縣北六十里。

涪山寺　縣北七十里。

---

〔1〕　“大元觀”，後文蔣垣《次文湖州太元觀題壁韻》詩作“太元觀”，當是。

鵝溪寺　縣西北八十里，元至正間建。

安佛寺　縣東八十里，元至正間建。邑令吳宏題額云“安即是佛”。

白鹿寺　縣東八十里，相傳昔有白鹿見此。

空相寺　縣東北八十里。

土皇寺　縣西北八十里。

淨山寺　縣東南九十里天臺山上。

羊禄觀　縣東南一百里。

羅木寺　縣東南一百二十里。

天禄觀　縣東南一百二十里龍翔山上，宋紹興間進士章[1]朝建。《志略》作“張朝禄”，誤。碑記現存。

金剛寺　縣東南一百二十里。

千佛寺　縣東南一百二十里。

大唐[2]寺　縣東南一百二十里。

大佛寺　縣東南一百二十里。

按：寺觀或背山面水，或竹裏松間，騷人韻士，恒愛樂之。然爲二教所崇，緇衣黄冠，栖息其中。樸庸者堆穢積臭，懶於洒掃，令人望而思避；狡黠者藉玉皇觀音、三清五顯，誑惑村愚。禳災祈福，就中罔利，往來雜遝，有若市井。甚則藏奸府慝，百爲叵測，更多不可勝言。欲得浄心焚獻、雅意清寂者，殊難其人。琳宮珠殿，枉費金錢；奇境幽致，反被湮没。故略載數處，附於卷末，聊備一類云爾。

---

〔1〕“章”，明嘉靖《潼川志》鈔本卷八、萬曆四十七年序刊本《重脩潼川州志》卷五俱作“張”。

〔2〕“唐”，明嘉靖《潼川志》鈔本卷八、萬曆四十七年序刊本《重脩潼川州志》卷五俱作“塘”。

鹽亭縣志卷之二　人物志

鹽亭令董夢曾纂

　　人物之名，靡所弗統，其外又列《孝友》《忠義》諸目，何瑣瑣也！且靈地篤生，固所爲此邦之秀；而甘棠遺愛，何莫匪彼都之英？況傳聞久歇，《職官》《選舉》中，詎無復有矯矯錚錚者。至守淡泊以棲林泉，多稱有道；去故鄉而適樂土，豈乏異才？堅意養精神，寧非倫類有能之士；甘心茹荼苦，更勝鬚眉無恥之夫。疇非人物漫爲區別乎。若夫俗尚染於輿人，亭毒隨乎土物，以及爲災爲祥，爲良爲楛，可法可戒，均堪龜鑑。統爲《人物志》，亦間取《橋杌》之義云爾。志凡十二類如左：職官、宦績、選舉、賢蹤、隱逸、流寓、仙釋、列女、風俗、土産、祥異、寇變。

職官　人物一

知縣

隋	董叔封	開皇年任，陞梓州太守。
唐	李匡遠	開元年任。
宋	焦德潤	慶曆年任。
	侯正臣	嘉祐年任。

續表

宋	趙坤厚	嘉祐〔1〕年任。
	郭經	永泰知縣，治平年任。
	扈充	永泰知縣，熙寧年任。充一作元。
	宋适	熙寧年任。
	李駿卿	元祐年任。
	林棟	大觀年任。
	杜時用	紹興年任。
	楊安厚	乾道年任。
	卞詵	淳熙年任。
	趙希著〔2〕	嘉定年任。
元	〔3〕孫世榮	大德年任。
	羅元祐	大德年任。
	昝子和	延祐年〔4〕任。
	成世榮	延祐年任。
	楊鼎	至正年任。
明	李時美	洪武年任。
	葉嵩	進士，永樂年任，陞平定州知州。
	吳昌衍	進士，宣德年任，歷陞四川參政。
	黎應	監生，正統年任。
	羅紳	監生，正統年任。
	萬全	陝西舉人，景泰年任。
	李惟〔5〕中	陝西監生，天順年任。
	陳琓〔6〕	江南高郵監生，成化年任。
	馮瓚	江西瑞昌舉人，成化年任。
	彭政	湖廣松滋監生，弘治年任。
	文慶	陝西涇州監生，弘治年任。

〔1〕 "祐"，明萬曆四十七年序刊本《重脩潼川州志》卷十二作 "定"，當是。
〔2〕 "著"，明萬曆四十七年序刊本《重脩潼川州志》卷十二作 "普"。
〔3〕 明萬曆四十七年序刊本《重脩潼川州志》卷十二 "孫" 前有 "公" 字。
〔4〕 "延祐年"，明萬曆四十七年序刊本《重脩潼川州志》卷十二作 "元統二年"，疑誤。
〔5〕 "惟"，明萬曆四十七年序刊本《重脩潼川州志》卷十二作 "維"。
〔6〕 "琓"，或作 "玩"。

	胡進律　陝西平涼舉人，正德年任，陞成都府同知。
	張寬　湖廣應山舉人，正德年任。
	楊大倫　雲南監生，正德年任。
	劉永　雲南大理舉人，正德年任。
	陳傑　江南監生，嘉靖年任。
	雷轟　貴州都勻監生，嘉靖年任，陞北勝州知州。
	梁一桂　廣西懷集舉人，嘉靖十年任。
	陳憲　江南南巢舉人，嘉靖十五年任。
	曹詔　湖廣黃岡舉人，嘉靖十六年任。
	田徹　陝西扶風監生，嘉靖十八年任。
	劉演　雲南永昌舉人，嘉靖二十年任。
	朱璣　貴州興隆舉人，嘉靖二十六年任。
	陳金　雲南恩生，嘉靖二十八年任。
明	何舜雲　湖廣枝江監生，嘉靖三十年任。
	李棟　貴州永寧舉人，嘉靖三十四年任。
	朱儆　雲南蒙化舉人，嘉靖三十六年任。
	吳之翰　湖廣蘄州舉人，嘉靖四十年任，陞陝西慶陽府通判。
	蔣其才　貴州銅仁舉人，隆慶元年任，陞雲南祿勸州知州。
	馬文禮　雲南監生，隆慶四年任。
	王世元　雲南曲靖歲貢，萬曆元年任，陞蜀府審理正。
	周世科　湖廣湘鄉監生，萬曆四年任。
	陳訪　陝西蘭州恩貢，萬曆八年任，陞雲南祿勸州知州。
	吳一契　湖廣夷陵監生，萬曆十一年任。
	馬宗孟　雲南太和舉人，萬曆十五年任，陞貴州貴陽府同知。
	趙性粹　陝西固原舉人，萬曆二十年任，陞山東萊州府同知。
	蔡獻清　湖廣崇陽舉人，萬曆二十六年任。
	蔣大孝　湖廣孝感舉人，萬曆二十九年任。
	譚善積　湖廣衡陽舉人，天啟六年任。

續表

明	施堯明	雲南昆明選貢，崇禎三年任，陞廣西平樂府同知。
	李紹先	江西人，崇禎年任。
	董三策	浙江貢，崇禎年任。
國朝	張效葵	湖廣蘄州舉人，順治八年任，陞陝西神木同知。
	嚴廷臣	陝西朝邑舉人，順治十年任。
	張我鼎	山東進士，順治十四年任，行取主事。
	黃中通	湖廣蒲圻舉人，順治十七年任。
	江崑淶	江南泰州廩生，康熙二年任，陞山西太原府同知。《志略》作廣西全州貢監。
	劉鑣	直隸任丘廩生，康熙十九年任。
	石參	遼東監生，康熙二十二年任，陞江南和州知州。
	吳宏	浙江淳安舉人，康熙二十八年任，陞河南汝州知州。
	劉瑢	直隸滑縣貢，康熙三十六年任。
	蔣垣	福建侯官舉人，康熙三十九年任。
	劉堂	江西進士，康熙四十一年任，歷陞吏科給事。
	趙冬元	山西舉人，康熙四十六年任。
	于其璸	山東舉人，康熙五十五年任。
	高鈫	鑲黃旂監生，康熙五十九年任。
	呂應瑞	鑲紅旂歲貢，雍正二年任。
	史步高	江南甘泉舉人，雍正九年任，歷陞思南知府。
	秘彭裔	直隸故城歲貢，乾隆二年任。
	王孫豹	直隸長垣副貢，乾隆五年任。
	萬選	雲南石屏舉人，乾隆八年任。
	趙朝棟	直隸晉州進士，乾隆十年任。
	倪世樞	湖南益陽舉人，乾隆十三年任。
	胡華訓	江西南昌進士，乾隆十六年任。
	凌霙	貴州貴筑舉人，乾隆十九年任。
	董夢曾	山東定陶拔貢，乾隆二十五年任。

教諭以後次序不能盡考

明	羅彪[1]	江西人。
	蕭奇	
	劉溢	太和舉人。
	葉著	慈谿儒士。
	宋奎	麻城舉人。祀名宦。
	潘緒	武昌舉人，成化年任。祀名宦。
	繆芳	曲靖舉人。
	秦和鍟	正德年任。
	胡世濟	陝西人。
	俞金	楚雄舉人。
	顧昂	清平監生。
	胡郁	雲南監生。
	劉琰	常德人。
	馮暘	桂林舉人，陞國子監助教。祀名宦。
	雷邦[2]衛	湖廣藍山監生。
	李翰[3]	雲南楚雄選貢。
	何沛然	
	吳可進	
	曹炳	綿竹人。
	陳東陽	
國朝	曹世美	梓潼舉人，陞直隸新樂縣知縣。
	杜升	西充舉人。
	何文翔	合州舉人。

---

〔1〕"彪"，明嘉靖《潼川志》鈔本卷四作"虎"，萬曆四十七年序刊本《重脩潼川州志》卷十二作"虒"。

〔2〕"邦"，明萬曆四十七年序刊本《重脩潼川州志》卷十二作"卯"，疑誤。

〔3〕"翰"，明嘉靖《潼川志》鈔本卷四、萬曆四十七年序刊本《重脩潼川州志》卷十二俱作"瀚"。

國朝	劉青錢　巴縣舉人。
	侯國柱
	陳于揆　漢州人，陞江西瑞昌縣知縣。
	楊先榮　成都舉人，雍正二年任。
	鄭知言　巴縣舉人，乾隆元年任。
	王前　郫縣拔貢，乾隆十一年任。
	吕嘉元　巴縣舉人，乾隆二十年任。

訓導

明	王和　舉人，永樂年任，陞宗人府經歷。
	李一本　忠州舉人，弘治年任，陞太和縣知縣。祀名宦。
	劉應　孝感人。
	丁懋仁　麻城人。
	楊鑑　雲南太和人。
	郭堅　湖廣監生。
	孟塤　清平監生。
	周昇　江南太〔1〕和監生。
	鍾傑　江南太〔2〕和監生。
	崔巒　均州監生。
	何永年　南陽監生。
	葉鳳陽〔3〕　南溪監生。
	彭濴〔4〕　宜章監生。
	胡可達
	田秋

---

〔1〕　“太”，明萬曆四十七年序刊本《重脩潼川州志》卷十二作“泰”。
〔2〕　“太”，明萬曆四十七年序刊本《重脩潼川州志》卷十二作“泰”。
〔3〕　“陽”，明嘉靖《潼川志》鈔本卷四、萬曆四十七年序刊本《重脩潼川州志》卷十二俱作“暘”。
〔4〕　“濴”，明萬曆四十七年序刊本《重脩潼川州志》卷十二作“濚”。

續表

國朝	李華舟	夾江人，陞邛州學正。
	徐紹庶	金堂人。
	王元卿	巴縣人，《志稿》作安居拔貢。
	杜延年	嘉定人。
	王以偉	大竹人。
	薛景芳	蒼溪貢，康熙六十年任。
	陳興仁	新繁貢，雍正十二年任。
	蒲懷仁	蓬州貢，乾隆十年任。
	晁錦	屏山貢，乾隆十六年任。
	傅商賓	簡州貢，乾隆二十三年任。

主簿今裁

宋	張雍	德州人，東關主簿，開寶年任，歷官尚書右丞。
	史潤辭	武昌人，永泰主簿，治平年任。
	李仲謙	熙寧年任。
	趙[1]琳	永泰主簿，熙寧年任。
	劉千[2]之	大觀年任。
	馮華祖	遂寧人，東關主簿，嘉定年任。
元	閻德明	大德年任。
	李安仁	延祐年任。
明	杜甫[3]民	
	朱隆	成化年任。
	張萬甫	

---

〔1〕 "趙"，明嘉靖《潼川志》鈔本卷四作"宋"，當是。
〔2〕 "千"，明萬曆四十七年序刊本《重脩潼川州志》卷十二作"迁"。
〔3〕 "甫"，明嘉靖《潼川志》鈔本卷四作"輔"。

明	曹安
	岳通　山東人。
	常偶〔1〕　山西人。
	楊勝麟　陝西人。
	李清〔2〕　同州人。
	劉經　平涼人。
	李齡　同州吏員。
	李迪　陝西監生。
	丁相　陝西監生。
	唐傑　湖廣平江監生。
	程希元　湖廣隨州監生。
	薛應春　湖廣枝江監生。
	楊襲　湖廣寶〔3〕慶監生。
	林鳴鷹　廣東揭陽人。
	陳毓彩
	龔惠

巡檢今裁

元	文於菀　延祐年任安泰巡檢。安泰即永泰。

典史

元	任如椿
明	白茂
	任源　涇陽人。

---

〔1〕“常偶”，明嘉靖《潼川志》鈔本卷四作“常儞”，萬曆四十七年序刊本《重脩潼川州志》卷十二作“常遇仙”。

〔2〕“清”，明萬曆四十七年序刊本《重脩潼川州志》卷十二作“靖”。

〔3〕“寶”，明嘉靖《潼川志》鈔本卷四、萬曆四十七年序刊本《重脩潼川州志》卷十二俱作“保”，疑誤。

明	李應乾　綏德人。
	荆三策
	汪均[1]本　麻城人。
	廖方　襄陽人。
	鄧本瑞[2]　隴西人。
	彭隆　莆田人。
	楊盈[3]乾　華州人。
	蔣錫　平樂人。
	張秀　桃源人。
	陳烺
	張可用
	曾聰
	符泰
國朝	張繼齡　杭州人。
	傅良臣　山東人。
	楊奇枝　陝西人。
	靳光文　湖廣人。
	趙存孝　陝西人。
	李傑　河南人。
	董成略
	徐文進
	吳廷英　直縣大興人，雍正十年任。
	王錫禄　直隸曲陽人，乾隆五年任。
	王建職　河南鞏縣人，乾隆七年任。
	沈心地　直縣大興人，乾隆九年任。

[1]　明嘉靖《潼川志》鈔本卷四、萬曆四十七年序刊本《重脩潼川州志》卷十二俱無"均"字。

[2]　"瑞"，明嘉靖《潼川志》鈔本卷四、萬曆四十七年序刊本《重脩潼川州志》卷十二俱作"端"。

[3]　"盈"，萬曆四十七年序刊本《重脩潼川州志》卷十二作"應"，疑誤。

國朝	金繼仁　浙江山陰人，乾隆十九年任。
	劉繼瑚　安徽旌德人，乾隆二十二年任。

驛丞今裁

明	單成　洪武年任。
	惠以仁　嘉靖年任。
	魯可諏　天啟年任。

駐防

國朝	李君兆　雲南人。
	于躍龍　雍正九年任。
	楊廷奇　保寧人，雍正十二年任。
	王文　保寧人，雍正十三年任。
	張崇高　陝西人。
	丁士臣　保寧人。
	文易林　漢中人。
	任瑜　保寧人。
	趙玉　保寧人。
	趙炳　順慶人。
	田耀祖　綿州人，乾隆二十三年任。

宦績　人物二

隋

董叔封，開皇四年令鹽亭。德惠及民，每政事之暇，出遊城東山。後人思之，遂以董叔名其山。祀名宦。

唐

李匡遠，開元中令鹽亭。時西羌盜賊競起，多方擒捕，時號健令。祀名宦。

宋

張雍，開寶間尉東關。斸煩苛，尚簡素。後守梓州，值李順之亂，守城却賊，忠義著聞，東關人立祠肖像祀之。卒官尚書右丞。祀名宦。

扈充，熙寧間令永泰。興學立教，多有善政。祀名宦。

趙希著[1]，宋宗室，嘉定間以顯謨閣丞出宰鹽亭。敬神恤民，興利除害，德洽人心。祀名宦。

明

吳昌衍，宣德間令鹽亭。勤恤民隱，因地制賦，甚協人心。徵入爲御史，後遷四川參政。祀名宦。

陳琬[2]，成化間令鹽亭。剛直有才，驛路去保寧甚遠，夫役苦之。琬議令[3]南部民出柳邊驛接遞，又申免戍邊民丁，邑人稱頌。祀名宦。

胡進律，正德間令鹽亭。剛介明敏，修築城池，爲邑保障。時鄢、藍猖獗，賴以固守。祀名宦。

張寬，正德間令鹽亭。政期平恕，時值兵燹，供億得宜，上下稱善。祀名宦。

雷轟，嘉靖間令鹽亭。勤慎有聲，賑荒無遺，饑民多所全活。祀名宦。

梁一桂，嘉靖間令鹽亭。政尚簡靜，不事紛擾，而百事振興。祀名宦。

李紹先，崇禎間令鹽亭。流寇陷城，執縛不屈，死之。贈光禄大夫，廕一子。祀名宦。

國朝

吳宏，字芬月，康熙間令鹽亭。仁恕明敏，時有冤獄久不決，初到任，即得屍所，立白之，爲文紀其事。當逆氛初靖，驛路新移，民氣始甦。田地汙萊，學宮榛蕪，教養兼舉，百廢俱興。後遷州牧，臨去，纂《志稿》。祀名宦。

蔣垣，字用崇，閩孝廉。母歿，廬墓三年，有羣鳥集鳴墓巔，人以爲孝感。康熙甲寅，耿逆變作，垣逃匿橘園洲。僞曹以宿學交薦，乃以巴豆漬面，松煙熏目，托廢疾拒之。嗣約李天然等謀内應以延王師，事洩，天然等俱被害，垣[4]得免。王

---

〔1〕　"著"，明萬曆四十七年序刊本《重脩潼川州志》卷十二作"普"。

〔2〕　"琬"，或作"玩"，後同。

〔3〕　明萬曆本《四川總志》卷十一無"令"字。

〔4〕　文淵閣《四庫全書》本《福建通志》卷四十三"垣"後有"遁"字，當是。

師入閩，經橘園洲，士民舉垣忠節。大帥康親王疏聞，授歸化教諭，遷泉州教授，陞鹽亭縣令。廉明執法[1]。旋乞休，卒。雍正甲辰，題入忠孝祠，祀名宦。

劉瑢，康熙間令鹽亭。潔己愛民，禁私派，絕餽賂，抑豪猾，平獄訟，重學校，種種善政，咸以爲神君。

杜升，康熙間諭鹽亭。立品端方，廉介自守，勤於訓課，恪共厥職，士子奉爲楷模。

劉堂，康熙間令鹽亭。時多浮徵，申請豁免，以甦民困。初設義塾，公事之暇，親自訓誨，遠近就學。一時遊其門登賢書、捷南宮者六七人。

高鈗，康熙間令鹽亭。勤敏強毅，案無留牘，野無盜警。時值番變，軍需旁午，力爲詳免。邑民德之，稱爲高佛子。

史步高，康熙間令鹽亭。葺學宮，置祭器，釐學基，設廟夫，修築城池，掩骼埋胔，最多善政。

選舉　人物三

進士

唐	嚴侁	震兄，官侍御史。祀鄉賢。
	嚴公弼	震子，貞元五年進士，山南節度使。
	李義府	永泰人。官中書令，順慶四年[2]貶普州刺史，龍朔三年拜右相，未幾流巂州。普州，今安岳。巂州，今越巂。
宋	牟衮	端拱元年進士[3]，累官翰林學士。《省志·選舉》作遂州人，《人物》作中江人，《州志》缺。
	文同	永泰人，皇祐元年進士，歷任湖州太守。
	任伯傳	皇祐年進士，官職方郎。《省志·孝友》作鹽亭人，《選舉》作郪縣人，《州志》缺。郪縣，今三台。
	蒲規	官著作郎。《省志·選舉》作永泰人，《人物》作安岳人。
	文葆光	同子，見《文與可墓誌》。《省志》《州志》《志略》《志稿》俱缺。

---

〔1〕　文淵閣《四庫全書》本《福建通志》卷四十三"執法"後有"邑人勒碑頌之"一句。
〔2〕　據《舊唐書》卷八十二，作"順慶四年"誤，當爲"顯慶三年"。
〔3〕　"端拱元年進士"，明景泰本《寰宇通志》卷六十六作"宋端拱二年陳堯叟榜"，當是。

續表

宋	稅挺	太平興國五年登狀元蘇易簡榜。《省志》《州志》俱缺。
	蒲玉度	規子。
	嚴拱之	
	謝平	
	宋伏賓[1]	以上四人，《省志》《州志》作射洪人。
	何榮[2]	以上二人俱慶曆年進士，見《文宣廟記》。
	稅定國	元祐年進士。
	稅元顥	
	嚴伯莊	
	章[3]朝	見《天禄觀記》。
	楊鄂	以上四人俱紹興年進士。
	蹇駒	登朱子榜。
	彭驥	
	郭異	
	稅庚	
	董純	以上四人俱慶元年進士。
	牟用中	
	牟義先	
	牟積中	
	牟學先	以上十五人，《省志》《州志》俱缺。
元	張重禄	大德年進士，重慶府教授。
明	任時芳	萬曆丙戌，歷任江西副使道。
國朝	陳書	萬正孫，康熙戊辰登沈廷文榜，歷官禮部郎中。

---

〔1〕　據光緒十一年本《射洪縣志》卷十、光緒二十三年本《新修潼川府志》卷十五，宋伏賓當爲皇祐元年進士。

〔2〕　據五十一年本、光緒八年本、光緒二十三年本《新修潼川府志》卷十五，何榮當爲皇祐元年進士。

〔3〕　"章"，明嘉靖《潼川志》鈔本卷八、萬曆四十七年序刊本《重脩潼川州志》卷五俱作"張"。

舉人

唐	王文燦　永泰人，渝州刺史。
明	譚紹祖　洪武甲子，國子監學正。祀鄉賢。
	羅定安[1]　永樂甲申[2]，河間[3]府通判。
	胥撝[4]　永樂甲午。
	胥罄[5]　永樂甲午。
	勾榮　永樂丁酉[6]。
	杜容　宣德壬子，湖廣醴州王府教授[7]。
	李奎　景泰庚午。
	胥璿　景泰癸酉，湖廣郴州知州[8]。
	陳萬正　弘治乙卯經魁。祀鄉賢。《省志》缺。
	伏思輔　弘治乙卯，南昌府通判。《省志》缺。
	張黼　來譽子，萬曆甲申[9]，江南儀真縣知縣。
	任時芳　萬曆乙酉，聯捷進士。
	顧應[10]昌　萬曆乙卯。《志略》作昌胤。
	王予爵　崇禎丁卯[11]，湖廣棗陽縣知縣。

---

〔1〕 明嘉靖本《四川總志》卷十一無“安”字。

〔2〕 據明嘉靖《潼川志》鈔本卷六、明嘉靖本《四川總志》卷十一，作“永樂甲申”誤，當爲“永樂乙酉”。

〔3〕 “間”，明嘉靖《潼川志》鈔本卷六、萬曆四十七年序刊本《重脩潼川州志》卷十八俱作“南”。

〔4〕 “胥撝”，明嘉靖《潼川志》鈔本卷六作“胥□”，嘉靖本《四川總志》卷十一作“馮撝”。

〔5〕 “胥罄”，明嘉靖《潼川志》鈔本卷六作“胥□”，嘉靖本《四川總志》卷十一作“胥罄”。

〔6〕 “永樂丁酉”，明嘉靖《潼川志》鈔本卷六作“十六年”（即永樂戊戌），嘉靖本《四川總志》卷十一、五十一年本俱作“永樂庚子”。

〔7〕 “湖廣醴州王府教授”，明嘉靖《潼川志》鈔本卷六作“澧州教授”，萬曆四十七年序刊本《重脩潼川州志》卷十八作“澧州教諭”。

〔8〕 “湖廣郴州知州”，明嘉靖《潼川志》鈔本卷六作“仕雲南理問，擢柳州知州”，據明萬曆本《郴州志》卷二，作“郴州知州”是。

〔9〕 “萬曆甲申”，五十一年本作“萬曆十年壬午科”。

〔10〕 “應”，明萬曆四十七年序刊本《重脩潼川州志》卷十八作“胤”。

〔11〕 按崇禎無丁卯年，五十一年本、光緒本《新修潼川府志》卷十五俱作“天啟四年甲子科”，當是。

續表

國朝	張泰階　琯子，順治辛卯，江南廬州府同知。
	任之鳳　順治辛卯，廣元縣教諭。
	母坤　順治丁酉。
	姚之傑　順治丁酉。
	顧珽　康熙辛酉，陳州知州。
	任重　康熙辛酉。
	陳書　康熙丁卯，聯捷進士。
	林敬修　康熙乙酉重慶副榜[1]，時任鹽亭教諭。
	張澎　泰階次子，康熙乙酉。
	岳冠華　康熙乙酉，陝西渭南縣知縣。
	劉勳　康熙戊子，萬縣歲貢，時任鹽亭訓導。
	張溥　泰階三子，康熙丁酉。
	李含筠　雍正己酉。

貢次序不能盡考

明	陳敬禄　洪武十年貢，西安府推官。
	胥溫　洪武二十七年貢，渭南縣丞。
	劉俊　永樂元年貢，廣西吏目[2]。
	梁暹　永樂二年貢，兵馬司[3]。

---

〔1〕 據五十一年本、光緒二十三年本《新修潼川府志》卷十五，林敬修爲康熙四十四年乙酉科鹽亭舉人，作"重慶副榜"疑誤。

〔2〕 "廣西吏目"，明嘉靖《潼川志》鈔本卷七作"廣西斷事司吏目"。

〔3〕 "兵馬司"，明嘉靖《潼川志》鈔本卷七作"兵馬司副兵馬"，萬曆四十七年序刊本《重脩潼川州志》卷十九作"兵馬司兵馬"。

明	黃衡　永樂三年貢，歷官户部郎中。祀鄉賢。
	趙弼　永樂五年貢，穀城縣丞[1]。
	胥景　永樂十年貢，桂陽州知州。
	蒲琮　宣德元年貢。
	胥景志　宣德五年貢，雲南教諭。
	王俊　宣德六年貢，黃梅縣知縣。
	楊旻[2]　正統二年貢，銅仁府經歷。
	林[3]楫　正統四年貢，徐州判[4]。
	趙敬　正統六年貢，雷州府通判。
	王正[5]　正統八年貢，德清縣丞。
	蒲馨　正統十年貢，臨潼縣丞。
	張純　正統十二年貢，貴州吏目[6]。
	趙昇　正統十四年貢，河源縣丞。
	任勝　景泰元年貢，鄧州訓導。
	王榮　景泰二年貢。
	文制　景泰四年貢，江西通判。
	何從　景泰五年貢，浙江吏目[7]。
	黃賢　景泰七年貢，雲南彌勒州吏目。
	杜諒　天順二年貢，姚安府通判。
	趙純　天順四年貢，臨洮府推官。
	陳璽[8]　天順六年貢，西安府推官。

〔1〕 "縣丞"，明嘉靖《潼川志》鈔本卷七、萬曆四十七年序刊本《重修潼川州志》卷十九俱作"主簿"。

〔2〕 "旻"，明嘉靖《潼川志》鈔本卷七、萬曆四十七年序刊本《重修潼川州志》卷十九俱作"昱"。

〔3〕 "林"，明嘉靖《潼川志》鈔本卷七、萬曆四十七年序刊本《重修潼川州志》卷十九俱作"杜"。

〔4〕 "徐州判"，明嘉靖《潼川志》鈔本卷七作"徐州通判"，萬曆四十七年序刊本《重修潼川州志》卷十九作"徐州府通判"，五十一年本作"徐州州判"。

〔5〕 "正"，明嘉靖《潼川志》鈔本卷七、萬曆四十七年序刊本《重修潼川州志》卷十九俱作"政"。

〔6〕 "貴州吏目"，明嘉靖《潼川志》鈔本卷七、萬曆四十七年序刊本《重修潼川州志》卷十九俱作"安順州吏目"。

〔7〕 "浙江吏目"，明萬曆四十七年序刊本《重修潼川州志》卷十九作"湖州吏目"。

〔8〕 "璽"，明萬曆四十七年序刊本《重修潼川州志》卷十九、五十一年本俱作"璽"。

續表

明	趙清　天順八年貢，楚雄府訓導。
	胡清　成化元年貢，大寧左衛經歷[1]。
	杜聰　成化四年貢，廣平縣丞。
	杜鎰　成化六年貢。
	李秉倫　成化八年貢，臨漳王府教授[2]。
	王南　成化十年貢，耀州訓導。
	文明　成化十二年貢。
	伏觀　成化十三年貢。
	蘇本全[3]　成化十四年貢。
	譚永昌　成化十六年貢，臨[4]夏王府教授。
	陳溱[5]　成化十八年貢，益王府教授。
	梁嵩　成化二十年貢，辰州訓導。
	李澄　弘治元年貢，開成縣訓導。
	顧良佐　弘治三年貢，清源縣主簿。
	胥安　弘治四年貢，茶陵州訓導。
	周榮　弘治五年貢。
	趙經　弘治七年貢。
	李希賢　弘治九年貢，洵陽縣訓導。
	趙犟　弘治十年貢，貴州教授。
	彭時彥　弘治十一年貢，山西按察司知事。
	蒲輪　弘治十二年貢，陝西左衛經歷。
	李森　弘治十三年貢。
	孫崇禮　弘治十五年貢，鳳翔府教授。

〔1〕　“大寧左衛經歷”，明萬曆四十七年序刊本《重脩潼川州志》卷十九作“太寧衛經歷”。

〔2〕　“臨漳王府教授”，明嘉靖《潼川志》鈔本卷七作“臨潼□□教授”，萬曆四十七年序刊本《重脩潼川州志》卷十九作“臨潼縣教諭”。

〔3〕　“全”，明嘉靖《潼川志》鈔本卷七、萬曆四十七年序刊本《重脩潼川州志》卷十九俱作“金”，當是。

〔4〕　“臨”，明嘉靖《潼川志》鈔本卷七作“寧”，當是。

〔5〕　“溱”，明嘉靖《潼川志》鈔本卷七作“涇”。

續表

明	張旭　弘治十七年貢。
	衡守常　正德元年貢，雲南斷[1]事。
	李廷相　正德三年貢，安化縣訓導。
	何秉茂　正德五年貢，雲南吏目。
	伏萬選　正德七年貢。
	王卿　正德八年貢，青陽縣訓導。
	胥範　正德十年貢。
	雷鳴　正德十二年貢。
	劉恩　正德十四年貢，太倉州同。
	王制　正德十五年貢，武岡州知州。
	趙朗[2]　正德十五年貢，常德府審理。
	何洪[3]　正德十六年貢，崇仁縣丞。
	衡平　嘉靖二年貢。
	劉惇　嘉靖四年貢，興國州訓導。
	江璽　嘉靖五年貢，湘陰縣主簿。
	陳友士　嘉靖六年貢，嵩縣訓導。
	衡守璧　嘉靖十年貢，邠州訓導。
	顧玥　嘉靖十一年貢，孝感縣主簿。
	陳仁　嘉靖十一年貢，榮昌縣教諭。
	王峯　嘉靖十二年貢。
	廖祺[4]　嘉靖十二年貢，舞陽縣訓導。
	何濬　嘉靖十五年貢，監利縣訓導。
	任友端　嘉靖十九年貢，泗州學正。
	陳友契　嘉靖二十一年貢，長葛縣訓導。
	顧珒　嘉靖二十二年貢。

〔1〕 “斷”，明嘉靖《潼川志》鈔本卷七、萬曆四十七年序刊本《重脩潼川州志》卷十九俱作“都”。

〔2〕 “朗”，明嘉靖《潼川志》鈔本卷七、萬曆四十七年序刊本《重脩潼川州志》卷十九俱作“明”。

〔3〕 “何洪”，明嘉靖《潼川志》鈔本卷七、萬曆四十七年序刊本《重脩潼川州志》卷十九及後文俱作“何洪鼎”，當是。

〔4〕 “祺”，明嘉靖《潼川志》鈔本卷七作“棋”。

明	顧邦皞　嘉靖二十三年貢，閩鄉縣丞。
	顧惟勛　嘉靖二十四年貢，黃州府照磨。
	范廷琮　嘉靖二十五年貢，臨湘縣訓導。
	張觤　湘陰縣主簿。
	王嘉吉　國子監學正。
	李之本
	衡山　松滋縣訓導。
	顧佩　夔昌府訓導。
	顧衮　監利縣訓導。
	趙應麟　陝西徽州訓導。
	胥延宗
	王時泰
	張宸
	楊璽
	顧邦和　蠡縣訓導。
	李時佐　新野縣訓導。
	衡執中　洧川縣訓導。
	王明堂
	衡化中
	何湖
	胥時用
	何洪鼎　崇仁縣丞。
	顧玠　寶慶縣丞[1]。
	衡允中　陽縣丞。
	何佃　道州訓導。
	張錦
	張明育

---

〔1〕　按"何洪鼎""顧玠"二條係重出。

續表

明	張懋　來譽子，楚雄府通判。
	張縉
	張紳
	張維　合州學正。
	衡起商
	張力行　井研縣教諭。以後七人皆繡子。
	張用行　州判。
	張勉行　歷任陝西延安府同知。
	張篤行
	張時行
	張可行
	張素行
	顧瑞海
	顧鵬　兵馬司。
	顧鷗
	何應宏　雙流縣教諭。
	任九德
國朝	張琯　力行子，順治辛卯副榜，子泰階同科。
	寇振北　順治辛卯副榜。
	任之偉　順治甲午副榜。
	陶玉璋　康熙壬子副榜。
	趙長昭　康熙辛西拔貢，宜賓縣教諭。
	張渤　泰階長子，康熙丁卯拔貢，温江教諭。
	陳四如
	陳茂猷
	任之望
	張漢　泰階季子，康熙戊子副榜，歷任廣西右江副使道。

國朝	任昌　彭山縣教諭。
	任弘
	任體仁
	任體謙　體仁弟。
	楊際春
	雷時發
	李先春　成都縣教諭。
	董岐鳳　筠連縣訓導。
	寇依孔
	勾煦蘇　西充縣教諭，新甲子。
	顧起麟　射洪縣訓導。
	任九如
	何旭明
	劉必騰
	何圖出
	楊先春
	顧玉宗
	王慎德　廣安州訓導。
	勾龍炭　蓬州訓導，新甲次子。
	趙長昭
	趙昇　雍正癸卯副榜。
	顧秉鈞
	王士偉
	岳中　雍正癸卯拔貢，温江縣教諭。
	趙斗南
	衡文傑
	顧載　雍正戊申拔貢，江西廣豐縣丞。
	顧夢麟

	陳清簡　德陽縣訓導。
	蒲惠
	任宗華　恩貢。
	任繼尹
	顧海
	王尚璽
	任爲恕
	勾華齡　恩貢，龍敳子。
	顧錫齡
	虞斯盛
	王于蕃　西昌縣訓導。
	廖士英
	何瀚　蒼溪縣訓導。
國朝	陳始虞
	何朝彥
	王恭
	任璘　長寧縣訓導。
	任璜　璘弟。
	王璠
	張沛
	胥瑞
	李茂　大足縣訓導。
	王如綸
	任時英
	任璨
	李逸凡
	王際雲　名山縣教諭。
	張士榮　沛子，恩貢。

國朝	張士棠　閬中縣訓導。
	祝多祜
	楊冕
	任浩
	張士杰　溥子，乾隆辛酉拔貢，丁卯副榜。
	張默　溥孫，乾隆癸酉拔貢，癸酉副榜。
	楊楷　乾隆辛巳恩貢。
	任在庭　乾隆壬午歲貢。
	梁立中

武舉

明	張來譽　宸子，嘉靖甲子〔1〕第五魁。
國朝	馮加璵　康熙庚午。
	趙維屏　康熙甲午，雲南永寧鎮遊擊。
	趙弘量　康熙庚子。
	姚智　雍正甲辰。
	張洲　勉行曾孫，雍正壬子。
	江文煦　雍正乙卯。
	張士梁　時行玄孫，乾隆辛酉。
	顧正吉　乾隆甲子。
	達貫一　乾隆癸酉，貴州千總。
	顧思貞　乾隆丙子。

〔1〕　據五十一年本，張來譽爲嘉靖十三年甲午科武舉人，作“甲子”誤，當爲“甲午”。

功貨

唐	嚴震　馮翊郡王、檢校尚書左僕射、同中書門下平章事，贈太保。
	嚴礪　檢校尚書左僕射、東川節度使，贈司空。
	嚴譔　江南節度使。
	稅隆　萬户侯。
明	李成　洪武初，萬户侯。
	王恩用　滁州判。
	江[1]鵬　羅田縣主簿。
	許思正　渭南縣丞。
	何湍　長沙府[2]奉祀。
	任禮　新化縣丞。
	陳廣　襄陽引禮。
	陳昇　保應縣主簿。
	羅凱　德攸縣[3]主簿。
	王時皞　涇縣丞。
國朝	勾新甲　順治初貢，井研縣知縣。
	程九鵬　湖廣新化縣知縣。
	任九級　署眉州知州。
	胥時英　江南句容縣丞。
	任九錫　署華陽縣知縣。
	王命世　浙江永嘉縣知縣。
	王教　雲南昆陽州知州。

〔1〕 "江"，明嘉靖《潼川志》鈔本卷七作 "汪"。

〔2〕 "長沙府"，明嘉靖《潼川志》鈔本卷七、萬曆四十七年序刊本《重脩潼川州志》卷十九俱作 "吉府"。

〔3〕 "德攸縣"，明嘉靖《潼川志》鈔本卷七、萬曆四十七年序刊本《重脩潼川州志》卷十九俱作 "攸縣"。

國朝	張士權　漢長子，歷任直隸大名府同知。
	王廷颺　教長子，雲南禄勸州吏目。
	張士枚　漢仲子，考授州同知。
	張士標　漢季子，考授州同知。
	王廷梁　教次子，候選吏目。
	王永　教孫，候選從九品。
	顧均　廩生，候選吏目。

封廕

明	黄谷用　以子衡貴，贈户部郎中。
	譚思賢　以子紹祖貴，贈國子監學正。
國朝	陳四聰　庠生，以子書貴，封徵仕郎、内閣中書舍人。
	張琯　副貢，以子泰階貴，贈文林郎、廣西平樂府恭城縣知縣。
	張泰階　舉人，江南廬州府同知，以子漢貴，贈中憲大夫、廣西分巡右江副使道。
	趙長華　以孫維屏貴，贈武翼大夫。
	趙緒祖　以子維屏貴，贈武翼大夫。
	張煇　士[1]權子，以祖漢軍功廕入國子監讀書。

賢蹤　人物四

唐

嚴震，字遐聞。初出貲爲梓州長史，累爲鳳州團練使。好興利除害，號稱清嚴，遠邇咨美。韋禎[2]狀其治行爲山南第一，遷山南西道節度使。德宗幸梁，震具軍容迎謁，上令登騎，曰："作朕主人。"中書齊映叱使與上導馬，上責映書生不諳事，

---

〔1〕"士"，五十一年本作"仕"。

〔2〕"禎"，乾隆武英殿本《新唐書》卷一百五十八作"楨"，當是。

映曰："山南士庶但知有震，不知有陛下，今使蜀地知天子尊耳。"尋加檢校户部尚書、馮翊郡王。梁地貧，宰相以爲無所仰給，請進幸成都，震立勸止。隨宜鳩斂，民不煩擾，而行在供億畢具。加檢校尚書左僕射。久之，進同中書門下平章事。貞元十五年卒，年七十六，贈太保，諡忠穆，祀鄉賢。

嚴礪，字元明，震之從祖弟。震在山南時，礪署牙將。德宗幸梁，主饋餉有功，累爲興州刺史。震卒，遺言薦爲本道節度使。疏嘉陵江、通澧水以溉民田，州民德之。劉闢反，儲備有素，拔劍門，守險功居第一。加檢校尚書左僕射，改東川節度使。元祐四年卒，贈司空，祀鄉賢。按《唐書》又謂礪輕躁便佞，誣奏貶鳳州刺史馬勔，且擅没吏民田宅，税外加斂，蓋不無遺議云。

嚴昌文，歷官御史，以言事不合黜爲合江令。卒於官，葬合江，號端正公墓。祀鄉賢。

李湛，字興宗，義府子。以異材舉，後以忠義聞。真西山嘗曰："義府，奸邪人也。若湛者，洵可謂蓋父之愆矣[1]。"祀鄉賢。《省志·人物》作射洪人。

税隆，嚴震之婿。有勇力，僖宗幸蜀時護駕有功，封萬户侯。祀忠孝。

宋

牟袞，字君華。少負奇志，嘗受學於普州多岳。以文章著名，登進士，官翰林。天禧間，致仕家居，著書自娱，有詩文行於世。其後用中、義先、積中、學先皆先後進士，時號"一門四桂"。袞祀鄉賢。多岳，天彭人，蜀孟昶時寓居普州鐵峯。《志稿》義先、學先作義元、學元。

文同，字與可，漢文翁之後，時稱石室先生。方口秀眉，操行高潔。以文學知名，皇祐元年以博學宏詞登第。歷守陵、洋、湖三州，興利除害，不避權勢。善篆、隸、行、草、飛白，又善畫竹木怪石。文潞公嘗譽之，趙清獻公、司馬温公嘗致書嘉美。與蘇文忠公爲從表兄弟，又與子由爲姻家，相交最善，往來贈答甚多，没後猶追悼之不已。著有《丹淵集》行於世。祀鄉賢。

任伯傳，皇祐初進士，官職方郎。以孝行稱，居喪廬墓，有靈芝醴泉之祥。祀鄉賢并忠孝祠。

蒲規，字正臣。有文名，登進士，爲洪雅令。始以嚴治，終以仁濟，洪人德之。祀鄉賢。

---

〔1〕"義府……愆矣"，宋福州學官刻元修本《西山先生真文忠公讀書記甲集》卷十一作"李義府，姦臣也，其子湛以忠義聞。若勁與湛，可謂能蓋其父之愆矣"。

王奭，永泰人。性至孝，居親喪，負土成墳，廬於墓側，靈禽異鳥竝集[1]。祀忠孝。

馮伯瑜，東關人。性至孝，割腹取肝愈父疾。縣令卜詵築孝義臺，立石以表之。祀忠孝。

明

李成，安樂鄉人。洪武四年，明玉珍據蜀，太祖命將征討，成詣軍門報效。後蜀平，論功封賞，適成卒，詔封萬户侯。

王健，樂平鄉人。多力尚義，嘗收捕盜賊以安鄉里。成化六年，土寇嘯聚，健率衆擊之於折弓埡，力戰死。僉事蕭凱弔以文曰：茫茫堪輿，人孰無死。死得其正，有終有始。嗚呼王健，驍勇過人。剿捕寇賊，以安生民。功績丕著，在人莫忘。雖死不恨，千載垂光。祀忠孝。

雷應春，富村驛人。事親孝，父葬，廬墓側。馴兔入其室，異木生墓旁。祀忠孝。時富村驛屬鹽亭。

據《志略》《志稿》《省志》載有陳漢，當元末徐壽輝據蘄、黃，漢爲萬户，率所部攻之。洪武初歸附，太祖嘉其知機識主，拜大將軍、都督府斷事。後乞休，賜以說并歌。今祀鹽亭鄉賢。按：陳漢乃江南宿松人，洪武二十四年，其子大章謫戍富村驛，始爲鹽亭人。至其曾孫璽、溎[2]，六代孫友士、友契，俱由貢登仕籍。原陳漢實未至鹽亭，未知前志何以并入，兹特削之。

國朝

張泰階，字徵平。幼值寇變，父被擄，泰階哀求請代，賊感動，并釋之。事繼母以孝聞，撫諸弟，友愛甚篤，鄉里稱之。及歷任司馬，多政聲。著有《鹽亭志略》。祀鄉賢并廣西恭城縣名宦。

顧珽，字丹麓。初以孝廉令粵西。蒼梧，附府首邑，三江孔道，僻居邊陲，猺獞雜處，最號嚴邑。珽恩威兼施，治列上考，擢陳州牧。下車適值水患，捐賑緩徵。繼以大疫，延醫捐藥，全活者甚衆。自是嚴保甲，興學校，善政以次畢舉。後六載，卒於官。陳民德之，自裹餱糧，送柩歸里。越三日，號泣而後返。

---

〔1〕“靈禽異鳥竝集”，五十一年本作“靈禽異鳥悉集其所，時以爲孝所感”。

〔2〕“溎”，明嘉靖《潼川志》鈔本卷七作“涇”。

陳四聰，郎中陳書父。事親至孝，孺慕之思，垂老不忘。尤好獎進後學，士林奉爲楷範。祀鄉賢。

任九級，字大升。順治戊子，射洪流賊餘黨郭大長自號無主大將軍，招賊數千，遍掠鄉村。九級率鄉勇王養臣，年十九，誘賊於石狗埡，盡殲之。後署眉州知州，養臣給守備銜。

張澎，才學優贍，賦蓮花漏，某制憲覽之，大加獎賞，以二金杯贈之，稱爲西蜀才子第一。後舉孝廉。

張漢，字雲倬。初以副車秉鐸榮[1]經，會打箭爐軍興，以軍功議敘。歷五任，擢至粵西副使。凡所涖之地，皆蠻夷雜處，最爲難治。漢開誠布公，不設藩籬，衆皆帖服。尤好講求水利，興起學校，不屑屑苟且旦夕計，以故興情悉協，頌聲洋溢。綜其善政，繪爲十六圖，其時督、撫、藩、臬及僚友諸公皆賦詩美之。後以母老請終養，命甫下而漢卒。乾隆庚申七月，屆其母壽期，方以未覩子櫬爲痛，適大水河溢，櫬舟憑城至門，時以爲水送孝子，死猶壽親云。

王教[2]，字子[3]安。由例監授雲南寧州牧，總理西藏糧務。三年，調晉寧州。條陳滇屬昆明、澄江、大理、江川四海口已淤，令民築堤營田；崎嶇隙壤，令各樹木，允准通飭。至今滇南田增數萬畝，叢林茂密者，皆教之力也。其餘善政，不可枚舉。後以丁艱服闋，補授昆陽州。告休歸里[4]。

隱逸　人物五

唐

嚴本，嚴震大父。負不羈之才，得遯世之趣。浪跡方外，超然絕塵。大父一作伯父。

趙蕤，字大賓，又字雲卿，號東巖子，漢儒趙賓之後。任俠好學，善爲縱橫術。隱居梓州長平山安口[5]巖，博考六經諸家異同之旨，著《長短經》，明王霸天人大

---

〔1〕"榮"，或作"榮"，後同。
〔2〕"教"，五十一年本作"勃"，後同。
〔3〕"子"，嘉慶二十一年本《四川通志》卷一百五十四、《鄉土志》俱作"又"，當是。
〔4〕五十一年本"歸里"後有"卒"字。
〔5〕"口"，宋本《儒門經濟長短經》卷首作"昌"，當是。

略。李太白嘗從之學。巢居岷山，奇禽千計，呼皆就掌取食，了無驚猜。玄宗時，廣漢太守蘇頲舉二人有道，疏云：“趙蕤術數，李白文章。”屢徵不起。李白有《送趙雲卿》及《在淮南寄趙徵君》詩，見《藝文》。祀鄉賢。

明

任九思，詞氣豪博，志行高潔。隱居田野，無意功名，以文學終。

任纘，副使任時芳父。清白傳家，淡於富貴，有高士風。祀鄉賢。

國朝

桑爲灼，字華公，號雙峯，原籍江寧。康熙中，隨父入川，樂鹽亭山水，因家焉。品端學優，胸襟洒落。吟咏自適，不以功名介念。壽八十，以文學終。著有《握珠堂稿》。

流寓 人物六

隋

張峻夫，諱嶸，洛陽人。遊蜀，至鹽亭，時邑人言語鄙俚，有氐羌之風，峻夫教授化導，悉歸於正。一日，遇老嫗泣曰：“井中有蟒，每歲祭以男女，今輪次某當祭。”峻夫聞之，即仗劍往驅，蟒遁負戴山巔洞中。峻夫以巨石書“紫微仙洞”四字，塞洞口，害遂除。一夕，夢上帝以其有功於民，牒爲本縣土主。事聞，欽賜紫袍於治北之皋，遂卒。宋紹興間，勅建祠於負戴山上，賜廟號“昭格”。

唐

杜甫，字子美，襄陽人，後徙河南鞏縣。肅宗時入蜀，卜居成都，尋避兵入梓州。嘗遊鹽亭，寓居負戴山麓曇雲深處，與嚴氏伯仲交最善。有詩，見《藝文》。

李白，字太白，成都彰明縣青蓮鄉人，故號青蓮。隱居大匡山，往來旁郡。嘗遊鹽亭，善趙徵君蕤，從之學，歲餘而去。

仙釋　人物七

唐

易玄子，不知何許人，浴丹於鳳凰山麓泉水中，今浴丹泉尚在。

宋

文與可自汴京至陳州宛丘，忽留不行，衣冠正坐而逝。崔公度偶會於建康，語之曰：“聞不妄語者，舌可過鼻。”與可即吐舌三叠如餅，復引至眉間。度大驚，及至京，始知與可在陳州已先尸解矣[1]。見《蘇文忠公集》。

明

無名異人，萬曆甲申年，一夕於寶臺觀題壁，末云：“慶在酉年龍虎會，鹿鳴宴罷赴瓊林。”次年，邑人任時芳聯捷。

月現和尚，住章邦寺。明末寇亂，諸僧盡逃，月現獨留。賊執縛梁間，繩忽自斷者三，賊驚，釋之。一日，忽散其衣服財物，剖梨食衆，曰：“何物？”衆曰：“梨。”曰：“果離也。”至夜，吐火自焚而化。

長鬚道人，不言其姓名，衆惟以“長鬚仙人”呼之。與邑人張惺源交善，一日臨別，贈以詩云：“湖海幾年無去鶴，桃源今日有飛花。元機紙上煙雲濕，鍊藥爐中日月華。羨爾原爲三島客，幸仙收入五雲家。細思燈下先天語，漏洩人間草木芽。”後不知所終。惺源，張力行字。

列女　人物八

明

虞氏，許昇妻。年十九守節，撫子思正成立。

---

〔1〕　按此段內容不見於《蘇文忠公全集》。

蘇氏，陳子剛妻。年二十守節，撫遺腹子魁成立。

伏氏，富村驛人，雷昺妻。年二十七，無子，守節，孝翁姑。卒年八十歲。

文氏，李通妻。年二十四，無子，守節，孝翁姑。卒年九十歲。

許氏，何瑛妻。年二十二，守節事姑，撫子溥成立。卒年八十二歲。

周氏，庠生顧蕭妻。蕭遊營山，死於賊。周年二十三〔1〕守節，撫子成立，壽百餘歲。

孫氏，顧鼎妻。年二十，甘貧守節。卒年九十五歲。

黃氏，周環妻。守節，卒年百有五歲。撫按給米肉衣帛，扁其門曰"百年人瑞"。

國朝

顧氏，舉人任之鳳妻。年二十餘守節，壽八十五歲。

李氏，任啟賢妻。年二十守節，甘貧事姑，撫子成立。

鄧氏，庠生許鴻儒妻。守節甘貧，事翁姑，撫子成立。

袁氏，庠生張玫妻。玫沒時，袁截指示信，撫子成立。

王氏，汪〔2〕美中〔3〕妻。年二十七守節，孝事翁姑，撫七歲子成立。卒年七十五歲，雍正元年題准建坊旌表，崇祀節孝祠。

汪氏，廬州府同知張泰階妻，廣西右江道張漢母。年二十九守節，撫三子，皆登賢書。誥封恭人。卒年八十四歲，乾隆元年題准建坊旌表，崇祀節孝祠。

胥氏，庠生任沇妻。年二十六，守節甘貧，刲股療姑疾，撫三歲子碩彥成立，入庠食餼。乾隆十三年題准建坊旌表，現年七十五歲。

李氏，王國詔妻。年二十四守節，孝事姑，撫三歲子家麟成立，入庠。乾隆十七年題准建坊旌表，現年七十三歲。

岳氏，廩生顧枃妻。年二十四，守節安貧，孝事祖姑及翁。撫三月子東閣成立，入庠食餼。現請建坊旌表。

杜氏，顧言妻。年二十二，守節安貧，孝事翁姑，撫遺腹子大本成立。現請建坊旌表。

---

〔1〕"三"，《志書》作"五"。

〔2〕"汪"，據五十一年本補。

〔3〕"中"，五十一年本作"忠"。

風俗　人物九

淳樸、椎鈍。

按：文翁守蜀，其後裔徙於鹽亭。至宋，與可先生猶以石室名。故其家傳淵源，型方訓俗。雖全蜀咸被文翁之化，而其流風遺教百世不改者，唯鹽亭爲最。延至明季兵燹之後，他邑鳥散獸奔，所在皆然。而鹽人獨重去其鄉，守死勿離，至今猶多土著聚族而居。由舊淳樸，不染浮華。蓋文物猶弗光昌，亦渾沌尚未鑿破也。第椎鈍而拙，困蒙未發，生計弗擴。無問男女，惟知力穡，勤事鹽桑。一歲之需，公私支吾，總以鹽之豐嗇爲用之盈縮。或典鬻田地，祗惟同鄉略相質劑，曾不外售。故秦、楚、吳、越之來適樂郊者，雖攜重貲，欲圖恒産，終不得與。厥風亦良古矣。

土産　人物十

鹽、紬、桑、粟。

按：古云亭即今鄉里之稱，而亭獨以鹽名，則鹽亭之鹽甲於蜀中，昭昭也。其色潔以白，其味鹹而甘，雖他邑之産者不乏，而較鹽亭則多遜，此鹽亭所縣獨擅鹽名也。其次則産紬，在昔名曰絹，文與可詩云“持將一段鵝溪絹”是也。今昔異名，其實一爾。然今不古若，精觕迥殊矣。且紬出於蠶，蠶出於桑，故樹桑者衆而果木罕植焉，此亦緣紬而起者也。再他邑粟穀硬不可食，惟鹽粟與北地同，故山多水乏，不能種稻，民因種粟，賴以足食，此又造物之獨立[1]我烝民者。至《九域志》云“東關縣有鐵冶”，《一統志》云“鹽亭縣出鐵”，今則全無，不敢濫載。

---

〔1〕“立”，五十一年本作“粒”，當是。

祥異 人物十一

秦

始皇時，有長人二十五丈見宕渠。

隋

井中有一蟒，屢年食人，張峻夫仗劍逐入山洞中，封之，害遂除。

五代

蜀王建時，有麟見於城西溪上。

明

崇禎元年戊辰，張惺源家獲四白鼠。養之年餘，生子二窩，一夕脫去。按：白鼠，碩鼠也，見則國亂。此流寇將至之兆。

國朝

順治戊子、己丑兩年大荒，斗米銀十兩，舫肉銀三錢，人多餓死。

順治己丑八月夜，南東門外山間有火光燭天，二龍升空去。

順治庚寅三月，城外濠間有四虎為害。時永寧鎮都督府柏永馥屯兵於此，一夕射殺之。

雍正十一年癸丑五月，永賢鄉民楊士榮家牛產一麟。身高二尺，長二尺五寸。頭中挺一肉角，長寸許。目如水晶，周身鱗甲，遍暈青霞，兩脊旁至尾各有肉粒如豆，色如黃金。麕身、馬腿、牛蹄。產時風雨兼至，金光四射，草木映黃。載《通志》。

乾隆五年庚申，大水，河溢入城。

城西南隅有井，未詳穿於何時。瀕雲溪，鑿石為之。深數丈，水甚甘涼。乾隆二十一年夏，旱，淘之。旁有石洞，向負戴山口。徑五尺，內闊一丈，渺不可測，水源源流。井底多銅、錫、鐵器，入者爭取。俄聞雷聲，驚怖而出，水遂滿。

乾隆二十七年，縣署中畜二牝犬，一產子三，一產子五，相距十餘日。大小各別，毛色互異，兩牝犬合乳之，彼此無岐視。有時牝犬或他往，牝雞翼之。牝犬至，亦不怪吠。

寇變　人物十二

明

崇禎十年丁丑十月十三日，有流賊數百騎猝至。破城，殘殺幾盡，死屍山積，學中生員死者百餘人。

國朝

順治元年十月，張獻忠恨鹽民不附己，發兵萬餘，將至屠城。邑人聞之，夜半於西城水洞逃去。縣西三十里有許、羅、陳三巖兩洞，上據峻嶺，下瞰梓江，地極險要，結寨拒之。於十一月二十二日，賊併力攻，幾不能支。忽山頂崩一大石，如數間屋，橫截路口，賊衆辟易。復有神附一巫曰：“今夜當有大風雨，可隨我去。”是夜風雨果至，衆隨巫逃免大半。前此有童謠云：“入洞精，鑽巖怪，沿山走的後還在。”至是果應其讖。

順治三年，獻賊謀窺西安，乃盡焚成都宮殿廬舍，夷其城，率衆出川北。至鹽亭界大霧，曉行，猝遇我大清兵於鳳皇坡，中矢墜馬，蒲伏積薪下，擒出斬之。録《明史》。舊傳獻賊死於西充境上，按：自成都出川北，不由西充，當以《明史》爲是。

按：志也者，非徒以侈文藻、資諷誦已也，將以示來兹、昭法戒焉。故賢奸竝登，而褒譏兼著。或曰：“善善欲長，惡惡欲短。”然短者非盡諱也，敗類羣小，穢德腥行，縱弗臚列以汙青簡，而姓氏、科目、官位、存亡仍宜書之，將使後世覩科目、官位如斯其人，而事蹟概從芟艾，絶口而不之道，則其爲人從可知矣。假如以其人不臧，并姓氏、科目、官位、存亡一切削之，反爲盡諱，彼將安寢地下，自幸得計，是又與於小人之甚者也。是《漢書》莽、操可删，而《宋史》京、檜不必書也。百世而下，惡知其爲弑君蠹國千古亂賊哉！此《選舉》不遺李義府，而《寇變》亦及張獻忠歟？獨惜夫卓犖瑰奇之品，淑懿貞烈之媛，隋以前無聞焉。雖兩漢、晉、魏間諸志傳中所載廣漢若而人、宕渠若而人，而廣漢匪一，宕渠亦有東西南北之分，使披覽者無從指某也鹽官，某也鹽人。因徒想夫遺徽芳躅，流連景慕，而莫能采諸志乘，以垂法奕禩也，可勝歎哉！

鹽亭縣志卷之三　藝文志

鹽亭令董夢曾纂

　　志之爲志，其大綱天、地、人、物四者盡之矣。前以天文無多，物類有限，故并天於地，附物於人，從簡也。惟是藝文咸成於人，無涉於物，其中有爲天地間所不可磨滅者。萬丈光芒，李、杜之文章具在；千軍橫掃，東、穎[1]之吟咏猶新。且一時名賢與文湖州相贈答者，均稱文陣之雄帥，而《丹淵集》中之作，皆宜一一焚香讀也，矧後賢更多嗣音耶？其舉可委諸榛莽瓦礫中，而不網羅編輯，以昭炳蔚之盛哉？此《藝文》所繇專志也。志凡十三類如左：勅誥、傳、記、序、跋、說、簡、文、墓誌、賦、贊、銘、詩。

勅誥　藝文一

唐

憲宗賜嚴礪謝封贈勅　《白樂天長慶集》

　　勅嚴礪：薛光朝至，所陳謝具悉。卿狥[2]公竭誠，臣節克著；揚名濟美，子道有

---

〔1〕 "穎"，或作 "潁"。
〔2〕 "狥"，《四部叢刊》本《白氏長慶集》卷四十作 "徇"。

光。教〔1〕忠既本於義方，追遠宜崇於禮命。俾優褒贈，爰慰孝思。秩貴冬官，以表過庭之訓；封榮石窌，用旌徙宅之賢。雖示〔2〕新恩，允符舊典。遠煩陳謝，深見懇誠。

憲宗賜嚴礪進鷹勅

勅嚴礪：省所奏進蒼角鷹六聯，具悉。卿任重列藩，寄兼外閫，事皆奉上，動必竭誠。時屬勁秋，致茲鷙鳥，調習成性，進獻及時。取其效用之能，足表盡忠之節。

國朝

贈張泰階父母勅　康熙六年

制曰：資父事君，臣子篤匪躬之誼；作忠以孝，國家弘錫類之恩。爾張琯，乃廣西平樂府恭城縣知縣張泰階之父，善積於身，祥開厥後。教子著義方之訓，傳家裕堂構之遺。茲以覃恩，贈爾爲文林郎、廣西平樂府恭城縣知縣，錫之勅命。於戲！殊榮必逮於所親，寵命用先夫有子。承茲優渥，永芘忠勤。奉職在公，嘉教勞之有自；推恩將母，宜錫典之攸隆。爾廣西平樂府恭城縣知縣張泰階之母何氏，壼範宜家，鳳協承筐之嫟；母儀詒穀，載昭畫荻之芳。茲以覃恩，贈爾爲孺人。於戲！彰淑德於不瑕，式榮象服；膺寵命之有赫，永賁泉壤。

封贈張漢父母誥　雍正十三年

制曰：夙夜宣勞，事君資於事父；雲霄布澤，教孝實以教忠。特貴絲綸，用光閭閱。爾原任江南廬州府同知張泰階，乃廣西分巡右江副使道張漢之父，操修淳篤，矩範嚴明。術在詩書，克啟趨庭之訓；業恢堂構，實開作室之模。茲以覃恩，贈爾爲中憲大夫、廣西分巡右江副使道，錫之誥命。於戲！錫天府之徽章，殊榮下逮；際人倫之盛美，茂典欽承。祇服誥詞，永光譽問。王臣分猷於外，加恩必逮庭闈；人子讓善於親，褒德無殊先後。爰頒朝獎，用表母儀。爾廣西分巡右江副使道張漢

---

〔1〕 “教”，《四部叢刊》本《白氏長慶集》卷四十作“敬”。
〔2〕 “示”，《四部叢刊》本《白氏長慶集》卷四十作“亦”。

之前母任氏，毓質清門，作嬪名族。溫恭成性，早聞縈縞之風；慈淑爲心，猶見栝栝之澤。兹以覃恩，贈爾爲恭人。於戲！慰顯揚之夙志，寵賁雲霄；甄報稱之成勞，光流泉壤。祗承休命，益闡芳型。家聲昌大，夙彰式穀之休；壼教賢明，不替樹護之慕。適逢上慶，用錫殊榮。爾廣西分巡右江副使道張漢之母汪氏，敦習禮規，恪循箴訓。寢門治業，著恒德於貞心；閨塾授型，寓慈風於雅範。兹以覃恩，封爾爲恭人。於戲！恩能育子，挺杞梓之良材；善必稱親，被筓珈之茂寵。祗承嘉獎，益表芳儀。

授封張漢夫妻誥 雍正十三年

制曰：治佐旬宣，聿奏保釐之績；職司法紀，用嘉幹濟之才。爾廣西分巡右江副使道張漢，敭歷著聲，繁劇就理。握虎節而搴帳，車隨甘雨；縮麟符而叱馭，路指福星。適逢慶典之頒，用錫寵章之賁。兹以覃恩，特授爾階中憲大夫，錫之誥命。於戲！克荷金湯之寄，載宣鎖鑰之猷。拜此新綸，勉乃茂績。奉職恪共，懋舉勞臣之績；同心黽勉，載嘉德配之賢。壼範攸昭，國恩斯沛。爾廣西分巡右江副使道張漢之妻顧氏，毓自名家，嬪於望族。采藻蘋於碧澗，允襄修祀之誠；詠絺綌於素絲，克勵自公之操。兹以覃恩，封爾爲恭人。於戲！被寵光於象服，懿問交流；錫榮獎於鸞章，惠風益暢。祗承顯命，彌勵閫儀。

授封張士權夫妻誥 乾隆十六年

制曰：作牧重於專城，遂委一州之任；親民莫如長吏，遠逾百里之榮。爾直隸保定府安州知州張士權，才諝夙優，精勤尤著。釐剔吏胥之弊，人憚嚴明；勾稽案牘之煩，政無留滯。兹以覃恩，授爾爲奉直大夫、直隸保定府安州知州，錫之誥命。於戲！飭乃官方，既效能以奏績；勞於王事，宜錫寵以酬庸。良臣宣力於外，効厥勤勞；賢媛襄職於中，膺兹寵錫。爾直隸保定府安州知州張士權之妻李氏，終溫且惠，既靜而專。縈縞從夫，克贊素絲之節；蘋蘩主饋，爰流彤管之輝。兹以覃恩，封爾爲宜人。於戲！敬爾有官，著肅雍而竝美；職思其內，迪黽勉以同心。

贈趙維屏祖父母誥 乾隆十六年

制曰：策勳疆圉，遡大父之恩勤；錫賚絲綸，表皇朝之霈澤。爾趙長華，乃雲南鶴麗鎮標右營遊擊趙維屏之祖父，敬以持躬，忠能啟後。威宣閫外，家傳韜略之書；澤沛天邊，國有旂常之典。茲以覃恩，贈爾爲武翼大夫，錫之誥命。於戲！我武維揚，特起孫枝之秀；賞延於世，益徵遺緒之長。樹豐功於行陣，業著聞孫；錫介福於庭幃，恩推大母。爾雲南鶴麗鎮[1]右營遊擊趙維屏之祖母陳氏，壺儀足式，令問攸昭。振劍珮之家聲，輝流奕世；播絲綸之國典，慶衍再傳。茲以覃恩，贈爾爲淑人。於戲！翟茀用光，賡弘休於天闕；龍章載煥，錫大惠於重泉。

贈趙維屏父母誥　乾隆十六年

制曰：寵綏國爵，式嘉伐[2]閱之勞；蔚起門風，用表庭闈之訓。爾趙緒祖，乃雲南鶴麗鎮標右營遊擊趙維屏之父，義方啟後，縠似光前。積善在躬，樹良型於弓冶；克家有子，拓令緒於韜鈐。茲以覃恩，贈爾爲武翼大夫，錫之誥命。於戲！策幕府之徽章，洊承恩澤；荷天家之休命，永賁泉壚[3]。怙恃同恩，人子勤思於將母；赳桓著績，王朝錫類以榮親。爾雲南鶴麗鎮標右營遊擊趙維屏之母馮氏，七誡嫻明，三遷勤篤。令儀不忒，早流珩瑀之聲；慈教有成，果見干城之器。茲以覃恩，贈爾爲淑人。於戲！錫龍綸而煥采，用答劬勞；被象服以承休，永光泉壤。

授封趙維屏夫妻誥　乾隆十六年

制曰：國重干城，特賁褒揚之典；功高營衛，式賡殊渥之施。載沛榮綸，用嘉懋績。爾雲南鶴麗鎮標右營遊擊趙維屏，英猷克矢，武力維宣。撫恤師徒，廣仁風於挾纊；勤勞軍旅，鼓壯氣於同袍。閫惠攸頒，徽章宜錫。茲以覃恩，特授爾爲武翼大夫，錫之誥命。於戲！幕府疏勳，尚欽承夫寵澤；巖廊行慶，爰誕界以恩光。祇受崇褒，益恢來效。策府疏勳，甄武臣之茂績；寢門治業，闡賢助之徽音。爾雲南鶴麗鎮標右營遊擊趙維屏之妻王氏，毓質名閨，作嬪右族。擷蘋采藻，夙彰宜室之風；說禮敦詩，具見同心之雅。茲以覃恩，封爾爲淑人。於戲！錫寵章於閨閫，惠問常流；荷嘉獎於絲綸，芳聲永劭。

---

〔1〕"右"前疑脫"標"字。

〔2〕"伐"，五十一年本作"閥"。

〔3〕"壚"，五十一年本作"壝"。

傳 藝文二

宋

嚴震傳《唐書》 端明殿學士宋祁開封人

嚴震，字遐聞，梓州鹽亭人。本農家子，以財役里閭。至德、乾元中，數出貲助邊，得爲州長史。西川節度使嚴武知其才，署押衙，遷恒王府司馬，委以軍府重[1]務。武卒，罷歸。會東川節度使李叔明表爲渝州刺史，震以叔明姻家，移疾去。山南西道節度使又表爲鳳州刺史。母喪解，起爲興、鳳兩州團練使，好興利除害。建中中，劍南黜陟使韋禛[2]狀震治行爲山南第一，乃賜上下考，封勛[3]國公。治鳳十四年，號稱清嚴，遠邇咨美，遷山南西道節度使。朱泚反，遣腹心穆廷光等遺帛書誘之，震即斬以聞。是時，李懷光與賊連和，奉天危蹙，帝欲徙蹕山南。震聞，馳表奉迎，遣大將張用誠以兵五千扞衛。用誠至盩厔有反計，帝憂之，會震牙將馬勛嗣至，帝告以故，勛曰："臣請歸取節度符召之。即不受，斬其首以復命。"帝悦，使計日往。勛還得符，請壯士五人與偕，出駱谷，用誠以爲未知其謀，以數百騎送[4]勛館之，左右嚴侍。勛未發，陰令焚草館外，士寒，爭附火。勛從容以[5]符示之，曰："大夫召君。"用誠懼，將走，壯士自後擒之。用誠子斫勛傷首，左右扞刀得免，遂撲[6]用誠，而格殺其子。[7]軍中士皆擐甲矣。勛昌言曰："若父母妻子在梁州，今棄之而反，何所利耶？大夫取用誠爾，若等無與！"衆乃服，不敢動。即縛用誠送於震，杖殺之，而拔其副以統師。始，勛赴行在，踰半日期，帝頗憂。比至，大喜。翼[8]日，發奉天。既入駱谷，懷光以騎追襲，賴山南兵以免。尋

---

[1] "重"，乾隆武英殿本《新唐書》卷一百五十八作"衆"。
[2] "禛"，乾隆武英殿本《新唐書》卷一百五十八作"楨"，當是。
[3] "勛"，乾隆武英殿本《新唐書》卷一百五十八作"鄖"，當是。
[4] "送"，乾隆武英殿本《新唐書》卷一百五十八作"迓"，當是。
[5] "以"，乾隆武英殿本《新唐書》卷一百五十八作"引"。
[6] "撲"，乾隆武英殿本《新唐書》卷一百五十八作"扑"。
[7] 乾隆武英殿本《新唐書》卷一百五十八"軍"前有"勛即"二字。
[8] "翼"，乾隆武英殿本《新唐書》卷一百五十八作"翌"。

加檢校户部尚書、馮翊郡王，實封二百户。天子至梁州，宰相以爲地貧無所仰給，請進幸成都。震曰："山南密邇畿輔，李晟銳於收復，方藉六師爲聲援。今引而西，則諸將顧望，責功無期。"帝未決。會晟表至，亦請駐蹕梁、漢〔1〕，議遂定。然梁、漢間刀耕火耨，民采稆爲食，雖領十五郡，而賦入纔比東方數大縣。自安、史後，山賊剽掠，户口流散，震隨宜勸課，鳩歛有法，民不煩擾，而行在供億具焉。車駕將還，加檢校尚書左僕射，詔改梁州爲興元府，即用震爲尹，加實封二百户。久之，進同中書門下平章事。貞元十五年卒，年七十六歲〔2〕，贈太保，謚曰忠穆。

張尚書右丞傳并跋

　　張雍，德州安德人。治《毛氏詩》，開寶六年中第，釋褐東關尉。太平興國初，有薦其材者，召歸，改將作監丞、知南雄州，遷太子右贊善大夫、知開封府司録參軍事。俄爲秘書丞，充推官，坐慮囚失實免。雍熙初，復爲秘書丞、御史臺推直官，改鹽鐵推官，賜緋，遷右補闕，充判官。端拱初，轉工部郎中、判度支勾院，賜金紫。未幾，又爲鹽鐵判官，兼判勾院。逾年，以本官兼侍御史知雜事。歲餘，出爲淮南轉運使。淳化初，選爲太府少卿。二年，又加右諫議大夫，徙兩浙轉運使，入知審刑院。三年，充户部使，出知梓州，就命爲西川轉運使，俄復知梓州。四年春，蜀州青城民王小波聚衆爲亂。小波死，又推其妻弟李順爲帥，衆至萬人。雍聞之，訓練士卒，得城中兵三千餘，又募强勇千餘守城，輦綿州金帛以實帑藏。推官陳世卿治戎器，掌書記施謂、榷鹽院判官謝濤伐山木爲竿，銷銅鐘爲箭鏃，紐布爲索，守械悉備，遣推官盛梁〔3〕請兵於朝。五年正月，成都不守，綿、邛、彭、蜀、漢州，永康軍悉陷於賊。順入成都，僭號大蜀王，兇勢甚盛，遣其渠賊帥衆十餘萬圍梓州，雍與都巡檢使盧斌登堞望之，賊所出兵皆老弱疲憊，無鎧甲。斌請開北門擊之，雍曰："不可。賊或詐見弱，設伏伺我。又城中吏民心志未定，脱爲伏兵所突，則外内墮其姦計，非良策也。"未幾，果有卒依敵樓呼嘯，與外爲應，亟斬以徇。賊大設梯衝火車，晝夜鼓譟，攻城益急。城中軍民速發機石、火箭等具雜下，賊稍退。復治攻具於城西北隅，雍紿曰："軍士趣〔4〕治裝，吾將開東門出擊賊。"陽出東門，

---

〔1〕　"漢"，乾隆武英殿本《新唐書》卷一百五十八作"洋"，後同。

〔2〕　乾隆武英殿本《新唐書》卷一百五十八無"歲"字。

〔3〕　"梁"，據乾隆武英殿本《宋史》卷三百七補。

〔4〕　"趣"，五十一年本作"亟"。

實伏北。賊升牛頭山以望內,信然,伏精兵萬餘於山之東隅以待我。雍即召敢死士百輩,縋而盡下,焚其攻具,自午達申殆盡。而兇黨數乘城進戰,皆不利。一日,北風晝晦,賊乘風縱火,急攻北門。雍與斌等領兵據門,立矢石間,守不動,賊爲之少却。自二月四日至四月二十三日,長圍凡八旬。會王繼恩遣石智顒分兵數千來援,賊始潰去。遣施謂入奏,上手詔褒美,擢爲給事中,斌爲西京作訪使、領誠州刺史,世卿爲掌書計,謂爲節度判官,濤爲觀察推官。又以通判、將作監丞趙賀爲太子中舍,監軍、供奉官辛規爲內殿崇班。至道二年,改工部侍郎。明年召歸,復知永興軍府,轉禮部侍郎,改刑部,充度支使。咸平四年,遷鹽鐵使,尋拜戶部侍郎,復知審刑院。出知秦州,徙鳳翔府。景德初,權知開封府。三年,改兵部侍郎、同知審官院。明年,車駕朝陵,判留司尚書省,出知鄧州。大中祥符元年,請老,以尚書右丞致仕,命未至而卒,年七十。禄其子太常寺太祝太初爲大理評事,給俸終喪。既而太初卒,復以其次子秘書省校書郎太冲爲大理評事。雍姿貌魯樸,始登科,爲滕中正婿。中正子錫、世、寧咸笑之,中正曰:"此人異日必顯達壽考,非汝曹所及。"後錫兄弟雖有名,然終不越郎署,亦無耆年者。慶曆元年郊祀,詔國朝將帥有扞邊禦寇勳業著聞者,令史院檢閱以聞,凡二百四家,雍其一也。

右傳乾道己酉郪令眉山孫汝聽刻石牛頭山。公自開寶間初仕東關尉,至淳化中爲轉運使,適值王、李肆亂,悉力扞禦,賊遂潰去,其功業彰著如此。嘉定乙亥,州人請奏於朝,始建廟城中,賜名忠顯。後三年,歲在戊寅,遂寧馮華祖來尉斯邑,爰闢官寺之西偏,繪像立祠,重刻牛頭之碑,實於祠側,仍以"忠顯"題其顏,以慰邑人無窮之思云。

按:張右丞守梓事,詳於《宋史》,而《潼川志》《省志》俱未備載其傳。今鹽亭碑尚存,讀其傳,與張雎陽忠義相埒,而成敗又異,亟錄之以備考。

國朝

張恭城平猺傳 [1] 廣西布政司張鉞

公姓張,諱泰階,蜀之潼川州鹽亭縣人也。少有異才,習知方略。康熙二年以

---

[1] 按二十八、五十一年本同載之《張恭城平猺傳》及後志相關文字,對瑤民領袖黃天貴、黃公輔二人率領瑤胞起兵抗清一事極盡污衊,具有相當的歷史局限性和階級局限性,請讀者加以注意。

孝廉令恭城，[1] 地隸平樂，萬山叢莽中，猺、獞錯處。性貪狼，俗剽悍，帶刀挾矢，縱橫出沒，有司莫得而禁焉。時猺目黄天貴、黄公輔者，糾集醜類，嘯聚叢木寨，劫取衣被財物，擄掠婦子，焚毀室廬，民大恐。公赫然震怒，曰："方今王道蕩平，薄海向化，乃敢負其險固，橫肆披猖，藐視命吏，荼毒生靈。余必血刃賊首，掃蕩山林乃止！"陰募邑中幹事者，探知賊勢，指畫分明。狀聞於總制屈，屈大駭，檄廣東、湖廣二省合師進剿，去叢木寨十里而營。翼日晨興，公戎服躍馬，請授部下數百人，冒險先登，大兵隨後，四面攻擊。鼓角震地，煙焰蔽天，摧枯拉朽，鳥逸獸奔，賊衆大潰。乘勢逐北，殲厥渠魁，餘孽悉爲煨燼。公又籲請總制屈，曰："今日之役，所以掃除梟獍，寧輯善良。大凶授首，延及無辜。詰暴乃以爲暴[2]，請下令軍中禁無殺。"且徧諭父老子弟："爾等原未從賊，久爲賊所苦。今幸少甦，其無恐師旅。"百姓扶老挈幼，厥角[3]馬首者以千億計。嗚呼！武以戡亂，仁以保民，公之績將不朽矣。余觀山川圖略，滇、黔、百粤間苗蠻種類不一，秦、漢以來，每多反側。今仰聖天子湛恩汪濊，沾被羣生，喁喁然皆願爲[4]内赤子，即有一二蠢頑，尚未格[5]心。總制鄂公與三省中丞公[6]奉命宣撫拓烏蒙，平邕横，城古州。余時以曹司出守黎平，親受指揮，戮力行間。今諸蠻俱帖，涕泣歸誠，獨念公一縣令，奮身除暴，爲民請命，雖屈公之績不可没，而首建非常，揆[7]丸永絶，宜恭民之尸祝户頌，歷六七十載而戴之勿忘也哉！公後遷深州知州，再遷廬州司馬，攝無爲州事。所至清節自勵，與恭城無異。令子漢，克肖其父，爲南寧守。而余以黔臬調遷，歷任西藩，求爲立傳，付之志策。以余之克既其實，而且與公爲同譜也。餘詳本傳中，故不附贅。

---

〔1〕 文淵閣《四庫全書》本《廣西通志》卷一百十八 "地" 前有 "恭城" 二字，當是。
〔2〕 文淵閣《四庫全書》本《廣西通志》卷一百十八 "暴" 後有 "乎" 字，當是。
〔3〕 "厥角"，文淵閣《四庫全書》本《廣西通志》卷一百十八作 "匍伏"。
〔4〕 五十一年本 "爲" 後有 "海" 字，當是。
〔5〕 "格"，文淵閣《四庫全書》本《廣西通志》卷一百十八作 "革"。
〔6〕 五十一年本、文淵閣《四庫全書》本《廣西通志》卷一百十八 "中丞" 後俱無 "公" 字，當是。
〔7〕 "揆"，文淵閣《四庫全書》本《廣西通志》卷一百十八作 "探"，當是。

記 藝文三

宋

墨君堂記 蘇軾

凡人相與號呼者，貴之則曰公，賢之則曰君，自其下則爾、汝之。雖公卿之貴，天下貌畏而心不服，則進而君、公，退而爾、汝者多矣。獨王子猷謂竹君，天下從而君之無異辭。今與可又能以墨象君之形容，作堂以居君，而属余爲文，以頌君德，則與可之於君，信厚矣。與可之爲人也，端静而文，明哲而忠。士之修潔博習，朝夕磨治洗濯，以求交於與可者，非一人也，而獨厚君如此。君又疎簡抗勁，無聲色臭味，可以娱悦人之耳目鼻口，則與可之厚君也，其必有以賢君矣。世之能寒燠人者，其氣焰亦未至若霜雪[1]風雨之切於肌膚也，而士鮮不以爲欣戚喪其所守。自植物而言之，四時之變亦大矣，而君獨不顧。雖微與可，天下其孰不賢之？然與可獨能得君之深，而知君之所以賢。雍容談笑，揮灑奮迅，而盡君之德。稚壯枯老之容，披折偃仰之勢。風雪凌厲以觀其操，崖石犖确以致其節。得志，遂茂而不驕；不得志，瘁瘠而不辱。羣居不倚，獨立不懼。與可之於君，可謂得其情而盡其性矣。予[2]雖不足以知君，願從與可求君之昆弟子孫族属朋友之象，而藏於吾室，以爲君之別舘云。

叩雲亭記 職方員外郎任伯傳邑人

予讀《岳陽樓詩》《滕王閣記》，而知天下有登臨之勝。中歲再還東蜀，尤愛其山川土風，蕃秀而美茂。然於賞心樂事，將窮四望之目，而一臺一榭，無高明可居之所，以故好景湮没，久鬱而不能自伸。蓋人爲之素病，而不得取其遠致也。及過永樂僧舍，攀重巖，倚上亭之亭欄，則巴陵、豫章之湖，隱約具體，一出於前後左

---

〔1〕 "霜雪"，明成化本《東坡集》卷三十一作"雪霜"。
〔2〕 "予"，明成化本《東坡集》卷三十一作"余"。

右，而又知吾邦之形勝，待叩雲而後顯。因感事物廢興之理所係者，時焉而已矣。若其天開平園[1]，地廓奧隅，西跨鳳山之高，東馳白馬之深，其間蘋州橘野，鳬飛鴈下，漁者棹滄浪之涯，樵者斤紫翠之墟，風煙晦明，節物萬態，或形於視，或聲於聽。使能琴善詩，兼長於逸妙之品者弦古操、頌清風，而寫其餘情，少得而盡之者乎。彼從容於一軒，引領傍睨，凡遠近之物，皆挫於吾目，無所遯其微者。此叩雲之說，大抵若是，顧[2]予不及敷其萬一也。夫觸山石、浮太虛，不可階而升者，豈非雲之謂歟？能從而叩之者，豈非取之謂歟？因過是亭，問其事而知其人，乃浮圖傳始募其功，集仙文君次命之名，而邑大夫李君爲題其榜。是三人者，皆好高之士，因名亭而後能見其志，將使學佛者益高其行，事君者益高其忠。其爲名也，豈特山川土風之娛而已哉！予平居燕閑，方從事賞樂。此景之新得而又知君子之所存，因述夫高者之爲，用廣其意，而刻以亭隅之石。宋嘉祐八年。

永泰縣重建北橋記　文同

上即位之明年，永泰縣重建北橋。既成，其令郭君經與其佐史君潤辭，有請於邑人文同曰：“經、潤辭不佞，竊廩食於此，伏自念終無[3]施短才、立異效。嚮[4]者議與斯民興是役，以利其往來，此前人憚勞畏譏、久而不克爲之工。者[5]今休矣，問諸左右，約諸所以調用，民實不艱其供，而咸謂其且當然者。經、潤辭輒不愧，宜具[6]文紀其上，敢以累執事，庶因之以傳乎無[7]窮，經、潤辭幸矣。”同曰：“唯唯。二君之治端，幹明[8]潔，便人謹己，聞之長老，舊無有也。均繇賦、平訴訟，他[9]人蓋亦有能之者，夫何足書？是舉也，同嘗觀二君之爲，乃有志於行愛惠之深者。勞躬瘁[10]心，旦夕激[11]勵，暴外風露，曾不以懈。勞[12]王事，恤民

---

[1] “園”，嘉慶二十一年本《四川通志》卷五十四作“遠”。

[2] 五十一年本無“顧”字。

[3] 明汲古閣本《丹淵集》卷二十三“無”後有“以”字，當是。

[4] “嚮”，明汲古閣本《丹淵集》卷二十三作“鄉”。

[5] “工者”，明汲古閣本《丹淵集》卷二十三作“者工”，當是。

[6] “具”，明汲古閣本《丹淵集》卷二十三作“其”，疑誤。

[7] “無”，明汲古閣本《丹淵集》卷二十三作“亡”。

[8] 明汲古閣本《丹淵集》卷二十三“明”後有“以”字，當是。

[9] “他”，明汲古閣本《丹淵集》卷二十三作“它”。

[10] “瘁”，明汲古閣本《丹淵集》卷二十三作“率”。

[11] “激”，明汲古閣本《丹淵集》卷二十三作“歐”，光緒二十三年本《新修潼川府志》卷四作“愓”。

[12] “勞”，明汲古閣本《丹淵集》卷二十三作“勤”。

隱，古之賢吏凡不過此，是可書爾。二君雖不見囑[1]，同亦[2]件次休績，揭諸華表之末，以示[3]於後人，況二君所以求[4]之意誠且愿耶？"謹不避遜[5]，爲之詞云：維縣爲梓之所領，西上府治，蓋百有三十里。叢崗[6]沓嶺，圖[7]聚邑屋，疆畛蹙陜，號最險下。然賓旅遝過，此焉要隙。大抵[8]閬中、清化、始寧、符陽諸郡，所仰二州[9]産植，繒綿、絺紵[10]、荈茗、刺繡、雕刻、鏤冶[11]之物，與所市易牛贏[12]、絲繭、椒蜜之貨，日夜旁午絡繹，駝負贏揭[13]，抗蹄裂肩[14]，如水上下。故北出之道，路[15]踵相織。近郭有澗，自東迤西，横匯曲决，峭絶傾斷。自昔經制，有橋甚偉，以利其涉，逾五十祀。至和甲午，夏潦滂溢，遠豁逆讓，噎潏不寫，鐫歷啌[16]岸，級礎崩納，角楹翹虚，輦版散墮，日欹月陷，以至大壓。庸吏數易，一不省問；人擠溝，馬還泥[17]，間則有矣。維汾陽君爲令之二年，慈惠宣浹，民實信賴，諸敝已捄，回力圖北[18]，因倡於衆，曰："是橋廢圮，爾所痌悼，予其爾復，謂予何者？"萬口一和，令謀我協。不煩令指，願進諸辦。材糧交委，日謁就事。於是集斤鋸，會錐鉎[19]，治木伐石，均功授巧。惟武昌君[20]適調此尉，喜相厥役，與合[21]凫藻，昏旭臨視，犒饟豐美，作息時節，咸樂其用，無少倦欱。始癸卯仲冬之丁未末[22]，訖甲辰孟春之壬子，憮棧朽[23]堊，一已絶手。觀其横虚亘遠，

---

〔1〕"囑"，明汲古閣本《丹淵集》卷二十三作"屬"。
〔2〕明汲古閣本《丹淵集》卷二十三"亦"後有"將"字。
〔3〕"示"，明汲古閣本《丹淵集》卷二十三作"視"。
〔4〕"求"，明汲古閣本《丹淵集》卷二十三作"來"。
〔5〕"遜"，明汲古閣本《丹淵集》卷二十三作"讓"。
〔6〕"崗"，明汲古閣本《丹淵集》卷二十三作"岡"。
〔7〕"圖"，明汲古閣本《丹淵集》卷二十三作"圉"，當是。
〔8〕"抵"，明汲古閣本《丹淵集》卷二十三作"氐"。
〔9〕"州"，明汲古閣本《丹淵集》卷二十三作"川"。
〔10〕"二州産植繒綿絺紵"，明汲古閣本《丹淵集》卷二十三作"二川産殖繒錦枲紵"。
〔11〕"雕刻鏤冶"，明汲古閣本《丹淵集》卷二十三作"鏤刻縣治"，五十一年本作"雕刻鏤治"。
〔12〕"牛贏"，明汲古閣本《丹淵集》卷二十三作"牛贏羊豠"，五十一年本作"牛驢"。
〔13〕"駝負贏揭"，明汲古閣本《丹淵集》卷二十三作"它負贏揭"，五十一年本作"駝負贏揭"。
〔14〕"肩"，明汲古閣本《丹淵集》卷二十三作"肩"，疑誤。
〔15〕"路"，明汲古閣本《丹淵集》卷二十三作"趾"，當是。
〔16〕"啌"，明汲古閣本《丹淵集》卷二十三作"陞"，當是。
〔17〕"泥"，明汲古閣本《丹淵集》卷二十三作"濘"。
〔18〕"北"，明汲古閣本《丹淵集》卷二十三作"此"，當是。
〔19〕"鉎"，明汲古閣本《丹淵集》卷二十三作"錘"。
〔20〕"君"，明汲古閣本《丹淵集》卷二十三作"軍"，疑誤。
〔21〕"合"，明汲古閣本《丹淵集》卷二十三作"令"，當是。
〔22〕"末"字疑衍。
〔23〕"朽"，明汲古閣本《丹淵集》卷二十三作"杇"，當是。

蚗矯虹截，鉅載鉤攉〔1〕，攢扶鎖縮，覺〔2〕直如削，堅鞏如鑄，厓廉緝〔3〕緻，阿榮跋〔4〕竦。湍瀨搪激，無以泐其固；風日掀暴，無以液其壯。百數十年之利，過莫知〔5〕爾。既而行者止，居者起，田野吃隸，閭巷賈儈，提引稺幼，扶翼耆耄，聯行散步〔6〕，環擁登降，睨高窺深，嘆息欣喜，如是累日，始肯罷静。爰有杖者倚柱而歌曰：“昔政之鄙，浸〔7〕以毁兮。今治之賢，倏以全兮。興事以時，罔嗟〔8〕咨兮。取用有度，胡怨〔9〕怒兮。無貸〔10〕之仁，濟斯民兮。不朽之利，安此地兮。”同既爲二君委以論譔，以詳言之矣；復取杖者之歌繫於後，刻石道下，以永行人之思。治平元年二月一日記。

永泰縣新修孔子廟記

　　天下無難治，善治其本而已，本正而天下治矣。宋有天下，郡邑祠廟春秋祭祀，尊本以教民，養才以備用，爲治百有餘歳，而太平過古者，此其明效也。永泰縣學，歳久隳圮，吏至尋去，不繼葺者七十年矣。棟僵榱疎，像貌摧剥，禮享幾絶。熙寧初，扈君充始來爲邑，及其佐宋〔11〕君琳相與視學。謀政之先，則曰：“學爲政之本，政爲學之用。”循視興廢，一新其制。學成，廟貌中峙，講奧後設，左右廡序，羣賢悉肖於壁。於是度理以爲器，舉典以修祀，觀者聳向，而民知所尊矣。則又爲之程課勉導，扶掖勸獎，而學者端其歸矣。民知所尊，而學者端其歸。嗚呼！真可謂知本矣。知本則天下無難治，況一邑哉！故揭其事，以式於後云：廢興之源，不係於天，人存則然。安聖之教，均有覆燾，世世所考。斯文之圮，非道之墜，亦人自廢。歳在庚辰〔12〕，成功〔13〕不日，涓剛考室。乃繩乃直，乃峻如植，崇崇翼翼。不泰不

---

〔1〕 “攉”，明汲古閣本《丹淵集》卷二十三作“攦”，當是。

〔2〕 “覺”，光緒二十三年本《新修潼川府志》卷四作“寬”，當是。

〔3〕 “緝”，明汲古閣本《丹淵集》卷二十三作“褥”。

〔4〕 “跋”，明汲古閣本《丹淵集》卷二十三作“跂”，當是。

〔5〕 “知”，文淵閣《四庫全書》本《丹淵集》卷二十三作“兹”，當是。

〔6〕 “步”，明汲古閣本《丹淵集》卷二十三作“走”，當是。

〔7〕 “浸”，明汲古閣本《丹淵集》卷二十三作“寖”。

〔8〕 “嗟”，明汲古閣本《丹淵集》卷二十三作“癠”。

〔9〕 “怨”，明汲古閣本《丹淵集》卷二十三作“恕”，疑誤。

〔10〕 “貸”，明汲古閣本《丹淵集》卷二十三作“貰”，當是。

〔11〕 “宋”，五十一年本、嘉慶二十一年本《四川通志》卷七十八、光緒二十三年本《新修潼川府志》卷十三俱作“趙”，疑誤。

〔12〕 按宋熙寧三年爲庚戌年，結合文意，“庚辰”當係“庚戌”之誤。

〔13〕 “功”，明萬曆四十七年序刊本《重脩潼川州志》卷三十八作“工”。

纖，以祀以嚴，斯民之瞻。講序師筵，經墳後先，烝育後賢。孰謂民頑？孰謂財殫？一舉百完。涪山隆隆，涪水濃濃，夫子之道，夫子之宮，相爲始終。宋熙寧三年六月十五日記[1]。

文與可畫篔簹谷偃竹記　蘇軾

竹之初[2]生，一寸之萌耳，而節葉具焉。自蜩蝮[3]蛇蚹以至於劍拔十尋者，生而有之也。今畫者乃節節而爲之，葉葉而累之，豈復有竹乎！故畫竹必先得成竹於胸中，執筆熟視，乃見其所欲畫者，急起從之，振筆直遂，以追其所見，如兔起鶻落，少縱則逝矣。與可之教予如此，予不能然也，而心識其所以然。夫既心識其所以然而不能然者，內外不一，心手不相應，不學之過也。故凡有見於中而操之不熟者，平居自視了然，而臨事忽焉喪之，豈獨竹乎？子由爲《墨竹賦》以遺與可曰："庖丁，解牛者也，而養生者取之。輪扁，斲輪者也，而讀書者與之。今夫吾[4]子之托於斯竹也，而予以爲有道者，則非耶？"子由未嘗畫也，故得其意而已。若予者，豈獨得其意，并得其法。與可畫竹，初不自貴重。四方之人持縑素以請[5]，足相躡於其門。與可厭之，投諸地而罵曰："吾將以爲襪。"士大夫傳之，以爲口實。及與可自洋州還，而予[6]爲徐州，與可以書遺予曰："近語士大夫，吾墨竹一派，近在彭城，可往求之，襪材當萃於予[7]矣。"書尾復寫一詩，其略曰："擬將一段鵝溪絹，掃取[8]寒梢萬尺長。"予謂與可："竹長萬尺，當用絹二百五十匹，知公倦於筆硯，願得此絹而已。"與可無以答，則曰："吾言妄矣，世豈有萬尺竹也[9]哉！"予因而實之，答其詩曰："世間亦有千尋竹，月落庭空影許長。"與可笑曰："蘇子辨則辨也[10]。然二百五十匹，吾將買田而歸老焉。"因以所畫篔簹谷偃竹遺予，曰："此竹數尺耳，而有萬丈[11]之勢。"篔簹谷在洋州，與可嘗令予作《洋州三十咏》，

---

〔1〕 按明萬曆四十七年序刊本《重脩潼川州志》卷三十八無此句。
〔2〕 "初"，明成化本《東坡集》卷三十二作"始"。
〔3〕 "蝮"，明成化本《東坡集》卷三十二作"腹"。
〔4〕 "吾"，明成化本《東坡集》卷三十二作"夫"，當是。
〔5〕 "持縑素以請"，明成化本《東坡集》卷三十二作"持縑素而請者"。
〔6〕 "予"，明成化本《東坡集》卷三十二作"余"，後同。
〔7〕 "予"，明成化本《東坡集》卷三十二、五十一年本俱作"子"，當是。
〔8〕 "取"，五十一年本作"却"，明成化本《東坡集》卷三十二作"取"。
〔9〕 明成化本《東坡集》卷三十二無"也"字。
〔10〕 "蘇子辨則辨也"，明成化本《東坡集》卷三十二作"蘇子辯則辯矣"。
〔11〕 "丈"，明成化本《東坡集》卷三十二作"尺"。

《篔簹谷》其一也。予詩曰[1]："漢川修[2]竹賤如蓬，斤斧何曾赦籜龍。料得清貧
饞太守，渭川[3]千畝在胸中。"與可是日與其妻遊谷中，燒筍晚食，發函得詩，失
笑噴飯滿案。元豐二年正月二十二[4]日，與可歿[5]於陳州。是歲七月七日，予在
湖州曝書畫，見此竹，廢卷而哭失聲。昔曹孟德《祭喬[6]公文》有"車過腹痛"之
語，而予亦載與可疇昔戲笑之言者，以見與可於予親厚無間如此也。

重修鹽亭縣廨宇記　鹽亭知縣李駿卿[7]蜀人

　　高山擁其前，雲谿繞乎後，藤蘿松檜，點綴崖谷，僧居樵徑，隱約可辨。而縣
之公宇，巍然介乎其間。每輕颸拂木，山月正午，嵐光照人，溪聲漱戶，倚杖獨立，
如在畫圖中，真隱吏之所居也。凡人之情，役於動則不能斂之以歸於靜，故景之幽
閒閴寂者，未免爲心中之抑鬱。堲[8]殽亂目，泛濫咽耳，浸浸與居，闌闌與守，天
君因之而縈拂，則事隨而廢，物逐而喪，可勝道哉！縣宇久廢不治，老屋墮圮，前
此者非遂以爲樂，內有所不足，則外亦無所顧。壞梁壓肩，危礎侵步，室無容足地，
而恬不知怪。嗚呼！彼果何心哉？士無窮達隱顯，其所以異於人者，不因物而隆替，
得志則窮天下之欲以自奉，失志則斂天下之憂以自戚，此世俗之情，非君子之心也。
仲舉之室，未必以不掃爲是；顏子之賢，豈特取於陋巷？蓋所存者道也。道有所勝，
然後忘物以存我；內有所樂，然後損[9]迹以求心。或危[10]而自足，或大而從容，
或闡之以爲功，或冥之以見志，士之所處，豈一端哉！抱關擊柝，隨牒外補，豈敢
與此？知此則知予之用心矣。政事之暇，鳩工度材[11]，修舊補廢，而縣之公宇，一
旦宛然復新，非敢以自奉也。天下之事，興其所當興，治其所當治，如是而已。其
間椽[12]吏舍宇，冗不足道，故忽而不書。元祐七年九月十五日撰。

---

〔1〕 "曰"，明成化本《東坡集》卷三十二作"云"。
〔2〕 "修"，明成化本《東坡集》卷三十二作"脩"。
〔3〕 "川"，明成化本《東坡集》卷三十二作"濱"。
〔4〕 "二十二日"，明成化本《東坡集》卷三十二作"二十日"。
〔5〕 "歿"，明成化本《東坡集》卷三十二作"沒"。
〔6〕 "喬"，明成化本《東坡集》卷三十二作"橋"。
〔7〕 "李駿卿"，文淵閣《四庫全書》本《全蜀藝文志》卷三十四作"李駿"。
〔8〕 "堲"，文淵閣《四庫全書》本《全蜀藝文志》卷三十四作"瞽"。
〔9〕 "損"，文淵閣《四庫全書》本《全蜀藝文志》卷三十四作"捐"。
〔10〕 "危"，文淵閣《四庫全書》本《全蜀藝文志》卷三十四作"微"，當是。
〔11〕 "材"，文淵閣《四庫全書》本《全蜀藝文志》卷三十四作"財"。
〔12〕 "椽"，文淵閣《四庫全書》本《全蜀藝文志》卷三十四作"掾"，當是。

徙文湖州木石畫壁記 進士楊天惠郫縣人

鄉丈人石室先生文公，近世文藝之雄，自其爲大布衣，即以古人[1]獲重語於天下。然壯思銳甚，注射縑素不能休，則又於書畫焉發之。時將官卭南，會姻友於郫，飲酒西禪之精舍。夜艾氣酣，跋燭作此枯木怪石於方丈之壁。蓋初試手然，然筆力天就，已自與詩品俱稱第一。畫去今五十八伏臘矣，某不及知，晚幸交公之子冲卿，乃克聞之，於是假舘主者求觀焉。斂袵三肅，仰而遊顧，徒見老幹聱牙，蒼質矗矗，旁枒紐雲，下根裂地，不知幾萬年物。乃今猶植之楹間，謖謖乎如空山臞仙，真骨強勁，劫壞而不僵；炎炎乎如幽林古佛，耇膚堅密，閱歲寒而無恙。予心懍然恪之，以爲公真王摩詰也，特遣[2]化出没異耳。然世無通宿命者，斯言未可出之。獨恨託非其地，頗爲拙目輕題，墨漫漫橫斜於其上，輒太息久之不能去。間以告主簿事王君舜選，舜選奮曰：“吾[3]能辦此。”乃并其壁徙置公堂之中央，飾以欄楯，周護極謹。某曰：“社櫟多壽，山有[4]耐久，物誠有之，人亦宜然。方丈[5]文公仕初筵，越不過三十許耳，胸中磈磈，已有此奇，是肯效[6]兒女爲柔熟耶？君視此畫，決非世人婉變之觀。其戒興臺，固扃[7]鑰，遇過客俗子，勿輕與言，必審其人氣節不凡，乃發視之。”其畫以皇祐之癸巳，其徙以大觀之庚寅，而某爲之記[8]。

新建儒學記 鹽亭主簿劉千[9]之

鹽亭新學，在縣之西隅，大觀四年知縣事林棟清河公所作也。崇寧天子緝熙，考三舍成法，旁及天下。嘉興多士，革故習而新之，乃詔立學州邑，教養人材。於

---

〔1〕 “人”，文淵閣《四庫全書》本《全蜀藝文志》卷四十一作“文”，當是。

〔2〕 “遣”，文淵閣《四庫全書》本《全蜀藝文志》卷四十一作“變”。

〔3〕 文淵閣《四庫全書》本《全蜀藝文志》卷四十一“吾”後有“乃”字，宋慶元三年書隱齋本《新刊國朝二百家名賢文粹》卷一百四十四作“力”，“乃”字疑“力”字之訛。

〔4〕 “有”，宋慶元三年書隱齋本《新刊國朝二百家名賢文粹》卷一百四十四作“石”，當是。

〔5〕 宋慶元三年書隱齋本《新刊國朝二百家名賢文粹》卷一百四十四無“丈”字，當是。

〔6〕 “效”，文淵閣《四庫全書》本《全蜀藝文志》卷四十一作“從”。

〔7〕 “扃鑰”，宋慶元三年書隱齋本《新刊國朝二百家名賢文粹》卷一百四十四作“扃鐍”，五十一年本作“扃鑰”。

〔8〕 宋慶元三年書隱齋本《新刊國朝二百家名賢文粹》卷一百四十四“記”後有“以政和之辛卯。舜選名某，南榮人，愛客嗜義，爲士所尚云”五句。

〔9〕 “千”，或作“迁”。

時牧守縣令，翕然丕應，肇修儒宮。茲邑之學，墮圮日久，至邑爲令者始相地遷之，然卑陋偏隘，猶未足爲美觀也。大觀戊子六月，清河公始至，登殿謁先聖，升堂見諸生，四顧而嘆曰："上方留神學校，正吾屬悉心協力贊成之秋也。是學也，地不加爽塏，屋不加雄大，蓋瓦及磚，塓壁加椽，營造之法，種種滅裂。吾今日爲天子宣化，而職教養事〔1〕，其敢因陋就簡，上負德意？當續爲之新作，以對揚我崇寧詔旨。"人皆知公真有志乎學校事〔2〕，然久而未暇也。明年夏，提學副使者〔3〕鄭公輈軒按臨，造學宮而鄙其陋，乃命公繕完。公因以前志白，提學公喜，激之言，而公意愈篤，欲爲之意決焉。遂慮財鳩工，取諸誠心而規畫之。載新殿宇，嚴先聖也；載〔4〕新廊廡，繪先賢也；新稽古閣，於此乎藏書也；新崇術堂，於此乎講道也；爲黌府，以待職事也；爲黌齋，以處生徒也。基構巍然，咸有制度，上不負公家之用，下亦無擾於邑民。人見其棟楹梁桷板檻之輪奐，而不知材之所自；見工徒之合散，而不知役使之及己。其始營時，歲己丑九月也，越庚寅春而工訖焉。夫材不患乏，民不告勤，成功若是其亟，益見公之籌畫有素，人所不能及也。或謂："鹽亭，小邑也，戶不滿萬數，儒衣冠者百不二三，學雖靡麗，何補於是？"公曰："是大不然。邑誠小，必有忠信好學者。士人雖寡，又惡知其無高才者出耶？如曩時嚴遐聞、趙大賓，皆此邦人，焉可誣也？況菁莪樂育之盛，旦〔5〕師師勸誘，加以至誠，侈大黌宇，鼓動士氣，他日登書天府，裶裶〔6〕帝庭，光照雲溪之上，夫豈區區前人比也？"噫！公之志由前則所報乎上者如彼，由後則所期乎學者如此。莪冠博帶，游息於斯，毋爲我公羞者，士不自激□〔7〕耶？千之承乏來此，學既成矣，愧無毫髮助，姑爲公紀興建之始末，以告來者。時大觀庚寅八月立石。

---

〔1〕 "而職教養事"，五十一年本作"凡教養之事"。

〔2〕 "人皆知公真有志乎學校事"，五十一年本作"人皆知公真有振興學校之志"。

〔3〕 五十一年本無"者"字。

〔4〕 "載"，五十一年本作"復"。

〔5〕 "旦"，嘉慶二十一年本《四川通志》卷七十八、光緒二十三年本《新修潼川府志》卷十三俱作"且"，當是。

〔6〕 "裶裶"，光緒二十三年本《新修潼川府志》卷十三作"挨藻"。

〔7〕 □，五十一年本作"勵"。

東關縣遷建天禄觀記[1]　嘉州通判主管學事[2]杜寅孫[3]眉州人

　　吾儒之與佛、老，其教不同，其報應不異。儒有君子，有小人；佛有漏，有無漏；道有爲，有無爲，其報應一也。凡民之生七八歲，父兄必授之以學。多學而識，不幸處貧賤，猶爲有用之才；末[4]學無識，雖在富貴，猶爲人所鄙薄。此吾儒之教所以最先於佛、老也。惟佛能箝[5]人情而示以禍福、天堂、地獄，使人畏慕，而趣之者衆。老氏獨好言清浄、虛無、神仙之術，其事冥深，不可質究，而從之者鮮。故歐陽子謂佛氏之動搖興作，爲力甚易，而道家非遭人主好尚，不能獨興。誠以凡人之情，不知爲善之得福，爲惡之受禍，若響之應聲，影之隨形。儒與佛、老，其實相須而一致也。潼川之爲縣十，而東關居其下，爲儒者素多，而登科者猶鮮。負郭之佛寺尚有，而道宮獨無。父老相傳，舊有天禄觀，在邑東三十里外[6]，國初遭兵火，廢於荒榛草莽間，不復修治。庠生章[7]朝，累世儒學，不禁慨然嘆曰：“天禄之興，其有待乎！”乃率一邑之士，欲遷其觀於近地，以便崇奉。於是聞之縣，縣聞之府，府從之。章自擇其家山田，距縣三百餘步，崇山峻嶺，雲出峯半。望川蜀[8]之諸境，了在目前；引洞府之羣仙，是宜雲集。坐壬向午，龜筮協從。章自出力建三清殿，邑人從而和之，乃建諸殿堂與夫門樓、廊廡、齋廚之所，規模粗備。延名行道士住持，以經營承續，傳於無窮，實始紹興十一年辛酉歲也。時予爲持令之客[9]，聞見隨喜，讚嘆功德。而朝偶登科於是年，且開榜於是邦，邑人指以爲天禄之祥。章繼三登外臺貢舉，豈天禄果將有時乎！方觀遷此邑，囑予記其事，予以其屋宇未就，姑且候。及予筮仕，攝閬中教官，距東關再舍，道路往來絡繹，曰：“觀成矣。”昔日祈禳醮謝者求徒於此邦，貧者無力則止，今皆得以隨其所願。官司之祝聖壽、禱雨旱，往時道流不興，今日因之從事於其間。章有書曰：“此一邑之盛

〔1〕　五十一年本題作《東關縣建天禄觀記》，嘉慶二十一年本《四川通志》卷四十二題作《重建天禄觀記》。
〔2〕　“事”，五十一年本作“士”。
〔3〕　“孫”，五十一年本、嘉慶二十一年本《四川通志》卷四十二俱作“生”，疑誤。
〔4〕　“末”，五十一年本、嘉慶二十一年本《四川通志》卷四十二俱作“末”，疑誤。
〔5〕　“箝”，嘉慶二十一年本《四川通志》卷四十二作“揣”。
〔6〕　“在邑東三十里外”，本書卷一云“天禄觀，縣東南一百二十里龍翔山上”，五十一年本、嘉慶二十一年本《四川通志》卷四十二俱作“在縣東南一百二十里外”，當是。
〔7〕　“章”，或作“張”，後同。
〔8〕　“蜀”，五十一年本、嘉慶二十一年本《四川通志》卷四十二作“屬”。
〔9〕　“時予爲持令之客”，嘉慶二十一年本《四川通志》卷四十二作“時予爲邑令之客”。

事，是記不可無作也。”於是取歐陽子之語，表而出之，使邑人知佛、老初不異，而道家者流不能獨興，使知道者信響而不已，則於報應之效庶幾乎！紹興十八年三月□[1]日記。

元

昭格行祠記　鹽亭知縣昝子和

東關自魏、晉爲縣，宋、齊中隸鹽亭，爲雍江鎮。宋初復升爲東關縣，今復隸鹽亭。有高山廟，山名書之唐史。杜甫詩曰“高山擁縣青”者，類此山也。鹽亭縣治既廣，西併高渠而南割東關，祠負戴者四，際[2]率百里，牲體不絕於道，神功有證。宋紹興、淳祐、慶元年間，屢被褒封。考之《內傳》有云：神君姓張，諱嶸，字峻夫。父諱質，字文表，仕魏，爲諫議大夫，以年艾而退官居洛。室雖富盛，迨五十而無胤嗣，常於洛之東山禱神以求繼，又跪[3]盤進珠以獻，因吞而娠。神於周武成元年二月初六日生於洛邑，有紫光充室，經曉始散。閭閻相慶曰：“張文表於晚獲嗣，其道不墜矣。”神生而有異鵲於門閭噪，聲甚厲。父怪以卜，日者言：“天冥授公以此子。”父因言：“禱東山而應。”日者因爲立此名：“可以山名之，蓋《詩》曰‘維嶽降神’，長必貴於台輔矣。”神幼警悟，聞父母之言，曉達能解。長而魁偉，意氣豁然，廣顙虬髯，長上偏下，迅觀經史，一覽無忘。與羣童聚戲，或坐於石，或登於几，唱言：“汝輩當揖拜於吾矣。”人竊聽以爲誕。父母繼昇，居喪甚哀，洛守數舉不起。嘗謂人曰：“大丈夫勒功名於帝籍，皆食主之祿，譬如傭耕獲收於地矣。不若陰修功德，受天明命，此長久之福也。”遂不以仕進爲意，散家財給四方之士，孤獨寒賤者蒙以更生甚衆。未期年，家道零墜，乃鬻[4]一驢一僕，周遊四方。越劍[5]，至梁、益間。時隋越王秀爲蜀王，神以書叩獻，秀有僭逆之意，寢其書而弗受。神遂隱居養志，凡名山福地，必棲遲留戀然後去。假道梓潼，因過鹽亭，觀此風俗鄙，言不能通曉，有氐羌之風，神遂徘徊不忍去，因寓焉。以教授爲業，變其聲音，各歸於正，至今言語爲真，皆神化之也。神一日登高山，即今負戴山，引

---

[1] “□”，五十一年本作“望”，當是。
[2] “際”，五十一年本作“除”，疑誤。
[3] “跪”，嘉慶二十一年本《四川通志》卷三十六作“捧”。
[4] “鬻”，嘉慶二十一年本《四川通志》卷三十六作“市”，當是。
[5] 嘉慶二十一年本《四川通志》卷三十六“劍”後有“關”字。

領東望，仰天嘆曰：“丈夫生於中國，匵至於此遐方絕處，雖孤獨一身，願永處於此為幸矣。”語訖，忽佳氣瑞霧鬱鬱躋足，神愕然曰：“此何祥？”見紫衣吏持一牒曰：“帝命君為此主者，君憶少年之語乎？”神豁然自悟，遂迎至一室，皆金碧錯雜，見其父母候門迎曰：“我兒無恙乎？”遂歿而為神。夫有功於民則祀之，神福斯民，世享廟食，有自來矣。廟名昭格，凡有數處。東關鼓樓山，山聳三臺，水盤七曲。舊有原廟，相傳神女慈孝圓[1]妙真人開臺。宋嘉祐丙子[2]建，端平丙申焚蕩。至大元中統辛酉，楊宜孫復建立之。至元庚寅，黃庚應偕王午之立永昌樓。癸巳，胥震立兩廊。大德已亥，胡智淵、廖季孫、馮賢、任繼安以故廟隘小，鼎新改建大殿。塑畫甃砌，以次就緒，蓋成之者眾也。茲者不揆，一則以考縣之沿革，一則以彰神之故實，一則以紀廟之興復，俾方來者知原委焉。延祐四年丁巳正月。

重修廟學記 府學教授馮元杰

太極判而天地位，聖人作而吾道明。聖人之於吾道，猶太極之於天地也。吾道之或污或隆，猶天地之一否一泰。先聖仲尼，與天地合德，如日月代明，扶三綱五常於幾墜，運四時百物於無言。繼往聖，開來學，删《詩》《書》，制禮樂，儀範百王，垂憲萬世。文中子謂：“大矣哉，夫子之道！太極合德，神道竝行。”誠哉是言也！方今皇上體天立元，修文偃武，一德隆盛，治教休明。興學校以闡大猷，設科舉以造多士。敦本抑末，崇雅黜浮，聲教所及，文風大行。蓋挽漢唐之卑陋，復羲皇之淳樸。此吾道大行之日，天地開泰之時也。猗歟盛哉！鹽亭居潼之東，古號名邑。顛沛流離，莫甚於戊午之變，而士氣繭矣。其廟學隳[3]廢，不知幾何年也。天運循環，無往不復。天朝北度[4]以來，混一區宇，治平之日已久，而邑學宮僅存禮殿宇宮之地，其他未復舊觀。大德二年，前尹公令[5]孫世榮為葺補兩廊，狹陋弗稱具瞻。至大德辛亥，簿尉閻公德明為建儀門，竟不克就。厥後繼其志者鮮矣。延祐丁巳夏四月，承事郎成公世榮來蒞於茲，以學校為急務。首謁儒宮，顧盼乎左右，

---

〔1〕 “圓”，或作“元”。

〔2〕 按嘉祐無丙子年，景祐三年為丙子年，“嘉祐”疑當作“景祐”。

〔3〕 “隳”，五十一年本作“墮”。

〔4〕 “度”，五十一年本作“渡”，當是。

〔5〕 五十一年本無“公令”二字。

蓁[1]蕪滿前，詔書[2]生曰："夫子而師也，學校而居也。佻兮儦兮，在城闕兮，一日不見，如三月兮，學校可一日忘乎？"又與諸同僚曰："爲父止慈，爲子止孝，爲臣止敬，交友止信，此夫子之教也，夫子可一日忘乎？審爾，則夫子之宅爲丘爲墟，又可一日忘乎？"乃首捐己俸以爲士民之勸，規畫錢糧以爲餼廩之需[3]。[4]時判簿李公安仁、典史任公如椿喜聞其言，各率貨來助，儒戶之輸力者各有差。公喜不勝，直任其事，凡有缺典不如法者，悉議新之。於是度材鳩工，開瓦礫之地以廣其規模，築中外之砌以壯其基構。建櫺星門三，爲更衣亭二。革兩廡之陋而高其棟宇，補儀門之缺以謹其出入。創崇術堂以爲講道之所，置日新、時習二齋以爲游息之地。立加封、詔旨二亭，繪七十子名賢肖像。吏不辭艱，工不告勤，百廢具[5]舉，循循有度。又欲進禮殿之基而高大之，恐疲於民，不果。或謂："民籍戶不滿千，儒冠不滿十，安用牛刀之所治乎？"公曰："不然。古人取士、論政於學，有學不修，則論政無其所，取士無其方，將何以化民成俗，而復唐虞之治乎？"公之修學，可謂知所本矣。是學也，經始於丁巳之夏，越二年，落成於己未之春。門舍堂廡，輪奐一新，丹艧黝堊，光彩炫燿，規模宏遠矣。昔魯僖公修泮宮，而魯人頌之。蓋非魯公不足以致泮宮之成，非泮宮不足以彰魯侯之德。鹽亭得成公大修學校，人感其德而頌其功，豈特魯侯事美於昔哉？雖然，學不修，久則必廢；士不學，久則必荒。是知學不可一日不修，士不可一日不學。有能體公修學之志，以爲向道之志，則他日何患無豪傑者出，擢高科，登顯仕，射策天廷，耀鄉里者焉[6]？若是，則上無負朝廷崇儒重道之至意，下無負我公承流宣化之良[7]心，是有望於吾徒也。延祐己未二月望日撰。

明

重修上乘寺記　山西巡撫楊澄射洪人

上乘寺在縣治西隅，創始於宋皇慶[8]乙卯，見毀於寶祐戊午。迨元至正戊子，

---

[1]　"蓁"，五十一年本作"榛"。

[2]　"書"，五十一年本作"諸"。

[3]　"需"，五十一年本作"資"。

[4]　五十一年本"時"前有"而"字。

[5]　"具"，五十一年本作"俱"。

[6]　"耀鄉里者焉"，五十一年本作"光耀鄉里焉"。

[7]　"良"，五十一年本作"盛"。

[8]　按宋無皇慶年號，宋慶元元年爲乙卯年，"皇慶"疑當作"慶元"。

有僧智堅復興修之。前此非□□□。兵燹之餘，日淪荒蕪，僅存其殿，蕭寂尚爾。國朝設僧會司於其間，職僧會善戒，繼而大方，又繼而了空、了净，踵踵相承，而天王殿、觀音閣、龍神堂、雨華亭、□□□[1]以次而興焉。奈何歲久且弊。成化丁酉，曇師拜官來承净鉢，勤□[2]息暇，恒以葺理爲心，罔敢逸豫。覩前後□□□[3]稱觀瞻，自殿閣廊堂而下，以及門垣堦陛，悉加工力。狹者廣之，弊者補之，傾頹樸陋者修整而文飾之，翻□□□□[4]無所遺。又置經櫃以貯四大部經，作龍亭以覆萬歲牌位。丹臒黝堊，崔峩炫耀，焕然改觀。至於修方廣刹，以啟後人；捨舟梓江，以濟行者；鑿[5]井成肆，以便居民，□□□[6]之餘耳。曇師號雨華，蓋取昔僧講經，天雨華繽紛而下之義。晚年覺悟既得，觀聽益眾。講堂隘，更搆亭以□□□以闡教。旁植嘉木，聚奇石，種美竹，列異卉，望之若連艫麋[7]艦，與波上下，就之顛倒萬物，遼廓眇忽。亭成，□□□僧會之自待不淺也。夫人自知者操修甚至，而取名甚廉，白圭自待以禹，揚雄自待以孟軻，崔浩自待□□□，莫之許也。僧會今日之自待，其心毋乃爲侈乎？余嘗聞僧會自守官以來，每與眾僧修最上乘，解第一□□□色之蹟而達於其源，通假有借無之名而入於實相。境與智合，事與禮并。造生公之妙，續無際之燈。凡□□□能事，而其具頂門眼爲紫衣師，宜亦無愧亭之所由取義，宜乎其自待不淺也。嗚呼！佛氏之教行於天下，□□□而更得此僧會以充演之，則其法之繁昌，人力固如之何哉！余今佚老林下，侶魚蝦而友麋鹿，欲一□□□釋而未能，或遂所願，當更有説以爲僧會道。繕完，僉請言記，予是以筆其績，原其號，以及其名亭之[8]。

築城記　舉人伏思輔邑人

鹽亭有舊城矣，城復於隍者過半焉。猶有存者，亦堞峙相望，徑踰靡禁，無以

---

〔1〕 五十一年本空七字。
〔2〕 五十一年本空二字。
〔3〕 五十一年本空四字。
〔4〕 五十一年本空五字。
〔5〕 "鑿"，五十一年本作"鑒"，疑誤。
〔6〕 五十一年本空六字。
〔7〕 "麋"，或作"糜"。
〔8〕 五十一年本"之"後有"此記多闕文"小字注文。

用戒不虞。陝之胡侯，學行士也，以乙榜如例，司教汴之溫[1]、潁[2]，守臣實薦於朝。正德戊辰春，奉命來尹鹽亭。時政治久蠱，禮神蒞政之餘，問民休戚，次錢穀，次簿書，先後緩急，以次畢舉。然後攬轡同典史麻城汪均本環城而視之。見其屏蔽廢撤若是，遂慨嘆以爲分天子之民而治，受天子之土而守，其所恃者，城固則吏安，吏安則民謐，理也，亦勢也。況今歲丁大侵，寇盜充斥，欲賴保障以謐吾民，寧吾土，非城不可。借曰城郭不修，溝池不越，銷劍戟以爲農器，使天下無戰鬭之聲，復可得乎？此王公設險以守其國，孔子所以書於"習坎"之象也。城郭溝池以爲固，孔子所以答言偃之問也。城池之不可緩也較然矣。當如救焚拯溺，猶恐不及，必待政通人和，然後板築，是亦不知務焉。於是陰計默圖，欲恢拓而一新之。遂請於分守少參儀真黃公、分巡僉憲廬江錢公，二公亦思建德垂風，固維城之基，惟此莫先焉。即檄於縣，如議以行，殆亦同舟而共患者歟？檄下，侯即奉若惟勤。於是因舊溝爲限而度之，周圍介爲九區，區集百人，董以醫官許俊而興功焉。不俟召扑[3]從役，每集迭爲三番而役使之。然後[4]稼穡之民，未嘗釋隴畝也。侯於公暇時，嘗省督區處，所有秋毫無賴，均以惠之。恩威併用，何敢不力？時厥功漸有緒，錢公按臨鹽亭，肩輿視之。見其役大費廣，處以便宜委積，以助不給。仍專官優禮褒異，以勵有位。工善利勤，晨夕展力。於是板插并作，觀堞堀興，以周圍計共六里，以崇高計共丈六。穿城有溪，結架水洞四所，率皆伐石堅厚，截然一律，內亦稱之。新更四樓：東扁鳳儀，西扁春谷，南扁雲豂，北扁瀰江。因縣景而命名，自侯始也。每樓皆層樓而翼之，文以黝堊丹漆，萃然煥然，城與樓而交輝焉。工始於戊辰十一月甲申，越己巳春夏，民罹再侵，功於是而休矣。暨秋冬而仍復之，所以至於庚午九月丙戌而落成焉。居民過客，改觀易聽，以爲縣治，莫之或先也。然城之堵頹甃弛，蓋有年矣。興廢起敝，猶有待於今，何哉？蓋人之志有所偏用，公私大小不相爲謀，急於此必緩於彼。故簿書必筐篋之流，視保障中事，漠然不介於懷。安常習怠者，凡百事爲任，其委靡頹放而莫之問。語及興作，惴惴爲惟浮議之及也是懼，寧委勞於後之人。夫聖賢不禁人興作，但不欲人苟有興作。《易》曰"不傷財"，不曰不用財。孔子曰"使民以時"，不曰民不可使。長府之爲，在於得已，閔子譏之。土工於古，雖有常律，傳《春秋》者，復出"啟塞從時"之例，孔子修

---

〔1〕 據順治本《溫縣志》卷下，胡進律曾任溫縣訓導。

〔2〕 "潁"，或作"潁"，據嘉靖本《臨潁志》卷五，胡進律曾於弘治十八年任臨潁訓導。

〔3〕 "扑"，五十一年本作"撲"。

〔4〕 "後"，五十一年本作"而"。

之。顧世之所爲，多昧緩急之宜，興所不必興之役，至逆天時，賈民怨不恤，甚則資以奸人漁獵之計，又豈若仍舊貫之爲愈哉！若墉城之築，蕭蕭王命，山甫將之於齊；保障之計，固結人心，尹鐸請之於趙。侯之先務，蓋不得不任其責者矣。侯之勤勞，此特經營一端耳，才猷自效，卓有聲列。能子產治鄭，民不能欺，是其明也；能子賤治單父，民不忍欺，是其仁也；能西門豹治鄴，民不敢欺，是其嚴也。況又公廉精堅，百練不能耗者乎！此侯之清名高節，著於當時，誠足以激懦而律貪也。因併錄之，使凡居侯之位而宦於是者，挹其餘風，必以侯之心爲心，又觀於政而矜式焉，是亦索照於鑑，考轍於車之意矣。愛利之及，豈特一時而已哉！侯名進律，字承錫，平涼籍也，山西交城其世系云。時明正德五年季秋日。按嘉靖年志："嘉靖五年，知縣雷轟覆以串樓五百餘間，城始堅。"

遷學記 雲南副使王閣成都人

嘉靖十有七年春，鹽亭學宮成，將告謁，邑人咸誦之。余聞而喜曰："若之邑有學矣，若邑之人有望矣。彼非無學之邑也，獨幸今日之有者，豈春秋之役特與其得夫時制者歟？"謹按：學治緣[1]在城東內地，起自貞觀，迄我聖朝，不啻千餘百年。前裾長川，後枕平皋，人穎而秀、秀而文、文而顯者代以出。末季以來，伊誰之卜？置徙城外，且臨東向，非禮也。榛莽就荒，浸氛作沴，人才鬱於奮庸，儒效病其疎闊，廟貌徒存，識者增嘆。士懷畏忌而稱弗利者幾年，日夜皇皇，望其遷改，顧無克舉者。古巢陳君憲來尹茲邑，究政理民，學校爲急。進諸生，得其遺狀，疏陳當道。分守約齋劉公、分巡燕崖李公、學憲南村阮公嘉其事重而情白，辭專而議正，偕允以成厥志。於是祗心戒事，相舊遺址，量功命日，鳩材積餉，授夫能事者董之。先自捐俸若干石，主簿唐傑、教諭馮暘、訓導葉鳳陽、典史楊盈乾亦各捐俸有差。鼓舞羣役之力，計無千金之費。越三月功乃訖。殿堂門廡，壯麗玄[2]深，丹堊鮮奐，足以妥聖靈、起瞻仰也。若夫高堂華閣，用式後觀，外號連楹，立爲精舍，又前日所未有者。人祗見其費省而功倍，力少而成速，可以爲難矣。不知改新作之陋，實爲永圖，關乎一邑之望，又非細故[3]而已也。詩書羽籥之餘，聲名文物將日以盛，豈無懷忠穆以繼嚴，擅博學而逐文湖州之軌者瑞應於世耶？因時以撰事，因事

---

〔1〕 "緣"，光緒二十三年本《新修潼川府志》卷十三作"原"。
〔2〕 "玄"，五十一年本、光緒二十三年本《新修潼川府志》卷十三俱作"宏"。
〔3〕 "故"，五十一年本、光緒二十三年本《新修潼川府志》卷十三俱作"改"，疑誤。

以度功，鹽亭之役，知所本也，不可以不記。

刱建雙忠祠記 延綏巡撫任惟賢閬中人

不可屈者，天地之正氣也；不可泯者，人心之天理也。天地非正氣不立，人心非天理不存，所以維持綱常，崇報功德，實賴於斯二者，豈得而忽哉！第顯晦以時，廢興以人，君子身任世教，惟盡夫人之當爲，不委諸時之得己者，信匪夷所思也。正德庚午年來，梁、益弗靖。藍、鄢橫衝，自東徂西，類多殘滅；廖酉標〔1〕悍，屠燹無遺。梓、漢之間，聞風振讋。分符專閫者，率按兵觀望，苟圖自全。養亂日滋，英雄益起〔2〕。惟時寧番衛百戶賈君諱雄，西充人，奉檄從征，軍容單寡，邂逅渠率擁衆而南，甫劫柳邊，勢如風雨。賈君獎率部卒，奮然迎敵於金鞍舖之陽，手斬賊級者三。義氣激烈，衆讟振山。援絕被圍，猶挺身揮刀鏖戰，殺傷無慮十數人。力竭瞠目立死，屹然不僵。賊衆駭愕，鋒亦稍挫。適知茂州汪君諱鳳朝者，未詳何許人，亦以勾當戎事次鹽亭。聞報切齒，驅兵赴之，陣於富村後山砦以待。賊聯絡繼進，汪君方策馬詬罵，陳設禍福。及麾健兒與之持，不虞馬被錐傷，遏〔3〕墜崇崖，俱斃。嗚呼！二君同難死義，迄今幾四十年，故老遺黎，口交膾炙。其志梟逆黨，視死如歸，凛凛英風，猶竦毛骨，此非天地之正氣浩然而不可屈者乎！厥後大宮保幸庵彭公、大總戎都督時公秉鉞視師，追〔4〕逋〔5〕竄。草雉〔6〕禽獮，京〔7〕觀纍纍。夷考賊徒授首之區，實與二君委身之地不遠。人傳是日兩公自將，所〔8〕披靡，刀兵旌鼓，倏忽風霆，恍若雲間人馬馳驟〔9〕。厲鬼殺賊，古則有之，豈二君神爽得請於帝以相之歟？載稽《祭法》，"以死勤事則祀〔10〕"。顧忠魂飄泊，漫無可棲，吊古心香，有懷莫寄。所幸此心天理，君子存之也〔11〕則多矣。嘉靖癸卯秋，大憲伯蒲坂舜

---

〔1〕 "標"，光緒二十三年本《新修潼川府志》卷五作"梟"。

〔2〕 "起"，據五十一年本補。

〔3〕 "遏"，疑當作"遏"。

〔4〕 "追"，據五十一年本補。

〔5〕 光緒二十三年本《新修潼川府志》卷五"逋"後有"緝"字，當是。

〔6〕 "雉"，疑當作"薙"。

〔7〕 "京"，五十一年本作"亦"，疑誤。

〔8〕 五十一年本"所"後有"向"字，當是。

〔9〕 "驟"，道光二十九年本《南部縣志》卷二十八作"驅"。

〔10〕 《四部叢刊》本《禮記》卷十四"祀"後有"之"字。

〔11〕 "也"，據五十一年本補。

原楊公分巡川北，庶績咸熙，周爰諮諏，悉[1]得前狀，乃謀建祠修祀，白於兩臺。爰委鹽亭知縣劉子演總其事，富村百户王子印贊其成，義官揚[2]秉茂董其役。經管財費，處分自公，而二子捐俸效勤，遄臻完美。扁曰"雙忠"，基則驛之擊壤，主者良便。祀歲春秋各一舉[3]，大節以顯，茂典以歆，慰人心之同然，存天理於不息，其於人倫風化，非小補矣。工既告成，二子感兹義舉[4]，謁[5]記於愚，惡知言文傳遠，非能是哉！然不可辭也。銘曰：正氣在世，天理在人。世惟大節，人惟大倫。唐有姚洪，漢有翼德。罵董拒曹，忠君報國。巍巍廟食，竝閭之城。二君死義，千載齊名。乃薦蘋蘩，乃新祀[6]宇。憲度維真，風聲永樹。

鹽亭縣令題名記 <small>鹽亭教諭何沛然</small>

　　鹽亭當全蜀孔道，剖圭列壤，刱始於秦，閱漢唐至國朝皆因之。乃輶傳聯絡，供億粲沓，概未易理。往膺簡事事者，隋文而下，代不乏人。若清時諸君子，瓌名瑰績，炳炳烺烺，倬與江山流峙，聞者猶勃勃振起。宜其姓氏風概，勒諸貞珉，俾瞿然艷慕而激勸以之，此題名所繇紀也。先是，宦兹土者多就闊略，題名缺焉。今[7]使君，秦中雋傑，秉符來牧。出其爭[8]幟[9]凌蜆之才，訏畫綜理，種種就緒，而英聲偉譽，業已載口碑而蜚薦剡矣。每念諸君子名實未著，湮没罔聞，則後之視今，奚翅[10]今之視昔。遂礱石傐工，識其姓氏若干人，置堂之左方，屬沛志之。沛惟鹽邑，地濱瘠鹵，境值衝疲，民苦奔命，較他邑爲劇，而又賦役如蝟，轉徙日夥[11]。嗣是覩往蹟而興思，尚可冀其拊循劑量，足慰鴻雁黄鳥之慘，則兹勒石之舉，詎小補哉！蓋匪特炫聲猷以詡華耀也。使[12]君諱性粹，號澄齋，陝之固原人，

---

〔1〕"悉"，據五十一年本補。

〔2〕"揚"，道光二十九年本《南部縣志》卷二十八、光緒二十三年本《新修潼川府志》卷五俱作"楊"。

〔3〕"基則驛之擊壤，主者良便。祀歲春秋各一舉"，道光二十九年本《南部縣志》卷二十八作"基則驛之舊壤，主祀良便。每歲春秋各一舉"，當是。

〔4〕"義舉"，據五十一年本補。

〔5〕"謁"，道光二十九年本《南部縣志》卷二十八作"請"。

〔6〕"祀"，五十一年本、道光二十九年本《南部縣志》卷二十八俱作"祠"。

〔7〕五十一年本"今"後有"趙"字。

〔8〕"爭"，五十一年本作"奪"。

〔9〕"幟"，據五十一年本補。

〔10〕"翅"，五十一年本作"啻"。

〔11〕"夥"，五十一年本作"移"。

〔12〕"使"，五十一年本作"趙"。

登己卯賢書。奇氣疏節，建明表樹，行且未艾云。

重建龍江橋記　貢張錦邑人

我鹽[1]負山西峙，峩然崒嵂。其隅罅汍泉數十道，瀁瀁汩汩，東匯合於瀰水，隔斷九省通衢。每歲霆霏，或溪水衝激湍悍，或巨毗瀁洞浩渺，既艱[2]厲揭，又乏葦杭。至行旅蟻聚，非水落則不獲逾。彼羽檄旁午，縱扼腕而誰如之何？昔人雖建橋龍江，而規局空闊，木石綿薄，不耐水勢之蕩搖，無怪乎其久而傾圮也。賴有檀越者李汝，見治梁識瑞雲往來橋上，深太息行旅之未便，遂捐一生囊橐。上白明府胡公，諏孟春穀旦鳩工伐石，圈作兩洞，較昔之空闊者而稍加緊密，易昔之綿薄者而更益堅確。工既告竣，任其湍悍浩渺，而九省梨獻，如駕長虹於空中，鞭螮蝀於波上，將百千世荷既濟於無虞矣。猗歟！彼洛陽天津，利益最著人間，顧能獨擅其美而專稱其隆哉！吾以浮屠報應之説，據李君之德，卜李君之福。昔豫章撫郡居士馬金者，建馬金橋。再世寄生西充，復名馬金，鼎甲仕至開府。此極異事，皆吾鹽先輩之所耳聞而目擊者。神靈有驗，李君之福應亦若是而已。時天啟六年歲舍丙寅孟夏月。

國朝

鹽亭縣令題名記　鹽亭知縣石參

題名者，書其邑宰姓字行事，以昭永久，盛舉也，而激勸於乎在。嘗考史乘，取資邑誌，不遺題名，其名義顧不重哉！鹽之爲邑，創於秦，迄漢武時始命名鹽亭。歷代以來，建置沿革不一，而鹽亭仍之。其治環山帶水，其俗事簡民樸，要爲全蜀咽喉，號未易理，洵奧區也。蒞茲土者，前紀甚詳。而我朝膺符就事，雲興萑起，卓循彪炳，父老猶能口道"某某惠愛不衰"，乃題名獨闕焉，茲何以故？良由兵燹之後，集驚鴻、撫瘡疲之不暇，遑計勒石，庸作美觀，以明激勸乎？余來受鹽事，詢知其故，不忍名實湮没，欲爲諸君子表揚之，無由得堅石，且恐重繁民力，蘊懷暫

[1]　五十一年本"鹽"後有"邑"字。
[2]　"艱"，五十一年本作"難"。

輟，數月於茲。乃今絢葺堂後之圮屋，於砌間見石若版舖肩側，起視宛然一碑，字復磨滅不可識，作而喜曰：“天不欲諸公風範不傳，特蓄此石。石不甘同瓦礫踐踏無稱，見搆於我。名與物之相遭如此也。”爰命工人礱粗[1]琢細，案時刊列諸姓氏，樹之堂左，俾觀者洞見勵志。此一片石，以之當峴山遺愛，無不可也[2]。敢備記華美，侈煥風猷，謹援筆述事意如此。余與繼來者相期，亦惟勤勤懇懇，無負此石而已。

夢蛇記 鹽亭知縣吳宏

己巳八月二十一日，余始涖鹽亭。是夜，有從者夢堂上拐一擊斃蛇，衆請余出觀。覺以語余，余艴然曰：“此豈佳夢哉？妄耳！”次夜，余復自夢如前，出觀之，見一大蛇伏堂下，旁數蛇蜿蜒若求救狀。驚曰：“異哉！豈有奇冤耶？”甫半月，有山西蒲州民王懷秀者，二更時擊鼓，報云：“伊同其父王思泰久居南部柳邊驛，其父前年十一月挾十金至花牌樓貿騾，鹽民何啟昆者誘至家，乘夜棒殺之，埋尸竈後。凡三易官矣，三訴皆以父尸未獲，誣告受譴，惟日夜泣禱而已。一夕，夢其父語以尸處，令申訴。”余憐之，爲詳憲請檢，果獲尸竈後，顏色如生。詢其父年，懷秀曰：“辛巳生，屬蛇也。”余始驚曰：“夢信然矣。株連多人，其蜿蜒求救者耶？”時啟昆外出，衆謂必聞風遠遁矣。不數日歸，投到，一訊即服。議辟成招，無辜者盡釋之。噫！隔年矣，始夢語尸處，豈鬼之伸冤亦有待耶？思泰屬蛇矣，株連者齒不相若也，豈夢中幻狀不可拘泥耶？啟昆宜遠遁矣，而自歸投訊，豈啟昆前誘思泰而去，今冥冥昭昭，思泰亦誘啟昆而來耶？康熙庚午季春日記。

重建文湖州祠記 吳宏

登高山俯飛翼，臨流水數游鱗，心曠神怡，輒盤桓而不忍去，況其中有偉人焉。文章氣魄如秋月，如晴雲。有祠焉，遺址如故也；有碑焉，手澤猶新也。豈不令山增高、水增深乎？顧乃祠鞠爲草[3]，碑臥於郊，道路爲之欷歔，山川爲之闇淡，可惜也。邑南大士閣襟山帶水，余每登眺移日。其右爲文先生祠故址，慶曆間題詩鐫

---

〔1〕 “粗”，五十一年本作“石”。
〔2〕 “也”，據五十一年本補。
〔3〕 “顧乃祠鞠爲草”，五十一年本、光緒二十三年本《新修潼川府志》卷五俱作“顧祠鞠爲茂草”。

石，胸次洒落，真温公所云“如晴雲”“如秋月”也者。因嘆蜀自獻賊慘戮後[1]，風景頓殊矣。幸而峩峩者山如故，瀰瀰者水如故，天造地設，鼠輩何能爲？而尤幸荒煙蔓草中，尚留此寒山一片石也，豈先生在天之靈有默爲呵護者歟？羽衣陳登明慮其久而失傳也，持簿而前，將先生祠重建而豎碑焉。余攷先生宦陵、洋、湖三州，其政傳；著《丹淵集》，其文傳，或不藉祠與碑。然而嚴陵之祠，可以振頑；岷山之碑，可以墮淚。後之人入其祠，讀其碑，慨然想見其爲人，安知無感發而興起者？斯則一邑之光，而非僅供遊咏、標勝概也。獨怪余數年泠[2]署，抱願未遑，而道人幡然力任之。豈道人者十餘年大士閣中高山流水未饜也，復欲摘晴雲、弄秋月耶？抑聞之，先生與眉山長公善，長公遊赤壁，羽衣者曾夢訪焉。慕長公，安得不慕先生也？然則今之持簿而前者，安知非即昔之掠舟而過者耶？祠也傳，道人且附以俱傳，余捐俸而爲之倡。康熙三十三年孟夏日記。

重修鹽亭縣堂記　吳宏

胡爲乎前六年戴星出入於危簷欹壁之下？秩滿矣，始倉皇而更新之，恢宏堅好，若爲久遠計。世間容有百年吏耶？曰：“否否。”士君子一行作吏，刱造經營，豈必自爲計哉？有時焉，非其時不容急，時可矣，不容待也。茲堂也，蓋幾百十年矣，訪諸故老[3]，莫知所自。或曰成化年間物也，或曰國初張侯增椽瓦稍葺焉。余下車，則見堂之勢傴僂而東嚮，前令僅用數杆夾持之，頹垣破籬，馬牛朝以遊，虎豹夕以窺。蓋緣變亂甫定，兵馬絡繹，官與民日夕謀飛，輓之不暇，沿陋迄今，毋怪其然。越二年，父老以營建請，時歲穀不登，首畝方亟，余未之許也。又四年，傾軋日甚，堂之上每雨如注，烈風至則杋桯有聲。甍移而棟響，椽馳而瓦飛，岌岌乎不可以終日。父老亟請於余，曰：“時可矣。且今者稼登於場，民休於室，侯也因天時、順人情，在此舉也。及此不營，必貽後日憂。”余曰：“可。”於是度日鳩工，三鄉匠藝之倫，朝呼而夕至，夙作而夜息，如此乎不督而嚴也。米鹽束草之需，多者肩負，少者手攜，按戶而至，無後期，如此乎不戒而速也。竹木瓦石，輻輳河干，壯者前挽，少者後推，黃童白叟，歡笑而左右之，如此乎不踁而疾也。則又以其餘植，廣爲後廨，以謹出入、延賓客，前此蓋未有焉。是役也，始於乙亥孟冬月十有

---

〔1〕 “因嘆蜀自獻賊慘戮後”，光緒二十三年本《新修潼川府志》卷五作“邑自獻賊慘戮”。
〔2〕 “泠”，五十一年本作“冷”，當是。
〔3〕 “老”，五十一年本作“者”，疑誤。

八日，以仲冬朔二日竪柱梁，及望而告竣。計期不一月，計費不百金，而棟宇煥然，較昔有加。紳士耆老之屬，相與賀於堂，曰："費少而功多，期速而利遠，繄侯之賜。"余曰："費之省也，余實自司出入焉。期之速也，於余何有哉？毋亦鹽之民趨事急公？苟其動以時舉，可與圖始，可與觀成，而爲之嘉嘆於無窮也。"是爲記。

望江樓記　吳宏

相傳城北賜紫山，舊有望江樓。樓臨岸，岸臨路，路臨江。鳳山峙其前，負戴環其後。瀰江之勝，盡在望中。方其江清水淺，激石迴湍，行旅褰裳而過，馬牛呼羣而飲。游鱗上下，鳧雁溯洄，岸草溪花，與蘋芷相映發。登樓望之，而目曠然，而心怡然。及夫雨霽水漲，浴日稽天。跨雲谿，浮春郭，撼東城，搖鳳麓。浩浩森森，渺無紀極。登樓望之，而目眩然，而心茫[1]然。明季來，樓久圮矣。泉清流駛，孰臨歉之？巨浸洪波，孰眺賞之？江山有靈，肯長此寂寂乎？余每過，見江流如故，樓址依然，以未及重建爲憾。今秩滿，移臨汝，邑人士踊躍倡建，以成余志，而丐余一言。余曰："唯唯。"樓非江無以成壯觀，樓望江也；江非樓無以標勝覽，江望樓也。江無改移而樓有興廢。建樓以望江者，父老子弟也。樓有廢而必興，宦無久而不改。臨江而汲汲乎望樓者，余也。樓也成，余望愜矣。鹽之人方刻期經始，冀余一登樓爲慰，而余尤惜夫樓之成也晚，不能隨父老子弟佳辰令節作江樓主人也。援筆欣然，又不禁擲筆喟然。江山有靈，將毋同？

重修文湖州祠記　鹽亭知縣劉堂

余生也晚，寡見渺聞，知先生者以墨竹，而竊嘆未盡也。及任鹽之三日，謁聖廟，次[2]隍廟，次本邑之先賢。郭南有數椽隱見於荆棘中，邑人士咸指之曰："此古寺也。"詰其姓名，則曰："姓文，名同，字與可，號笑笑先生者。"噫嘻！先生而祠於此也耶？退而稽之志，先生蓋文翁之裔也。起家石室，嘉祐間以博學宏詞登進士第，遷太常博士、集賢校理，外補陵、洋、湖州。同爲文潞公、王荆公、司馬溫公器重，而知之深者，蘇氏爲最。東坡嘗曰："與可四絕：一詩，二楚辭，三草書，

---

〔1〕"茫"，五十一年本作"芒"。
〔2〕五十一年本、嘉慶二十一年本《四川通志》卷三十六"隍"前俱有"城"字，當是。

四墨竹。"他日黃州之祭，稱其"惇德秉義""養民厚俗""齊寵辱，忘得喪"，如此其至也。再祭，有"藝學之多，蔚如秋菁。使我嗟嘆，筆硯爲焚"之語，其稱服如此。《丹淵集》行世，楊升庵讀其詩，嘆曰："置之開元諸公集中，殆不可辨。"則先生之德與學爲不朽，而益嘆余之知先生者，誠未盡也。先生之祠，不知創於何人，始於何時，歲久不治，日就傾圮，是誰之責歟？夫人盱衡今古，見人有一德之長，一行之善，猶欲表而彰之，以爲斯世風，而況先生之文章德行，爲宋一代之望，而忍令祠宇日就傾頹，風雨暴露，而莫之恤乎？人在當時，風傳後世，則闡前人之幽光，以興起後人，亦有司之責也。因捐俸爲之繕葺，而後之有志者，亦將有感於斯夫！

重修凌雲閣記 舉人張溥邑人

凌雲閣由來久矣。明劫灰飛後，片瓦隻椽無復存者，惟石洞依然，梵像如故。父老攜杖遊其下者，輒指[1]謂生曰："此昔年名勝地，何其衰也！"雲峯道人歸自褒中，慨然有振興之志。邑侯石公捐俸爲之倡，而凌雲閣成。廣文杜公復於其傍建樓二楹，祀宋儒與可，遂爲一邑巨觀。已而石侯報最，道人羽化，後無復有問津者。風雨漂搖，棟宇摧折。其上爲狐狸所居，鳥鵲所巢，下爲牛馬所踐踏，糞土所堆積，不知幾年，而凌雲閣又廢。高公以東海世胄來蒞鹽邑，政事之暇，謁與可祠，登凌雲閣，鳳山峙其前，瀰水繞其右，而負戴曲曲環抱，俯視城中若盤然[2]。公喜曰："是可作岳陽樓觀也。"但荊棘叢中，崖[3]石墜落，殿堂崩欹，有將壓之勢，不禁慨然久之。召僧普雲督工修葺，示以經營之方、布置之法，一切土木所需，悉捐之囊中。不數月而圮者修，毀者新，因其前而宏擴之，堅其墻垣，塗以丹漆，凡殿堂門廡以及廚竈丹室無不悉備，而凌雲閣又成。於是紳士父老咸相商於余曰："是役也，不可無文以記之。"余曰："物之廢興成毀固自有時，亦何足記，獨於公不能無感也。公下車未逾年，士誦於庠，農歌於野，商安於市，凡其所以興衰起敝者不可勝記，此特其餘緒耳。公工詞翰，嫺吟咏，政餘輒登臨其上，覽江山之勝，縱禽鳥之觀，皆足以助詩思、樂襟懷。而異時霖雨天下，澤被蒼生，鹽之父老子弟過其下者咸曰：'此我高侯遊覽地也。'則此舉爲峴山碑也可，爲甘棠遺愛也可。"父老咸曰："善。"

---

〔1〕"指"，五十一年本、光緒二十三年本《新修潼川府志》卷八俱作"相"，疑誤。

〔2〕"然"，五十一年本作"焉"。

〔3〕"崖"，五十一年本、光緒二十三年本《新修潼川府志》卷八俱作"岩"。

是爲記。時康熙六十年辛丑九月望日也。

創建春聚橋記 鹽亭知縣董夢曾

遂古以來，蜀有瀰江，自劍州南經鹽亭北，繞東城闉下董叔山麓，西南流入梓江。凡隸鹽邑東南境者，必踰此江始克達治城，實要津也。曩者，值夏則一葉艇，冬則一彴榷，各惴惴戰栗，甚則或厲或揭，蓋民之病涉也久矣。比凌令見而憫之，迺與士民議捐貲建橋。方采石，未幾致仕去，余接篆，踵成之。橋高一丈，徑十五丈，寬七尺，爲洞十五。經始於庚辰春，竣工於壬午夏，歷二載，費幾千金。僉丏余名之，命曰“春聚橋”，蓋取杜工部寓鹽時“江橋春聚船”之句也。自兹以往，履道坦坦，如行康莊，無復徒涉患矣。此固凌令首倡建議之德，而亦邑人士踴躍鼓舞，衆擎之力也，於余何有焉？余惟記其顛末如此云。乾隆二十七年壬午午日撰。

循良紀概 鹽亭教諭吕嘉元

壬午秋，創修縣志，將付梨棗，邑紳士耆老謁予而言曰：“自古稱循良者，各有紀載，以誌不忘。昔我邑侯若高公、若史公、趙公者，真民之父母也，乞立傳以光志典，并各列事實以呈。高公名鈊，字□□，滿洲人，由例監授鹽亭尉[1]。三年不事鞭扑，勸課農桑，案無訟牘，居民夜不閉户。俄以西番叛，軍需素派，公以民不堪命，詳請蠲免。民德之，稱爲高佛子，以終養歸去。卒之日，聞者多爲流涕云。越數年，江南史公名步高，字□□，以丙午鄉薦除莅兹邑，常曰：‘行事當無愧於心。’甫半載，官民相信不欺。時聖廟年久傾圮，公力爲補葺，備設祭器，清官地，給廟夫工食，以備洒掃。設義學，建立忠義節孝祠宇，以勵風俗。而又封枯骨，修城郭，革里長世充之弊。後陞眉州牧，隨[2]擢思南太守。厥後趙公，直隸進士。居官勤於職，嚴盜賊之防，地方寧謐。其尤最者，莫如建修明倫堂，糜費數百餘金。公諱朝棟，字□□[3]。三公行事若此，古稱循良，不是過也。”予曰：“唯唯。”是皆卓卓可傳者，竊因之有感焉。念我國家重熙累洽，休養生息，百年於兹。聖天子釐工熙績，澄敘官方，時以教養斯民爲心。一二賢人君子，生逢明時，學問經濟，

---

〔1〕“尉”，五十一年本作“縣”。
〔2〕“隨”，五十一年本作“旋”。
〔3〕“字□□”，五十一年本作“直隸進士”。

黼黻鴻猷。農桑有經也，學校有興也，保甲嚴設也，盜賊歛跡也，城垣完固也。令不廢弛，而事不煩擾，種種善政，止各盡厥職，以上〔1〕副子惠元元之至意耳。今日者〔2〕，或七八十年，或五六十年，或三四十年，民懷其德，津津而樂道之。殆古稱循良，所居民樂，所去民思者與？孔子曰"斯民也，三代之所以直道而行也"，大較然矣。用是臚序其概，既信公道曰〔3〕在人心，抑見運際休明，熙熙皞皞，服先德，食舊疇，涵煦於太平，日久得暢遂。其頌揚之忱，而又見頌揚者，且不一而足矣。嗚呼！何其盛哉！

---

〔1〕"上"，五十一年本作"克"。
〔2〕"今日者"，五十一年本作"至今日"。
〔3〕"曰"，五十一年本作"自"，當是。

鹽亭縣志卷之四　藝文志

鹽亭令董夢曾纂

序　艺文四

明

雨華亭序　四川學道潘璋浙江金華

　　鹽亭僧會曇師名其所居之亭曰雨華，蓋取諸昔人講經而天雨華之義也。亭在縣之上乘寺，制不過方丈，幽静軒[1]朗，奇花異草，雜列於前。雖居城市，恍若山林，誠方外一勝境也。予乘公便道過鹽亭，嘗一假館其間，曇師禮接甚恭。敘話頃，因指亭扁以請序。予躍然起曰：“師亦愛吾文乎？昔文暢喜文辭，而韓昌黎與之文；佛印負詩才，而蘇東坡與之詩。若師之賢，殆文暢、佛印之流也。予才雖去韓、蘇遠甚，然竊景仰而師法之，於師之請尚安容却耶？惟爾釋氏之經卷累千百，談空説元，固亦微妙。第予注意儒書，目未暇接，其講之而雨華，予不得而知也。然師以是名亭，豈無意[2]乎？意其心慈性惠，超出塵表，總見五蘊，了悟三乘，故風晨月夕，焚香據几，時展琅函而誦之，則一心感通諸天，森布方丈之地，寶華繽紛，散

---

〔1〕“軒”，據五十一年本補。
〔2〕“意”，據五十一年本補。

滿[1]空中而雨者，此師之所自喻，予亦未敢必其然也。乃若吾儒之經，不過五部，雖未聞其雨華，然誦之反覆而自得[2]之，則經綸之術磅礡胸中，葩藻之詞煥發筆下。上可以黼黻皇猷，下可以潤澤生靈，遠可以招致束[3]帛，其爲華也大矣。予雖未克熟誦而即[4]收其效，然含咀於燈窗，發舒於藝苑者，亦既有年，蓋亦竊得其餘緒[5]於篇束之中也，師其知之否乎？抑師雖宗[6]釋教，而身出自儒族，其父若兄皆事儒業，而其所與交遊又盡儒族。□□□名儒可與言者也[7]。故予之序雨華，不以釋而以儒。"

國朝

李鍾峩録《保寧志》序 <small>禮部郎中陳書邑人</small>

志者，古郡國史也。吾蜀自承祚《耆舊傳》後，作者迭興，迨有明之世，踵事增華，猗與盛矣！而升菴、玉壘[8]、方洲三太史所輯爲最著，此《蜀志》源流大略也。曩者歲在己丑，余自閩旋里，適梓潼邑侯袁公還樸奉檄纂輯邑志，屬余校讎。觀其所蒐羅書籍，率皆殘編斷簡，雨漬蟲凋。或有其人矣，而事跡無徵；或載其事矣，而人地莫考。至其詩文諸類，間從榛莽中抄録一二以備數。蓋兵燹以來，紀載之殘蝕非一日矣。既而薄遊成都，見某年某撫軍所修《省志》，則又綱目紊雜，條例不清，其間傳信傳疑，恐亦未爲允協。思得三太史舊本一寓目焉，乃求之一二知交，皆鮮有藏者。嗟乎！陵谷變遷，典籍淪没，夫豈細故哉！康熙丙子，在京師見萬曆己未督學杜公所修志於王純嘏先生家，因得借觀。其書於三太史原本已三經修輯，然常考敝邑鹽亭科第，而先祖弘治八年經魁萬正公，以篤行博學至今享祀鄉賢者，亦遺漏不載，其他又何可盡攷耶？顧其體例正大，去古未遠，猶存三太史遺意，爰摘録《潼川志》一册，以備他日參攷。而吾友雪原李君亦抄其《保寧志》一帙，可

---

〔1〕"散滿"，據五十一年本補。

〔2〕"自得"，據五十一年本補。

〔3〕"招致束"，據五十一年本補。

〔4〕"即"，據五十一年本補。

〔5〕"緒"，據五十一年本補。

〔6〕"宗"，據五十一年本補。

〔7〕"□□□名儒可與言者也"，五十一年本、光緒二十三年本《新修潼川府志》卷六俱作"師以釋名而儒行，是可與言者也"，當是。

〔8〕"壘"，文淵閣《四庫全書》本《四川通志》卷四十七作"壘"，當是。

謂有同心矣。夫士君子於身所經歷，一草一木猶將識之，況其在父母之邦乎？獨是三太史之原本，吾蜀既不可復覩，而其猶存三公之遺意者，亦遠在數千里外，積數十年求之而始得一見。設今吾蜀州郡各有人焉，在京人各錄其本郡之一冊以歸，則是書縱不能全蓄於一家，猶得散見於三蜀。無如吾蜀居京師者既落落晨星，而遇是書者又未必如吾兩人同志，而吾兩人卒不能謀備寫之貲，使此書完璧以歸蜀也，可勝慨哉！故敘而志之，爲雪原筆諸簡。至若風土之宜，甲第、人物之美，與夫山川之秀麗，物産之繁賾，編中具載，覽者自知，皆略而不論云。[1] 陳儀部著作甚富，惜卒於京，乏嗣，詩文散佚無存。此序載《省志》中，落落大方，不同時手。雖爲保寧作，然其中有及鹽亭處，故錄之以存片羽。

《張觀察政績圖》序 翰林陳齊實廣西荔浦

　　井田之制，秦、漢已弗可行，唐初猶人授二十畝，宋、元遂無聞焉。若世所謂學者，則丹墻櫺門，孔子之廟在焉。求所謂膠序庠塾，可以爲呀唔咕嘩之地者，無有也。薦紳先生高談治理，往往以井田學校爲口實，是何異畫餅之充饑，而瞽人之談日也。故夫子適衛之章，取以命題，則厚生正德，隨手分柱，娓娓動人。至問其所以富之教之之法，則有瞠目而無以應者。且夫聖賢爲政，大約三年有成，而至以事勢之難易，究功效之遠近，又有五年、七年、三十年、百年之異。故種、蠡生聚教訓，以二十年爲期，而敵國亦心知其意，詘指而計之，不爽晷刻。今舉其所以教訓生聚焉者問之，人固茫然無以應也。於是理學、經濟分爲兩途，以是知坐而言者固難責以起而行也。嗟乎！夫亦其坐而言者爲非是焉耳。果其鑿鑿然能坐而言之矣，而猶不能見諸行事者，吾未之前聞。右江觀察鹽亭張公，余同年友也。起家司鐸，洊至監司，政績卓然。取大令、司馬歷任內諸所施行，繪爲八圖。吾友沈勉林文學逐條爲敘顛末，將以傳諸其家。嗣君三人祇服先訓，而問序於予。予取八圖閱之，曰《西藏輓運》，曰《蠲免積逋》，曰《洱邑水利》，曰《九峯課讀》，曰《疏濬海尾》，曰《經理新疆》，曰《修築醴泉》，曰《烏蒙勸墾》，凡爲養之事七，而爲教之事一。夫乃喟然嘆曰："是非所謂坐而言、起而行者乎？置碑於萬山之上，而沉之於不測之淵，則陵谷變遷，而吾生平之行事終不至於滅没。故文翁治蜀時，圖先師弟子像於講堂，俾學者觸於目而憬然有以會於心。是圖之傳，嗣君世世守之，則家學

之羹墻也。使學士大夫人人得見是圖，則治譜之龜鑑也。嗚呼，善矣！”既承命作序，復爲歌詩八首，書各圖沈識後。圖凡十六，此其前八圖序也。又有後八圖，曰《勸農》，曰《修學》，曰《養老》，曰《革頑》，曰《分疆》，曰《贊運》，曰《慎刑》，曰《寬榷》，凡十六圖。題跋詩詞甚多，不能悉載。

跋　藝文五

宋

跋文與可草書[1]　蘇軾

張長史草書，必俟醉，或以爲奇，醒即天真不全。此乃長史未妙，猶有醉醒之辨，若逸少，何嘗寄於酒乎？僕亦未免此事。書初無意於嘉[2]，乃嘉爾。草書雖是積學乃成，然要是出於欲速。古[3]云“匆匆不及，草書”，此語非是。若“匆匆不及”，乃是平時[4]有意於學。此弊[5]極，遂至於周越、仲翼，無足怪者。吾書雖不甚佳，然自出新意，不踐古人，是一快也。

跋趙凡屛風文與可竹　蘇軾

與可所至，詩在口，竹在手。來京師不及歲，請郡還鄉，而詩與竹皆西矣。一日不見，使人思之。其面目嚴冷，可使靜□[6]躁，厚鄙薄。今相去數千里，其詩可求，其竹可乞，其所以靜、厚者不可致。此予所以見竹而歎也。

---

〔1〕　按此文係由蘇軾所作二短文拼接而成。“張長史……未免此事”，題作《書張長史草書》，“書初……是一快也”，題作《評草書》。《跋文與可草書》另是一篇，與此文無涉。以上三篇俱見《津逮秘書》本《東坡題跋》卷四，亦見明萬曆本《蘇文忠公全集》卷六十九。

〔2〕　“嘉”，明萬曆本《重編東坡先生外集》卷四十八作“佳”，當是，後同。

〔3〕　《津逮秘書》本《東坡題跋》卷四“古”後有“人”字，當是。

〔4〕　《津逮秘書》本《東坡題跋》卷四“平時”後有“亦”字。

〔5〕　《津逮秘書》本《東坡題跋》卷四“弊”後有“之”字。

〔6〕　“□”，《津逮秘書》本《東坡題跋》卷五作“險”，五十一年本作“浮”。

跋文與可紆竹　蘇軾

紆竹生於陵陽守居之北崖，蓋岐竹也。其一未脫籜，爲蝎所傷；其一困於嵌崖，是以爲此狀也。吾亡友文與可爲陵陽守，見而異之，以墨圖其形。余得其摹本以遺玉册官[1]祁永，使刻之石，以爲好事者動心駭目詭特之觀，且以想見亡友之風節，其屈而不撓者，蓋如此云。

跋文與可墨竹枯木　吕元鈞

君子智思能過於人，則事無巨細，皆足以取高[2]，此衆人所以尊仰欽愛之不已也。畫者，中有擬像，而發於筆墨之間，苟臻其極，則近見羣物之情狀，遠參造化之功力。自古賢俊，往往能之，蓋取其如此歟[3]！與可之於墨竹枯木，世之好事者皆知而蘇[4]，子瞻嘗謂盡得其理，固不妄也。頃年來成都，畫此兩物於嘉祐長老紀師之方丈。紀師寶之，以誇識者，乃西州僧舍勝事之一也。與可在文館二十年，其才[5]可巨用，將老矣，尚恂恂小舒[6]，胸中之蘊，曾不少露，通塞榮悴，無一毫羈諸心。名教至樂之餘，時作墨竹枯木一二，以寓其幽懷遠趣，真所謂粹静君子也，豈特筆墨之間有以過人哉！知則語其大，不知則語其細[7]。知不知，於與可何損益耶？此可與高爽明達者言，不可與鄙闇者[8]道也。熙寧八年六月十日記[9]。

---

〔1〕 “官”，《津逮秘書》本《東坡題跋》卷五作“宮”，疑誤。
〔2〕 “高”，五十一年本作“法”，武英殿聚珍版叢書本《浄德集》卷十四作“高”。
〔3〕 “蓋取其如此歟”一句原脱，據武英殿聚珍版叢書本《浄德集》卷十四補。
〔4〕 “蘇”，武英殿聚珍版叢書本《浄德集》卷十四作“貴”，當是，故從作“貴”字標點。
〔5〕 “才”，武英殿聚珍版叢書本《浄德集》卷十四作“材”。
〔6〕 “舒”，武英殿聚珍版叢書本《浄德集》卷十四作“州”，當是。
〔7〕 “細”，武英殿聚珍版叢書本《浄德集》卷十四作“小”。
〔8〕 武英殿聚珍版叢書本《浄德集》卷十四無“者”字。
〔9〕 “熙寧八年六月十日記”一句原脱，據武英殿聚珍版叢書本《浄德集》卷十四補。

説　藝文六

宋

與可字説〔1〕　蘇軾

"鄉人皆好之，何如？"曰："未可也。""鄉人皆惡之，何如？"曰："未可也。不如鄉人之善者好之，其不善者惡之。""善者好之，不善者惡之，足以爲君子乎？"曰："未也。孔子爲問者言也，以爲賢於所問者而已。君子之居鄉也，善者以勸，不善者以恥，夫何惡之有？君子不惡人，亦不惡於人。子夏之於人也，可者與之，其不可者拒之。子張曰：'君子尊賢而容衆，嘉善而矜不能。'我之大賢歟，於人何所不容？我之不賢歟，人將拒我，如之何其拒人也？子張之意，豈不曰與其可者，而〔2〕不可者自遠乎？""使不可者而果遠也，則其爲拒也甚矣，而子張何惡於拒也？"曰："惡其有意於拒也。""夫苟有意於拒，則天下相率而去之，吾誰與居？然則孔子之於孺悲也，非拒歟？"曰："孔子以不屑教誨〔3〕者也，非拒也。夫苟無意於拒，則可者與之，雖孔子、子張皆然。"吾友文君名同，字與可。或曰："爲子夏也〔4〕歟？"曰："非也。取其與，不取其拒，爲子張者也。"與可之爲人也〔5〕，守道而忘勢，行義而忘利，修〔6〕德而忘名，與爲不義，雖禄之千乘不顧也。雖然，未嘗有惡於人，人亦莫之惡也。故曰：與可爲子張者也。熙寧八年四月廿三日，從表弟蘇軾上〔7〕。

---

〔1〕　明成化本《東坡集》卷二十四題作《文與可字説》。

〔2〕　宋拓《西樓蘇帖》"而"後有"其"字。

〔3〕　宋拓《西樓蘇帖》"教誨"後有"爲教誨"三字，當是。

〔4〕　"也"，明成化本《東坡集》卷二十四作"者"。

〔5〕　"取其與……與可之爲人也"四句原脱，據明成化本《東坡集》卷二十四補。

〔6〕　"修"，明成化本《東坡集》卷二十四作"脩"。

〔7〕　"熙寧……蘇軾上"二句原脱，據宋拓《西樓蘇帖》補。

簡 藝文七

宋

與文與可 趙抃

某別啟：向以蕪旨況聞，承未鄙誚，過有稱肯，副之佳頌爲況。讀復數四，益用感慰。其理明語快，到古作者，第嘆服而已。何日珍集，下懷瞻詠，不宣。某祇拜。

與文與可 司馬光

某再啟：特承寵惠詩序石刻，渺然想見與可襟韻。游處之狀，高遠蕭灑，如晴雲秋月，塵埃所不能到。其所以心服者，非特詞翰之美而已也。某再拜。

與文與可[1] 蘇軾

軾啟：近承書誨，喜閱[2]尊候益康勝。見乞浙郡，不知得否？相次入文字，乞宣[3]與明。若得與兄聯掉[4]南行，一段異事也。中前桑榆之詞，極爲工妙，尋[5]曾有書道此，却是此書不達耶？老兄詩筆，當今少儷，惟□[6]弟或可以髣髴。墨竹即未敢云爾，呵呵。佳墨比望老兄分惠，反蒙來索，大好禪機，何處學得來？大軸揮灑必已了，專令人候請，切告。烏綵欄[7]兩卷，稍暇便寫去。近見子由作《墨竹

---

〔1〕 此八篇文俱未收入明成化本《蘇文忠公全集》，見明汲古閣本《丹淵集》附錄諸公書翰詩文（後簡稱"附錄"），題作《小簡八首》。

〔2〕 "閱"，明汲古閣本《丹淵集》附錄作"聞"，當是。

〔3〕 "入文字乞宣"，據明汲古閣本《丹淵集》附錄補。

〔4〕 "掉"，明汲古閣本《丹淵集》附錄作"棹"，當是。

〔5〕 "尋"，據明汲古閣本《丹淵集》附錄補。

〔6〕 "□"，五十一年本作"舍"，疑誤。明汲古閣本《丹淵集》附錄作"劣"，當是。

〔7〕 "烏綵欄"，五十一年本作"其綵欄"，疑誤。宋拓《西樓蘇帖》作"烏絲欄"。

賦》，意思蕭散，不復在文字畛域中，真可以配老筆也。亦欲寫在絹卷上，如何？如何？乍涼，萬萬珍重。

<h3 style="text-align:center">又</h3>

軾自密移河中，至京城外，改差徐州，復挈而東。仕宦本不擇地，然彭城於私計比河中爲便安耳。今日沿汴赴任，與舍弟同行。聞與可與之議姻，極爲喜幸。從來交契如此，又復結此無窮之歡，美事！美事[1]！但寒門不稱，計與可必不見鄙也。臨行冗甚，奉書殊不謹，俟到任，別上問次。

<h3 style="text-align:center">又</h3>

軾再拜。姪女子獲執箕帚，非獨渠厚幸，而不肖獲交於左右者，緣此愈親篤矣。欣慰之懷，殆不可言。不敢復具啟狀，必不見罪也。聞舍弟談壻之賢，公之子固應爾。姪女子粗知書，曉義理，計亦稱公家婦也，更望訓誨其不逮也。

<h3 style="text-align:center">又</h3>

軾啟：叠辱來教，承起居佳[2]。適聞中間復微恙，且喜尋已平復。軾比來亦多病，漸老不耐，小放意輒成疾，不可不加意謹護也。水後彌年勞役，今復聞決口未可塞，紛紛何時定乎？寄和潞老詩甚精奇，稍間[3]當亦作六言，殆難繼也。未緣會晤，萬萬以時珍重[4]。謹奉手啟上問，不宣。軾再拜與可學士親家翁閣下。三月二十六日[5]。

〔1〕"美事"二字原脱，據明汲古閣本《丹淵集》附錄補。
〔2〕宋拓《西樓蘇帖》"佳"後有"勝"字，當是。
〔3〕"間"，明汲古閣本《丹淵集》附錄作"閑"。
〔4〕"寄和潞老詩……萬萬以時珍重"，宋拓《西樓蘇帖》作"寄示和潞老詩甚精奇，稍間當亦作六言詩，殆難繼也。未緣會遇，萬萬以時自珍"。
〔5〕"謹奉……二十六日"四句原脱，據宋拓《西樓蘇帖》補。

又

軾啟：稍不馳問，不審入冬尊體何如？想舊疾盡去，眠食益佳矣。見秋榜，知八郎已捷，不勝欣慰。惟十一郎偶失，甚爲悵然。然一跌豈廢千里，想不以介意。寄示碑刻，作語古妙，非世俗所能髣髴。長句偈甚[1]奇，非獨文字甘降，便當北面參問也。近有一僧名道潛，字參寥，杭人也，時[2]來相見。詩句清絕，可與林逋相上下，而通了道義，見之令人肅[3]然。有一詩與之，錄呈，爲一笑也。末[4]由展奉，萬萬以時自重，不宣[5]。軾再拜與可學士親家翁閣下。十月十六日。

《黃樓賦》如已了，望付去人。如未，幸留意之[6]。

又

軾啟：近遞中辱書，承非久到闕，即日想已入覲矣，無緣一見。於邑可知苦寒，尊候何似，貴眷令子各安勝。軾蒙庇粗遣，[7]秋來水災，幾已爲魚，必知之矣。寄惠六言小集，古人之作，今世未省見。老兄別後，道德文章日進，追配作者，而劣弟懶惰日退，卒爲庸人，他日何以見左右，愯悚而已。所要拙文，實未有以應命，又見兄之作，但欲焚筆硯耳，何敢自露。兄淹外既久，雖與時闊疎，而公議卓然，當遂踐清近也。歲行盡，萬萬[8]以時自重。謹奉手啟上問[9]，不宣。軾再拜與可學士老兄閣下。十二月十六日[10]。

又

軾啟：郡人還，叠辱書教。承尊候微違和，尋已平愈，然尚未甚美食。又得蒲

---

〔1〕 “甚”，宋拓《西樓蘇帖》作“尤”。

〔2〕 “時”，宋拓《西樓蘇帖》作“特”。

〔3〕 “肅”，宋拓《西樓蘇帖》、明汲古閣本《丹淵集》附錄俱作“蕭”，當是。

〔4〕 “末”，宋拓《西樓蘇帖》、明汲古閣本《丹淵集》附錄俱作“未”，當是。

〔5〕 “不宣”，宋拓《西樓蘇帖》作“不一一”。

〔6〕 “軾再拜……留意之”六句原脫，據宋拓《西樓蘇帖》補。

〔7〕 宋拓《西樓蘇帖》“秋”前有“但”字。

〔8〕 “萬萬”，宋拓《西樓蘇帖》作“万”。

〔9〕 “謹奉手啟上問”一句原脫，據宋拓《西樓蘇帖》補。

〔10〕 “軾再拜……十六日”二句原脫，據宋拓《西樓蘇帖》補。

大書云：尊貌頗清削。伏料道氣久充，微疾不能近，然未免憂愁[1]，惟謹[2]擇醫藥，痛加調練，莫須撚[3]艾否？軾近來亦自多病，年老使然，無足怪者。蒙寄惠偃竹，真可爲古今之冠，謹當綴黃素其後，作十餘軸[4]。蓋多年火下，不可無言也。呵呵。聞幼安父子共得卅餘軸[5]，謹援此例，不可[6]過望。所示，當作歌詩題之。軾作此乃莫大之幸，日夜所願而不得者，今後更不敢送浙物去矣。老兄恐嚇之術，一何疎哉！想當一大噱。別後亦有拙詩百餘首，方令人編錄，以求斤斧，後信寄去。老兄盛作，尚恨見少，當更蒙借示，使劣弟稍稍長進。此其爲賜，又非頒惠墨竹之比也。冗申[7]奉啟，不盡言。軾再拜與可學士親家翁閣下。正月廿八日[8]。

又

軾啟：冗迫，稍疎上問。伏想尊履佳勝。承書，領吳興。衆議謂公當在近侍，故不甚快，然不肖深爲左右賀也。吳興山水清遠，公雅量弘度，在王、謝間，此授殆天意耳。軾欲乞宣城，若幸得之，當與公爲鄰國，真是一段奇事。然事[9]之如人意者，亦自難遂，從古以然。公自南河赴任，舟行難[10]澁，何不自五丈河，由曹、鄆、濟過我於徐，自泗入淮乎？但恐五丈河無水[11]，不然者，公必出此也。且更熟籌之。餘惟萬萬以時自重。筆凍，奉啟殊不謹。

石幼安言，亦可呼水精宮使。此語可記[12]。

---

〔1〕 "愁"，宋拓《西樓蘇帖》作 "懸"，當是。

〔2〕 "謹"，宋拓《西樓蘇帖》作 "慎"。

〔3〕 "撚"，宋拓《西樓蘇帖》作 "然"，明汲古閣本《丹淵集》附錄作 "燃"。

〔4〕 "十餘軸"，宋拓《西樓蘇帖》作 "十許句贊"。

〔5〕 "蓋多年……卅餘軸" 四句原脱，據宋拓《西樓蘇帖》補。

〔6〕 "可"，宋拓《西樓蘇帖》作 "敢"。

〔7〕 "申"，宋拓《西樓蘇帖》、明汲古閣本《丹淵集》附錄俱作 "中"，當是。

〔8〕 "軾再拜……廿八日" 二句原脱，據宋拓《西樓蘇帖》補。

〔9〕 "事"，五十一年本作 "天"，宋拓《西樓蘇帖》、明汲古閣本《丹淵集》附錄俱作 "事"。

〔10〕 "難"，明汲古閣本《丹淵集》附錄、五十一年本俱作 "艱"。

〔11〕 "水"，明汲古閣本《丹淵集》附錄作 "水"，當是。

〔12〕 "石幼安……可記" 三句原脱，據明汲古閣本《丹淵集》附錄補。

文　藝文八

宋

祭文與可文　蘇軾

維元豐二年，歲次己未，□□□□朔，五日甲辰，從表弟朝奉郎、尚書祠部員外郎、直史館、權知徐州軍州事、騎都尉蘇軾，謹以清酌庶羞之奠，致祭于故湖州文府君與可學士兄之靈曰[1]：嗚呼哀哉！與可能復飲此酒也夫？能復賦詩以自樂，鼓瑟[2]以自侑也夫？嗚呼哀哉！余尚忍言之。氣噎挹[3]而填胸，淚疾作[4]而淋衣。忽[5]收淚以自問，非夫人之爲慟而誰爲乎？道之不行，哀我無徒。豈無朋友[6]，逝莫告予[7]。惟予與可，匪疴匪徐。招之不來，麾之不去。不可得而親，其可得而疏之耶？嗚呼哀哉！孰能惇德秉義，如與可之和而正乎？孰能養民厚俗，如與可之寬而明乎？孰能詩與楚辭[8]，如與可之婉而清乎？孰能齊寵辱、忘得喪，如與可之安而輕乎？嗚呼哀哉！予聞訃[9]之三日，夜不眠而坐喟，夢相從而驚覺，滿茵席之濡淚。念有生之歸盡，雖百年其必至。惟有文[10]不朽，與有子爲不死。雖富貴壽考之人，未必[11]有此二者也。然[12]嘗聞與可之言，是身如浮雲，無去無來，無亡[13]無存。則夫不朽與不死者，又安[14]足云乎？嗚呼哀哉！尚饗[15]。

---

〔1〕 “維元豐二年……之靈曰”七句原脱，據宋拓《西樓蘇帖》補。
〔2〕 “瑟”，宋拓《西樓蘇帖》、明成化本《東坡集》卷三十五俱作“琴”。
〔3〕 “挹”，宋拓《西樓蘇帖》、明成化本《東坡集》卷三十五俱作“悒”，當是。
〔4〕 “作”，宋拓《西樓蘇帖》、明成化本《東坡集》卷三十五俱作“下”。
〔5〕 “忽”，宋拓《西樓蘇帖》作“復”。
〔6〕 “朋友”，宋拓《西樓蘇帖》、明成化本《東坡集》卷三十五俱作“友朋”。
〔7〕 “予”，宋拓《西樓蘇帖》、明成化本《東坡集》卷三十五俱作“余”，後同。
〔8〕 “孰能詩與楚辭”，宋拓《西樓蘇帖》、明成化本《東坡集》卷三十五俱作“孰能爲詩與楚詞”，當是。
〔9〕 “訃”，宋拓《西樓蘇帖》作“赴”。
〔10〕 宋拓《西樓蘇帖》、明成化本《東坡集》卷三十五“有文”後有“爲”字，當是。
〔11〕 宋拓《西樓蘇帖》、明成化本《東坡集》卷三十五“未必”後有“皆”字。
〔12〕 宋拓《西樓蘇帖》、明成化本《東坡集》卷三十五“然”後有“余”字。
〔13〕 “亡”，五十一年本作“忘”。
〔14〕 “又安”，宋拓《西樓蘇帖》、明成化本《東坡集》卷三十五俱作“亦何”。
〔15〕 “嗚呼……尚饗”二句原脱，據宋拓《西樓蘇帖》補。

黄州再祭文與可文　蘇軾

從表弟蘇軾，昭告於亡友湖州府君與可學士文兄之靈：嗚呼哀哉！我官於岐，實始識君。甚[1]口秀眉，忠信而文。志氣方剛，談詞如雲。一別五年，君譽日聞。道德爲膏，以自濯熏。藝學之多，蔚如秋賁。脫口成章，粲[2]莫可耘。馳騁百家，錯落紛紜。使我羞嘆，筆硯爲焚。再見京師，默無所云。杳兮清深，落其華芬。昔藝我黍，今熟其饋。啜醨歡[3]呼，得醇而醲。天力自然，不施膠筋。坐了萬事，幾[4]回三軍。笑我皇皇，獨違塵紛。俯仰三洲[5]，眷戀桑枌。仁施草木，信及麀麇。昂然來歸，獨立無羣。俛焉復去，初無戚欣。大哉生死，悽愴蒿焄。君沒談笑，大鈞徒勤。喪之西歸，我竄江濆。何以薦君，採江之芹。相彼日月，有朝必曛。我在茫茫，凡幾合分。盡此一觴，歸安於墳。嗚呼哀哉！尚享[6]。

國朝

城隍廟禱雨文　見前吳宏

聞之剖符授職而潔己愛民，使有苦而畢陳者，官之責也；理幽贊陽而時和年豐，使有禱而必應者，神之靈也。民不得已則訴於官，官不得已則告於神。神鑒官與民之不得已，而其事或有所不得專，則亟亟然請命於帝。今者春夏之交，彌月不雨，禾苗蓋就枯矣。民訴於官，宏敢不[7]告於神？伏念宏浙東腐儒，膺天子之命，跋涉六千里，至則居氓落落，往日田廬盡荒煙茂草耳。間有孑遺，鶉衣鵠面，日伺命於驛站夫馬間，睠言顧之，潸然涕下。宏尚如此，何況於神？因知神雖不言，必以撫綏之術望之宏，而宏亦以雨暘之澤望之神，一幽一明，兩情共諒。酒莅任二載以來，雨暘若矣，黍稷登矣，邇荷上憲入告，驛站又得甦矣。五十載瘡痍之衆，頓有起色，

---

〔1〕“甚”，五十一年本、光緒二十三年本《新修潼川府志》卷七俱作“方”。

〔2〕“粲”，五十一年本作“燦”。

〔3〕“歡”，明成化本《東坡集》卷三十五作“歌”。

〔4〕“幾”，明成化本《東坡集》卷三十五作“氣”。

〔5〕“洲”，五十一年本作“州”。

〔6〕“尚享”二字原脫，據明成化本《東坡集》卷三十五補。

〔7〕五十一年本“告”前有“上”字。

皆神賜也。則是宏之所望者，神既憐而許之矣，毋乃神之所望於宏者？苞苴嚴矣，而弊未盡悉歟？觥撻輕矣，而讞未盡平歟？講孝友、課農桑矣，而鼓舞化導之方尚未盡合歟？凡此者誠足以召災，然此官之罪也，於民何與？抑或流風遺俗未盡還醇，機詐而以爲智歟？武斷而以爲能歟？逞忿忘身而禮讓之風微，激訟射利而和睦之意衰歟？凡此者誠足以召災，然此愚民之罪也，於良民何與？夫以官之故而殃民，與以一二愚民之故而殃及百千萬之良民，是二者皆神所不出也。且神而悉鹽民之情耶？外民多經營貿易，可以轉運，而鹽之民所恃者惟田。外田多池塘溝渠，可以灌溉，而鹽之田所恃者惟天。五日不雨則苗少矣，十日不雨則苗無矣。無苗是無歲也，無歲是無民也。宏與神共司此土，而任其顛沛流離，漠然而不爲之所，何賴有宏，何賴有神哉！雖神聰明正直，豈忍恝然？而雨澤由天，或有未可必者。宏又以爲不然。爲臣者知君父之心，爲神者知天地之心。去歲直省洊饑，蠲租賜粟，一切便宜，苟可救民之法，朝上疏，夕報可，聖天子愛民如此其至也。況天心仁愛，幸蒙奏允，一號令間而風雲雷雨畢赴矣。萬一降割使然，一不允再請，再不允三請，人間尚有敢諫之士，豈天上不容直言之神哉！即有譴罰，宏甘同罪。民依神，神亦依民，而宏又依民與神，誠亦有萬不得已者也。維神其亟圖[1]之，宏可勝虔禱待命之至。謹告。

再禱雨文 吳宏

　　比者春夏之交，彌月不雨，禾苗垂槁矣。宏率官紳士民人等，於四月二十四日陳悔罪之詞，乞憐於神。神不計官之不職，民之無良也，而朝而禱，夜而雨，三鄉之民歡呼載道。當此之時，雨澤尚未足也，而民歡呼者何也？誠以朝而禱，夜而雨，有以知神之皇皇然請命於帝，而如民所禱也；更有以知帝之皇皇然垂念於民，而如神所請也。夫神既如民所禱矣，而帝又如神所請，以此知鹽民之必有歲也。宏是以敢又有所請。今不雨復旬日矣，鹽多山田，前叨雨澤，秧之栽者十之三，其不得栽者尚十之七。數日不雨，水涸田乾，是未栽者終不得栽也，而十之七無望矣；即已栽者亦徒栽也，而并十之三無救矣。民何所依以爲命？宏何所資以爲理？神何所憑以爲靈？再四徬徨，莫測所自。是豈神之如民所禱者，而今不如所禱耶？豈帝之如神所請者，而今不如所請耶？抑豈官之不職，民之無[2]良，而神復有意督過之耶？

─────────────

〔1〕 "亟圖"，五十一年本作"極亟"，疑誤。
〔2〕 "無"，五十一年本作"不"。

是必不然，宏知之矣。前此雨澤之施，官與民見夫天心之可恃也，而悔罪之不誠，祈求之不力，以致數日來陰雲合矣，而合而乍散，細雨降矣，而降而旋收，遲遲焉欲雨不雨，而姑示之罰，使官與民各知所警戒。豈果神之不如民禱，而帝之不如神請哉？宏用是躬率士民人等益加洗心齋戒，尚祈甘霖速沛，高下均沾，使數十年凋敝之民不至於困苦無告。宏之責亦神之司也，神其鑒而許之。宏不勝虔禱待命之至。謹告。

墓誌 藝文九

宋

文湖州墓誌 龍圖閣學士河南府知府范百祿華陽人

元豐二年正月二十一日，尚書司封員外郎、中[1]秘閣校理、新知湖州文公以疾卒於陳州之賓舘，享年六十有二。其孤朝光奉其柩以歸，以元祐九年二月五日葬於梓州永泰縣新興鄉新興里。前此，狀公行事始卒來求銘。公，百祿所畏者，且同年進士也，不可辭，故書。公諱同，字與可。其先文翁，廬江人，爲蜀守，子孫因家焉。至立，徙巴之臨江，學譙周，門人推爲顔子。其後又徙梓州永泰之新興鄉新興里。曾祖彥明、祖廷蘊、考昌翰皆儒服不仕，考公[2]以公贈尚書都官郎中。妣李氏，仁壽縣太君。公幼志於學，不羣，鄉人異之。都官[3]嘗誨之曰："吾世爲德，爾其起家乎！將高吾門。於吾廬之東偏以待汝，宜勉之。"公時年十三，俛而對曰："謹奉教。"自是，晝悉力家事，夕常讀書達旦，遂博通經史諸子，無所不究，未冠能文。慶曆中，今太師潞公守成都，譽公所贊文，以示府學，學者一時稱慕之，再舉鄉書第一。皇祐元年登科第五，調邛州軍事判官，更攝蒲江、大邑。繩治豪放，或辨[4]折欺偽，然後敦學政，勸邑之子弟，召其長者與語名教，使歸諭里人。再調靜難軍節度判官，秩滿，改太常丞。嘉祐四年召試舘職，判尚書職方，兼編校史舘

---

〔1〕 "中"，明汲古閣本《丹淵集》卷首作"充"，當是。
〔2〕 五十一年本、嘉慶二十一年本《四川通志》卷四十六俱無"公"字。
〔3〕 明汲古閣本《丹淵集》卷首"都官"後有"公"字。
〔4〕 "辨"，五十一年本作"辦"，疑誤。

書籍。以親老請通判邛州。未幾，丁都官憂。服除，歸舘，又以母年請通判漢州，遷太常博士。明堂覃恩，遷尚書祠部員外郎，賜五品服，知普州。丁仁壽憂，服除。熙寧三年知太常禮院，兼編修《大宗正司條貫》。時執政欲興事功，多所更釐創造，附麗者衆，根排異論，公獨遠之。及與陳薦[1]議宗室襲封事，執據典禮，坐非是，奪一官。再請鄉郡，以太常博士知陵州。州廨徙倚於培塿之間，土[2]風習龐，守長至者或鄙易之。公訪民疾苦，得城中羣不逞主名，常以夕時凌轢途衢，良民暮即闔戶不敢出。及是，率以事收至庭，峻繩之，且戒毋復亂吾治。是後郡民慶弔相往來，雖篝火宵行，無復擾者。上元嬉遊，野民扶老攜稺趨城市，數習宴然，父老相慶曰："不圖吾鄉今日安居行樂近比都會也！"貴平男子依假靈惠，以鬼道惑人，遠近走集，爭投貨財，將大侈叢祠。公聞之，乃移尉捕其首，黥而徙之，餘置不問，以其材新甲仗庫。常[3]使諭尉曰："西山之隈，居者數家，有盜匿焉，亟捕之！"尉果擒盜，鄉人神之。知興元府，漢中沃腴，俗饒財寡文，未有第進士者。公先治庠序，擇行藝之秀者使掌之，風諭境內，使民遣子弟就學，暇日躬往閱視而誨導之，於是風俗寖改，向學爲多。有盜雜居閭閻，公使捕詰之，叩頭伏。發其藏，皆穿窬所得，未之易也。士民每春出遊觀，常苦[4]秦隴惡少從褒斜間道往來剽竊，吏不能禁。公嚴治之，盜不敢犯。城固之上原、巴城民頑，逋租不以時入，人苦鄉徭，代輸破產。公督勵之，革其弊。既復舊秩，歷度支、司封員外郎，徙知洋州。興[5]勢環境皆山谷，民以茶爲產，使者方行榷法，歲課四十餘萬觔。商旅不通，山民及其孥荷擔趨郡，遠者往返千里，公條奏其不便。時茶場歲額有曰"綱外"者，有司新其法，止通商於蜀，出他路者禁之。然蜀產茶郡居多，商無由通，於是綱外茶山積。使者又督主吏必盡易之，腐敗者償納，人爲憂惴。公又奏論其不可，皆不報。茶司方輦致解鹽就易於郡，冀以阜茶本而盡榷民間食鹽。商旅不行，官鹽復不繼，於是民苦食淡。公又言："臣州榷茶雖久，其間措置未有衷比，又盡催解官鹽自出賣[6]，不許商販。雖利歸公上，而民不便之。宜預爲津調，妲然有備。其[7]法行之後，售之民間，涓涓不絕。若一日弗繼，則人無以食。"詔爲弛禁，興誦歡然。代還，判登聞鼓

---

〔1〕 明汲古閣本《丹淵集》卷首"陳薦"後有"等"字。

〔2〕 "土"，五十一年本、嘉慶二十一年本《四川通志》卷四十六俱作"士"，疑誤。

〔3〕 "常"，明汲古閣本《丹淵集》卷首作"嘗"。

〔4〕 "苦"，五十一年本作"若"，疑誤。

〔5〕 "興"，明汲古閣本《丹淵集》卷首作"興"。

〔6〕 "又盡催解官鹽自出賣"，明汲古閣本《丹淵集》卷首作"又盡榷解鹽，官自出賣"，當是。

〔7〕 "其"，明汲古閣本《丹淵集》卷首作"則"，當是。

院。數月，乞郡東南，除知湖州。神宗召見延問，公條對有緒，建言二事。一曰：洋與秦、鳳壤錯比，往時凶盜剽掠境上，人不得安，急則逃匿山谷。恐一旦嘯聚呼白地，劍外當小警，請置吏於五丈原，否則駱谷與華陽鎮相援，以禦絶諸偷。一〔1〕曰：遠民詣登聞鼓院投訴無虛日，間有判然易以勑律辨者，官司不爲區處，第援舊牘抑却之。冤民廢農桑，走數千里，抱書立鼓下，非朝廷爲民設官意。請凡訟訴滯枉，或不爲決，致詣闕得直者，重其坐，使吏知恤職，民無嗟蹙。上然之。公資廉方，家居不問資産，所至尤恤民事。民有不便，如己納之阱中，必爲出之而後已。退〔2〕齋居一室，書史圖畫，羅列左右，彈琴著文，寒暑不廢。事親孝，未嘗違去晨暮，恬於遠官，以便甘旨者十有餘年。不趣時好，不避權仇，修其在己，而不求其在人者。安義與命，蓋超然自得。平居以言誨諸子而自踐之者，其大旨如此。故凡與之遊，皆名節文行之士顯用於今者，而公獨不與焉，命也夫！司馬温公常遺書曰：“與可襟韻蕭灑，如晴雲秋月，塵埃不到。光心服者，非特詞翰而已。”公博學，雖星經、地理、方藥、音律靡不究，古篆、行草皆能精之。好水石松竹，每佳賞幽趣，樂而忘返，發於逸思，形於筆妙，摸寫四物，頗臻其極，士大夫多寶之。其殁於宛丘也，梁、洋之民悲思焉。娶衛氏，追封旌德縣君。再娶李氏，封永和縣君。子男五人：朝光爲彭州軍事判官，葆光舉進士，垂光、務光及幼未名者三人皆早亡。女二人：長亡，次適進士張元弼。孫男七人：機、楖皆業進士，餘悉幼。女四人。平生所爲文五十卷。銘曰：蹈直方而不訕兮，不負其君。樂吾土而徜徉兮，不遺其親。處單邈而懷國兮，恤一物之不伸。琢至寶而不售兮，韞吾櫝而晦珍。令有否而膠戾兮，誠激烈而儻陳。善則擇於太上兮，不忘於梁、洋之民。芻豢牢醴之不吾嗜兮，甘吾之芹。黼黻貂冠之不吾好兮，服吾之文。道渺莽兮東南游，漠然命兮逝宛丘。魂萬里兮返故州，從先壟兮植新楸。垂令名其不朽兮，蓋不特王褒、相如之儔〔3〕。

國朝

張副使墓誌銘 潮州府知府龍爲霖巴縣人

公以乾隆四年二月十八日卒於廣西桂林，十一月櫬過渝江，余既爲文以哭之。

---

〔1〕 “一”，明汲古閣本《丹淵集》卷首作“二”。
〔2〕 明汲古閣本《丹淵集》卷首“退”後有“而”字，當是。
〔3〕 “銘曰……之儔”二十三句原脱，據明汲古閣本《丹淵集》卷首補。

今孝子士權等卜兆於鹽亭之城南，將以五年九月二日歸窆，復乞余銘以藏。余與公交最久，宦遊又壤接，雖自慚不文，而知之深，言之親切，或能稍傳其一二，以貽後人。應曰：“諾。”公諱漢，字雲倬，先世江南華亭人，明洪武間遷居於蜀之鹽亭，遂爲鹽亭人。家北門，世多顯達，相傳爲北門張氏云。高祖黼，明某科舉人，江南儀真縣令。曾祖力行，拔貢生，華陽教授。祖琯，歲貢生。父泰階，順治辛卯舉人，歷任江南廬州府同知。生子四：長曰渤，拔貢生；次澎，康熙乙酉舉人；次溥，丁酉舉人；公其第四子也。公生九歲失怙，太母撫養教育。比長，篤學，氣偉岸，鄉人稱之，謂又一科甲中人。公笑曰：“讀書僅博科第耶？何見之卑也！”聞者異之。康熙戊子鄉試，房考官錄薦，屈於額，登副車。秉鐸榮經縣，適會打箭爐軍興，輓運三載不乏。以軍功議敘，授雲南大理府雲南縣知縣，遷宣威州知州、曲靖府同知。以賢能保舉，擢廣西南寧府知府。又以卓薦，授分巡右江道。自雲南縣至右江[1]，歷五任凡十三年，所至之地，皆蠻夷雜處，性鳥獸而語侏僂，言詞文誥，格格不入，一切束以法則，如繫鷹械虎，奮迅咆哮，思騰踔而爲變矣。公開誠布公，不設藩籬，察有不便於民者，即除去之。尤好講求水利，興起學校，以端治化之源。不屑苟且旦夕，塗民耳目；亦不務生事立威，順上意以速樹勳名，而罔顧所安。以故歷任悉協輿情，頌聲洋溢。當其在宣威也，余自石屏請養歸，過其治。夜飲，耳語曰：“迤東改流諸地，蕩搖未定，而操之者如束濕薪，余懼其生變也，幸善撫之。”公曰：“然。”越一載，烏蒙苗蠻果叛，郡邑震恐。時公已自曲靖司馬擢南寧守，束裝將就道，聞信，慨然曰：“吾赤子憂難且至，奈何捨之去！”立命解其裝，親爲慰諭，更招集勇練，移營分兵協守，勢定然後行，百姓挈壺觴以送者，道路不絕。守南寧，曾攝太平府事。太平，嚴疆也，所屬鄧橫、安馬二寨。梗化既滅，鄧橫、安馬猶抗拒，議者欲并剿之。公曰：“兵不得已而後用，且蠻人貴服其心耳，合寨中豈無良民？玉石俱焚，非所以廣聖澤也。”親往反覆諭導，衆皆悔懼歸誠，至今帖服。處難者如此，易者可知矣；倉卒時如此，暇豫可知矣。公性孝友，篤媚睦，遇事謹慎，而勇於從善，見有勝己者，不憚曲意承教，故人樂進言，公亦鮮有過差。既遷右江，旋代臬篆，攝鹺政。上官屢薦其賢，天子方倚用之，而公以太母年屆八旬，力請終養，曰：“吾得歸奉甘旨，吾志畢矣。”嗚呼！豈料命甫下，而公已赴泉壤耶？余與公意氣投洽，久同官，且忝姻婭。告養以來，聞公卜築渝城，方日夜延[2]頸，冀朝

夕左右以求全夙願，乃既敘其生平交遊以哭其喪，今又述其世次，銘其壙以遺其孤而藏之，而余方且皤然兩鬢，鹿鹿塵事，思一息肩而不可得，其又能耐老耶！公在南寧遇覃恩，故榮封止一代，父贈中憲大夫，母任氏誥贈恭人，汪氏誥封恭人。緣中憲公任廬州時，任太恭人以疾留家，旋遭吳逆之變，音問闊絕，乃於任所聘娶汪太恭人。公與兄澎、溥，皆汪出也。子三人：士權，歲貢生，候選州同；士枚、士標，俱國學生，加職州同。孫四：煇、炳、烈、炘。女四：長適中江戴維栻，次適潼川萬緩，次許聘綿竹唐叔獻，次即余長子象昭，俱未字。三子四女同出誥封恭人顧氏，同邑明經諱海公女。恭人與公合德，白首無間言。公生於康熙庚申八月初七日，距卒時年六十。銘曰：洞然渾璞絕瑕讁，郎官郡守愈著白。甲子一終反元宅，昌黎以銘鄭羣蹟。移以贈公藏幽室，子孫世守永維則。

賦　藝文十

宋

墨竹賦　蘇轍

文[1]與可以墨爲竹，視之，良竹也。客見而驚焉，曰："今夫竹[2]，受命於天，賦形[3]於地。涵濡雨露，振蕩風氣。春而萌芽，夏而解弛。散柯布葉，逮冬而遂。性剛潔而疎直，姿嬋娟以閑媚。涉寒暑之徂變，傲冰雪之凌厲。均一氣於草木，嗟壤同而性異。信物生之自然，雖造化其能使。今子研青松之煤，運脫兔之毫。睥睨墻堵，振灑繪絹[4]。須臾而成，鬱乎蕭騷。曲直橫斜，穠纖庳高。竊造物之潛思，賦生意於崇朝。子豈誠有道者耶？"與可听[5]然而笑曰："夫予之所好者，道也，放乎竹矣。始予隱乎崇山之陽，廬乎脩[6]竹之林。視聽漠然，無概乎予心。朝

---

〔1〕 明嘉靖蜀藩活字本《欒城集》卷十七無"文"字。

〔2〕 明嘉靖蜀藩活字本《欒城集》卷十七無"竹"字。

〔3〕 "形"，明嘉靖蜀藩活字本《欒城集》卷十七作"刑"，疑誤。

〔4〕 "繪絹"，明嘉靖蜀藩活字本《欒城集》卷十七作"繒綃"。

〔5〕 "听"，明嘉靖蜀藩活字本《欒城集》卷十七作"聽"，疑誤。

〔6〕 "脩"，明嘉靖蜀藩活字本《欒城集》卷十七作"脩"。

與竹乎爲游，暮[1]與竹乎爲朋。飲食乎竹間，偃息乎竹陰。觀竹之變也多矣。若夫風止雨霽，山空日出。猗猗其[2]，森乎滿谷。葉如翠羽，筠如蒼玉。澹乎自持，凄乎[3]欲滴。蟬鳴鳥噪，人響[4]寂歷。忽依風而長嘯，眇掩冉以終日。笋[5]含籜而將墜，根得土而橫逸。絶澗谷而蔓延，散子孫乎千億。至若叢薄之餘，斤斧所施。山石犖埆，荆棘生之。蹇將抽[6]而莫達，紛既折而猶持。氣雖傷而益壯，身已[7]病而增奇。凄風號怒乎隙穴，飛雪凝沍乎陂池。悲衆木[8]之無賴，雖百圍而莫支。猶復蒼然於既寒之後，凛乎無可磷[9]之姿。追松柏以自偶，竊仁人之所爲。此則竹之所以爲竹也。始也余見而悦之，今也悦之而不自知也。忽乎忘筆之在手，與紙之在前。勃然而興，而修[10]竹森然。雖天造之無朕，亦何以異於兹焉？"客曰："蓋予聞之，庖丁，解牛者也，而養生者取之；輪扁，斵輪者也，而讀書者與之。萬物一理也，其所從爲之者異爾。況夫夫子之託於斯竹也，而予以爲有道者，則非耶？"與可曰："唯唯。"

贊 藝文十一

宋

石室先生畫竹贊 蘇軾

與可，文翁之後也。蜀人猶以石室名其家，而與可自謂笑笑先生，蓋可謂與道皆逝，不留於物者也。故[11]嘗好畫竹，客有贊之者曰：先生閒居，獨笑不已。問安

---

〔1〕"暮"，明嘉靖蜀藩活字本《欒城集》卷十七作"莫"。
〔2〕明嘉靖蜀藩活字本《欒城集》卷十七"森"前有"長"字，當是。
〔3〕"乎"，明嘉靖蜀藩活字本《欒城集》卷十七作"苟"。
〔4〕"響"，明嘉靖蜀藩活字本《欒城集》卷十七作"響"，當是。
〔5〕"笋"，明嘉靖蜀藩活字本《欒城集》卷十七作"芛"，疑誤。
〔6〕"抽"，五十一年本作"拙"，疑誤。
〔7〕"已"，明嘉靖蜀藩活字本《欒城集》卷十七作"以"。
〔8〕"木"，五十一年本作"本"，疑誤。
〔9〕"磷"，明嘉靖蜀藩活字本《欒城集》卷十七作"憐"，當是。
〔10〕"修"，明嘉靖蜀藩活字本《欒城集》卷十七作"脩"。
〔11〕"故"，明成化本《東坡集》卷二十作"顧"，當是。

所笑，笑我非爾。物之相物，我爾一也。先生又笑，笑所笑者。笑笑之餘，以竹發妙。竹亦得風，夭然而笑。

文與可畫墨竹屏風贊　　蘇軾

與可之文，其德之糟粕；與可之詩，其文之毫末。詩不能盡，溢而爲書，變而爲畫，皆詩之餘。其詩與文，好者蓋[1]寡。有好其德如好其畫者乎？悲夫！

戒壇院文與可畫墨竹贊　　蘇軾

風梢雨籜，上傲冰雹。霜根雪節，下貫金鐵。誰爲此君，與可姓文。惟其有之，是以好之。

文與可枯木贊　　蘇軾

怪木在庭[2]，枯柯北走。窮猿投壁，驚雀入牖。居者蒲氏，畫者文叟。贊者蘇子，觀者如流。

文與可飛白贊　　蘇軾

嗚呼哀哉！與可豈其多好，好奇也歟？抑其不試，故藝也？始余[3]見其詩與文，又得見其行草、楷書[4]也，以爲止此矣。既没一年，而復見其飛白。美哉伊人[5]！其盡萬物之態也。霏霏乎其若輕雲之蔽月，翻翻乎其若長風之捲斾也。猗猗乎其若遊絲之縈柳絮，裊裊乎其若流水之舞荇帶也。離離乎其遠而相屬，縮縮乎其近而不隘也。其工至於如此，而予[6]乃今知之，則予之知與可者固無幾，而其所不知者蓋不可勝計也。嗚呼哀哉！

---

〔1〕 “蓋”，明成化本《東坡集》卷二十作“益”。
〔2〕 “庭”，明成化本《東坡續集》卷十作“廷”。
〔3〕 “余”，明成化本《東坡集》卷二十作“予”。
〔4〕 “楷書”，明成化本《東坡集》卷二十作“篆隸”。
〔5〕 “伊人”，明成化本《東坡集》卷二十作“多乎”。
〔6〕 “予”，明成化本《東坡集》卷二十作“余”，後同。

文與可畫贊〔1〕　蘇軾

友人文與可既没十四年，見其遺墨於吕元鈞〔2〕之家，嗟嘆之餘，輒〔3〕贊之：

竹寒而秀〔4〕，木瘠而壽〔5〕，石醜而文，是爲三益之友。粲乎其不〔6〕可接，邈乎其不可囿。我懷斯人，嗚〔7〕呼！其可復覯也。

銘　藝文十二

宋

文與可琴銘　蘇軾

攫之幽然，如水赴谷。釋之蕭然，如葉脱木。按之噫然，應指而長言者似君。置之枵然，遺形而不言者似僕。

---

〔1〕 此文未收入明成化本《蘇文忠公全集》，見明萬曆本《續補全蜀藝文志》卷三十七，題作《與可畫竹木石贊并序》。

〔2〕 明萬曆本《續補全蜀藝文志》卷三十七無"鈞"字，疑誤。

〔3〕 明萬曆本《續補全蜀藝文志》卷三十七"輒"後有"復"字。

〔4〕 "秀"，明萬曆本《續補全蜀藝文志》卷三十七作"笑"。

〔5〕 "竹寒而秀，木瘠而壽"，明本《鶴林玉露》卷五引作"梅寒而秀，竹瘦而壽"。

〔6〕 明萬曆本《續補全蜀藝文志》卷三十七無"不"字，疑誤。

〔7〕 "嗚"，明萬曆本《續補全蜀藝文志》卷三十七作"烏"。

詩　藝文十三

唐

嚴別駕相逢歌一作相從歌贈嚴二別駕　杜甫

我行入東川，十步一迴首。成都亂罷氣蕭颯[1]，浣花草堂亦何有。梓中豪俊大者誰，本州從事知名久。把杯[2]開樽飲我酒，酒酣擊劍蛟龍吼。烏帽拂塵青螺粟，紫衣將炙緋衣走。銅盤燒蠟光[3]吐日，夜如何其初促膝。黃昏始扣主人門，誰謂俄頃膠在漆。萬事盡付形骸外，百年未見歡娛畢。神傾意豁真佳士，久客多憂今愈疾。高視乾坤又何愁，一軀交態同悠悠。垂老遇君未恨晚，似君須向古人求。時嚴震爲梓州長史。

行次鹽亭縣聊題四韻奉簡嚴遂州、蓬州兩使君諮議諸昆季　杜甫

馬首見鹽亭，高山擁縣青。雲溪花淡淡[4]，春郭水泠泠。全蜀多名士，嚴家聚德星。長歌意無極，好爲老夫聽。

嚴氏溪放歌行

天下甲馬未盡銷，豈免溝壑常漂漂。劍南歲月不可度，邊頭公卿仍獨驕。費心姑息是一役，肥肉大酒徒相要。嗚呼古人已糞土，獨覺志士甘漁樵。況我飄轉[5]無定所，終日慽慽忍羈旅。秋宿霜溪素月高，喜得與子[6]長夜語。東遊西還力實倦，

---

〔1〕 “颯”，《續古逸叢書》本《杜工部集》卷五作 “瑟”。
〔2〕 “杯”，《續古逸叢書》本《杜工部集》卷五作 “臂”。
〔3〕 《續古逸叢書》本《杜工部集》卷五 “光” 後有 “一作炎” 小字注。
〔4〕 “淡淡”，《續古逸叢書》本《杜工部集》卷十三作 “淡淡”。
〔5〕 “轉”，五十一年本作 “零”，《續古逸叢書》本《杜工部集》卷五作 “轉”。
〔6〕 “子”，五十一年本作 “君”，《續古逸叢書》本《杜工部集》卷五作 “子”。

從此將身更何許。知子松根長茯苓，遲暮有意來同煮。嚴氏溪，舊注引顏魯公《離堆記》閬州鮮于君鑿池，有君舅著作郎嚴從、君甥侍御史嚴侁詩，遂以閬州鮮于池爲嚴氏溪，殊屬穿鑿。按：今鹽亭嚴太保故宅後猶名後池，即雲溪。溪上即曇雲菴，爲杜工部遊鹽寓處，正詩所云"秋宿霜溪"也。則嚴氏溪即此無疑。

光禄坂行　　杜甫

山行落日下絕壁，南[1]望千山萬山[2]赤。樹枝有鳥亂鳴[3]時，暝色無人獨歸客。馬驚不憂深谷墜，草動只怕長弓射。安得更似開元中，道路即今多擁隔。舊注：光禄坂在銅山縣。按：銅山縣併入中江，今中江縣無此坂名，而鹽亭縣東有光禄山，長坂里許，即此無疑。

倚杖　　杜甫

看花雖郭外，倚杖即溪邊。山縣早休市，江橋春聚船。狎鷗輕白浪，歸雁喜青天。物色兼生意，凄凉憶去年。舊注：在鹽亭縣作。按："郭外""溪邊"語與鹽亭正合。

送王孝廉覲省　王名文燦　李白

彭蠡將天合，姑蘇在日邊。寧親候海色，欲動孝廉船。窈窕晴江轉，參差遠岫連。相思無晝夜，東泣似長川。

送趙雲卿　趙名蕤　李白

白玉一杯酒，綠楊三月時。春風餘幾日，兩鬢各成絲。秉燭惟須飲，投竿也未遲。如逢渭川獵，猶可帝王師。

---

〔1〕"南"，《續古逸叢書》本《杜工部集》卷五作"西"。
〔2〕《續古逸叢書》本《杜工部集》卷五"山"後有"一作水"小字注。
〔3〕《續古逸叢書》本《杜工部集》卷五"鳴"後有"一作樓"小字注。

淮南臥病書懷寄蜀中趙徵君蕤　李白

吳會一浮雲，飄如遠行客。功業莫從就，歲光屢奔迫。良圖俄棄捐，衰疾乃綿劇。古琴藏虛匣，長劍掛空壁。楚冠懷鍾儀，越吟比莊舄。國門遙天外，鄉路遠山隔。朝憶相如臺，夜夢子雲宅。旅情初結緝，秋氣方寂歷。風入松下清，露出草間白。故人不可見，幽夢誰與適。寄書西飛鴻，贈爾慰離析。

宋

雲溪　嘉州知州何耕溫州人

幽居定何如，頗恨未見之。主人向我言，喜色融雙眉。修篁流翠陰，寒溪漾清漪。領略非一狀，幽妍發餘姿。空濛雨亦佳，潋灎晴更奇。豈惟二江獨，意恐兩蜀稀。主人信妙士，得此固所宜。天公閟好景，授受各有時。豈無多田翁，偃蹇逝莫隨。素交懷老蒲，秀句紛珠璣。安得招歸來，爲君賦清詩。往者不可作，後生欲何爲。邑人蒲大受與何爲詩文友。

大元觀[1]題壁　文同

三十窮男子，其如膽氣存。鴻毛在鄉里，驥足本乾坤。周孔爲逢掖，軻雄自吐吞。平生所懷抱，當[2]共帝王論。

村居　文同

日影滿松窻，雲開雨初止。晴林梨栗[3]熟，曉巷兒童喜。牛羊深澗下，鳧雁寒塘裏。田父酒新成，瓶甕餽鄰里。

---

〔1〕 "大元觀"，後文蔣垣《次文湖州太元觀題壁韻》詩作"太元觀"，當是。
〔2〕 "當"，五十一年本作"應"。
〔3〕 "栗"，明汲古閣本《丹淵集》卷四作"棗"。

新晴山月　文同

高松漏疎月，落影如畫地。徘徊愛其下，夜[1]久不能寐。怯風池荷卷，病雨山果墜。誰伴予苦吟，滿林啼絡緯。

屬疾梧軒　文同

高梧覆新葉，滿院發華滋。白日一何永，清陰閒自移。暖蟲垂到地，晴鳥語多時。病肘依[2]枯几，泊然忘所思。

詠閒樂[3]　文同

晝睡欲[4]過午，好風吹竹牀。溪雲生薄暮，山雨送微凉。粉裛衣裳潤，蘭熏枕席香[5]。歸來閒且樂，多謝墨君堂。

過友人谿居　文同

籬巷隔[6]菰蒲，閒扉掩自娛。水蟲行插岸，林鳥過提壺。白浪搖秋艇，青煙蓋晚廚。主人誘[7]野飯，爲我煮秋鱸[8]。

---

〔1〕 “夜”，明汲古閣本《丹淵集》卷十一作“及”。
〔2〕 “依”，明汲古閣本《丹淵集》卷十五作“倚”。
〔3〕 明汲古閣本《丹淵集》卷四題作《閒樂》。
〔4〕 “欲”，明汲古閣本《丹淵集》卷四作“忽”。
〔5〕 “蘭熏枕席香”，明汲古閣本《丹淵集》卷四作“蘭薰簟蓆香”。
〔6〕 “隔”，明汲古閣本《丹淵集》卷五作“接”。
〔7〕 “誘”，明汲古閣本《丹淵集》卷五作“誇”，當是。
〔8〕 “秋鱸”，明汲古閣本《丹淵集》卷五作“新蘆”。

晚次江上　　文同

宛轉下江岸，霜風繞人衣。翩翩渚鴻壓[1]，閃閃[2]林鴉歸。前壑已重靄，遠風[3]猶落暉。孤舟欲何向，擘浪去如飛。

玉峯園避暑值雨[4]　　文同

南園避中伏，意適晚忘歸。墙外谷雲起，簷前山雨飛。興饒思秉燭，坐久欲添衣。爲愛東巖下，泉聲通翠微。

鹽亭[5]

幾番寓宿鹽亭縣，未得閒情一賦詩。土俗舊從張老變，高山曾受杜陵知。溪深野水流雲氣，雪壓寒條帶玉姿[6]。夜向德星橋上望，仰高鄉袞有餘思。

永樂山叩雲亭　　文同

長江合高峯，爽氣左右繞。中流望絶巘，萬丈見木杪。孤亭揭其上，隱隱一拳小。李君令茲邑，邀我升縹緲。是時天雨[7]净，晴色洗霜曉。萬家[8]滿四隅，轉盻[9]皆可了。神清壓塵坌，志適喜猿鳥。人生貴軒豁，世務苦紛擾。茲焉獲登覽，浩思欲飛矯。令謂亭我爲，勝絶此應少。願子立佳號，光輝飾松蔦。因名之叩雲，大字標[10]霞表。

---

〔1〕 "壓"，明汲古閣本《丹淵集》卷八作"墮"。
〔2〕 "閃閃"，明汲古閣本《丹淵集》卷八作"冉冉"。
〔3〕 "風"，明汲古閣本《丹淵集》卷八作"峯"，當是。
〔4〕 明汲古閣本《丹淵集》卷七題作《六月十日中伏玉峯園避暑值雨》。
〔5〕 按此詩《丹淵集》未載，五十一年本收爲"文同"作，《全蜀藝文志》卷十六收爲"楊廷和"作。
〔6〕 "姿"，文淵閣《四庫全書》本《全蜀藝文志》卷十六作"枝"。
〔7〕 "雨"，明汲古閣本《丹淵集》卷三作"宇"，當是。
〔8〕 "家"，明汲古閣本《丹淵集》卷三作"象"，當是。
〔9〕 "盻"，五十一年本作"盼"。
〔10〕 "標"，明汲古閣本《丹淵集》卷三作"榜"。

自廣漢歸宿十八里草市　文同[1]

月黑叩店門，燈青坐牀簀。飯糲雜沙土，菜瘦[2]等草棘。泰然均一飽，未覺異玉食。我豈兒女哉，口腹爲怨德。古人恥懷禄，不仕當力穡。從今扶犁手，終老謝翰墨。

織婦怨　文同

擲梭兩手倦，踏簛雙足跰。三日不住織，一疋纔可剪。織處畏風日，剪時審[3]刀尺。皆言邊幅好，自愛經緯密。昨朝持入庫，何事監官怒。大字彫印文，濃水油墨汙。父母抱歸舍，抛下[4]中門下。相看各無語，淚迸若傾瀉。質錢解衣服，買絲添上軸。不敢輒下機，連宵然[5]火燭。當須了租賦，豈暇恤襦袴。前知寒切骨，甘心扇[6]骭露。里胥踞門限，叫罵嗔納晚。安得織婦心，變作監官眼。想見當日賦絹之苦，令人讀之酸鼻，登之以作官箴。

五原行　文同

雲蕭蕭，草搖落[7]，風吹黃沙昏寂寞[8]。胡兒滿窟臥寒日，卓旂[9]繫馬人一匹。夜來烽火連簹起，銀鶻呼兵捷如鬼。齊集弓刀上隴行，犬諜狐嗥繞空壘。羌人鈔暴爲常事，見敵不爭收若雨。自高聲勢敍邊功，歲歲年年皆一同。將軍玩寇五原上，朝廷不知但推賞。此詩雖不切鹽亭，然鹽亭必有從軍者。

---

〔1〕按此詩《丹淵集》未載，收陸游《劍南詩稿》卷八，《全蜀藝文志》卷十六亦收爲“陸游”作。
〔2〕“瘦”，五十一年本作“瘷”，疑誤。
〔3〕“審”，明汲古閣本《丹淵集》卷三作“謹”。
〔4〕“下”，明汲古閣本《丹淵集》卷三作“向”。
〔5〕“然”，明汲古閣本《丹淵集》卷三作“停”。
〔6〕“扇”，明汲古閣本《丹淵集》卷三作“肩”，當是。
〔7〕“落”，明汲古閣本《丹淵集》卷三作“搖”。
〔8〕“寂寞”，明汲古閣本《丹淵集》卷三作“沉寥”。
〔9〕“旂”，明汲古閣本《丹淵集》卷三作“旗”。

送文與可通判邛州 翰林學士范鎮華陽人

半刺爲官美，臨邛自古名。何言緹軒寵，要[1]侍版輿行。仙籍新年貴，賓寮[2]舊日榮。壺漿故父老，應在半途迎。

送文與可知湖州 范鎮

浙西古名城，號稱水晶宮。史君老年筆[3]，文字窺化工。江山久有待，瑩潔如磨礱。堂階走清渠，珮玉鳴丁東。臺觀面衆巖，擁抱開屏風。遥知到未幾，都下傳詩筒。西南四麾守，一一獄戶空。今行定論最，歸來掖垣中。

送文與可通判邛州[4] 王安石

文翁出治蜀，蜀士始文章。司馬唱成都，嗣音得王揚。犖犖漢守孫，千秋起相望。操筆賦《上林》，脱巾選爲郎。擁書天禄閣，奇字較[5]偏傍。忽乘駟馬車，牛酒過故鄉。時平無諭檄，不妨誓羅祥[6]。問君行何爲，關隴正繁霜。中和助宣布，循吏綴前芳。豈特爲親榮，區區夸一鄉[7]。

送文與可知陵州 蘇軾

壁上墨君不解語，見之尚可銷[8]百憂。而況我友似君者，素節凜凜欺霜秋。清時健筆何足數，逍遥齊物追莊周。奪官遣去不自覺，曉梳脱髮誰能收。江邊亂山赤

---

〔1〕 "要"，明汲古閣本《丹淵集》附録作"更"。

〔2〕 "寮"，明汲古閣本《丹淵集》附録作"僚"。

〔3〕 "史君老年筆"，明萬曆本《新刻石室先生丹淵集》附録作"使君老手筆"，汲古閣本《丹淵集》附録作"史君老手筆"。

〔4〕 《四部叢刊》本《臨川先生文集》卷九題作《送文學士倅邛州》。

〔5〕 "較"，《四部叢刊》本《臨川先生文集》卷九作"校"。

〔6〕 "不妨誓羅祥"，《四部叢刊》本《臨川先生文集》卷九作"不訪碧雞祥"。

〔7〕 "鄉"，《四部叢刊》本《臨川先生文集》卷九作"方"。

〔8〕 "銷"，明成化本《東坡集》卷二作"消"。

如赭，陵陽正在千山頭。知君〔1〕遠別懷抱惡，時遣墨君消〔2〕我愁。

和文與可洋州〔3〕園池三十首錄十首　蘇軾

雨昏石硯寒雲色，風動牙籤亂葉聲。庭下已生書帶草，使君疑是鄭康成。書軒

晚節先生道轉孤，歲寒唯有竹相娛。麤才杜牧真堪笑，喚作軍中十萬夫。竹塢

此間真趣豈容談，二樂竝君已是三。仁智更煩訶妄見，坐令魯叟作瞿曇。二樂榭

聞道池亭勝兩川，應須爛醉答雲烟。勸君多揀長腰米，消破亭中萬斛泉。瀉泉亭

縱橫憂患滿人間，頗怪先生日日閒。昨夜清風眠北牖，朝來爽氣在西山。吏隱亭

煙紅露綠曉風香，燕舞鶯啼春日長。誰道使君貧且老，繡屏錦帳吐〔4〕笙簧。披〔5〕錦亭

漢川修竹賤如蓬，斤斧何曾赦籜龍。料得清貧饞太守，渭濱〔6〕千畝在胸中。篔簹谷

寄語庵前抱節君，與君到處合相親。寫真雖是文夫子，我亦真堂作記人。此君亭

不種夭桃與綠楊，使君應欲作〔7〕農桑。春疇〔8〕雨過羅紈膩，夏隴〔9〕風來餅餌香。南園

漢水巴山樂有餘，一麾從此首歸塗。北園草木憑君問，許我他〔10〕年作主無。北園　以上十詩雖屬洋州，然每首中有文與可在，故錄之。

---

〔1〕 "知君"，明成化本《東坡集》卷二作 "君知"。
〔2〕 "消"，明成化本《東坡集》卷二作 "解"。
〔3〕 "州"，明成化本《東坡集》卷七、五十一年本俱作 "川"。
〔4〕 "吐"，明成化本《東坡集》卷七、五十一年本俱作 "咽"。
〔5〕 "披"，明成化本《東坡集》卷七作 "被"。
〔6〕 "濱"，五十一年本作 "川"，明成化本《東坡集》卷七作 "濱"。
〔7〕 "作"，明成化本《東坡集》卷七作 "候"。
〔8〕 "疇"，明成化本《東坡集》卷七、五十一年本俱作 "畦"。
〔9〕 "隴"，明成化本《東坡集》卷七、五十一年本俱作 "壠"。
〔10〕 "他"，五十一年本作 "當"，明成化本《東坡集》卷七作 "他"。

文與可有詩見寄次韻答之 蘇軾

爲愛鵝溪白繭光，掃殘雞距紫毫芒[1]。世間那有千尋竹，月落庭空影許長。

書晁補之所藏文與可畫竹三首 蘇軾

與可畫竹時，見竹不見人。豈獨不見人，嗒[2]然遺其身。其身與竹化，無窮出清新。莊周世無有，誰知此疑[3]神。

若人今已無，此竹寧復有。那將春蚓筆，畫作風中柳。君看斷崖上，瘦節蛟蛇走。何時此霜竿，復入江湖手。

晁子拙生事，舉家聞食粥。朝來又絕倒，諛墓得霜竹。可憐先生槃，明日[4]照苜蓿。吾詩固云爾，可使食無肉。原注：吾舊詩云："可使食無肉，不可居無竹。"

書文與可墨竹并序 蘇軾

亡友文與可有四絕：詩一，楚詞二，草書三，畫四。[5] 嘗云："世無知我者，惟子瞻一見，識吾妙處。"既没七年，覩其遺跡，而作是詩。

筆與子皆逝，詩今誰與[6]新。空餘[7]運斤質，弔却[8]斷絃人。

題文與可墨竹并序

故人文與可爲道師王執中作墨竹，且謂執中勿使他人書字，待蘇子瞻來，令作詩其側。與可既没八年，而軾始還朝。見之，乃賦一首。

斯人定何人，遊戲得自在。詩鳴草聖餘，兼入竹三昧。時時出木石，荒怪軼象

---

〔1〕 "芒"，明成化本《東坡集》卷九作"鋩"。
〔2〕 "嗒"，明成化本《東坡集》卷十六作"嗒"。
〔3〕 "疑"，五十一年本作"凝"，明成化本《東坡集》卷十六作"疑"。
〔4〕 "明日"，明成化本《東坡集》卷十六作"朝日"，五十一年本作"明月"。
〔5〕 明成化本《東坡集》卷十六"嘗"前有"與可"二字。
〔6〕 "與"，明成化本《東坡集》卷十六作"爲"。
〔7〕 "餘"，明成化本《東坡集》卷十六作"遺"。
〔8〕 "弔却"，明成化本《東坡集》卷十六作"却弔"，當是。

外。舉世知珍之，賞會獨余最。知音古難合，奄忽不少待。誰云死生隔，相見如龔隗。

與可學士思君堂　　蘇轍

虛堂竹叢間，那復厭竹遠。風庭響交戛，月牖散凌亂。尚恐晝掩關，嬋娟不長見。□[1]堂開素壁，蕭颯起霜幹[2]。隨宜賦生意，落筆皆葱蒨。根莖雜土石，枝葉互長短。依依露下綠，冉冉風中展。開門視叢薄，與此終何辨。

題龍巖寺石刻文與可墨竹　　射洪知縣程壬孫仁壽人

風雨勞先別，敢辭樽酒深。一梢墻上竹，留作歲寒心。

明

和杜工部行次鹽亭韻　　戸部尚書余子俊青神人

秋色坐鹽[3]亭，峯巒遠近青。幽花閞寂寞，曲澗瀉清泠[4]。晚雨孤窓夢，塵埃兩鬢星。寒宵愁未絕，砧杵不堪聽。

過鹽亭　　大學士楊廷和新都人

成都此去未爲賒，土俗看來亦自差。驛卒裹糧多橡芋，鹽亭煮井半泥沙。雲中石路依山轉，澗外畬田趁水斜。剛到富村風景別，竹林松徑是人家。

飲咂酒在鹽亭　　狀元楊慎新都人

醞入煙霞品，功隨麯蘗高。秋筐收橡栗，春瓮發蒲桃。旅集三更興，賓酬百拜

---

〔1〕“□”，明嘉靖蜀藩活字本《欒城集》卷三作“中”，五十一年本作“登”。
〔2〕“幹”，明嘉靖蜀藩活字本《欒城集》卷三作“榦”。
〔3〕“鹽”，明嘉靖《潼川志》鈔本卷一作“閑”。
〔4〕“泠”，明嘉靖《潼川志》鈔本卷一作“淋”。

勞。苦無多酌我，一吸已陶陶。

次鹽亭行臺　侍郎高公韶內江人

道傍見小井，山郭號鹽亭。溪堞繩長白，雲峯擁高青。縣古民還樸，人傑地自靈。麒麟舊荒壠[1]，何義對橫經。自注：時詢縣尹、學諭，新學建於唐嚴節度舊塋，今遷復原所，末句故云。

視新學用高三峯韻　工部尚書[2]甘爲霖富順人

鹽亭我過新遷學，瞻拜宮墙值午亭。水渡龍江秋日漲，山培松樹歲寒青。德星恰足符天運，鹵井安能洩地靈。寄語諸君當此會，芸燈[3]藜杖早明經。

水南渡用石河濱韻　甘爲霖

客臨津渡處，又是好吟邊。山以岸爲斷，影垂江復連。水聲鳴脚底，月色上眉端。我有商舟楫，風帆不用牽。

上乘寺[4]　翰林王元正盩厔人

耽僻遠城市，鹽亭坐梵林。洗花朝雨歇，護竹夜雲深。鉢湛龍長卧，松虛鶴自吟。好懷馳鶩術，縹緲錦屏岑。

富村驛　時富村驛屬鹽亭　四川布政歷官兵部尚書何鑑浙江新昌

不是天台舊富村，劉郎何處問仙源。禾麻幾段高低隴，鷄犬一聲遠近門。滿耳松風閒白晝，可人山色自黃昏。良宵無限吟詩興，獨倚闌杆傍小軒。

---

〔1〕 "壠"，五十一年本作"塚"。
〔2〕 "工部尚書"，五十一年本作"明尚書"。
〔3〕 "燈"，五十一年本作"窗"。
〔4〕 明萬曆四十七年序刊本《重脩潼川州志》卷三十一題作《遊定光寺》。

又　四川副使劉天民山東歷城

搖落山中驛，頹籬出[1]野花。飛飛翻麥燕，爰爰[2]集林鴉。斥鹵分[3]青井，荒莎傍[4]白沙。貧民猶夜警，未忍聽昏笳。

靈山界舍留別效庾信體　劉天民[5]

江漢邁邅軌，川巴回故轅。周覽奇更范[6]，花石燦[7]以繁。種種生懽踪，蕭蕭揚[8]旅魂。思歸佔舊引，撫物憑華軒。皇役今祇承，遠道將駿奔。部曲擁墨綬，饌宴羅青尊。豈不念同袍[9]，所性在丘園。誰能識[10]此意，無乃龐鹿門。

過靈山用劉函山韻　四川僉事楊瞻山西蒲州

靈山南下鹽亭路，黐麥如雲見豆花。澗底層層積怪石，嶺頭陣陣過啼鴉。千年古樹高摩日，一曲清流暗洗沙。是處兒童皆鼓腹，太平田里未聞笳。

次靈山界有亭翼然登之偶成　四川僉事杜朝紳

蜀左頻田路，巖阿忽此亭。溪深雲度碧，坡近麥連青。撫景還多興，烹茶亦少停。倏時風滿樹，迎候或山靈。

---

〔1〕"出"，明嘉靖十六年本《遊蜀吟稿》卷下作"臥"。
〔2〕"爰爰"，明嘉靖十六年本《遊蜀吟稿》卷下作"擾擾"，五十一年本作"緩緩"。
〔3〕"分"，明嘉靖十六年本《遊蜀吟稿》卷下作"紛"。
〔4〕"傍"，明嘉靖十六年本《遊蜀吟稿》卷下作"蔓"。
〔5〕五十一年本"劉天民"前小字注"觀察"，後小字注"函山"。
〔6〕"范"，明嘉靖十六年本《遊蜀吟稿》卷下作"絶"。
〔7〕"燦"，明嘉靖十六年本《遊蜀吟稿》卷下作"粲"。
〔8〕"揚"，五十一年本作"傷"，明嘉靖十六年本《遊蜀吟稿》卷下作"揚"。
〔9〕"豈不念同袍"，明嘉靖十六年本《遊蜀吟稿》卷下作"豈不戀同胞"。
〔10〕"識"，明嘉靖十六年本《遊蜀吟稿》卷下作"悉"。

鹽亭道中　四川參議喬緍河南洛陽

蜀道間關日緩行，鹽亭南北可怡情。峯巒面面渾如畫，岡阜重重未易平。衰目我瞻宜照映，蜀川誰説少晴明。輻[1]星到處心偏逸，何怕新都五日程。

次鹽亭公署　四川副使張儉浙江仙居

高山山雲寒欲浮，雲溪溪水長東流。浮雲流水自今古，那解使君經濟愁。

題文與可墨竹　四川按察陳文燭湖廣沔陽

竹倩詞人作馬班，詞人意與竹相關。都將帶雨籠煙景，寫入敲金擊玉間。琳瑯揮灑自班班，學士當年此閉關。惟問流水[2]誰得似，萬竿煙雨在山間。

秋林驛　時秋林驛属鹽亭　舉人徐福[3]

嚴鞭驛馬下危岡，漸入秋林樹色蒼。挺塈長松應自老，臨風幽菊爲誰香。泥分路影纔無雨，日背溪陰尚有霜。莫道山行苦岑寂，泉聲鳥韻總笙簧。

又　布政陸淵之

水接桃花溪上頭，兩峯南北是杭州。人家竹樹多春色，我愛秋林不帶秋。

次雲溪驛　趙琥

秋老東籬菊醉霜，雲溪繫馬襯寒香。憑誰話徹[4]衷腸事，悶對西風征雁行。

---

[1] "輻"，五十一年本作"帽"，疑誤。
[2] "流水"，五十一年本作"水流"。
[3] 五十一年本"徐福"後有"邑人"二字。
[4] "徹"，五十一年本作"出"。

過舊治有感 原任鹽亭張寬

憶昔鹽亭出宰時，定光未暇壁留題。三年仕路重經過，一邑民風祇若茲。下榻官僧情繾綣，依庭老樹影離披。喜看竹馬爭填道，不説襄陽墮〔1〕淚碑。

圓覺寺 鹽亭主簿林鳴鷹

萬頃波涵半畝陰，倚闌一笑空人心。全經看破無文字，月滿寒潭風滿林。

定光寺 林鳴鷹

踏破蒼苔到上方，泠然鐘磬響僧房。一函貝葉慈航在，半榻蒲團世慮忘。坐指天花隨雨墜，笑看柳絮逐風狂。出塵便是維摩境，却愧區區馬足忙。

國朝

文與可故里 翰林編修四川主考方象瑛浙江遂安

茅茨三五傍斜陽，道是當年舊墨莊。不見清貧饞太守，何人百尺寫篔簹。

贈徵平張孝廉 徵平，張泰階字　僧破山

海内擬賢豪，君居其上首。能爲將相師，解作獅子吼。壁上之高僧，江頭之釣叟。夙因啟自吾，試問當機否。

凌雲閣 見前石參

山迴秀結起重樓，登眺公餘興自悠。碑石筆鏤唐宋跡，佛龕香沁歲華流。桑麻

---

〔1〕 "墮"，五十一年本卷三作 "垂"，卷八復作 "墮"。

地闢仍疎密，村郭民居半去留。何日政成膺最考，相攜不負此朝遊。

文太常故里 潼川知州吳樹臣江南吳江

襟期高曠似晴雲，墨妙傳真抱節君。澹蕩鵝溪遺蹟邈，殘碑綠字偃波文。

望江樓 吳樹臣

出郭尋幽勝，超然峙一樓。江光明匹練，山色澹橫秋。奇崿翻飛鳳，閒花狎野鷗。憑欄多曠適，灝氣望中收。

鳳凰山 見前吳宏

春風遊興兩[1]相逼，振衣千仞俯飛翼。祇恐緣山枳棘多，鳳凰來時棲不得。我欲建亭復栽花，花間亭下看人家。頓令殘疆多起色，滿城烟火煥雲霞。

水南壩觀撻魚 吳宏

清淺波瀾蕩漾船，桃花蹊[2]徑柳陰邊。欸乃一聲舟子集，中流撒網獺喧闐。遊鱗隊隊河干走，夾岸童叟乂在手。我叱輿隸莫相驚，鹽人魚聽鹽人取。里老殷勤獻酒蔬，酬之雙鯉意何如。爾攜魚去我飲酒，我樂寧關酒與魚。

超果寺 吳宏

連朝荊棘路，物外此瀟然。野曠空諸色，雲高拓遠天。山僧安草榻，里老獻蔬筵。借宿層霄上，真疑令似仙。

---

〔1〕 "兩"，五十一年本作"雨"，疑誤。
〔2〕 "蹊"，五十一年本作"溪"。

寄攝篆鹽亭邑侯 時陳在都中　見前陳書

英才卓犖豈猶人，墨綬雙懸治譜新。彩筆昔曾題白雪，仙鳧今見布陽春。雲晴龍固清風遠，月照鵝溪化理神。更說冰壺常似水，不教容易染纖塵。

秋林道中　陳書

淡淡炊煙谷口迴，驛門古道長莓苔。莫驚衣帶清香滿，適向梅花樹裏來。

次文湖州太元觀題壁韻　鹽亭知縣蔣垣

垂老謝王事，烟霞痼病存。有心煃翰墨，無力振乾坤。民社情長繫，家鄉淚暗吞。山靈終一別，懷抱向誰論。

弔張雲倬 雲倬，張漢字　廣西按察歷任巡撫唐綏祖

連朝足蹇費扶持，榻卧維摩問疾遲。長別未能將手訣，新交自許託心知。經傳子舍無遺恨，地隔親闈痛割慈。回首龍城雲萬疊，雙眸難瞑蓋棺時。

又　見前陳齊寶

昔年初謁謝元暉，同譜殷勤話不歸。雅意春風帶露拂，高懷晨彩夾霞飛。神依魏闕忠誠阻，目斷慈幃孝思違。桂嶺峴山同一轍，遺碑在道淚頻揮。

贈子賓大兄 子賓，岳冠華字　四川提督封威信公岳鍾琪

請纓有志涉遐方，萬里名從露布揚。渭水鳧翔留政績，錦江蛇夢兆書香。項強貢禹冠難免，腰直淵明徑不荒。今日猶聞花滿縣，春風還繞舊琴堂。岳公征青海時，子賓從戎，故首聯云云。

又　　岳鍾琪

漫道河陽滿縣花，何如時雨潤桑麻。至今爲政風流地，猶聽謳歌渭水涯。
衆濁從來忌獨清，世途顛躓我同兄。相看竝作林泉客，釣水樵山畢此生。

勘田阻雨　　見前董夢曾

我來爲民事，豈有毫偏陂。胡天不我諒，霪雨無已時。一抹白霧合，千山黑[1]
雲垂。寂寞野寺裏，老僧俗且癡。牛溲馬勃溷，雜遝鄰偪離。所遇應如此，躊躇將
何之。何當見晛後，履畝從濘泥。

舊東關縣　　董夢曾

萬壑千巖南復[2]東，深箐密篁轇轕叢。荷鉏持斧闢曲徑，虯龍虎豹交加兇。忽
到人間見煙火，百餘里來此差可。里老云是前東關，殘礎碎碑惜無那。禾麻黍稻連
桑田，野人惟爭陌與阡。白衣蒼狗乃若此，徘徊隴畔胸如填。

董叔山　　董夢曾

愛昔爲官好，遺名載此山。屐痕何處著，逸興幾時閑。壁立猶如面，琴亡不可
還。豢龍同一脉，愧讓古今間。

---

〔1〕 "黑"，五十一年本作 "墨"。
〔2〕 "復"，五十一年本作 "浚"，疑誤。

後序

鹽亭，古廣漢地。東漢譔記《風俗》，時官斯土者，代有成書。暨明季兵燹，茫無可攷。邑人張槎齋司馬就所見聞，紀《古鹽志略》，俟好古者修明而彙葺之，庶不致澌然并盡，於以垂諸不朽。康熙丁丑，邑尹吳公有志未逮，數十年高閣矣。庚辰夏，邑侯董公以東山名宿，奉命宰此邦。甫下車，即以創修爲己任，爰博采苦搜，周求無遺。視公餘午夜孤燈，凡山川諸名勝，以及人物之美，風土之宜，物産所植，探源流則隲栝元會，晰異同則細及毫髮。間以經行瀏覽，裁補所未及，筆削去取，未肯掉以輕心。麟麟炳炳，閲寒暑而成帙。嗚呼！良工誠心苦矣。夫人居一官，治一邑，導利革弊，乃分之宜。若乃研心載籍，印合人情，發潛德，闡幽光，半悾偬於簿書鞅掌之不暇，則凡有關於名節風化、功烈文章，殘蝕榛莽中，豈細事歟！況乎士君子身所經歷之處，奕世而遥，雖山川草木，亦與有榮，至手澤所存，更足以生人之愛慕哉！昔鄷侯入關，先收圖籍，識者謂知謀國之大體；朱紫陽守南康，先探郡志，君子謂知所先務。鹽，故宕渠地也，而德星聚勝，雲月交輝，久世載其英矣。匪吾[1]公好古情深，獨倡機軸，修明而纂輯之，數傳下焉，知不澌然并盡，茫無可復考耶！而後乃今採擇家按册求規，不爽銖黍。古云“業垂不朽”，其在斯與！其在斯與！抑余曩讀《丹淵集》，慨然想見其爲人。迨訪其遺跡，二三父老言之弗詳，未免一時憾事。兹則某水某丘，展卷瞭如，又令人於當年“清貧饞太守”倍深其景仰之意云。時乾隆壬午桂月中秋之前二日，江州呂嘉元善菴氏拜譔於學署之澹花書屋。

---

〔1〕“吾”，據五十一年本補。

乾隆五十一年本鹽亭縣志

序言

　　予於癸卯秋初，奉命擢守梓州。發軔河朔，南渡孟津，由秦隴走褒斜而入蜀境，因避劍閣之險。自朝天驛捨陸覓舟，至閬中，復捨舟而陸，取道鹽邑。覽夫繞郭皆山，青翠欲滴，誦文湖州"青山曾受杜陵知"之句。詢邑之名勝，欲索邑乘觀之，代庖之令，茫無以應。而邑境遭上年被水，元氣未復。莅郡後，亟思培養補救，猶未遑也。閱明年，政通人龢，即有纂修《郡志》之舉，檄取各邑舊志。甲辰冬，值胡君任事，呈舊編四冊。披而閱之，爲前令董夢曾乾隆二十八年所輯，不免顛錯繁蕪，亥豕叠見；且采輯未備，難云善本。歷乙巳、丙午，《郡志》修竣，續纂三、射、安、樂、蓬溪五縣之志。既鋟梓，次及鹽邑。或謂予以志修未及卅稔，何用重編？予應之曰："志備外史，而其大旨不越政教兩端。古太史觀民俗覯謠，咸取資焉。第志有今昔不易之志，有歷久必易之志。不易者何？分野、疆域、土產等之分門別類，今昔無不同也。必易者何？人事有存亡，物理有廢興，即二十餘年中之官師選舉、修建因革，歲有可紀，日久則淹。所應增入，指不勝屈。此其所爲必易之志乎！況梓州七屬皆已次第編纂，經予手自訂定，而一聽鹽志漫漶踳駮，猶存舊本，非公也。"新安胡君以名進士來宰是邑，廉而能明，本道德仁義爲敷布。甫兩載，百廢具舉，邑人士莫不頌神君而戴父母。年來荒瘠之區，連遇豐稔，胡君亦以縣志應修爲請，爰進學博與尉而謀之，遴擇紳耆，分任採訪，陸續送局。予於政事之暇，篝燈自箴其間。增刪潤色，辨義訂譌，盡棄舊本筌蹄。雖單詞隻字，亦必旁參互証，不爲矯異，亦無取苟同。要令體不謬於作者，義堪信於將來，俾他時太史采覯，政教民俗，因革弛張，胥於是乎取裁。今日鹽邑之民，熙熙皥皥，家慶盈寧，較予入境之初，大有起色。非賴邑令之賢，以教以養，實心撫字，曷克臻此？是編體例悉倣《郡志》，提綱列目，合十餘萬言。或人之論固不足聽，有識者閱此必易之志，較舊本又謂何如。脫稿後即以授梓，一切經費皆予清貧太守捐俸以給，不以僻小而遺。冀此邦文獻足徵，與他邑毫無歧視，燦然可觀，並垂久遠，則予志畢矣。是爲序。
龍飛乾隆五十一年，歲在柔兆敦牂之小春月，朝議大夫知四川潼川府事長洲張松孫撰并書。

重脩鹽亭縣志序

經與史同乎？經以明道，史以紀事，而《尚書》《春秋》則又史之祖也。志與史同乎？史該善惡，志書善不書惡，其足以資治體、示勸慕，俾讀之者如通經可致用焉，則又與史類也。琦兀兀於經有年矣，甲辰需次銓得鹽亭，亟欲訪其風俗盛衰、民生休戚而興革之，然卒無所考。未下車，謁郡伯鶴坪張公。詢及治道，首以蒐採邑志爲諄諄。及之任後，得舊版，墨而新之，寥寥數帙，闕如也。夫琦以迂疎寡效之材，適地瘠民貧之邑，弥數月，補偏救弊，鮮所折衷。孔子曰：“入其國，其教可知也。”如鹽亭者，宜何經焉？郡伯張公之守梓州亦近耳，重農興學，一郡翕然，猶慮闔屬無所參稽，以爲禮樂刑政，教化之具也。經始乙巳之春，越夏秋而《郡志》告訖。亦既提其要領，發其凡例，井井然若網在綱矣，自是八屬以次就緒。丙午秋杪而鹽亭之志適成，琦受而讀之。經經緯史，不漏不支。摠之不離《郡志》所謂《土地》《人民》《政事》者近是，鹽之人知之乎？鹽之地磽而隘，鹽之民質而儉，蹞蹞於農桑，盈寧可慶也。鹽之學淺而率，鹽之士樸而真，孜孜於經史，醇雅可風也。范詩之采唐、魏也，憂深思遠，於魯、衛爲迋[1]，而吳、楚不登焉。此鹽之猶可與爲治，而爲天子守此土者所當因其俗以脩其教，制其宜以齊其政也。他如嚴氏功德，文公才節，爲杜少陵、蘇眉山所流連歌詠於不朽者，唐宋迄今，山高水長。鹽之人讀是志，當必有興乎百世，炳炳麟麟，重爲邑乘光者。乾隆五十一年九月下澣，文林郎知鹽亭縣事新安胡光琦韞川氏撰。

---

〔1〕 “迋”，疑當作“近”。

舊志序

余曩時讀杜少陵《行次鹽亭》詩"雲溪花淡淡，春郭水泠泠"之句，意其山川風景足以尋遊選勝者，輒神往久之。乾隆丙子春，余承乏巴西，取道鹽亭，登臨憑眺，峯巒縹緲，流水溶溶，始憶文與可所云"高山曾受杜陵知"，固自有心賞也。夫鹽亭介潼、綿、果、閬之間，雖蕞爾邑，然諸山環列，左瀰江而右梓水，若襟帶然，足稱名勝。獨詢其邑志闕如，俾古蹟湮没，無所稽覈。蓋嘗攷崇禎丁丑十月，流寇猖獗，迨順治乙酉、丙戌，獻賊兩至鹽亭，尋走西充之鳳凰山，爲劉進忠一矢所殪，而毛西河《後鑒録》謂就戮於鹽亭之鳳凰坡者，譌也。當是時，他邑各鳥獸散，而鹽人獨重去其鄉，守死勿離，至今猶多土著。第歷經兵燹，典籍罕存，蓋自是而鹽邑之志已多零落山丘之感矣。越數十年，而邑人張槎齋泊前令吳竹城各有紀述，然尚有缺略，不足以備參攷。乾隆壬午歲，邑令董君恐久而失傳，迺旁蒐博採，編輯成帙，付之剞劂，庶幾山川、人物、政事、文章堪備掌故焉。夫鹽邑固川北名區，自隋、唐、宋以來，《宦蹟》《賢蹤》若董叔封、嚴忠穆、文與可諸人，聲稱卓卓，至《藝文》所載如李青蓮、杜少陵以及司馬涑水、趙清獻、范文忠、王半山、蘇東坡、穎[1]濱諸公，不産於鹽而詞翰有關於鹽者，皆得備録，從程篁墩新安之《文獻志》例也。於虖！《建置》《沿革》亦何常之有？鹽亭本廣漢宕渠故地，然其始稱郡漢延熙中，分廣漢爲四。其守令政績以及俊瑋倜儻之士，或播功立事，羽儀上京；或貞良節烈，鄉曲垂芳；或自負不羈，甘心隱遯，見於常璩之《華陽國志》者，自漢迄晉，所在多有。而果郡亦稱宕渠，即《通志》所載劉全白指彰明爲廣漢。今昔人地之同不同，未可知也。噫！安得如陳承祚其人者，傳之《耆舊》而補鹽志之遺闕也哉！癸未春，余行部詣鳳山講院，適董君以邑志參證，沉吟數四。第見山翠襲人，滿郭皆青，猶想像杜少陵"馬首見鹽亭"時也。乾隆二十八年歲次癸未孟春中澣九日，川北道劉益序。

---

[1] "穎"，或作"穎"。

舊志序

士不越鄉井，而瑰節高文榮於當世、耀乎來兹者，即志其人，兼志其地，紀幸也。雖然，人與地繫於志，而所以顯晦乎志者，有時爲之焉。吾鹽亭，古廣漢地，其志閱纍傳，原有成書，緣獻賊亂蜀，郡邑志悉付之灰燼中。予宦遊久去其鄉，間嘗稽古昔典型，輒生浩嘆。時披視輿圖，如鳳凰、紫金、龍固、鵝溪，宛宛其如見也。及見當年之趙雲卿、文與可諸君子，而冥與之契，故嘗録得先賢往喆所經行、所瀏覽、所題識，凡詩若文，自北而南，罷馬敝車無長物，惟此相晨夕，庶幾涉四方猶如故都也。昔先大人令真州時，曾鐫《丹淵》一集，乃與可舊帙也，後旋失之。兹《誌略》一書，如不謀之剞劂氏，其何以謝先大夫？何以謝吾鹽諸君子？昔袁公安柬陶周望云：“徐山陰[1]老年詩文，幸爲索出，倘[2]一旦入醋婦酒媪之手，二十年雲山冷落，此非細事[3]。”嗟乎！人有可與志者，前之人莫與志之，前人之過也。前人有其志之，脫或世代升沉，霞煙霏淼，遂謂此繫乎時，而坐令大雅銷亡，風流衰歇，此其過，前之人恐不任受。兹《誌略》之役，以云侈宦績，可已也，若以壽邑志、廣先獻，而因之與時俱顯，未可以已也。矧與可有言：“夜向德星橋上望，仰高鄉衮有餘思[4]。”則予今日之於諸君子，殆猶與可昔日之於鄉衮已。夫諸君子有知，謂予爲略而多所遺，其惡敢贅辭以辨？時康熙丙辰歲端陽，邑人張泰階槎齋父題於濡須署中。

---

〔1〕“徐山陰”，明崇禎二年武林佩蘭居本《袁中郎全集》卷二十三作“徐文長”。

〔2〕“倘”，明崇禎二年武林佩蘭居本《袁中郎全集》卷二十三作“恐”。

〔3〕“二十年雲山冷落，此非細事”，明崇禎二年武林佩蘭居本《袁中郎全集》卷二十三作“二百年雲山，便覺冷落，此非細事也”。

〔4〕按此詩《丹淵集》未載，《全蜀藝文志》卷十六收爲“楊廷和”作。二十八年本未標明作者，此本收爲“文同”作。

舊志序

　　誌者，志也。郡邑皆有志，志其建置、封域以及風俗、田賦、山川、人物諸例，而以藝文殿其後，斯所謂志也。曾見吾鄉曹能始先生志天下名勝百餘卷，唯蜀最詳。蓋先生宦蜀十八年，或親歷其地，或捃考遺文，全蜀之奇觀畢備，而藝文鮮及。茲徵翁張老大人手錄《古鹽誌略》一書，其義何居！鹽亭爲西蜀[1]名區，昔固有志，因明季獻賊蹂躪，各郡邑志乘悉付祖龍一炬矣。徵翁太翁碧潭先生以名勝古蹟、山川人物猶有載於《一統》《廣輿》諸志，獨藝文無復存者，咨歎扼腕，捃拾舊稿及《丹淵集》，藏之行篋中如宗譜然，惟恐散失。徵翁承先志，取次編輯，付之剞劂，爲桑梓鄉先進謀不朽，其有功於古鹽之風雅莸林匪小也。乃屬揆序簡端。揆疎陋寡聞，安敢爲斯志辱？又分不能辭，因考古鹽先代人物，如嚴忠穆之事業彪炳，則見之杜甫詩、宋祁《傳》；趙徵君之清高卓越，則見之李白詩。又見蘇頲對唐睿宗曰：“李白文章，趙蕤術數。”其藝文不少概見。惟文湖州與可，若詩若記，皆奇特迥異。人僅知與可善畫竹，而不知其文學之優贍如此也。亦如王右軍、米南宮，皆以書學之術掩其經濟文章耳。幸與蘇長公中表至善，互相欽重，故其詩若記與長公之贈與可者，連篇纍帙，一一採輯而表揚之，徵翁亦可稱爲與可千古知己矣。茲并諸名公所題咏，《名勝志》[2]錄梓靡遺，俾後日之修《古鹽全志》者，必以徵翁之《誌略》爲校定。則徵翁與碧潭先生允矣爲古鹽之風雅莸林功不小也，能不與古鹽之先進竝勒金石哉？康熙十五年丙辰重陽，舊屬吏閩温陵顏堯揆孝敍拜手題於須江旅邸。

---

〔1〕 “蜀”，二十八年本作“川”。
〔2〕 指（明）曹學佺《大明一統名勝志》。

舊志序

天文則星野列觜、參之介，地理則山川擅麟、鳳之秀，人才則嚴氏竹林，德星聚焉。趙徵君《長短經》無傳矣，文湖州《丹淵集》至今膾炙。又若孝義忠貞，行誼卓犖，騷人過客，文采風流。科名之盛事猶傳，循良之去思未泯。文獻足徵，豈容缺然？我皇上德威遐布，海隅日出之鄉，罔不隸版圖，奉正朔。《統志》垂成，行將跨漢唐而軼三代，猶且博採逸事，捃訪遺書。部檄絡繹下州縣，苟有片善，皆得附青雲而顯後世。乃前此奉旨修志，而鹽猶闕焉，何歟？或曰：“獻賊灰燼後，文獻寥寥，千百存什一耳。”余喟然曰：“不愈於并什一而亡之耶？”初得張槎齋《先輩志略》，已得大概，再得《潼川州志》，又得《全蜀總志》，因捃邑中殘碑斷石，并集所見聞，倣《總志》體，手自抄錄，彙成六卷。蓋省志宜簡，邑志宜詳，況秦焰遺編，墨金字絹，寧蹈濫竽之譏，毋致遺珠之嘆。倘有脫略，以俟君子焉。後之覽斯編者，庶幾考而知之。曰某山某水經某題咏，某寺某觀留某轍迹，某也循吏，某也才人，某也以科第功名顯，某也以文章節義傳。登高而臨流，撫今而弔古，其必有慨然而興起者，或亦鼓人心、移風化之一助也。是爲序。時康熙三十六年丁丑孟秋月，文林郎知鹽亭縣事今陞奉直大夫河南直隸汝州知州東浙吳宏竹城氏撰。

舊志序

歲乙亥，余初膺夔之奉節符，受事後，吏以邑志呈，戔戔數弓。猶憶曩披輿圖，見夫夔踞白帝之衝，下瞰大江，瞿塘、灩澦、赤甲、白鹽之險，聖姥、麝香、七曜、八陣之奇，昭烈、忠武之所憑依，少陵、太白之所游息，李衛公、劉夢得、王梅溪、陸務觀之所化理。而魚復爲附郭邑，一切山川、人物、政事、文章，意其紀載不知若何宏鉅，而廼戔戔如是，可勝於邑。竊欲補綴，尋以疾解龜去，未逮也。詎知洎庚辰補視鹽亭篆，詢邑乘，并所爲戔戔者且自昔闕如，益增切怛矣。夫簪筆濡墨，遐稽周咨，以備一邑掌故，守土者之責也。聚族於斯，而使文獻無徵，名勝淪亡，亦士君子之羞也。鹽雖丸邑，未能如魚復之勝，而爲廣漢、宕渠故地，東關、永泰併入，其一切山川、人物、政事、文章，夫豈無可以輝映耳目、照徹今古者乎？我國家承平百餘年，而猶藉口獻賊一炬，聽其沉没漸滅，終與草木同朽也。已獲邑先達張槎齋所輯《志略》，偶記數則，未遑倫敘。及前令吳竹城所存《志稿》，亦惟依舊略敘，未及細核。且前此者多缺，後來者罔聞，抑可[1]悲矣。最後得明志一冊，漫漶舛錯，首尾俱亡，未詳纂自何時何人，約爲嘉靖中物，距今二百餘年矣。其間缺略，又曷可勝道？亟謀諸學博呂君、傅君暨邑之紳士，廣蒐博採，訂譌補遺，彙成一編。延及壬午，爰始開雕。自茲以還，鹽邑有志矣。雖然，更僕以數爲字，亦無幾耳。鹽本小邑，無大可紀。且愚以爲邑志，志一邑也。藉使羅取宇內所大公，不專於一邑，且可以移之他邑者，附會雷同，誇多鬬靡，徒欲粉飾觀聽，震驚庸俗，是郡志、通志、一統志矣，何邑志之云？以故鹽雖有志乎，夫亦猶愧戔戔焉耳矣。乾隆壬午八月既望，山左董夢曾魯齋甫序。

---

〔1〕 “可”，二十八年本作“猶”。

鹽亭縣志纂修姓氏

鑒定

欽命提督四川全省學政、國史館纂修、翰林院編修　錢樾　浙江嘉善人。

總纂

四川潼川府知府　張松孫　江蘇長洲人。

纂修

原任陝西西寧縣教諭、充八旗官學教習、艸堂書院掌教　雷懋德　西安鳳翔人。

鹽亭縣知縣　胡光琦　安徽婺源人。

分校

候選州同　柴友文　浙江歸安人。

浙江金華縣監生　張廷楷

營山縣生員　侯章五

樂至縣廩膳生員　林鍾檍

江蘇長洲縣監生　張智瑩

校刊

江蘇長洲縣監生　張仁瑞

江蘇長洲縣監生　張勇瑮

遂寧縣生員　張問彤

繪圖

中江縣監生　夏仁

採訪

鹽亭縣儒學教諭　黃士堂　漢州人。

鹽亭縣儒學訓導　顧兆瑞　綿州人。

鹽亭縣典史　劉繼瑚　安徽旌德人。

謄錄

本府戶房典吏　邱文秀

鹽亭縣吏房典吏　牟澤

戶房典吏　任重道

禮房典吏　楊九華

兵房典吏　孫現龍

刑房典吏　楊文恒

工房典吏　胥廷儒

鹽亭縣志卷首

凡　例

一、鹽亭舊志於乾隆二十八年前邑令董夢曾甫加編輯，越今僅二十餘稔，似可不必重修，徒費梨棗。然閱其四卷中，《藝文》已居其半，而列目三十有三，悉統於《人物》《輿地》兩志。無論其門類混淆，體裁未協，即古蹟名勝、選舉人物，皆未深考，多所遺漏，難成信史。今考《華陽國志》及《通志》、舊《州志》之外，復廣事蒐羅，缺者補之，新者增之。悉依《郡志》體例，列三大綱，計三十六門，輯爲八卷。每類必冠以小序者，乃倣龍門提綱挈領之意。非徒贅拾陳言，自誇麗藻也。

一、邑於秦時即有宕渠之名，《雜記》所載“始皇時，長人見於宕渠”是也。西魏時改[1]宕渠郡、縣，俱名鹽亭。至元間省東關、永泰二縣，併入鹽邑，仍屬潼川東鄙，爲蕞爾瘠區。其歷朝來因革裁併猶可稽者，備詳《建置》，資考證焉。

一、鹽境疆域不廣，臨江而城，易罹水患，屢修屢圮，艱於繕完。因地僻既不能請帑，民貧又無力捐修。讀正德五年《修城》一記，而後即有補苴殘缺，只可因陋就簡。欲求堞峙相望，城垣鞏固，足資捍衛，尚有望於後之爲民牧者。

一、舊志載風俗，惟“淳朴椎鈍”四字，節序氣候則缺而不書。古太史觀民風而察俗尚，因節候以驗時和，志屬外史，何可從略？今列《風俗》於《時序》之後，詳其紀載。雖不能與府屬各邑大有改易，亦足見一道同風之治也。

一、邑有勝景，即古蹟也。若風雲變幻，無蹟可尋，如舊志所稱“向有十景，

已〔1〕俱删却"。今新志中各繪一圖，列於古蹟之前者，實爲奧區名勝，千古不能泯没。即起升菴而問之，不得謂宇宙定無許多景耳。

一、寺觀、橋梁，舊志僅存其名，即有碑記，概置不録。凡古昔留題序事之作，皆爲邑之文獻。苟可採擇，必應詳稽入志，不徒書其修建歲月，同於記里鼓也。

一、舊志載土産，惟鹽、紬、桑、粟四種，以爲他邑所不盡有，或雖有，不如鹽邑之著且良者載之。其餘九穀百蔬、花果竹木、羽毛鱗甲之屬，何一不足以利用養民？若謂到處皆有者即應弗録，則鹽、紬、桑、粟又安見異於他邑？必欲表而出之，未免絓一漏萬。今凡邑之所産，廣收竝録，詳其物性，於民生日用之方，不無小補云。

一、《官師》《選舉》，應詳録其年分、科分、出身、籍貫，故二門獨從表。其恩、拔、歲、副，竝有登進之路；散考、捐職，亦叨一命之榮，均應附於《選舉》。若僅捐一監，原可不載。然既名列成均，有志上進者即可入監讀書，考職筮仕，亦寓鼓勵人才之意。非濫收混録，不分清濁也。

一、舊志所載人物僅十餘人，今攷《華陽國志》，凡書"宕渠人"者，悉爲收入。他如《忠孝》《流寓》《隱逸》《仙釋》，亦稍有增添。其《列女》一門，二十餘年中復有新增者。苟苦節已彰，而請旌有待，亦概行核實，録之以示風勸。

一、邑境山多田少，糧賦無幾，官倉常監僅四千餘石，民間向未捐有社穀存貯各鄉。幸遇連歲豐稔，不需接濟，而有備無患之道，尚無力講求也。今照現在《賦役全書》詳載正襍錢糧額徵支解之數。其舊志所載前明丁賦，概削弗録。

一、藝文分見各門，從《郡志》例也。内如文太常之詩歌，蘇文忠之贈答，及諸名賢題咏、贊序、墓誌、本傳，以類相從，便於翻閱。其不切鹽地本事者，悉皆删去。此修志之別裁，閱者自知之。

一、各門之外，又列《雜記》。不同補遺增入，欲使無門可附、未忍概削者仍歸紀載。而依《郡志》體例，仍列《災祥》於記首，秉筆者亦大費苦心也。

一、每類中有疑義宜析、餘意宜補者，不得不著按語。或長或短，不拘一律，惟期明盡而止。若義已無疑、意已無餘者，則不强贅。

---

〔1〕 "已"，二十八年本作"兹"。

鹽亭縣志目錄

天文分野圖

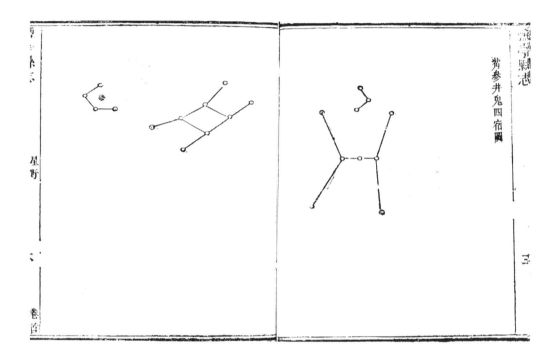

　　舊志載："鹽亭縣，觜、參之次，入觜一度。"《志略》云："主參一度。"按：在天一度，或云統地二千五百餘里，或云三千九百餘里。本不必志，志此者，太倉之稊米爾。馬宛斯云："分野之説，古人每詳言之。《周禮》保章之職既難考論，而見於《左氏内外傳》者，猶可類推也。武王克商，歲在鶉火，故伶州鳩曰：'歲之所在，我周之分野也。'則鶉火爲周分矣。晉文即位，歲受實沈，故董因曰：'晉人是居。'則實沈爲晉分矣。襄二十八年，歲淫玄枵，禍衝鳥尾，周、楚惡之，則鶉尾爲楚分矣。昭十七年，星見大辰，梓慎知宋、鄭之災，曰：'宋，大辰之虚。'則大火爲宋分矣。獨其説有可疑者，星紀北而吳、越南，井、鬼南而秦則西。虚、危在北，齊表東海；降婁屬西，魯宅曲阜。或又以受封之始，歲星所在爲説，然有絶而復續者，封日既異，前星又有[1]據乎？夫春秋、戰國，地域變遷。三晉未分，晉當何區？秦拔西河，魏當何屬？周未東遷，何故已直鶉火？陳滅於楚，何自而入韓分？

―――――――――――

　〔1〕 "有"，文淵閣《四庫全書》本《左傳事緯前集》卷六作"豈可"。

天道在西北而晉不害，越得歲而吳乃[1]受其凶，皆以歲星所在言之也。然豕韋實衛，晉何以吉？吳、越同野，吳何以凶？衛既水屬，何故與宋、陳、鄭同火，而俾竈先知之？顓頊之墟，姜氏、任氏實守其祀，是又齊、薛之分矣。且中國幾何？蠻夷戎狄豈日星所不臨哉[2]！此皆不可曉者[3]。"又祝枝山云："下洋兵鄧老爲予言，向歷諸國，惟地上之物有異耳。其天象大小、遠近、顯晦之類，雖遠國視之，一切與中國無異。予因此益知舊以二十八舍分隸中國之九州者，謬也[4]。"以上見舊志。

　　攷《周禮》馮相氏掌二十八星之位，保章氏以星[5]辨九州之地。典籍所垂，難云荒誕未可宗。《遼史》不志天文，遽爲千古定論。益州上應井絡，潼則隸觜、參、井、鬼之次，與舊志所載入參、觜之次已屬互異。鹽亭爲潼之屬邑，分野自同。今仍依府志繪《四星圖》，以備考證云。

---

〔1〕　文淵閣《四庫全書》本《左傳事緯前集》卷六無"乃"字。
〔2〕　"且中國……不臨哉"，文淵閣《四庫全書》本《左傳事緯前集》卷六在前"何自而入韓分"句後。
〔3〕　見馬驌《左傳事緯前集》卷六，亦見《繹史》卷一百五十一。
〔4〕　見《說郛續》卷十三《枝山前聞》。
〔5〕　《四部叢刊》本《周禮》卷六"星"後有"土"字，當是。

鹽亭輿圖

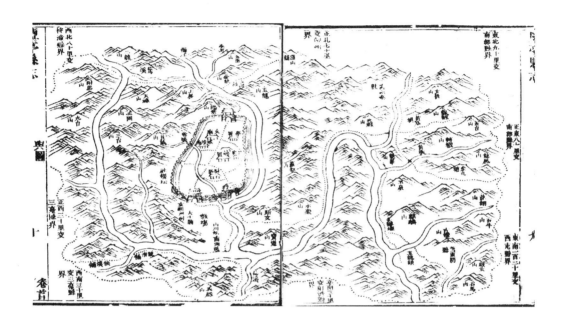

城池圖

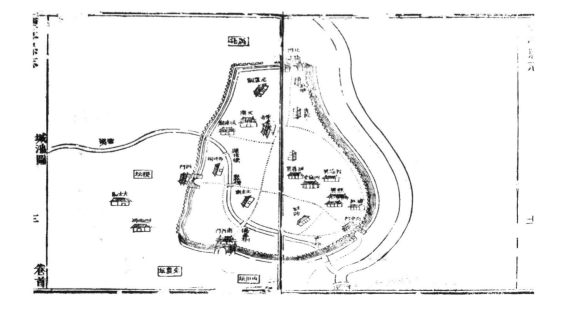

鹽亭縣志卷一　土地部

建置志

　　粤稽封建廢而設郡縣，創制定而百世因之。漢興，蜀置益州部刺史，察舉諸郡，各屬邑隸焉。自西魏改[1]宕渠郡、縣，均名鹽亭。至元間併入東關、永泰二縣。以後復代有沿革，猶可稽攷。我國朝因時定制，分合改併，皆度地繁簡，而斟酌損益，期於無弊。司民牧者訪宕渠之古蹟，臨廢縣之舊基，因地制宜，措施興舉，庶於作新由舊之意，馭民爲治之方，或有得焉。作《建置志》。

　　鹽亭縣，漢廣漢縣地，王莽改名廣信，後漢復名廣漢。梁置北宕渠[2]郡及縣，西魏恭帝改郡、縣，俱名鹽亭。劉宋文帝元嘉十九年置西宕渠郡，領縣四，梁武帝天監中廢。《齊志》："西宕渠郡有東關縣。"梁、魏時廢。周保定中置高渠郡。隋文帝開皇三年廢高渠郡爲縣，煬帝大業三年縣亦廢，併入鹽亭。唐高帝武德四年分置，地號永泰縣，屬梓州。宋徽宗建中靖國改永泰曰安泰，尋廢。高宗三十一年復置永泰縣，竝仍置東關縣，屬潼川府。元至元、至正間省東關、永泰二縣，併入鹽亭縣，屬潼川府。明降潼川府[3]，屬潼川州。國朝因之，雍正十二年陞潼川州爲府，鹽亭縣仍屬潼川府。

---

〔1〕　二十八年本"宕渠"前有"北"字。
〔2〕　"北宕渠"，《志書》作"白巖渠"，疑誤。
〔3〕　二十八年本"潼川府"後有"爲州"二字，當是。

疆域志 城池附

今之郡縣，視古諸侯，即甸、男、侯、衛之職也。分疆畫地，築城濬池，如《周禮》所載掌疆、掌固、司險諸官，皆以作繭絲保障。固我疆圉，職守不綦重哉！鹽雖梓州下邑，僻在東鄙，舊志載其形勝曰：“千山雄峙，萬壑競流。介潼、綿、果、閬之間，居然鎖鑰；達西秦、北燕之道，儼若咽喉。東永泰而南東關，幅幀之錯布如繡；左瀰江而右梓水，襟帶之迴繞若環。”其扼險又如此。而三里方城，未加繕治；垣墻雉堞，久任傾頹，是亦守土者之責也。作《疆域志》。

鹽亭縣，在府東北一百二十里，至成都省城四百四十里。去京師陸程五千五百十五里，水程一萬五百三十里。東西廣一百一十里，南北袤一百里。東至保寧府南部縣界八十里，東北至南部縣界九十里，北至保寧府劍州界七十里，西北至直隸綿州梓潼縣界八十里，西至本府三臺縣界三十里，西南至三臺縣界三十里，南至本府射洪縣界三十里，東南至順慶府西充縣界一百二十里。

城池附

舊《邑志》載：“鹽亭縣城，明成化初，知縣李惟[1]中築土。正德中，知縣胡進律甃以石。周圍六里，高一丈六尺，闊七尺。”嘉靖年志引舊志：“城周圍七里許。”《築城記》：“新更四樓，東曰鳳儀，西曰春谷，南曰雲溪，北曰瀰江。”又《志稿》：“舊有四樓，曰東擁鳳岡、西環負戴、南通天府、北望神京。今俱廢。”現在城周二里六分，計四百六十八丈。門四：北門、西門、南西門、南東門。水洞二處：一在西門之北，一在南西門之東。每處二洞。水出負戴山飛龍泉，入西水洞，出南水洞，歸瀰江。城東南臨江，西北甃土爲池。

築城記 明孝廉伏思輔邑人

鹽亭有舊城矣，城復於隍者過半焉。猶有存者，亦堞峙相望，逕踰靡禁，無以

---

〔1〕 “惟”，或作“維”。

用戒不虞。陝之胡侯，學行士也，以乙榜如例，司教汴之溫[1]、潁[2]，守臣實薦於朝。正德戊辰春，奉命來尹鹽亭。時政治久蠹，禮神茬政之餘，問民休戚，次錢穀，次簿書，先後緩急，以次畢舉。然後攬轡，同典史麻城汪均本環城而視之。見其屏蔽廢撤若是，遂慨嘆以爲分天子之民而治，受天子之土而守，其所恃者，城固則吏安，吏安則民諡，理也，亦勢也。況今歲丁大侵，寇盜充斥，欲賴保障以諡吾民，寧吾土，非城不可。借曰城郭不修，溝池不越，銷劍戟以爲農器，使天下無戰鬬之聲，復可得乎？此王公設險以守其國，孔子所以書於"習坎"之象也。城郭溝池以爲固，孔子所以答言偃之問也。城池之不可緩也較然矣。當如救焚拯溺，猶恐不及，必待政通人和，然後版築，是亦不知務焉。於是陰計默圖，欲恢拓而一新之。遂請於分守少參儀真黃公、分巡僉憲廬江錢公。二公亦思建德垂風，固維城之基，惟此莫先焉。即檄於縣，如議以行，殆亦同舟而共患者歟？檄下，侯即奉若惟勤。於是因舊溝爲限而度之，周圍介爲九區，區集百人，董以醫官許俊而興功焉。不俟召撲[3]從役，每集迭爲三番而役使之。然而[4]稼穡之民，未嘗釋隴畝也。侯於公暇時，嘗省督區處，所有秋毫無賴，均以惠之。恩威併用，何敢不力？時厥功漸有緒，錢公按臨鹽亭，肩輿視之。[5] 其役大費廣，處以便宜委積，以助不給。仍專官優禮褒異，以勵有位。工善利勤，晨夕展力。於是板插并作，觀堞堀興，以周圍計共六里，以崇高計共丈六。穿城有溪，結架水洞四所，率皆伐石堅厚，截然一律，內亦稱之。新更四樓：東扁鳳儀，西扁春谷，南扁雲溪，北扁瀰江。因縣景而命名，自侯始也。每樓皆層樓而翼之，文以黝堊丹漆，萃然煥然，城與樓而交輝焉。工始於戊辰十一月甲申，越己巳春夏，民罹再侵，功於是而休矣。暨秋冬而仍復之，所以至於庚午九月丙戌而落成焉。居民過客，改觀易聽，以爲縣治，莫之或先也。然城之堵頹甃弛，蓋有年矣。興廢起散，猶有待於今，何哉？蓋人之志有所偏用，公私大小不相爲謀，急於此必緩於彼。故簿書必筐篋之流，視保障中事，漠然不介於懷。安常習怠者，凡百事爲任，其委靡頹放而莫之問。語及興作，惴惴焉惟浮議之及也是懼，寧委勞於後之人。夫聖賢不禁人興作，但不欲人苟有興作。《易》曰"不傷財"，不曰不用財。孔子曰"使民以時"，不曰民不可使。長府之爲，在於得已，閔子譏之。土工於古，雖有常律，傳《春秋》者，復出"啟塞從時"之例，孔子修

---

[1] 據順治本《溫縣志》卷下，胡進律曾任溫縣訓導。

[2] "潁"，或作"穎"，據嘉靖本《臨潁志》卷五，胡進律曾於弘治十八年任臨潁訓導。

[3] "撲"，二十八年本作"扑"。

[4] "而"，二十八年本作"後"。

[5] 二十八年本"其役"前有"見"字。

之。顧世之所爲，多眛緩急之宜，興所不必興之役，至逆天時，賈民怨不恤，甚則資以奸人漁獵之計，又豈若仍舊貫之爲愈哉！若墉城之築，肅肅王命，山甫將之於齊；保障之計，固結人心，尹鐸請之於趙。侯之先務，蓋不得不任其責者矣。侯之勤勞，此特經營一端耳，才猷自效，卓有聲列。能子産治鄭，民不能欺，是其明也；能子賤治單父，民不忍欺，是其仁也；能西門豹治鄴，民不敢欺，是其嚴也。況又公廉精堅，百練不能耗者乎！此侯之清名高節，著於當時，誠足以激懦而律貪也。因併録之，使凡居侯之位而宦於是者，挹其餘風，必以侯之心爲心，又觀於政而矜式焉，是亦索照於鑑，考轍於車之意矣。愛利之及，豈特一時而已哉！侯名進律，字承錫，平涼籍也，山西交城其世系云。時明正德五年季秋日。按嘉靖年志："嘉靖五年，知縣雷聶[1]覆以串樓五百餘間，城始堅。"

時序志　風俗附

　　□四時之錯行而氣候以定，觀民情之好尚而風俗以成。□□□氣候隨乎時序，民俗又視乎教化也。陰陽和而節□□，四時行而百物生。天地發育之心，與爲政者操轉移之□[2]，皆有自然之機相感於無聲無形者，此予記時序而□□□風俗也。鹽亭氣候溫和，五穀萌實極早。與三、射鄰□□□□□土俗民風之淳厚敦龐、趨舍好尚復約略相似。牧民者授人時而施教化，將見一道同風，蒸蒸日上，有厚望焉。作《時序、風俗志》。

　　正月元日黎明，燃九燭於門外，謂之九品燭。

　　飲屠蘇酒。按《歲華記[3]》云："屠蘇，草庵名。昔人居草庵，每除夕，鄉里人藥一囊[4]，令浸井中。至元日取水置酒，合家飲之，不病瘟疫。今俗無藥味，止用椒柏或茱萸。親朋互拜，至必歡留。

　　立春日，邑令迎春於東郊。先一日，春官著彩衣舞於公堂，説吉利語，謂之點春。本日鞭土牛，謂之打春。

----

〔1〕"聶"，二十八年本作"轟"，當是。

〔2〕"□"，疑當爲"柄"。

〔3〕乾隆五十二年本《中江縣志》卷一"歲華記"後有"麗"字，當是。

〔4〕"鄉里人藥一囊"，乾隆五十二年本《中江縣志》卷一作"遺里人藥一囊"，當是。

元旦後十日内，各村莊釀金置酒，會飲歡聚，謂之大辦年。

上元日爲傳柑節，各家食粉團，張燈鬧元宵。唱秧歌、採茶歌，兒童作走馬戲。

二月三日爲文昌神誕，都人士女集賜紫山，作會賽神，立祈子嗣。有打兒崖悅菓戲，擲中者爲得子。男女襍沓，越宵方散。近似桑中之俗，不能禁也。

十二日爲花朝。按：花朝之期，古無定日，《洛陽記》以爲二月二日，《事文玉屑》以爲二月十二日，與吾吳同。《提要録》云：“唐以二月十五日爲花朝。”既無定期，從俗可耳。

三月三日爲上巳之辰，婦女戴地薺花，諺云：“三月三，地薺花兒賽牡丹。”

寒食爲禁烟節，祭先祖，掃墓。清明，插柳踏青。

四月，麥秋。語云“鄉村四月閒人少”，又云“農夫兩頭忙”，言插禾、刈麥併也。

是月，採桑飼蠶，繅絲浴繭，晝夜不遑，勝於栽插。俗諺云“做天難做四月天，蠶要温和麥要寒”是也。

五月五日爲天中節，俗曰端午，又名端陽。家家食角黍，飲菖蒲、雄黃酒，插艾葉於門。

十三日，集關帝廟祭賽散福，俗稱單刀會。

十五日，俗謂大端陽，歡聚飲酒，與五日同。

六月六日爲天貺節，鍼灸，收藥，曬書畫、衣服。伏日，造醬、醋、麴餅。

七月七日爲乞巧節，童稚以鳳仙花染指甲，婦女用瓜果、香花供奉牛郎、織女二星。對月穿針，謂之乞巧。

十五日爲中元節，浮屠氏設盂蘭盆會，祀先薦亡。道家以此日爲地官赦罪之辰。

八月，聞雁[1]語云：“八月初一雁門開，雁兒頭上帶霜來。”

十五日爲中秋節，以瓜餅相餽，置酒賞月。

九月九日爲重九，亦曰重陽節。食重陽糕，登高，佩茱萸，飲菊花酒。

十月朔日祭掃，與清明同。

十五日爲下元，道家以此日爲水官解厄之辰。

十一月，俗稱冬月，以長至故也。冬日數九起，單日連根，雙日除根。

十二月，俗稱臘月。按《禮傳》：“夏曰嘉平，殷曰清祀，周曰大蠟，秦曰臘[2]。”臘者，獵也。田獵取獸，以祀其先也。

---

〔1〕“雁”，疑當作“諺”。

〔2〕“夏曰……秦曰蠟”，《四部叢刊》本《纂圖互註禮記》卷七作“夏曰清祀，殷曰嘉平，周曰蠟，秦曰蠟”。

八日煮粥，以五色雜果投其中，名臘八粥。

二十四日爲小除，俗云過小年。祀竈神，云送竈神上天。

三十日爲除夕，剪綵紙作錢，遍貼門戶。換桃符、門神，貼春聯。是夜祀竈，曰接竈。拜天地、家神、祖先及尊長輩，曰辭年。燒獸炭，圍爐徹夜不寢，爲椒盤飲，謂之守歲。明日彼此讌飲，謂之年酒。

風俗附

士多務農，半耕半讀。雖素封之家，不飾庭宇，不修邊幅，不侈輿馬，猶有唐魏遺風。

讀書苦無師傅，每致沿訛不改。見聞僻陋，即有中人以上，質堪造就者，每爲庸師所誤。邇來擔簦負笈，或赴郡城書院，或就鳳山義學，皆能擇善而從。聲應氣求，樂羣敬業。鹽邑文風，庶幾漸見振起矣。

女不出閨，婦無倩飾，率以鹽績爲事。故城鄉多種桑麻，不留隙地。

山多田少，民務墾荒。然所墾之地，一年而成熟，二年而腴，四、五年而瘠，又久之則爲石田矣。故民有棄其成熟之田而別墾荒地者，以地力易盡也。

耕種之法，即老農亦不知講習。春閒播種於地，聽其自秀自實，謂之天種天收。近時雖稍知栽秧耘草，較之江浙農人手胼足胝，則逸甚矣。

潼屬各縣俱有楚民新集，向惟鹽邑獨少，緣土瘠也。今則楚、陝、閩、粵之人依親覓戚，佃地耕種，視爲樂土，漸集漸多，四鄉場鎮客户與土著幾參半矣。

夫婦爲人倫之始。舊俗，婚禮不知有庚帖，但媒人説合，即用答帖擇吉。擔大盒不過一尊一肘而已。近乃家道稍裕者爭尚六禮，且有新壻親迎，輿馬相從、鼓吹相接者。故《周禮》荒政十二有曰"多嫁娶"，蓋亦有深意焉。

事親之終，喪葬爲大。凡附身附棺，必誠必敬。日月既易，書銘旌表路，題木主棲神[1]，禮也。舊俗，民有親死不三日而遂葬者，弔慰祭奠之禮缺如。近則有喪事者，鄉黨親鄰羣集慰唁。其貧不能葬者，親鄰各助薪米錢帛，謂之孝義會。又有苦無墓地者，給其地埋之，謂之討地葬。俗喪以不能致客爲恥，甚至喪前演劇，鑼鼓喧襍，近已悉行禁革。惟延請僧道，逢七作佛事[2]，積習相沿，只可聽之耳。

民間多製啞嘛酒，用秔米入酒麴少許拌製，貯小磁壜中，黍、稷、粱、粟皆可

---

〔1〕 "書銘旌表路，題木主棲神"，乾隆五十二年本《中江縣志》卷一作"書銘旌以表路，題木主以棲神"。

〔2〕 乾隆五十一年本《安岳縣志》卷一"佛事"後有"超薦"二字。

用以釀酒，月餘始熟。客至待酌，取熱水滿貯，以細竹旁通竅入罈底吸飲。上可添水一杯，則下去酒一杯，轉相傳飲，至味淡乃止。杜詩曰：“酒憶郫筒不用沽。”蓋郫人截大竹爲筒以盛酒，鹽之呷酒亦郫筒遺意也。香山詩“悶取藤枝吸〔1〕酒嘗”，東坡詩“浮咀艷金盌〔2〕”，放翁詩“滿注浮蛆甕〔3〕”，皆謂此也。然此酒川中多有之，亦不獨鹽邑爲然。

無産之人均以植桑養蠶爲業。城鄉有絲市、蠶市，遠近商賈雲集貨買，本地亦有用以織絹者，差遜於昔時之“鵝溪白繭光”矣。

舊志載鹽亭風俗：

淳樸、椎鈍。

按：文翁守蜀，其後裔徙於鹽亭。至宋，與可先生猶以石室名。故其家傳淵源，型方訓俗。雖全蜀咸被文翁之化，而其流風遺教百世不改者，唯鹽亭爲最。延至明季兵燹之後，他邑鳥散獸奔，所在皆然，而鹽人獨重去其鄉，守死勿離，至今猶多土著聚族而居。第椎鈍而拙，困蒙未發，生計弗擴。無問男女，惟知力穡，勤事蠶桑。一歲之需，公私支吾，總以鹽之豐嗇爲用之盈縮。由舊淳樸，不染浮華，厥風亦良古矣。

公署志

朝廷設官分職，既厚糈重禄以養其廉，復搆廨建宇、供其居處，以爲聽政辦公之所，職思其居，宜何如無曠庶官也。顧自秦、漢至今，凡官廨悉謂之署。鹽亭之名縣自西魏始，今之縣治即古北宕渠故城。邑之有署，由來已久，宋、明碑記，舊志可攷。我國朝來，歷任邑令隨時捐俸修葺，幸存完宇。雖無高堂大厦、幽齋精舍，尚足以資棲止而安室家。官斯職者，委蛇退食之餘，當亦念不尸其位，免貽素餐之誚；更毋視同傳舍，任其敗壞弗治，致懷棟橈之憂也。作《公署志》。

---

〔1〕 “吸”，《四部叢刊》本《白氏長慶集》卷十八作“引”。

〔2〕 “浮咀艷金盌”，明成化本《東坡集》卷十八作“浮蛆艷金盌”，當是。

〔3〕 “滿注浮蛆甕”，文淵閣《四庫全書》本《劍南詩稿》卷二十四作“澆書滿挹浮蛆瓮”，當是。

縣署圖

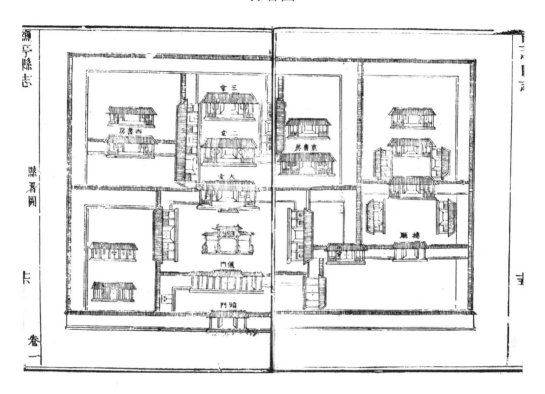

重修鹽亭縣廨宇記 宋邑令李駿卿[1]蜀人

高山擁其前，雲谿繞乎後，藤蘿松檜，點綴崖谷，僧居樵徑，隱約可辨。而縣
之公宇，巍然介乎其間。每輕飆拂木，山月正午，嵐光照人，溪聲漱户，倚杖獨立，
如在畫圖中，真隱吏之所居也。凡人之情，役於動則不能斂之以歸於静，故景之幽
閒闃寂者，未免爲心中之抑鬱。堃[2]殽亂目，泛濫咽耳，浸浸與居，闐闐與守，天
君因之而縈拂，則事隨而廢，物逐而喪，可勝道哉！縣宇久廢不治，老屋墮圮，前
此者非遂以爲樂，内有所不足，則外亦無所顧，壞梁壓肩，危礎侵步，室無容足地，
而恬不知怪。嗚呼！彼果何心哉？士無窮達隱顯，其所以異於人者，不因物而隆替，
得志則窮天下之欲以自奉，失志則斂天下之憂以自戚，此世俗之情，非君子之心也。
仲舉之室，未必以不掃爲是；顔子之賢，豈特取於陋巷？蓋所存者道也。道有所勝，

---

〔1〕 "李駿卿"，文淵閣《四庫全書》本《全蜀藝文志》卷三十四作"李駿"。
〔2〕 "堃"，文淵閣《四庫全書》本《全蜀藝文志》卷三十四作"睯"。

然後忘物以存我；內有所樂，然後損[1]迹以求心。或危[2]而自足，或大而從容，或闡之以爲功，或冥之以見志，士之所處，豈一端哉！抱關擊柝，隨牒外補，豈敢與此？知此則知予之用心矣。政事之暇，鳩工度材[3]，修舊補廢，而縣之公宇，一旦宛然復新，非敢以自奉也。天下之事，興其所當興，治其所當治，如是而已。其間椽[4]吏舍宇，冗不足道，故忽而不書。元祐七年九月十五日撰。

鹽亭縣令題名記　萬曆間教諭何沛然

鹽亭當全蜀孔道，剖圭列壤，刱始於秦，閱漢唐至國朝皆因之。乃輶傳聯絡，供億糗沓，概未易理。往膺簡事事者，隋文而下，代不乏人。若清時諸君子，瓌名瑰績，炳炳烺烺，倬與江山流峙，聞者猶勃勃振起。宜其姓氏風概，勒諸貞珉，俾瞿然艷慕而激勸以之，此題名所繇紀也。先是，宦茲土者多就闊略，題名缺焉。今趙使君，秦中雋傑，秉符來牧。出其奪[5]幟凌蜺之才，訏畫綜理，種種就緒，而英聲偉譽，業已載口碑而蜚薦剡矣。每念諸君子名實未著，湮没罔聞，則後之視今，奚啻[6]今之視昔。遂礱石僝工，識其姓氏若干人，置堂之左方，屬沛志之。沛惟鹽邑，地濱瘠鹵，境值衝疲，民苦奔命，較他邑爲劇，而又賦役如蝟，轉徙日移[7]。嗣是覩往蹟而興思，尚可冀其拊循劑量，足慰鴻雁黄鳥之慘，則兹勒石之舉，詎小補哉！蓋匪特炫聲猷以詡華耀也。趙[8]君諱性粹，號澄齋，陝之固原人，登己卯賢書。奇氣疏節，建明表樹，行且未艾云。

鹽亭縣令題名記　前邑令石參

題名者，書其邑宰姓字行事，以昭永久，盛舉也，而激勸於乎在。當考史乘，取資邑誌，不遺題名，其名義顧不重哉！鹽之爲邑，創於秦，迄漢武時始命名鹽亭。歷代以來，建置沿革不一，而鹽亭仍之。其治環山帶水，其俗事簡民樸，要爲全蜀咽喉，號未易理，洶奥區也。莅茲土者，前紀甚詳。而我朝膺符就事，雲興崔起，卓循彪炳，父老猶能口道"某某惠愛不衰"，乃題名獨闕焉，兹何以故？良由兵燹之

---

[1]　"損"，文淵閣《四庫全書》本《全蜀藝文志》卷三十四作"捐"。
[2]　"危"，文淵閣《四庫全書》本《全蜀藝文志》卷三十四作"微"，當是。
[3]　"材"，文淵閣《四庫全書》本《全蜀藝文志》卷三十四作"財"。
[4]　"椽"，文淵閣《四庫全書》本《全蜀藝文志》卷三十四作"掾"，當是。
[5]　"奪"，二十八年本作"爭"。
[6]　"啻"，二十八年本作"翅"。
[7]　"移"，二十八年本作"夥"。
[8]　"趙"，二十八年本作"使"。

後，集驚鴻、撫瘡疲之不暇，遑計勒石，庸作美觀，以明激勸乎？余來受鹽事，詢知其故，不忍名實湮沒，欲爲諸君子表揚之，無由得堅石，且恐重繁民力，蘊懷暫輟，數月於茲。乃今絢葺堂後之圮屋，於砌間見石若版鋪局側，起視宛然一碑，字復磨滅不可識，作而喜曰："天不欲諸公風範不傳，特蓄此石。石不甘同瓦礫踐踏無稱，見搆於我。名與物之相遭如此也。"爰命工人礱石[1]琢細，案時刊列諸姓氏，樹之堂左，俾觀者洞見勵志。此一片石，以之當峴山遺愛，無不可也。敢備記華美，侈煥風猷，謹援筆述事意如此。余與繼來者相期，亦惟勤勤懇懇，無負此石而已。

重修鹽亭縣堂記　前邑令吳宏

胡爲乎前六年戴星出入於危簷攲壁之下？秩滿矣，始倉皇而更新之，恢宏堅好，若爲久遠計。世間容有百年吏耶？曰："否否。"士君子一行作吏，矧造經營，豈必自爲計哉？有時焉，非其時不容急，時可矣，不容待也。茲堂也，蓋幾百十年矣，訪諸故者[2]，莫知所自。或曰成化年間物也，或曰國初張侯增椽瓦稍葺焉。余下車，則見堂之勢傴僂而東嚮，前令僅用數杆夾持之，頹垣破籬，馬牛朝以遊，虎豹夕以窺。蓋緣變亂甫定，兵馬絡繹，官與民日夕謀飛，輚之不暇，沿陋迄今，毋怪其然。越二年，父老以營建請，時歲穀不登，首畝方亟，余未之許也。又四年，傾軋日甚，堂之上每雨如注，烈風至則杗桓有聲。薨移而棟響，椽馳而瓦飛，岌岌乎不可以終日。父老亟請於余，曰："時可矣。且今者稼登於場，民休於室，侯也因天時、順人情，在此舉也。及此不營，必貽後日憂。"余曰："可。"於是度日鳩工，三鄉匠藝之倫，朝呼而夕至，蚤作而夜息，如此乎不督而嚴也。米鹽束草之需，多者肩負，少者手攜，按戶而至，無後期，如此乎不戒而速也。竹木瓦石，輻輳河干，壯者前挽，少者後推，黃童白叟，歡笑而左右之，如此乎不踁而疾也。則又以其餘植，廣爲後廂，以謹出入、延賓客，前此蓋未有焉。是役也，始於乙亥孟冬月十有八日，以仲冬朔二日豎柱梁，及望而告竣。計期不一月，計費不百金，而棟宇煥然，較昔有加。紳士耆老之屬，相與賀於堂，曰："費少而功多，期速而利遠，繄侯之賜。"余曰："費之省也，余實自司出入焉。期之速也，於余何有哉？毋亦鹽之民趨事急公？苟其動以時舉，可與圖始，可與觀成，而爲之嘉嘆於無窮也。"是爲記。

---

[1]　"石"，二十八年本作"粗"。

[2]　"者"，二十八年本作"老"，當是。

次鹽亭公署　觀察張儉浙江人

高山山雲寒欲浮，雲溪溪水長東流。浮雲流水自今古，那解使君經濟愁。

鹽亭縣署，舊志載宋知縣李駿卿建。明洪武中李時美、天順間李惟[1]中、萬曆中周世科、趙性粹，先後補修，規制略備。明末爲流寇所擾，官民廬舍，蕩然無存。我朝順治八年招集流亡，知縣張效葵經營草創，始建大門及堂舍三楹。康熙六年，知縣江崑淶添建二堂、内室、書吏房十數椽。二十四年石參、三十五年吳宏，復爲添建書舍、廂房數楹。乾隆十二年知縣趙朝棟、二十年凌霄、二十六年董夢曾，捐俸隨時修理。至四十七年六月，山泉之水與瀰江同時立漲，城内水深丈餘，壇廟、祠宇、衙署、房舍及倉廒、監獄，盡被淹漫冲塌。署知縣徐世經造册詳估，委員會勘，准借養廉銀一千兩，分工修葺。所有縣署頭門三間，儀門三間，左右書辦房十間，大堂三間，二堂三間，東首廂房四間，書房六間，東西倉廒十五間，獄舍四間，概行修整完固。

儒學、教諭署，在明倫堂之左。

訓導署，在明倫堂之右。署外學基地[2]共計闊五十七丈五尺，長一百四十二丈。每年所收租息支給廟夫以作工食。

典史署，在縣署之左。大門三間，二門一間，書吏房兩間，大堂三間，二堂三間，東書房三間，内房五間。於乾隆四十七年六月亦被水淹，坍塌過半，典史劉繼瑚徹底重修。今屋宇堅固，頗稱完美。

駐防把總署，在小東街，係舊察院基址。

常平倉，在縣署左右，共四十間。康熙十三年知縣劉鑛建，二十九年知縣吳宏復修，乾隆四十七年署知縣徐世經重修。

申明亭，在治北街西。

---

〔1〕　"惟"，或作"維"。

〔2〕　"署外學基地"，二十八年本作"署外學街地基"，當是。

鹽亭縣志卷二　土地部

古蹟志

　　百世而下，欲攷古蹟於百世之上，非荒遠難稽，即穿鑿傅會，鮮有得其真者。況雲日烟嵐，時多變幻；陂池臺榭，代有廢興。於此而神馳元漠，情深弔古，無異夢中說夢，惝怳何憑。此《搜神》《述異》《齊諧》《志怪》等書終類於裨官野史也。予修《郡志》而復及八邑，於《古蹟》一門，考訂尤嚴。必核其事確有其地，循其實克副其名。雖歷滄桑，不殊今古。如鹽亭邑境蕞爾，介潼、綿、果、閬四達之衝。訪宕渠之故墟，未皆湮没；溯鵝溪之帶水，猶說仙禽。若馮伯瑜以孝義名臺，文與可以墨竹名寺。盡欲按地傳形，又似畫蛇添足。今附四圖於古蹟之前，廣疏其說，分繫以詩，俾披覽者不勞親歷其境，便若遊心象外，宛置身於方壺、圓嶠矣。作《古蹟志》。

　　《賜紫山圖》

　　《奎星閣圖》

　　《鵝溪圖》

　　《文湖州祠圖》

賜紫山

　　取山於嚴疆僻壤，與通都大邑不同。通都大邑之山取其遠，嚴疆僻壤之山取其近，其故何也？蓋人日相處於冠蓋囂襍之區，其出遊也，必窈然以深、悠然以邃者，始可適志而怡神。如猶是近附城郭之塵氛，則不足當其一盼矣。若夫依雉堞於巉原，傍市井於江滸，則平居萃處，無非寂寞寬閑之況也。其或乘輿憑眺，抑又何事遠乎哉？第一指顧間，層巒聳秀，古木垂青，以之攜屐扶筇，佳境不即在是乎？此鹽邑之有賜紫山，所以往遊者夥而其名最著也。山距北闉不數武，轉盼而即達其麓。志登臨之趣者，曾無俟車馬之勞焉。且其上有梓潼祠、望江樓，禱神以祓無子、遠望而寄遐思者，踵相接也。由是館宇重疊，樓閣縹緲，以及石徑曲欄、蒼松翠柏之屬，無不秀麗可觀。非近且便，亦烏能據一邑之勝若此哉？至於賜紫云者，舊志稱隋主賜張峻[1]紫袍於此，因得名。或又曰：祈嗣於山者多應而生子，故名賜子山。是一說者，予未信之。

登賜紫山作　　張松孫

　　此山肇嘉名，遺事傳前乘。訛稱賜子山，庸流轉聾聽。二月山鳥鳴，閒花繞山

---

〔1〕　"峻"後疑脫"夫"字。

徑。絕頂風旛開，洪鐘百里應。鴛夢驚晨雞，雲粧促寶鏡。蹟空蔀屋烟，踵接山腰磴。俱云祓無子，弧矢祈衍慶。熊兆指懸崖，抛帨紛相競。二月祈嗣之會，有帨菓戲打兒崖[1]，擲中者爲得子。男女襏褂，越宵方散。襏褂窮高深，歡娛薄夕暝。良辰誇樂遊，羣萃此爲盛。昔聞上巳期，修禊俗崇鄭。攜手觀蘭采，臨流誇芍贈。謠傳列葩經，千載爲詬病。被化今二南，溱洧豈同行。禮須防未然，異路有明證。寄語持風者，毋忘孫僑政。

乙巳冬從郡伯張鶴坪公謁賜紫山　胡光琦

可笑千年間，由亦詫魚豕。北郭倚層巒，峭壁歸然峙。宮觀盤虛空，遺構何年始。男女喧春會，紛紛弗無子。文昌衡祿命，何乃司弧矢。我來扣山門，瞻禮式多士。登樓四望通，衆寶爲予指。城郭今亦非，剩此瀾江水。新雨到郊甸，麥秀入筵几。承乏彌月餘，切切農民喜。悾偬案牘勞，無暇再登履。連帥右文風，率屬聊至此。摩挲讀殘碣，石泐那從紀。滿壁題禱詞，目笑存之耳。好句留休文，恤災前刺史。壁間有前任沈太守勘水災題句。方今德化覃，闔郡歌樂只。求治勤搜訪，古蹟重增美。前說洵荒唐，肇錫惟賜紫。

望江樓記　前邑令吳宏

相傳城北賜紫山，舊有望江樓。樓臨岸，岸臨路，路臨江。鳳山峙其前，負戴環其後。瀾江之勝，盡在望中。方其江清水淺，激石迴湍，行旅褰裳而過，馬牛呼羣而飲。游鱗上下，鳧雁溯洄，岸草溪花，與蘋芷相映發。登樓望之，而目曠然，而心怡然。及夫雨霽水漲，浴日稽天。跨雲翏，浮春郭，撼東城，搖鳳麓。浩浩淼淼，渺無紀極。登樓望之，而目眱然，而心芒[2]然。明季來，樓久圮矣。泉清流駛，孰臨歎之？巨浸洪波，孰眺賞之？江山有靈，肯長此寂寂乎？余每過，見江流如故，樓址依然，以未及重建爲憾。今秩滿，移臨汝，邑人士踴躍倡建，以成余志，[3]丐余一言。余曰：“唯唯。”樓非江無以成壯觀，樓望江也；江非樓無以標勝覽，江望樓也。江無改移，而樓有興廢。建樓以望江者，父老子弟也。樓有廢而必興，宦無久而不改。臨江而汲汲乎望樓者，余也。樓也成，余望愜矣。鹽之人方刻期經始，冀余一登樓爲慰，而余尤惜夫樓之成也晚，不能隨父老子弟佳辰令節作江

---

〔1〕“帨菓戲打兒崖”，前文作“打兒崖帨菓戲”，當是。

〔2〕“芒”，二十八年本作“茫”。

〔3〕二十八年本“丐”前有“而”字。

樓主人也。援筆欣然，又不禁擲筆唱然。江山有靈，將毋同？

望江樓　前梓州刺史吳樹臣江南吳江人

出郭尋幽勝，超然峙一樓。江光明匹練，山色澹橫秋。奇崿翻飛鳳，閒花狎野鷗。憑欄多曠適，灝氣望中收。

望江樓題壁　前梓州太守沈清任仁和人

鹽亭本小邑，開治山之坳。保、潼各襟帶，自古無洪濤。耕鑿安其常，但苦民氣凋。方將培根荄，瘠土希肥饒。奈何馮夷宮，忽焉虐爾曹。東河既鼓浪，北山又出蛟。壬夏季已望，月魄剛初消。小河接巨壑，雷動掀驚飆。山城谷彈丸，受水等注窀。官廬各蕩析，民舍旋飄搖。屋鷗食萍葉，樹雀含場苗。可憐蜉蝣羽，左顧不可招。且幸近山郭，負挈相逋逃。乖龍怒氣息，返室空哀號。街途泥滑滑，陋巷聲囂囂。百補破釜甑，厥面皆寒鴞。我久守潼郡，薄德愆自要。如何苦吾民，水族興氛妖。恨不撫長劍，排雲叫九霄。恨不燃靈犀，燭幽斬奸蛸。淒其宿僧舍，努力求神祧。文章燦北斗，光氣日月昭。曷以庇斯民，年豐時事調。當秋苦補種，尚可留簞瓢。及春好播穀，從此舒暮朝。再拜望神賜，神其聽芻蕘。吾民樸以愚，亦復恣惰驕。受福未知感，得禍真無聊。清香炷金爐，明德馨酒椒。願保赤子心，推我同官寮。來晨策去馬，回首猶忉忉。

乾隆壬寅夏六月十七日，鹽亭大水，沖刷城邑。官民咸避於賜紫山文昌宮，僅以身免。予在省垣，奉檄馳來查勘，亦宿僧舍，虔禱於帝君。復爲是詩，題諸東壁，以誌一時疾苦之況。父母斯民者，曷亦省之，毋負神貺云。

奎星閣

　　奎爲列宿，位四方，象主文明。攷之於宋乾德中，五星聚奎，實啟一代休嘉之運。其後理學名儒，連綿不絕。故凡郡邑廟學之旁，祠祀文昌而外，兼祀奎星。而必爲層樓傑閣以奉之，欲文光之普照也。又每依術士言，列之巽方，以當文明之應也。相符者蓋十有八九，何獨於鹽邑特標其制哉？曰：制同而得地之靈不同也。距治東南里許，有山曰寶蓮，翠巘崇岡，宛然在望。升高而覽，遠挹江山，近睇閭閻，洵勝境也。前明嘉靖時，邑令劉演因學舍面山，曾建浮屠其上，以爲文峯。頹廢已久，基址空存。歲癸卯，邑人士復因舊基搆爲崇閣，以祀奎星。規模偉麗，金碧輝煌。勢聳高岡之上，有如鳳翼初停，軒然欲起也。夫山臨巽地，部位相當；閣據崔嵬，靈光四射。而且青林紅樹，周環交映，以助鬱葱之佳氣，是誠一邑人文之盛所由肇也，而寧非境内之巨觀與？

奎星閣　　張松孫

　　問俗初臨廣漢郭，前驅五馬雲溪躍。斜照燦流金碧輝，東岡早見一危閣。綠樹周遭扶翠靄，軒櫺敞啟明丹艧。星光萬古知何形，肖像魁文假摸索。設尸自昔表欽祟，籟靈到處莫清酌。傑構獨臨山勢好，似向芙蓉頂上作。追攀我欲凌風烟，官邸匆匆駐行橐。不勞着屐竝扶筇，肩輿直上看雲脚。新郡尚留隋代基，東關猶控劍南鑰。滿城烟樹覆鱗屋，半壁芹香依木鐸。日落西山餘彩霞，文輝嵐氣共磅礡。士類將符炳蔚占，茅簷何以體民瘝。

〔1〕胡光琦

樹杪懸危閣，憑高一望分。山城開隱霧，水底漾浮雲。草没前朝塔，山頂舊有塔，今廢。花依古砌薰。廢興何足感，重與起斯文。右連斯文山，山有培文塔。

奎星閣記　胡光琦

余於奎星閣之遲成，而得治鹽之道焉。潼昔以經學名，百年來鹽亭科第寥寥，說者以地伏其靈也。一二搢紳謀建閣於城東南寶蓮山頂，顏以"奎星"，爲人文之兆。由是好施者砂聚腋集，創就規模，時癸卯六月也。是歲孝廉王公果得雋，形家言其信然歟？余莅任，屢道其下，牆垣黝堊，緩而有待。詢其故，或曰有願輸而力不能償者，或曰有已償而中飽者。嗟乎！鹽之民未嘗不慕義，而窘於生產；未嘗不奉公，而格於鄉豪者，往往類此。所以齊其貧富，壹其賢奸，俾翕然同歸於治，守斯土者當何如布化也。是閣也，鳳岡翼其右，負戴柱其左。環而拱者，金紫、玉屏諸峯也；繚而旋者，雲溪、瀾水合流也。咏工部"山縣早休市，江橋春聚船"之句，茫茫今古若相接。他日階而升焉，以窮乎閣之勝。所見愈遠，其境愈奇，所以發攄胸中之蘊，與斯民同憂樂者，寧惟是登高能賦而已。

---

〔1〕　底本原無詩題，胡詩詩題或與前錄張松孫詩（《奎星閣》）同。

鵝谿

地不必踞勝，物不必特珍，一經風雅之流傳，往往歷千秋而不朽。予少讀宋、元以及國朝各家詩，見其中類有艷稱鵝溪者，如文與可之"持將一幅鵝溪絹"，蘇東坡之"爲愛鵝溪白繭光"，王阮亭之"却從一幅鵝溪上"，他亦不可枚舉。大抵重其所產，而地與俱傳。每當吟咏之餘，竊神往焉，而以不得親歷其處爲憾。歲癸卯，來守潼川，乃亟取鹽邑舊乘覽之，則昔時所稱仙鵝飛集而爲池、爲山、爲澤者，俱已無考矣。嗣以按部往遊其間，溪上人家雖猶以蠶桑爲業，而織絹亦不聞如昔之所稱者。因叩土人以得名之由，乃指溪岸，有山前鋭後闊，略似鵝首，因名鵝溪耳。噫嘻！就其境，非有湖山之美也；衡其產，非有珠玉之輝也。然而鵝溪之名至今且傳爲藝林佳話者，謂非大雅之咏歌，有以播其韻於無窮耶？夫物全其質，竝山川而俱韻，況於士修其學，有不附青雲而名顯者乎？予因標鵝溪，而竊爲鹽之人士勗也。

鵝溪　張松孫

左綿山左高渠西，低匯羣壑流寒溪。水經未能注遠派，天教舒雁將名題。鵝浦鵝湖舊得號，仙鈃[1]不與凡禽齊。孝塚埋時定羽化，鈴聲起處思巖栖。波清乍挹霜

〔1〕"鈃"，嘉慶二十一年本《四川通志》卷十八作"翎"，當是。

毛泛，草碧忽臨丹掌低。愛唼綠萍逐上下，高吟曲項驚旄倪。山飛潭宿誌其處，歷歷簡青[1]皆可稽。如何曠代傳聞絶，空標梵院仰[2]菩提。舊産會[3]聞東絹好，萬户桑林業不迷。夾岸秋風儲蒨葦，連宵春雨起耕犁。赴郭清流三十里，通山曲徑萬千蹊。欲比輞川作圖畫，臥遊自不勞扶藜。

文湖州祠

邑有曩哲祠宇，所以仰風徽，隆報享，廣教化，示觀型也。官斯土者，於無益之淫祀，當知所禁；而於有益之正祀，當知所崇。生是邦者，於典策之芳規，固遠而可慕；而於鄉閭之懿範，尤近而可親。然則一方先達之士，祀既列於黌宗，而復有專祠之設，其所關豈不重哉！文湖州先生，鹽邑人也，生平出處事蹟，詳載《墓誌》，不具論。論其大者，其操行高潔，則文潞公有"晴雲秋月，塵埃不到"之褒；其宦業超卓，則歷官三州，有興利除害，不避權勢之名。至於文章技藝，又皆高妙夐絶，而爲東坡所贊賞，夫非有宋一代之望哉！其祠列近治西山之麓，歷任邑令遞加修葺，以至於今。墙垣棟宇，各展其位。予懼夫來者之無以繼其後也，因與凌雲

---

〔1〕 "青"，嘉慶二十一年本《四川通志》卷十八作"策"。
〔2〕 "仰"，嘉慶二十一年本《四川通志》卷十八作"依"。
〔3〕 "會"，嘉慶二十一年本《四川通志》卷十八作"曾"。

閣同列一圖，以垂永久。俾夫端風化之原者，顧其祠而勤加培護；勵姱修之業者，過其祠而頻深感慕可也。

大元觀[1]題壁詩碑　慶曆六年十月望日，文同八分書，勒碑祠內。

三十窮男子，其如膽氣存。鴻毛在鄉里，驥足本乾坤。周孔爲逢掭，軻雄自吐吞。平生所懷抱，應[2]共帝王論。

按：大元觀在縣東北四十里文與可讀書處。既云題壁，何以鐫碑在此？乃後人所摹勒也。古色蒼然，漸已剝落。

重修文湖州祠記　鹽亭知縣劉堂

余生也晚，寡見渺聞，知先生者以墨竹，而竊嘆未盡也。及任鹽之三日，謁聖廟，次城隍廟，次本邑之先賢。郭南有數椽隱見於荊棘中，邑人士咸指之曰："此古寺也。"詰其姓名，則曰："姓文，名同，字與可，號笑笑先生者。"噫嘻！先生而祠於此也耶？退而稽之志，先生蓋文翁之裔也。起家石室，嘉祐間以博學宏詞登進士第，遷太常博士、集賢校理，外補陵、洋、湖州。同爲文潞公、王荊公、司馬溫公器重，而知之深者，蘇氏爲最。東坡嘗曰："與可四絕：一詩，二楚辭，三草書，四墨竹。"他日黃州之祭，稱其"惇德秉義""養民厚俗""齊寵辱，忘得喪"，如此其至也。再祭，有"藝學之多，蔚如秋黃。使我嗟嘆，筆硯爲焚"之語，其稱服如此。《丹淵集》行世，楊升庵讀其詩，嘆曰："置之開元諸公集中，殆不可辨。"則先生之德與學爲不朽，而益嘆余之知先生者，誠未盡也。先生之祠，不知創於何人，始於何時，歲久不治，[3]就傾圮，是誰之責歟？夫人盱衡今古，見人有一德之長，一行之善，猶欲表而彰之，以爲斯世風，而況先生之文章德行，爲宋一代之望，而忍令祠宇日就傾頹，風雨暴露，而莫之恤乎？人在當時，風傳後世，則闡前人之幽光，以興起後人，亦有司之責也。因捐俸爲之繕葺，而後之有志者，亦將有感於斯夫！

重建文湖州祠記　吳宏

登高山俯飛翼，臨流水數游鱗，心曠神怡，輒盤桓而不忍去，況其中有偉人焉。文章氣魄如秋月，如晴雲。有祠焉，遺址如故也；有碑焉，手澤猶新也。豈不令山

---

〔1〕"大元觀"，二十八年本蔣垣《次文湖州太元觀題壁韻》詩作"太元觀"，當是，後同。

〔2〕"應"，二十八年本作"當"。

〔3〕二十八年本、嘉慶二十一年本《四川通志》卷三十六"就"前俱有"日"字，當是。

增高、水增深乎？顧祠鞠爲茂草[1]，碑臥於郊，道路爲之欷歔，山川爲之闇淡，可惜也。邑南大士閣襟山帶水，余每登眺移日。其右爲文先生祠故址，慶曆間題詩鐫石，胸次灑落，真溫公所云"如晴雲""如秋月"也者。因嘆蜀自獻賊慘戮後[2]，風景頓殊矣。幸而峩峩者山如故，瀰瀰者水如故，天造地設，鼠輩何能爲？而尤幸荒煙蔓草中，尚留此寒山一片石也，豈先生在天之靈有默爲呵護者歟？羽衣陳登明慮其久而失傳也，持簿而前，將先生祠重建而豎碑焉。余考先生宦陵、洋、湖三州，其政傳；著《丹淵集》，其文傳，或不藉祠與碑。然而嚴陵之祠，可以振頑；峴山之碑，可以墮淚。後之人入其祠，讀其碑，慨然想見其爲人，安知無感發而興起者？斯則一邑之光，而非僅供遊咏、標勝概也。獨怪余數年冷署，抱願未遑，而道人幡然力任之，豈道人者十餘年大士閣中高山流水未饜也，復欲摘晴雲、弄秋月耶？抑聞之，先生與眉山長公善，長公[3]赤壁，羽衣者曾夢訪焉。慕長公，安得不慕先生也？然則今之持簿而前者，安知非即昔之掠舟而過者耶？祠也傳，道人且附以俱傳，余捐俸而爲之倡。康熙三十三年孟夏日記。

謁文湖州祠作　張松孫

牙絃待鍾子，冀馬需孫陽。知己一朝遇，令名千載光。先生育涪水，操履兼文章。向非髯蘇識，良玉韞匵藏。氣類本相應，賞音亦非常。四事推絕技，八字標墨堂。蘇作《墨君堂記》，稱與可"端靜而文，明哲而忠"。括盡平生美，如同直節芳。所至留循績，爭先制豪強。忠言動宸旒，謳思遍梁、洋。一片瀟灑趣，常臨水石旁。晴雲意其遠，秋月輝同揚。宛丘觀化後，寂寂枌榆鄉。我來謁祠宇，翠藭依垣墻。字摩簷前碣，閣俯門外塘。但聞禽語靜，空對山花香。何人嗣大雅，山水符嘉祥。

謁文湖州祠　邑令胡光琦

不會丹青不會詩，灑然襟韻素心期。每逢晴日雲無著，幾度秋光月未移。司馬溫公嘗稱先生"襟韻瀟灑，如晴雲秋月"。翰墨肯教蘇子識，鄉山只許杜陵知。見先生詩。曾因親老還官蜀，見《墓誌》。仰止懃予歸去遲。

笑笑先生自號一先生，荒祠傍古城。三州碑在口，四絕筆留名。見坡公書先生墨竹《序》。日夕樵人過，春秋野鳥聲。高山長如此，顧令題"高山仰止"四字於祠，鄉往別含情。

---

〔1〕 "顧祠鞠爲茂草"，二十八年本作"顧乃祠鞠爲草"。

〔2〕 "因嘆蜀自獻賊慘戮後"，光緒二十三年本《新修潼川府志》卷五作"邑自獻賊慘戮"。

〔3〕 二十八年本"長公"下有"遊"字，當是。

氣節嶒崚千尺竹；襟懷浩蕩一溪雲。　乾隆乙酉歲渝州呂嘉元題。

斯人自在髯蘇筆；勝地曾經老杜詩。　乾隆辛丑嘉平會稽顧浩題。

高山仰止　會稽顧浩書。

凌雲閣，在文湖州祠之右。傑閣二層，高接雲表。

重修凌雲閣記　邑孝廉張浦

凌雲閣由來久矣。明劫灰飛後，片瓦隻椽無復存者，惟石洞依然，梵像如故。父老攜杖遊其下者，輒相[1]謂生曰：“此昔年名勝地，何其衰也！”雲峯道人歸自襄中，慨然有振興之志。邑侯石公捐俸爲之倡，而凌雲閣成。廣文杜公復於其傍建樓二楹，祀宋儒與可，遂爲一邑巨觀。已而石侯報最，道人羽化，後無復有問津者。風雨漂搖，棟宇摧折。其上爲狐狸所居，鳥鵲所巢，下爲牛馬所踐踏，糞土所堆積，不知幾年，而凌雲閣又廢。高公以東海世胄來蒞鹽邑，政事之暇，謁與可祠，登凌雲閣，鳳山峙其前，瀾水繞其右，而負戴曲曲環抱，俯視城中若盤焉[2]。公喜曰：“是可作岳陽樓觀也！”但荊棘叢中，岩[3]石墜落，殿堂崩欹，有將壓之勢，不禁慨然久之。召僧普雲督工修葺，示以經營之方、布置之法，一切土木所需，悉捐之囊中。不數月而圮者修，毀者新，因其前而宏擴之，堅其墻垣，塗以丹漆，凡殿堂門廡以及廚竈丹室無不悉備，而凌雲閣又成。於是紳士父老咸相商於余曰：“是役也，不可無文以記之。”余曰：“物之廢興成毀固自有時，亦何足記，獨於公不能無感也。公下車未逾年，士誦於庠，農歌於野，商安於市，凡其所以興衰起敝者不可勝記，此特其餘緒耳。公工詞翰，嫻吟咏，政餘輒登臨其上，覽江山之勝，縱禽鳥之觀，皆足以助詩思、樂襟懷。而異時霖雨天下，澤被蒼生，鹽之父老子弟過其下者咸曰：‘此我高侯遊覽地也。’則此舉爲峴山碑也可，爲甘棠遺愛也可。”父老咸曰：“善。”是爲記。時康熙六十年辛丑九月望日也。

次文湖州韻[4]勒碑閣內　前邑令蔣垣閩人

垂老謝王事，烟霞痼病存。有心躭翰墨，無力振乾坤。民社情長繫，家鄉淚暗吞。山靈終一別，懷抱向誰論。

---

〔1〕 “相”，二十八年本作“指”，當是。

〔2〕 “焉”，二十八年本作“然”。

〔3〕 “岩”，二十八年本作“崖”，光緒二十三年本《新修潼川府志》卷八作“岩”。

〔4〕 二十八年本卷四題作《次文湖州太元觀題壁韻》。

虎溪雲洞　何鋭楚人

年來幾渡過溪洞，溪水明明照此心。白净沙稜雙鳥下，翠浮雲影一龍吟。星迎寶鍔初摇彩，月度棠華欲轉陰。岩壑嗔人還不早，抱琴何適覓知音。

凌雲閣詩　前邑令石參遼東人

山迴秀結起重樓，登眺公餘興自悠。碑石筆鏤唐宋蹟，佛龕香沁歲華流。桑麻地闢仍疎密，村郭民居半去留。何日政成庸最考，相攜不負此朝遊。

登凌雲閣　邑令胡光琦

湖州祠畔鄰虚閣，結構雲根剛倚着。曲折階梯緣磴開，玲瓏龕室依甌拓。天然窟宅半生成，不費神工鬼斧鑿。昔人經此欲留名，石有泐時碑字落。碑字多磨漫不可讀。何年道子畫仙蹟，畢竟護持不可削。有石勒吴道子畫觀音像。我愛邱山性本真，放衙暫踐平生諾。纔通偪仄問知津，更上一層眼界廓。桑麥盈疇春雨初，花飛桃李到城郭。爾時忘却非吾土，俗吏難醫這當藥。安得才名又湖州，留别新詩作註脚。

鳥語花香山翠萬重當檻出；風清月白水光千里抱城來。　不書名。

衆生迷惑苦海無邊任貪癡茫茫大地；我佛慈悲慧燈普照能解悟蕩蕩清天。　右聯前邑令高鈗題。

俯視一切　遼陽石參書。

象外奇觀　黔陽劉仕傑書。

飛閣凌虚　東魯傅良臣書。

層樓聳翠　左綿王式書。

雲溪勝境　渤海高鈗書。

慈航普渡　龍川李華洲書。

晴雲秋月　此四字鐫刻巖壁，不書名。

北宕渠故城，今縣治。《元和志》："本漢廣漢縣地，前梁於此置北宕渠郡及縣，後魏恭帝改郡、縣，俱名鹽亭。以近鹽井，故名[1]。"《隋志》："文帝開皇初廢郡，鹽亭縣屬新城郡。"即今潼川府。

---

〔1〕 "前梁……故名"，文淵閣《四庫全書》本《元和郡縣志》卷三十四作"梁於此置北宕渠郡及縣，後魏恭帝改爲鹽亭縣。以近鹽井，因名"。

西宕渠故城，《寰宇記》：“在鹽亭西北三十二里安樂村。”李膺《蜀記》：“劉宋文帝元嘉十九年，置西宕渠郡，領縣四。梁武帝天監中廢[1]。”《齊志》：“西宕渠郡領宕渠縣。”今許家壩。

東關故城，《名勝志》：“在鹽亭縣東南[2]百里，今名東關市。”《寰宇記》：“本鹽亭縣雍江草市也。蜀明德四年以其地去縣遠，爲寇盜盤泊之所，因割樂平等三鄉立招葺院。宋太祖乾德四年升爲縣，取古東關地之名，從知州張澹[3]之請也。”《齊志》：“西宕渠郡有東關縣。”梁、魏時廢，宋復置[4]。“元至正二十年，併入鹽亭縣[5]。”今金鷄場。

舊東關縣　董夢曾

萬壑千巖南浚[6]東，深箐密篁轇轕叢。荷鉏持斧闢曲徑，虬龍虎豹交加兇。忽到人間見烟火，百餘里來此差可。里老云是前東關，殘礎碎碑惜無那。禾麻黍稻連桑田，野人惟爭陌與阡。白衣蒼狗乃若此，徘徊隴畔胸如填。

永泰故城，《元和志》：“本漢充國縣地，唐高帝武德四年分置[7]。地號永泰，因以爲名。”《寰宇記》：“唐巡檢皇甫無逸以四境遙遠，人多草寇，遂於鹽亭及劍州黄安、閬州西水三縣界置[8]。”《九域志》：“宋神宗熙寧五年省永泰爲鎮，入鹽亭。十年，復置尉司。”《輿地紀勝》：“徽宗建中靖國初，以犯哲宗陵名改曰安泰。高宗紹興初復爲縣，尋廢。三十一年，復置永泰縣[9]。”元初省入鹽亭縣。在縣東北六十里，今舊縣壩。

廣漢故城，《輿地紀勝》：“在鹽亭東北十五里。”《水經注》：“漢高帝六年，置廣漢郡於乘鄉。”《華陽國志》：“廣漢郡本治繩鄉。”“置廣漢縣，王莽改名廣信，後漢

---

〔1〕 據《四部叢刊續編》本《大清一統志》卷四百九，“梁武帝天監中廢”一句係出李膺《蜀記》，此句誤置於《齊志》引文之後，今逕改。

〔2〕 明崇禎三年本《大明一統名勝志·四川名勝志》卷十五無“南”字。

〔3〕 “澹”，文淵閣《四庫全書》本《太平寰宇記》卷八十二作“儋”。

〔4〕 據《四部叢刊續編》本《大清一統志》卷四百九，“梁、魏時廢，宋復置”二句係出《一統志》本文，非出《齊志》。

〔5〕 據《四部叢刊續編》本《大清一統志》卷四百九，此句係出《元史·地理志》。

〔6〕 “浚”，二十八年本作“復”，當是。

〔7〕 “本……分置”，文淵閣《四庫全書》本《元和郡縣志》卷三十四作“本漢巴郡充國縣地，武德四年分置”。

〔8〕 “唐巡檢……三縣界置”，文淵閣《四庫全書》本《太平寰宇記》卷八十二作“遂於當州鹽亭縣及劍州普安縣、閬州西水縣三縣界村置此縣”，當是。

〔9〕 “徽宗……永泰縣”，清影宋鈔本《輿地紀勝》卷一百五十四作“《國朝會要》云：‘……建中靖國初，以犯哲宗陵名改安泰。’《圖經》云：‘紹興初復爲縣，未幾復廢，後紹興三十一年復置永泰縣。’”。

復名廣漢。光武帝建武十一年，岑彭等伐公孫述，述兵廣漢以拒漢，即此[1]。”“安帝永初二年，始移治涪[2]。”今三臺界。

高渠故城，《寰宇記》：“在鹽亭縣西六十[3]里，北至[4]梓潼水。北周保定中置高渠郡，隋文帝開皇三年廢爲縣，煬帝大業三年縣亦廢。”併入鹽亭。一云在縣西十五里。

充國故城，在鹽亭縣東北。《元和志》：“西南至梓州一百四十五里。本漢充國縣地，唐分置永泰縣。”

方安故城，李膺《蜀記》：“靈江東鹽亭井[5]，古方安郡也。”

見龍樓，縣署西數步，對南東門，遙鎮西門。舊懸鐘鼓，擊之聲聞四野。高聳連雲，一邑巨觀。未詳創自何時，乾隆二十四年撤毀，惜哉！

潺亭，東城外董叔山上。未詳建自何時，今廢。

曇雲菴，城西一里負戴山麓。杜工部寓室號“曇雲深處”。今廢爲關帝廟。

嚴氏溪放歌行　杜甫

天下甲馬未盡銷，豈免溝壑常漂漂。劍南歲月不可度，邊頭公卿仍獨驕。費心姑息是一役，肥肉大酒徒相要。嗚呼古人已糞土，獨覺志士甘漁樵。況我飄零[6]無定所，終日悢悢忍羈旅。秋宿霜溪素月高，喜得與君[7]長夜語。東遊西還力實倦，從此將身更何許。知子松根長茯苓，遲暮有意來同煮。

按：嚴氏溪，舊注引顏魯公《離堆記》閬州鮮于君鑿池，有君舅著作郎嚴從、君甥侍御史嚴侁詩，遂以閬州鮮于池爲嚴氏溪，殊屬穿鑿。按：今鹽亭嚴太保故宅後猶名後池，即雲溪。溪上即曇雲菴，爲杜工部遊鹽寓處，正詩所云“秋宿霜溪”也。則嚴氏溪即此無疑。

叩雲亭，永樂山上，宋知縣李某建，文與可有詩。《志稿》云：“在縣西南五里。”按：今縣西南五里無此處。據宋任伯傳《叩雲亭記》云：“西跨鳳山，東馳白馬。”明嘉靖間志云：“遺址尚存。”疑今縣東南二里迴龍廟地近是。

---

〔1〕據文淵閣《四庫全書》本《四川通志》卷二十七，此句係《水經注》語雜入。然覈之《水經注》，似並無此句。

〔2〕“安帝永初二年，始移治涪”，武英殿聚珍本《水經注》卷三十三作“漢安帝永初二年，移治涪城”。

〔3〕“六十”，文淵閣《四庫全書》本《太平寰宇記》卷八十二作“十六”。

〔4〕“至”，二十八年本作“臨”。

〔5〕“鹽亭井”，文淵閣《四庫全書》本《太平寰宇記》卷八十二作“鹽井亭”。

〔6〕“零”，《續古逸叢書》本《杜工部集》卷五、二十八年本俱作“轉”。

〔7〕“君”，《續古逸叢書》本《杜工部集》卷五、二十八年本俱作“子”。

永樂山叩雲亭　文同

長江合高峯，爽氣左右繞。中流望絕巘，萬丈見木杪。孤亭揭其上，隱隱一拳小。李君令茲邑，邀我升縹緲。是時天雨[1]浄，晴色洗霜曉。萬家[2]滿四隅，轉盼[3]皆可了。神清壓塵坌，志適喜猿鳥。人生貴軒豁，世務苦紛擾。茲焉獲登覽，浩思欲飛矯。令謂亭我爲，勝絕此應少。願子立佳號，光輝飾松蔦。因名之叩雲，大字標[4]霞表。

叩雲亭記　職方員外郎任伯傳邑人

予讀《岳陽樓詩》《滕王閣記》，而知天下有登臨之勝。中歲再還東蜀，尤愛其山川土風，蕃秀而美茂。然於賞心樂事，將窮四望之目，而一臺一榭，無高明可居之所，以故好景湮没，久鬱而不能自伸。蓋人爲之素病，而不得取其遠致也。及過永樂僧舍，攀重巖，倚上亭之亭欄，則巴陵、豫章之湖，隱約具體，一出於前後左右，而又知吾邦之形勝，待叩雲而後顯。因感事物廢興之理所係者，時焉而已矣。若其天開平囿[5]，地廓奧隅，西跨鳳山之高，東馳白馬之深，其間蘋州橘野，鳧飛雁下，漁者枻滄浪之涯，樵者斤紫翠之墟，風煙晦明，節物萬態，或形於視，或聲於聽。使能琴善詩，兼長於逸妙之品者弦古操、頌清風，而寫其餘情，少得而盡之者乎。彼從容於一軒，引領傍睨，凡遠近之物，皆挫於吾目，無所遯其微者。此叩雲之説，大抵若是，[6]予不及敷其萬一也。夫觸山石、浮太虛，不可階而升者，豈非雲之謂歟？能從而叩之者，豈非取之謂歟？因過是亭，問其事而知其人，乃浮圖傳始募其功，集仙文君次命之名，而邑大夫李君爲題其榜。是三人者，皆好高之士，因名亭而後能見其志，將使學佛者益高其行，事君者益高其忠。其爲名也，豈特山川土風之娛而已哉！予平居燕閒，方從事賞樂。此景之新得，而又知君子之所存，因述夫高者之爲，用廣其意，而刻以亭隅之石。宋嘉祐八年。

孝義臺，縣東南一百二十里，爲宋孝子馮伯瑜築。

文與可龍巖寺墨竹碑，城内小東街，今已毀失。宋程壬孫有詩，竝以蘇氏賦、

---

〔1〕"雨"，明汲古閣本《丹淵集》卷三作"宇"，當是。

〔2〕"家"，明汲古閣本《丹淵集》卷三作"象"，當是。

〔3〕"盼"，明汲古閣本《丹淵集》卷三、二十八年本俱作"眇"。

〔4〕"標"，明汲古閣本《丹淵集》卷三作"榜"。

〔5〕"囿"，嘉慶二十一年本《四川通志》卷五十四作"遠"。

〔6〕二十八年本"予"前有"顧"字。

贊、詩、記附錄焉。

題龍巖寺石刻文與可墨竹　宋射洪令程壬孫

風雨勞先別，敢辭樽酒深。一梢墙上竹，留作歲寒心。

墨竹賦　蘇轍

　　文[1]與可以墨爲竹，視之，良竹也。客見而驚焉，曰："今夫竹[2]，受命於天，賦形[3]於地。涵濡雨露，振蕩風氣。春而萌芽，夏而解弛。散柯布葉，逮冬而遂。性剛潔而疎直，姿嬋娟以閑媚。涉寒暑之徂變，傲冰雪之凌厲。均一氣於草木，嗟壤同而性異。信物生之自然，雖造化其能使。今子研青松之媒[4]，運脫兔之毫。晬睨墻堵，振灑繪絹[5]。須臾而成，鬱乎蕭騷。曲直橫斜，穠纖庳高。竊造物之潛思，賦生意於崇朝。子豈誠有道者耶？"與可听[6]然而笑曰："夫予之所好者，道也，放乎竹矣。始予隱乎崇山之陽，廬乎修[7]竹之林。視聽漠然，無概乎予心。朝與竹乎爲游，暮[8]與竹乎爲朋。飲食乎竹間，偃息乎竹陰。觀竹之變也多矣。若夫風止雨霽，山空日出。猗猗其[9]，森乎滿谷。葉如翠羽，筠如蒼玉。澹乎自持，淒乎[10]欲滴。蟬鳴鳥噪，人嚮[11]寂歷。忽依風而長嘯，眇掩冉以終日。笋[12]含籜而將墜，根得土而橫逸。絕澗谷而蔓延，散子孫乎千億。至若叢薄之餘，斤斧所施。山石犖埆，荆棘生之。蹇將拙[13]而莫達，紛既折而猶持。氣雖傷而益壯，身已[14]病而增奇。凄風號怒乎隙穴，飛雪凝沍乎陂池。悲衆本[15]之無賴，雖百圍而莫支。猶復蒼然於既寒之後，凜乎無可磷[16]之姿。追松柏以自偶，竊仁人之所爲。此則竹

---

[1]　明嘉靖蜀藩活字本《欒城集》卷十七無"文"字。
[2]　明嘉靖蜀藩活字本《欒城集》卷十七無"竹"字。
[3]　"形"，明嘉靖蜀藩活字本《欒城集》卷十七作"刑"，疑誤。
[4]　"媒"，明嘉靖蜀藩活字本《欒城集》卷十七作"煤"，當是。
[5]　"繪絹"，明嘉靖蜀藩活字本《欒城集》卷十七作"繒綃"。
[6]　"听"，明嘉靖蜀藩活字本《欒城集》卷十七作"聽"，疑誤。
[7]　"修"，明嘉靖蜀藩活字本《欒城集》卷十七作"脩"。
[8]　"暮"，明嘉靖蜀藩活字本《欒城集》卷十七作"莫"。
[9]　明嘉靖蜀藩活字本《欒城集》卷十七"森"前有"長"字，當是。
[10]　"乎"，明嘉靖蜀藩活字本《欒城集》卷十七作"苟"。
[11]　"嚮"，明嘉靖蜀藩活字本《欒城集》卷十七作"響"，當是。
[12]　"笋"，明嘉靖蜀藩活字本《欒城集》卷十七作"芛"，疑誤。
[13]　"拙"，明嘉靖蜀藩活字本《欒城集》卷十七、二十八年本俱作"抽"，當是。
[14]　"已"，明嘉靖蜀藩活字本《欒城集》卷十七作"以"。
[15]　"本"，明嘉靖蜀藩活字本《欒城集》卷十七、二十八年本俱作"木"，當是。
[16]　"磷"，明嘉靖蜀藩活字本《欒城集》卷十七作"憐"，當是。

之所以爲竹也。始也余見而悦之，今也悦之而不自知也。忽乎忘筆之在手，與紙之在前。勃然而興，而修[1]竹森然。雖天造之無朕，亦何以異於兹焉？”客曰：“蓋予聞之，庖丁，解牛者也，而養生者取之；輪扁，斲輪者也，而讀書者與之。萬物一理也，其所從爲之者異爾。況夫夫子之託於斯竹也，而予以爲有道者，則非耶？”與可曰：“唯唯。”

石室先生畫竹贊　蘇軾

與可，文翁之後也。蜀人猶以石室名其家，而與可自謂笑笑先生，蓋可謂與道皆逝，不留於物者也。故[2]嘗好畫竹，客有贊之者曰：先生閒居，獨笑不已。問安所笑，笑我非爾。物之相物，我爾一也。先生又笑，笑所笑者。笑笑之餘，以竹發妙。竹亦得風，夭然而笑。

文與可畫墨竹屏風贊　蘇軾

與可之文，其德之糟粕；與可之詩，其文之毫末。詩不能盡，溢而爲書，變而爲畫，皆詩之餘。其詩與文，好者蓋[3]寡。有好其德如好其畫者乎？悲夫！

戒壇院文與可畫墨竹贊　蘇軾

風梢雨籜，土[4]傲冰雹。霜根雪節，下貫金鐵。誰爲此君，與可姓文。惟其有之，是以好之。

書文與可墨竹 并序　蘇軾

亡友文與可有四絶：詩一，楚詞二，草書三，畫四。[5]嘗云：“世無知我者，惟子瞻一見，識吾妙處。”既没七年，覩其遺蹟，而作是詩。

筆與子皆逝，詩今誰與[6]新。空餘[7]運斤質，弔却[8]斷絃人。

---

〔1〕“修”，明嘉靖蜀藩活字本《欒城集》卷十七作“脩”。
〔2〕“故”，明成化本《東坡集》卷二十作“顧”，當是。
〔3〕“蓋”，明成化本《東坡集》卷二十作“益”。
〔4〕“土”，明成化本《東坡集》卷二十、二十八本俱作“上”，當是。
〔5〕明成化本《東坡集》卷十六“嘗”前有“與可”二字。
〔6〕“與”，明成化本《東坡集》卷十六作“爲”。
〔7〕“餘”，明成化本《東坡集》卷十六作“遺”。
〔8〕“弔却”，明成化本《東坡集》卷十六作“却弔”，當是。

題文與可墨竹 并序

故人文與可爲道師王執中作墨竹，且謂執中勿使他人書字，待蘇子瞻來，令作詩其側。與可既没八年，而軾始還朝。見之，乃賦一首。

斯人定何人，遊戲得自在。詩鳴草聖餘，兼入竹三昧。時時出木石，荒怪軼象外。舉世知珍之，賞會獨余最。知音古難合，奄忽不少待。誰云死生隔，相見如龔隗。

題文與可墨竹　明廉訪陳文燭湖廣人

竹倩詞人作馬班，詞人意與竹相關。都將帶雨籠煙景，寫入敲金擊玉間。

琳瑯揮灑自班班，學士當年此閉關。惟問水流[1]誰得似，萬竿煙雨在山間。

吳道子畫觀音像碑，城西南一里大士閣内。像高四尺，飄飄仙舉，宛然如生。未詳其所自始。

李義府碑，《寰宇記》："在永泰[2]。"今無。

文與可故里，在縣東北六十里舊永泰縣，今名舊縣壩，即其處。

墨君堂記　蘇軾

凡人相與號呼者，貴之則曰公，賢之則曰君，自其下則爾、汝之。雖公卿之貴，天下貌畏而心不服，則進而君、公，退而爾、汝者多矣。獨王子猷謂竹君，天下從而君之無異辭。今與可又能以墨象君之形容，作堂以居君，而屬余爲文，以頌君德，則與可之於君，信厚矣。與可之爲人也，端靜而文，明哲而忠。士之修潔博習，朝夕磨治洗濯，以求交於與可者，非一人也，而獨厚君如此。君又疎簡抗勁，無聲色臭味，可以娱[3]人之耳目鼻口，則與可之厚君也，其必有以賢君矣。世之能寒燠人者，其氣焰亦未至若霜雪[4]風雨之切於肌膚也，而士鮮不以爲欣戚喪其所守。自植物而言之，四時之變亦大矣，而君獨不顧。雖微與可，天下其孰不賢之？然與可獨能得君之深，而知君之所以賢。雍容談笑，揮灑奮迅，而盡君之德。稚壯枯老之容，披折偃仰之勢。風雪凌厲以觀其操，崖石举确以致其節。得志，遂茂而不驕；不得

---

[1] "水流"，二十八年本作"流水"。
[2] 二十八年本"永泰"後有"縣"字。
[3] 明成化本《東坡集》卷十六、二十八年本"娱"後俱有"悦"字，當是。
[4] "霜雪"，明成化本《東坡集》卷三十一作"雪霜"。

志，瘁瘠而不辱。羣居不倚，獨立不懼。與可之於君，可謂得其情而盡其性矣。予[1]雖不足以知君，願從與可求君之昆弟子孫族屬朋友之象，而藏於吾室，以爲君之別館云。

與可學士思君堂　蘇轍

虛堂竹叢間，那復厭竹遠。風庭響交戛，月牖散凌亂。尚恐晝掩關，嬋娟不長見。登[2]堂開素壁，蕭颯起霜幹[3]。隨宜賦生意，落筆皆葱蒨。根莖雜土石，枝葉互長短。依依露下綠，冉冉風中展。開門視叢薄，與此終何辨。

過文太常故里　翰林主考方象瑛浙江人

茅茨三五傍斜陽，道是當年舊墨莊。不見清貧饞太守，何人百尺寫簹箸。

前題　前梓州刺史吳樹臣江蘇人

襟期高曠似晴雲，墨妙傳真抱節君。澹蕩鵝溪遺蹟邈，殘碑綠字偃波文。

山川志

巖疆風景，惟山與水而已。山不必其崔嵬萬仞，峻極於天。要有扶輿磅礴之氣，蔚然深秀，皆能出雲潤物。水不必其浩瀚無涯，朝宗於海。要有倒峽吸川之勢，及其不測，皆能吐霧騰蛟。鹽邑處萬山之中，無處非山，即無處無川。嶽崎淵渟，鍾靈毓秀，見於古人題詠，不獨賜紫、光祿、瀰江、雲溪爲名山勝水也。予廣事蒐羅，詳其紀載，庶使山川增色，俾遊覽者有所考證焉。作《山川志》。

董叔山，城東數步[4]。瀰江東岸，孤峯壁立，上有樹數百株。隋縣令董叔封嘗遊宴[5]於此，後人思其德，名董叔山，一名董政山。山上舊有亭，名潺亭[6]，故

---

〔1〕 "予"，明成化本《東坡集》卷三十一作"余"。
〔2〕 "登"，明嘉靖蜀藩活字本《欒城集》卷三作"中"。
〔3〕 "幹"，明嘉靖蜀藩活字本《欒城集》卷三作"榦"。
〔4〕 "步"，據二十八年本補。
〔5〕 "封嘗遊宴"，據二十八年本補。
〔6〕 "山上舊有亭名潺亭"，據二十八年本補。

又名潺亭山。俗名鳳凰山。

董叔山　董夢曾

愛昔爲官好，遺名載此山。展痕何處著，逸興幾時閑。壁立猶如面，琴亡不可還。夆龍同一脈，愧讓古今間。

鳳凰山　吳宏

春風遊興雨[1]相逼，振衣千仞俯飛翼。祇恐緣山枳棘多，鳳凰來時棲不得。我欲建亭復栽花，花間亭下看人家。頓令殘疆多起色，滿城烟火煥雲霞。

賜紫山，城北門外數步。因隋主賜張峻夫紫袍於此，故名。上有梓潼神祠，士民祈嗣多應，故又名賜子山。古今詩文，詳見《圖說》。

斯文山，城東數十步，特起一峯。與董叔山相連，與寶蓮山相映。

負戴山，城西一里，高五里。自劍門南來，起伏四百里，至此而蹲。一名高山，杜詩"高山擁縣青"是也。

寶蓮山，城東南一里。爲學宮，面山。明嘉靖二十四年，知縣劉演創修石塔一[2]座，爲學宮文峯，久廢。塔基尚存，周植樹數百株，又建亭一座。乾隆二十一年撤毀。今於乾隆四十九年，邑士人復建崇閣於上，以祀奎星。詳見《圖說》。

永樂山，縣東南二里。上有叩雲亭，今廢。詩見《古蹟》。

光禄山，縣東十里。杜工部有《光禄坂行》，舊注："光禄坂在銅山縣。"按：銅山縣併入中江，今中江縣無此坂名，而鹽亭縣東有光禄山，長坂里許，即此無疑。

光禄坂行　唐杜甫

山行落日下絕壁，南[3]望千山萬山[4]赤。樹枝有鳥亂鳴[5]時，暝色無人獨歸客。馬驚不憂深谷墜，草動只怕長弓射。安得更似開元中，道路即今多擁隔。

金紫山，縣北十里。相傳因唐嚴忠穆公兄弟貴顯，有光禄金紫之榮，故名。又名紫金山，宋寶祐二年西川帥余晦城紫金山，即此。

玉屏山，縣北十里，瀰江之上。狀如玉屏，故名。

---

〔1〕"雨"，二十八年本作"兩"，當是。

〔2〕"一"，據二十八年本補。

〔3〕"南"，《續古逸叢書》本《杜工部集》卷五作"西"。

〔4〕《續古逸叢書》本《杜工部集》卷五"山"後有"一作水"小字注。

〔5〕《續古逸叢書》本《杜工部集》卷五"鳴"後有"一作棲"小字注。

玉龍山，縣東北十里。

三臺山，縣西十里。

五面山，縣北二十五[1]里。五峯秀出，故名。

新晴山月　宋文同

高松漏疎月，落影如畫地。徘徊愛其下，夜[2]久不能昧[3]。怯風池荷卷，病雨山果墜。誰伴予苦吟，滿林啼絡緯。

天禄山，縣北二[4]十里。山麓有東嶽廟，内有“天禄寶山，岱宗嶽府”八字扁額，前題云“至治改元太歲辛酉”，後云“張嗣成書”。按：至治，元英宗年號也。其字亦尋常俗筆，舊傳隋張峻夫書，訛也。

靈山，縣北三十里，與南部縣交界。

靈山界舍留别效庾信體　觀察劉天民函山

江漢邁退軌，川巴回故轅。周覽奇更葩[5]，花石燦[6]以繁。種種生懽踪，蕭蕭傷[7]旅魂。思歸佔舊引，擕[8]物憑華軒。皇役今祇承，遠道將駿奔。部曲擁墨綬，餞宴羅青尊。豈不念同袍[9]，所性在丘園。誰能識[10]此意，無乃龐鹿門。

過靈山次韻　僉事楊瞻山西人

靈山南下鹽亭路，麰麥如雲見豆花。澗底層層積怪石，嶺頭陣陣過啼鴉。千年古樹高摩日，一曲清流暗洗沙。是處兒童皆鼓腹，太平田里未聞笳。

次靈山界有亭巽然登之偶成　[11]僉事杜朝紳

蜀左頻田路，巖阿忽此亭。溪深雲度碧，坡近麥連青。撫景還多興，烹茶亦少

---

〔1〕二十八年本無“五”字。

〔2〕“夜”，明汲古閣本《丹淵集》卷十一作“及”。

〔3〕“昧”，卷六重出此詩、明汲古閣本《丹淵集》卷十一俱作“寐”，當是。

〔4〕“二”，《志書》作“三”。

〔5〕“葩”，明嘉靖十六年本《遊蜀吟稿》卷下作“絶”。

〔6〕“燦”，明嘉靖十六年本《遊蜀吟稿》卷下作“粲”。

〔7〕“傷”，明嘉靖十六年本《遊蜀吟稿》卷下、二十八年本俱作“揚”。

〔8〕“擕”，明嘉靖十六年本《遊蜀吟稿》卷下、二十八年本俱作“撫”，當是。

〔9〕“豈不念同袍”，明嘉靖十六年本《遊蜀吟稿》卷下作“豈不戀同胞”。

〔10〕“識”，明嘉靖十六年本《遊蜀吟稿》卷下作“悉”。

〔11〕二十八年本“僉事”前有“四川”二字。

停。倏時風滿樹，迎候或山靈。

馴馬山，縣西北二十里，有慈孝元[1]妙真人祠。

衣緑山，縣南四十里。

二龍山，縣西北五十里，今柏梓埡[2]。

龍峯山，城東五十里。

麒麟山，縣東南五十里[3]。

玉泉山，縣東南五十里。

金峯山，縣南五十里。

金龜山，縣北六十里。

蠶絲山，縣西北[4]六十里。《九域志》："每歲[5]上春七日，遠近士女多遊於此[6]，以祈蠶絲。"故名。

龍固山，縣西北七十里。山勢高聳，四面陡絶，可以固守，故名。

九臺山，縣西北七十里。

轉機山，縣東八十里。山峯玲瓏透巧，故名。

女徒山[7]，縣東北八十里。《寰宇記》："在永泰縣東二十里，其山從閬州新井縣界東。相傳昔有女徒千人，自通泉縣康督井行役，遇賊，乃於山頂結寨捍禦，遂以破賊。後人置祠祀之[8]。"故名。閬州，今閬中縣。新井併入南部縣，通泉併入射洪縣。

天台山，城東南九十里。

鼓樓山，縣東南一百二十里。《九域志》："東關縣有鼓樓山。"《輿地紀勝》："在永泰縣東南，山聳三台，水盤七曲，高五十餘丈[9]。"相傳前蜀時營鼓樓，置烽火

---

〔1〕 "元"，或作"圓"。

〔2〕 "柏梓埡"，《鄉土志》作"柏子埡"。

〔3〕 二十八年本"五十里"後有"今大碑埡"四字。

〔4〕 "西北"，二十八年本作"東北"。

〔5〕 文淵閣《四庫全書》本《元豐九域志》卷七無"歲"字。

〔6〕 "遠近士女多遊於此"，文淵閣《四庫全書》本《元豐九域志》卷七作"遠近士女遊於此山"。

〔7〕 "女徒山"，文淵閣《四庫全書》本《太平寰宇記》卷八十二作"徒女山"，疑誤。

〔8〕 "在永泰……祀之"，文淵閣《四庫全書》本《太平寰宇記》卷八十二作"在東二十五里，其山從閬州新井縣界來。故老相傳昔有女徒千人於通泉縣康督井配役，遇賊於此山，乃於山頂置柵禦捍，遂破其賊。俗爲之置祠"。

〔9〕 "在永泰……餘丈"，清影宋鈔本《輿地紀勝》卷一百五十四作"在永泰縣東北，上有三層，高五十丈"。

於此，故名〔1〕。上有昭格行祠、張右丞祠。

龍翔山，縣東南一百二十里，上有天禄觀。

龍鳳山，縣東南一百二十里。

石馬山，縣東南一百二十里。

石牛山，縣東南一百二十里。有泉，夏不溢，冬不涸。

啟文山，縣東南一百二十里。

梓江，自梓潼縣來，經縣南三里合瀰江，至射洪縣入涪江。按：梓江即宕渠，蓋江中多石灘，自安家灘以下尚可通舟，以上宕舟難行。故今縣治即北宕渠郡治，縣西北許家壩即西宕渠郡治，皆近江干。後世因自梓潼縣來名梓潼江，失其本矣。一名白馬河。

瀰江，自劍州來，經縣東南門外，西南流三里合梓江，至射洪縣入涪江。

雍江，自西充縣來，經鹽亭大唐〔2〕寺、舊東關縣，流至射洪界入涪江。一名楊桃溪。

晚次江上　文同

宛轉下江岸，霜風繞人衣。翩翩渚鴻壓〔3〕，閃閃〔4〕林鴉歸。前壑已重靄，遠風〔5〕猶落暉。孤舟欲何向，擘浪去如飛。

水南渡用石河濱韻　甘爲霖

客臨津渡處，又是好吟邊。山以岸爲斷，影垂江復連。水聲鳴脚底，月色上眉端。我有商舟楫，風帆不用牽。

水南壩觀搓魚　吳宏

清淺波瀾蕩漾船，桃花溪〔6〕徑柳陰邊。欸乃一聲舟子集，中流撒網獺喧闐。遊鱗隊隊河干走，夾岸童叟乂在手。我叱輿隸莫相驚，鹽人魚聽鹽人取。里老殷勤獻

---

〔1〕 按蓬溪縣亦有一鼓樓山，清影宋鈔本《輿地紀勝》卷一百五十五云"在蓬溪縣北十里……王蜀時嘗置鼓樓烽火於其上，故名"，縣志所載疑有錯亂。

〔2〕 "唐"，或作"塘"。

〔3〕 "壓"，明汲古閣本《丹淵集》卷八作"墮"。

〔4〕 "閃閃"，明汲古閣本《丹淵集》卷八作"冉冉"。

〔5〕 "風"，明汲古閣本《丹淵集》卷八作"峯"，當是。

〔6〕 "溪"，二十八年本作"蹊"。

酒蔬，酬之雙鯉意何如。爾攜魚去我飲酒，我樂寧關酒與魚。

湍河，自南部縣來，發源岨井之旁，流經舊永泰縣黃店壩、孫家埡，入梓江。其流急湍，故名。

沙河，自閬中縣來，經南部縣界，至鹽亭縣北兩河口合瀰江，流入梓江。

雲溪，源出負戴山飛龍泉，雲從龍，故溪以雲名，杜詩“雲溪花澹澹”是也。流經城內蓮花、春谷、德星三橋下，至城外入瀰江。乾隆二十七年新疏。

雲溪　何耕

幽居定何如，頗恨未見之。主人向我言，喜色融雙眉。修篁流翠陰，寒溪漾清漪。領略非一狀，幽妍發餘姿。空濛雨亦佳，瀲灩晴更奇。豈惟二江獨，意恐兩蜀稀。主人信妙士，得此固所宜。天公閟好景，授受各有時。豈無多田翁，偃蹇逝莫隨。素交懷老蒲，秀句紛珠璣。安得招歸來，爲君賦清詩。往者不可作，後生欲何爲。邑人蒲大受與何爲詩文友。

次雲溪驛[1]　趙琥

秋老東籬菊醉霜，雲溪繫馬襯寒香。憑誰話出[2]衷腸事，悶對西風征雁行。

麟溪，縣西五里。相傳蜀王建時有麟見於此，故名。流入梓江。

花溪，縣南五里。其地多花，故名。流入梓江。

竹溪，縣北十里。其地多竹，故名。流入瀰江。

堠溪，縣西南二十里。以近斥堠，故名。流入梓江。

黃溪，縣東南四十里。以在黃家村，故名。流經廣善橋，至亭子菴入梓江。

櫸溪，縣東南五十里。岸多櫸木，故名。流經中峯橋，至玉龍鎮入梓江。

鵝溪，縣西北八十里。其地舊產絹，文與可詩“持將一段鵝溪絹”，蘇東坡詩“爲愛鵝溪白繭光”是也。相傳昔有仙鵝飛集於此，舊有仙鵝池、叩鵝山、鵝宿潭、金鵝鎮，今俱無考。按：溪上山形前銳後闊，似鵝首，因名鵝溪耳，無他奇異也。山右偪臨梓江，溪水流入。成都守冀應熊書“鵝溪流韻”四大字於瀰江上賜紫山壁，誤矣。

浴丹泉，董叔山下。易玄子浴丹於此，故名。水甚甘潔，流入瀰口[3]。

---

〔1〕“次雲溪驛”四字原脫，據二十八年本補。
〔2〕“出”，二十八年本作“徹”。
〔3〕“口”，二十八年本作“江”。

飛龍泉，負戴山半。水甚甘美，士〔1〕人以爲瓊漿。流入〔2〕雲溪。

蟠龍泉，負戴山半。相傳昔有雲氣覆之，龍蟠其中，故名。每旱，取水禱雨輒應。流經虎洞橋下，至龍門橋合雲溪，入瀰江。其水澄清如鏡，味甚甘美，飲之涼氣入骨，杜詩"春谷水冷冷〔3〕"是也。一名春谷泉。

龍吼泉，縣東南五十里玉泉山。泉水湧出，聲如龍吼，故名。灌水〔4〕下田數百畝。

老陂潭，春聚橋下。水深丈餘，旁有石穴，可容人入，直通負戴山上紫微仙洞。又名魚藏。

龍潭，縣東八十里。相傳有烏龍洞，古木蟠繞，叩之風雨即至。其中有泉，大旱不涸，灌田數百畝。

---

〔1〕 "士"，二十八年本作"土"，當是。
〔2〕 "入"，二十八年本作"爲"，當是。
〔3〕 "冷冷"，二十八年本作"泠泠"，當是。
〔4〕 "水"，二十八年本作"山"，當是。

鹽亭縣志卷三　土地部

寺觀志　丘墓附

二氏之教不能盡闢，則黃冠緇衣之流，必有寺觀以居之。或背山臨水，或竹裏松間，踞境地之清幽，每以資韻士騷人之所遊憩。佛言："世間深山曠野，聖地道場，粗人目不能見[1]。"今乃知洞天香界相去人間不遠，而姑就其福慧慈净之説，於以化暴坊淫，間佐政刑所不逮，則亦王政之小補云爾。鹽邑之得佛理者，近代不數見。而選佛之場、棲真之地，擅名者凡四十餘所，其他一椽半屋，無琳宮金碧之麗者不與焉。至名人丘隴，唐宋以降，雖埋荒草，猶臥麒麟。不忍使之湮没，故詳攷而竝録之。

玄靈觀，治北街西，係康熙四十年建。

寶臺觀，治西門外突起一阜如臺，中有圓石如珠，故名寶臺。相傳嚴忠穆公捨宅爲之，今廢。

大士閣，治西南一里，即凌雲閣也。

圓覺寺，治東一里寶蓮山麓。

圓覺寺　林鳴鷹

萬頃波涵半畝陰，倚闌一笑空人心。全經看破無文字，月滿寒潭風滿林。

---

[1]　見《楞嚴經》卷九。

定光寺，縣南二十里，係元至正間重修。

定光寺　林鳴鷹

踏破蒼苔到上方，泠然鐘磬響僧房。一函貝葉慈航在，半榻蒲團世慮忘。坐指天花隨雨墜，笑看柳絮逐風狂。出塵便是維摩境，却愧區區馬足忙。

過舊治有感　前邑令張寬

憶昔鹽亭出宰時，定光未暇壁留題。三年仕路重經過，一邑民風祇若茲。下榻官僧情繾綣，依庭老樹影離披。喜看竹馬爭填道，不說襄陽垂[1]淚碑。

青霞觀，縣南二十里。相傳唐開元初，道士陳大有見青霞覆山，因建。

章邦寺，縣西北三十里，明天順間建。崇禎末，僧月現示寂於此。有指西菴，今廢。

佛寶寺，縣南三十里，宋紹興間建，今廢。

海門寺，縣北三十里，明天順間建。

龍臺寺，縣北三十里，宋紹興間建。

大元觀[2]，縣東北四十里，今廢。

超果寺，縣東五十里，元至正間建。

超果寺　吳宏

連朝荊棘路，物外此瀟然。野曠空諸色，雲高拓遠天。山僧安草榻，里老獻蔬筵。借宿層霄上，真疑令似仙。

高院寺，縣東北五十里。

彌勒寺，縣北五十里，雍正元年建。

鳳臺觀，縣東五十里，康熙三年建。

真常觀，縣北五十里。

中峯寺，縣東南六十里。

灂江寺，縣東北六十里，明天順年間建。

普慈寺，縣北八十里，明景泰年間建。

---

[1] "垂"，卷八重出此詩、二十八年本俱作"墮"。
[2] "大元觀"，二十八年本蔣垣《次文湖州太元觀題壁韻》詩作"太元觀"，當是。

涪江寺，縣北七十里，康熙二年建。

安佛寺，縣東八十里，元至正間建。邑令吳宏題額云"安即是佛"，碑文剝落。

白鹿寺，縣東八十里，紹興年間建，相傳昔有白鹿見此。碑文剝落。

空相寺，縣東〔1〕八十里，康熙六年建。

土皇寺，縣西〔2〕八十里，康熙三十年建。

淨山寺，縣東南九十里，雍正年間建，在天臺山上。

羊祿觀，縣東南一百里，康熙四年建。

羅木寺，縣東南一百二十里龍翔山上，宋紹興間進士章〔3〕朝建，今廢。

金剛寺，縣東南一百二十里。

千佛寺，縣東南一百二十里，雍正元年建。

大唐〔4〕寺，縣東南一百二十里。

大佛寺，縣東南一百二十里，宋慶元間建。

東臺寺，縣西三十里，雍正元年建。

梓潼觀，縣西三十里，康熙四十三年建。碑文剝落。

覺林寺，縣西三十里，雍正三年建。

感聖寺，縣西五十里，雍正五年建。

慈光寺，縣北六十里，乾隆四年建。

三學寺，縣東三十里，康熙二年建。

梵慧寺，縣東七十里，康熙五十四年建。

常樂寺，縣東三十里。

會仙觀，縣南八十里，康熙五十一年建。

觀音寺，縣東八十里。

賜子山寺，縣北門外，康熙三十九年建。

天祿觀，縣東南一百二十里，元延祐四年建。

---

〔1〕 "東"，二十八年本作"東北"。

〔2〕 "西"，二十八年本作"西北"。

〔3〕 "章"，明嘉靖《潼川志》鈔本卷八、萬曆四十七年序刊本《重脩潼川州志》卷五俱作"張"。

〔4〕 "唐"，明嘉靖《潼川志》鈔本卷八、萬曆四十七年序刊本《重脩潼川州志》卷五俱作"塘"。

東關縣建天禄觀記[1]　嘉州通判主管學士[2]杜寅生[3]眉州人

吾儒之與佛、老，其教不同，其報應不異。儒有君子，有小人；佛有漏，有無漏；道有爲，有無爲，其報應一也。凡民之生七八歲，父兄必授之以學。多學而識，不幸處貧賤，猶爲有用之才；未[4]學無識，雖在富貴，猶爲人所鄙薄。此吾儒之教所以最先於佛、老也。惟佛能箱[5]人情而示以禍福、天堂、地獄，使人畏慕，而趣之者衆。老氏獨好言清浄、虛無、神仙之術，其事冥深，不可質究，而從之者鮮。故歐陽子謂佛氏之動搖興作，爲力甚易，而道家非遭人主好尚，不能獨興。誠以凡人之情，不知爲善之得福，爲惡之受禍，若響之應聲，影之隨形，儒與佛、老，其實相須而一致也。潼川之爲縣十，而東關居其下，爲儒者素多，而登科者猶鮮。負郭之佛寺尚有，[6]道宮獨無。父老相傳，舊有天禄觀，在縣東南一百二十里外[7]，國初遭兵火，廢於荒榛草莽間，不復修治。庠生章[8]朝，累世儒學，不禁慨然嘆曰：“天禄之興，其有待乎！”乃率一邑之士，欲遷其觀於近地，以便崇奉。於是聞之縣，縣聞之府，府從之。章自擇其家山田，距縣三百餘步，崇山峻嶺，雲出峯半。望川屬[9]之諸境，了在目前；引洞府之羣仙，是宜雲集。坐壬向午，龜筮協從。章自出力建三清殿，邑人從而和之，乃建諸殿堂與夫門樓、廊廡、齋廚之所，規模粗備。延名行道士住持，以經營承績，傳於無窮，實始紹興十一年辛酉歲也。時子爲持之客[10]，聞見隨喜，讚嘆功德。而朝偶登科於是年，且開榜於是邦，邑人指以爲天禄之祥。章繼三登外臺貢舉，豈天禄果將有時乎！方觀遷此邑，囑予記其事，予以其屋宇未就，姑且候。及予筮仕，攝閬中教官，距東關再舍，道路往來絡繹，曰：“觀成矣。”昔日祈禳醮謝者求徙於此邦，貧者無力則止，今皆得以隨其所願。官司之祝聖壽、禱雨旱，往時道流不興，今日因之從事於其間。章有書曰：“此一邑之盛事，是記不可無作也。”於是取歐陽子之語，表而出之，使邑人知佛、老初不

---

〔1〕　二十八年本題作《東關縣遷建天禄觀記》，嘉慶二十一年本《四川通志》卷四十二題作《重建天禄觀記》。

〔2〕　“士”，二十八年本作“事”。

〔3〕　“生”，明嘉靖本《四川總志》卷十二、二十八年本俱作“孫”，當是。

〔4〕　“未”，二十八年本作“末”，當是。

〔5〕　“箱”，嘉慶二十一年本《四川通志》卷四十二作“揣”。

〔6〕　二十八年本“道宮”前有“而”字。

〔7〕　“在縣東南一百二十里外”，二十八年本作“在邑東三十里外”，疑誤。

〔8〕　“章”，或作“張”，後同。

〔9〕　“屬”，二十八年本作“蜀”。

〔10〕　“時子爲持之客”，二十八年本作“時予爲持令之客”，當是。

異，而道家者流不能獨興，使知道者信響而不已，則於報應之效庶幾乎！紹興十八年三月望日記。

山行至天禄觀[1]坐雨有作 前邑令康熙二十八年吳宏[2]浙江淳安舉人

斗室裏蒼螺，當面劈太古。不知百代後，尚遺五丁斧。絕壁攪虬蚍，烟嵐競吞吐。關關出谷禽，籔籔林中雨。澗石走飛湍，茶香汰塵腑。平生愛奇緣，登臨發哀楚。

小憩天禄觀 梓州太守張松孫[3]

山人厭泉壑，欲作大隱想。脱此青林居，去墮紅塵網。徒令雲鶴孤，坐看松桂長。灌木交清蔭[4]，天籟發奇響。我來披凉薰，襟帶肅高爽。懷彼上世士，悠然勳[5]退仰。

上乘寺，縣北街西，本名定光寺。宋慶元間建，今於乾隆四十三年署邑令朱見乾重修，各有記。

重修上乘寺記 山西巡撫楊澄射洪人

上乘寺在縣治西隅，創始於宋皇慶[6]乙卯，見毀於寶祐戊午。迨元至正戊子，有僧智堅復興修之。前此非□□□。兵燹之餘，日淪荒蕪，僅存其殿，蕭寂尚爾。國朝設僧會司於其間，職僧會善戒，繼而大方，又繼而了空、了净，踵踵相承，而天王殿、觀音閣、龍神堂、雨華亭、□□□□□□□[7]以次而興焉。奈何歲久且弊。成化丁酉，曇□□[8]師拜官來承净鉢，勤□□[9]息暇，恒以葺理爲心，罔敢逸豫。覷前後□□□□[10]稱觀瞻，自殿閣廊堂而下，以及門垣塏塒，悉加工力。狹

---

〔1〕 "觀"，據光緒二十三年本《新修潼川府志》卷六補。
〔2〕 按此詩同治八年重刊康熙本《寧化縣志》卷一、同治六年重刊乾隆本《汀州府志》卷四十四俱收爲 "劉琅" 作。
〔3〕 按此詩同治八年重刊康熙本《寧化縣志》卷一收爲 "劉琅" 作。
〔4〕 "蔭"，同治八年重刊康熙本《寧化縣志》卷一作 "廅"。
〔5〕 "勳"，同治八年重刊康熙本《寧化縣志》卷一作 "勳"，當是。
〔6〕 按宋無皇慶年號，宋慶元元年爲乙卯年，"皇慶" 疑當作 "慶元"。
〔7〕 二十八年本空三字。
〔8〕 二十八年本無空。
〔9〕 二十八年本空一字。
〔10〕 二十八年本空三字。

者廣之，弊者補之，傾頹樸陋者修整而文飾之，翻□□□□□[1]無所遺。又置經櫃以貯四大部經，作龍亭以覆萬歲牌位。丹艧黝堊，崔嵬炫耀，焕然改觀。至於修方廣刹，以啟後人；捨舟梓江，以濟行者；鑿[2]井成肆，以便居民，□□□□□[3]之餘耳。曇師號雨華，蓋取昔僧講經，天雨華，繽紛而下之義。晚年覺悟既得，觀聽益衆。講堂隘，更搆亭以□□□以闡教。旁植嘉木，聚奇石，種美竹，列異卉，望之若連艫麋[4]艦，與波上下，就之顛倒萬物，遼廓眇忽。亭成，□□□僧會之自待不淺也。夫人自知者操修甚至，而取名甚廉，白圭自待以禹，揚雄自待以孟軻，崔浩自待□□□，莫之許也。僧會今日之自待，其心毋乃爲侈乎？余嘗聞僧會自守官以來，每與衆僧修最上乘，解第一□□□色之蹟而達於其源，通假有借無之名而入於實相。境與智合，事與禮并。造生公之妙，續無際之燈。凡□□□能事，而其具頂門眼爲紫衣師，宜亦無□□□[5]愧亭之所由取義，宜乎其自待不淺也。嗚呼！佛氏之教行於天下，□□□[6]更得此僧會以充演之，則其□□□[7]法之繁昌，人力固如[8]何哉！余今佚老林下，侶魚蝦而友麋鹿，欲一□□□釋而未能，或遂所願，當更有□[9]説以爲僧會道。繕完，僉請言記，予是以筆其績，原其號，以及其名亭之。此記多闕文，依舊志録入。

雨華亭序 四川學道潘璋浙江金華

鹽亭僧會曇師名其所居之亭曰雨華，蓋取諸昔人講經而天雨華之義也。亭在縣之上乘寺，制不過方丈，幽静軒朗，奇花異草，雜列於前。雖居城市，恍若山林，誠方外一勝境也。予乘公便道過鹽亭，嘗一假館其間，曇師禮接甚恭。敍話頃，因指亭扁以請序。予躍然起曰："師亦愛吾文乎？昔文暢喜文辭，而韓昌黎與之文；佛印負詩才，而蘇東坡與之詩。若師之賢，殆文暢、佛印之流也。予才雖去韓、蘇遠甚，然竊景仰而師法之，於師之請尚安[10]却耶？惟爾釋氏之經，卷累千百，談空説

---

〔1〕 二十八年本空四字。
〔2〕 "鑿"，二十八年本作"鑿"，當是。
〔3〕 二十八年本空三字。
〔4〕 "麋"，或作"麋"。
〔5〕 二十八年本無空。
〔6〕 二十八年本"更"前有"而"字。
〔7〕 二十八年本無空。
〔8〕 二十八年本"何"前有"之"字。
〔9〕 二十八年本無空。
〔10〕 二十八年本"安"後有"容"字。

元，固亦微妙。第予注意儒書，目未暇接，其講之而雨華，予不得而知也。然師以是名亭，豈無意乎？意其心慈性惠，超出塵表，總見五蘊，了悟三乘，故風晨月夕，焚香據几，時展琅函而誦之，則一心感通諸天，森布方丈之地，寶華繽紛，散滿空中而雨者，此師之所自喻，予亦未敢必其然也。乃若吾儒之經，不過五部，雖未聞其雨華，然誦之反覆而自得之，則經綸之術磅礴胸中，葩藻之詞煥發筆下。上可以黼黻皇猷，下可以潤澤生靈，遠可以招致束帛，其爲華也大矣。予雖未克熟誦而即收其效，然含咀於燈窻，發舒於藝苑者，亦既有年，蓋亦竊得其餘緒於篇柬之中也，師其知之否乎？抑師雖宗釋教，而身出自儒族，其父若兄皆事儒業，而其所與交遊又盡儒族。師以釋名而儒行，是可與言者也。故予之序雨華，不以釋而以儒。"

上乘寺重修碑記 前邑令朱見乾

上乘寺，古剎也。舊傳創自宋皇慶乙卯，重修於元至正戊子。國初，邑進士御簡陳儀部榜聯有"自唐迄明"之句。陵谷變遷，究未識昉於何朝，不具論。[1] 中碣石有《雨花亭記》，撰於前朝督學潘公。乾隆甲戌冬，余來此，父老僉稱在昔奇石古木森列如屏，有天然山林之致，蓋當時邑治中巨觀也。明嘉靖十七年戊戌，遷文廟於寺後。儀制雖齊，[2] 址湫隘使然也。最是殿柱逼處戟門中，因仍久之，論者每爲恨事。先庚午，邑侯江西胡公華訓命前僧會道經營妥置，未果。乾隆乙亥，貴陽凌霙常與余論及此事，命僧會通文董其役。斯時殿宇已隳頽不可支，神像半就剥落矣。通文念吾儒宫墻重地非細事，丙子九月，移正殿向前隙地數武許，文廟始得改觀。夫上乘，古剎也，未可聽其無傳。六一公謂："佛氏之動揺興作，爲力甚易。"通文偕徒元泰，芒鞋竹杖，越陌度阡，鳩工庀材，裝嚴佛像一尊，列序羅漢神十八座。寺宇之露者蓋，缺者補，舊者悉從而新。經始於乾隆壬午，竣工於己丑，幾閱春秋，一舉兩全，事顧在人之措置若何也。日者通文乞余文以紀顛末，竊念上乘寺泮沼鄰於一隅，不滿人久之幸矣。昔湫隘已稱鴻敞，佇看人文蔚起，光騰雲溪之上，梵宫靈光勝蹟，花雨繽紛，又弗替於古，甚盛事也。不寧惟是，歲時逢朝會，各鉅典咸於是乎致慶，天威不違咫尺，覩兹巍巍峩峩，有肅恭敬而大觀瞻，余且嘉通文知所尊矣。昌黎常有言曰："人固有儒名而墨，問其名則是，較其行則非，是亦可與之遊

[1] "中"前疑有脱文。
[2] "址"前疑有脱文。

乎？如其墨名而儒行者，問其名則非，較其行則是，是亦不可與之遊乎〔1〕？"通文今固有功於吾儒也，義不得以不文却。不然，是役也，於余乎何與，而用是瑣瑣陳詞爲？

上乘寺〔2〕　翰林王元正鰲屋人

耽僻遠城市，鹽亭坐梵林。洗花朝雨歇，護竹夜雲深。鉢湛龍長臥，松虛鶴自吟。好懷馳騖術，縹緲錦屏岑。

衣禄寺，縣西三十里，乾隆四十七年建。

衣禄寺碑記摘録　邑人黄中異

嘗聞山不在高，有神則靈。若夫此山，勢極高也，神更靈焉。朝賀百餘年，有求必應；白鼠現金容，遠近共聞。但以廟貌未備，雖有齊明盛服之士，難以伸其如在之誠。今有僧華仙，念勝地之當前，心存創建；思佛德之無量，志切苦修。因此募化十方，共成功果。不惟神靈有所憑依，而氣運興隆，亦於斯而可豫卜矣。不揣固陋，既敘其修建之由，復繫以詩：昔步峩山嘆景幽，今觀此地愈風流。雖然不見蓬萊客，不讓名區第一籌。

鵝溪寺，縣西北八十里，明隆慶元年邑令蔣其才重修。

鵝溪寺碑記　蔣其才

鵝溪寺，邑之勝概，其來舊矣。夫以鵝溪名者，古謂縣西隅唐太師嚴公墓瑞氣鍾秀，有鵝起集於斯。既有仙鵝池、叩鵝山、鵝宿潭、金鵝鎮之名者，要皆斯鵝變化無常，飛鳴異致耳。寺之得名，蓋徵諸此也。粵考《一統志》："天下皆稱鵝溪絹。"又云："唐時登進士榜七人，於兹輩出，地靈人傑之區也。"局自梵慧禪刹，兵燹於永樂庚寅，遺蹟尚存。時老僧普元肇基前業，任事董功，開創於正統丁卯、庚午。燈焰相傳，迄今一百四十餘歲。補葺之功，不可枚紀。求其顋〔3〕麗殿宇，增崇廊楹者，亦罕也。至正德辛巳冬，住持僧百川黃覺海，安樂人也。自幼披剃，守清規，甘淡泊，積功累行，由是糧餉充足，資帛完美。一日參禪，靜裏悟登南海岸，

---

〔1〕"人固有……與之遊乎"，宋蜀本《昌黎先生文集》卷二十作"人固有儒名而墨行者，問其名則是，校其行則非，可以與之游乎？如有墨名而儒行者，問之名則非，校其行而是，可以與之游乎？"
〔2〕明萬曆四十七年序刊本《重脩潼川州志》卷三十一題作《遊定光寺》。
〔3〕"顋"，嘉慶二十一年本《四川通志》卷四十二作"瑰"，當是。

上普陀山。慨然捐貲，庀功輪[1]材，建圓通殿。粧塑圓通髻[2]像，圖彩普天大會。庭閣振舉，道堦砌墁，未幾一載而奏成。非善信素服人心，何以至是耶？嘉靖丙午季冬，徒東明、性曉，溯流窮源，蓋光前列，於左重修殿宇，裝塑三教法身。童子金龍，功借衆積，用不需人。告成於隆慶己巳春，焕然聿新，靡不有度，殆弗昔日之舊也。先儒云：「莫爲於前，雖盛弗傳；莫爲於後，雖美弗彰。」此之謂也。矧鵝溪古蹟，居鹽要路，縉紳道經停驂，士儒藏修游息，商旅負戴馬足。且僧衆朝暮敬禮佛堂，演習經教，罔弗攸寓，繼述雖殷，豈徒觀美視上[3]而已？嗟夫！明心見佛老之教，以顯爲宗。回視吾儒，存體達用，固若不類。究竟其意，要亦欲人之爲善也，豈謂其無足論乎？果能不恃於此，離塵脱俗，超於物外，造生公之妙，續無際之燈，循向尚去[4]，則他日之曠[5]闕，未必不由今日殿堦發軔不可也，余是爲鵝溪記[6]。

丘墓附

嚴震墓，在縣之負戴山麓。

嚴礪墓，在縣之負戴山麓。

憲宗賜嚴礪謝封贈敕 《白樂天長慶集》

勅嚴礪：薛光朝至，所陳謝具悉。卿狥[7]公竭誠，臣節克著；揚名濟美，子道有光。教[8]忠既本於義方，追遠宜崇於禮命。俾優褒贈，爰慰孝思。秩貴冬官，以表過庭之訓；封榮石窌，用旌徙宅之賢。雖示[9]新恩，允符舊典。遠煩陳謝，深見懇誠。

七人墓，縣西北八十里鵝溪之上，左四右三。相傳唐嚴氏登進士榜七人，俱葬於此。其右一墓崩露，石室洞然。石門二層，内安一棺，朱漆如新。壬午四月十八

---

〔1〕 "輪"，嘉慶二十一年本《四川通志》卷四十二作 "輪"，當是。

〔2〕 "髻"，嘉慶二十一年本《四川通志》卷四十二作 "寶"，當是。

〔3〕 "上"，嘉慶二十一年本《四川通志》卷四十二作 "聽"。

〔4〕 "去"，嘉慶二十一年本《四川通志》卷四十二作 "法"。

〔5〕 "曠"，嘉慶二十一年本《四川通志》卷四十二作 "宮"，當是。

〔6〕 "未必不由……鵝溪記"，嘉慶二十一年本《四川通志》卷四十二作 "未必不由今日殿階發軔，是爲記"。

〔7〕 "狥"，《四部叢刊》本《白氏長慶集》卷四十作 "徇"。

〔8〕 "教"，《四部叢刊》本《白氏長慶集》卷四十作 "敬"。

〔9〕 "示"，《四部叢刊》本《白氏長慶集》卷四十作 "亦"。

日，余親至目睹，命人掩而封之。惜無誌石。考其職名，杜工部稱"嚴遂州、蓬州兩使君及[1]諸昆季"，或其是歟[2]？

文同墓，《墓誌》云："葬永泰縣新興鄉新興里。"今舊縣壩西北河岸有墓。明天啟中，王百戶盜發，文公見夢邑宰，驗之，果然，遂置王於法。墓碑題云："大宋賜進士及第戶部侍郎兼理勸農光禄大夫與可文公之墓，二十四代孫文嗣書立。"按：此與文公《墓誌》所載官職迥異，譌謬可笑，蓋好事[3]爲之。

祭文與可文　蘇軾

維元豐二年，歲次己未，□□□朔，五日甲辰，從表弟朝奉郎、尚書祠部員外郎、直史館、權知徐州軍州事、騎都尉蘇軾，謹以清酌庶羞之奠，致祭于故湖州文府君與可學士兄之靈曰[4]：嗚呼哀哉！與可能復飲此酒也夫？能復賦詩以自樂，鼓瑟[5]以自侑也夫？嗚呼哀哉！余尚忍言之。氣噎挹[6]而填胸，淚疾作[7]而淋衣。忽[8]收淚以自問，非夫人之爲慟而誰爲乎？道之不行，哀我無徒。豈無朋友[9]，逝莫告予[10]。惟予與可，匪亟匪徐。招之不來，麾之不去。不可得而親，其可得而疎之耶？嗚呼哀哉！孰能惇德秉義，如與可之和而正乎？孰能養民厚俗，如與可之寬而明乎？孰能詩與楚辭[11]，如與可之婉而清乎？孰能齊寵辱、忘得喪，如與可之安而輕乎？嗚呼哀哉！予聞訃[12]之三日，夜不眠而坐喟，夢相從而驚覺，滿茵席之濡淚。念有生之歸盡，雖百年其必至。惟有文[13]不朽，與有子爲不死。雖富貴壽考之人，未必[14]有此二者也。然[15]嘗聞與可之言，是身如浮雲，無去無來，無忘[16]

---

〔1〕 "及"，《續古逸叢書》本《杜工部集》卷十二作"咨議"。
〔2〕 此條漫漶之處頗多，均據二十八年本補。
〔3〕 二十八年本"事"後有"者"字。
〔4〕 "維元豐二年……之靈曰"七句原脱，據宋拓《西樓蘇帖》補。
〔5〕 "瑟"，宋拓《西樓蘇帖》、明成化本《東坡集》卷三十五俱作"琴"。
〔6〕 "挹"，宋拓《西樓蘇帖》、明成化本《東坡集》卷三十五俱作"悒"，當是。
〔7〕 "作"，宋拓《西樓蘇帖》、明成化本《東坡集》卷三十五俱作"下"。
〔8〕 "忽"，宋拓《西樓蘇帖》作"復"。
〔9〕 "朋友"，宋拓《西樓蘇帖》、明成化本《東坡集》卷三十五俱作"友朋"。
〔10〕 "予"，宋拓《西樓蘇帖》、明成化本《東坡集》卷三十五俱作"余"，後同。
〔11〕 "孰能詩與楚辭"，宋拓《西樓蘇帖》、明成化本《東坡集》卷三十五俱作"孰能爲詩與楚詞"，當是。
〔12〕 "訃"，宋拓《西樓蘇帖》作"赴"。
〔13〕 宋拓《西樓蘇帖》、明成化本《東坡集》卷三十五"有文"後俱有"爲"字，當是。
〔14〕 宋拓《西樓蘇帖》、明成化本《東坡集》卷三十五"未必"後俱有"皆"字。
〔15〕 宋拓《西樓蘇帖》、明成化本《東坡集》卷三十五"然"後俱有"余"字。
〔16〕 "忘"，二十八年本作"亡"。

無存。則夫不朽與不死者，又安[1]足云乎？嗚呼哀哉！尚饗[2]。

黃州再祭文與可文　蘇軾

從表弟蘇軾，昭告於亡友湖州府君與可學士文兄之靈。嗚呼哀哉！我官於岐，實始識君。方[3]口秀眉，忠信而文。志氣方剛，談詞如雲。一別五年，君譽日聞。道德爲膏，以自濯熏。藝學之多，蔚如秋黃。脫口成章，燦[4]莫可耘。馳騁百家，錯落紛紜。使我羞嘆，筆硯爲焚。再見京師，默無所云。杳今清深，落其華芬。昔藝我黍，今熟其饋。啜醨歡[5]呼，得醇而醺。天力自然，不施膠筋。坐了萬事，幾[6]回三軍。笑我皇皇，獨違塵紛。俯仰三州[7]，眷戀桑枌。仁施草木，信及麢麝。昂然來歸，獨立無羣。俛焉復去，初無戚欣。大哉生死，悽愴蒿焄。君沒談笑，大鈞徒勤。喪之西歸，我竄江濆。何以薦君，採江之芹。相彼日月，有朝必曛。我在茫茫，凡幾合分。盡此一觴，歸安於墳。嗚呼哀哉！尚享[8]。

文湖州墓誌　龍圖閣學士河南府知府范百祿華陽人

元豐二年正月二十一日，尚書司封員外郎、中[9]秘閣校理、新知湖州文公以疾卒於陳州之賓館，享年六十有二。其孤朝光奉其柩以歸，以元祐九年二月五日葬於梓州永泰縣新興鄉新興里。前此，狀公行事始卒來求銘。公，百祿所畏者，且同年進士也，不可辭，故書。公諱同，字與可。其先文翁，廬江人，爲蜀守，子孫因家焉。至立，徙巴之臨江，學譙周，門人推爲顏子。其後又徙梓州永泰之新興鄉新興里。曾祖彥明、祖廷蘊、考昌翰皆儒服不仕，考[10]以公贈尚書都官郎中。妣李氏，仁壽縣太君。公幼志於學，不羣，鄉人異之。都官[11]嘗誨之曰：“吾世爲德，爾其起家乎！將高吾門，於吾廬之東偏以待汝，宜勉之。”公時年十三，俛而對曰：“謹奉教。”自是，晝悉力家事，夕常讀書達旦，遂博通經史諸子，無所不究，未冠能

---

[1]　“又安”，宋拓《西樓蘇帖》、明成化本《東坡集》卷三十五俱作“亦何”。
[2]　“嗚呼……尚饗”二句原脫，據宋拓《西樓蘇帖》補。
[3]　“方”，明成化本《東坡集》卷三十五、二十八年本俱作“甚”。
[4]　“燦”，明成化本《東坡集》卷三十五、二十八年本俱作“粲”。
[5]　“歡”，明成化本《東坡集》卷三十五作“歌”。
[6]　“幾”，明成化本《東坡集》卷三十五作“氣”。
[7]　“州”，二十八年本作“洲”。
[8]　“尚享”二字原脫，據明成化本《東坡集》卷三十五補。
[9]　“中”，明汲古閣本《丹淵集》卷首作“充”，當是。
[10]　明汲古閣本《丹淵集》卷首、二十八年本“以”前俱有“公”字。
[11]　明汲古閣本《丹淵集》卷首“都官”後有“公”字。

文。慶曆中，今太師潞公守成都，譽公所贊文，以示府學，學者一時稱慕之，再舉鄉書第一。皇祐元年登科第五，調卭州軍事判官，更攝蒲江、大邑。繩治豪放，或辨〔1〕折欺僞，然後敦學政，勸邑之子弟，召其長者與語名教，使歸諭里人。再調靜難軍節度判官，秩滿，改太常丞。嘉祐四年召試館職，判尚書職方，兼編校史館書籍。以親老請通判卭州。未幾，丁都官憂。服除，歸館，又以母年請通判漢州，遷太常博士。明堂覃恩，遷尚書祠部員外郎，賜五品服，知普州。丁仁壽憂，服除，熙寧三年知太常禮院，兼編修《大宗正司條貫》。時執政欲興事功，多所更釐創造，附麗者衆，根排異論，公獨遠之。及與陳薦〔2〕議宗室襲封事，執據典禮，坐非是，奪一官。再請鄉郡，以太常博士知陵州。州廨徙倚於培塿之間，士〔3〕風習龐，守長至者或鄙易之。公訪民疾苦，得城中羣不逞主名，常以夕時凌轢途衢，良民暮即闔戶不敢出。及是，率以事收至庭，峻繩之，且戒毋復亂吾治。是後郡民慶弔相往來，雖篝火宵行，無復擾者。上元嬉遊，野民扶老攜穉趨城市，數習宴然，父老相慶曰："不圖吾鄉今日安居行樂近比都會也！"貴平男子依假靈惠，以鬼道惑人，遠近走集，爭投貨財，將大侈叢祠。公聞之，乃移尉捕其首，黥而徙之，餘置不問，以其材新甲仗庫。常〔4〕使諭尉曰："西山之隈居者數家，有盜匿焉，亟捕之！"尉果擒盜，鄉人神之。知興元府，漢中沃胺，俗饒財寡文，未有第進士者。公先治庠序，擇行藝之秀者使掌之，風諭境內，使民遣子弟就學，暇日躬往閱視而誨導之，於是風俗寖改，向學爲多。有盜雜居閭閻，公使捕詰之，叩頭伏。發其藏，皆穿窬所得，未之易也。士民每春出遊觀，常若〔5〕秦隴惡少從襃斜間道往來剽竊，吏不能禁。公嚴治之，盜不敢犯。城固之上原、巴城民頑，逋租不以時入，人苦鄉徭，代輸破產。公督勵之，革其弊。既復舊秩，歷度支、司封員外郎，徙知洋州。輿〔6〕勢環境皆山谷，民以茶爲產，使者方行榷法，歲課四十餘萬觔。商旅不通，山民及其挈荷擔趣郡，遠者往返千里，公條奏其不便。時茶場歲額有曰"綱外"者，有司新其法，止通商於蜀，出他路者禁之。然蜀產茶郡居多，商無由通，於是綱外茶山積。使者又督主吏必盡易之，腐敗者償納，人爲憂惴。公又奏論其不可，皆不報。茶司方輦致解鹽就易於郡，冀以阜茶本而盡榷民間食鹽。商旅不行，官鹽復不繼，於是民苦食

---

〔1〕"辨"，二十八年本、嘉慶二十一年本《四川通志》卷四十六俱作"辨"，當是。

〔2〕明汲古閣本《丹淵集》卷首"陳薦"後有"等"字。

〔3〕"士"，明汲古閣本《丹淵集》卷首、二十八年本俱作"土"，當是。

〔4〕"常"，明汲古閣本《丹淵集》卷首作"嘗"。

〔5〕"若"，二十八年本、嘉慶二十一年本《四川通志》卷四十六俱作"苦"，當是。

〔6〕"輿"，明汲古閣本《丹淵集》卷首作"興"。

淡。公又言："臣州榷茶雖久，其間措置未有衷比，又盡催解官鹽自出賣[1]，不許
商販。雖利歸公上，而民不便之。宜預爲津調，娸然有備。其[2]法行之後，售之民
間，涓涓不絶。若一日弗繼，則人無以食。"詔爲弛禁，輿誦歡然。代還，判登聞鼓
院。數月，乞郡東南，除知湖州。神宗召見延問，公條對有緒，建言二事。一曰：
"洋與秦、鳳壤錯比，往時凶盜剽掠境上，人不得安，急則逃匿山谷。恐一旦嘯聚呼
白地，劍外當小警，請置吏於五丈原，否則駱谷，與華陽鎮相援，以禦絶諸偷。"
一[3]曰："遠民詣登聞鼓院投訴無虛日，間有判然易以勑律辨者，官司不爲區處，
第援舊牘抑却之。冤民廢農桑，走數千里，抱書立鼓下，非朝廷爲民設官意。請凡
訟訴滯枉，或不爲決，致詣闕得直者，重其坐，使吏知恤職，民無嗟憝。"上然之。
公資廉方，家居不問資産，所至尤恤民事。民有不便，如己納之阱中，必爲出之而
後已。退[4]齋居一室，書史圖畫，羅列左右，彈琴著文，寒暑不廢。事親孝，未嘗
違去晨暮，恬於遠官，以便甘旨者十有餘年。不趣時好，不避權仇，修其在己，而
不求其在人者。安義與命，蓋超然自得。平居以言誨諸子而自踐之者，其大旨如此。
故凡與之遊，皆名節文行之士顯用於今者，而公獨不與焉，命也夫！司馬溫公常遺
書曰："與可襟韻蕭灑，如晴雲秋月，塵埃不到。光心服者，非特詞翰而已。"公博
學，雖星經、地理、方藥、音律靡不究，古篆、行草皆能精之。好水石松竹，每佳
賞幽趣，樂而忘返，發於逸思，形於筆妙，摹寫四物，頗臻其極，士大夫多寶之。
其殁於宛丘也，梁、洋之民悲思焉。娶衛氏，追封旌德縣君。再娶李氏，封永和縣
君。子男五人：朝光爲彭州軍事判官，葆光舉進士，垂光、務光及幼未名者三人皆
早亡。女二人：長亡，次適進士張元弼。孫男七人：機、檄皆業進士，餘悉幼。女
四人。平生所爲文五十卷。銘曰：蹈直方而不詘兮，不負其君。樂吾土而徜徉兮，
不遺其親。處單逿而懷國兮，恤一物之不伸。琢至寶而不售兮，韞吾櫝而晦珍。令
有否而膠戾兮，誠激烈而儻陳。善則擇於太上兮，不忘於梁、洋之民。芻豢牢醴之
不吾嗜兮，甘吾之芹。黼黻貂冠之不吾好兮，服吾之文。道渺莽兮東南游，漠然命
兮逝宛丘。魂萬里兮返故州，從先壟兮植新楸。垂令名其不朽兮，蓋不特王褒、相
如之儔[5]。

馮伯瑜墓，縣東南一百二十里。

---

〔1〕"又盡催解官鹽自出賣"，明汲古閣本《丹淵集》卷首作"又盡榷解鹽，官自出賣"，當是。
〔2〕"其"，明汲古閣本《丹淵集》卷首作"則"，當是。
〔3〕"一"，明汲古閣本《丹淵集》卷首作"二"。
〔4〕明汲古閣本《丹淵集》卷首"退"後有"而"字，當是。
〔5〕"銘曰……之儔"二十三句原脱，據明汲古閣本《丹淵集》卷首補。

黃衡墓，縣東南一百二十里華頭山。

任時芳墓，縣東南一百二十里斷頭山下，進士灘上。

陳書墓，縣南二十五里四房嘴。

張漢墓，縣南三里邱家溝。

贈張泰階父母勅　康熙六年

制曰：資父事君，臣子篤匪躬之誼；作忠以孝，國家弘錫類之恩。爾張瑄，乃廣西平樂府恭城縣知縣張泰階之父，善積於身，祥開厥後。教子著義方之訓，傳家裕堂構之遺。茲以覃恩，贈爾爲文林郎、廣西平樂府恭城縣知縣，錫之勅命。於戲！殊榮必逮於所親，寵命用先夫有子。承茲優渥，永芘忠勤。奉職在公，嘉教勞之有自；推恩將母，宜錫典之攸隆。爾廣西平樂府恭城縣知縣張泰階之母何氏，壺範宜家，鳳協承筐之燆；母儀詒穀，載昭畫荻之芳。茲以覃恩，贈爾爲孺人。於戲！彰淑德於不瑕，式榮象服；膺寵命之有赫，永賁泉壤。

封贈張漢父母誥　雍正十三年

制曰：夙夜宣勞，事君資於事父；雲霄布澤，教孝實以教忠。特賁絲綸，用光閥閱。爾原任江南盧州府同知張泰階，乃廣西分巡右江副使道張漢之父，操修淳篤，矩範嚴明。術在詩書，克啟趨庭之訓；業恢堂構，實開作室之模。茲以覃恩，贈爾爲中憲大夫、廣西分巡右江副使道，錫之誥命。於戲！錫天府之徽章，殊榮下逮；際人倫之盛美，茂典欽承。祗[1]服誥詞，永光譽問。王臣分猷於外，加恩必逮庭闈；人子讓善於親，褒德無殊先後。爰頒朝獎，用表母儀。爾廣西分巡右江副使道張漢之前母任氏，毓質清門，作嬪名族。温恭成性，早聞綦縞之風；慈淑爲心，猶見栲栳之澤。茲以覃恩，贈爾爲恭人。於戲！慰顯揚之夙志，寵賁雲霄；甄報稱之成勞，光流泉壤。祗承休命，益闡芳型。家聲昌大，鳳彰式穀之休；壺教賢朋[2]，不替樹諼之慕。適逢上慶，用錫殊榮。爾廣西分巡右江副使道張漢之母汪氏，敦習禮規，恪循箴訓。寢門治業，著恒德於貞心；閨塾授型，寓慈風於雅範。茲以覃恩，封爾爲恭人。於戲！恩能育子，挺杞梓之良材；善必稱親，被笄珈之茂寵。祗承嘉獎，益表芳儀。

---

〔1〕"祗"，二十八年本作"祇"，當是，後同。
〔2〕"朋"，二十八年本作"明"，當是。

弔張雲倬_{張漢字} 巡撫唐綏祖

連朝足寒費扶持，榻臥維摩問疾遲。長別未能將手訣，新交自許託心知。經傳子舍無遺恨，地隔親闈痛割慈。回首龍城雲萬疊，雙眸難瞑蓋棺時。

又 陳齊賢[1]

昔年初謁謝元暉，同譜殷勤話不歸。雅意春風帶露拂，高懷晨彩夾霞飛。神依魏闕忠誠阻，目斷慈幃孝思違。桂嶺峴山同一轍，遺碑在道淚頻揮。

張副使墓誌銘 _{潮州府知府龍爲霖巴縣人}

公以乾隆四年二月十八日卒於廣西桂林，十一月櫬過渝江，余既爲文以哭之。今孝子士權等卜兆於鹽亭之城南，將以五年九月二日歸窆，復乞余銘以藏。余與公交最久，宦遊又壤接，雖自慚不文，而知之深，言之親切，或能稍傳其一二，以貽後人。應曰："諾。"公諱漢，字雲倬，先世江南華亭人，明洪武間遷居於蜀之鹽亭，遂爲鹽亭人。家北門，世多顯達，相傳爲北門張氏云。高祖黼，明某科舉人，江南儀真縣令。曾祖力行，拔貢生，華陽教授。祖琯，歲貢生。父泰階，順治辛卯舉人，歷任江南廬州府同知。生子四：長曰渤，拔貢生；次澎，康熙乙酉舉人；次溥，丁酉舉人；公其第四子也。公生九歲失怙，太母撫養教育。比長，篤學，氣偉岸，鄉人稱之，謂又一科甲中人。公笑曰："讀書僅博科第耶？何見之卑也！"聞者異之。康熙戊子鄉試，房考官錄薦，屈於額，登副車。秉鐸榮經縣，適會打箭爐軍興，輓運三載不乏。以軍功議敘，授雲南大理府雲南縣知縣，遷宣威州知州、曲靖府同知。以賢能保舉，擢廣西南寧府知府。又以卓薦，授分巡右江道。自雲南縣至右江道，[2] 五任凡十三年，所至之地，皆蠻夷雜處，性鳥獸而語侏傹，言詞文詰，格格不入，一切束以法則，如繫鷹械虎，奮迅咆哮，思騰踔而爲變矣。公開誠布公，不設藩籬，察有不便於民者，即除去之。尤好講求水利，興起學校，以端治化之源。不屑苟且旦夕，塗民耳目；亦不務生事立威，順上意以速樹勳名，而罔顧所安。以故歷任悉協輿情，頌聲洋溢。當其在宣威也，余自石屏請養歸，過其治，夜飲，耳語曰："迤東改流諸地，蕩搖未定，而操之者如束濕薪，余懼其生變也，幸善撫之。"

---

〔1〕"賢"，後文、二十八年本俱作"實"，當是。
〔2〕二十八年本"五"前有"歷"字。

公曰："然。"越一載，烏蒙苗蠻果叛，郡邑震恐。時公已自曲靖司馬擢南寧守，束裝將就道，聞信，慨然曰："吾赤子憂難且至，奈何舍之去！"立命解其裝，親爲慰諭，更招集勇練，移營分兵協守，勢定然後行，百姓挈壺觴以送者，道路不絕。守南寧，曾攝太平府事。太平，巖疆也，所屬鄧橫、安馬二寨。梗化既滅，鄧橫、安馬猶抗拒，議者欲并剿之。公曰："兵不得已而後用，且蠻人貴服其心耳，合寨中豈無良民？玉石俱焚，非所以廣聖澤也。"親往反覆諭導，衆皆悔懼歸誠，至今帖服。處難者如此，易者可知矣；倉卒時如此，暇豫可知矣。公性孝友，篤姻睦，遇事謹慎，而勇於從善，見有勝己者，不憚曲意承教，故人樂進言，公亦鮮有過差。既遷右江，旋代臯篆，攝鹺政。上官屢薦其賢，天子方倚用之，而公以太母年屆八旬，力請終養，曰："吾得歸奉甘旨，吾志畢矣。"嗚呼！豈料命甫下，而公已赴泉壤耶？余與公意氣投洽，久同官，且忝姻婭。告養以來，聞公卜築渝城，方日夜廷[1]頸，冀朝夕左右以求全夙願，乃既敘其生平交遊以哭其喪，今又述其世次，銘其壙以遺其孤而藏之，而余方且皤然兩鬢，鹿鹿塵事，思一息肩而不可得，其又能耐老耶！公在南寧遇覃恩，故榮封止一代，父贈中憲大夫，母任氏誥贈恭人，汪氏誥封恭人。緣中憲公任廬州時，任太恭人以疾留家，旋遭吳逆之變，音問闊絕，乃於任所聘娶汪太恭人。公與兄泦、溥，皆汪出也。子三人：士權，歲貢生，候選州同；士枚、士標，俱國學生，加職州同。孫四：輝、炳、烈、炘。女四：長適中江戴維杙，次適潼川萬綏，次許聘綿竹唐叔獻，次即余長子象昭，俱未字。三子四女同出誥封恭人顧氏，同邑明經諱海公女。恭人與公合德，白首無間言。公生於康熙庚申八月初七日，距卒時年六十。銘曰：洞然渾璞絕瑕讁，郎官郡守愈著白。甲子一終反元宅，昌黎以銘鄭羣蹟。移以贈公藏幽室，子孫世守永維則。

趙維屏墓，縣東北鄉，原任雲南鶴麗鎮遊擊。

贈趙維屏祖父母誥　乾隆十六年

制曰：策勳疆圉，遡大父之恩勤；錫賚絲綸，表皇朝之霈澤。爾趙長華，乃雲南鶴麗鎮標右營遊擊趙維屏之祖父，敬以特[2]躬，忠能啟後。威宣闉外，家傳韜略之書；澤沛天邊，國有旂常之典。茲以覃恩，贈爾爲武翼大夫，錫之誥命。於戲！我武維揚，特起孫枝之秀；賞延於世，益徵遺緒之長。樹豐功於行陣，業著聞孫；

---

〔1〕"廷"，二十八年本作"延"，當是。
〔2〕"特"，二十八年本作"持"，當是。

錫介福於庭幃，恩推大母。爾雲南鶴麗鎮[1]右營遊擊趙維屏之祖母陳氏，壼儀足式，令問攸昭。振劍珮之家聲，輝流奕世；播絲綸之國典，慶衍再傳。茲以覃恩，贈爾爲淑人。於戲！翟茀用光，膺弘休於天闕；龍章載煥，錫大惠於重泉。

贈趙維屏父母誥 乾隆十六年

制曰：寵綏國爵，式嘉閥[2]閱之勞；蔚起門風，用表庭闈之訓。爾趙緒祖，乃雲南鶴麗鎮標右營遊擊趙雜[3]屏之父，義方啟後，縠似光前。積善在躬，樹良型於弓冶；克家有子，拓令緒於韜鈐。茲以覃恩，贈爾爲武翼大夫，錫之誥命。於戲！策幕府之徽章，沛承恩澤；荷天家之休命，永賁泉墟[4]。怙恃同恩，人子勤思於將母；赳桓著績，王朝錫類以榮親。爾雲南鶴麗鎮標右營遊擊趙維屏之母馮氏，七誡嫻明，三遷勤篤。令儀不忒，早流珩瑀之聲；慈教有成，果見干城之器。茲以覃恩，贈爾爲淑人。於戲！錫龍綸而煥采，用答劬勞；被象服以承休，永光泉壤。

授封趙維屏夫妻誥 乾隆十六年

制曰：國重干城，特賁褒揚之典；功高營衛，式膺殊渥之施。載沛榮綸，用嘉懋績。爾雲南鶴麗鎮標右營遊擊趙維屏，英猷克矢，武力維宣。撫恤師徒，廣仁風於挾纊；勤勞軍旅，鼓壯氣於同袍。闓惠攸頒，徽章宜錫。茲以覃恩，特授爾爲武翼大夫，錫之誥命。於戲！幕府疏勳，尚欽承夫寵澤；巖廊行慶，爰誕畀以恩光。祗[5]受崇褒，益恢來效。策府疏勳，甄武臣之茂績；寢門治業，闓賢助之徽音。爾雲南鶴麗鎮標右營遊擊趙維屏之妻王氏，毓質名閨，作嬪右族。擷蘋采藻，凤彰宜室之風；說禮敦詩，具見同心之雅。茲以覃恩，封爾爲淑人。於戲！錫寵章於閨閫，惠問常流；荷嘉獎於絲綸，芳聲永劭。

萬人塚，南東門外江神廟右數步。乃明末流寇所戮，遺骸盡委一壑。乾隆二十七年，里人築室掘土獲焉。張士標見而傷之，以白於令，爲築一塚。周圍六丈，高二丈，立碑識之。

漏澤園，縣北五里山坡。

義塚，一在先農壇後，一在厲壇右。

---

〔1〕 "右"前疑脫"標"字。
〔2〕 "閥"，二十八年本作"伐"。
〔3〕 "雜"，二十八年本作"維"，當是。
〔4〕 "墟"，二十八年本作"壚"。
〔5〕 "祗"，二十八年本作"祗"，當是。

鹽亭縣志卷四　土地部

津梁志　場鎮附

鹽邑環萬山而開百雉，左瀰江而右梓水，俯瞰長溪，蜿蜒如在襟帶間。又當川北果、閬之衝，行旅載道，軿軒絡繹。設無橋梁以通之，則褰裳濡足，不無望洋迷津之嘆。《夏令》曰"十月成梁"，故孟氏以此爲王政之首。近世有司但勞形案牘而不遑顧及，乃竟任其頹圮者有矣。□鄉場市集，爲日中交易、通商便民之所，亦賴橋梁以資利涉。若夫□其修葺，嚴其護持，□〔1〕其境，凡興梁塗軌，無弗繕治，此守土者之責也。

南河渡，縣南三里梓江。

沙河渡，縣北八里瀰江。舊設官船六隻，渡夫共四名，今俱奉裁。沙河渡修橋一座，南河渡義船二隻。

德星橋，一洞，城內南街，跨雲溪之上。在嚴氏宅傍，故取杜詩"嚴家聚德星"之句爲名。元大德八年知縣羅元祐〔2〕修。

春谷橋，二洞，城內西街，跨雲溪之上。取杜詩"春谷水泠泠"之句。春谷，本作春郭。

蓮花橋，一洞，在文廟右側，跨雲溪之上。其下舊有嚴太保蓮花池，故名。乾隆二十七年新建。

---

〔1〕 "□"，疑當爲"入"。
〔2〕 二十八年本"修"前有"重"字。

龍江橋，二洞，城北半里。上覆瓦亭，原名清官橋。

重建龍江橋記 邑人張錦

我鹽邑負山西峙，峩然崔崒。其隅罅汍泉數十道，濚濚汩汩，東匯合於瀰水，隔斷九省通衢。每歲霆霈，或溪水衝激湍悍，或巨䎘漭洄浩渺，既難[1]属揭，又乏葦杭。至行旅蟻聚，非水落則不獲逾。彼羽檄旁午，縱扼腕而誰如之何？昔人雖建橋龍江，而規局空闊，木石綿薄，不耐水勢之蕩搖，無怪乎其久而傾圮也。賴有檀越者李汝，見治梁讖瑞雲往來橋上，深太息行旅之未便，遂捐一生囊橐。上白明府胡公，諏孟春穀旦鳩工伐石，圈作兩洞，較昔之空闊者而稍加緊密，易昔之綿薄者而更益堅確。工既告竣，任其湍悍浩渺，而九省梨獻，如駕長虹於空中，鞭螮虹於波上，將百千世荷既濟於無虞矣。猗歟！彼洛陽天津，利益最著人間，顧能獨擅其美而專稱其隆哉！吾以浮屠報應之説，據李君之德，卜李君之福。昔豫章撫郡居士馬金者，建馬金橋。再世寄生西充，復名馬金，鼎甲，仕至開府。此極異事，皆[2]鹽先輩之所耳聞而目擊者。神靈有驗，李君之福應亦若是而已。時天啟六年歲舍丙寅孟夏月。

虎洞橋，一洞，城南門外數步。

以上二橋，取明尚書甘爲霖“龍江秋漲，虎洞雲深”之句。

春聚橋，十五洞，南東門外二百步，跨瀰江之上。取杜詩“江橋春聚船”之句。乾隆二十七年新建。

創建春聚橋記 前邑令董夢曾

遂古以來，蜀有瀰江，自劍州南經鹽亭北，繞東城闉下董叔山麓，西南流入梓江。凡隸鹽邑東南境者，必踰此江始克達治城，實要津也。曩者值夏則一葉艇，冬則一彴權，各惴惴戰栗，甚則或属或揭，蓋民之病涉也久矣。比凌令見而憫之，廼與士民議捐貲建橋。方采石，未幾致仕去，余接篆蹱成之。橋高一丈，徑十五丈，寬七尺，爲洞十五。經始於庚辰春，竣工於壬午夏，歷二載，費幾千金。僉丏余名之，命曰“春聚橋”，蓋取杜工部寓鹽時“江橋春聚船”之句也。自茲以往，履道坦坦，如行康莊，無復徒涉患矣。此固凌令首倡建議之德，而亦邑人士踴躍鼓舞，衆

---

[1] “難”，二十八年本作“艱”。
[2] 二十八年本“皆”後有“吾”字。

擎之力也，於余何有焉？余惟記其顛末如此云。乾隆二十七年壬午午日撰。

龍門橋，一洞，南東門右八十步雲溪入江處。

廣漢橋，縣南五百步先農壇前，取古廣漢地名。

玄武橋，縣北一里。橋側山形似龜蛇，故名。

沙河橋，縣北八里，跨瀰江之上。

泥壩橋，縣西南十五里。

慎成橋，縣北十二里。

大板橋，縣北二十里。

彭家橋，縣東二十里。

孫家橋，縣東南二十五里，乾隆二十二年建修。

章邦橋，縣西北三十里，乾隆十一年建修。

黃店橋，縣東三十里，乾隆二十六年建修。

佛寶橋，縣南三十里，乾隆三十年建修。

金魚橋，縣東南四十里，乾隆七年建修。

兩板橋，縣北四十里，乾隆二十二年建修。

廣善橋，縣東南四十里，乾隆三十七年建修。

玉龍橋，縣東南六十里，乾隆二十五年建修。

觀音橋，縣東南六十里。

湍水橋，縣西北七十里，順治五年建修。

文星橋，縣西北八十里，康熙三十五年建修。

鵝溪橋，縣西北八十里，乾隆七年建修。

楊家橋，縣東六十里，乾隆十二年建修。

王武橋，縣東六十里，乾隆五年建。

觀音橋，縣東六十里。

蒙樹橋，縣東八十里，乾隆二年補修。

洛陽橋，縣東八十里，乾隆八年建。

馮家橋，縣東八十里。

大板橋，縣東南六十里。

龍定橋，縣東南六十里。

辛家橋，縣東南六十里。

大板橋，縣東南七十里，乾隆六年建。

雙龍橋，縣東南七十里，乾隆十九年建。

金龜橋，縣東南八十里。

觀音橋，縣東南八十里。

接龍橋，縣東南一百里。

章華橋，縣東南一百二十里。

迴龍橋，縣東南一百二十里。

廖家橋，縣東南一百二十里，乾隆元年建。

東關橋，縣東南一百二十里。

金鷄橋，縣東南一百二十里。

萬安橋，縣東南一百二十里。

飛龍橋，縣東南一百二十里。

玉坪橋，縣東南一百二十里。

李家橋，縣東南一百二十里。

龍鳳橋，縣東南一百二十里。

金剛橋，縣東南一百二十里。

高陞橋，縣南十里，乾隆三十七年建。

張村橋，縣東一百二十里。

張家橋，縣東一百一十里。

太平橋，縣東六十里，乾隆元年建。

三河橋，縣東六十里，乾隆十六年建。

永泰橋，縣東北六十里，乾隆二十年建。

廣德橋，縣南四十五里，乾隆二十二年建。

桂香橋，縣東九十里，乾隆二十三年建。

萬寶橋，縣東六十里，乾隆二十八年建。

玉龍橋，縣東北八十里，乾隆三十八年建。

會龍橋，縣東一百里，乾隆四十二年建。

登聚橋，縣東南一百二十里，乾隆四十三年建。

永泰北橋，治西北一百三十里，宋治平元年重修，有記。

永泰縣重建北橋記　文同

上即位之明年，永泰縣重建北橋。既成，其令郭君經與其佐史君潤辭，有請於邑人文同曰：“經、潤辭不佞，竊廩食於此，伏自念終無[1]施短才、立異效。嚮[2]者議與斯民興是役，以利其往來，此前人憚勞畏譏、久而不克爲之工。者[3]今休矣，問諸左右，約諸所以調用，民實不艱其供，而咸謂其且當然者。經、潤辭輒不愧，宜具[4]文紀其上，敢以累執事，庶因之以傳乎無[5]窮，經、潤辭幸矣。”同曰：“唯唯。二君之治端，幹明[6]潔，便人謹己，聞之長老，舊無有也。均縣賦、平訴訟，他[7]人蓋亦有能之者，夫何足書？是舉也，同嘗觀二君之爲，乃有志於行愛惠之深者。勞躬瘁[8]心，旦夕激[9]勵，暴外風露，曾不以懈。勞[10]王事，恤民隱，古之賢吏凡不過此，是可書爾。二君雖不見囑[11]，同亦[12]件次休績，揭諸華表之末，以示[13]於後人，況二君所以求[14]之意誠且願耶？”謹不避遜[15]，爲之詞云：維縣爲梓之所領，西上府治，蓋百有三十里。叢崗[16]杳嶺，圖[17]聚邑屋，疆畛麤陋，號最險下。然賓旅還過，此焉要隙。大抵[18]閬中、清化、始寧、符陽諸郡，所仰二州[19]産植，繪綿、絺紵[20]、葤茗、刺繡、雕刻、鏤治[21]之物，與所市易牛驢[22]、絲繭、椒蜜之貨，日夜旁午絡繹，駝負贏揭[23]，抗蹄裂肩[24]，如水上下。故北出之道，路[25]踵相織。近郭有澗，自東迤西，橫匯曲決，峭絕傾斷。自昔

---

〔1〕 明汲古閣本《丹淵集》卷二十三“無”後有“以”字，當是。

〔2〕 “嚮”，明汲古閣本《丹淵集》卷二十三作“鄉”。

〔3〕 “工者”，明汲古閣本《丹淵集》卷二十三作“者工”，當是。

〔4〕 “具”，明汲古閣本《丹淵集》卷二十三作“其”，疑誤。

〔5〕 “無”，明汲古閣本《丹淵集》卷二十三作“亡”。

〔6〕 明汲古閣本《丹淵集》卷二十三“明”後有“以”字，當是。

〔7〕 “他”，明汲古閣本《丹淵集》卷二十三作“它”。

〔8〕 “瘁”，明汲古閣本《丹淵集》卷二十三作“率”。

〔9〕 “激”，明汲古閣本《丹淵集》卷二十三作“歐”，光緒二十三年本《新修潼川府志》卷四作“惕”。

〔10〕 “勞”，明汲古閣本《丹淵集》卷二十三作“勤”。

〔11〕 “囑”，明汲古閣本《丹淵集》卷二十三作“屬”。

〔12〕 明汲古閣本《丹淵集》卷二十三“亦”後有“將”字。

〔13〕 “示”，明汲古閣本《丹淵集》卷二十三作“視”。

〔14〕 “求”，明汲古閣本《丹淵集》卷二十三作“來”。

〔15〕 “遜”，明汲古閣本《丹淵集》卷二十三作“讓”。

〔16〕 “崗”，明汲古閣本《丹淵集》卷二十三作“岡”。

〔17〕 “圖”，明汲古閣本《丹淵集》卷二十三作“圍”，當是。

〔18〕 “抵”，明汲古閣本《丹淵集》卷二十三作“氐”。

〔19〕 “州”，明汲古閣本《丹淵集》卷二十三作“川”。

〔20〕 “二州産植繪綿絺紵”，明汲古閣本《丹淵集》卷二十三作“二川産殖繪錦枲紵”。

〔21〕 “雕刻鏤治”，明汲古閣本《丹淵集》卷二十三作“鏤刻縣治”，二十八年本作“雕刻鏤治”。

〔22〕 “牛驢”，明汲古閣本《丹淵集》卷二十三作“牛贏羊毲”，二十八年本作“牛贏”。

〔23〕 “駝負贏揭”，明汲古閣本《丹淵集》卷二十三作“它負贏揭”，二十八年本作“駝負贏揭”。

〔24〕 “肩”，明汲古閣本《丹淵集》卷二十三作“肩”，疑誤。

〔25〕 “路”，明汲古閣本《丹淵集》卷二十三作“趾”，當是。

經制，有橋甚偉，以利其涉，逾五十祀。至和甲午，夏潦浡溢，遠谿逆讓，喧湢不寫，鐫隁喤[1]岸，級礎崩納，角楹翹虛，軬版散墮，日欹月陷，以至大壓。庸吏數易，一不省問；人擠溝，馬還泥[2]，間則有矣。維汾陽君爲令之二年，慈惠宣浹，民實信賴，諸敝已捄，回力圖北[3]，因倡於衆，曰："是橋廢圮，爾所痌悼，予其爾復，謂予何者?"萬口一和，令謀我恊。不煩令指，願進諸辦。材糧交委，日謁就事。於是集斤鋸，會錐鋥[4]，治木伐石，均功授巧。惟武昌君[5]適調此尉，喜相厥役，與合[6]鳧藻，昏旭臨視，犒饟豐美，作息時節，咸樂其用，無少倦歛。始癸卯仲冬之丁未末[7]，訖甲辰孟春之壬子，憮棧朽[8]至，一已絶手。觀其橫虛亘遠，妖矯虹截，鉅載鉤攉[9]，攢扶鎖縮，覺[10]直如削，堅鞏如鑄，厓廉繻[11]緻，阿榮跋[12]竦。湍瀨搪激，無以泐其固；風日掀暴，無以液其壯。百數十年之利，過莫知[13]爾。既而行者止，居者起，田野旺隷，閭巷賈儈，提引稚幼，扶翼者羣，聯行散步[14]，環擁登降，睨高窺深，嘆息欣喜，如是累日，始肯罷靜。爰有杖者倚柱而歌曰："昔政之鄙，浸[15]以毁兮。今治之賢，倏以全兮。興事以時，罔嗟[16]咨兮。取用有度，胡怨[17]怒兮。無貸[18]之仁，濟斯民兮。不朽之利，安此地兮。"同既爲二君委以論譔，以詳言之矣；復取杖者之歌繫於後，刻石道下，以永行人之思。治平元年二月一日記。

　　天星橋，縣東六十里，乾隆二十七年重修。

---

〔1〕 "喤"，明汲古閣本《丹淵集》卷二十三作"隍"，當是。
〔2〕 "泥"，明汲古閣本《丹淵集》卷二十三作"濘"。
〔3〕 "北"，明汲古閣本《丹淵集》卷二十三作"此"，當是。
〔4〕 "鋥"，明汲古閣本《丹淵集》卷二十三作"錯"。
〔5〕 "君"，明汲古閣本《丹淵集》卷二十三作"軍"，疑誤。
〔6〕 "合"，明汲古閣本《丹淵集》卷二十三作"令"，當是。
〔7〕 "末"字疑衍。
〔8〕 "朽"，明汲古閣本《丹淵集》卷二十三作"栝"，當是。
〔9〕 "攉"，明汲古閣本《丹淵集》卷二十三作"攉"，當是。
〔10〕 "覺"，光緒二十三年本《新修潼川府志》卷四作"寬"，當是。
〔11〕 "繻"，明汲古閣本《丹淵集》卷二十三作"褥"。
〔12〕 "跋"，明汲古閣本《丹淵集》卷二十三作"跂"，當是。
〔13〕 "知"，文淵閣《四庫全書》本《丹淵集》卷二十三作"茲"，當是。
〔14〕 "步"，明汲古閣本《丹淵集》卷二十三作"走"，當是。
〔15〕 "浸"，明汲古閣本《丹淵集》卷二十三作"寖"。
〔16〕 "嗟"，明汲古閣本《丹淵集》卷二十三作"齎"。
〔17〕 "怨"，明汲古閣本《丹淵集》卷二十三作"恝"，疑誤。
〔18〕 "貸"，明汲古閣本《丹淵集》卷二十三作"貣"，當是。

天星橋重修記_{摘録}

自古山川阻而舟楫興，支派流而橋梁設，凡以濟不通，亘古如斯。今天星橋建自乾隆元年，被水冲塌，遠近往來商賈皆以病涉爲苦。余等爰集衆力，添新補舊，以成巨功。庶幾共慶履道坦平，咸歌樂利於無窮矣。

文峯橋，縣東五十里，乾隆二十七年建。

文峯橋建修記_{摘録}

嘗聞伐山通道，途輿濟人，亘古如斯。今地雖褊小，而道扼千里之險，水發萬里之源。僧會素具此志，獨木難支，爰同衆姓，募化四方，協力厥成。觀斯橋也，則雙龍會合，鎮法華而旋多寶。兩河無窒，四野皆通，實可垂諸久遠，以免病涉之苦矣。是爲記。

觀音橋，縣東三十里，乾隆三十五年建。

觀音橋重修記_{摘録}

從來關山難越，猶可捷足以踰嶺；大川利涉，要難徒步以憑河。故乘輿有濟，千古流傳；徒杠有成，堪免病涉。況借他山之石，而成鞏固之橋。此地雖非孔道，然長溪曲澗，非梁莫渡。僻徑本崎嶇難行，水溢則迷津無渡，非有以創久遠之計，何以免跋涉之艱？是以衆善同歸，共勸厥成，往來者俾免望洋悼嘆，共樂周道之蕩平矣。時乾隆辛卯年孟冬，邑人趙文傑記。

冷[1]子橋，縣東十里，乾隆四十六年邑人馮玉補修。

紫陽橋，縣東五十里，乾隆五十年補修。

場鎮附

安樂鄉，縣四圍以及西北，分上下甲。

永賢鄉，縣東北，分十甲。

樂平鄉，縣東南，分十甲。

黄店場，縣東南[2]三十里。

---

〔1〕 "冷"，二十八年本作"泠"。

〔2〕 二十八年本無"南"字。

佛寶場，縣南三十里。

毛公場，縣西三十里。

玉龍場，縣東南六十里。

張官場，縣北六十里。

觀音場，縣西北八十里。

土橋場，縣西北八十里。

安家場，縣西北八十里。

八角場，縣東六十里。

石狗場，縣東南六十里。

演武場，縣東北六十里。

太平[1]場，縣東北七十里。

黃連場，縣東北八十里。

高登場，縣東南九十里，即塌泥壩。

金孔場，縣東南一百里。

折弓場，縣東南一百二十里。

金鷄場，縣東南一百二十里，即二井子。

水南鎮，縣南三里，今廢。

靈山鎮，縣北三十里，今廢。

玉龍鎮，縣東南六十里。

大汴[2]鎮，縣東北六十里，今廢。

鵝溪鎮，縣西北八十里，今廢。

東關場，縣東南一百二十里，今廢。

土産志

昔先王之制，以土會之法，辨五地之物生，所以因其宜而布其利，爲民計至深遠也。蜀沃野千里，天府之土，其産維何？當必有繁且盛者，寧獨如《禹貢》所載

---

〔1〕 "太平"，二十八年本作"大平"，光緒八年本作"大坪"。

〔2〕 "汴"，嘉慶二十一年本《四川通志》卷二十九、光緒二十三年本《新修潼川府志》卷四俱作"汁"。

厥貢厥賦而已哉？鹽，山邑也，田開犖确，貨財殖焉。地多林麓，禽獸居之。餘則潤谿沼沚，亦嘗於斯取時魚、采蘋藻也。此寧非物土之宜悉供民生日用者乎？若夫桑麻之利，絲枲縷紵之所由成，有足爲斯邑婦子慶者，尤不敢或忽云。

穀之屬曰：

糯稻，稻之粘者爲秫，即糯也。有早、晚二種。

秔稻，乃稻穀之總名也。有赤、白二色。

麥，天降瑞麥，一來二麰，象芒刺之形，天所來也。

菽，即大豆，筴穀之總稱也。有黃、白、黑、青、斑數色。

赤小豆，此豆以緊小而赤。

綠豆，綠以色名，作菉者非。

藊豆，本作扁。一名羊眼豆，又名沿籬豆。

刀豆，一名挾劍豆，以筴形命名也。

蠶豆，筴如老蠶，故名。

胡麻，即脂麻。

蔬之屬曰：

芥，芥者，界也。發汗散气，界我者也。

韭、草鍾乳，早韭以其溫補，故曰鍾乳也。

葱、和事草、鹿胎葱、大官葱，有發散通氣之功，能解毒，理血病。

薤，韭類也。

蒜，小蒜也，俗謂之大蒜。

蕓薹，即油菜子。

白菜，即菘，今人呼菘爲白菜。有二種。

竹筍，《爾雅》謂之竹萌。

胡荽，即蒝荽，葉柔細而根多鬚。

胡蘿蔔，元時始自胡地來。氣味似蘿蔔，故名。

莧，莧之莖葉皆高大而易見，故字從見，指事也。

萊菔，即蘿蔔。

薑，薑作疆，禦濕之菜也。

同蒿，形氣同於蓬蒿，故名。

薯蕷、山藥、雪薯、藷，即薯。四月苗生蔓延，五月花穗淡紅。冬食其根，皮黃肉白。一名王[1]延，俗稱山藥。

蘇，蘇性舒暢，行氣和血。謂紫蘇者，以別於白蘇也。

椒，葉似茱萸，有針刺，性芳味辣。生蜀曰蜀椒，生巴曰巴椒，邑人謂之花椒。

瓠，瓠之甘者。長而瘦，名曰瓠。

匏，細頸大腹曰匏。

南瓜，種出南番，故名。

菜瓜，即稍瓜。如冬瓜而小，有青、白二色。

黃瓜、胡瓜，老則黃青色，生熟皆可食。

冬瓜，經霜而上白衣如粉。

萵苣，萵苣出萵國。

絲瓜，老則筋絲羅織，故名。

苦瓜、錦荔枝、癩葡萄，一物異名。種出南方，邑人皆種之。

油菜頭，苗苦，不可食。根員[2]而扁，大如碗。

茄，紫、白、青殊種。

果之屬曰：

梅，梅實多易落。

李，味酸，屬肝，東方之果也。

桃，其仁充滿多脂，可以入藥。

栗，甜美長味。

棗，邑產核大肉薄，味不甚甘。

木瓜，花類海棠。

柿，熟則爲黃、赤。

杏，邑產無甚大者，其仁亦苦。

梨，邑產味酸澀。

安石榴、若榴、丹若、金罌，邑榴有甜、酸二種。

橘柑，橘皮紋細而色赤，柑皮紋粗而色黃。

---

〔1〕 "王"，乾隆五十二年本《遂寧縣志》卷四作"玉"，當是。
〔2〕 "員"，疑當作"圓"，後同。

林禽、文林郎果，有甘、酢二種。

西瓜，元太祖征西域，得此種，名曰西瓜。

香櫞，俗作香圓，氣極芬香。

枇杷，子如彈丸，肉薄核大。

櫻桃，花粉紅色，先百果而熟。

銀杏，即白果。狀如楝子，經霜乃熟。

橙，俗名氣柑，大者如瓜。

葡萄，葉有五尖，生鬚延蔓。

甘櫨，蔗有三種：赤，崑崙蔗；白，竹蔗，亦曰蠟蔗；小而燥者，荻蔗。可作沙糖漿，甘寒，能瀉火熱。

蓮實、菂、藕、石蓮子，以水浸去嫩皮青心，生食最佳。

菱，即芰也。疏云："即菱角〔1〕。"

鳧茨、荸臍、烏芋、地栗，烏芋善毀銅，爲消堅削積之物。

落花生，種宜沙土，形如筴豆。

花之屬曰：

蓮花，有紅、白二種，竝有雙臺者。

桂花，有白、黃、紅三種。白者名銀桂，紅者名丹桂，黃者爲多。

玫瑰，花類薔薇而香濃，此花中之尤物也。

玉簪，一莖數花，以次遞開，如削玉抽簪。

美人蕉，花出瓣中，極繁盛。

紫薇，即紫荆也。四月作花，夏盡始敗，色最艷。

木芙蓉，交秋始開，有紅、白二種。

海棠，木本，有垂絲、西府、貼〔2〕梗三種。其名秋海棠者，草本也。

月季，四季作花，故名月季。

仙人掌，有掌無枝葉，本大者竟如樹，亦作花。

蘭花、蕙，一幹一花者蘭，一幹數花者蕙。

梅花，梅無佳本，花開似杏，此杏梅也。

---

〔1〕 按此係《周禮·天官·籩人》"加籩之實，菱芡栗脯，菱芡栗脯"句孔疏。

〔2〕 "貼"，乾隆五十一年本《樂至縣志》卷三作"鐵"。

桃花、碧桃，花深紅實佳，淡紅實味劣。花白重瓣曰碧桃。

蜀茶，歲暮百花搖落，此花始開。以硃紅者爲佳，名寶珠山茶。與三七同煎服，能治血症，最爲神效。

菊花，今黃、白、紅、紫諸色皆備。

鳳仙，俗名指甲花。

鷄冠，秋生，紫色，如繡畫鷄冠之狀。

萱，[1] 名丹棘，一名鹿劍，一名忘憂。

牡丹，花作重臺，深紅、淺紅二種，開時當蔽日色。

芍藥，惟粉紅一種，足殿羣苑。

木槿，花如葵，朝生夕隕。

木香，似茉莉而小。

薔薇，有大紅、粉紅、淡黃、金黃、鵝黃、白諸色。花大如錢，盛開如錦，香亦清冽。

長春，燕昭王時有長春樹，今借以名花。

芭蕉，一曰芭苴，或曰甘蕉。

百合，別名玉手爐。根小如蒜，大如碗。數十片相累如白蓮花，故名百合。

剪秋紗，即剪紅紗。莖高一二尺，花員大如盞。

迎春花。

杜鵑。

藥之屬曰：

益母草、茺蔚、萑，《爾雅》曰“萑菴”，郭璞註曰：“今茺蔚也。”《詩》曰“中谷有萑”，即此。藥似艾，莖類火麻。

香薷，似白蘇而葉細。一作香茅。

車前子，即《詩》所謂“芣苢”。《爾雅》曰“芣苢，馬舄”，馬舄即車前也。

何首烏、交藤，邑產僅可入藥籠，無重數觔者。

麥門冬、禹韭、階前草，肥地叢生，葉尺餘，四季不凋。邑產有甘、苦二種。

金銀花，即忍冬藤花。陶隱居云：“凌冬不凋，故名忍冬。”

艾、醫草，艾可炙百病，故名醫草。

---

〔1〕 乾隆五十一年本《樂至縣志》卷三“名”前有“一”字，當是。

夏枯草，似艾而葉繁。

菖蒲、堯韭、水劍草，冬至後五十七日始生。《典術[1]》云："堯時天降精於庭爲韭，感百陰之氣爲菖蒲，故名堯韭。方士隱爲水劍，因葉形也。"

土茯苓、禹餘糧，陶隱居云："昔禹行山乏食，采此充糧，故有此名。"

山梔子，其花六出，其實七稜。亦名越桃，邑有紅色者。

葛根，五月五日采根，曬乾，以入土深者爲佳。

薏苡仁，一名贛米，一名薏珠子。

五加、五花，此藥以五葉交加者良，故有五加、五花之名。

蓖麻子，子大如豆。去斑殼，仁白，有油。

薄荷，似艾而短，其香甚清。較之蘇州龍腦所産，則遠甚矣。

骨碎補，根扁長，略似薑形。

木之屬曰：

松，礧砢脩聳，皮作鱗形，四時不改柯易葉。

柏，萬木皆向陽而柏獨西指，蓋陰木而有貞德者，故字從白。

女貞，即冬青、蠟樹。木乃少陰之精，凌冬青翠，一名冬青。人不知，呼爲蠟樹。

杉、沙木，分赤、白二種。赤者實而多油，白者虛而乾燥。

槐，《春秋説題辭》："槐木者，虛星之精。"

梧桐，陶詩"冉冉榮木，結根於茲"是也。

椿，木實而葉香，可啖，今人方春摘芽食之。

柳，箕宿之精，化而爲柳。五柳名者，取其溫柔謙遜之志。

楓，字從風，《説文》："厚葉弱枝，喜[2]搖。"

榆，作花如錢，故名榆錢。

桑，邑人亦有種以飼鹽，不能如江浙之多耳。

黃楊，黃楊性堅緻難長，歲長一寸，惟閏年不長耳。

枡櫚，樱也。木高三尺，葉如車輪。

肥皂莢，樹高大，五六月開白花，結莢狀如皂莢而短，肥厚多肉。

---

〔1〕 "術"，據乾隆五十一年本《樂至縣志》卷三補。

〔2〕 "喜"，宋本《説文解字》卷六上作"善"。

楮，別名爲穀，皮可造紙。

竹之屬：

植物也，非草非木，圓質虛中，深根勁節，種類最夥。字從倒草，與草木別爲一類。

慈竹，有子母竹，生不離本，今慈竹是也。

猫竹，其質極堅勁，亦可稱矛竹。

斑竹，與淚竹相似，但黑斑不作螺文耳。

紫竹，色純黑。

苦竹，笋味微苦。

觀音竹，幹如簪股，細葉蕭疎。

棕竹，無節而心實，可作杖與器皿，誠佳品也。

草之屬曰：

芝，神草也。土氣和，芝草生。

蒲，水草也。似莞而褊，有脊，生於水厓。

蘋，根生水底，葉敷水上，不若水浮萍之無根而漂浮也。

萍，無根而浮，常與水平，故曰萍。

茅，茅類甚多，惟白茅擅名。

芒、菅，芒皆叢生，葉如茅，傷人如蜂[1]刃，皮可爲繩莖。

蘆、葭，蘆葦也，葦即蘆之成者。

燈心草，即石龍蒭，一名龍鬚草。

木賊，中空，有節無枝葉，節面糙澁。治木骨者用之，磋擦則光淨。

畜之屬，首曰：

羊，孕四月而生，其目無神，腸薄而縈曲，"羊腸九縈"是也。

牛，《禮》謂之大牢。牢乃豢畜之室，牛大，故大之。邑産多水牯牛，大於黄牛，耕犂水田如江南多用之。

犬，《爾雅》以犬未成毫爲狗，《説文》以狗之有縣蹄者爲犬。

---

〔1〕 "蜂"，乾隆五十一年本《樂至縣志》卷三作"鋒"，當是。

豕，《禮》"豕曰剛鬣"，註："豕肥則鬣剛也。"

貓，鼠善害苗，貓能捕鼠，故字從苗。

雞，雞，稽也，能效時也。又昴宿之禽。

鴨、舒鳧、家鳧，鶩匹，《禽經》曰"雞鳴咿咿，鴨鳴呷呷"，大抵象其聲而爲之名。

馬，乘畜也。生於午，稟火氣。火不能生木，故馬有肝無膽。

騾，當作驘。馬牝驢牡所生，似驢而健於馬。

驢，驢一曰漢驪。似馬而長耳，低小，不甚駿，故稱蹇驢。一名爲衛。

鴿，鴿本野鳥，然必待家畜而後其種傳。

鵝，《爾雅》謂之舒雁，一曰蒼鴅。鵝顙如瘤，長脰。夜鳴應更，又善旋轉其項。

毛之屬曰：

獺，似狐而小，青黑色，膚如伏翼。一名小狗。

狐，形似小黃狗，鼻尖尾大。

狸，毛雜黃、黑，斑如貓，員頭大尾者爲貓狸。

鼠，穴虫之黠者。善竊，晝伏夜勤[1]，俗稱爲耗虫。

兔，獸類中生育惟兔最繁，孕一月即産子，每胎六七，少亦生三四。

羽之屬，首曰：

烏，束晳詩曰："嗷嗷林烏，受哺於子。"《説文》以爲孝鳥是也。

白鷴，羽族之幽奇也。素質黑章，文如漣漪。尾長二三尺，距嘴純丹。

雉，其體文明，性復焱悍。□[2]名野雞，邑境山中多産之。

錦雞，似雉而尾短，羽毛更五色燦爛。

鷹，即爽鳩也。雄形小，雌體大。

鷉鵃，《莊子》曰："鵃爲鷉，鷉爲布穀，布穀復爲鷉，此物變也[3]。"

鳩，鳥之謹愨者。一意於所宿之木，故稱一宿鳥。

---

〔1〕 "勤"，《鄉土志》作"動"。

〔2〕 "□"，疑當爲"一"。

〔3〕 按此句《太平御覽》卷九百二十六引作《莊子》語。檢今本《莊子》，無此語，或係佚文。又見《列子·天瑞篇》。

布穀，即鳴鳩也。江東呼爲穫穀，亦曰郭公。

鸜鵒，似鵙而有幘，飛輒成羣，多聲。身首皆黑，兩翼各有白點，飛則見。

鵲，鵲者，陽鳥。先物而動，先事而應。

雀，頭如顆蒜，目如襞椒，躍而不步。

鶯，或謂黃栗留，或謂黃伯勞，或謂黃鶯，一名倉庚。

杜鵑，一名子規。

百舌，百舌者，反舌鳥也。能反覆其口，隨百鳥之音。

燕，燕乙也。齊人呼爲鳦，取其自呼爲鳦也。

百勞，春分鳴則衆芳榮，秋分鳴則衆芳歇。

鴈，陽鳥也。《禹貢》“陽鳥攸居”即此。

鷺，水鳥也。所好潔白，謂之白鳥。

鳧，似鴨而小，背上有文。

鸕鷀，似鶂而黑。以鸕鷀捕魚，謂之鳥鬼。

鷓鴣，臆前有白員點，背間有紫色赤毛。多對啼，自呼“薄杜”。乍聽之，若“行不得也哥哥”。

畫眉，似鶯而小，黃黑色，其眉如畫。

竹雞，小於鷓鴣，毛羽褐色，多斑文，性好啼。一名山菌子，言味美如菌也。

啄木，嘴如錐，長數寸。常斲樹食蠹虫，喙振木，虫即自出。

相思鳥，細於瓦雀，雌雄不雜，畜者必雙致之。羈其一，縱其一，則去必復還；雙縱之，則逝矣。蓋鳥之多情者，不獨鴛鴦也。

山喜，山禽也，似鳩而小。

鴛鴦，匹鳥。喙趾似鳧，而文彩焜爛。

練雀，似山雀而小，頭上披一帶。雌者短尾，雄者長尾。

白頭翁，似雀而大，頭有白點。

蝙蝠，似鼠而有肉翅。晝伏夜飛，一名夜燕。

鱗之屬曰：

鯉，鯉爲魚中之主，形既可愛，又能神變。

鯽，此魚旅行，吹沫如星，以相即也，故謂之鯽。

鰱，小口、細鱗、肥腹、色白、形扁，略似鰆魚。

鮎，大首、方口、身薄、背青黑、無鱗、多涎。

鱖，各山溪中有之，亦無鱗。

鱓，鱓腹黄，故世稱黄鱓。

鰌，今泥鰌也。

烏魚，形全似草魚，但色黑耳。

金魚，一謂之變魚。春末生子，好自吞啗。初黑色，久乃變純紅。雲溪、鵝溪中時有見者。

鰕，磔須鉞鼻，背有斷節，尾有硬鱗，多足好躍。其腸尾[1]腦，子在腹外。瀰江中盛産之。

介之屬曰：

龜，甲虫三百六十，而龜爲之長。

鼈，《易》"離爲鼈"，以其剛在外也。

螺，生水田中，含泥在腹，二十年猶活，能伏气飲露。又生池塘中者，名石螺。

蟲之屬曰：

蜂，蜂毒在尾，垂穎如鋒，故謂之蜂。

蜾蠃、蠮螉、蒲盧，細腰虫也。《莊子》"細腰者化爲蒲盧[2]"，古人名物皆取形似，瓠之細腰者曰蒲盧。

蟻，《爾雅》名蚍蜉。大者名螘[3]，赤者名蠪，飛者名螱。

蟬，無口而鳴，飲而不食，三十日而蜕。

尺蠖，似蠶而絶小。行其腹，促其腰，使首尾相就，乃能進步。食葉，老亦吐絲作室。

螢，温風始至，腐草化爲螢，蓋草得暑温之氣故耳。

螳螂，頸長而身輕，其行如飛。

蜻蜓，蜻蜓飲露，六足四翼，翅輕薄如蟬，遇雨多集水上欻飛。

蝴蝶，大曰蝶，小曰蛾。四翅有粉，以鬚代鼻，其交皆以鼻。

蛾，食桑者有緒而蛾。

蠅，蠅聲在翼，身青者糞能敗物，巨者首赤如火。

---

〔1〕"尾"，乾隆五十一年本《蓬溪縣志》卷三作"屬"，當是。

〔2〕"細腰者化爲蒲盧"，明世德堂本《南華真經》卷五作"細要者化"。

〔3〕按《爾雅·釋蟲》云："蚍蜉，大螘。小者螘。"

蚊，《月令》謂之白鳥，《列子》謂之蜉蝣[1]。

蜘蛛，布網如罾，絲右邊，蛛自處其中。飛虫觸網者，纏縛食之。

蟑螂，狀如龍蝨，緣壁善走。好廚簏中，遇物嚙食。

蜥蜴，似蛇，四足，長五六寸，又名守宮。畜水盆中，能致雨。

蚓，孟冬蚯蚓出，冬至蚯蚓結。天寒，蚓入穴，首向下；陽動則首上，其身屈曲也。

水蛭，水虫也。蠕動如血片，斷之寸寸，得水復活。能咂牛馬人血。

蜈蚣，赤腹、黑頭、多足。善啖蛇，食其腦，能螫人。一名蒻蛆。

蚰蜒，夏月積暑，濕氣化生。無足，長二三寸，大如釵股。背黃黑，行處吐白涎成銀色。

蛇，毒虫也。古人以蛇、鼠並舉，蓋深惡之耳。

蟾蜍，似蝦蟆，居陸地，俗呼癩蝦蟆。

蝦蟆，與蟾蜍同類而小異。

黽，大腹而脊青，其鳴甚壯。

水鷄，又名田鷄，云肉味如鷄也。

貨之屬曰：

苧，一科數十莖，舊根至春復生。歲取，解其皮，淨刮之，績爲布。

葛，蔓生之藤，績以爲布。

桐布，練苧爲之，色白如雪。

絲，養蠶繰絲，織紬貨賣，近年較多矣。

黍，木皮白，葉似椿。

油，有茶油、菜油、桐油。

蠟，蠟者，蜜之蹠，必煉治而後成。

藍澱，藍有三種：蓼藍、染綠、大藍。

茶，茶之始，其字爲荼。早取爲茶，晚取爲荈，苦茶也。

竹簟，凡苦竹、慈竹，均可製以爲器。

鹽，皆產於鹽井，煮滷而成。

紬，即絹也。邑多種桑，養蠶繰絲，即以織絹。比戶機聲軋軋，所產甚饒。又

---

〔1〕 "蜉"，明世德堂本《沖虛至德真經》卷一作"蚋"，當是。

名川北紬，遠近商賈貿販雲集。

哑嘛酒，用秔米或黍稷入酒麴少許拌[1]，貯小磁壜中，月餘乃熟。貧家飲客，不待外沽。與郫筒相似，亦酒中之別品也。楊升菴有詩：

飲哑酒[2]　明楊慎

醞入煙霞品，功隨麴蘖高。秋筐收橡栗，春甕發蒲桃。旅集三更興，賓酬百拜勞。苦無多酌我，一吸已陶陶。

舊志載鹽亭土產，惟鹽、紬、桑、粟四種。按：古云亭，即今鄉里之稱，而亭獨以鹽名，則鹽亭之鹽甲於蜀中昭昭也。其色潔以白，其味鹹而甘，雖他邑之產者不乏，而較鹽亭則多遜，此鹽亭所由獨擅鹽名也。其次則產紬，在昔名曰絹，文與可詩云“持將一段鵝溪絹”是也。今昔異名，其實一爾。然今不古若，精粗迥殊矣。且紬出於蠶，蠶出於桑，故樹桑者眾而果木罕植焉，此亦緣紬而起者也。再他邑粟穀硬不可食，惟鹽粟與北地同故，山多水乏，不能種稻。民因種粟，賴以足食，此又造物之獨粒我烝民者。至《九域志》云“東關縣有鐵冶”，《一統志》云“鹽亭縣出鐵”，今則全無，不敢濫入。然今物產之饒，如前所載禾麻菽麥、飛潛動植之屬，更無物不備，豈僅鹽、紬、桑、粟足概也？

----

[1] 前文“拌”後有“製”字，當是。
[2] 明萬曆二十九年本《升菴先生文集》卷十九題作《昭化飲哑酒》。

鹽亭縣志卷五　人民部

官師表

　　官之名由來尚矣。上古有雲龍鳥火之紀，中天有工虞禮樂之司，三代而下，其制益備，其職益詳。噫！夫寧徒具其名已乎？故曰建官惟賢，位事惟能，蓋國家將以收得人之效也。鹽於漢爲宕渠郡，自隋開皇中改屬新城以後，官斯土者，特一邑令耳。然有民人焉，有社稷焉。膺百里之寄，亦儼然古之侯封也，其責任不綦重哉？矧我朝課吏之典，於郡縣尤加兢兢，後之人可不顧名思義，慎爾在位也耶？

隋	知縣	教諭	訓導	主簿
開皇年	董叔封			
唐				
開元年	李匡遠			
宋				
開寶年				張雍　德州人。
慶曆年	焦德潤			
嘉祐年	侯正臣			
	趙坤厚[1]			

〔1〕　按明萬曆四十七年序刊本《重脩潼川州志》卷十二以趙坤厚爲嘉定間知縣，當是。

續表

治平年	郭經			史潤辭　武昌人。
熙寧年	扈充			李仲謙
				趙[1]琳
	宋适			
元祐年	李駿卿			
大觀年	林棟			劉千[2]之
紹興年	杜時用			
乾道年	楊安厚			
淳熙年	卞詵			馮華祖　遂寧人。
嘉定年	趙希著[3]			

元	知縣	教諭	訓導	主簿	巡檢	典史
大德年	[4]孫世榮			閭德明		任如椿
	羅元祐					
延祐年	昝子和[5]			李安仁	文於菟	
	成世榮					
至正年	楊鼎					

明	知縣	教諭	訓導	主簿	典史
洪武年	李時美	羅彪[6]　江西人。			白茂
永樂年	葉嵩　進士，陞平定州知州。	蕭奇	王和　舉人，陞宗人府經歷。		任源　涇陽人。
宣德年	吳昌衍　進士，陞四川參政。	劉溢　太和縣人。			李應乾　綏德人。

---

〔1〕 “趙”，明嘉靖《潼川志》鈔本卷四作“宋”，當是。
〔2〕 “千”，明萬曆四十七年序刊本《重脩潼川州志》卷十二作“迁”。
〔3〕 “著”，明萬曆四十七年序刊本《重脩潼川州志》卷十二作“普”。
〔4〕 明萬曆四十七年序刊本《重脩潼川州志》卷十二“孫”前有“公”字。
〔5〕 明萬曆四十七年序刊本《重脩潼川州志》卷十二以昝子和爲元統間知縣，疑誤。
〔6〕 “彪”，明嘉靖《潼川志》鈔本卷四作“虎”，萬曆四十七年序刊本《重脩潼川州志》卷十二作“慮”。

續表

正統年	黎應　監生。	葉著　慈谿儒士。			荊三策
	羅紳　監生。	宋奎　麻城舉人。			汪均[1]本麻城人。
景泰年	萬全　陝西舉人。			杜甫[2]民	廖方　襄陽人。
天順年	李惟[3]中陝西監生。				鄧本瑞[4]隴西人。
成化年	陳琓[5]　江南高郵監生。	潘緝　武昌舉人。		朱隆	彭隆　莭田人。
	馮瓚　江西瑞昌舉人。	繆芳　曲靖舉人。		張萬甫	
				曹安	
				岳通　山東人。	
弘治年	彭政　江南高郵監生。		李一本　忠州舉人。	常偶[6]　山西人。	楊盈[7]乾華州人。
	文慶　陝西涇州監生。		劉應　孝感人。	楊勝麟　陝西人。	
正德年	胡進律　陝西平涼舉人。	秦和鍠	丁懋仁　麻城人。		蔣錫　平樂人。
	張寬　湖廣應山舉人。	胡世濟　陝西人。	楊鑑　雲南太和人。		
	楊大倫　雲南監生。	俞金　楚雄人。	郭堅　湖廣監生。		
	劉永　雲南大理舉人。				
嘉靖年	陳傑　江南監生。	顧昂　清平監生。			
	雷轟　貴州監生。				

---

〔1〕 明嘉靖《潼川志》鈔本卷四、萬曆四十七年序刊本《重脩潼川州志》卷十二俱無"均"字。

〔2〕 "甫"，明嘉靖《潼川志》鈔本卷四作"輔"。

〔3〕 "惟"，明萬曆四十七年序刊本《重脩潼川州志》卷十二作"維"。

〔4〕 "瑞"，明嘉靖《潼川志》鈔本卷四、萬曆四十七年序刊本《重脩潼川州志》卷十二俱作"端"。

〔5〕 "琓"，或作"玩"。

〔6〕 "常偶"，明嘉靖《潼川志》鈔本卷四作"常偪"，萬曆四十七年序刊本《重脩潼川州志》卷十二作"常遇仙"。

〔7〕 "盈"，萬曆四十七年序刊本《重脩潼川州志》卷十二作"應"，疑誤。

續表

嘉靖十年	梁一桂 廣西舉人。	胡郁 雲南監生。	孟塤 清平監生。	
嘉靖十五年	陳憲 江南南巢舉人。		周昇 江南太[1]和監生。	
嘉靖十六年	曹詔 湖廣舉人。			
嘉靖十八年	田徹 陝西扶風監生。	劉琰 常德人。		李清[2] 同州人。
嘉靖二十年	劉演 雲南永昌舉人。			
嘉靖二十六年	朱璣 貴州興隆舉人。	馮暘 桂林舉人。		劉經 平凉人。
嘉靖二十八年	陳金 雲南監生。			
嘉靖三十年	何舜雲 湖廣枝江監生。	雷邦[3] 衛湖廣監生。		李齡 同州吏員。
嘉靖三十四年	李棟 貴州永寧舉人。			張秀 桃源人。
嘉靖三十六年	朱儆 雲南蒙化舉人。		鍾傑 江南太[4]和監生。	李迪 陝西監生。
嘉靖四十年	吳之翰 湖廣蘄州舉人。			
隆慶元年	蔣其才 貴州銅仁舉人。		崔巒 均州監生。	丁相 陝西監生。
隆慶四年	馬文禮 雲南監生。			
萬曆元年	王世元 雲南曲靖歲貢。	李翰[5] 雲南楚雄拔貢。		
萬曆四年	周世科 湖廣湘鄉監生。			唐傑 湖廣平江監生。
萬曆八年	陳訪 陝西蘭州恩貢。	何沛然	何永年 南陽監生。	陳烺

---

[1] "太"，明萬曆四十七年序刊本《重脩潼川州志》卷十二作"泰"。

[2] "清"，明萬曆四十七年序刊本《重脩潼川州志》卷十二作"靖"。

[3] "邦"，明萬曆四十七年序刊本《重脩潼川州志》卷十二作"卯"，疑誤。

[4] "太"，明萬曆四十七年序刊本《重脩潼川州志》卷十二作"泰"。

[5] "翰"，明嘉靖《潼川志》鈔本卷四、萬曆四十七年序刊本《重脩潼川州志》卷十二俱作"瀚"。

續表

萬曆十一年	吳一契 湖廣夷陵監生。			程希元 湖廣隨州監生。	
萬曆十五年	馬宗孟 雲南太和舉人。	吳可進		薛應春 湖廣枝江監生。	張可用
萬曆二十年	趙性粹 陝西固原舉人。		葉鳳陽[1] 南溪監生。	楊襲 湖廣寶[2]慶監生。	
萬曆二十六年	蔡獻清 湖廣崇陽舉人。				
萬曆二十九年	蔣大孝 湖廣孝感舉人。	曹炳 綿竹人。		林鳴鷹 廣東揭陽人。	曾聰
天啟六年	譚善積 湖廣衡陽舉人。		彭濚[3] 宜章監生。		
崇禎二年	施堯明 雲南昆明拔貢。	陳東陽	胡可達	陳毓彩	符泰
	李紹先 江西人。		田秋	龔惠	
	董三策 浙江貢生。				

國朝	知縣	教諭	訓導	典史
順治八年	張效葵 湖廣蘄州舉人。		李華舟 夾江人。	
順治十年	嚴廷臣 陝西朝邑舉人。	曹世美 梓潼舉人。		張繼齡 乾州人。
順治十四年	張我鼎 山東進士。		徐紹庶 金堂人。	傅良臣 山東人。
順治十七年	黃中通 湖廣蒲圻舉人。	何文翔 合州舉人。		
康熙三年	江崑淶 江南泰州廩生。			楊奇拔 陝西人。
康熙十九年	劉鑛 直隸任丘廩生。		王元卿 巴縣人。	
康熙二十二年	石參 遼東監生。	杜升 西充舉人。		靳光文 湖廣人。

---

〔1〕 "陽",明嘉靖《潼川志》鈔本卷四、萬曆四十七年序刊本《重脩潼川州志》卷十二俱作"暘"。

〔2〕 "寶",明嘉靖《潼川志》鈔本卷四、萬曆四十七年序刊本《重脩潼川州志》卷十二俱作"保",疑誤。

〔3〕 "濚",明萬曆四十七年序刊本《重脩潼川州志》卷十二作"濼"。

續表

康熙二十八年	吴宏　浙江淳安縣舉人。	劉青錢　巴縣舉人。		趙存孝　陝西人。
康熙三十六年	劉瑢　河南滑縣貢生。			
康熙三十九年	蔣垣　福建侯官舉人。		杜延年　嘉定人。	
康熙四十一年	劉堂　江西進士。	侯國柱		李傑　河南人。
康熙四十六年	趙冬元　山西舉人。		王以偉　大竹人。	
康熙五十五年	于其瓆　山東舉人。	陳于揆　漢州舉人。		董成略
康熙五十九年	高釚　鑲黄旗監生。			
康熙六十年		薛景芳　蒼溪縣貢生。		
雍正二年	吕應瑞　鑲紅旗歲貢。	楊先榮　成都縣舉人。		徐文進
雍正九年	史步高　江南甘泉縣舉人。	鄭知言　巴縣舉人。		
雍正十年				吴廷英　順天大興縣人。
雍正十二年			陳興仁　新繁歲貢。	
乾隆二年	秘彭裔　直隸故城縣歲貢。			
乾隆五年	王孫豹　直隸長垣副貢。			王錫禄　直隸曲陽人。
乾隆八年	萬選　雲南石屏州舉人。			王建職　河南鞏縣人。
乾隆十年	趙朝棟　直隸晉州進士。		蒲懷仁　蓬州歲貢。	沈心地　順天大興縣人。
乾隆十一年		王前　郫縣拔貢。		
乾隆十二年	倪世樞　湖南益陽縣舉人。			
乾隆十六年	胡華訓　江西南昌進士。		晁錦　屏山縣歲貢。	
乾隆十九年	凌霙　貴州貴筑縣舉人。			金繼仁　浙江山陰縣人。

乾隆二十年		呂嘉元　巴縣舉人。		
乾隆二十二年				劉繼瑚　安徽旌德縣人。
乾隆二十三年			傅商賓　簡州歲貢。	
乾隆二十五年	董夢曾　山東定陶拔貢。			
乾隆三十年	徐世楹　浙江富陽縣舉人。			
乾隆三十六年	單襄榕　山東高密縣舉人。			
乾隆三十七年		吳士鵬　閬中縣恩貢。		
乾隆三十八年	洪蕃鉞　福建海澄縣監生。			
乾隆四十三年		黃士堂　漢州拔貢。		
乾隆四十四年			黃定中　資陽縣拔貢。	
乾隆四十九年	胡光琦　安徽婺源縣壬辰科進士。			
乾隆五十年			張文星　新都歲貢。	
乾隆五十一年			顧兆瑞　梓潼歲貢。	

名宦志

　　志之所以載名宦，非徒備其數而已，蓋有勗官箴之意焉。今之膺民社者，無不謂循吏矣，而求諸古人之政績，一揆其優絀，殆可自慚形穢否乎？夫自慚亦在於自勵耳，苟前之爲治者不以表而式之，則後之繼治者何以率而由之？甚矣，善善之不可已也！考鹽邑歷朝名宦，代或數人，人或數事，要皆可傳可誦、可則可傚者近是。其或有立異爲高，逆情干譽，吾何取焉？宰斯邑者能有所觀感興起，永奉爲前事之師，不亦善乎？

隋

董叔封，開皇四年令。德惠及民，每政事之暇，出遊城東山。勤[1]課農桑，訓誨士民。後人思之，遂以董叔名其山。祀名宦。

唐

李匡遠，開元中爲邑令。時西羌盜賊競起，多方擒捕，以禦民害，而賊爲之遠逃，莫敢有犯其境，時號健令。祀名宦。

宋

張雍，開寶間爲東關主簿。蠲煩苛，尚簡素。後守梓州，值李順之亂，守城却賊，忠義著聞，東關人立祠肖像祀之。卒官尚書右丞。祀名宦。

張尚書右丞傳并跋

張雍，德州安德人。治《毛氏詩》，開寶六年中第，釋褐東關尉。太平興國初，有薦其材者，召歸，改將作監丞、知南雄州，遷太子右贊善大夫、知開封府司錄參軍事。俄爲秘書丞，充推官，坐慮囚失實免。雍熙初，復爲秘書丞、御史臺推直官，改鹽鐵推官，賜緋，遷右補闕[2]，充判官。端拱初，轉工部郎中、判度支勾院，賜金紫。未幾，又爲鹽鐵判官，兼判勾院。逾年，以本官兼侍御史知雜事。歲餘，出爲淮南轉運使。淳化初，選爲太府少卿。二年，又加右諫議大夫，徙兩浙轉運使，入知審刑院。三年，充户部使，出知梓州，就命爲西川轉運使，俄復知梓州。四年春，蜀州青城民王小波聚衆爲亂。小波死，又推其妻弟李順爲帥，衆至萬人。雍聞之，訓練士卒，得城中兵三千餘，又募強勇千餘守城，輦綿州金帛以實帑藏。推官陳世卿治戎器，掌書記施謂、榷鹽院判官謝濤伐山木爲竿，銷銅鐘爲箭鏑，鈕布爲索，守械悉備，遣推官盛立[3]請兵於朝。五年正月，成都不守，綿、邛、彭、蜀、漢州、永康軍悉陷於賊。順入成都，僭號大蜀王，兇勢甚盛，遣其渠賊帥衆十餘萬圍梓州。雍與都巡檢使盧斌登堞望之，賊所出兵皆老弱疲憊，無鎧甲。斌請開北門擊之，雍曰："不可。賊或詐見弱，設伏伺我。又城中吏民心志未定，脫爲伏兵所突，則外内墮其姦計，非良策也。"未幾，果有卒依敵樓呼嘯，與外爲應，亟斬以

---

[1] "勤"，後文作"勸"。
[2] "闕"，二十八年本、乾隆武英殿本《宋史》卷三百七俱作"闕"，當是。
[3] "立"，乾隆武英殿本《宋史》卷三百七作"梁"，當是。

狗。賊大設梯衝火車，晝夜鼓譟，攻城益急。城中軍民連發機石、火箭等具雜下，賊稍退。復治攻具於城西北隅，雍紿曰：“軍士亟[1]治裝，吾將開東門出擊賊。”陽出東門，實伏北。賊升牛頭山以望內，信然，伏精兵萬餘於山之東隅以待我。雍即召敢死士百輩，縋而盡下，焚其攻具，自午達申殆盡。而兇黨數乘城進戰，皆不利。一日，北風晝晦，賊乘風縱火，急攻北門。雍與斌等領兵據門，立矢石間，守不動，賊爲之少却。自二月四日至四月二十三日，長圍凡八旬。會王繼恩遣石智顒分兵數千來援，賊始潰去。遣施諝入奏，上手詔褒美，擢爲給事中，斌爲西京作訪使、領誠州刺史，世卿爲掌書計，諝爲節度判官，濤爲觀察推官。又以通判、將作監丞趙賀爲太子中舍，監軍、供奉官辛規爲內殿崇班。至道二年，改工部侍郎。明年召歸，復知永興軍府，轉禮部侍郎，改刑部，充度支使。咸平四年，遷鹽鐵使，尋拜户部侍郎，復知審刑院。出知秦州，徙鳳翔府。景德初，權知開封府。三年，改兵部侍郎、同知審官院。明年，車駕朝陵，判留司尚書省，出知鄧州。大中祥符元年，請老，以尚書右丞致仕，命未至而卒，年七十。祿其子太常寺太祝太初爲大理評事，給俸終喪。既而太初卒，復以其次子秘書省校書郎太冲爲大理評事。雍姿貌魯樸，始登科，爲滕中正壻。中正子錫、世寧咸笑之。中正曰：“此人異日必顯達壽考，非汝曹所及。”後錫兄弟雖有名，然終不越郎署，亦無耆年者。慶曆元年郊祀，詔國朝將帥有扞邊禦寇勳業著聞者，令史院檢閱以聞，凡二百四家，雍其一也。

右《傳》，乾道己酉鄞令眉山孫汝聽刻石牛頭山。公自開寶間初仕東關尉，至淳化中爲轉運使，適值王、李肆亂，悉力扞禦，賊遂潰去，其功業彰著如此。嘉定乙亥，州人請奏於朝，始建廟城中，賜名忠顯。後三年，歲在戊寅，遂寧馮華祖來尉斯邑，爰闢官寺之西偏，繪像立祠，重刻牛頭之碑，實於祠側，仍以“忠顯”題其顏，以慰邑人無窮之思云。

按：張右丞守梓事，詳於《宋史》，而《潼川志》《省志》俱未備載其《傳》。今鹽亭碑尚存，讀其《傳》，與張睢陽忠義相埒，而成敗又異，亟錄之以備考。

扈充，熙寧間令永泰。興學立教，頗多善政惠澤，邑人戴之。祀名宦。

趙希著[2]，宋宗室，嘉定間以顯謨閣丞出宰鹽邑。敬神恤民，興利除害，德洽人心。祀名宦。

---

〔1〕“亟”，二十八年本作“趣”。
〔2〕“著”，明萬曆四十七年序刊本《重脩潼川州志》卷十二作“普”。

明

吳昌衍，進士，宣德間令。勤恤民隱，愛惠子民，爲之因地制賦，以開財源，政事悉協人心。後徵入爲御史，遷四川參政。祀名宦。

陳琬[1]，成化間令。剛直有才，驛路去保寧甚遠，夫役苦之。琬議令[2]南部民出柳邊驛接遞，又申免戍邊民丁，邑人稱頌。祀名宦。

胡進律，正德間令。剛介明敏，修築城池，爲邑保障。時鄢、藍賊猖獗，率衆禦敵，人民免害，城池賴以守固[3]。祀名宦。

張寬，正德間令。政期平恕，時值兵燹，供億得宜，上下稱善。祀名宦。

雷轟，嘉靖間令。勤慎有聲，時值歲歉，賑荒無遺，饑民多所全活。祀名宦。

梁一桂，嘉靖間令。政尚簡靜，不事紛擾，而百事振興，教養兼備。祀名宦。

李紹先，崇禎間令。流寇陷城，執縛不屈，死之。贈光禄大夫，廕一子。祀名宦。

國朝

吳宏，字芬月，康熙間令。仁恕明敏，時有冤獄久不決，初到任，即得屍所，立白之，爲文紀其事。當逆氛初靖，驛路新移，民氣始甦。田地汙萊，學宮榛蕪，教養兼舉，百廢俱興。後遷州牧，臨去，纂《志稿》。祀名宦。

蔣垣，字用崇，閩孝廉。母歿，廬墓三年，有羣鳥集鳴墓巔，人以爲孝感。康熙甲寅，耿逆變作，垣逃匿橘園洲。僞曹以宿學交薦，乃以巴豆漬面，松煙熏目，托廢疾拒之。嗣約李天然等謀内應以延王師，事洩，天然等俱被害，垣[4]得免。王師入閩，經橘園洲，士民舉垣忠節。大帥康親王疏聞，授歸化教諭，遷泉州教授，陞鹽邑令。廉明執法[5]。旋乞休，卒。雍正甲辰，題入忠孝祠，祀名宦。

劉瑢，康熙間令。潔己愛民，禁私派，絕餽賂，抑豪猾，平獄訟，重學校，種種善政，咸以爲神君。

杜升，康熙間教諭。立品端方，廉介自守，勤於訓課，恪共厥職，士子奉爲楷模。

劉堂，康熙間令。時多浮徵，申請豁免，以甦民困。初設義塾，公事之暇，親

---

〔1〕"琬"，或作"玩"，後同。
〔2〕明萬曆本《四川總志》卷十一無"令"字。
〔3〕"守固"，二十八年本作"固守"，當是。
〔4〕文淵閣《四庫全書》本《福建通志》卷四十三"垣"後有"遁"字，當是。
〔5〕文淵閣《四庫全書》本《福建通志》卷四十三"執法"後有"邑人勒碑頌之"一句。

自訓誨，遠近就學。一時遊其門登賢書、捷南宮者六七人。

高鈫，康熙間令。勤敏強毅，案無留牘，野無盜警。時值番變，軍需旁午，力爲詳免。邑民德之，稱爲高佛子。政績著聞。

史步高，康熙間令。葺學宫，置祭器，釐學基，設廟夫，修築城池，淹〔1〕骼埋胔，最多善政。

趙朝棟，直隸進士，乾隆十年任邑令。居官勤慎，嚴緝匪盜，四方寧謐。凡建修公署，悉捐己俸，不耗民間分文。政聲洋溢，口碑載道，不愧循良。

循良紀概　　呂嘉元

壬午秋，創修縣志，將付梨棗，邑紳士耆老謁予而言曰："自古稱循良者，各有紀載，以誌不忘。昔我邑侯若高公，若史公、趙公者，真民之父母也，乞立傳以光志典，并各列事實以呈。高公名鈫〔2〕，滿洲人，由例監授鹽亭縣〔3〕。三年不事鞭撲，勸課農桑，案無訟牘，居民夜不閉户。俄以西番叛，軍需素派，公以民不堪命，詳請蠲免。民德之，稱爲高佛子。以終養歸去，卒之日，聞者多爲流涕云。越數年，史公名步高，江南人〔4〕，〔5〕以丙午鄉薦除苒兹邑，常曰：'行事當無愧於心。'甫半載，官民相信不欺。時聖廟年久傾圮，公力爲補葺，備設祭器，清官地，給廟夫工食，以備灑掃。設義學，建立忠義節孝祠宇，以勵風俗。而又封枯骨，修城郭，革里長世充之弊。後陞眉州牧，旋〔6〕擢思南太守。厥後趙公〔7〕，居官勤於職，嚴盜賊之防，地方寧謐。其尤最者，莫如建修明倫堂，糜費數百餘金。公諱朝棟，直隸進士〔8〕。三公行事若此，古稱循良，不是過也。"予曰："唯唯。"是皆卓卓可傳者，竊因之有感焉。念我國家重熙累洽，休養生息，百年於兹。聖天子釐工熙績，澄敘官方，時以教養斯民爲心。一二賢人君子，生逢明時，學問經濟，黼黻鴻猷。農桑有經也，學校有興也，保甲嚴設也，盜賊歛跡也，城垣完固也。令不廢弛，而事不煩擾，種種善政，止各盡厥職，

---

〔1〕 "淹"，二十八年本作"掩"，當是。

〔2〕 二十八年本"鈫"後有"字□□"三字。

〔3〕 "縣"，二十八年本作"尉"。

〔4〕 "史公名步高，江南人"，二十八年本作"江南史公名步高"。

〔5〕 二十八年本"以"前有"字□□"三字。

〔6〕 "旋"，二十八年本作"隨"。

〔7〕 二十八年本"趙公"後有"直隸進士"四字。

〔8〕 "直隸進士"，二十八年本作"字□□"。

以克[1]副子惠元元之至意耳。至今日[2]，或七八十年，或五六十年，或三四十年，民懷其德，津津而樂道之。殆古稱循良，所居民樂，所去民思者與？孔子曰"斯民也，三代之所以直道而行[3]"，大較然矣。用是臚序其概，既信公道自在人心，抑見運際休明，熙熙皞皞，服先德，食舊疇，涵煦於太平，日久得暢遂。其頌揚之忱，而又見頌揚者，且不一而足矣。嗚呼！何其盛哉！

選舉表

鄉舉里選之法，古今不能廢也，而其弊亦不能除。無弊，則升造之士、科目之選，宜皆爲賢相、爲良將矣。何以三代而後，如孔光、張禹輩，其學問經術非無可取，卒不勉[4]見譏於庸陋？而張廷尉以入貲爲官，馬賓主以薦剡得進，反不愧名臣之目歟？如此類何可勝道？然士人爭取功名，近世咸重科第。鹽雖蕞爾邑，其歷來登賢書，素稱爲鄉國之秀者，表而誌之，良足以鼓勵人材也。至以捐職貢監竝附，則又仰體聖朝立賢無方之意，且亦儒者進身之一階也，敢輕略置之乎哉？

唐	進士
	嚴佽
	嚴震
	嚴公弼
	王文燦
宋	進士
太平興國五年	稅挺　庚辰科蘇易簡榜。
天聖八年	蒲規　庚午科王拱榜。
皇祐元年	文同　己丑科馮京榜。
	任伯傳
	何榮　同科。
嘉祐四年	文葆光　己亥科劉煇榜。

---

〔1〕"克"，二十八年本作"上"。
〔2〕"至今日"，二十八年本作"今日者"。
〔3〕二十八年本"行"後有"也"字。
〔4〕"勉"，疑當作"免"。

續表

元豐八年	稅定國　乙丑科李常寧榜。
紹興二年	稅元顥　壬子科張九成榜。
紹興八年	嚴伯莊　戊午科梁克昌榜。
紹興十五年	章朝　乙丑科劉章榜。
	楊鄂　同科。
慶元二年	蹇駒　丙辰科鄒應龍榜。
	彭驥　同科。
慶元五年	郭巽　己未科。
	稅庚
	董純　俱同科。
端平二年	牟用中　乙未科吳淑吉[1]榜。
淳祐元年	牟義先　辛丑科徐儼天榜。
淳祐七年	牟積中　丁未科張淵[2]微榜。
淳祐十年	牟學先　庚戌科方逢辰榜。
元	**進士**
	淳于文
大德元年	張重禄　丁酉科。
明	**進士**
萬曆十四年	任時芳　丙戌科朱之蕃榜。
明	**舉人**
建文元年	羅定安[3]　己卯科[4]。

---

[1]　“吉”，據乾隆五十二年本《遂寧縣志》卷六補。

[2]　“淵”，據嘉慶二十一年本《四川通志》卷一百二十三補。

[3]　“羅定安”，明嘉靖本《四川總志》卷十一作“羅定”。

[4]　據明嘉靖《潼川志》鈔本卷六、明嘉靖本《四川總志》卷十一，作“（建文元年）己卯”誤，當爲“（永樂三年）乙酉”。

續表

永樂十一年〔1〕	胥撝〔2〕 甲午科。
	胥磬〔3〕 同科。
永樂十八年	勾榮 庚子科〔4〕。
宣德七年	杜容 壬子科。
景泰元年	李奎 庚午科。
景泰四年	胥璿 癸酉科。
弘治八年	陳萬正 乙卯科。
	伏思輔 同科。
萬曆十年	張驌 壬午科〔5〕。
萬曆十三年	任時芳 乙酉科。
萬曆十六年	張戳 戊子科。
萬曆四十三年	顧應昌〔6〕 乙卯科。
天啟四年	王予爵 甲子科。
國朝	**進士**
康熙二十七年	陳書 戊辰科。
國朝	**舉人**
順治八年	張泰階 辛卯科。
	任之鳳 同科。
順治十四年	母坤 丁酉科。
	姚之傑 同科。
康熙二十年	顧珽 辛酉科。
	任重 同科。
康熙二十六年	陳書 丁卯科。

〔1〕 據此本、二十八年本，胥撝、胥磬爲永樂十二年甲午科舉人，作“永樂十一年”誤，當爲“永樂十二年”。

〔2〕 “胥撝”，明嘉靖《潼川志》鈔本卷六作“胥□”，嘉靖本《四川總志》卷十一作“馮撝”。

〔3〕 “胥磬”，明嘉靖《潼川志》鈔本卷六作“胥□”，嘉靖本《四川總志》卷十一作“胥磬”。

〔4〕 按明嘉靖《潼川志》鈔本卷六作“十六年”（即永樂戊戌），嘉靖本《四川總志》卷十一作“永樂庚子”（即永樂十八年），二十八年本作“永樂丁酉”（即永樂十五年）。

〔5〕 “壬午科”，二十八年本作“萬曆甲申”（即萬曆十二年）。

〔6〕 “顧應昌”，明萬曆四十七年序刊本《重脩潼川州志》卷十八作“顧胤昌”，《志略》作“顧昌胤”。

康熙四十四年	林敬修　乙酉科。
	張澎
	岳冠華　同科。
康熙四十七年	劉勳　戊子科。
康熙五十六年	張溥　丁酉科。
雍正七年	李含筠　己酉科。
乾隆四十八年	王國棟　癸卯科。

武科

明	**進士**　無
	武舉
嘉靖十三年	張來譽　甲午科。
國朝	**進士**　無
	武舉
康熙二十九年	馮加璵　庚午科。
康熙五十三年	趙維屏　甲午科。
康熙五十九年	趙弘量　庚子科。
雍正二年	姚　智　甲辰科。
雍正十年	張　洲　壬子科。
雍正十三年	江文煦　乙卯科。
乾隆六年	張士梁　辛酉科。
乾隆九年	顧正吉　甲子科。
乾隆十八年	達貫一　癸酉科。
乾隆二十一年	顧思貞　丙子科。
明	**貢生**恩、拔、副、歲，名目無可考
洪武十年	陳敬祿　貢生，西安府推官。
洪武二十七年	胥溫　貢生，渭南縣丞。

永樂元年	劉俊　貢生，廣西吏目[1]。
永樂二年	梁暹　貢生，兵馬司[2]。
永樂三年	黃衡　貢生，戶部郎中。
永樂三年	趙弼　貢生，穀城縣丞[3]。
永樂十年	胥景　貢生，桂陽州知州。
宣德元年	蒲琮　貢生。
宣德五年	胥景志　貢生，雲南教諭。
宣德六年	王俊　貢生，黃梅縣知縣。
正統二年	楊旻[4]　貢生，銅仁府經歷。
正統四年	林[5]楫　貢生，徐州州判[6]。
正統六年	趙敬　貢生，雷州府通判。
正統八年	王正[7]　貢生，德清縣丞。
正統十年	蒲馨　貢生，臨潼縣丞。
正統十二年	張純　貢生，貴州吏目[8]。
正統十四年	趙昇　貢生，河源縣丞。
景泰元年	任勝　貢生，鄧州訓導。
景泰二年	王榮　貢生。
景泰四年	文制　貢生，江西通判。
景泰五年	何從　貢生，浙江吏目[9]。
景泰七年	黃賢　貢生，雲南吏目。

〔1〕“廣西吏目”，明嘉靖《潼川志》鈔本卷七作“廣西斷事司吏目”。

〔2〕“兵馬司”，明嘉靖《潼川志》鈔本卷七作“兵馬司副兵馬”，萬曆四十七年序刊本《重脩潼川州志》卷十九作“兵馬司兵馬”。

〔3〕“縣丞”，明嘉靖《潼川志》鈔本卷七、萬曆四十七年序刊本《重脩潼川州志》卷十九俱作“主簿”。

〔4〕“旻”，明嘉靖《潼川志》鈔本卷七、萬曆四十七年序刊本《重脩潼川州志》卷十九俱作“昱”。

〔5〕“林”，明嘉靖《潼川志》鈔本卷七、萬曆四十七年序刊本《重脩潼川州志》卷十九俱作“杜”。

〔6〕“州判”，明嘉靖《潼川志》鈔本卷七、萬曆四十七年序刊本《重脩潼川州志》卷十九俱作“通判”。

〔7〕“正”，明嘉靖《潼川志》鈔本卷七、萬曆四十七年序刊本《重脩潼川州志》卷十九俱作“政”。

〔8〕“貴州吏目”，明嘉靖《潼川志》鈔本卷七、萬曆四十七年序刊本《重脩潼川州志》卷十九俱作“安順州吏目”。

〔9〕“浙江吏目”，明萬曆四十七年序刊本《重脩潼川州志》卷十九作“湖州吏目”。

續表

天順二年	杜諒　貢生，姚安府通判。
天順四年	趙純　貢生，臨洮府推官。
天順六年	陳璽[1]　貢生，西安府推官。
天順八年	趙清　貢生，楚雄府訓導。
成化元年	胡清　貢生，大寧左衛經歷[2]。
成化四年	杜聰　貢生，廣平縣丞。
成化六年	杜鎡　貢生。
成化八年	李秉倫　貢生，臨漳王府教授[3]。
成化十年	王南　貢生，耀州訓導。
成化十年	文明　貢生。
成化十二年	伏觀　貢生。
成化十四年	蘇本全[4]　貢生。
成化十六年	譚永昌　貢生，臨[5]夏王府教授。
成化十八年	陳溰[6]　貢生，益王府教授。
成化二十年	梁嵩　貢生，辰州訓導。
弘治元年	李澄　貢生，開成縣訓導。
弘治三年	顧良佐　貢生，清源主簿。
弘治四年	胥安　貢生，茶陵州訓導。
弘治五年	周榮　貢生。
弘治七年	趙經　貢生。
弘治九年	李希賢　貢生，洵陽訓導。
弘治十年	趙舉　貢生，貴州教授。

---

〔1〕 “璽”，二十八年本作“璽”。

〔2〕 “大寧左衛經歷”，明萬曆四十七年序刊本《重脩潼川州志》卷十九作“太寧衛經歷”。

〔3〕 “臨漳王府教授”，明嘉靖《潼川志》鈔本卷七作“臨潼□□教授”，萬曆四十七年序刊本《重脩潼川州志》卷十九作“臨潼縣教諭”。

〔4〕 “全”，明嘉靖《潼川志》鈔本卷七、萬曆四十七年序刊本《重脩潼川州志》卷十九俱作“金”，當是。

〔5〕 “臨”，明嘉靖《潼川志》鈔本卷七作“寧”，當是。

〔6〕 “溰”，明嘉靖《潼川志》鈔本卷七作“涇”。

續表

弘治十一年	彭時彥　貢生，山西按察司知事。
弘治十二年	蒲輪　貢生，陝西左衛經歷。
弘治十三年	李森　貢生。
弘治十五年	孫崇禮　貢生，鳳翔教授。
弘治十七年	張旭　貢生。
正德元年	衡守常　貢生，雲南斷〔1〕事。
正德三年	李廷相　貢生，安化縣訓導。
正德五年	何秉茂　貢生，雲南吏目。
正德七年	伏萬選　貢生。
正德八年	王卿　貢生，青陽訓導。
正德十年	胥範　貢生。
正德十二年	雷鳴　貢生。
正德十四年	劉恩　貢生，太倉州同。
正德十五年	王制　貢生，武岡州知州。
正德十五年	趙朗〔2〕　貢生，常德府審理。
正德十六年	何洪〔3〕　貢生，崇仁縣丞。
嘉靖二年	衡平　貢生。
嘉靖四年	劉惇　貢生，興國州訓導。
嘉靖五年	江璽　貢生，湘陰主簿。
嘉靖六年	陳友士　貢生，嵩縣訓導。
嘉靖十年	衡守璧　貢生，邠州訓導。
嘉靖十一年	顧玥　貢生，孝感縣主簿。
嘉靖十二年	陳仁〔4〕　貢生，榮昌教諭。
	王峯　貢生。
	廖祺〔5〕　貢生，舞陽訓導。

〔1〕 “斷”，明嘉靖《潼川志》鈔本卷七、萬曆四十七年序刊本《重脩潼川州志》卷十九俱作 “都”。

〔2〕 “朗”，明嘉靖《潼川志》鈔本卷七、萬曆四十七年序刊本《重脩潼川州志》卷十九俱作 “明”。

〔3〕 “何洪”，明嘉靖《潼川志》鈔本卷七、萬曆四十七年序刊本《重脩潼川州志》卷十九及後文俱作 “何洪鼎”，當是。

〔4〕 據二十八年本，陳仁爲嘉靖十一年貢生。

〔5〕 “祺”，明嘉靖《潼川志》鈔本卷七作 “棋”。

續表

嘉靖十五年	何濱　貢生，監利訓導。
嘉靖十九年	任友端　貢生，泗州學正。
嘉靖二十一年	陳友契　貢生，長葛訓導。
嘉靖二十二年	顧玠　貢生。
嘉靖二十三年	顧邦鵾　貢生，閬鄉縣丞。
嘉靖二十四年	顧惟勳　貢生，黃州府照磨。
嘉靖二十五年	范廷琮　貢生，臨湘訓導。
	張挑　貢生，湘陰主簿。
	王嘉吉　貢生，國子監學正。
	李之本　貢生。
	衡山　貢生，松滋訓導。
	顧佩　貢生，鞏昌府訓導。
	顧袞　貢生，監利訓導。
	趙應麟　貢生，陝西徽州訓導。
	胥延宗
	王時泰
	張宸
	楊璽
	顧邦和　蠡縣訓導。
	李時佐　新野訓導。
	衡執中　洧川訓導。
	王明堂
	衡化中
	何湖
	胥時用
	何洪鼎　崇仁縣丞。
	顧玠　寶慶縣丞[1]。

〔1〕 按"何洪鼎""顧玠"二條係重出。

	衡允中　陽縣縣丞。
	何佃　道州訓導。
	張錦
	張明育
	張韄　楚雄府通判。
	張縉
	張紳
	張維　合州學正。
	衡起商
	張力行　井研教諭。
	張用行　州判。
	張勉行　陝西延安同知。
	張篤行
	張時行
	張可行
	張素行
	顧瑞海
	顧鵬　兵馬司。
	顧鷗
	何應宏　雙流教諭。
	任九德
	趙敬
	王恩用
	劉惇
國朝	**貢生**恩、拔、副、歲
順治八年	張瑄　副貢，辛卯科。
	寇振北　副貢，同科。
順治十一年	任之偉　副貢，甲午科。

續表

康熙十一年	陶玉璋　副貢，壬子科。
康熙二十年	趙長昭　拔貢，宜賓教諭。
康熙二十六年	張渤　拔貢，溫江教諭。
	陳四如
	陳茂猷
	任之望
康熙四十七年	張漢　戊子科副貢，任廣西右江副使道。
	任昌　彭山教諭。
	任弘
	任體仁
	任體謙
	文敘
	楊際春
	雷時發
	李先春　成都教諭。
	董岐鳳　筠連訓導。
	寇依孔
	勾煦蘇　西充教諭。
	顧起麟　射洪訓導。
	任九如
	何旭明
	劉必騰
	何圖出
	楊先春
	顧玉宗
	王慎德　廣安州訓導。
	勾龍斆　蓬州訓導。
	趙長昭
雍正元年	趙昇　副貢，癸卯科。
	顧秉鈞

	王士偉
	岳中　拔貢，溫江教諭。
	趙斗南
	衡文傑
雍正七年	顧載　拔貢，江西廣豐縣丞。
	顧夢麟
	陳清簡　德陽訓導。
	蒲惠
	任宗華　恩貢。
	任繼尹
	顧海
	王尚璽
	任爲恕
	勾華齡　恩貢。
	顧錫齡
	虞斯盛
	王于蕃　西昌訓導。
	廖士英
	何瀚　蒼溪訓導。
	陳始虞
	何朝彥
	王恭
	任璀　長寧訓導。
	任璜
	王璠
	張沛
	胥瑞
	李茂　大足訓導。

續表

	王如綸	
	任時英	
	任璨	
	李逸凡	
	王際雲	名山教諭。
	張士榮	恩貢。
	張士棠	閬中訓導。
	祝多祜	
	楊冕	
	任浩	
乾隆六年	張士杰	辛酉拔貢，丁卯副貢。
乾隆十八年	張默	癸酉拔貢，癸酉副貢。
乾隆二十六年	楊楷	恩貢。
	梁立中	
乾隆二十七年	任在庭	歲貢。
乾隆二十九年	任碩彥	歲貢。
乾隆三十年	顧東閣	拔貢。
乾隆三十一年	許子杰	歲貢。
乾隆三十五年	王新聘	恩貢。
乾隆三十八年	李緒	歲貢。
乾隆四十年	霍企賢	歲貢。
乾隆四十二年	江文燦	恩貢。
	梁啟鯤	拔貢。
乾隆四十四年	王權	歲貢。
乾隆四十五年	楊永泰	歲貢。
乾隆四十七年	王廷許	歲貢。
乾隆四十九年	許述任	歲貢。
乾隆五十一年	胥相文	恩貢。
	楊廷彩	歲貢。

續表

唐	功貲
	嚴震　尚書左僕射，贈太保。
	嚴礪　尚書左僕射，贈司空。
	嚴譔　江南節度使。
	稅隆　萬戶侯。
明	**援例職員**
洪武	李成　萬戶侯。
	王恩用　滁州判。
	江[1]鵬　羅田主簿。
	許思正　渭南縣丞。
	何湍　長沙府[2]奉祀。
	任禮　新化縣丞。
	陳廣　襄陽府引禮。
	陳昇　保應主簿。
	羅凱　德攸[3]主簿。
	王時皡　涇縣縣丞。
國朝	**援例職員**捐貢附
順治	勾新甲　貢生，井研知縣。
	程九鵬　新化知縣。
	任九級　眉州知州。
	胥時英　句容縣丞。
	任九錫　華陽知縣。
	王命世　永嘉知縣。
	王敎　貢生，任昆陽州知州。
	張士權　貢生，任大名府同知。
	王廷颺　祿勸州吏目。

---

〔1〕"江"，明嘉靖《潼川志》鈔本卷七作"汪"。

〔2〕"長沙府"，明嘉靖《潼川志》鈔本卷七、萬曆四十七年序刊本《重脩潼川州志》卷十九俱作"吉府"。

〔3〕"德攸"，明嘉靖《潼川志》鈔本卷七、萬曆四十七年序刊本《重脩潼川州志》卷十九俱作"攸縣"。

續表

	張士枚	州同。
	張士標	州同。
	王廷梁	吏目。
乾隆	王永	從九品。
	顧均	廩生，候選吏目。
	任軏	從九品。
	鄧瀞	從九品。
	寇德睿	從九品。
	陳萬坤	從九品。
	張象學	從九品。
	胥奇秀	從九品。
	何其康	從九品。
	任永泰	從九品。
	王仕偉	縣丞。
	王簡	主簿。
	馮芳	主簿。
	胥大麟	主簿。
	鄧大經	典史。
	范登榮	典史。
	胥大中	典史。
乾隆三十五年	杜華松	捐貢。
明	**封贈**	
	黃谷用	以子衡貴，贈户部郎中。
	譚思賢	以子紹祖貴，贈國子監學正。
國朝	**封贈**	
	陳四聰	庠生，以子書貴，封徵仕郎。
	張琯	副貢，[1] 子泰階貴，贈中憲大夫。

〔1〕 "子"前疑脱"以"字。

國朝	張泰階　舉人，[1]子漢貴，贈中憲大夫。
	趙長華　孫維屏，雲南遊擊，贈武翼大夫。
	趙緒祖　子維屏，雲南遊擊，贈武翼大夫。
	張　煇　祖漢，[2]軍功廳國學生。
國朝	**俊秀捐納監生**附

鄧文隆	杜瑛	杜顯祖	李維忠
苟自新	劉承遠	黃中德	黃金聲
任時遇	楊仕傑	李林翹	湯寬
顧鳳鳴	張燮	汪天職	李元植
楊文炳	鄧紹基	李燦	許超倫
袁清	王鳳起	何如瑄	何陛榮
陶青錢	任希舜	謝天禄	程朝佐
杜士超	何元吉	羅文昇	桑成
桑著錕	劉夢吉	王鳳禄	劉鵬皋
蕭鳳颺	許天成	桑著錡	

---

〔1〕"子"前疑脱"以"字。
〔2〕"軍功"前疑脱"以"字。

鹽亭縣志卷六　人民部

人物志

天地之生人物也衆矣，人物之在天下也，抑又衆矣。獨表而出之，書而傳之，且景仰而欣慕之者，蓋以其出乎類而拔乎萃，并非敢作錚錚矯矯觀也。是以英賢民儁，必應運而興，必間世而出。然則古今來亦屈指有數矣。鹽，小邑也，夫亦地靈人傑乎？予嘗考其山川，察其民物。遍歷四境名勝之區，知造化之鍾毓，亦未必不厚也；上稽列朝民獻之遺，知奇傑之挺生，亦未嘗無人也。僻壤荒陬而英林[1]輩出，寧非斯邑之光哉？爰薈萃而誌其詳，而自漢、唐、宋、明及今代，或一二人，或三四人，其數多者，亦僅止十餘人而已。人物果衆乎？少乎？若嚴氏昆季、文湖州者，又其少中之少焉者也。

漢

臧太伯，宕渠人，官位無所考。按：今之鹽亭，即古宕渠也。秦始皇時，有長人二十五丈見於宕渠。漢延熙中，置宕渠郡。順、桓之世，板楯數反，太守蜀郡趙温恩信降服，於是宕渠出九穗之禾，詳載《雜記》。西魏恭帝改宕渠郡及縣，俱名鹽亭。隋開皇初，郡廢，縣仍其名。

玄賀，字文和，宕渠人。才果毅，勤政事，仕至大司農。

龐雄，字宣孟，宕渠人。胸羅韜略，有將帥才，後爲大鴻臚。

---

〔1〕 "林"，疑當作 "材"。

馮煥，宕渠人。立朝敢諫，出爲幽州刺史。

馮緄，字子[1]卿，煥子。有濟世才，機警辨捷。出使西域，爲持節軍[2]騎將軍，屢著勳業。

馮允，字公信，緄弟。爲降虜都尉，亦有戰功。

馮遵，字文衡，允子。奇姿卓逸，言論方雅，仕至尚書郎。

李溫，宕渠人，桂陽太守。

趙芬，宕渠人。博聞强識，清尚簡素，弱冠爲郡文學掾。孝桓帝時，以并州刺史但望爲巴郡太守，勤恤民隱。趙芬率塾江龔榮[3]等詣望自訟曰：“郡境廣遠，千里給吏，兼將人從，冬往夏還，夏單冬複。惟蹢時之役，懷怨曠之思。其憂喪吉凶，不得相見。解綏[4]補綻，下至薪菜之物，無不躬買於市。富者財得自供，貧者無以自久，是以清儉夭枉不聞。加以水陸艱難，山有猛禽；思迫期會，隕身江河，投死虎口。咨嗟之難，歷世所苦。天之感應[5]，乃遭明府，欲爲更新。童兒匹婦，懽喜相賀：‘將去遠就近，釋危蒙安。’縣無數十，民無遠邇，加恩[6]未生，澤及來世。巍巍之功，勒於金石。乞以文書付計掾史。人鬼同符，必獲嘉報，芬等幸甚。”望深納之。

曲庾，宕渠人。尚氣節，勵忠義，即爲本邑主簿。

馮湛，宕渠人。謙虛清素，强識多聞，即爲本邑主簿。

以上十一人俱見《華陽國[7]》。《通志》、舊《州志》《邑志》俱無，今增入。

唐

嚴震，字遐聞，邑人。與兄恍[8]登進士，累爲鳳州團練使。好興利除害，號稱清嚴。建中間，韋禛[9]狀其治行爲山南第一，遷山南西道節度使。尋加檢校戶部尚書、馮翊郡王，加檢校尚書左僕射。久之，進同中書門下平章[10]。德宗幸奉天，進

---

〔1〕 “子”，明嘉靖四十二年本《華陽國志》卷十二作“鴻”，當是。

〔2〕 “軍”，明嘉靖四十二年本《華陽國志》卷十二作“車”，當是。

〔3〕 “榮”，明嘉靖四十二年本《華陽國志》卷一作“榮”，卷十二作“策”。

〔4〕 “綏”，明嘉靖四十二年本《華陽國志》卷一作“緩”，當是。

〔5〕 “感應”，明嘉靖四十二年本《華陽國志》卷一作“應感”。

〔6〕 “加恩”，明嘉靖四十二年本《華陽國志》卷一作“恩加”，當是。

〔7〕 “國”後疑脫“志”字。

〔8〕 “恍”，疑當作“优”。

〔9〕 “禛”，乾隆武英殿本《新唐書》卷一百五十八作“楨”，當是，後同。

〔10〕 二十八年本“章”後有“事”字，當是。

封太保。貞元十五年卒，謚忠穆，祀鄉賢。詳見本傳。

嚴震傳《唐書》　宋端明殿學士宋祁開封人

嚴震，字遐聞，梓州鹽亭人。本農家子，以財役里閒。至德、乾元中，數出貲助邊，得爲州長史。西川節度使嚴武知其才，署押衙，遷恒王府司馬，委以軍府重[1]務。武卒，罷歸。會東川節度使李叔明表爲渝州刺史，震以叔明姻家，移疾去。山南西道節度使又表爲鳳州刺史。母喪解。起爲興、鳳兩州團練使，好興利除害。建中中，劍南黜陟使韋禎狀震治行爲山南第一，乃賜上下[2]考，封勛[3]國公。治鳳十四年，號稱清嚴，遠邇咨美。遷山南西道節度使。朱泚反，遣腹心穆廷光等遺帛書誘之，震即斬以聞。是時，李懷光與賊連和，奉天危蹙，帝欲徙蹕山南。震聞，馳表奉迎，遣大將張用誠以兵五千扞衞。用誠至螫屋有反計，帝憂之，會震牙將馬勛嗣至，帝告以故，勛曰：“臣請歸取節度符召之。即不受，斬其首以復命。”帝悦，使計日往。勛還得符，請壯士五人與偕，出駱谷，用誠以爲未知其謀，以數百騎送[4]勛館之，左右嚴侍。勛未發，陰令焚草館外，士寒，爭附火。勛從容以[5]符示之，曰：“大夫召君。”用誠懼，將走，壯士自後擒之。用誠子砍[6]勛傷首，左右扞刀得免，遂撲[7]用誠，而格殺其子。[8]軍中，士皆擐甲矣。勛昌言曰：“若父母妻子在梁州，今棄之而反，何所利耶？大夫取用誠爾，若等無與！”衆乃服，不敢動。即縛用誠送於震，杖殺之，而收[9]其副以統師。始，勛赴行在，踰半日期，帝頗憂。比至，大喜。翼[10]日，發奉天。既入駱谷，懷光以騎追襲，賴山南兵以免。尋加檢校戶部尚書、馮翊郡王，實封二百戶。天子至梁州，宰相以爲地貧無所仰給，請進幸成都。震曰：“山南密邇畿輔，李晟銳於收復，方藉六師爲聲援。今引而西，則諸將顧望，責功無期。”帝未決。會晟表至，亦請駐蹕梁、漢[11]，議遂

---

[1]　“重”，乾隆武英殿本《新唐書》卷一百五十八作“衆”。

[2]　“下”字原脱，據二十八年本、乾隆武英殿本《新唐書》卷一百五十八補。

[3]　“勛”，乾隆武英殿本《新唐書》卷一百五十八“鄖”，當是。

[4]　“送”，乾隆武英殿本《新唐書》卷一百五十八“迓”，當是。

[5]　“以”，乾隆武英殿本《新唐書》卷一百五十八“引”。

[6]　“砍”，二十八年本、乾隆武英殿本《新唐書》卷一百五十八俱作“斫”。

[7]　“撲”，乾隆武英殿本《新唐書》卷一百五十八作“扑”。

[8]　乾隆武英殿本《新唐書》卷一百五十八“軍”前有“勛即”二字。

[9]　“收”，二十八年本、乾隆武英殿本《新唐書》卷一百五十八作“拔”。

[10]　“翼”，乾隆武英殿本《新唐書》卷一百五十八作“翌”。

[11]　“漢”，乾隆武英殿本《新唐書》卷一百五十八作“洋”，後同。

定。然梁、漢間刀耕火耨，民采以[1]爲食，雖領十五郡，而賦入纔比東方數大縣。自安、史後，山賊剽掠，戶口流散，震隨宜勸課，鳩斂有法，民不煩擾，而行在供億具焉。車駕將還，加檢校尚書左僕射，詔改梁州爲興元府，即用震爲尹，加實封三[2]百戶。久之，進同中書門下平章事。貞元十五年卒，年七十六歲[3]，贈太保，謚曰忠穆。

嚴礪，字元明，震之從祖弟。震在山南時，礪署牙將。德宗幸梁，主饋餉有功，累爲興州刺史。震卒，遺言薦爲本道節度使。寬明儉惠，嘗疏嘉陵江、通澧水以溉民田，州民德之。劉闢反，儲備有素，拔劍門，守險功居第一。加檢校尚書左僕射，改東川節度使。元祐四年卒，贈司空，祀鄉賢。

按：《唐書》又謂礪輕躁便佞，誣奏貶鳳州刺史馬勳，且擅没吏民田宅，稅外加斂，蓋不無遺議云。

嚴昌文，邑人。歷官御史，以言事不合黜爲合江令。卒於官，葬合江，號端正公墓。祀鄉賢。

宋

舊《邑志》載牟袞，列於文同之前。按《省志》、舊《州志》："牟袞，中江人，端拱元年戊子科葉齊榜進士。""嘗受學於普州多岳"，故安岳舊志亦收入《人物》門。今依《省志》、舊《州志》改正作中江人，於鹽亭、安岳志內均削之。舊《邑志》又載其後用中、義先、積中、學先，皆一門進士，而《選舉》內又缺而不書，焉知非中江牟氏之裔遷移鹽邑有掇科第者乎？若因其後有牟姓登進士者，遂以牟袞爲鹽邑人，則鑿矣。

文同，字與可，永泰人。漢文翁之後，祀鄉賢。時稱石室先生。方口秀眉，操行高潔。以文學知名，皇祐元年以博學宏詞登進士第。歷官陵、洋、湖三州，興利除害，不避權勢。善詩、文、篆、隸、行、草、飛白，又善畫竹。文彥博奇之，曰："襟懷灑落，如晴雲秋月，塵埃不到。"與蘇軾交最善，嘗爲同作《篔簹谷記》《畫竹記》，詩篇倡和尤多。同著有《丹淵集》行世，不能備載，今依舊志酌録之。

---

〔1〕"以"，二十八年本、乾隆武英殿本《新唐書》卷一百五十八俱作"秅"，當是。
〔2〕"三"，二十八年本、乾隆武英殿本《新唐書》卷一百五十八俱作"二"，當是。
〔3〕乾隆武英殿本《新唐書》卷一百五十八無"歲"字。

村居　文同

日影滿松窻，雲開雨初止。晴林梨栗[1]熟，曉巷兒童喜。牛羊深澗下，鳧雁寒塘裏。田父酒新成，瓶甖饋鄰里。

新晴山月[2]　文同

高松漏疎月，落影如畫地。徘徊愛其下，夜[3]久不能寐。怯風池荷卷，病雨山果墜。誰伴予苦吟，滿林啼絡緯。

屬疾梧軒　文同

高梧覆新葉，滿院發華滋。白日一何永，清陰閒自移。暖蟲垂到地，晴鳥語多時。病肘依[4]枯几，泊然忘所思。

詠閒樂[5]　文同

晝睡欲[6]過午，好風吹竹牀。溪雲生薄暮，山雨送微凉。粉裛衣裳潤，蘭熏枕席香[7]。歸來閒且樂，多謝墨君堂。

過友人谿居　文同

籬巷隔[8]菰蒲，閒扉掩自娛。水蟲行插岸，林鳥過提壺。白浪搖秋艇，青煙蓋晚廚。主人誇野飯，爲我煮秋鱸[9]。

玉峯園避暑值雨[10]　文同

南園避中伏，意適晚忘歸。墙外谷雲起，簷前山雨飛。興饒思秉燭，坐久欲添

---

〔1〕　“栗”，明汲古閣本《丹淵集》卷四作“棗”。
〔2〕　此詩係卷二重出。
〔3〕　“夜”，明汲古閣本《丹淵集》卷十一作“及”。
〔4〕　“依”，明汲古閣本《丹淵集》卷十五作“倚”。
〔5〕　明汲古閣本《丹淵集》卷四題作《閒樂》。
〔6〕　“欲”，明汲古閣本《丹淵集》卷四作“忽”。
〔7〕　“蘭熏枕席香”，明汲古閣本《丹淵集》卷四作“蘭薰簟蓆香”。
〔8〕　“隔”，明汲古閣本《丹淵集》卷五作“接”。
〔9〕　“秋鱸”，明汲古閣本《丹淵集》卷五作“新蘆”。
〔10〕　明汲古閣本《丹淵集》卷七題作《六月十日中伏玉峯園避暑值雨》。

衣。爲愛東巖下，泉聲通翠微。

鹽亭　文同[1]

幾番寓宿鹽亭縣，未得閒情一賦詩。土俗舊從張老變，高山曾受杜陵知。溪深野水流雲氣，雪壓寒條帶玉姿[2]。夜向德星橋上望，仰高褒衮有餘思。

自廣漢歸宿十八里草市　文同[3]

月黑叩店門，燈青坐牀簀。飯穮雜沙土，菜痍[4]等草棘。泰然均一飽，未覺異玉食。我豈兒女哉，口腹爲怨德。古人恥懷禄，不仕當力穡。從今扶犂手，終老謝翰墨。

織婦怨　文同

擲梭兩手倦，踏籥雙足跰。三日不住織，一疋纔可剪。織處畏風日，剪時審[5]刀尺。皆言邊幅好，自愛經緯密。昨朝持入庫，何事監官怒。大字彫印文，濃水油墨汙。父母抱歸舍，拋下[6]中門下。相看各無語，淚迸若傾瀉。質錢解衣服，買絲添上軸。不敢輒下機，連宵然[7]火燭。當須了租賦，豈暇恤襦袴。前知寒切骨，甘心扇[8]骭露。里胥踞門限，叫罵嗔納晚。安得織婦心，變作監官眼。想見當日賦絹之苦，令人讀之酸鼻，登之以作官箴。

五原行　文同

雲蕭蕭，草揺落[9]，風吹黃沙昏寂寞[10]。胡兒滿窟臥寒日，卓旂[11]繫馬人一匹。夜來烽火連箠起，銀鶻呼兵捷如鬼。齊集弓刀上隴行，犬譟狐嘷繞空壘。羌人鈔暴爲常事，見敵不爭收若雨。自高聲勢敍邊功，歲歲年年皆一同。將軍玩寇五原

---

〔1〕按此詩《丹淵集》未載，《全蜀藝文志》卷十六收爲“楊廷和”作。
〔2〕“姿”，文淵閣《四庫全書》本《全蜀藝文志》卷十六作“枝”。
〔3〕按此詩《丹淵集》未載，收陸游《劍南詩稿》卷八，《全蜀藝文志》卷十六亦收爲“陸游”作。
〔4〕“痍”，二十八年本、文淵閣《四庫全書》本《劍南詩稿》卷八俱作“瘦”，當是。
〔5〕“審”，明汲古閣本《丹淵集》卷三作“謹”。
〔6〕“下”，明汲古閣本《丹淵集》卷三作“向”。
〔7〕“然”，明汲古閣本《丹淵集》卷三作“停”。
〔8〕“扇”，明汲古閣本《丹淵集》卷三作“肩”，當是。
〔9〕“落”，明汲古閣本《丹淵集》卷三作“搖”。
〔10〕“寂寞”，明汲古閣本《丹淵集》卷三作“沉寥”。
〔11〕“旂”，明汲古閣本《丹淵集》卷三作“旗”。

上，朝廷不知但推賞。此詩雖不切鹽亭，然鹽亭必有從軍者。

和文與可洋川[1]園池三十首 按《唐·地理志》：“洋州洋川郡，武德元年置。” 蘇軾

湖橋

朱闌[2]畫柱照湖明，白葛烏紗曳履行。橋下龜魚晚無數，識君拄杖過橋聲。

橫湖

貪看翠蓋擁紅粧，不覺湖邊一夜霜。卷卻天機雲錦段，從教匹練寫秋光。

書軒

雨昏石硯寒雲色，風動牙籤亂葉聲。庭下已生書帶草，使君疑是鄭康成。

冰池

不嫌冰雪遶池看，誰似詩人巧耐寒。記取義之洗硯處，碧琉璃下黑蛟蟠。

竹塢

晚節先生道轉孤，歲寒唯有竹相娛。麤才杜牧真堪笑，喚作軍中十萬夫。

荻浦

雨折霜乾不耐秋，白花黃葉使人愁。月明小艇湖邊宿，便是江南鸚鵡洲。

蓼嶼

秋歸南浦蟪蛄鳴，霜落橫湖沙水清。臥雨幽花無限思，抱叢寒蝶不勝情。

望雲樓

陰晴朝暮幾回新，已向虛空付此身。出本無心歸亦好，白雲還似望雲人。

天漢臺

漾水東流舊見經，銀潢左界上通靈。此臺試向天文覓，閣道中間第幾星。

待月臺

月與高人本有期，挂簷低戶映蛾眉。只從昨夜十分滿，漸覺冰輪出海遲。

二樂榭

此間真趣豈容談，二樂并君已是三。仁智更煩訶妄見，坐令魯叟作瞿曇。

---

〔1〕 “川”，二十八年本作“州”，明成化本《東坡集》卷七作“川”。

〔2〕 “闌”，明成化本《東坡集》卷七作“欄”。

瀋泉亭

聞道池亭勝兩川，應須爛醉答雲烟。勸君多揀長腰米，消破亭中萬斛泉。

吏隱亭

縱橫憂患滿人間，頗怪先生日日閑。昨夜清風眠北牖，朝來爽氣在西山。

霜筠亭

解籜新篁不自持，嬋娟已有歲寒姿。要看凜凜霜前意，須待秋風粉落時。

無言亭

殷勤稽首維摩詰，敢問如何是法門。彈指未終千偈了，向人還道本無言。

露香亭

亭下佳人錦繡衣，滿身瓔珞綴明璣。晚香消歇無尋處，花已飄零露已晞。

涵[1]虛亭

水軒花榭兩爭妍，秋月春風各自偏。惟有此亭無一物，坐觀萬景得天全。

谿光亭

決去湖波尚有情，卻隨初日動簷楹。谿光自古無人畫，憑仗新詩與寫成。

過谿亭

身輕步穩去忘歸，四柱亭前野彴微。忽悟過谿還一笑，水禽驚落翠毛衣。

披[2]錦亭

煙紅露綠曉風香，燕舞鶯嗁春日長。誰道使君貧且老，繡屏錦帳咽[3]笙簧。

禊[4]亭

曲池流水細鱗鱗，高會傳觴似洛濱。紅粉翠娥[5]應不要，畫船來往勝於人。

菡萏亭

日日移牀趁下風，清香不盡思何窮。若爲化作龜千歲，巢向田田亂葉中。

---

〔1〕 "涵"，明成化本《東坡集》卷七作"函"。
〔2〕 "披"，明成化本《東坡集》卷七作"被"。
〔3〕 "咽"，二十八年本作"吐"，明成化本《東坡集》卷七作"咽"。
〔4〕 "禊"，明成化本《東坡集》卷七作"禊"，當是。
〔5〕 "娥"，明成化本《東坡集》卷七作"蛾"，當是。

荼蘼洞

長憶故山寒食夜，野荼蘼發暗香來。分無素手簪羅髻，且折霜蕤浸[1]玉醅。

筼簹谷

漢川脩竹賤如蓬，斤斧何曾赦籜龍。料得清貧饞太守，渭川[2]千畝在胷中。

寒蘆港

溶溶晴港漾春暉，蘆笋生時柳絮飛。還有江南風物否，桃花流水鱉魚肥。

野人廬

少年辛苦事犁鋤[3]，剛厭青山遠故居。老覺華堂無意味，却須時到野人廬。

此君菴

寄語菴前抱節君，與君到處合相親。寫真雖是文夫子，我亦真堂作記人。

香[4]橙徑

金橙縱復里人知，不見鱸魚價自低。須是松江煙雨裏，小船燒薤擣香虀。

南園

不種夭桃與綠楊，使君應欲作[5]農桑。春畦[6]雨過羅紈膩，夏壠[7]風來餅餌香。

北園

漢水巴山樂有餘，一麾從此首歸塗。北園草木憑君問，許我當[8]年作主無。

文與可畫筼簹谷偃竹記　蘇軾

竹之初[9]生，一寸之萌耳，而節葉具焉。自蜩蝮[10]蛇蚹以至於劍拔十尋者，生而有之也。今畫者乃節節而爲之，葉葉而累之，豈復有竹乎！故畫竹必先得成竹

---

〔1〕"浸"，明成化本《東坡集》卷七作"侵"。
〔2〕"川"，明成化本《東坡集》卷七、二十八年本俱作"濱"。
〔3〕"鋤"，明成化本《東坡集》卷七作"鉏"。
〔4〕"香"，明成化本《東坡集》卷七作"金"。
〔5〕"作"，明成化本《東坡集》卷七作"候"。
〔6〕"畦"，二十八年本作"疇"，明成化本《東坡集》卷七作"畦"。
〔7〕"壠"，二十八年本作"隴"，明成化本《東坡集》卷七作"壠"。
〔8〕"當"，明成化本《東坡集》卷七、二十八年本俱作"他"。
〔9〕"初"，明成化本《東坡集》卷三十二作"始"。
〔10〕"蝮"，明成化本《東坡集》卷三十二作"腹"。

於胸中，執筆熟視，乃見其所欲畫者，急起從之，振筆直遂，以追其所見，如兔起鶻落，少縱則逝矣。與可之教予如此，予不能然也，而心識其所以然。夫既心識其所以然而不能然者，內外不一，心手不相應，不學之過也。故凡有見於中而操之不熟者，平居自視了然，而臨事忽焉喪之，豈獨竹乎？子由爲《墨竹賦》以遺與可曰：“庖丁，解牛者也，而養生者取之。輪扁，斲輪者也，而讀書者與之。今夫吾[1]子之托於斯竹也，而予以爲有道者，則非耶？”子由未嘗畫也，故得其意而已。若予者，豈獨得其意，并得其法。與可畫竹，初不自貴重。四方之人持縑素以請[2]，足相躡於其門。與可厭之，投諸地而罵曰：“吾將以爲韈！”士大夫傳之，以爲口實。及與可自洋州還，而予[3]爲徐州，語[4]可以書還[5]予曰：“近與[6]士大夫，吾墨竹一派，近在彭城，可往求之，韈材當萃於子矣。”書尾復寫一詩，其略曰：“擬將一段鵝溪絹，掃却[7]寒梢萬尺長。”予謂與可：“竹長萬尺，當用絹二百五十疋，知公倦於筆硯，願得此絹而已。”與可無以答，則曰：“吾言妄矣，世豈有萬尺竹也[8]哉！”予因而實之，答其詩曰：“世間亦有千尋竹，月落庭空影許長。”與可笑曰：“蘇子辨則辨也[9]。然二百五十疋，吾將買田而歸老焉。”因以所畫篔簹谷偃竹遺予，曰：“此竹數尺耳，而有萬丈[10]之勢。”篔簹谷在洋州，與可嘗令予作《洋州三十咏》，《篔簹谷》其一也。予詩曰[11]：“漢川修[12]竹賤如蓬，斤斧何曾赦籜龍。料得清貧饞太守，渭川[13]千畝在胸中。”與可是日與其妻遊谷中，燒筍晚食，發函得詩，失笑噴飯滿案。至元豐二年正月二十二日[14]，與可歿[15]於陳州。是歲七月七日，予在湖州曝書畫，見此竹，廢卷而哭失聲。昔曹孟德《祭喬[16]公文》有“車過腹痛”之語，而予亦載與可疇昔戲笑之言者，以見與可於予親厚無間如此也。

---

〔1〕 “吾”，明成化本《東坡集》卷三十二作“夫”，當是。

〔2〕 “持縑素以請”，明成化本《東坡集》卷三十二作“持縑素而請者”。

〔3〕 “予”，明成化本《東坡集》卷三十二作“余”，後同。

〔4〕 “語”，明成化本《東坡集》卷三十二、二十八年本俱作“與”，當是。

〔5〕 “還”，明成化本《東坡集》卷三十二、二十八年本俱作“遺”，當是。

〔6〕 “與”，明成化本《東坡集》卷三十二、二十八年本俱作“語”，當是。

〔7〕 “却”，明成化本《東坡集》卷三十二、二十八年本俱作“取”。

〔8〕 明成化本《東坡集》卷三十二無“也”字。

〔9〕 “蘇子辨則辨也”，明成化本《東坡集》卷三十二作“蘇子辯則辯矣”。

〔10〕 “丈”，明成化本《東坡集》卷三十二作“尺”。

〔11〕 “曰”，明成化本《東坡集》卷三十二作“云”。

〔12〕 “修”，明成化本《東坡集》卷三十二作“脩”。

〔13〕 “川”，明成化本《東坡集》卷三十二作“濱”。

〔14〕 “至元豐二年正月二十二日”，明成化本《東坡集》卷三十二作“元豐二年正月二十日”。

〔15〕 “歿”，明成化本《東坡集》卷三十二作“没”。

〔16〕 “喬”，明成化本《東坡集》卷三十二作“橋”。

跋文與可草書〔1〕　蘇軾

　　張長史草書，必俟醉，或以爲奇，醒即天真不全。此乃長史未妙，猶有醉醒之辨，若逸少，何嘗寄於酒乎？僕亦未免此事。書初無意於嘉〔2〕，乃嘉爾。草書雖是積學乃成，然要是出於欲速。古〔3〕云"匆匆不及，草書"，此語非是。若"匆匆不及"，乃是平時〔4〕有意於學。此弊〔5〕極，遂至於周越、仲翼，無足怪者。吾書雖不甚佳，然自出新意，不踐古人，是一快也。

與可字説〔6〕　蘇軾

　　"鄉人皆好之，何如？"曰："未可也。""鄉人皆惡之，何如？"曰："未可也。不如鄉人之善者好之，其不善者惡之。""善者好之，不善者惡之，足以爲君子乎？"曰："未也。孔子爲問者言也，以爲賢於所問者而已。君子之居鄉也，善者以勸，不善者以恥，夫何惡之有？君子不惡人，亦不惡於人。子夏之於人也，可者與之，其不可者拒之。子張曰：'君子尊賢而容衆，嘉善而矜不能。'我之大賢歟，於人何所不容？我之不賢歟，人將拒我，如之何其拒人也？子張之意，豈不曰與其可者，而〔7〕不可者自遠乎？""使不可者而果遠也，則其爲拒也甚矣，而子張何惡於拒也？"曰："惡其有意於拒也。""夫苟有意於拒，則天下相率而去之，吾誰與居？然則孔子之於孺悲也，非拒歟？"曰："孔子以不屑教誨〔8〕者也，非拒也。夫苟無意於拒，則可者與之，雖孔子、子張皆然。"吾友文君名同，字與可。或曰："爲子夏也〔9〕歟？"曰："非也。取其與，不取其拒，爲子張者也。"與可之爲人也〔10〕，守道而忘勢，行義而忘利，修〔11〕德而忘名，與爲不義，雖禄之千乘不顧也。雖然，未嘗有惡於人，

---

　　〔1〕　按此文係由蘇軾所作二短文拼接而成。"張長史……未免此事"，題作《書張長史草書》，"書初……是一快也"，題作《評草書》。《跋文與可草書》另是一篇，與此文無涉。以上三篇俱見《津逮秘書》本《東坡題跋》卷四，亦見明萬曆本《蘇文忠公全集》卷六十九。

　　〔2〕　"嘉"，明萬曆本《重編東坡先生外集》卷四十八作"佳"，當是，後同。

　　〔3〕　《津逮秘書》本《東坡題跋》卷四"古"後有"人"字，當是。

　　〔4〕　《津逮秘書》本《東坡題跋》卷四"平時"後有"亦"字。

　　〔5〕　《津逮秘書》本《東坡題跋》卷四"弊"後有"之"字。

　　〔6〕　明成化本《東坡集》卷二十四題作《文與可字説》。

　　〔7〕　宋拓《西樓蘇帖》"而"後有"其"字。

　　〔8〕　宋拓《西樓蘇帖》"教誨"後有"爲教誨"三字，當是。

　　〔9〕　"也"，明成化本《東坡集》卷二十四作"者"。

　　〔10〕　"取其與……與可之爲人也"四句原脱，據明成化本《東坡集》卷二十四補。

　　〔11〕　"修"，明成化本《東坡集》卷二十四作"脩"。

人亦莫之惡也。故曰：與可爲子張者也。熙寧八年四月廿三日，從表弟蘇軾上[1]。

跋趙屼屏風文與可竹　蘇軾

與可所至，詩在口，竹在手。來京師不及歲，請郡還鄉，而詩與竹皆西矣。一日不見，使人思之。其面目嚴冷，可使静浮[2]躁，厚鄙薄。今相去數千里，其詩可求，其竹可乞，其所以静、厚者不可致。此予所以見竹而歎也。

跋文與可紆竹　蘇軾

紆竹生於陵陽守居之北崖，蓋岐竹也。其一未脱籜，爲蝎所傷；其一困於嵌崖，是以爲此狀也。吾亡友文與可爲陵陽守，見而異之，以墨圖其形。余得其摹本以遺玉册官[3]祁永，使刻之石，以爲好事者動心駭目詭特之觀，且以想見亡友之風節，其屈而不撓者，蓋如此云。

跋文與可墨竹枯木　吕元鈞

君子智思能過於人，則事無巨細，皆足以取法[4]，此衆人所以尊仰欽愛之不已也。畫者，中有擬像，而發於筆墨之間，苟臻其極，則近見羣物之情狀，遠參造化之功力。自古賢俊，往往能之，蓋取其如此歟[5]！與可之於墨竹枯木，世之好事者皆知而蘇[6]，子瞻嘗謂盡得其理，固不妄也。頃年來成都，畫此兩物於嘉祐長老紀師之方丈，紀師寶之，以誇識者，乃西州僧舍勝事之一也。與可在文館二十年，其才[7]可巨用，將老矣，尚恂恂小舒[8]，胸中之藴，曾不少露，通塞榮悴，無一毫羂諸心。名教至樂之餘，時作墨竹枯木一二，以寓其幽懷遠趣，真所謂粹静君子也，豈特筆墨之間有以過人哉！知則語其大，不知則語其細[9]。知不知，於與可何損益耶？此可與高爽明達者言，不可與鄙闇者[10]道也。熙寧八年六月十日記[11]。

---

〔1〕“熙寧……蘇軾上”二句原脱，據宋拓《西樓蘇帖》補。
〔2〕“浮”，《津逮秘書》本《東坡題跋》卷五作“險”。
〔3〕“官”，《津逮秘書》本《東坡題跋》卷五作“宫”，疑誤。
〔4〕“法”，二十八年本、武英殿聚珍版叢書本《浄德集》卷十四俱作“高”。
〔5〕“蓋取其如此歟”一句原脱，據武英殿聚珍版叢書本《浄德集》卷十四補。
〔6〕“蘇”，武英殿聚珍版叢書本《浄德集》卷十四作“貴”，當是，故從作“貴”字標點。
〔7〕“才”，武英殿聚珍版叢書本《浄德集》卷十四作“材”。
〔8〕“舒”，武英殿聚珍版叢書本《浄德集》卷十四作“州”，當是。
〔9〕“細”，武英殿聚珍版叢書本《浄德集》卷十四作“小”。
〔10〕武英殿聚珍版叢書本《浄德集》卷十四無“者”字。
〔11〕“熙寧八年六月十日記”一句原脱，據武英殿聚珍版叢書本《浄德集》卷十四補。

文與可枯木贊　蘇軾

怪木在庭[1]，枯柯北走。窮猿投壁，驚雀入牖。居者蒲氏，畫者文叟。贊者蘇子，觀者如流。

文與可飛白贊　蘇軾

嗚呼哀哉！與可豈其多好，好奇也歟？抑其不試，故藝也？始余[2]見其詩與文，又得見其行草、楷書[3]也，以爲止此矣。既没一年，而復見其飛白。美哉伊人[4]！其盡萬物之態也。霏霏乎其若輕雲之蔽月，翻翻乎其若長風之捲斾也。猗猗乎其若遊絲之縈柳絮，裹裹乎其若流水之舞荇帶也。離離乎其遠而相屬，縮縮乎其近而不隘也。其工至於如此，而予[5]乃今知之，則予之知與可者固無幾，而其所不知者蓋不可勝計也。嗚呼哀哉！

文與可畫贊[6]　蘇軾

友人文與可既没十四年，見其遺墨於吕元鈞[7]之家，嗟嘆之餘，輒[8]贊之：

竹寒而秀[9]，木瘠而壽[10]，石醜而文，是爲三益之友。粲乎其不[11]可接，邈乎其不可囿。我懷斯人，嗚[12]呼！其可復覯也。

文與可琴銘　蘇軾

攫之幽然，如水赴谷。釋之蕭然，如葉脱木。按之噫然，應指而長言者似君。置之枵然，遺形而不言者似僕。

---

〔1〕 “庭”，明成化本《東坡續集》卷十作“廷”。
〔2〕 “余”，明成化本《東坡集》卷二十作“予”。
〔3〕 “楷書”，明成化本《東坡集》卷二十作“篆隸”。
〔4〕 “伊人”，明成化本《東坡集》卷二十作“多乎”。
〔5〕 “予”，明成化本《東坡集》卷二十作“余”，後同。
〔6〕 此文未收入明成化本《蘇文忠公全集》，見明萬曆本《續補全蜀藝文志》卷三十七，題作《與可畫竹木石贊并序》。
〔7〕 明萬曆本《續補全蜀藝文志》卷三十七無“鈞”字，疑誤。
〔8〕 明萬曆本《續補全蜀藝文志》卷三十七“輒”後有“復”字。
〔9〕 “秀”，明萬曆本《續補全蜀藝文志》卷三十七作“笑”。
〔10〕 “竹寒而秀，木瘠而壽”，明本《鶴林玉露》卷五引作“梅寒而秀，竹瘦而壽”。
〔11〕 明萬曆本《續補全蜀藝文志》卷三十七無“不”字，當是。
〔12〕 “嗚”，明萬曆本《續補全蜀藝文志》卷三十七作“烏”。

與文與可[1]

軾啟：近承書誨，喜閱[2]尊候益康勝。見乞浙郡，不知得否？相次入文字，乞宣[3]與明。若得與兄聯掉[4]南行，一段異事也。中前桑榆之詞，極爲工妙，[5]曾有書道此，却是此書不達耶？老兄詩筆，當今少儷，惟舍[6]弟或可以髣髴。墨竹即未敢云爾，呵呵。佳墨比望老兄分惠，反蒙來索，大好禪機，何處學得來？大軸揮灑必已了，專令人候請，切告。其綵欄[7]兩卷，稍暇便寫去。近見子由作《墨竹賦》，意思蕭散，不復在文字畛域中，真可以配老筆也。亦欲寫在絹卷上，如何？如何？乍凉，萬萬珍重。

又

軾自密移河中，至京城外，改差徐州，復挈而東。仕宦本不擇地，然彭城於私計比河中爲便安耳。今日沿汴赴任，與舍弟同行。聞與可與之議姻，極爲喜幸。從來交契如此，又復結此無窮之歡，美事！美事[8]！但寒門不稱，計與可必不見鄙也。臨行冗甚，奉書殊不謹，俟到任，別上問次。

又

軾再拜。姪女子獲執箕帚，非獨渠厚幸，而不肖獲交於左右者，緣此愈親篤矣。欣慰之懷，殆不可言。不敢復具啟狀，必不見罪也。聞舍弟談壻之賢，公之子固應爾。姪女子粗知書，曉義理，計亦稱公家婦[9]，更望訓誨其不逮也。

又

軾啟：叠辱來教，承起居佳[10]。適聞中間復微恙，且喜尋已平復。軾比來亦多

---

〔1〕 此八篇文俱未收入明成化本《蘇文忠公全集》，見明汲古閣本《丹淵集》附錄諸公書翰詩文（後簡稱“附錄”），題作《小簡八首》。

〔2〕 “閱”，明汲古閣本《丹淵集》附錄作“聞”，當是。

〔3〕 “入文字乞宣”，據明汲古閣本《丹淵集》附錄補。

〔4〕 “掉”，明汲古閣本《丹淵集》附錄作“棹”，當是。

〔5〕 明汲古閣本《丹淵集》附錄“曾”前有“尋”字，當是。

〔6〕 “舍”，明汲古閣本《丹淵集》附錄作“劣”，當是。

〔7〕 “其綵欄”，宋拓《西樓蘇帖》作“烏絲欄”，明汲古閣本《丹淵集》附錄、二十八年本俱作“烏綵欄”。

〔8〕 “美事”二字原脱，據明汲古閣本《丹淵集》附錄補。

〔9〕 明汲古閣本《丹淵集》附錄、二十八年本“婦”後俱有“也”字。

〔10〕 宋拓《西樓蘇帖》“佳”後有“勝”字，當是。

病，漸老不耐，小放意輒成疾，不可不加意謹護也。水後彌年勞役，今復聞決口未可塞，紛紛何時定乎？寄和潞老詩甚精奇，稍間〔1〕當亦作六言，殆難繼也。未緣會晤，萬萬以時珍重〔2〕。謹奉手啟上問，不宣。軾再拜與可學士親家翁閣下。三月二十六日〔3〕。

又

軾啟：稍不馳問，不審入冬尊體何如？想舊疾盡去，眠食益佳矣。見秋榜，知八郎已捷，不勝欣慰。惟十一郎偶失，甚爲悵然。然一跌豈廢千里，想不以介意。寄示碑刻，作語古妙，非世俗所能髣髴。長句偈甚〔4〕奇，非獨文字甘降，便當北面參問也。近有一僧名道潛，字參寥，杭人也，時〔5〕來相見。詩句清絕，可與林逋相上下，而通了道義，見之令人蕭〔6〕然。有一詩與之，錄呈，爲一笑也。末〔7〕由展奉，萬萬以時自重，不宣〔8〕。軾再拜與可學士親家翁閣下。十月十六日。

《黃樓賦》如已了，望付去人。如未，幸留意之〔9〕。

又

軾啟：近遞中辱書，承非久到闕，即日想已入覲矣。無緣一見，於邑可知。苦寒，尊候何似，貴眷令子各安勝。軾蒙庇粗遣，〔10〕秋來水災，幾已爲魚，必知之矣。寄惠六言小集，古人之作，今世未省見。老兄別後，道德文章日進，追配作者，而劣弟懶惰日退，卒爲庸人，他日何以見左右，慙悚而已。所要拙文，實未有以應命，又見兄之作，但欲焚筆硯耳，何敢自露。兄淹外既久，雖與時闊疎，而公議卓然，當遂踐清近也。歲行盡，萬萬〔11〕以時自重。謹奉手啟上問〔12〕，不宣。軾再拜

---

〔1〕 "間"，明汲古閣本《丹淵集》附錄作 "閑"。

〔2〕 "寄和潞老詩……萬萬以時珍重"，宋拓《西樓蘇帖》作 "寄亦和潞老詩甚精奇，稍間當亦作六言詩，殆難繼也。未緣會遇，萬萬以時自珍"。

〔3〕 "謹奉……二十六日"四句原脫，據宋拓《西樓蘇帖》補。

〔4〕 "甚"，宋拓《西樓蘇帖》作 "尤"。

〔5〕 "時"，宋拓《西樓蘇帖》作 "特"。

〔6〕 "蕭"，宋拓《西樓蘇帖》、明汲古閣本《丹淵集》附錄俱作 "蕭"，當是。

〔7〕 "末"，宋拓《西樓蘇帖》、明汲古閣本《丹淵集》附錄俱作 "末"，當是。

〔8〕 "不宣"，宋拓《西樓蘇帖》作 "不一一"。

〔9〕 "軾再拜……留意之"六句原脫，據宋拓《西樓蘇帖》補。

〔10〕 宋拓《西樓蘇帖》"秋"前有 "但"字。

〔11〕 "萬萬"，宋拓《西樓蘇帖》作 "万"。

〔12〕 "謹奉手啟上問"一句原脫，據宋拓《西樓蘇帖》補。

與可學士老兄閣下。十二月十六日〔1〕。

又

軾啟：郡人還，疊辱書教。承尊候微違和，尋已平愈，然尚未甚美食。又得蒲大書云：尊貌頗清削。伏料道氣久充，微疾不能近，然未免憂愁〔2〕，惟謹〔3〕擇醫藥，痛加調練，莫須撚〔4〕艾否？軾近來亦自多病，年老使然，無足怪者。蒙寄惠偃竹，真可爲古今之冠，謹當綴黃素其後，作十餘軸〔5〕。蓋多年火下，不可無言也。呵呵。聞幼安父子共得卅餘軸〔6〕，謹援此例，不可〔7〕過望。所示，當作歌詩題之。軾作此乃莫大之幸，日夜所願而不得者，今後更不敢送淛物去矣。老兄恐嚇之術，一何疎哉！想當一大噱。別後亦有拙詩百餘首，方令人編録，以求斤斧，後信寄去。老兄盛作，尚恨見少，當更蒙借示，使劣弟稍稍長進。此其爲賜，又非頒惠墨竹之比也。冗申〔8〕奉啟，不盡言。軾再拜與可學士親家翁閣下。正月廿八日〔9〕。

又

軾啟，冗迫，稍疎上問。伏想尊履佳勝。承書，領吳興。衆議謂公當在近侍，故不甚快，然不肖深爲左右賀也。吳興山水清遠，公雅量宏度，在王、謝間，此授殆天意耳。軾欲乞宣城，若幸得之，當與公爲鄰國，真是一段奇事。然天〔10〕之如人意者，亦自難遂，從古以然。公自南河赴任，舟行艱〔11〕澀，何不自五丈河，由曹、鄆、濟過我於徐，自泗入淮乎？但恐五丈河無水〔12〕，不然者，公必出此〔13〕。且更熟籌之。餘惟萬萬以時自重。筆凍，奉啟殊不謹。

石幼安言，亦可呼水精宮使。此語可記〔14〕。

---

〔1〕 "軾再拜……十六日" 二句原脱，據宋拓《西樓蘇帖》補。
〔2〕 "愁"，宋拓《西樓蘇帖》作 "懸"，當是。
〔3〕 "謹"，宋拓《西樓蘇帖》作 "慎"。
〔4〕 "撚"，宋拓《西樓蘇帖》作 "然"，明汲古閣本《丹淵集》附録作 "燃"。
〔5〕 "十餘軸"，宋拓《西樓蘇帖》作 "十許句贊"。
〔6〕 "蓋多年……卅餘軸" 四句原脱，據宋拓《西樓蘇帖》補。
〔7〕 "可"，宋拓《西樓蘇帖》作 "敢"。
〔8〕 "申"，宋拓《西樓蘇帖》、明汲古閣本《丹淵集》附録俱作 "中"，當是。
〔9〕 "軾再拜……廿八日" 二句原脱，據宋拓《西樓蘇帖》補。
〔10〕 "天"，宋拓《西樓蘇帖》、明汲古閣本《丹淵集》附録、二十八年本俱作 "事"。
〔11〕 "艱"，二十八年本作 "難"，明汲古閣本《丹淵集》附録作 "艱"。
〔12〕 "水"，明汲古閣本《丹淵集》附録作 "氷"，當是。
〔13〕 明汲古閣本《丹淵集》附録、二十八年本 "此" 後俱有 "也" 字。
〔14〕 "石幼安……可記" 三句原脱，據明汲古閣本《丹淵集》附録補。

文與可有詩見寄次韻答之　蘇軾

爲愛鵝溪白蠒光，掃殘雞距紫毫芒[1]。世間那有千尋竹，月落庭空影許長。

書晁補之所藏文與可畫竹三首　蘇軾

與可畫竹時，見竹不見人。豈獨不見人，嗒[2]然遺其身。其身與竹化，無窮出清新。莊周世無有，誰知此凝[3]神。

若人今已無，此竹寧復有。那將春蚓筆，畫作風中柳。君看斷崖上，瘦節蛟蛇走。何時此霜竿，復入江湖手。

晁子拙生事，舉家聞食粥。朝來又絕倒，諛墓得霜竹。可憐先生槃，明月[4]照首蓿。吾詩固云爾，可使食無肉。原注：吾舊詩云："可使食無肉，不可居無竹。"

送文與可知陵州　蘇軾

壁上墨君不解語，見之尚可銷[5]百憂。而況我友似君者，素節凜凜欺霜秋。清時健筆何足數，逍遙齊物追莊周。奪官遣去不自覺，曉梳脫髮誰能收。江邊亂山赤如赭，陵陽正在千山頭。知君[6]遠別懷抱惡，時遺墨君消[7]我愁。

與文與可　趙抃

某別啟：向以蕪旨況聞，承未鄙誚，過有稱肯，副之佳頌爲況。讀復數四，益用感慰。其理明語快，到古作者，第嘆服而已。何日珍集，下懷瞻詠，不宣。某祇[8]拜。

與文與可　司馬光

某再啟：特承寵惠詩序石刻，渺然想見與可襟韻。游處之狀，高遠蕭灑，如晴雲秋月，塵埃所不能到。其所以心服者，非特詞翰之美而已也。某再拜。

---

〔1〕"芒"，明成化本《東坡集》卷九作"鋩"。
〔2〕"嗒"，明成化本《東坡集》卷十六作"嗒"。
〔3〕"凝"，明成化本《東坡集》卷十六、二十八年本俱作"疑"。
〔4〕"明月"，明成化本《東坡集》卷十六作"朝日"，二十八年本作"明日"。
〔5〕"銷"，明成化本《東坡集》卷二作"消"。
〔6〕"知君"，明成化本《東坡集》卷二作"君知"。
〔7〕"消"，明成化本《東坡集》卷二作"解"。
〔8〕"祇"，二十八年本作"祇"，當是。

送文與可通判邛州[1]　王安石

文翁出治蜀，蜀士始文章。司馬唱成都，嗣音得王揚。犖犖漢守孫，千秋起相望。操筆賦《上林》，脫巾選爲郎。擁書天禄閣，奇字較[2]偏傍。忽乘駟馬車，牛酒過故鄉。時平無諭檄，不妨誓羅祥[3]。問君行何爲，關隴正繁霜。中和助宣布，循吏綴前芳。豈特爲親榮，區區夸一鄉[4]。

送文與可通判邛州　翰林學士范鎮華陽人

半刺爲官美，臨邛自古名。何言緹軾寵，要[5]侍版輿行。仙籍新年貴，賓寮[6]舊日榮。壺漿故父老，應在半途迎。

送文與可知湖州　范鎮

浙西古名城，號稱水晶宫。史君老年筆[7]，文字窺化工。江山久有待，瑩潔如磨礱。堂階走清渠，珮玉鳴丁東。臺觀面衆巖，擁抱開屏風。遥知到未幾，都下傳詩筒。西南四麾守，一一獄户空。今行定論最，歸來掖垣中。

徙文湖州木石畫壁記　進士楊天惠郫縣人

鄉丈人石室先生文公，近世文藝之雄，自其爲大布衣[8]，即以古人獲重語於天下。然壯思銳甚，注射縑素不能休，則又於書畫焉發之。時將官邛南，會姻友於郫，飲酒西禪之精舍。夜艾氣酣，跂燭作此枯木怪石於方丈之壁，蓋初試手然。然筆力天就，已自與詩品俱稱第一。畫去今五十八伏臘矣，某不及知，晚幸交公之子冲卿，乃克聞之，於是假館主者求觀焉。斂袵三肅，仰而遊顧，徒見老幹聱牙，蒼質矗矗，旁柉紐雲，下根裂地，不知幾萬年物。乃今猶植之檻間，謖謖乎如空山臞仙，真骨強勁，劫壞而不僵；岌岌乎如幽林古佛，奇膚堅密，閲歲寒而無恙。予心懍然怵之，

〔1〕《四部叢刊》本《臨川先生文集》卷九題作《送文學士倅邛州》。
〔2〕"較"，《四部叢刊》本《臨川先生文集》卷九作"校"。
〔3〕"不妨誓羅祥"，《四部叢刊》本《臨川先生文集》卷九作"不訪碧雞祥"。
〔4〕"鄉"，《四部叢刊》本《臨川先生文集》卷九作"方"。
〔5〕"要"，明汲古閣本《丹淵集》附錄作"更"。
〔6〕"寮"，明汲古閣本《丹淵集》附錄作"僚"。
〔7〕"史君老年筆"，明萬曆本《新刻石室先生丹淵集》附錄作"使君老手筆"，汲古閣本《丹淵集》附錄作"史君老手筆"。
〔8〕"人"，文淵閣《四庫全書》本《全蜀藝文志》卷四十一作"文"，當是。

以爲公真王摩詰也，特遣[1]化出没異耳。然世無通宿命者，斯言未可出之。獨恨託非其地，頗爲拙目輕題，墨漫漫橫斜於其上，輒太息久之不能去。間以告主簿事王君舜選，舜選奮曰："吾[2]能辦此。"[3] 并其壁徙置公堂之中央，飾以欄楯，周護極謹。某曰："社櫟多壽，山有[4]耐久，物誠有之，人亦宜然。方丈[5]文公仕初筵，越不過三十許耳，胸中磈磈，已有此奇，是肯效[6]兒女爲柔熟耶？君視此畫，決非世人婉變之觀。其戒輿臺，固扃鑰[7]，遇過客俗子，勿輕與言，必審其人氣節不凡，乃發視之。"其畫以皇祐之癸巳，其徙以大觀之庚寅，而某爲之記[8]。

蒲規，字正臣，邑人。有文名，登進士，爲洪雅令。始以嚴治，終以仁濟，洪人德之。祀鄉賢。

明

陳漢，邑人[9]。元末，徐壽輝據蘄、黃，漢爲萬户，率所部攻之。洪武初歸附，嘉其知幾[10]，拜大將軍、都督府斷事。後乞休，太祖賜以歌，有"罕希老人七十餘，虎頭猿臂蒼髯鬚"之句。

李成，邑人。洪武四年，明玉珍據蜀，太祖命將征討，成詣軍門報效。後蜀平，論功封賞，適成卒，詔封萬户侯。

國朝

顧斑，字丹麓，邑人。初以孝廉令粤西。首邑，三江[11]，猺、獞雜處，最號難治。斑恩威兼施，治列上考，擢陳州牧。下車適值水患，捐賑緩徵。繼以大疫，施藥全活者甚衆。自是嚴保甲，興學校，善政以次畢舉。後六載，卒於官。陳民德之，

---

〔1〕"遺"，文淵閣《四庫全書》本《全蜀藝文志》卷四十一作"變"。

〔2〕文淵閣《四庫全書》本《全蜀藝文志》卷四十一"吾"後有"乃"字，宋慶元三年書隱齋本《新刊國朝二百家名賢文粹》卷一百四十四作"力"，"乃"字疑"力"字之訛。

〔3〕二十八年本"并"前有"乃"字，當是。

〔4〕"有"，宋慶元三年書隱齋本《新刊國朝二百家名賢文粹》卷一百四十四作"石"，當是。

〔5〕宋慶元三年書隱齋本《新刊國朝二百家名賢文粹》卷一百四十四無"丈"字，當是。

〔6〕"效"，文淵閣《四庫全書》本《全蜀藝文志》卷四十一作"從"。

〔7〕"扃鑰"，二十八年本作"扃鑰"，疑誤。宋慶元三年書隱齋本《新刊國朝二百家名賢文粹》卷一百四十四作"扃鐍"。

〔8〕宋慶元三年書隱齋本《新刊國朝二百家名賢文粹》卷一百四十四"記"後有"以政和之辛卯。舜選名某，南榮人，愛客嗜義，爲士所尚云"五句。

〔9〕據明嘉靖三十年本《安慶府志》卷二十六，陳漢當爲宿松人，非鹽亭人。二十八年本已有考辨。

〔10〕"知幾"，二十八年本作"知機識主"。

〔11〕"首邑，三江"，二十八年本作"蒼梧，附府首邑，三江孔道，僻居邊陲"，當是。

自裹餱糧，送柩歸里。越三日，號泣而後返。

王勃〔1〕，字子〔2〕安，邑人。由例監授雲南寧州牧，總理西藏糧務。三年，調普寧州。條陳滇屬昆明、澂江、大理、江川四海口已淤，令民築堤營田；崎嶇隙壤，令各樹木。至今滇南田增數萬畝，叢林茂密者，皆勃之力也。後再補昆陽州〔3〕。告休歸里，卒。

忠孝志

或曰：忠孝者，為臣為子之常，人所當盡也，何志之與有？且為臣忠，為子孝，分宜各盡也，何立志之與有？而不知不然，自忠孝而廣言之，則綱常之大，賴以撐天拄地，翼教扶倫。自忠孝而合言之，語曰：「求忠臣於孝子之門。」《禮》曰：「事君不忠，非孝也。」則事如一轍，其性可合，正不必改而二之也。鹽之俗本厚，而其人民亦頗知大義，有古遺風焉，故歷來崇祀忠孝祠者代不乏人。爰表而彰之，為吾民立為臣為子之準，并以誌庸行之難盡也夫。

唐

稅隆，邑人，嚴震之壻。有勇力，僖宗幸蜀時護駕有功，封萬戶侯。祀忠孝。

宋

任伯傳，邑人。皇祐初進士，官職方郎。以孝行稱，居喪廬墓，有靈芝醴泉之祥。祀鄉賢立忠孝祠。

馮伯瑜，束關人。性至孝，父才運病篤，瑜割股痊之。知縣卞誂於道旁築臺立石，旌表其孝。

王奭，永泰人。性至孝，居親喪，負土成墳，廬於墓側。靈禽異鳥悉集其所，時以為孝所感。祀忠孝。

---

〔1〕 "勃"，二十八年本作 "教"，後同。

〔2〕 "子"，嘉慶二十一年本《四川通志》卷一百五十四、《鄉土志》俱作 "又"，當是。

〔3〕 "後再補昆陽州"，二十八年本作 "其餘善政，不可枚舉。後以丁艱服闋，補授昆陽州"，當是。

明

王健，邑人。多力尚義，嘗收捕盜賊以安鄉里。成化六年，土寇嘯聚，健率衆擊之於折弓埡，力戰死。僉事蕭凱弔以文曰："茫茫堪輿，人孰無死。死得其正，有終有始。嗚呼王健，驍勇過人。剿捕寇賊，以安生民。功績丕著，在人莫忘。雖死不恨，千載垂光。"祀忠孝。

雷應春，邑人。事親至孝，父喪既葬，廬於墓側。馴兔入室，異木倏生，人以爲孝感所致。

國朝

張泰階，邑人，順治辛卯舉於鄉。幼值寇變，父被擄，泰階哀求請代，賊感動，并釋之。事繼母以孝聞，撫諸弟，友愛甚篤。及歷任司馬，多政聲。著有《鹽亭志略》。

張恭城平猺[1]傳 廣西布政張鉽

公姓張，諱泰階，蜀之潼川州鹽亭縣人也。少有異才，習知方署。康熙二年以孝廉令恭城，[2]地隸平樂，萬山叢莽中，猺、獞錯處。性貪狼，俗剽悍，帶刀挾矢，縱橫出没，有司莫得而禁焉。時猺目黃天貴、黃公輔者，糾集醜類，嘯聚叢木寨，劫取衣被財物，擄掠婦子，焚毀室廬，民大恐。公赫然震怒，曰："方今王道蕩平，薄海向化，乃敢負其險固，橫肆披猖，藐視命吏，荼毒生靈。余必血刃賊首，掃蕩山林乃止！"陰募邑中幹事者，探知賊勢，指畫分明。狀聞於總制屈，屈大駭，檄廣東、湖廣二省合師進剿，去叢木寨十里而營。翼日晨興，公戎服躍馬，請授部下數百人，冒險先登，大兵隨後，四面環擊。鼓角震地，煙焰蔽天，摧枯拉朽，鳥逸獸奔，賊衆大潰。乘勢逐北，殱厥渠魁，餘蘖悉爲煨燼。公又籲請總制屈，曰："今日之役，所以掃除梟獍，寧輯善良。大凶授首，延及無辜。詰暴乃以爲暴[3]？請下令軍中禁無殺。"且徧諭父老子弟："爾等原未從賊，久爲賊所苦。今幸少甦，其無恐師旅。"百姓扶老挈幼，厥角[4]馬首者以千億計。嗚呼！武以戡亂，仁以保民，公之績將不朽矣。余觀山川圖略，滇、黔、百粵間苗蠻種類不一，秦、漢以來，

---

〔1〕"猺"，二十八年本作"猺"，當是。
〔2〕文淵閣《四庫全書》本《廣西通志》卷一百十八"地"前有"恭城"二字，當是。
〔3〕文淵閣《四庫全書》本《廣西通志》卷一百十八"暴"後有"乎"字，當是。
〔4〕"厥角"，文淵閣《四庫全書》本《廣西通志》卷一百十八作"匍伏"。

每多反側。今仰聖天子湛恩汪濊，沾被羣生，喁喁然皆願爲海內赤子，即有一二蠢頑，尚未格[1]心。總制鄂公與三省中丞奉命宣撫拓烏蒙，平鄧橫，城古州。余時以曹司出守黎平，親受指揮，戮力行間。今諸蠻俱帖，涕泣歸誠，獨念公一縣令，奮身除暴，爲民請命，雖屈公之績不可没，而首建非常，捄[2]丸永絶，宜恭民之尸祝戶頌，歷六七十載而戴之勿忘也哉！公後遷深州知州，再遷廬州司馬，攝無爲州事。所至清節自勵，與恭城無異。令子漢，克肖其父，爲南寧守。而余以黔臬調遷，歷任西藩，求爲立傳，付之志策。以余之克既其實，而且與公[3]同譜也。餘詳本傳中，故不附贅。

贈徵平張孝廉徵平，張泰階字　僧破山

海內擬賢豪，君居其上首。能爲將相師，解作獅子吼。壁上之高僧，江頭之釣叟。凤因啟自吾，試問當機否[4]。

陳四聰，邑人，郎中陳書之父。事親至孝，孺慕之思，垂老不忘。尤好獎進後學，士林奉爲楷範。祀鄉賢。

任九級，邑人，字大升。順治戊子，射洪流賊餘黨郭大長自號無主大將軍，招賊數千，遍掠鄉村。九級率鄉勇王養臣，年十九，誘賊於石狗埡，盡殲之。後署眉州知州，養臣給守備銜。

張漢，字雲倬，邑人，張泰階之子也。初以副車秉鐸榮經，會打箭爐軍興，以軍功議敘。歷五任，擢至粵西副使。凡所莅之地，皆蠻夷雜處，漢開誠布公，不設藩籬，衆皆帖服。尤好講求水利，興起學校，頌聲洋溢。士民綜其善政，繪爲十六圖，其時上官及僚友皆賦詩美之。後以母老請終養，歸卒[5]。乾隆庚申七月，屆其母壽期，方以未覯子櫬爲痛，適大水河溢，櫬舟憑城至門，時以爲水送孝子，死猶壽親云。

《張觀察政績圖》序　翰林陳齊實廣西荔浦

井田之制，秦、漢已弗可行，唐初猶人授二十畝，宋、元遂無聞焉。若世所謂

---

[1] "格"，文淵閣《四庫全書》本《廣西通志》卷一百十八作"革"。

[2] "捄"，文淵閣《四庫全書》本《廣西通志》卷一百十八作"探"，當是。

[3] 二十八年本"公"後有"爲"字，當是。

[4] 後雜入吳宏《水南壩觀撻魚》句"獻酒蔬酬之雙鯉意何如爾攜魚去我飲酒我樂寧闊酒與魚"，疑衍，據二十八年本删。

[5] 按據二十八年本所載"後以母老請終養，命甫下而漢卒"，張漢當是未及歸家而卒。

學者，則丹墻櫺門，孔子之廟在焉。求所謂膠序庠塾，可以爲呼唔咕嗶之地者，無有也。薦紳先生高談治理，往往以井田學校爲口實，是何異畫餅之充饑，而瞽人之談日也。故夫子適衛之章，取以命題，則厚生正德，隨手分柱，娓娓動人。至問其所以富之教之之法，則有瞠目而無以應者。且夫聖賢爲政，大約三年有成，而至以事勢之難易，究功效之遠近，又有五年、七年、三十年、百年之異。故種、蠡生聚教訓，以二十年爲期，而敵國亦心知其意，詘指而計之，不爽晷刻。今舉其所以教訓生聚焉者問之，人固茫然無以應也。於是理學、經濟分爲兩途，以是知坐而言者固難責以起而行也。嗟乎！夫亦其坐而言者爲非是焉耳。果其鑿鑿然能坐而言之矣，而猶不能見諸行事者，吾未之前聞。右江觀察鹽亭張公，余同年友也。起家司鐸，洊至監司，政績卓然。取大令、司馬歷任內諸所施行，繪爲八圖。吾友沈勉林文學逐條爲敘顛末，將以傳諸其家。嗣君三人祇[1]服先訓，而問序於予。予取八圖閱之，曰《西藏輓運》，曰《蠲免積逋》，曰《洱邑水利》，曰《九峯課讀》，曰《疏濬海尾》，曰《經理新疆》，曰《修築醴泉》，曰《烏蒙勸墾》，凡爲養之事七，而爲教之事一。夫乃喟然嘆曰："是非所謂坐而言、起而行者乎？置碑於萬山之上，而沉之於不測之淵，則陵谷變遷，而吾生平之行事終不至於滅没。故文翁治蜀時，圖先師弟子像於講堂，俾學者觸於目而憬然有以會於心。是圖之傳，嗣君世世守之，則家學之羹墻也。使學士大夫人人得見是圖，則治譜之龜鑑也。嗚呼，善矣！"既承命作序，復爲歌詩八首，書各圖沈識後。圖凡十六，此其前八圖序也。又有後八圖，曰《勸農》，曰《修學》，曰《養老》，曰《革頑》，曰《分疆》，曰《儹運》，曰《慎刑》，曰《寬榷》，凡十六圖。題跋詩詞甚多，不能悉載。

　　文敘，邑人，歲貢生，宋與可之後。性謹默，不事浮靡。奉母于氏，克盡老萊子之養。于年九十乃卒，敘亦年至七十。一日沐浴畢，整衣冠，坐語子曰："門外夫役候久，可多與錢楮，吾去矣。"遂卒。

列女志

　　節烈貞孝，女之至行也，故史例有列女傳。志猶史也，苟於巾幗之賢不秉筆而書之，則死者含怨，生者唧悲，且莫爲閭閻婦子勸，而欲風俗淳茂，不可得矣。夫

----

〔1〕 "祇"，二十八年本作"祗"，當是。

鹽非亦吾潼之仁里乎？窮簷茅屋中，寧少閨閫之秀？則嘗比其事而論其人，所謂節操冰霜者，已指不勝屈；他如孝事翁姑，名傳里巷，立行雖不一，而要皆大節彰彰，不可泯沒者也。爰爲志其詳焉，固以表婦德於千秋，亦可振勵風化，激發吾民之心志也夫！

明

虞氏，邑人許昇妻。年十九歲而寡，矢志守節，撫孤子思正成立，任渭南縣丞。

黄氏，邑人周環妻。孀居守節，歷百有五歲。萬曆初，縣令蔣其才謁見。後聞於撫按，給米肉衣帛，扁其門曰"百年人瑞"。

蘇氏，邑人陳子剛妻。年二十四歲守節，撫遺腹子魁成立，以節終。

周氏，邑人庠生顧蕭妻。蕭遊學營山，死於賊。周年方二十三[1]歲，矢志守節，育二子成立。享壽百齡有餘，始卒。

伏氏，邑人雷昺妻。年二十七歲，無子，守節，孝養翁姑。壽至八十乃卒。

文氏，邑人李通妻。年二十四歲守寡，只三女。治家勤儉，孝養翁姑。壽九十乃卒。

許氏，邑人何瑛妻。年二十二歲，夫死守節，孝事姑嫜。撫幼子溥，長能成家，溥生四子，氏胥教育之。八十二歲始卒。

孫氏，邑人顧鼎之[2]妻。年二十歲，鼎死。氏甘貧守節，至九十五歲終。

國朝

王氏，邑人汪美忠[3]妻。年二十二歲，夫歿。翁姑垂老，弱子三齡，氏脫簪珥以營奉養，勤織紝以撫孤兒。守節三十三年，奉旨旌表。

汪氏，邑人。幼喜讀書，達《孝經》《内則》理蕴。年十五歲，于歸張泰階。佐泰階奉甘旨，友愛諸弟，得堂上歡心。後泰階歷任廬州府司馬，惠政及民，口碑載道，氏勷贊之力居多。年二十九歲，泰階亡，守節教子，不墜書香。乾隆元年奉旨建坊旌表。

胥氏，邑人庠生任沆之[4]妻。年二十六歲而孀，矢柏舟之志，甘血指之勞，事

---

[1] "三"，《志書》作"五"。
[2] 《志書》、二十八年本俱無"之"字。
[3] "忠"，二十八年本作"中"。
[4] 二十八年本無"之"字。

親盡孝，撫子有成。乾隆十三年奉旨旌表。

李氏，邑人。年十九適王國詔，二十四歲夫亡。斷髮毀容，親耕課讀。堅真之念，歷三十九年，始終如一。乾隆十八年奉文建坊。

岳氏，邑人，適中江廩生顧枏爲室。年二十四歲而寡，割髮自誓，甘處孤貧。守節三十三年，奉旨旌表。

杜氏，邑人，適中江顧言之[1]爲妻。年二十二歲，孀居事姑，自甘苦節，不求旌揚。歷四十二年，建坊旌表。

顧氏，邑舉人任之鳳之妻。幼讀書，知大義。適任，夫婦相敬如賓。年二十二歲守節，屏簪飾不御，形神離散，始終慘淡無生氣，族戚賢之。後奉旨旌表。

李氏，適邑人任啟賢[2]妻。年二十，夫亡守節。奉旨旌表。

吳氏，邑人王若賢之妻。年二十二歲，夫亡，遺腹子閱三月乃生，堂上桑榆之景亦暮。氏不畏貧苦，惟以代夫奉親養子爲重，茹荼飲冰，歷四十餘年。乾隆三十九年奉文建坊旌之。

張氏，邑處士張爲炳女，顧嘉修室。修於雍正十年亡故，張氏年二十二歲。甘貧守節，躬親耕織，孝事翁姑，撫遺腹子權成立。乾隆三十七年題准建坊旌表。卒年六十三歲。

袁氏，邑人張玫妻。玫病垂危，語袁曰："身後事，吾不爲汝計也。"氏泣，截指以見志。及卒，撫孤教子，曲盡苦心，人稱貞節。尚未請旌。

何氏，邑處士何文舉長女，王建妻。建於雍正十一年亡故，氏年十八，無子，守節，孝事翁姑。父母憫之，勸改嫁，氏矢死靡他，願終事親。聞於官，邑令史步高給匾表其門。撫過繼子錫璋成立。卒年七十一歲。尚未請旌。

何氏，邑處士何文魁第三女，潘禾妻。禾於乾隆二十五年亡故，何氏年二十七歲。安貧守節，事翁撫子。及親亡子死，伯叔欲令改嫁，何誓死不從，紡織自給。尚未請旌。

劉氏，巴縣處士劉文元女，適邑人張煇爲妻。煇父仕[3]權，原任霸州知州。煇於乾隆二十年欲往父任，就便赴京[4]，憂母久病，嘗侍湯藥，未敢廢離。劉曰："顯親揚名，乃爲大孝，又何艱於此行？晨昏定省，氏可代焉。"及煇亡於京，氏年

---

〔1〕 二十八年本無"之"字。

〔2〕 "妻"前疑脱"爲"字。

〔3〕 "仕"，二十八年本作"士"。

〔4〕 "就便赴京"，光緒二十三年本《新修潼川府志》卷二十四作"即便赴選"。

二十七，守節事親，克盡婦道。撫子正域，食餼於庠。尚未請旌。

趙氏，邑庠生趙洪碧女，適岳士榮爲繼室。榮卒，趙年二十六歲，無子，守節，孝事翁姑，撫前妻子岳燦禮成立。尚未請旌。

流寓志

自古名區勝境，必有高賢遊憩其間，而其蹟始傳。至後人登覽憑眺，知爲當年某某流寓之地，讀其文，誦其詩，想見其爲人，而低徊不去也。故蘭亭已矣，而右軍諸人可懷也；梓澤丘墟，而季倫諸人可溯也。然則古人雖至今存可也。夫鹽，予亦嘗數至矣。遍歷其境，過負戴之麓，慨想少陵之居；臨鵝溪之旁，景仰東坡之蹟。他如于于而來，悠悠而去，人或一至，或數至，要皆芳躅堪追，足爲斯邑之光者，可不志歟！

隋

張嶸，字峻夫，洛陽人。遊蜀，至鹽邑，時邑人言語鄙俚，有氐羌之風，峻夫教授化導，悉歸於正。一日，遇老嫗泣曰：“井中有蟒，每歲祭以男女，今輪次某當祭，奈何？”峻夫即仗劍往驅，蟒遁負戴山巔洞中。峻夫以且[1]石書“紫微仙洞”四字，塞洞口，害遂除。一夕，夢上帝以其有功於民，牒爲本縣土主。事聞，欽賜紫袍於治北之阜，遂卒。稽古澹臺投璧，周處操戈，忠勇之至，物不爲厲，理固然也。乃舊志謂此誣事，列之《仙釋》，誤矣。宋紹興間，勑建峻夫祠於負戴山頂，賜廟號“昭格”。元邑令昝子和有《昭格神[2]祠記》，見《祠廟志》。

唐

李白，字太白，成都彰明縣青蓮鄉人，故號青蓮。隱居大匡山，往來旁郡。嘗遊鹽亭，善趙徵君蕤，從之學，歲餘而去。今郡城西西溪一名濯筆，古傳白訪徵君，習書於此。故白在《淮南臥病書懷寄徵君》詩云：

---

〔1〕“且”，二十八年本作“巨”，當是。
〔2〕“神”，後文、二十八年本俱作“行”。

淮南臥病書懷寄趙徵君　李白

吳會一浮雲，飄如遠行客。功業莫從就，歲光屢奔迫。良圖俄棄捐，衰疾乃綿
劇。古琴藏虛匣，長劍挂空壁。楚冠懷鍾儀，越吟比莊舃。國門遥天外，鄉路遠山
隔。朝憶相如臺，夜夢子雲宅。旅情初結緝，秋氣方寂歷。風入松下清，露出草間
白。故人不可見，幽夢誰與適。寄書西飛鴻，贈爾慰離析。

送趙雲卿　李白

白玉一杯酒，綠楊三月時。春風餘幾日，兩鬢各成絲。秉燭惟須飲，投竿也未
遲。如逢渭川獵，猶可帝王師。

送王進士覲省王名文燦　李白

彭蠡將天合，姑蘇在日邊。寧親候海色，欲動孝廉船。窈窕晴江轉，參差遠岫
連。相思無晝夜，東泣似長川。

杜甫，字子美，襄陽人，後徙河南鞏縣。肅宗時入蜀，卜居成都，尋避兵入梓
州。嘗遊鹽亭，寓居負戴山麓[1]雲深處，與嚴氏伯仲父[2]最善，有詩：

相從行贈嚴二別駕　杜甫

我行入東川，十步一迴首。成都亂罷氣蕭颯[3]，浣花草堂亦何有。梓中豪俊大
者誰，本州從事知名久。把杯[4]開樽飲我酒，酒酣擊劍蛟龍吼。烏帽拂塵青螺粟，
紫衣將炙緋衣走。銅盤燒蠟光[5]吐日，夜如何其初促膝。黃昏始扣主人門，誰謂俄
頃膠在漆。萬事盡付形骸外，百年未見歡娛畢。神傾意豁真佳士，久客多憂今愈疾。
高視乾坤又何愁，一軀交態同悠悠。垂老遇君未恨晚，似君須向古人求。

行次鹽亭縣聊題四韻奉簡嚴遂州蓬州兩使君諮議諸昆季　杜甫

馬首見鹽亭，高山擁縣青。雲溪花澹澹[6]，春郭水泠泠。全蜀多名士，嚴家聚

---

〔1〕二十八本“雲”前有“曇”字，當是。

〔2〕“父”，二十八年本作“交”，當是。

〔3〕“颯”，《續古逸叢書》本《杜工部集》卷五作“瑟”。

〔4〕“杯”，《續古逸叢書》本《杜工部集》卷五作“臂”。

〔5〕《續古逸叢書》本《杜工部集》卷五“光”後有“一作炎”小字注。

〔6〕“澹澹”，《續古逸叢書》本《杜工部集》卷十三作“淡淡”。

德星。長歌意無極，好爲老夫聽。

倚杖　杜甫

看花雖郭外，倚杖即溪邊。山縣早休市，江橋春聚船。狎鷗輕白浪，歸雁喜青天。物色兼生意，凄涼憶去年。

逸行志

賢人君子不甘用世，而伏處於泉石山林，性成孤潔者爲隱。《易》有之曰"不事王侯，高尚其志"，此其蹟也。賢人君子不忘用世，而適當夫時窮勢急，節成肥遯者爲逸。《易》又有之曰"上不在天，下不在田"，此其象也。隱與逸其同乎哉？然今天下聖王御宇，野無逸賢，奚自有避人避世之流之足志也者？不知堯舜之時不能無許由、巢父，商湯之世亦自有卞隨、務光。此其人大都志不可易，惟恐入山之不深者也，曷足異哉？

唐

嚴本，即震之大父。負不羈之才，得遯世之趣。浪跡方外，超逸絕塵。

趙蕤，字大賓，又字雲卿，號東巖子，漢儒趙賓之後。任俠好學，善爲縱橫術。隱居梓州長平山安口[1]巖，博考六經諸家異同之旨，著《長短經》，明王霸天人大略。李太白嘗從之學。巢居岷山，奇禽千計，呼皆就掌取食，了無驚猜。玄宗時，廣漢太守蘇頲舉二人有道，疏云："趙蕤術數，李白文章。"屢徵不起。李白有《送趙雲卿》及《在淮南寄趙徵君》詩，見《流寓》。祀鄉賢。

明

任九思，詞氣豪博，志行高潔。隱居田野，無意功名。以文學終。

任纘，副使任時芳之父。清白傳家，淡於富貴，有高士風。隱居鵝溪寺，足跡不入城市，鄉人罕識其面。著作甚富，年八十餘，無疾而終。卒之夕，盡焚其所爲詩文稿，曰："吾不以此沽名也。"

---

〔1〕 "口"，宋本《儒門經濟長短經》卷首作"昌"，當是。

國朝

桑爲灼，字華公，號雙峯，原籍江寧。康熙中，隨父入川，樂鹽亭山水，因家焉。品端學優，胸襟灑落。吟咏自適，不以功名介念。壽八十，以文學終。著有《握珠堂稿》。

仙釋志

鹽亭山奇水秀，其幽静之處，無殊仙境。祇[1]園聞嘗有真僧羽客出其中，歷來不少也。而或有誣之者，謂辟穀絶粒，亦道家空言耳；不生不滅，亦老僧長談耳；飛升坐化，固世所絶無僅有之事，疇其見之哉？然攜履西歸，競傳達摩之異；雙鳧鳧化，咸稱王子之奇。自古有之，何足怪者。故予修一郡八縣之志，於《仙釋》一門，不以仙釋而遺之，即此意也，夫鹽亭何異焉？

唐

易玄子，不知何許人，浴丹於鹽亭鳳凰山麓泉水中，今浴丹泉尚在。

明

長鬚道人，不知姓名，衆惟以長鬚[2]呼之。與邑人張惺源交善，一日臨別，贈以詩云：“湖海幾年無去鶴，桃源今日有飛花。元機紙上烟雲濕，鍊藥爐中日月華。羨爾原爲三島客，幸仙收入五雲家。細思燈下先天語，漏洩人間草木芽。”後去，不知所終。

月現，邑人，俗姓袁。祝髮章邦寺，苦修二十餘年，乃遨遊名山，歸而面壁不出。值明末，爲獻賊所執，縛梁間，繩忽自斷者三，賊奇之，禮拜而去。一日，忽散其衣服財物，剖梨食衆，曰：“何物？”衆曰：“梨。”曰：“果離也。”至夜，吐火自焚，惟留隻履。衆知其異，建塔於指西庵後祀之。

---

〔1〕 “祇”，疑當作“祇”。
〔2〕 二十八年本“長鬚”後有“仙人”二字，當是。

大年志

天下之達尊三，而鄉黨莫如齒。故四代之養老，虞有上庠、下庠，夏有東序、西序，殷有右學、左學，周有東膠、西郊。凡所謂引年之典，載在《王制》，綦詳也。當今昇平盛世，民物恬熙。康衢之側，還聽含哺鼓腹之歌；首山之旁，豈乏遊河獻瑞之老？鹽之地雖荒僻，而鹽之民夫寧非熙熙皡皡，共樂於光天化日之下者哉！予嘗經行其境，見吾民耄耋者扶杖而遊，斑白者負戴不任，優游自得，儼有唐虞三代之氣象焉，爰樂得而誌之。

國朝

馮啟秀，邑人，年九十一歲。秉性誠樸，質實無華，持己待人，每見重於鄰里族黨。視聽飲食猶然精明不衰，邑皆稱爲人瑞。

王國偉，邑人，年八十五歲。生平以謹慎自持，言行毫無苟且。訓子課孫，責以勤耕苦讀。門庭有古樸之風，不愧壽而有德之稱。

李作梅，邑人，年八十二歲。精神康健，步履無衰老容，至今猶能攜杖登山。人見道塗泥濘，橋梁崎嶇，即倡衆補修。人以爲積德獲報，天之眷佑善人也。

何多能，邑人，年七十五歲。幼習詩書，老於業儒。立品端方正言，見人有搆訟事，必欲爲之勸息解免，以和其事，而遠近戚鄰受其惠者莫不欽爲仁厚。是亦壽之罕及者。

張爲旭，邑人，年七十四歲。素行多陰隲事，每於盛暑時於大路旁炊茶湯，以濟行人之渴。遇有遠行黑夜道途者，即給燈火以導前驅，四方莫不傳聞。至老而樂善不倦如此。

熊占華，邑人，年七十五歲。生平爲人小心敬慎，交友處鄰和氣滿容。遊場市中，見有破字殘經，必珍重愛詩[1]，焚灰掩藏，故一鄉中人多傚法，比閭有讓畔之風。其善能感於一鄉如此，可爲壽之一徵。

何左魁，邑人，年七十四歲。學未上進，素諳大義，而治衆教子必遵朱子格言。庭內秩然有度，墻下桑麻足供布帛，有古先民風。每歲輸納國課，必倡衆爲之先，

---

[1] "詩"，疑當作"持"。

而催科之吏無有至其門者。其素行可嘉，洵無愧齒德皆尊。

王華，邑人，年七十五歲。淳厚敦篤，處家饒裕。鄉里有饑寒者，輒周恤之。貧不能嫁娶者，往往捐己囊以助其事。至於借貸而窮不能給完，即退其券以安慰之。受其惠而感激者，惟窮民最多。故雖老而神明不衰，其獲壽正未有艾。

何思堯，邑人，年七十三歲。天性孝友，忠厚人也。居心能忍，故人有犯怒者，毫不介意，復以情理開導，而人反自慚。故生平不惡於人，亦不見惡於人，而戚里族黨莫不樂爲之親近。可爲鄉人之善者，而人皆好之也。

鹽亭縣志卷七　政事部

學校志

　　國家作育人材，必有其地，學校是也。粵稽四代之制，大學、小學靡不竝建，下迨一鄉一邑，亦有黨庠術序之設。誠以文教攸關，爲治天下之大本，直温寬栗之意，不可失也。我朝聖人御宇，沿前代之規，國學建於京師，外而省會郡縣，無或遺者。猗歟休哉！鹽亭舊有學，在城西隅，肇始於唐貞觀中，歷宋、元、明，遷移改建，續加修葺者，皆有碑誌堪考。自乾隆二十四年己卯以後，蓋未修焉。予嘗叩謁廟庭，見夫垣墻棟宇，規模宏備，足爲教育士人之地，而其民風土俗，且能敦詩書，達倫理，易於陶淑焉。以此益知王化所及者遠，即遐荒小邑，罔不率俾也。宰斯土者能相繼而整興焉，斯得矣。

文廟圖

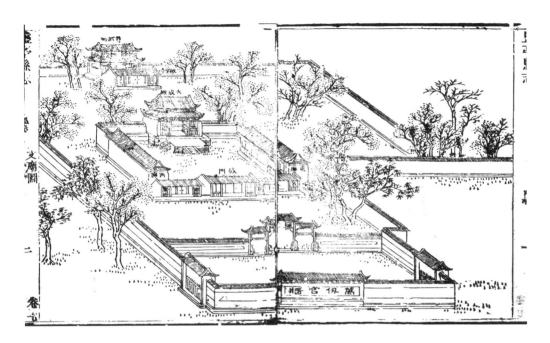

鹽邑文廟，屢經遷移。按：舊學自唐貞觀建在城內東隅，自宋大觀四年戊子[1]，邑令林棟新建於西隅，縣尉[2]劉千[3]之有記。元延祐己未，邑令成世榮等重修，府學教諭[4]馮元杰有記。至明成化二十二年丙午，因學宮弗堪，且非南面，邑令馮瓚移於縣南八十步，南面而鼎新之，翰林院修撰太和曾彥有記。嘉靖三年甲申，以其地湫溢，前逼江水，每當盛夏水漲，瀰漫衝突，學訓崔巒時署縣事，議遷於負戴山下，四川學道四明張邦奇有記。嗣是，邑令陳傑、雷轟等相繼遷之，至六年丁亥告竣，直隸巡按東川王完有記。其後學中生徒有罹災禍者，僉云此乃嚴太保墓所，山勢龐惡幽隱，非立學地，且係東向。至嘉靖十七年戊戌，邑令陳憲等乃相舊址，復遷之，雲南學道成都王閣有記。二十四年乙巳，邑令劉演重修。萬曆三十二年甲辰又重修，即今學宮也。自此以至本朝，屢經修葺。康熙二十三年，欽頒"萬世師表"匾額。四十二年，欽頒《御製訓飭士子碑文》。雍正元年，奉旨創建崇聖祠，恭設五代王牌位。四年，欽頒御書"生民未有"匾額。八年，勅立《平定青

---

〔1〕 "戊子"，後文作"庚寅"，當是。
〔2〕 "縣尉"，後文作"主簿"，當是。
〔3〕 "千"，或作"迁"。
〔4〕 "諭"，二十八年本作"授"。

海碑》，勒石殿右。乾隆二年丁巳，邑令史步高重修廟廡，教諭鄭知言有記。元年，欽頒御書"與天地參"匾額。二十四年己卯，邑令凌霙等重修，有記。四十七年六月，灞江水漲，城鄉被水，學宮亦遭淹漫，殿廡間有塌圮。署令徐世經及今邑令胡光琦捐俸略事補葺，因艱於經費，未復舊觀，猶有待也。茲錄其今昔碑記，以備稽攷。

文廟，在治西水巷內。照壁一座，東西門各一間，欞星門三間，戟門三間，正殿三間，東西廡各三間。

崇聖祠，正殿後三間。

明倫堂，縣署右，學署前。五間，久圮，乾隆十三〔1〕年邑令趙朝棟重修。

永泰縣新修孔子廟記　文同

天下無難治，善治其本而已，本正而天下治矣。宋有天下，郡邑祠廟春秋祭祀，尊本以教民，養才以備用，爲治百有餘歲，而太平過古者，此其明效也。永泰縣學，歲久隳圮，吏至尋去，不繼葺者七十年矣。棟僵榱疎，像貌摧剝，禮享幾絕。熙寧初，扈君充始來爲邑，及其佐趙〔2〕君琳相與視學。謀政之先，則曰："學爲政之本，政爲學之用。"循視興廢，一新其制。學成，廟貌中峙，講奧後設，左右廡序，羣賢悉肖於壁。於是度理以爲器，舉典以修祀，觀者聳向，而民知所尊矣。則又爲之程課勉導，扶掖勸獎，而學者端其歸矣。民知所尊，而學者端其歸。嗚呼！真可謂知本矣。知本則天下無難治，況一邑哉！故揭其事，以式於後云：廢興之源，不係於天，人存則然。安聖之教，均有覆燾，世世所考。斯文之圮，非道之墜，亦人自廢。歲在庚辰〔3〕，成功〔4〕不日，涓剛考室。乃繩乃直，乃峻如植，崇崇翼翼。不泰不纖，以祀以嚴，斯民之瞻。講序師筵，經墳後先，烝育後賢。孰謂民頑？孰謂財殫？一舉百完。涪山隆隆，涪水濃濃，夫子之道，夫子之宮，相爲始終。宋熙寧三年六月十五日記〔5〕。

---

〔1〕　"三"，二十八年本作"二"。
〔2〕　"趙"，明萬曆四十七年序刊本《重脩潼川州志》卷三十八、二十八年本俱作"宋"，當是。
〔3〕　按宋熙寧三年爲庚戌年，結合文意，"庚辰"當係"庚戌"之誤。
〔4〕　"功"，明萬曆四十七年序刊本《重脩潼川州志》卷三十八作"工"。
〔5〕　按明萬曆四十七年序刊本《重脩潼川州志》卷三十八無此句。

新建儒學記　宋鹽亭主簿劉千[1]之

　　鹽亭新學，在縣之西隅，大觀四年知縣事林棟清河公所作也。崇寧天子緝熙，考三舍成法，旁及天下。嘉興多士，革故習而新之，乃詔立學州邑，教養人材。於時牧守縣令，翕然丕應，肇修儒宮。茲邑之學，墮圮日久，[2]爲令者始相地遷之，然卑陋褊隘，猶未足爲美觀也。大觀戊子六月，清河公始至，登殿謁先聖，升堂見諸生，四顧而嘆曰："上方留神學校，正吾屬悉心協力贊成之秋也。是學也，地不加爽塏，屋不加雄大，蓋瓦及磚，墁壁加椽，營造之法，種種滅裂。吾今日爲天子宣化，凡教養之事[3]，其敢因陋就簡，上負德意？當續爲之新作，以對揚我崇寧詔旨。"人皆知公真有振興學校之志[4]，然久而未暇也。明年夏，提學副使[5]鄭公輙軒按臨，造學宮而鄙其陋，乃命公繕完。公因以前志白，提學公喜，激之言，而公意愈篤，欲爲之意決焉。遂慮財鳩工，取諸誠心而規畫之。載新殿宇，嚴先聖也；復[6]新廊廡，繪先賢也；新稽古閣，於此乎藏書也；新崇術堂，於此乎講道也；爲簹府，以待職事也；爲簹齋，以處生徒也。基構巍然，咸有制度，土[7]不負公家之用，下亦無擾於邑民。人見其棟楹梁桷板檻之輪奐，而不知材之所自；見工徒之合散，而不知役使之及已。其始營時，歲己丑九月也，越庚寅春而工訖焉。夫材不患乏，民不告勤，成功若是[8]亟，益見公之籌畫有素，人[9]不能及也。或謂："鹽亭，小邑也，戶不滿萬數，儒衣冠者百不二三，學雖靡麗，何補於是？"公曰："是大不然。邑誠小，必有忠信好學者。士人雖寡，又惡知其無高才者出耶？如曩時嚴退聞、趙大賓，皆此邦人，焉可誣也？況菁莪樂育之盛，旦[10]師師勸誘，加以至誠，侈大黌宇，鼓動士氣，他日登書天府，褕褕[11]帝庭，光照雲溪之上，夫豈區區

---

〔1〕"千"，或作"迂"。

〔2〕二十八年本"爲令者"前有"至邑"二字。

〔3〕"凡教養之事"，二十八年本作"而職教養事"。

〔4〕"人皆知公真有振興學校之志"，二十八年本作"人皆知公真有志乎學校事"。

〔5〕二十八年本"提學副使"後有"者"字。

〔6〕"復"，二十八年本作"載"。

〔7〕"土"，二十八年本作"上"，當是。

〔8〕二十八年本"亟"前有"其"字，當是。

〔9〕二十八年本"人"後有"所"字。

〔10〕"旦"，嘉慶二十一年本《四川通志》卷七十八、光緒二十三年本《新修潼川府志》卷十三俱作"且"，當是。

〔11〕"褕褕"，光緒二十三年本《新修潼川府志》卷十三作"掞藻"。

前人比也?"噫! 公之志由前則所報乎上者如彼,由後則所期乎學者如此。莪[1]冠博帶,游息於斯,毋爲我公羞者,士不自激勵耶? 千之承乏來此,學既成矣,愧無毫髮助,姑爲公紀興建之始末,以告來者。時大觀庚寅八月立石。

重修廟學記 元府學教授馮元杰

太極判而天地位,聖人作而吾道明。聖人之於吾道,猶太極之於天地也。吾道[2]或汙或隆,猶天地之一否一泰。先聖仲尼,與天地合德,如日月代明,扶三剛[3]五常於幾墜,運四時百物於無言。繼往聖,開來學,刪《詩》《書》,制禮樂,儀範百王,垂憲萬世。文中子謂:"大矣哉,夫子之道! 太極合德,神道竝行。"誠哉是言也! 方今皇上體天立元,修文偃武,一德隆盛,治教休明。興學校以闡大猷,設科舉以造多士。敦本抑末,崇雅黜浮,聲教所及,文風大行。蓋挽漢唐之卑陋,復羲皇之淳樸。此吾道大行之日,天地開泰之時也。猗歟盛哉! 鹽亭居潼之東,古號名邑。顛沛流離,莫甚於戊午之變,而士氣薾矣。其廟學墮[4]廢,不知幾何年也。天運循環,無往不復。天朝北渡[5]以來,混一區宇,治平之日已久,而邑學宮僅存禮殿宇宫之地,其他未復舊觀。大德二年,前尹[6]孫世榮爲葺補兩廡,狹陋弗稱具瞻。至大德辛亥,簿尉閆公德明爲建儀門,竟不克就。厥後繼其志者鮮矣。延祐丁巳夏四月,承事郎成公世榮來蒞於茲,以學校爲急務。首謁儒宫,顧盼乎左右,榛[7]蕪滿前,詔諸[8]生曰:"夫子而師也,學校而居也。佻兮僆兮,在城闕兮,一日不見,如三月兮,學校可一日忘乎?"又與諸同僚曰:"爲父止慈,爲子止孝,爲臣止敬,交友止信,此夫子之教也,夫子可一日忘乎? 審爾,則夫子之宅爲丘爲墟,又可一日忘乎?"乃首捐己俸以爲士民之勸,規畫錢糧以爲饋廩之資[9]。而時判簿李公安仁、典史任公如樁喜聞其言,各率貲來助,儒户之輸力者各有差。公喜不勝,直任其事,凡有缺典不如法者,悉議新之。於是度[10]材鳩工,開瓦礫之地以廣其規

---

〔1〕"莪",二十八年本作"莪",當是。
〔2〕二十八年本"道"後有"之"字。
〔3〕"剛",二十八年本作"綱",當是。
〔4〕"墮",二十八年本作"隳"。
〔5〕"渡",二十八年本作"度",疑誤。
〔6〕二十八年本"前尹"後有"公令"二字。
〔7〕"榛",二十八年本作"蓁"。
〔8〕"諸",二十八年本作"書"。
〔9〕"資",二十八年本作"需"。
〔10〕"度",據二十八年本補。

模，築中外之砌以壯其基構。建欞星門三，爲更衣亭二。革兩廡之陋而高其棟宇，補儀門之缺以謹其出入。創崇術堂以爲講道之所，置日新、時習二齋以爲游息之地。立加封、詔旨二亭，繪七十子名賢肖像。吏不辭艱，工不告勤，百廢俱[1]舉，循循有度。又欲進禮殿之基而高大之，恐疲於民，不果。或謂：“民籍戶不滿千，儒冠不滿十，安用牛刀之所治乎？”公曰：“不然。古人取士、論政於學，有學不修，則論政無其所，取士無其方，將何以化民成俗，而復唐虞之治乎？”公之修學，可謂知所本矣。是學也，經始於丁巳之夏，越二年，落成於己未之春。門館堂廡，輪奐一新，丹艧黝堊，光彩炫燿，規模宏遠矣。昔魯僖公修泮宮，而魯人頌之。蓋非魯公不足以致泮宮之成，非泮宮不足以彰魯侯之德。鹽亭得成公大修學校，人感其德而頌其功，豈特魯侯事美於昔哉？雖然，學不修，久則必廢；士不學，久則必荒。是知學不可一日不修，士不可一日不學。有能體公修學之志，以爲向道之志，則他日何患無豪傑者出，擢高科，登顯仕，射策天廷，光耀鄉里焉[2]？若是，則上無負朝廷崇儒重道之至意，下無負我公承流宣化之盛[3]心，是有望於吾徒也。延祐己未二月望日撰。

遷學記　明雲南副史王閣成都人

嘉靖十有七年春，鹽亭學宮成，將告謁，邑人咸誦之。余聞而喜曰：“若之邑有學矣，若邑之人有望矣。彼非無學之邑也，獨幸今日之有者，豈春秋之役特與其得夫時制者歟？”謹按：學治緣[4]在城東內地，起自貞觀，迄我聖朝，不啻千餘百年。前裾長川，後枕平阜，人穎而秀、秀而文、文而顯者代以出。末季以來，伊誰之卜？置徙城外，且臨東向，非禮也。榛莽就荒，祲氛作沴，人才鬱於奮庸，儒效病其疎闊，廟貌徒存，識者增嘆。士懷畏忌而稱弗利者幾年，日夜皇皇，望其遷改，顧無克舉者。古巢陳君憲來尹茲邑，究政理民，學校爲急。進諸生，得其遺狀，疏陳當道。分守約齋劉公、分巡燕崖李公、學憲南村阮公嘉其事重而情白，辭專而議正，偕允以成厥志。於是祇[5]心戒事，相舊遺址，量功命日，鳩材積餉，授夫能事者董之。先自捐俸若干石，主簿唐傑、教諭馮暘、訓導葉鳳陽、典史楊盈乾亦各捐俸有

---

〔1〕“俱”，二十八年本作“具”。
〔2〕“光耀鄉里焉”，二十八年本作“耀鄉里者焉”。
〔3〕“盛”，二十八年本作“良”。
〔4〕“緣”，光緒二十三年本《新修潼川府志》卷十三作“原”。
〔5〕“祇”，二十八年本作“祇”，當是。

差。鼓舞羣役之力，計無千金之費。越三月功乃訖。殿堂門廡，壯麗宏[1]深，丹堊鮮叒，足以妥聖靈、起瞻仰也。若夫高堂華閣，用式後觀，外號連楹，立爲精舍，又前日所未有者。人祇見其費省而功倍，力少而成速，可以爲難矣。不知改新作之陋，實爲永圖，關乎一邑之望，又非細改[2]而已也。詩書羽籥之餘，聲名文物將日以盛，豈無懷忠穆以繼嚴，擅博學而逐文湖州之軌者瑞應於世耶？因時以揆事，因事以度功，鹽亭之役，知所本也，不可以不記。

重修儒學記

粵稽古之建功立業者，皆勒之金石，載之史册，俾天下後世咸知取則焉，而況樹千秋不朽之宏勳？今我邑侯史公，以南國儒宗，具經濟才，儲公輔望。其蒞茲土也，甫下車，即以興學校、育人材、潔己愛民爲本，而釐奸剔弊，明斷不阿。六載以來，善政善教，可法可傳者，紙不勝書，而創修聖廟，厥功尤甚鉅焉。蓋聖廟自兵燹以後，破瓦頹垣，廢壞已極。前任高公建大成殿，尤公修理牆垣，雖有可觀，而缺焉未全者尚多。惟公慨然捐貲，自客歲十月興功，予與學訓陳公共勷其事。越五月，而啟聖祠、鄉賢、名宦、戟門內外牆垣，無不次第告成，且捐貲以供俎豆，而祭器俱備。故值春秋致祭，入廟趨蹌者，覩廟貌之巍峨，殿宇之崇隆，聖龕几案之輝煌，籩豆鼎彝之陳設，莫不欣然喜，肅然敬，咸曰：“此數十年之所未有者，而一旦獲此偉觀。微公之力，奚以得此哉！”予時挹琴堂，常沐其德教，爰即其耳所熟聞，目所素覩，心所欲言者，喜爲約略道之，以勒諸石，永垂不朽，使天下後世咸知取則焉。是爲記。乾隆二年歲次丁巳，邑教諭鄭知言撰。

重修文廟記

邑制之有學宮也，聲教所訖，靡不皆然，而振興修理，則存乎其人。邑侯凌公寔，貴陽人，登乙卯經元，奉天子命蒞任是邑。下車來，凡興利除弊，有關民生教養之事，悉次第舉行，尤以修理文廟爲己任。嘗曰：“此吾輩根本地也。雖興者甚夥，而此爲最。”爰捐廉俸，鳩工庀材，缺者補之，露者蓋之，布置之未妥者，更張而輝煌之，無不朗朗炳炳，照耀人目也。夫人惟是根本之地不可有歉耳，世蓋有讀書談道，奮然決其有爲，迨居一官，宰一邑，刑名錢穀，日輒不遑。若者振興，若

---

〔1〕“宏”，二十八年本作“玄”。
〔2〕“改”，二十八年本作“故”，當是。

者修理，竟寄諸齒頰而了無成局，以視此之聿觀厥成爲何如耶？即公之創建書院爲儲才地，以期光啟文明，無非重此根本之心。推而行之，方聖天子重道尊儒，躬親釋奠，一切宏規鉅製，尊無二尚，莫非崇正黜邪，栽培賢才之至意？念公以清廉之操，興作人之化者，不一而足，都人士咸嘖嘖稱道。行見高山流水，皆龍蟠鳳逸之彥；登科及第，盡鹿鳴雁塔之英。用是勒石，以昭不朽，亦以見由來有自云。乾隆四年冬月，闔學紳士公立。

次鹽亭行臺　明侍郎高公韶内江人

道傍見小井，山郭號鹽亭。溪堞繩長白，雲峯擁高青。縣古民還樸，人傑地自靈。麒麟舊荒塚[1]，何義對橫經。自註：時詢縣尹、學諭，新學建於唐嚴節度舊塋，今遷復原所，末句故云。

視新學用高三峯韻[2]　明尚書[3]甘爲霖富順人

鹽亭我過新遷學，瞻拜宮牆值午亭。水渡龍江秋日漲，山培松樹歲寒青。德星恰足符天運，鹵井安能洩地靈。寄語諸君當此會，芸窗[4]藜杖早明經。

文廟兩廡位次，謹遵《會典》，錄列於後：

正殿

至聖先師孔子神位，正中南向。

四配

復聖顏子，名回，字子淵，魯人，邾國之後。

述聖子思子，名伋，字子思，夫子之孫，伯魚之子。

在殿内東旁西向。

宗聖曾子，名參，字子輿，魯武城人，鄶國之後。

亞聖孟子，名軻，字子輿，鄒邑人，魯公族孟孫氏之後。

在殿内西旁東向。

---

〔1〕 "塚"，二十八年本作"壠"。

〔2〕 此詩漫漶處較多，據二十八年本補。

〔3〕 "明尚書"，二十八年本作"工部尚書"。

〔4〕 "窗"，二十八年本作"燈"，當是。

十二哲

先賢閔子，名損，字子騫，魯人。

先賢冉子，名雍，字子弓，魯人，伯牛之族。

先賢端木子，名賜，字子貢，衛人。初爲信陽宰，後嘗相魯、衛。

先賢仲子，名由，字子路，魯之卞人。仕魯，爲蒲[1]大夫。

先賢卜子，名商，字子夏，衛人。仕魯，爲莒父宰。

先賢有子，《史記》："字子若[2]。"《家語》："字子有，魯人。"乾隆三年升。

在殿內次東旁西向。

先賢冉子，名耕，字伯牛，魯人，爲中都宰。

先賢宰子，名予，字子我，魯人。仕齊，爲臨淄大夫。

先賢冉子，名求，字子有，仲弓之族，爲季氏宰。

先賢言子，名偃，字子游，吳人。仕魯，爲武城宰。

先賢顓孫子，名師，字子張，陳人。

先賢朱子，名熹，字元晦，號晦庵，婺源人。居紫陽山，後居武夷山。諡文公。康熙五十一年升。

在殿內次西旁東向。

東廡

先賢蘧瑗，字伯玉。明以孔子嚴敬，改祀。今以孔子大聖，食於堂上，瑗大賢，坐於兩廡，亦理之所安，復祀。

先賢澹臺滅明，字子羽，魯武城人。

先賢原憲，字子思，魯人，《檀弓》作"仲憲"。爲夫子宰。

先賢南宮适，字子容，一作絛。魯孟懿子之兄，居南宮，因姓。生諡敬叔。

先賢商瞿，字子木，魯人。

先賢漆雕開，字子若。一作憑，字子開。蔡人，鄭玄曰："魯人。"

先賢司馬耕，字伯牛，宋人。《家語》作"司馬黎[3]"，與《史記》俱字子牛。

先賢巫馬施，字子期，陳人。《史記》作"巫馬施，字子旗"。亦爲單父宰。

先賢顏辛，字子柳，魯人。《史記》作"顏子[4]"。

---

[1] "蒲"，據乾隆五十一年本《樂至縣志》卷六補。
[2] 按百衲本《史記》無此句。
[3] "司馬黎"，《四部叢刊》本《孔子家語》卷九作"司馬黎耕"。
[4] "顏子"，百衲本《史記》卷六十七作"顏幸"。

先賢曹恤，字子循，蔡人。

先賢公孫龍，《家語》作"公孫寵，衛人"。鄭云："楚人。"孟云："趙人。"字子石。

先賢秦商，字子丕，《家語》："字丕茲〔1〕，魯人。"鄭云："楚人。"

先賢顏高，字子驕，《家語》作"顏刻，魯人"。

先賢穰駟赤，《家語》："字子從。"《史記》"穰"作"壤"，"字子徒"，秦人。

先賢石作蜀，字子明，《家語》作"石子蜀"，秦人。

先賢公夏首，字子乘，《家語》"首"作"守"，"字子乘"，魯人。

先賢后處，《史記》："字子里。"《家語》作"石處子〔2〕，字里之"，齊人。

先賢奚容蒧，《家語》："字子偕。"《史記》："字子皙。"《文翁圖》："魯人。"《正義》："衛人。"《氏族大全》："奚仲之後。"

先賢顏祖，字襄，《家語》又名"相"，"字子襄"，魯人。

先賢句井疆，字子疆，《史記》作"句井"，《正義》作"鈎井"。《闕里志》："字子野〔3〕。"《山東志》："字子孟，衛人。"

先賢秦祖，字子南，魯人，鄭云："秦人。"

先賢縣成，字子祺，《家語》作"懸成，字子橫"，魯人。

先賢公祖句茲，《家語》作"公祖茲，字子之"，魯人。

先賢燕伋，字思，《家語》名"級"，"字子思"，《史記》作"伋"，秦人。

先賢樂欬，《史記》："字子聲。"《正義》："魯人。"《家語》名"欣"，秦人。

先賢狄黑，《家語》："字皙〔4〕之。"一作"子皙"。《史記》："字皙。"衛人。

先賢孔忠，字子蔑，《家語》作"孔弗"，《史記》作"孔子兄孟皮之子〔5〕"。

先賢公西蒧，字子尚，《史記》作"子上"，魯人。

先賢顏之僕，《家語》："字子叔。"《史記》："字叔。"魯人。

先賢施之常，字子常，《史記》："字子恒。"魯人。

先賢申棖，《家語》："申績，字子周。"《史記》作"申黨，字周"，《文翁圖》作

---

〔1〕 "丕茲"，《四部叢刊》本《孔子家語》卷九作"不慈"。

〔2〕 《四部叢刊》本《孔子家語》卷九無"子"字。

〔3〕 按明嘉靖三十一年本《闕里志》無此句。

〔4〕 "皙"，《四部叢刊》本《孔子家語》卷九作"晢"。

〔5〕 按此句非《史記》本文，係《集解》引《孔子家語》語。《四部叢刊》本《孔子家語》卷九作"孔子兄弟"，疑誤。百衲本《史記》卷六十七作"孔子兄之子"，當是。

“堂”，後漢碑作“棠”，鄭玄云：“即申續[1]。”續、黨、堂、棠、續係悮，總一人也。

先賢左丘明，中都人，《授經圖》曰：“魯人。”楚左史倚相之後。

先賢秦冉，字開，蔡人。明疑《史記》誤書，罷祀。今以《史記》列傳既著其姓，復標其字[2]，是必實有其人，復祀。

先賢牧皮，《孟子》趙岐注：“牧皮與琴張、曾皙，皆事孔子學者也[3]。”是牧皮爲聖門高弟無疑，增祀。

先賢公都子，孟子弟子。研性善之理，闢義外之説，允宜增祀。

先賢公孫丑，孟子弟子。趙岐注：“孟子既没，萬章、公孫丑記其所言[4]。”有功於孔孟之道不少，增祀。

先賢張載，字子厚，居郿縣之橫渠，世號橫渠先生。諡明公。

先賢程頤，字正叔，世稱伊川先生。諡正公。

先儒孔安國，字子國，孔子十一世孫，生漢武帝時。

先儒毛萇，趙人。善説《詩》，世謂毛亨爲大毛公，萇爲小毛公，生漢武帝時。

先儒高堂生，《索隱》：“字伯，魯人，生秦、漢間[5]。”

先儒鄭康成，東溪[6]高密人。註經論理百餘萬言，括囊大典，網羅百家，出處進退，一衷於道，復祀。

先儒諸葛亮，蜀漢瑯邪人。居心仁恕，開誠布公。知出處大節，明君臣大義。純乎天理，合乎聖道，增祀。

先儒王通，字仲淹，隋龍門人。門人諡曰文中子。

先儒司馬光，字君實，夏縣人。封溫國公，諡文正。

先儒歐陽修，字永叔，廬陵人。諡文忠。

先儒胡安國，字康侯，崇安人。諡文定。

先儒尹焞，字彥明，宋洛陽人，伊川弟子。學窮根本，德備中和，質直弘毅。著《論語解》，賜和靖處士，增祀。

先儒吕祖謙，字伯恭。諡成，改忠亮。墓題曰“東萊先生”。

----

[1] “續”，阮刻《十三經注疏》本《論語注疏》卷五作“續”，當是。

[2] “字”字原脱，據乾隆五十二年本《遂寧縣志》卷十補。

[3] “牧皮與琴張、曾皙，皆事孔子學者也”，《四部叢刊》本《孟子》卷十四作“琴張，子張也……曾皙，曾參父也。牧皮，行與二人同，皆事孔子學者也”。

[4] 按此係《孟子題辭》疏引韓愈語，非出趙岐。

[5] “字伯，魯人，生秦、漢間”，百衲本《史記》卷一百二十一《索隱》引謝承語作“秦氏季代，有魯人高堂伯，則伯是其字”。

[6] “溪”，乾隆五十二年本《遂寧縣志》卷十作“漢”，當是。

先儒蔡沈，字仲默，建陽人，西山元定公之子也。隱居九峯山，世號九峯先生。諡文正。

先儒陸九淵，字子静，金谿人，學者稱象山先生。諡文安。

先儒陳淳，字安卿，號百〔1〕北溪，宋龍溪人。著《四書》《太極》〔2〕諸書。朱子云："吾道喜得陳淳。"增祀。

先儒魏了翁，字華甫，邛州人。當南宋邪說簧鼓，能維持正學。著《九經》〔3〕等書，於聖道大有發明，增祀。

先儒王柏，號魯齋，宋金華人，何基弟子。點校四書經史，推明河洛九疇。著《經書衍義》，闡發濂洛淵源，增祀。

先儒許衡，字仲平，元河内人，學者稱魯齋先生。諡文正。

先儒許謙，號白雲先生，金履祥弟子。讀書窮探深微，其詩文扶翼經義，綱維〔4〕世教。著《四書叢説》等書，增祀。

先儒王守仁，字伯安，餘姚人。讀書陽明洞。封新建伯。諡文成，世稱陽明先生。

先儒薛瑄，字德温，河津人，學者稱敬軒先生。諡文清。

先儒羅欽順，字允昇，明太和人。以實行教士，著《困知記》，周程微言至今不墜，皆其力也，增祀。

先儒陸隴其，號稼書，本朝平湖人。幼任斯道，精研程朱之學。端方孝友，以德化民，增祀。

西廡

先賢林放，魯人。明以《家語》不在弟子列，改祀。今以問禮之本，親炙聖人休光，即非弟子，亦理之所安，復祀。

先賢宓不齊，字子賤，魯人，為單父宰。

先賢公冶長，字子長，《家語》作"萇〔5〕""魯人"。《史記》："齊人。"范甯云："字子芝〔6〕。"

---

〔1〕 "百"字疑衍。

〔2〕 按《四書》當指《四書字義》（即《北溪字義》），《太極》未詳。

〔3〕 按《九經》當指《九經要義》。

〔4〕 "綱維"，乾隆五十二年本《遂寧縣志》卷十作"維持"。

〔5〕 "萇"，《四部叢刊》本《孔子家語》卷九作"長"。

〔6〕 按通志堂本《經典釋文》卷二十四、《知不足齋叢書》本《論語義疏》卷三俱引作"名芝，字子長"。

先賢公析哀，字季沉，《史記》作"公晢[1]哀，字季次"，《素[2]隱》作"公析，齊人[3]"。

先賢高柴，字子羔，《家語》："齊人。"《史記》："衛人[4]。"[5] 爲士師。

先賢樊須，字子遲，仕於季氏。《家語》："魯人。"鄭云："齊人"。

先賢商澤，《家語》："字子秀。"《史記》作"子季"，魯人。

先賢梁鱣，字子羔[6]，《史記》注作"鯉"，"字叔魚"，齊人。

先賢冉孺，字子魯，一作曾。《家語》作"冉儒，字子魚，魯人。"

先賢伯虔，《家語》："字楷"。亦[7]作"子析"，《弟子解》作"子楷[8]"，《史記》作"子析"，魯人。

先賢冉季，字子産，魯人。

先賢漆雕徒父，字子有，《家語》作"漆雕從，字子文"。一作"子期"，魯人。

先賢漆雕侈，字子斂，《史記》作"漆雕哆"，魯人。

先賢公西赤，字子華，魯人。

先賢任不齊，《家語》："字子選。"《史記》："字選。"楚人。

先賢公良孺，《家語》名"儒"，《史記》名"孺"，"字子正"。一作"子幼"，陳人。

先賢公肩定，《家語》："字子仲。"《史記》作"公堅定，字子中"。魯人，或曰晉人。

先賢鄡單，《史記》有"鄡單，字子家"，無"縣亶"；《家語》有"縣[9]亶，字子象"，無"鄡單"，疑即一人。徐廣作"鄡單，音善"。

先賢罕父黑，《史記》："字子索。"《家語》作"宰父黑，字索"，一字"子黑"，魯人。《氏族略》亦止有宰父黑。

先賢榮旂，《史記》："字子祺。"《家語》作"祈"，"字子旂[10]"，魯人。

---

〔1〕"晢"，百衲本《史記》卷六十七作"晢"，疑誤，後同。

〔2〕"素"，乾隆五十二年本《遂寧縣志》卷十作"索"，當是。

〔3〕"公析，齊人"，百衲本《史記》卷六十七作"《家語》作'公晢克'"。

〔4〕按此句非《史記》本文，係《集解》引鄭玄語。

〔5〕乾隆五十二年本《遂寧縣志》卷十"爲"前有"仕衛"二字。

〔6〕"羔"，乾隆五十二年本《遂寧縣志》卷十作"魚"，當是。

〔7〕"亦"，乾隆五十二年本《遂寧縣志》卷十作"一"。

〔8〕"楷"，明正德十六年本《孔子家語》卷八作"楷"。

〔9〕"縣"，《四部叢刊》本《孔子家語》卷九作"懸"。

〔10〕"旂"，《四部叢刊》本《孔子家語》卷九作"祺"。

先賢左人郢，《史記》：“字行。”《家語》作“左郢，字子行”，魯人。

先賢鄭國，《家語》作“薛邦”，《史記》訛“薛”爲“鄭”，又避漢高帝諱，以“邦”爲“國”，“字子徒”，魯人。

先賢原亢，字子抗，《家語》作“元亢”，一作“原桃”，“字子籍”，《史記》作“原亢籍”，《正義》：“亢，作‘冗’。”魯人。

先賢廉潔[1]，《史記》：“字庸。”《家語》：“字子庸。”一作“子曹”。衛人，《古史》作“齊人”。

先賢叔仲會，字子期，《文翁圖》作“噲”。《家語》：“魯人。”鄭玄云：“晉[2]人。”

先賢公西輿如，字子上，魯人，《史記》作“公西輿”。

先賢邦巽，《家語》作“邦[3]選，字子斂”，《史記》訛“邦”爲“邽”，“字子斂”，《文翁圖》避漢諱，以“邦”爲“國”，作“國選”，魯人。

先賢陳亢，字子亢，一字子禽，陳人。

先賢琴張，一名牢，《家語》：“字子開。”《文翁圖》：“字子張。”衛人。

先賢步叔乘，字子車，齊人。

先賢秦非，字子之，魯人。

先賢顏噲，字子聲，魯人。

先賢顏何，字冉，魯人。明以《家語》不載，罷祀。今以《家訓》及《顏高贊》俱稱“顏氏八賢”，去何，止七人矣，復祀。

先賢縣亶，明以《史記》不載，又疑與鄡單是一人，罷祀。今以當時原無確據，仍爲二人，復祀。

先賢樂正克，孟子弟子，孟子稱爲“善人”“信人”，又曰“其爲人也好善”，當在弟子之列，增祀。

先賢萬章，孟子弟子，《史記》稱“孟子所如不合[4]，退而與萬章之徒序《詩》《書》，述仲尼之意”，增祀。

先賢周敦頤，字茂叔，世居道州營道縣濂溪之上，學者稱濂溪先生。謚元公。

先賢程顥，字伯淳，宋河南洛陽人。文彥博題其墓曰“明道先生”。謚曰純公。

---

〔1〕“潔”，或作“絜”。

〔2〕“晉”，百衲本《史記》卷六十七作“魯”。

〔3〕“邦”，《四部叢刊》本《孔子家語》卷九作“邽”。

〔4〕“孟子所如不合”，百衲本《史記》卷七十四作“而孟軻乃述唐、虞、三代之德，是以所如者不合”。

先賢邵雍，字堯夫，宋范陽人。諡康節。

先儒穀梁赤，《尹[1]子》作"俶[2]"，顏師古作"喜"。字元始，魯人，生周末。

先儒伏勝，字子賤，鄒平人，生秦、漢間。習《書》，秦焚書時，獨壁間藏之。

先儒后蒼，字近君，漢東海剡人。修明《禮經》。嘉靖時，考求古《禮》，以爲定《禮》之宗，從祀。

先儒董仲舒，廣川人，武帝時以賢良對策。

先儒杜子春，河南緱氏人，生漢哀、平間。

先儒范甯，字武子，晉鄩陵人。南昌太守，興學造士。著《春秋穀梁集解》，詞意精詳，有功聖道，復祀。

先儒韓愈，字退之，唐修武人。諡文公。

先儒范仲淹，字希文，宋吳縣人。封汝南公。諡文正。

先儒胡瑗，字翼之，宋海陵人。爲湖州教授，又爲國學直講，學者稱安定先生。諡文昭。

先儒楊時，字中立，將樂人，從學者號曰龜山先生。

先儒羅從彥，字仲素，南宋劍州人，學者稱豫章先生。諡文質。

先儒李侗，字愿中，宋延平人。朱子受其河洛之業，爲述《延平問答》。稱延平先生。諡文靖。

先儒張栻，字敬夫，宋綿竹人，忠獻公浚之子，號南軒先生。諡宣公。

先儒黃幹[3]，字直卿，號勉齋，宋閩人。朱子壻，授以所著書，曰："吾道得[4]此。"金華四子遞衍其傳，正學賴以不絕。

先儒真德秀，字景元，一字希元，宋浦城人，世號西山先生。諡文忠。

先儒何基，宋金華人，黃幹[5]弟子。得淵源之旨，學本真實[6]，所著《學庸解釋》《書大傳》《易啟蒙》[7]，皆以發揮爲主。

---

〔1〕 "尹"，嘉慶二十一年本《四川通志》卷七十六作"尸"，當是。

〔2〕 "俶"，或作"淑"。

〔3〕 "幹"，光緒五年本《遂寧縣志》卷二作"榦"。

〔4〕 "得"，乾隆五十二年本《遂寧縣志》卷十作"記"。

〔5〕 "幹"，或作"榦"。

〔6〕 "得淵源之旨，學本真實"，乾隆二十年本《崖州志》卷四作"得淵源之懿，學本'真實心地，刻苦工夫'"，當是。

〔7〕 按《學庸解釋》《書大傳》《易啟蒙》分別當指《大學發揮》《中庸發揮》《大傳發揮》《易啟蒙發揮》。

先儒趙復，元初明[1]儒，德安人。所著《傳道圖》《伊洛圖[2]》《希賢錄》，此[3]方知有程朱學，實自復始。

先儒金履祥，字吉夫，號仁山，元蘭溪人，何基弟子。句[4]《大學章句疏義》《論孟集註》[5]，多先儒未發之義，增祀。

先儒陳澔，字可大，元南康人。博學好古，所著《禮記集註》，明列其書於學宮，士子遵奉，稱雲柱先生，增祀。

先儒陳憲章，字公甫，新會人。隱白沙，學者稱白沙先生。

先儒胡居仁，字叔心，明餘於[6]人，世稱敬齋先生。

先儒蔡清，字介夫，號虛齋，明晉江人。學以靜虛爲主，飭躬砥行，不愧衾影。著《易經四書蒙引》[7]行世，增祀。

後殿崇聖祠安設：

肇聖王木金父，正中，向南。

裕聖王祈父，東一室，南向。

詒聖王防叔，西一室，南向。

昌聖王伯夏，東二室，南向。

啟聖王鄹邑大夫叔梁紇，西二室，南向。

配位

先賢顏氏，名無繇，字路，《家語》："顏繇[8]，字季路，回之父。"

先賢孔氏，名鯉，字伯魚，子思、子伋之父。

在殿內東旁西向。

先賢曾氏，名點，字晳。《家語》："字子晳。"《史記》作"曾蒧，參之父[9]"。

先賢孟孫氏，名激公宜，魯公族，軻之父。

在殿內西旁東向。

---

〔1〕 "明"，乾隆五十一年本《射洪縣志》卷六作"名"，當是。

〔2〕 "伊洛圖"，乾隆武英殿本《元史》卷一百八十九作"伊洛發揮"，當是。

〔3〕 "此"，乾隆武英殿本《元史》卷一百八十九"北"，當是。

〔4〕 "句"，乾隆五十二年本《遂寧縣志》卷十作"著"，當是。

〔5〕 按《論孟集註》當指《論語集註考證》《孟子集註考證》。

〔6〕 "於"，乾隆武英殿本《明史》卷二百八十二作"干"，當是。

〔7〕 按《易經四書蒙引》當指《易經蒙引》《四書蒙引》。

〔8〕 "繇"，《四部叢刊》本《孔子家語》卷九作"由"。

〔9〕 按此句非《史記》本文，係《集解》引孔安國語。

東廡西向

先儒周氏，名輔成，周子敦頤之父。

先儒程氏，名珦，字伯温，贈永年伯。二程子顥、頤之父。

先儒蔡氏，名元定，字季通。隱居西山，諡文節，世稱西山先生。蔡子沈之父。

西廡東向

先儒張氏，名迪。宋神宗時出知涪州，立身端潔，居官廉直。貧不能歸，因葬於鄪。張子載之父，增祀。

先儒朱氏，名松，字喬年。歷吏部司勳郎[1]，出知饒州，至元追諡靖獻公。朱子熹之父。

陳設

雍正三年奉旨，大成殿正位祭品增用大牢。乾隆四年、十八年奉頒《文廟陳設圖》於學。

大成殿正位：禮神制帛白色，長二丈八尺，筐一、犢一、羊一、豕一俎三、醴白甕爵三、大羹登一、和羹鉶二、黍、稷簠二、稻、梁簋二、形鹽、蒿魚、棗、栗、榛、菱、芡[2]、鹿脯、白餅、黑餅籩十、韭菹、醓醢、菁菹、鹿醢、芹菹、兔醢、筍菹、魚醢、脾析、豚拍豆十、圓降炷香、瓣[3]香香爐一、大燭燭座二、醴樽一、祝文祝版一。

祝文

維先師德隆千聖，道冠百王。揭日月以常行，自生民所未有。屬文教昌明之會，正禮節樂和之時。辟雍鐘鼓，咸格薦以馨香；泮水膠庠，益致嚴於籩豆。茲當仲春、秋，祇[4]率彝章，肅展微忱，聿彰祀典，以復聖顏子、宗聖曾子、述聖子思子、亞聖孟子配。尚饗！雍正二年頒。

四配，東西各二案，每案：禮神制帛一色與丈尺同正位，筐一、羊一、豕一俎二、醴白甕爵三、和羹鉶二、黍、稷簠二、稻、梁簋二、形鹽、蒿魚、棗、栗、榛、菱、芡、鹿脯籩八、韭菹、醓醢、菁菹、鹿醢、芹菹、兔醢、筍菹、魚醢豆八、圓降炷香

---

[1] 嘉慶二十一年本《四川通志》卷七十六 "郎" 後有 "中" 字，當是。

[2] "芡"，乾隆五十二年本《遂寧縣志》卷十作 "芡"，當是。

[3] "辦"，乾隆五十二年本《遂寧縣志》卷十作 "瓣"，當是。

[4] "祇"，疑當作 "祗"。

香爐一、中大燭燭座二、醴樽一。

十二哲，東西各六案，每案：醴白甆爵一、黍簠一、稷簋一、形鹽、棗、栗、鹿脯籩四、菁菹、鹿醢、芹菹、兔醢豆四。

東西另設各一案，每案：禮神制帛六筐一、羊一、豕一俎二、醴獻爵三、圓降炷香香爐一、中燭燭座二、醴樽一，東西共。

兩廡，四位一案，每案：醴銅爵四，末案東三西一、黍簠一、稷簋一、形鹽、棗、栗、鹿脯籩四、菁菹、鹿醢、芹菹、兔醢豆四。

每廡另設牲案三，每牲案：羊一、豕一俎三、醴樽一。

另設香案二，每香案：制帛二筐二、醴白甆三、降香香爐一、燭燭座二。

禮器

筐十一、俎二十七、登一、鉶二十二、白甆爵二十七又十二哲獻爵六，或亦用甆、銅爵一百二十三又兩廡獻爵十二，或亦用銅、簠五十四、簋五十四、籩二百一十八、豆二百一十八、香爐二十一、燭座四十二、酒樽十二、祝版一。

樂器

麾旛一首、金鐘十六口即古編鐘、玉磬十六口即古編磬、大鼓一面即古應鼓、搏拊鼓二座即古鼗鼓、柷一座、敔一座、琴六張、瑟四張、排簫二架即古鳳簫、笙六攢、簫六枝、笛六枝、塤二個、箎二管。

舞器　旌節二首、羽籥三十六副以上佾舞生三十六人，樂工五十二人。

樂章

迎神　奏《咸平》之章無舞

大哉孔子，先覺先知。與天地參，萬世之師。祥徵麟緤，韻答金絲。日月既揭，乾坤清夷。

初獻　奏《寧平》之章有舞

予懷明德，玉振金聲。生民未有，展也大成。俎豆千古，春秋上丁。清酒既載，其香始升。

亞獻　奏《安平》之章有舞

式禮莫愆，升堂再獻。響協菎鏞，誠孚罍獻[1]。肅肅雍雍，譽髦斯彦。禮陶樂淑，相觀而善。

終獻　奏《景平》之章有舞

---

〔1〕 "獻"，文淵閣《四庫全書》本《大清會典則例》卷九十九作 "甒"，當是。

自古在昔，先民有作。皮弁祭菜，於論思樂。惟天牖民，惟聖時若。彝倫攸敘，至今木鐸。

徹饌　奏《咸平》之章無舞

先師有言，祭則受福。四海黌宮，疇敢不肅。禮成告徹，毋疎毋瀆。樂所自生，中原有菽。

送神　奏《咸平》之章無舞，望燎同

鳧繹峩峩，洙泗洋洋。景行行止，流澤無疆。聿昭祀事，祀事孔明。化我蒸民，育我膠庠。

儀注

每年春秋仲月上丁日，時用子時，禮部預行文知照。如遇有大事，乃改次丁，又不得，乃改下丁。前期二日，齋戒，承祭官補服至省牲所省牲。前期一日，捧祝生舉祝案，送至齋所，承祭官簽視[1]，捧祝生捧至正殿安設，一跪三叩頭，退。承祭官率陪祭各官齊赴廟階下，行一跪三叩禮。承祭官升殿，由左門入，至香爐前，行一跪一叩禮，與[2]。捧香員跪進香，立上。訖，由右門出，滌器，監視宰牲、瘞毛血。至期，各官行禮。其正獻，承祭官知縣主之；分縣[3]，分祭官教諭、訓導主之。同城武職，俱一體入廟行禮。執事以在學生員分司，預日榜列。至期，未黎明，各官朝服齊集，分獻、陪祭各官入兩門旁序立。贊引導承祭官至盥洗處，盥手畢，引至墀下立。典儀唱：“樂舞生就位，執事者各司其事！分獻官、陪祭官各就位。”贊引贊：“就位！”承祭官就拜位立，分獻官偏東後立。典儀唱：“迎神！舉迎神樂，奏《咸平》之章！”樂作，贊引贊：“跪，叩，興。”承祭官、分獻官及陪祭各官俱行三跪九叩頭禮，興，樂止。典儀唱：“奠帛！行初獻禮！”唱：“舉初獻樂，奏《寧平》之章！”樂作，贊引贊：“升壇！”捧帛生捧帛，執爵生酌酒，分左右兩行，由中門捧入，至聖案前立。贊引導承祭官由東墀上，進殿左門。贊引贊：“詣至聖先師孔子位前！”承祭官至案前立，贊引贊：“跪，叩，興。”承祭官行一跪一叩頭禮，興。贊引贊：“奠帛！”捧帛生以帛跪進於案左，承祭官受帛拱舉，立獻。畢，贊引贊：“獻爵！”如奠帛儀。獻畢，行一跪一叩頭禮，興。贊引贊：“詣讀祝位前！”承祭官詣讀祝位立，讀祝生至祝案前，行一跪三叩頭禮，捧祝版立案左，樂止。贊引贊：“跪！”承祭官、讀祝生、分獻官、陪祭各官俱跪。贊引贊：“讀祝！”讀畢，興，捧

---

〔1〕“簽視”，乾隆五十年本《涪州志》卷七作“視畢簽畢”。

〔2〕“與”，乾隆五十二年本《遂寧縣志》卷十作“興”，當是。

〔3〕“縣”，乾隆五十二年本《遂寧縣志》卷十作“獻”，當是。

祝版至正位案上，跪安帛匣内，三叩頭，退。樂作，贊引贊："叩，興。"承祭官及各官行三叩頭禮，興。贊引贊："詣復聖顔子位前！"承祭官就案前立。贊引贊："跪，叩，興。"承祭官一跪一叩頭，興。贊引贊："奠帛！"捧帛生跪進於案左，承祭官受帛拱舉，立獻案上。贊引贊："獻爵！"執爵生跪進於案左，承祭官受爵拱舉，立獻案上，居中，行一跪一叩頭禮，興。贊："詣宗聖曾子位前！"如前儀。贊："詣述聖子思子位前！"如前儀。贊："詣亞聖孟子位前！"如前儀。其十二哲、兩廡，分獻官俱照前儀。行禮畢，贊引贊："復位！"承祭官、分獻官各復位立，樂止。典儀唱："行亞獻禮！"唱："舉亞獻樂，奏《安平》之章！"樂作，贊引贊："升壇！"獻爵於左，如初獻儀。贊引贊："復位！"承祭官、分獻官各復位立，樂止。典儀唱："行終獻禮！"唱："舉終獻樂，奏《景平》之章！"樂作，贊引贊："升壇！"獻爵於右，如亞獻儀。贊引贊："復位！"承祭官、分獻官各復位立，樂止。典儀唱："飲福受胙！"贊引贊："詣受福胙位！"承祭官於殿内立，捧酒胙二生捧至正位案前拱舉，至飲福受胙位右旁跪，接福胙二生在左旁跪。贊引贊："跪！"承祭官跪。贊："受福酒！"承祭官受爵拱舉，授接爵生。贊："受胙！"承祭官受胙拱舉，授接胙生。贊："叩，興。"承祭官三叩頭，興。贊："復位！"承祭官復位立。次行謝福胙禮，贊引贊："跪，叩，興。"承祭官、分獻官及陪祭各官行三跪九叩頭禮，興。典儀唱："徹饌！"唱："舉徹饌樂，奏《咸平》之章！"樂作，徹饌。訖，樂止。典儀唱："送神！"唱："舉送神樂，奏《咸平》之章！"樂作，贊引贊："跪，叩，興。"承祭[1]、分獻官及陪祭各官皆行三跪九叩頭禮，興，樂止。典儀唱："捧祝、帛、饌，各恭詣燎位！"捧祝生、捧帛生至各位前，[2]一跪三叩頭禮，捧起祝文在前，帛次之，捧饌生跪，不叩，捧起在後，俱送至燎位。承祭官退至西旁立，候祝、帛、饌過，仍復位立。典儀唱："望燎！"唱："舉望燎樂，與送神樂同！"樂作，典儀唱："詣望燎位！"導承祭官至燎位立，祝、帛焚訖，樂止。贊引贊："禮畢！"退。

按：《闕里志》："燎位在北。"祭官至所，北面立。焚訖，復拜位，乃唱"禮畢"。

崇聖祠陳設

正位五案，各案：禮神制帛一白色，長一丈八尺，籩一、羊一、豕一俎二、醴白甕爵三、和羹鉶二、黍、稷簠二、稻、粱簠二、形鹽、藁魚、棗、栗、榛、菱、茨[3]、

---

〔1〕 "承祭"後疑脱"官"字。

〔2〕 "一"前疑脱"行"字。

〔3〕 "茨"，乾隆五十二年本《遂寧縣志》卷十作"芡"，當是。

鹿脯籩八、韭菹、醓醢、菁菹、鹿醢、芹菹、兔醢、筍菹、魚醢豆八、圓降炷香香爐一、中大燭燭座二、醴樽一，五案共、祝版共一。

祝文

維王奕葉鍾祥，光開聖緒。盛德之後，積久彌昌。凡聲教所覃敷，率循源而溯本。宜肅明禋之典，用申守土之忱。茲屆仲春、秋，聿修祀事，以先賢顏氏、曾氏、孔氏、孟孫氏配。尚饗！部頒。

配位四案：禮神制帛共二白色，東西共[1]一、羊、豕各二東西共[2]一、醴每案銅爵三、黍簋一、稷簋一、形鹽、棗、栗、鹿脯籩四、菁菹、鹿醢、芹菹、兔醢豆四、醴樽一，四案共。

兩廡兩案：禮神制帛共二白色，東西各一、羊、豕各二東西各一、醴銅爵五、每位各一、黍簋一、稷簋一、形鹽、棗、栗、鹿脯籩四、菁菹、鹿醢、芹菹、兔醢豆四、醴樽一，兩案共。

儀注

春秋二仲月上丁日，舉行同文廟禮。前期省牲，簽視[3]，上香，監宰、瘞。正祭日五鼓，儒學官先祭，用三跪九叩，三獻其以次拱獻。正配各位，禮亦俱同，惟無樂舞，中間亦無飲福胙、謝福胙二節。

名宦祠，東廡南一間，共十八人。

鄉賢祠，西廡南一間，共十七人。

忠孝祠，鄉賢祠右，三間，共六人。

學額

鹽亭縣學，額入文武生員各十名，撥府學無定額。

食餼廩生二十名，新舊間補。

貢例，三年出貢一人，挨次出學，毋許紊越。遇有國恩，以正貢作恩貢，以副貢作歲貢。

---

〔1〕 "共"，乾隆五十一年本《蓬溪縣志》卷六作 "各"，當是。
〔2〕 同上。
〔3〕 "視"，乾隆五十年本《涪州志》卷七作 "祝"，當是。

書院志

　　書院之設，義通於學校，而實有以輔學校所不逮者。士子入泮采芹，而後名列膠庠，有司乃按月課考之，較其優劣，迨行之久而等爲故事。有志之士，尚能閉户潛修，不廢誦讀，若暴棄自甘者，且至越禮法而肆行無忌矣。至於官立書院，延名師於其中，以待願來學者，無論童冠，皆得與焉。而一月中師課而外，復有官課，酌定等列，多發膏火以獎勵之。而學中諸生有不入書院者，仍責司鐸月課之。由是絃誦之風，蒸蒸日上，文教之施，莫此善也。鹽亭舊有書院，相沿有聚賢、東臺諸名，而皆廢圮不可考。至乾隆二十三年，邑令凌公霨創建於城北隅，名曰鳳山。至其後，邑令董公夢曾復加修葺焉，而皆無文記，亦當事者之疎也。然於振興教化，非不有功，實堪與學校相爲表裏焉。而況今邑宰胡君更能以文章發爲政事，實力整飭，不視爲具文也。予故樂爲誌之，一以嘉胡君之賢，且爲後來者深勗也。

書院圖

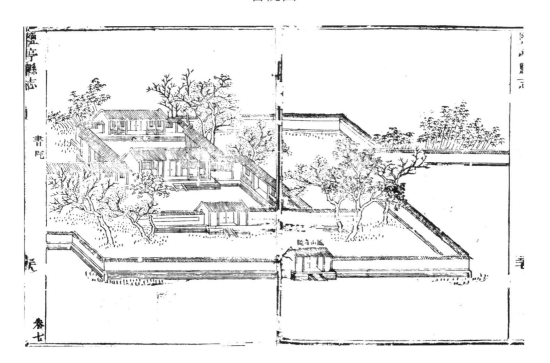

舊志載鹽邑向有：

聚賢書院，在負戴山麓，今廢爲關帝廟。

東臺書院，縣西十五里任伯傳讀書處，今廢爲東臺寺。

太元書院，縣東北四十里文與可讀書處，後建爲書院，今廢。

青蓮書院，縣東六十里李太白讀書處，今廢。

鳳山書院，治北街之東，乾隆二十三年邑令凌霙創建。大門三間，二門一間，屏門墻三間，講堂五間，左右廂房各二間，厦房左右各一間。二十六年，邑令董夢曾復爲修葺。因邑小地瘠，無從籌畫義師修脯及生童膏火，往往講舍空虛，不聞絃誦。四十七年六月，縣城被水之後，房垣大半傾圮。四十九年冬，今邑令胡君光琦蒞任，於地方教養之事，次第興舉。胡君係安徽名進士，品學兼優，操守廉潔，實心撫字，人頌樂只。如修理壇廟、祠宇及建設養濟院，皆自捐廉俸，絲毫不以累民。又重修鳳山書院，有上官過境，襜帷偶駐，則暫爲行臺，平時集師生講讀其中。延請邑人癸卯孝廉王國棟爲山長，主講席。做《白鹿洞規條》，榜立課程。士子聞風遠至，樂羣敬業，多所造就。一切置備几案器皿及每歲所需修脯膏火，皆胡君捐俸以給。有父母斯民之責者，獨不當如是耶？

予於癸卯初冬蒞梓州任，三年來，既已重修郡城文廟，葺治書院，添建艸堂，合祀李、杜二公矣。每行部至屬邑，謁廟之後，必詣書院，與諸生考業課功，有可造就者，酌示鼓勵而獎勸之。詢書院中，俱乏書文存貯。夫郡縣於學校之外，復設書院，延請名師訓課，實爲樂育人才之地。乃慨夫蜀省素少藏書，而坊肆絕無善本。歲、科兩試，校閱生童文字，或認理之不明，岐塗滋謬；或措詞之鮮當，隔膜貽譏。其有連篇別字，似是而非。皆由家絃户誦之書，不辨亥豕魯魚之謬，以訛傳訛，恬不爲怪。是以英敏者每師心之自用，空疎者恒數典之多忘，病入膏肓，莫可救藥。予爲振興起見，爰於江南捐俸遠購書文數種，札發各縣，轉發書院，交墊師收貯訓課，另册造入交代。只許在院肄業生童互相抄寫傳誦，不得攜散失落。有志讀書士子，螢窗雪案，務須發憤攻苦，寸陰自惜，以期奮翮青雲，有厚望焉。

鳳山書院存貯書文目錄開後：

《四書體註》一部

《古文賞音》一部

《左繡》一部

新刻《離騷》一部

《題鏡》一部

《唐人試帖》一部

《存真集》一部

《發蒙小品》兩部

王罕皆《八集》〔1〕一部

《後八集》〔2〕一部

《明文初學集》〔3〕一部

---

〔1〕 按《八集》當指（清）王步青編《塾課小題分編》。

〔2〕 按《後八集》當指（清）王步青編《分課小題續編》。

〔3〕 按《明文初學集》當指（清）王步青編《明文初學指要》。

鹽亭縣志卷八　政事部

壇廟志　禮儀附

　　古者天子祭天地，諸侯祭社稷，大夫祭五祀。今之邑令，固儼然膺百里命，於古爲侯封也。故邑内有山川風雲雷雨諸壇，皆得祭也。非僭也，盡職也。古者非其神不祭，而有其舉者，亦莫廢也。我朝祀典倍隆，天下之大，天神、地祇、人鬼，凡當祭者，大而省會，小而郡縣，皆立廟焉。故在所屬之境者，亦皆得祭也。非無等也，大一統也。而祭之時，拜跪之節，灌獻之文，要有定制，則又所以誌鄭重也。當事者苟凛[1]"黍稷非馨，明德惟馨"之訓，先修厥德，以上下説乎鬼神，將見上邀靈佑，而民和年豐，三時不害矣。若夫民爲神之主，必先成民而後致力於神，又何莫非爲政之大道歟？是所望於宰斯邑者。

　　社稷壇，城南[2]，計地四畝九分八毫三絲三忽。乾隆四十七年被水冲坍，五十年邑令胡光琦補修。

　　風雲雷雨山川城隍壇，城西[3]，計地一畝五分七釐五毫。乾隆五十年邑令胡光琦補修。

　　先農壇，城南。正廟三間，左右廂房各一間，大門一間，瓦墻四圍，計地五畝六分八釐七毫五絲。乾隆五十年邑令胡光琦補修。

---

〔1〕"凛"，疑當作"稟"。
〔2〕"南"，二十八年本作"西"，當是。
〔3〕"西"，北京大學圖書館藏二十八年本作"南"，當是。

邑厲壇，城北賜紫山前右側。

關帝廟，城內北街玄靈觀內，康熙四十一年李玉銘捐建。

城隍廟，城內文廟右。明洪武九年邑令李時美創建，萬曆七年邑令周世科重修。

城隍廟禱雨文　吳宏

聞之剖符授職而潔己愛民，使有苦而畢陳者，官之責也；理幽贊陽而時和年豐，使有禱而必應者，神之靈也。民不得已則訴於官，官不得已則告於神。神鑒官與民之不得已，而其事或有所不得專，則亟亟然請命於帝。今者春夏之交，彌月不雨，禾苗蓋就枯矣。民訴於官，宏敢不上告於神？伏念宏浙東腐儒，膺天子之命，跋涉六千里，至則居氓落落，往日田廬盡荒煙茂草耳。間有孑遺，鶉衣鵠面，日伺命於驛站夫馬間[1]，睠言顧之，潸然涕下。宏尚如此，何況於神？因知神雖不言，必以撫綏之術望之宏，而宏亦以雨暘之澤望之神[2]，一幽一明，兩情共諒。迺荏任二載以來，雨暘若矣，黍稷登矣，邇荷上憲入告，驛站又得甦矣。五十載瘡痍之衆，頓有起色，皆神賜也。則是宏之所望者，神既憐而許之矣，毋乃神之所望於宏者？苟苴嚴矣，而弊未盡悉歟？觸捷輕矣，而讞未盡平歟？講孝友、課農桑矣，而鼓舞化導之方尚未盡合歟？凡此者誠足以召災，然此官之罪也，於民何與？抑或流風遺俗未盡還醇，機詐而以爲智歟？武斷而以爲能歟？逞忿忘身而禮讓之風微，激訟射利而和睦之意衰歟？凡此者誠足以召災，然此愚民之罪也，於良民何與？夫以官之故而殃民，與以一二愚民之故而殃及百千萬之良民，是二者皆神所不出也。且神而悉鹽民之情耶？外民多經營貿易，可以轉運，而鹽之民所恃者惟田。外田多池塘溝渠，可以灌漑，而鹽之田所恃者惟天。五日不雨則苗少矣，十日不雨則苗無矣。無苗是無歲也，無歲是無民也。宏與神共司此土，而任其顛沛流離，漠然而不爲之所，何賴有宏，何賴有神哉！雖神聰明正直，豈忍恝然？而雨澤由天，或有未可必者。宏又以爲不然。爲臣者知君父之心，爲神者知天地之心。去歲直省洊饑，蠲租賜粟，一切便宜，苟可救民之法，朝上疏，夕報可，聖天子愛民如此其至也。況天心仁愛，幸蒙奏允，一號令間而風雲雷雨畢赴矣。萬一降割使然，一不允再請，再不允三請，人間尚有敢諫之士，豈天上不容直言之神哉！即有譴罰，宏甘同罪。民依神，神亦依民，而宏又依民與神，誠亦有萬不得已者也。維神其極亟[3]之，宏可勝虔禱待命之至。謹告。

---

〔1〕 "閒"，二十八年本作 "間"，當是。

〔2〕 "神"，據二十八年本補。

〔3〕 "極亟"，二十八年本作 "亟圖"，當是。

再禱雨文　吴宏

比者春夏之交，彌月不雨，禾苗垂槁矣。宏率官紳士民人等，於四月二十四日陳悔罪之詞，乞憐於神。神不計官之不職，民之無良也，而朝而禱，夜而雨，三鄉之民歡呼載道。當此之時，雨澤尚未足也，而民歡呼者何也？誠以朝而禱，夜而雨，有以知神之皇皇然請命於帝，而如民所禱也；更有以知帝之皇皇然垂念於民，而如神所請也。夫神既如民所禱矣，而帝又如神所請，以此知鹽民[1]之必有歲也。宏是以敢又有所請。今不雨復旬日矣[2]，鹽多山田，前叨雨澤，秧之栽者十之三，其不得栽者尚十之七。數日不雨，水涸田乾，是未栽者終不得栽也，而十之七無望矣；即已栽者亦徒栽也，而并十之三無救矣。民何所依以爲命？宏何所資以爲理？神何所憑以爲靈？再四徬徨，莫測所自。是豈神之如民所禱者，而今不如所禱耶？豈帝之如神所請者，而今不如所請耶？抑豈官之不職，民之不[3]良，而神復有意督過之耶？是必不然，宏知之矣。前此雨澤之施，官與民見夫天心之可恃也，而悔罪之不誠，祈求之不力，以致數日來陰雲合矣，而合而乍散，細雨降矣，而降而旋收，遲遲焉欲雨不雨，而姑示之罰，使官與民各知所警戒。豈果神之不如民禱，而帝之不如神請哉？宏用是躬率士民人等益加洗心齋戒，嵩祈甘霖速沛，高下均沾，使數十年凋敝之民不至於困苦無告。宏之責亦神之司也，神其鑒而許之。宏不勝虔禱待命之至。謹告。

文昌廟，城内北街上乘寺内，一在賜紫山。

土主廟，城内南街，祀張峻夫。舊在負戴山上，久圮，改建於此。

孚應廟，縣東八十里。宋熙寧中，禱雨有應，聞於朝，賜廟號曰“孚應”，敕封靈濟惠澤侯。

節孝祠，城内小東街西，三間，牌坊一座。

江神祠，南東門外右側，瀰江北岸。

馬神祠，城内北街東，一在小西街。

土地祠，縣署二門右。

文湖州祠，[4]西門外山麓。歷任邑令石參、吴宏、劉堂、高鈊、董夢曾重修。

---

〔1〕“民”，據二十八年本補。
〔2〕“旬日矣”，據二十八年本補。
〔3〕“不”，二十八年本作“無”。
〔4〕二十八年本“西”前有“南”字，當是。

祠右石壁有成都守冀應熊大書"晴雲秋月"四字。詳《古蹟圖説》。

普[1]惠行祠，縣東六十里，祀秦蜀守李冰。祠下有小潭，旱不涸，雨不溢。今名會仙觀。

昭格行祠，縣東南一百二十里舊東關縣城後鼓樓山上，祀隋張峻夫。有元邑令咎子和碑記。

昭格行祠記　元邑令咎子和

東關自魏、晉爲縣，宋、齊中隸鹽亭，爲雍江鎮。宋初復升爲東關縣，今復隸鹽亭。有高山廟，山名書之唐史。杜甫詩曰"高山擁縣青"者，類此山也。鹽亭縣治既廣，西併高渠而南割東關，祠負戴者四[2]，除[3]率百里，牲體不絕於道，神功有證。宋紹興、淳祐、慶元年間，屢被褒封。考之《内傳》有云：神君姓張，諱嵘，字峻夫。父諱質，字文表，仕魏，爲諫議大夫，以年艾而退官居洛。室雖富盛，迫五十而無胤[4]嗣，常於洛之東山禱神以求繼，又跪[5]盤進珠以獻，因吞而娠。神於周武成元年二月初六日生於洛邑，有紫光充室，經曉始散。閭闇相慶曰："張文表於晚獲嗣，其道不墜矣。"神生而有異鵲於門間噪，聲甚屬。父怪以卜，日者言："天冥授公以此子。"父因言："禱東山而應。"日者因爲立此名："可以山名之，蓋《詩》曰'維嶽降神'，長必貴於台輔矣。"神幼警悟，聞父母之言，曉達能解。長而魁偉，意氣豁然，廣顙虬髯，長上偏下，迅觀經史，一覽無忘。與羣童聚戲，或坐於石，或登於几，唱言："汝輩當揖拜於吾矣。"人竊聽以爲誕。父母繼昇，居喪甚哀，洛守數舉不起。嘗謂人曰："大丈夫勒功名於帝籍，皆食主之禄，譬如傭耕，獲收於地矣。不若陰修功德，受天明命，此長久之福也。"遂不以仕進爲意，散家財給四方之士，孤獨寒賤者蒙以更生甚衆。未期年，家道零墜，乃□[6]一驢一僕，周遊四方。越劍[7]，至梁、益間。時隋越王秀爲蜀王，神以書叩獻，秀有僭逆之意，寢其書而弗受。神遂隱居養志，凡名山福地，必棲遲留戀然後去。假道梓潼，因過鹽亭，觀此風俗鄙，言不能通曉，有氐羌之風，神遂徘徊不忍去，因寓焉。以教授爲

---

〔1〕"普"，《志書》作"善"。

〔2〕"者四"，據二十八年本補。

〔3〕"除"，二十八年本作"際"，當是。

〔4〕"胤"，據二十八年本補。

〔5〕"跪"，嘉慶二十一年本《四川通志》卷三十六作"捧"。

〔6〕"□"，二十八年本作"鬻"，疑誤。嘉慶二十一年本《四川通志》卷三十六作"市"，當是。

〔7〕嘉慶二十一年本《四川通志》卷三十六"劍"後有"關"字。

業，變其聲音，各歸於正，至今言語爲真，皆神化之也。神一日登高山，即今負戴山，引領東望，仰天嘆曰："丈夫生於中國，匪至於此邊方絶處，雖孤獨一身，願永處於此爲幸矣。"語訖，忽佳氣瑞霧鬱鬱蹲足，神愕然曰："此何祥?"見紫衣吏持一牒曰："帝命君爲此主者，君憶少年之語乎?"神豁然自悟，遂迎至一室，皆金碧錯雜，見其父母候門迎曰："我兒無恙乎?"遂殁而爲神。夫有功於民則祀之，神福斯民，世享廟食，有自來矣。廟名昭格，凡有數處。東關鼓樓山，山聳三臺，水盤七曲。舊有原廟，相傳神女慈孝圓[1]妙真人開臺。宋嘉祐丙子[2]建，端平丙申焚蕩。至大元中統辛酉，楊宜孫復建立之。至元庚寅，黃庚應偕王午之立永昌樓。癸巳，胥震立兩廊。大德己亥，胡智淵、廖季孫、馮賢、任繼安以故廟隘小，鼎新改建大殿。塑畫甃砌，以次就緒，蓋成之者衆也。兹者不揆，一則以考縣之沿革，一則以彰神之故實，一則以紀廟之興復，俾方來者知原委焉。延祐四年丁巳正月。

張右丞祠，縣東南一百二十里舊東關縣城後鼓樓山上，祀宋張雍。有宋主簿馮華祖碑。

雙忠祠，縣北六十里富村驛，祀明寧番衛百户賈雄、茂州知州汪鳳朝。時富村驛屬鹽亭。

剏修雙忠祠記 延綏巡撫任惟賢閬中人

不可屈者，天地之正氣也；不可泯者，人心之天理也。天地非正氣不立，人心非天理不存，所以維持綱常，崇報功德，實賴於斯二者，豈得而忽哉！第顯晦以時，廢興以人，君子身任世教，惟盡夫人之當爲，不委諸時之得己者，信匪夷所思也。正德庚午年來，梁、益弗靖。藍、鄢横衝，自東徂西，類多殘滅；廖酋標[3]悍，屠熮無遺。梓、漢之間，聞風振讋。分符專閫者，率按兵觀望，苟圖自全。養亂日滋，英雄益起。惟時寧番衛百户賈君諱雄，西充人，奉檄從征，軍容單寡，邂逅渠率擁衆而南，甫劫柳邊，勢如風雨。賈君獎率部卒，奮然迎敵於金鞍舖之陽，手斬賊級者三。義氣激烈，衆譸振山。援絶被圍，猶挺身揮刀鏖戰，殺傷無慮十數人。力竭瞋目立死，屹然不僵。賊衆駭愕，鋒亦稍挫。適知茂州汪君諱鳳朝者，未詳何許人，亦以勾當戎事次鹽[4]。聞報切齒，驅兵赴之，陣於富村後山砦以待。賊聯絡繼進，

---

〔1〕 "圓"，或作"元"。

〔2〕 按嘉祐無丙子年，景祐三年爲丙子年，"嘉祐"疑當作"景祐"。

〔3〕 "標"，光緒二十三年本《新修潼川府志》卷五作"梟"。

〔4〕 二十八年本"鹽"後有"亭"字。

汪君方策馬詬罵，陳設禍福。及麾健兒與之持，不虞馬被錐傷，遏[1]墜崇崖，俱
斃。嗚呼！二君同難死義，迄今幾四十年，故老遺黎，口交膾炙。其志梟逆黨，視
死如歸，凜凜英風，猶竦毛骨，此非天地之正氣浩然而不可屈者乎！厥後大官保幸
庵彭公、大總戎都督時公秉鉞視師，追逋[2]竄。草雉[3]禽獮，亦[4]觀纍纍。夷考
賊徒授首之區，實與二君委身之地不遠。人傳是日兩公自將，所向披靡，刀兵旟鼓，
儵忽風霆，恍若雲間人馬馳驟[5]。厲鬼殺賊，古則有之，豈二君神爽得請於帝以相
之歟？載稽《祭法》，"以死勤事則祀[6]"。顧忠魂飄泊，漫無可棲，弔古心香，有
懷莫寄。所幸此心天理，君子存之也則多矣。嘉靖癸卯秋，大憲伯蒲坂舜原楊公分
巡川北，庶績咸熙，周爰諮諏，悉得前狀，乃謀建祠修祀，自於兩臺。爰委鹽亭知
縣劉子演總其事，富村百戶王子印贊其成，義官揚[7]秉茂董其役。經管財費，處分
自公，而二子捐俸效勤，遄臻完美。扁曰"雙忠"，基則驛之擊壤，主者良便。祀歲
春秋各一舉[8]，大節以顯，茂典以歆，慰人心之同然，存天理於不息，其於人倫風
化，非小補矣。工既告成，二子感茲義舉，謁[9]記於愚，惡知言文傳遠，非能是
哉！然不可辭也。銘曰：正氣在世，天理在人。世惟大節，人惟大倫。唐有姚洪，
漢有翼德。罵董拒曹，忠君報國。巍巍廟食，迒閭之城。二君死義，千載齊名。乃
薦蘋蘩，乃新祠[10]宇。憲度維真，風聲永樹。

禮儀附

聖誕、元旦、冬至五鼓時，各官朝服詣萬壽亭行慶賀禮，三跪九叩三呼，禮畢，
各還衙門。

日食、月食，設香案於縣堂上。至期，陰陽生報初食，各官素服行禮，僧道鼓
樂，環繞救護。報食甚，各官素服行禮。報復圓，易補服[11]行禮，乃退。

---

〔1〕 "遏"，疑當作"遶"。
〔2〕 光緒二十三年本《新修潼川府志》卷五"逋"後有"緝"字，當是。
〔3〕 "雉"，疑當作"薙"。
〔4〕 "亦"，二十八年本、光緒二十三年本《新修潼川府志》卷五俱作"京"，當是。
〔5〕 "驟"，道光二十九年本《南部縣志》卷二十八作"驅"。
〔6〕 《四部叢刊》本《禮記》卷十四"祀"後有"之"字。
〔7〕 "揚"，道光二十九年本《南部縣志》卷二十八、光緒二十三年本《新修潼川府志》卷五俱作"楊"。
〔8〕 "基則驛之擊壤，主者良便。祀歲春秋各一舉"，道光二十九年本《南部縣志》卷二十八作"基則驛
之舊壤，主祀良便。每歲春秋各一舉"，當是。
〔9〕 "謁"，道光二十九年本《南部縣志》卷二十八作"請"。
〔10〕 "祠"，二十八年本作"祀"。
〔11〕 "易補服"，乾隆五十二年本《遂寧縣志》卷十一作"仍素服"。

鞭春，先立春一日，縣令率僚屬具朝服迎春於東郊，安芒神、土牛於縣儀門外，三揖而退。至日，各官具朝服祭芒神。行三獻禮畢，各官執綵杖隨縣令鞭春，環擊土牛至碎，鄉人爭取其土，以爲宜年。

耕耤之期，遵欽天監選擇，頒行各省，同日舉行。至期，縣令及各官俱穿朝服，齊集先農壇。行禮畢，換蟒袍補服。正印官秉耒，佐貳播種，耆老執青箱。行耕時，用耆老一人牽牛，農夫二人扶犁終畝。收穫後，將所收米穀、用過粢盛數目造冊詳報。

祝文

維　年歲次　月　日，某省某縣某官等，謹以牲帛酒醴庶品之儀，致祭於先農之神。曰：惟神肇興稼穡，粒我蒸民。頌思文之德，克配彼天；念率育之功，常陳時夏。茲當東作，咸服先疇。恭惟九五之尊，歲舉三推之典。共膺守土，敢忘勞民。謹奉彝章，聿修祀事。惟願五風十雨，嘉祥恒沐於神庥；庶幾九穗雙岐，上瑞頻書於大有。尚饗！

文廟禮儀，見《學校志》。

關帝廟前殿，祭日，各官齊集，更衣，具朝服。贊禮引承祭官、陪祭官至行禮處站立，唱："執事者各司其事！"贊："陪祭官就位，承祭官就位。"唱："迎神！"各官行三跪九叩首禮。畢，唱："行奠帛初獻禮！"禮生贊引承祭官詣盥洗所，盥手、淨巾。詣酒尊所，司尊者舉觶酌酒。司帛者捧帛，詣關聖帝君神位前跪。贊："奠帛。""獻帛。"贊："奠爵。""獻爵。"贊："叩首。"興，詣讀祝位。贊："跪。"衆官皆跪。讀祝文畢，行三叩首禮。贊："興。"復位。禮生唱："行奠帛亞獻禮！"如前儀。復位，唱："行奠帛終獻禮！"如前儀。獻帛、獻爵畢，唱："興！"詣飲福受胙位，飲福酒，受福胙，三叩首。禮畢，興，復位。禮生唱："撤饌！送神！"各官俱行三跪九叩禮。唱："司尊者捧尊，司帛者捧帛，各詣燎所！"唱："詣望燎位！"望燎，復位。禮畢，各退。

祝文

維　年歲次　月　日，某省某府某縣某官等，謹以太牢牲醴香帛之儀，致祭於忠義神武關聖大帝。曰：惟帝浩氣凌霄，丹心貫日。扶正統而彰信義，威震九州；完大節以篤忠貞，名高三國。神明如在，遍祠宇於寰區；靈應丕昭，薦馨香於歷代。屢徵異蹟，顯佑羣生。恭值嘉辰，謹遵祀典。筵陳籩豆，几奠牲醪。尚饗！

後殿祭日，各官齊集，禮生引承祭官、陪祭官詣三代光昭公、裕昌[1]公、成忠公位前，行二跪六叩禮，餘與前殿儀注同。

社稷、山川風雲雷雨等壇，凡遇祭期，俱長官一員，行三獻禮，餘官止陪祭。其齋戒、省牲、降神、迎神、盥洗、奠帛、初獻、讀祝、亞獻、終獻、飲福、受胙、謝神、撤饌、辭神、望燎、送神等禮均與武廟同，惟厲壇止行一跪三叩禮。

社稷壇祝文

維　年歲次　月　日，某省某府某縣某官等，謹以牲帛庶羞之儀，致祭於社稷之神。曰：惟神奠安九土，粒食萬邦。分五色以表封圻，育三農而蕃稼穡。恭承守土，肅展明禋。時屆仲春、秋，敬修祀典。庶凡凡[2]松柏，鞏磐石於無疆；翼翼黍苗，佐神倉於不匱。尚饗！

山川風雲雷雨[3]祝文

維　年歲次　月　日，某省某府某縣某官等，謹以牲帛庶羞之儀，致祭於山川風雲雷雨、城隍之神。曰：惟神贊勳天澤，福佑蒼黎。佐靈化以流行，生成永賴；乘氣機而鼓盪，溫[4]肅攸宜。磅礴高深，長保安貞之吉；憑依鞏固，實資捍禦之功。幸民俗之殷盈，仰神明之庇護。恭修歲祀，正值良辰。敬潔豆籩，祇[5]陳牲[6]幣。尚饗！

貢賦志　褥課　倉儲附

蜀即古梁州，讀《夏書》而知"璆鐵銀鏤"，其貢也；"下中三錯"，其賦也。迨秦、漢而後，供億較繁，則賄之斂於上者，視□制差重矣。我朝重熙累洽，百餘年來，民生日富，戶口日增，物產日盛，而上之取於閭閻者，正供定額而外，無多求焉。鹽於潼屬爲最下邑，其貢賦之所入已數倍於國初，夫非休養生息，涵煦者深，

---

〔1〕 "昌"，乾隆五十二年本《遂寧縣志》卷十一作"聖"。

〔2〕 "凡凡"，乾隆五十二年本《遂寧縣志》卷十一作"丸丸"，當是。

〔3〕 乾隆五十一年本《安岳縣志》卷八"雷雨"後有"壇"字，當是。

〔4〕 "溫"，乾隆五十二年本《遂寧縣志》卷十一作"明"。

〔5〕 "祇"，疑當作"祇"。

〔6〕 "牲"，據乾隆五十一年本《樂至縣志》卷七補。

曷克臻此？官斯土者，可不加之意乎？

丁糧額賦

一、全書原載畝糧，自順治十年奉文清查起，至雍正七年徵輸止。

中田，每畝載糧六合。

下田，每畝載糧三合。

中地，每畝載糧四合七勺五抄。

下地，每畝載糧二合三勺七抄五撮。

原載稅糧二百三十二石二斗五升九合二勺四抄五撮二圭四粒九粟，每糧一石徵銀一兩九錢二分九毫二絲一忽一微三塵一纖七沙八渺。以糧四斗七升一合四勺載丁一丁，每丁徵銀一兩二錢八分。

原載人丁四百九十二丁七分九絲九忽一微四纖。

原載丁糧銀一千七十六兩八錢九釐五毫六絲五忽七微七塵三纖五沙七渺。自雍正七年奉文清丈後，奉准部覆，丁糧合併積算，按畝徵銀。至乾隆五十一年止，除耤田不徵丁糧外，共中下田地九百八十八頃七分九釐二毫八絲七忽七微一塵四纖三沙。內：

中田，二百六十八頃五十四畝七分九釐八毫五絲三忽，每畝徵丁糧銀二分七釐八毫一絲七忽四微二塵三纖，應徵丁糧銀七百四十七兩三分一釐二毫九絲二微八塵八纖七沙八漠一埃。

下田，一十九頃九十九畝五分七釐五毫七絲九忽九微九塵八纖，每畝微[1]丁糧銀一分三釐九毫八忽七微一塵一纖五沙，應徵丁糧銀二十七兩八錢一分一釐五毫二縣[2]二忽九微二塵四纖。

中地，六百二十四頃一十二畝二釐八毫九絲八忽九微九塵七纖三沙，每畝徵丁糧銀二分二釐二絲二忽一微二塵七纖，應徵丁糧銀一千三百七十四兩四錢四分六釐一毫三絲八微七纖三沙六渺七漠一埃。

下地，七十五頃五十二畝三分八釐九毫五絲五忽七微一塵九纖，每畝徵丁糧銀一分一釐一絲一忽六塵三纖五沙，應徵丁糧銀八十三兩一錢五分九釐八毫四絲九微九塵一纖。

---

〔1〕 "微"，疑當作"徵"。

〔2〕 "縣"，疑當作"絲"。

現共應徵丁糧銀二千二百三十二兩四錢四分八釐七毫八絲五忽九塵一纖一沙五渺五漠一埃。康熙九年，奉文加徵閏銀，查照舊時《全書》核算。每正銀一兩應徵銀三分六釐三毫五絲零，遇閏之年，照例加徵。

現編人丁三萬九百四十丁。

存留

一、本縣舊額春秋二祭。

文廟及山川、社稷各壇祠，原編銀五十七兩。因錢糧不敷，康熙三十一年十一月，奉文請給銀一十六兩；康熙五十年，奉文於本縣地丁銀內扣留備祭。

武廟祭祀銀一十六兩。於雍正五年八月，奉文照例在於本縣地丁銀內按年照數扣留備祭。

一、本縣額設廩生二十名，原額每名歲支餼糧銀九兩七錢。遇閏，每名加徵[1]銀八錢。因錢糧不敷，原未支給。康熙二十四年八月，奉文廩生餼糧請復三分之一，每名歲支銀三兩二錢。遇閏之年，每名加增銀二錢六分六釐六毫六絲六忽六微六塵四纖。於康熙五十年正月，奉文在本縣地丁銀內扣留支給。每歲共支銀六十四兩。遇閏之年，照例加增，於年終造冊報銷。如有丁憂事故，支剩銀兩解歸布政司庫撥支起運。

前載應徵丁糧銀兩，除扣留春秋祭祀及廩生餼糧外，餘俱儘數解赴布政司庫彈收，聽候撥支。乾隆元年七月，奉文官役俸工銀兩俱准在本縣地丁銀內扣留支給。

歲支

一、本縣知縣一員，歲額俸銀四十五兩。

額設皂、快各役，傘、扇、轎夫共三十一名，每名歲支工食六兩，共銀一百八十六兩。

額設仵作共二名，每名歲支工食銀六兩，共銀一十二兩。

額設民壯八名，每名歲支工食銀八兩，共銀六十四兩。

額設倉夫、斗級共三名，每名歲支工食銀六兩，共銀一十八兩。

額設捕役二名，每名歲支工食銀六兩，共銀一十二兩。

額設禁卒八名、更夫五名，共十三名。每名歲支工食銀六兩，共銀七十八兩。

額設舖司兵十八名，每名歲支工食銀六兩，共銀一百零八兩。遇閏之年，每名加增銀五錢。

---

〔1〕 “徵”，乾隆五十二年本《遂寧縣志》卷十一作“增”，當是。

一、教諭一員，歲額俸銀四十兩。

額設門斗、膳夫共二名，每名歲支工食銀六兩，共銀一十二兩。

一、訓導一員，歲額俸銀四十兩。

額設門斗、膳夫共二名，每名歲支工食銀六兩，共銀一十二兩。

一、典史一員，歲額俸銀三十一兩五錢二分。

額設門子、馬夫、衙役共六名，每名歲支工食銀六兩，共銀三十六兩。

以上官俸，每歲共支銀一百五十六兩五錢二分。正佐教雜、衙門各役工食併舖司工食，每歲共支銀五百三十八兩。如遇會試之年，有進京會試文武舉子，應給盤費及孤貧口糧，俱准在地丁銀內支給。因歲無定額，均於每歲底另案造冊報銷。

一、應徵加一五火耗銀三百三十四兩八錢六分七釐三毫零。自雍正七年奉文耗羨歸公，各官設立養廉。

一、知縣一員，全年養廉銀六百兩。

一、典史一員，全年養廉銀八十兩。

以上每歲共應支銀六百八十兩，向在徵收前項火耗及鹽羨截銀兩扣支給領。乾隆五十一年正月，奉文將耗羨銀兩儘數解赴藩、鹽二庫存貯。各官應食養廉，由州縣於每季底備具文領，赴藩庫請領給發。

雜稅課程

原額鹽井一百九十六眼。內中井三眼，每眼徵課銀二兩一錢內有一眼，少徵銀五分。下井一眼，徵課銀一兩一錢。下下井一百九十二眼，每眼徵課銀六錢。共徵課銀一百二十二兩五錢五分，共徵羨銀一十四兩六錢九分四釐。共應徵課羨銀一百三十七兩二錢四分四釐。

原額行銷黔水引八十五張，每張徵稅銀三兩四錢五釐，徵羨銀四兩九分五釐，徵截銀一兩。共應徵稅羨截銀七百二十二兩五錢。

原額行銷計口陸引五百七張，每張徵稅銀二錢七分二釐四毫，徵羨銀三錢二分七釐六毫，徵截銀四分八釐。共應徵稅羨截銀三百二十八兩五錢三分六釐。

以上每歲總共應徵鹽井課羨、水陸引張稅羨截，共銀一千一百八十八兩二錢八分。俱起運鹽茶道庫收貯，聽候撥支。

原額行銷茶邊引五張，每張榷課銀一錢二分五釐，徵稅銀四錢七分二釐，徵羨銀一錢二分四釐，徵截角銀一錢四分二釐。共應徵課稅羨截銀四兩三錢一分五釐。俱解赴鹽茶道庫收貯，聽候撥支。

倉儲

現貯常平倉，倉斗穀四千九百二十六石。

現貯監倉，倉斗穀三百二十四石。乾隆二十七年，奉文碾動軍米，碾動常監倉斗穀四百六十六石八斗七升五合。旋即奉文赴司領價，每石發銀五錢五分，如數買補還倉。四十七年六月，城鄉被水淹灌，將霉爛倉穀接濟民食。出借穀四千二百石，因民力拮据，經本府據情轉詳，緩至四十九年如數徵還。其餘氣頭廠底虧缺穀一千零五十石，詳明在於府屬八縣應食養廉項下攤捐，買補足額。今俱實貯無虧。

耤田，每歲額收倉斗穀五石四斗七升五合。除籽種一斗一升外，將穀五石三斗六升五合變價銀三兩二錢一分九釐，以供每歲先農壇祭祀之用。

營制志 民壯 舖司附

古者兵民合而爲一，無事爲民，有事爲兵。後世兵民分而爲二，兵出力以衛民，民出食以養兵，制良善矣。鹽爲東北要區，山險林密，易爲匪徒匿跡，故添設民壯，而緩急足恃。誠所謂因時立制，而無可拘之方；隨事制宜，而有必周之畫。至於向設驛站，以供郵傳，然地非孔道，故於康熙二十九年改設中路，裁歸綿州，其名尚可稽攷。今郡邑文報，悉由舖遞，則塘兵得以專其責，而風雨無阻、剽掠無患，亦有資於護衛焉。因悉附入《營制》。

鹽亭縣分設把總一員，駐紮縣城。隸川北鎮統轄，右營遊擊兼轄。

額制

汛兵二十名，分塘防守。內：戰兵三名，每名歲食餉銀二十兩八錢。守兵十七名，每名歲食餉銀十四兩八錢。均於營員衙門按季請領散給。

教場，城南一里，計地十畝九分七釐七毫一絲六忽。

底塘，在北門，每塘兵二名。

靈山塘，縣東北三十里。

金孔塘，縣東南一百里。

民壯附

乾隆四十八年九月，予莅府任後，察知所屬八縣地方遼闊，城守汛兵額設無多，因條例具稟添設民壯。其略曰：川省巖谷崇幽，關塞險阻，每多深林密菁，易至匪類潛踪。在巡緝固宜嚴密，尤須捍禦有具，擒捕有人。每縣汛防之兵既寡，民壯復少，似可令各縣添募民壯，兼習鳥鎗，隨營操演，以資擒捕匪徒，實與兵丁無異。酌令中縣添設十六名，小縣添設十二名，其工食或於快、皂兩班内抽撥，或聽各縣自爲捐給。每名給以鳥鎗一捍[1]，挑刀一把，衣帽、火藥均令捐備。俟其捐募齊全，於每縣抽撥四名，共三十二名，留府城操演，本府爲之統轄。會營按期教習技藝，嚴加約束。倘遇八縣境内一聞有匪徒竊發滋事，即可帶往擒捕。較之各班人役徒手相隨，自覺防衛有人，膽氣益壯等因。奉制府李批："兩司議准，通飭全省各府州縣遵照辦理。"嗣於五十年五月二十七日奉上諭："河南柘城縣民王金、王立山等起意聚衆奪犯，拒傷兵役，焚劫村莊一案，該撫聞信，帶兵前往查拿。先後鎗斃賊犯五十八名，拿獲首夥各犯王金等二百餘名，分别凌遲正法，辦理甚爲迅速。可見鳥鎗實爲軍行利器，傳諭各省督撫，將營伍中鳥鎗一項，令兵丁時時操演準頭，務期嫻熟。其各縣捕役、民壯，亦同此例。嗣後各省督撫通飭所屬將弁，州縣曉諭兵役，剿捕賊盜，毋得仍前施放空鎗。欽此。"欽遵。當蒙制府李於七月内恭摺具奏，將川省各州縣額設民壯揀派十分之六，仍令演習鳥鎗，與兵丁一體操演。所有應給民壯鳥鎗，即以各州縣查繳在官鳥鎗給發。編明字號，存貯縣庫。每逢操演，赴縣領出，演畢仍行繳貯。似於邊省地方備不虞、資捍衛，實爲有益等因。經部覆准，於十月二十日奉旨："依議。"欽遵轉飭各屬，永遠遵辦在案。

本縣額設民壯八名。添設民壯十二名，内撥四名赴本府衙門操防，所需工食、火藥，官爲捐給。五十二年，奉文禁習鳥鎗，免撥赴府[2]。

舊設驛站

秋林驛，治西南六十里。原額官旂甲軍共一百一十三員名，内：百户一員，總旂二名，甲軍一百一十名。馬驢共六十四頭匹。未詳何年併入潼川，今裁。

秋林驛時屬鹽亭 [3]徐福邑人

嚴鞭驛馬下危岡，漸入秋林樹色蒼。挺壑長松應自老，臨風幽菊爲誰香。泥分路影纔無雨，日背溪陰尚有霜。莫道山行苦岑寂，泉聲鳥韻總笙簧。

---

[1] "捍"，乾隆五十二年本《遂寧縣志》卷十二作"桿"。

[2] "免撥赴府"，乾隆五十一年本《樂至縣志》卷八作"停止撥府操演"。

[3] 二十八年本"徐福"前有"舉人"二字。

又　布政陸淵之

水接桃花溪上頭，兩峯南北是杭州。人家竹樹多春色，我愛秋林不帶秋。

秋林道中　陳書

淡淡炊煙谷口迴，驛門古道長莓苔。莫驚衣帶清香滿，適向梅花樹裏來。

富村驛，治北六十里。原額官旂甲軍共一百一十三員名，内：百户一員，總旂一名，甲軍一百一十一名。馬驢共五十一頭匹。未詳何年併入南部，今裁。

富村驛時屬鹽亭　四川布政歷官兵部尚書何鑑[1]

不是天台舊富村，劉郎何處問仙源。禾麻幾段高低隴，鷄犬一聲遠近門。滿耳松風閒白晝，可人山色自黃昏。良宵無限吟詩興，獨倚闌杆傍小軒。

又　四川副使劉天民山東歷城

搖落山中驛，頹籬出[2]野花。飛飛翻麥燕，緩緩[3]集林鴉。斥鹵分[4]青井，荒莎傍[5]白沙。貧民猶夜警，未忍聽昏笳。

雲溪驛，城內。原額馬十六匹，夫四十八名，驢九頭，夫一十八名，站夫十三名，馬三匹，館夫五名。後改馬三十匹，馬夫十五名，損夫三十名。至康熙二十九年，改設中路，裁歸綿州。

舖司[6]附

本縣額設舖司十二名，舖兵六名。

底舖，治內。

龍淮舖，治西南十里。

堠溪舖，治西南二十里。

沙河舖，治北十里。

---

〔1〕　二十八年本“何鑑”後有“浙江新昌”四小字。

〔2〕　“出”，明嘉靖十六年本《遊蜀吟稿》卷下作“卧”。

〔3〕　“緩緩”，明嘉靖十六年本《遊蜀吟稿》卷下作“擾擾”，二十八年本作“爰爰”。

〔4〕　“分”，明嘉靖十六年本《遊蜀吟稿》卷下作“紛”。

〔5〕　“傍”，明嘉靖十六年本《遊蜀吟稿》卷下作“蔓”。

〔6〕　“司”，卷首目録作“兵”。

紫金舖，治東北二十里。

靈山舖，治東北三十里。

右除底舖，上二舖遞潼川府，下三舖遞保寧府。舊有遞鄰州縣花溪、界脾[1]、泠子、黃店、蘇家、于家、東溪、會陽、富村、趙灣、白馬、大慶、沽酒、丹鳳、金雞、虎崖等十六舖，今俱奉裁。

雜記上

十編一府八邑之志，發凡起例，無不別開生面。而收拾餘績，復列《雜記》於三十門之外，何也？因依《府志》，不存《災祥》《藝文》之名，而水旱豐歉、芝生麟產，舊編既載，未便刪除。及前賢之詩歌記論，無門類可附者，即亂瓊碎玉，珍爲吉光片羽，不肯棄而弗録。分爲《雜記》上、下，此秉筆者之苦衷，非有所絓漏而復續之，同於補遺增訂之文也。

秦
始皇時，有長人二十五丈見宕渠。

隋
井中有一蟒，屢年食人，張峻夫仗劍逐入山洞中，封之，害遂除。

五代
蜀王建時，有麟見於城西溪上。

明
崇禎元年戊辰，張惺源家獲四白鼠。養之年餘，生子二穼[2]，一夕脱去。按：白鼠，碩鼠也，見則國亂。此流寇將至之兆。

十年丁丑十月十三日，有流賊數百騎猝至。破城，殘殺幾盡，死屍山積，學中

---

[1]　“脾”，二十八年本作“牌”，當是。
[2]　“穼”，二十八年本作“窩”，當是。

生員死者百餘人。

國朝

順治元年甲申十月，張獻忠恨鹽民不附己，發兵萬餘，將至屠城。邑人聞之，夜半於西城水洞逃去。縣西三十里有許、羅、陳三巖兩洞，上據峻嶺，下瞰梓江，地極險要，結寨拒之。於十一月二十二日，賊併力攻，幾不能支。忽山頂崩一大石，如數間屋，橫截路口，賊衆辟易。復有神附一巫曰：「今夜當有大風雨，可隨我去。」是夜風雨果至，衆隨巫逃免大半。前此有童謠云：「入洞精，鑽巖怪，沿山走的後還在。」至是果應其讖。

三年，獻賊謀窺西安，乃盡焚成都宮殿廬舍，夷其城，率衆出川北。至鹽亭界大霧，曉行，猝遇我大清兵於鳳皇坡，中矢墜馬，蒲伏積薪下，擒出斬之。

按[1]《明史》。舊傳獻賊死於西充境上。舊《邑志》載此，似未確，姑存以備考。

戊子、己丑兩年大荒，斗米銀十兩，刞肉銀三錢，人多餓死。

己丑八月夜半，城內居民見東門外鳳山有火光燭天，二龍騰空而去。

庚寅三月，城外濠間有四虎為害。時永寧鎮都督府柏永馥屯兵於此，一夕射殺之。

雍正十一年夏五月戊子，永賢鄉民楊士榮家牛產一麟。身高二尺，長二尺五寸。頭中挺一肉角，長寸許。目如水晶，周身麟甲，遍暈青霞，兩脊旁至尾各有肉粒如豆，色如黃金。麕身、馬腿、牛蹄。產時風雨兼至，金光四射，草木映黃。士民往觀，咸稱祥瑞。

乾隆五年庚申，大水，河溢入城。

城西南隅有井，未詳穿於何時。瀕雲溪，鑿石為之。深數丈，水甚甘涼。乾隆二十一年夏，旱，淘之。旁有石洞，向負戴山口。徑五尺，內闊一丈，渺不可測，水源源流。井底多銅、錫、鐵器，入者爭取。俄聞雷聲，驚怖而出，水遂滿。

二十七年，縣署中畜二牝犬，一產子三，一產子五，相距十餘日。大小各別，毛色互異，兩牝犬合乳之，彼此無岐視。有時牝犬或他往，牝雞翼之。牝犬至，亦不怪吠。

四十三年戊戌，蜀中大饑。斗米千緡，遍郡邑立人市鬻子女。鄰省避荒來蜀，

---

〔1〕 "按"，二十八年本作 "錄"，當是。

餓殍於道者纍纍。蜀中素稱沃土，此歲凶荒，乃百餘年未有也。

四十七年壬寅六月，大雨連綿，山泉水發。十六七等日，河水暴漲，頃刻水高數丈，衙署、民房被淹。官民俱奔避北門外之賜紫山，人心洶洶，幾爲澤國。幸暴漲易消，人無淹斃。前任太守沈聞信，趨赴縣城。捐俸撫恤，民賴以蘇。有詩，見《古蹟》。

四十八年癸卯十二月，連日嚴寒，彤雲密布。邑境城鄉晝夜大雪，積厚二尺餘，即全省及府屬亦無不普遍。明年正月，復得雪二次。是歲麥禾倍收，邑之耆老僉稱數十年所未見者，洵爲豐年兆慶云。

五十一年丙午正月初一，日食。

五月初六、七、十一二等日地動，爲時甚暫，尚未成災。

按：志也者，非徒以侈文藻、資諷誦已也，將以示來茲、昭法戒焉。故賢奸並登，而褒譏兼著。或曰："善善欲長，惡惡欲短。"然短者非盡諱也，敗類羣小，穢德腥行，縱弗臚列以汙青簡，而姓氏、科目、官位、存亡仍宜書之，將使後世覗科目、官位如斯其人，而事蹟概從芟艾，絕口而不之道，則其爲人從可知矣。假如以其人不臧，并姓氏、科目、官位、存亡一切削之，反爲盡諱，彼將安寢地下，自幸得計，是又與於小人之甚者也。是《漢書》莽、操可删，而《宋史》京、檜不必書也。百世而下，惡知其爲弒君蠹國千古亂賊哉！此《選舉》不遺李義府，而《雜記》亦及張獻忠歟？

雜記下

和杜工部行次鹽亭韻 户部尚書余子俊青神人

秋色坐鹽[1]亭，峯巒遠近青。幽花閟寂寞，曲澗瀉清泠[2]。晚雨孤窻夢，塵埃兩鬢星。寒宵愁未絕，砧杵不堪聽。

過鹽亭 大學士楊廷和新都人

成都此去未爲賒，土俗看來亦自差。驛卒裹糧多橡芋，鹽亭煮井半泥沙。雲中

---

〔1〕"鹽"，明嘉靖《潼川志》鈔本卷一作"閑"。
〔2〕"泠"，明嘉靖《潼川志》鈔本卷一作"淋"。

石路依山轉，澗外畬田趁水斜。剛到富村風景別，竹林松徑是人家。

贈子賓大兄子賓係邑岳冠華字 威信公岳鍾琪

請纓有志涉遐方，萬里名從露布揚。渭水鳧翔留政績，錦江蛇夢兆書香。項强貢禹冠難免，腰直淵明徑不荒。今日猶聞花滿縣，春風還繞舊琴堂。

又 岳鍾琪

漫道河陽滿縣花，何如時雨潤桑麻。至今爲政風流地，猶聽謳歌渭水涯。
衆濁從來忌獨清，世途顛躓我同兄。相看竝作林泉客，釣水樵山畢此生。

鹽亭道中 參議喬縉河南人

蜀道間關日緩行，鹽亭南北可怡情。峯巒面面渾如畫，岡阜重重未易平。衰目我瞻宜照映，蜀川誰説少晴明。帩[1]星到處心偏逸，何怕新都五日程。

寄攝篆鹽亭邑侯時陳在都中 邑人陳書

英才卓犖豈猶人，墨綬雙懸治譜新。彩筆昔曾題白雪，仙鳬今見布陽春。雲晴龍固清風遠，月照鵝溪化理神。更説冰壺常似水，不教容易染纖塵。

過舊治有感[2] 前署鹽亭令張寬

憶昔鹽亭出宰時，定光未暇壁留題。三年仕路重經過，一邑民風祇[3]若茲。下榻官僧情繾綣，依庭老樹影離披。喜看竹馬爭填道，不説襄陽墮淚碑。

勘田阻雨 前邑令董夢曾

我來爲民事，豈有毫偏陂。胡天不我諒，霪雨無已時。一抹白霧合，千山墨[4]雲垂。寂寞野寺裏，老僧俗且癡。牛溲馬勃溷，雜遝鄰偪籬。所遇應如此，躊躇將何之。何當見晛後，履畝從濘泥。

---

〔1〕 "帩"，二十八年本作"輎"，當是。
〔2〕 此詩係卷三重出。
〔3〕 "祇"，二十八年本作"衹"，當是。
〔4〕 "墨"，二十八年本作"黑"。

夢蛇記　吳宏

己巳八月二十一日，余始蒞鹽亭。是夜，有從者夢堂上捔一擊斃蛇，衆請余出觀。覺以語余，余艴然曰："此豈佳夢哉？妄耳！"次夜，余復自夢如前，出觀之，見一大蛇伏堂下，旁數蛇蜿蜒若求救狀。驚曰："異哉！豈有奇冤耶？"甫半月，有山西蒲州民王懷秀者，二更時擊鼓，報云："伊同其父王思泰久居南部柳邊驛，其父前年十一月挾十金至花牌樓貿驟，鹽民何啟昆者誘至家，乘夜棒殺之，埋尸竈後。凡三易官矣，三訴皆以父尸未獲，誣告受譴，惟日夜泣禱而已。一夕，夢其父語以尸處，令申訴。"余憐之，爲詳憲請檢，果獲尸竈後，顏色如生。詢其父年，懷秀曰："辛巳生，屬蛇也。"余始驚曰："夢信然矣。株連多人，其蜿蜒求救者耶？"時啟昆外出，衆謂必聞風遠遁矣。不數日歸，投到，一訊即服。議辟成招，無辜者盡釋之。噫！隔年矣，始夢語尸處，豈鬼之伸冤亦有待耶？思泰屬蛇矣，株連者齒不相若也，豈夢中幻狀不可拘泥耶？啟昆宜遠遁矣，而自歸投訊，豈啟昆前誘思泰而去，今冥冥昭昭，思泰亦誘啟昆而來耶？康熙庚午季春日記。

李鍾峩録《保寧志》序　陳書邑人

志者，古郡國史也。吾蜀自承祚《耆舊傳》後，作者迭興，迨有明之世，踵事增華，猗與盛矣！而升菴、玉壘[1]、方洲三太史所輯爲最著，此《蜀志》源流大略也。曩者歲在己丑，余自閩旋里，適梓潼邑侯袁公還樸奉檄纂輯邑志，屬余校讎。觀其所蒐羅書籍，率皆殘編斷簡，雨漬蟲凋。或有其人矣，而事跡無徵；或載其事矣，而人地莫考。至其詩文諸類，間從榛莽中抄録一二以備數。蓋兵燹以來，紀載之殘蝕非一日矣。既而薄遊成都，見某年某撫軍所修《省志》，則又綱目紊雜，條例不清，其間傳信傳疑，恐亦未爲允協。思得三太史舊本一寓目焉，乃求之一二知交，皆鮮有藏者。嗟乎！陵谷變遷，典籍淪没，夫豈細故哉！康熙丙子，在京師見萬曆己未督學杜公所修志於王純嘏先生家，因得借觀。其書於三太史原本已三經修輯，然常考敷邑鹽亭科第，而先祖弘治八年經魁萬正公，以篤行博學至今享祀鄉賢者，亦遺漏不載，其他又何可盡攷耶？顧其體例正大，去古未遠，猶存三太史遺意，爰摘録《潼川志》一册，以備他日參攷。而吾友雪原李君亦抄其《保寧志》一帙，可謂有同心矣。夫士君子於身所經歷，一草一木猶將識之，況其在父母之邦乎？獨是

---

〔1〕 "壘"，文淵閣《四庫全書》本《四川通志》卷四十七作"壘"，當是。

三太史之原本，吾蜀既不可復覯，而其猶存三公之遺意者，亦遠在數千里外，積數十年求之而始得一見。設今吾蜀州郡各有人焉，在京人各錄其本郡之一冊以歸，則是書縱不能全蓄於一家，猶得散見於三蜀。無如吾蜀居京師者既落落晨星，而遇是書者又未必如吾兩人同志，而吾兩人卒不能謀傭寫之貲，使此書完璧〔1〕以歸蜀也，可勝慨哉！故敍而志之，爲雪原筆諸簡。至若風土之宜，甲第、人物之美，與夫山川之秀麗，物産之繁賾，編中具載，覽者自知，皆略而不論云。按：陳儀部著作甚富，惜卒於京，乏嗣，詩文散佚無存。此序載〔2〕志中，〔3〕雖爲保寧作，然其中有及鹽亭處，故錄之以存片羽。

　　熙寧中，文與可遊天彭，館於倅舍之徐公國〔4〕。杯酒談笑中，忽放筆繪岷山焦夫子像於學之壁，不數筆而成。元豐中，郡守徙其壁於西湖之凝翠亭。按：焦夫子即《志》所稱"貌寢且怪，長目廣鼻，海口蚪髯，瘦纍纍絡項下〔5〕"者也。

　　文氏，湖州第三女，張昌嗣之母也，居郫。湖州始作黃樓障，欲寄東坡，未行而湖州謝世，遂爲文氏奩具。文氏死，復歸湖州孫，因而二家成訟。文氏嘗手臨此圖放〔6〕於屋壁，暮年盡以手訣傳其子焉。

　　昌嗣，字起之。每作竹，必乘醉大呼，然後落筆。但不可求，或强之，必詬罵而走。然有愧宅相者，於攢三聚五，太拘拘耳。

　　黃斌老，潼川永泰人，文湖州之妻姪也。登科，倅戎州〔7〕，適山谷貶戎，遂與定交，且通譜焉。善畫竹，山谷有詠其《橫竹》詩。又《謝斌老送〈墨竹〉十二韻》有云："吾子學湖州，師逸功已倍。預知便入神，後出遂無對。"

　　黃彝，字子舟，斌老之弟。其名字初非彝與子舟也，山谷以其尚氣，故取二器以規之。舉八行，終朝郎郡倅。山谷《用贈斌老韻謝子舟爲〔8〕作風雨竹》兩篇，前篇云："歲寒十三木〔9〕，與可可追配。"後篇云："森削一山竹，牝牡十三輩。誰言湖州没，筆力今尚在。"與可每言："吾所作不及子舟也。"俱出《畫繼》。

　　予輯鹽亭志畢，偶閱羅江李調元新刻《函海》一書，載此數則，故增入之。

---

〔1〕　"璧"，二十八年本作"壁"，當是。

〔2〕　二十八年本"載"後有"省"字，當是。

〔3〕　二十八年本"雖"前有"落落大方，不同時手"二句。

〔4〕　"國"，文淵閣《四庫全書》本《全蜀藝文志》卷四十一作"園"，當是。

〔5〕　"貌寢……絡項下"，文淵閣《四庫全書》本《全蜀藝文志》卷四十一作"貌寢陋且怪，長目而廣鼻，海口而虬髯，瘦纍纍絡領（當爲頷）下"，當是。

〔6〕　明汲古閣本《畫繼》卷五無"放"字。

〔7〕　"倅戎州"，明汲古閣本《畫繼》卷四作"嘗任戎倅"。

〔8〕　明汲古閣本《畫繼》卷四"爲"後有"余"字。

〔9〕　"木"，明汲古閣本《畫繼》卷四作"本"，當是。

舊志跋

　　西蜀自獻逆焚劫之後，凡文獻圖書，片紙無存，真千古奇厄也。康熙甲辰歲，余待罪嶺南，於灌陽陸生案頭塵土寸積中，見有《西蜀藝文全部[1]》，共二十本，乃升菴楊太史手訂也。亂離之後，忽覯故物，驚喜如狂。後至京師[2]，謀之同鄉李子靜翁，欲約[3]同人共爲翻刻。後因滇、黔報急，遂爲中止。予恐其久而湮没，先將吾鹽摘出，附以聞見所及，彙爲小帖，以付剞劂。其中有鹽人而留題於外邑，或外邑之士大夫文詞有關於鹽者，皆得并録，蓋從楊[4]太史修《蜀志》例也。其山川人物，或聞見所未及，一時遺志者，缺略尚多，統俟後之修志君子詳加續補可也。張泰階識。

---

〔1〕　"部"，二十八年本作"集"。
〔2〕　"師"，二十八年本作"邸"。
〔3〕　二十八年本"約"後有"我"字。
〔4〕　"楊"，據二十八年本補。

舊志後序

　　鹽亭，古廣漢地。東漢譔記《風俗》，時官斯土者，代有成書。暨明季兵燹，茫無可攷。邑人張槎齋司馬就所見聞，紀《古鹽志略》，俟好古者修明而彙葺之，庶不致澌然并盡，於以垂諸不朽。康熙丁丑，邑尹吳公有志未逮，數十年高閣矣。庚辰夏，邑侯董公以東山名宿，奉命宰此邦。甫下車，即以創修爲己任，爰博采苦搜，周求無遺。視公餘午夜孤燈，凡山川諸名勝，以及人物之美，風土之宜，物産所植，探源流則隴栝元會，晰異同則細及毫髮。間以經行瀏[1]覽，裁補所未及，筆削去取，未肯掉以輕心。麟麟炳炳，閱寒暑而成帙。嗚呼！良工誠心苦矣。夫人居一官，治一邑，導利革弊，乃分之宜。若乃研心載籍，印合人情，發潛德，闡幽光，半恔惚於簿書鞅掌之不暇，則凡有關於名節風化、功烈文章，殘蝕榛莽中，豈細事歟！況乎士君子身所經歷之處，奕世而遙，雖山川草木，亦與有榮，至手澤所存，更足以生人之愛慕哉！昔鄭侯入關，先收圖籍，識者謂知謀國之大體；朱紫陽守南康，先探郡志，君子謂知所先務。鹽，故宕渠地也，而德星聚勝，雲月交輝，久世載其英矣。匪吾公好古情深，獨倡[2]機軸，修明而纂輯之，數傳下焉，知不澌然并盡，茫無可復考耶！而後乃今採擇家按册求規，不爽銖黍。古云"業垂不朽"，其在斯與！其在斯與！抑余曩讀《丹淵集》，慨然想見其爲人。迨訪其遺跡，二三父老言之弗詳，未免一時憾事。兹則某水某丘，展卷瞭如，又令人於當年"清貧饞太守"倍深其景仰之意云。乾隆壬午秋八月[3]，江州吕嘉元善菴氏譔於學署之澹花書屋。

---

〔1〕"瀏"，據二十八年本補。
〔2〕"獨倡"，據二十八年本補。
〔3〕"乾隆壬午秋八月"，二十八年本作"時乾隆壬午桂月中秋之前二日"。

光緒八年本鹽亭縣志續編

序言

　　天下者，州縣之所積也。邑志成則一邑詳，郡志成而郡國詳，天下州縣之志成，寰宇之土地、人民、政事，井井其可辨。縣志雖微，分之紀夫一隅，合之統夫寰區，修之遙溯夫往古，續之詳明乎近今。觀風問俗，於是乎在，此《周禮·職方》所自昉也。鹽邑舊志，纂自乾隆間，迄今近百年。物換星移，疆域依舊。其政治之得失，人物之盛衰，制作沿革磨滅不彰者，不知凡幾矣。官斯土者，時議續修，輒以事煩中止。庚辰夏，奉札調取縣志。爲修省志地，爰集諸生，博爲採訪。延山長胥彙其成，稿數易。辛巳冬，適趙价臣同年自江右歸，延入讎校。尤[1]者删，缺者補，自春歷秋，而編始竣。其勿庸贅敘者，其不得與時變易者也；其閒爲增益者，其可得與時變通者也。後有作者，如杜工部、蘇玉局來遊此邦，文湖公篤生此土。重修邑乘，聊存斯編，以資考證云爾。光緒八年桂月中浣，知鹽亭縣事邢錫晉撰。

---

〔1〕“尤”，疑當作“冗”。

續縣志後序

縣志者，一縣之史也，記一縣之土地、人民、政事，以備國史之採者也。《周禮·職方氏》紀十二州之土宜，與穀植之所產，人民戶口之生息繁盛，而政事寓於其中，其縣志之權輿歟？續之者何？曰：昌黎不云乎"莫爲之前，雖美弗彰；莫爲之後，雖盛弗傳"乎？向使太史作《記》而班氏不續，將武帝以後無文章；班氏有《書》而范氏不續，將光武而下無載籍。然則縣志之作，創於前而可不因於後乎？吾鹽舊志，兩撰於康熙間，又兩撰於乾隆間，今所傳者，乾隆五十一年所修也。自彼至今，將近百年，土地猶是，而陵谷之變遷者不少也；人民猶是，而子孫之委蛻者不少也。二者皆關於政事，則其間因革損益者，又何可勝紀乎？道光間，邑侯陳公羅山常有意修志而未逮。咸、同而後，宰斯土者亦有是心，卒患莫能終始焉。洎同治壬申，吳橋邢公以戶曹主政，來宰吾鹽。時藩已之官江右，聞公下車後即有心於邑乘。及後大府檄修縣志，而公乃集士民而言曰："鹽，彈丸邑，又瘠土也，不能如他邑聘名儒、開書局。茲僅延宿學之生斯土者主稿，多其質，少其文。踵舊志而續之，無溢於前，無遺於後。"於是選紳耆採訪，延胥君静山秉筆，越兩歲而功成，稿凡三易。適去冬藩自江右歸，公下交以藩爲同年，今年主講書院，并屬讎校其間。書既訖，將付梨棗，胥君曰："子盍序之？"藩曰："邑乘，公事也，藩何敢私？"然續之者不可無一言。夫志土地、人民、政事，邑乘大抵皆然，鹽何足異？所異者，舊志拒今百餘年矣。此百餘年中，向之土地不可知，而今則土田開闢，橋梁杓榷之造於澗溪行潦間者無算，其於《周禮》"九月除道，十月成梁"[1]者爲何如也？向之人民不可知，而今則豐年屢慶，建書院、義學於市鎮村墟中者甚多，其於《周禮》黨庠、術序、家塾[2]者又何如也？年穀成而涂道治，衣食足而禮義興。風俗本於人心，人心成於教化。然則公之十餘年興養立教於鹽亭者，今閱後志，亦可以不言而喻也。若藩宦遊十數載，拓落無所成，今得付驥尾而名，非又昌黎所謂"雖不能大

---

〔1〕 按《四部叢刊》本《周禮》無此句。此句係《國語·周語中》引自《夏令》語。

〔2〕 按《四部叢刊》本《周禮》無此三者。此三者見《禮記·學記》。

書特書，而得以牽連書之"〔1〕者，豈非厚幸歟？因樂而序其後。光緒八年十月，趙宗藩序於同文書院。

---

〔1〕 按宋蜀本《昌黎先生文集》卷十八有"將大書特書，屢書不一書而已也"二句，然似與引文歧異過大。此二句引文或本《張異度先生自廣齋集》卷四"例得大書特書，不一書，相率牽連以書"化用韓愈之語，恐非韓愈原文。

續纂凡例

一、舊志始於乾隆二十八年，至五十一年重修，以土地、人民、政事提綱，今仍其舊。

一、上諭無類可附，今依《通省志》列於卷首。

一、《砦堡》，舊志未載，時值承平，故未創修。今增之，亦安不忘危之意。

一、《名宦》列入舊志，近百年中官斯土者，遺愛在民，思慕不忘，緣未奉旨入祠，礙難增入。然其事實有未可没者，故書之以《政蹟》。

一、舊志《選舉》《功貲》合爲一，近年來軍營立功及捐貲人衆，故分之以清眉目。

一、《廐襲》，舊志所無，今增入。

一、忠、孝，舊志合爲一。近因爲國捐軀、大節懍然者衆，特別爲《忠義》。

一、舊志《列女》，今別爲《節烈》《節孝》。

一、舊志《大年》，今別爲《耆德》，附以《大年》《淑德》，以明貴德尚齒之義。

鹽亭縣志續編目録[1]

---

〔1〕　按光緒八年本原有目録的層級及表述較爲混亂，爲保持原貌，在此不作修改，僅對正文相應部分加以調整。

續編卷首

聖諭

雍正十一年癸丑七月庚子，四川總督黃廷桂奏潼川府[1]鹽亭縣牛産瑞麟，繪圖進呈。上諭内閣：朕從來不言祥瑞，屢降諭旨甚明。上年山東巡撫奏産瑞麟，朕將朝乾夕惕之心，宣諭中外，不准臣工奏賀。今川省瑞麟再見，朕心倍加愧悚。惟在吾君臣共修實政，士庶共敦實行，庶幾感召天和，潛消災沴，年穀順成，萬民樂業，此朕[2]之所謂祥瑞也。欽此。

星野志[3]

《一統志》云："潼郡，井、鬼分野。"漢唐以來，天文家或言井、鬼，或言觜、參。按《天文度》註云"二千餘里爲一度"，鹽亭在府東百二十里，則屬井、鬼無疑，何庸更贅一詞？但舊志距今幾及百年，天道十年而一變。星飛石隕，今昔之休咎或殊，彼此之占驗亦異。不首爲補綴，何以昭國家敬授人時之意？續《星野志》一。

---

〔1〕 "府"，嘉慶二十一年本《四川通志》卷首之二作"州"，當是。
〔2〕 嘉慶二十一年本《四川通志》卷首之二"朕"後有"心"字。
〔3〕 此本標題位置"志"字多脱，據前後文意補，不另出注。

《明史・天文志》："四川布政司所屬，惟縣州觜分，合州參分〔1〕、井分，餘皆井、鬼分。"

《大清一統志》："潼川府，井、鬼分野，鶉首之次。"

井宿

《皇朝文獻通考》："井八星，增星十七，黃道、赤道在鶉首宮，距西北星去極九十度五十一分，去參宿距星十度三十六分。"

《黃帝星經》："鎮星主東井，木守東井，有土功之事。"

《甘氏星經》："井八星在河中，主泉水。日月五星貫之爲中道。"

《春秋元命苞》："東井八星，主水衡也。"

《晉書》："東井八星，天之南門，黃道所經，天之亭候，主水衡事〔2〕。王者用法平，則井星明而端〔3〕。"

《黃帝星經》："輿鬼，天目也，朱雀頭也。"

《圖書編》："鬼三度爲淫辭，爲妖孽，在氣爲金，在肖爲羊，其餘氣爲暗金。"

《天元曆理》載："康熙丁巳冬，御史成其範言：'熒惑入井分，宜用兵進剿滇、蜀。'上從之。明年正月，吳逆果敗，退五百里。漢中、龍安、成都、重慶、潼川五府克復，抵瀘水而軍〔4〕。"餘則不驗。鹽去潼密邇，此可爲井、鬼之驗。

《大清一統志》："四川俱井、鬼分野，惟綏定數處屬翼、軫，無有屬觜、參者〔5〕。"

---

〔1〕 武英殿本《明史》卷二十五無"分"字，當是。

〔2〕 百衲本《晉書》卷十一"主水衡事"後有"法令所取平也"一句。

〔3〕 百衲本《晉書》卷十一"端"後有"列"字，當是。

〔4〕 "康熙丁巳冬……抵瀘水而軍"，康熙本《天元曆理全書》卷十作"康熙丁巳冬十一月，御史成其範疏言：'熒惑入井分九十餘日，宜用兵進剿滇、蜀。'上從之，大益兵進剿。明年正月，吳逆果敗，連退五百餘里。漢中、成都、龍安、重慶、潼川五府皆復，抵瀘水而軍"。下句"餘則不驗"係概括後文，並非《天元曆理全書》原文。

〔5〕 按《四部叢刊續編》本《大清一統志》無此三句，當係概括得來。

卷一　土地部^[1]

建置志

潼郡世號東川，爲劍南一大都會，鹽，其屬邑。漢屬廣漢，歷代沿革遷徙，不常厥居。自西魏改鹽亭，後或因或革。我朝因明之舊，在府東百二十里，負戴山之麓，背山面水，雲樹縈環。二百年來，城郭如故，山川如故，而官衙、神祠、壇壝、倉庫、學舍不無傾圮。或補葺一新，或更諸爽塏，不登諸簡册，後益無可鉤稽。續《建置志》二。

按：漢世廣漢郡遷徙無常，高帝置廣漢郡，初在繩鄉，今漢州，尋移梓潼。漢安帝元初二年移治涪縣，即今緜州。涪縣有二：潼川西北六十里之涪城壩，亦名涪縣，後併入郪。後漢移置雒縣，即漢州治。至後周始廢。蜀建興二年，復分廣漢郡治遂寧，謂之東廣漢。《寰宇記》又謂東廣漢郡治在梓州。《通志·辨譌》言："晉初，廣漢郡統縣三：廣漢、德陽、五城，即今潼川府^[2]。《晉書》王濬、周處皆爲廣漢太守。"東晉永和中改廣漢爲遂寧郡，廣漢縣治始終在遂寧。齊改廣漢縣爲小漢縣，魏改爲方義縣，太平興國改小溪縣，洪武初省入遂寧州。《輿地記勝》云："廣漢故城在鹽亭東北十五里。"今未考所在。

鹽之立治，自北宕渠始。宋、齊之西宕渠許家壩，其舊址也。梁別於今縣治置北宕渠郡及縣，而西宕渠仍未廢，所屬乃射洪諸境。考《元和志》，後魏恭帝時，移

---

〔1〕　按此本於各卷卷端均不記卷數，各目所屬之部亦多未載，今據書前目録補足之。

〔2〕　"即今潼川府"，嘉慶二十一年本《四川通志》卷二百四作"正今府境也"。

西宕渠郡於湧山，更名湧泉郡。隋開皇更名通泉。此西宕渠之始末也。梁置北宕渠郡，而宕渠縣附之。至魏恭帝改曰鹽亭，知當日宕渠有二，故以西、北別之。未幾，改北宕渠爲鹽亭。

按：梁置北宕渠在天監中。考天監十三年，蕭紀封武陵郡王，改授益州刺史，據蜀。十七年，改元天政[1]，舉兵犯梁。梁與魏書請守，魏遣大將軍尉遲迥取蜀。魏恭帝改鹽亭在此時。

《南齊書》：“西宕渠郡領縣四：曰宕渠，曰宣漢，曰漢初，曰東關。”

高渠故城，舊志謂在縣西六十里，又謂在縣西十五里，未定所在。今詢諸父老，縣西高山岩下兩江合流，中有平隴，係高渠故址。今廢爲梓潼觀。

鹽亭，舊志謂因鹽井得名，而亭之義則未深考。按《後漢·百官志》：“十里一亭，十亭一鄉，有亭長。亭長舊名負弩，或爲亭父[2]。”楊子《方言》“[3]東海之間，亭父謂之亭公”，如漢高祖爲泗水亭長是也。又有亭侯，漢世侯有五：國侯、邑侯、關內侯、鄉侯、亭侯是也。豈廣漢縣中舊以鹽名亭，至西魏以鹽亭名縣歟？又考《寰宇記》《蜀記》云：“靈江東鹽井亭，古方安縣也。”《周·地志》：“梁大同元年，於此置亭，今之縣也。”此亭又似屬郵亭之亭，如《東觀漢紀》所謂“列亭置郵”是也。存此二説，以備參考。

疆域志

封建廢而郡縣興，名城繡壤相接，大者一二百里，小者亦六七十里，制視古諸侯無異。鹽邑古屬廣漢郡，郡領縣十，分應十支，云涪流在丑，梓潼在寅，五城在卯。鹽亭列郡東鄙，不詳所應何支，然東并永泰，南割東關，西枕高渠、宕渠諸境，版章百數十里，爲潼隩區。今雖秋林驛隸三台，富村驛隸南部，而襟濔帶梓，水繞山環，狹道崎嶇，誠爲北道之鎖鑰。雖土地嶢确，亦賴守土者之培養生息焉爾。續《疆城[4]志》三。

〔1〕 “政”，百衲本《梁書》卷五作“正”，當是。

〔2〕 “十里一亭，十亭一鄉，有亭長。亭長舊名負弩，或爲亭父”，百衲本《後漢書》卷一百十七李賢注作“設十里一亭，亭長……《風俗通》曰：‘……亭吏舊名負弩，改爲長，或爲亭父’”。

〔3〕 《四部叢刊》本《方言》卷三“東海”前有“楚”字。

〔4〕 “城”，據前文，疑當作“域”。

考遂寧、蓬溪、射洪各縣志，皆云漢廣漢縣地，《通志》所載亦然。當日廣漢疆域最爲遼闊。

明洪武十年，省射洪入鹽亭。十三年，復置射洪縣。

明鹽亭地南至秋林，北至富村。後秋林屬三台，富村屬南部。今南部每歲申司糧冊猶云“代征鹽亭地丁銀三百餘兩”。

縣三鄉，安樂屬西北，永賢居中，樂平偏東南。餘詳舊志。

城池志

衛社稷而保民生，城池尚焉。乃或謂梁伯溝而民潰，楚子城而郢亡，衆志成城，險不足恃。不知重門取諸豫，設險取諸坎，慎固封守，保邦未危，金城湯池，實爲千古不易之論。鹽邑山環負戴，屹若長城，水繞瀰江，儼然天塹，五季時屢升爲郡，恃有此耳。第天險足恃，人事宜修，官斯土者，勿忘修浚焉。可續《城池志》四。

舊志載係土城，日久崩圮。嘉慶二十二年，前任縣朱甃之以石，起丁丑，至己卯而功成。通計周圍六百十餘丈，高丈有七尺。

築城記 邑舉人曹正中

從來非常之事，必待非常之人。我鹽邑城池，前明邑令李築土，胡甃石，日久崩圮，蕩然無存。本朝邑令袁侯、沈侯相繼培葺，僅備一時不虞，迄無成功。茲我明府朱莘泉大人，以浙之上虞名孝廉，奉命來川，歷任煩劇，有政績。及蒞斯邑，興利除害，建倉厫以儲粟，設義學以立教，造署修亭以培風脈，而至大莫如築城一事。蓋王公設險，所以固吾圉也。二十二年秋，爰集紳耆，共議興築。紳耆曰：“此三鄉之保障也，不必請帑，願集衆捐修，但恐勞我侯耳。”而侯不憚煩，慨然以身任之。申詳上憲，百姓亦踴躍急公，商賈傾囊相助。自丁丑秋□〔1〕工庀材，越己卯夏四月落成。通計周圍六百十餘丈，高丈有七尺。女墻雉堞，巍然煥然。門有四：東鳳儀，南德星，仍舊貫也；西易春郭爲擁青，北改瀰江爲賜紫，肇嘉名也。建四樓：

---

〔1〕 “□”，疑當爲“鳩”。

東擁鳳岡，西環負戴，南通天府，北望神京。顏題依舊，氣象維新。由西迤東，修水洞二，高尋餘，引負戴山麓之水，由雲溪達春郭，以注於瀾江。築堤丈許，以防冲激。南北則砌石爲徑，平如砥矢。猗歟休哉！舉數百年難成之功而萃於一旦，以千百金浩繁之費而出於捐貲，非侯之信孚於民，其孰能與於斯？昔楊子雲有言曰："震風陵雨，然後知夏屋之爲帡幪也；虐政虐世，然後知聖人之爲郛郭也。"今侯戴星出入，訖兩年之精力，而修築之工始竣，其爲鹽民之帡幪郛郭者，又何如也？遂書以爲序。大清嘉慶二十四年歲次己卯孟夏月中浣穀旦。

時序志　風俗附

　　舊志載鹽亭民勤俗儉，有唐魏遺風。意者謂歲時伏庶，不絕機杼之聲；佳節良辰，亦少弦歌之雅歟？識者曰："歲時作苦，乃其所以爲樂歟？"《管子》云"安其俗，樂其居，不見異物而遷[1]"，鹽民之謂歟！昔魏了翁《梓州四春亭[2]》詩云"四時常[3]有春"，鹽密邇潼郡，則風俗之醇，其來舊矣。三皇如春，五帝如夏，主風教者，抑安得而長此終古也？續《歲時、風俗合志》五。

　　正月朔，無論男婦老幼，衣著鮮潔，至祠墓拈香，謂之與祖人拜年，或徧遊寺觀。

　　初二以後數日，鄰里、房族、親戚、姻婭、卑幼者，至尊長家拜年，俱饋食物。

　　凡廟宇多塑老夫婦二人，服古衣冠，如社公狀，謂之穀父、蠶母。初八日，人多演影戲，慶祝誕辰。此暗合古語"七人八穀"之説。

　　插秧節，無論貧富，俱倩人栽秧。比鄰少壯，一呼即至。富家或三四十人，田少者或十數人、七八人不等。未及午時，煮醪糟酒饗之。有佳釀者，或痛飲爲樂。午膳以臘肉爲上，日暮工畢，給以錢，以治比之誼不受。民風之厚，於此可見。

　　農忙時，男女雜作，負糞筑水，汗流浹臂[4]，終歲拮据，所收無幾，地土磽确

---

〔1〕"安其俗，樂其居，不見異物而遷"，《四部叢刊》本《管子》卷八作"少而習焉，其心安焉，不見異物而遷焉"。

〔2〕《四部叢刊》本《重校鶴山先生大全文集》卷三題作《潼川憲司拓圃築亭取康節語名以四春得古詩十二韻》。

〔3〕"常"，《四部叢刊》本《重校鶴山先生大全文集》卷三作"長"。

〔4〕"臂"，疑當作"背"。

故也。

舊志云“有唐魏之遺風”，蓋務農守樸，相習成俗，有一奢華，羣鄙爲不材。雖近日漸尚禮文，然較之鄰封，其風自古。

俗好義舉，修橋補路，置義船，立社學，自奉雖嗇，善舉亦樂爲之。傳云“瘠土之民好義”，信然。

鹽邑瘠，安土重遷，世守田園，故載糧民籍有歷唐宋至今而子姓如故。兵燹屢經，仍多土著。非若膏腴沃壤，人爭豔羡，一再傳即易姓，此叔敖欲得寢邱之意歟？

七月望日，多設盂蘭會。

壇神，人家多於室西北隅去地尺許設牌繪像，歲暮割牲賽之，名曰慶壇。

人家供土神於地，按《堯山堂外紀》：“成祖嘗微行入酒坊，遇一監生，時坐客滿案，乃移土地神几與生對席。”今人家供土神於地，或始於此，見《通志》。

磨黄豆爲漿，和米菜煮食之，俗名豆花飯。

以米糝鹽椒釀肉魚曰鮓。鮓，見《爾雅》，鮺同。《説文》：“南方謂之魿，北方謂之鮺[1]。”劉禹錫以苦茗換鮓蘆菔[2]，凡菜亦可作鮓。《禮記》“和糝不蓼”，即米糝也。

醪糟。不去滓酒也。醪音勞，以熟糯米爲之，故不去糟，即古之醪醴、投醪。前朝禁酒甚嚴，諺云“家家造私酒”，蓋指醪糟與呷酒言之。

餈巴。蒸糯米爛熟，搗之成餅，即《禮記》“粉餈”，註云：“以豆爲粉，糝餈餅上。”凡餅塊，蜀人通謂之巴。《大明會典》大祀有糯米餈糕。

鹽俗極儉，除賓客禮食外，餘多食粥，即富家少有食兩餐飯者。蒸飯内必以菜蔬佐之，此亦田家況味。

公署志

《百官志》云：“官司之府曰省，聽事曰廳，尊者所居曰衙。”署則以表位命名，其義維何？以之聽治則體統尊，以之安身則名分別。署非有異，有居公署者則異耳。舊志載公署三楹，凡廂房、書舍、廒倉、監獄外，而吏胥辦公之所，歷年間有坍塌，經各任隨時修理，以迄於今。規模雖欠宏廠，而方諸古昔，文質迥殊焉。願居此者，

---

〔1〕“南方謂之魿，北方謂之鮺”，宋本《説文解字》卷十一下作“南方謂之鮺，北方謂之鮺”，當是。
〔2〕“鮓蘆菔”，明本《新編古今事文類聚續集》卷十二作“蘆菔鮓”，當是。

勿傳舍視之可也。續《公署志》六。

留餘閣，在縣署內，久廢。邑人陳書《留餘閣銘》云："花有餘馨，樹有餘陰。愷悌父母，政有餘恩。茹蘗餘苦，飲冰餘清。玉壺餘潔，藻鑑餘明。餘地成閣，餘興爲文。敢因餘墨，敬續餘銘。"《小楤銘》云："小閣既構，爰闢小楤。覆以雲母之紙，皎如白玉之肪。明霞燦而朝曙，冰輪上而夜光。微雲過兮靉靆，風信急兮鏗鏘。可以揮七弦，可以製七襄。可以研碟而讀《易》，可以高臥乎羲皇。夫何羨乎玉女之麗與琉璃之涼。"

稽古閣，前任縣陳公仲良所建也。道光八年來宰斯邑，家無長物，惟書八十箱，堂署不能容，乃鑿署後爲池，池上建閣，顏曰"稽古"，下曰"愛蓮軒"。公餘課諸子讀書於其上，復築觀象臺以覘雲。清廉自持，膺卓薦，遷升河南南陽府知府，其子太初亦入詞林。

稽古閣序　　羅山陳仲良

余家傍溪，臨溪而閣，菩山鴛嶺，環列如屏障。□冠讀□西樵，枕流漱石，與山靈結清緣者十年。一行作吏，此境遂不可再。今秋來蒞茲邑，城居萬山中，署據城東高阜，左鳳凰，右負戴，瓏[1]江緣其隈，恍惚鄉園之勝。乃因修葺三堂之餘材治閣於后圃，顏曰"稽古"。其下愛蓮軒，矩以池蓮，俾兒輩課其中。余亦以時遊憩，滌塵襟。閣成登覽，笑傲煙霞，吟弄風月，不知身之爲俗吏。用誌勝槩，如追古歡云。

稽古閣初成言志兼勉四子　　羅山陳仲良

我本餐霞人，林泉結夙構。渟渟芳沼深，兀兀青山瘦。高閣迎朝曦，清風鳴石竇。籬花開欲笑，簷燕語如舊。身世一何寬，利名爲之囿。撫字自勞勞，干譽殊貿貿。時此息塵鞅，庶幾真吾覯。

幾度鄉關入夢頻，遣懷聊作故園春。新栽桃柳含生意，小築樓臺遠俗塵。鄴架有書堪課誦，劉庭無事不聞呻。閑來便擬調琴鶴，吏隱洋川是達人。

風和小苑正春晴，佳氣葱蘢滿郭城。遠樹煙環山四面，綠窗人靜月三更。雛書此日追前哲，擢秀他年享令名。冉冉韶光駒隙過，側身天地莫虛生。擢秀閣在潛山縣

宋陳瓘讀書處。

天倫樂敘意藹藹，此日登臨憶舊廬。好向鳶魚參妙諦，休耽風月誤居諸。傳經奉世深期汝，化俗文翁尚愧余。曾是簪纓稱繼美，早從骨骼別龍豬。昌黎《戒子詩》："三十骨骼立[1]，乃一龍一豬。"

六年歷碌風塵裏，此地應知雅俗分。幾樹碧梧集么鳳，半壁蒼崖眠白雲。汩汩瀰江春水至，高高山寺夕陽曛。酣歌此日發清興，一曲萬芋遠近聞。

和邑侯陳羅山先生仲良稽古閣初成言志兼勉四子原韻　姚紹中

飛龍造六書，著作特奇構。靈寶貯秘閣，字清硬逾瘦。吾鹽獨喜武，書癡常觝寶。我公古與稽，業守青箱舊。建閣儲文史，嘉名等藝囿。綜絳及縝維，考訂詎貿貿。難弟並難兄，興宗亦既覯。

雙雙仙舄化來頻，滿縣青山處處春。玉檢千箱全塞道，公來鹽，有書八十箱，擔者塞道。冰心一片絕無塵。煙霞結契真成癖，風月當簾不廢呻。會闢樓臺爲廣廈，萬間長庇四鄉人。

花放雲溪弄曉晴，東風吹綠滿江城。清符李井泉先變，公於者[2]後鑿井，其水甚甘。草長劉庭俗已更。聖代自應襃實政，好官原不博虛名。閣成況復添佳語，四玉聯吟勝友生。公未延西賓，視事後即於閣中親課四子。

琴堂閑寂自藹藹，吏隱何妨結小廬。萬里菩山勞遠夢，一池明月照方諸。閣下環以方池。鳶溪舊迹重尋古，鹿洞遺規首儆余。公課士，以《白鹿洞教條》命題。好繞園亭多種竹，頻燒新筍配花豬。

視民誰竟同於子，慈愛如公兩不分。課讀夜呼三徑月，催耕朝劃一犁雲。援琴鼓罷剛新霽，招鶴歸來又夕曛。高閣傍城城傍水，瓏江潾潾隔牖聞。

題愛蓮軒　羅山陳仲良

道眼從來具別觀，淤泥不染是青蓮。已深方沼儲春水，會譜薰風入夏絃。可有高人來下榻，曾無俗吏漫名錢。未應倪瓚迴波詠，聊賦湖州菡萏篇。

和陳羅山先生愛蓮軒原韻　姚紹中

高同與可因刊竹，公以與可墨竹刊之文湖州祠石壁。道接濂溪合愛蓮。君子一言成

---

〔1〕"立"，宋蜀本《昌黎先生文集》卷六作"成"。

〔2〕"者"，疑當作"署"。

定論，清香六月上琴絃。最宜良翰懸明鏡，那有蘇州愧俸錢。肯效丹淵吟菡苕，滿軒幽韻入新篇。

觀象臺　陳仲良

署後圃有小阜，余因之爲臺，顏曰"觀象"。跋云：晝觀雲日，夜觀星月，占雨晴、備旱潦也。若夫甘、石之書，疇人所掌，吾何敢預？

陰陽爲橐籥，天道猶張弓。乖和各感召，一一如影從。所以休咎徵，日月省其躬。我今築斯臺，恤恤哀瘝恫。鹽民實憔悴，糜粥常不充。民多一粥一飯。平原無半里，登陟山重重。種植半藷蕷，梯田難施功。十日晴不雨，民情類洶洶。持我保赤心，好惡宜與同。是臺工落成，於時剛仲冬。仰視斗參橫，室壁正南中。雲雨在其下，四星光融融。時雨有其象，豐年良可逢。尚當思浚鑿，泉源爲之通。蓄洩以人力，不信民終窮。瘠壤變沃土，澆俗還淳風。如斯勤應保，庶幾亮天工。父母豈易稱，懍懍對蒼穹。

次陳羅山先生觀象臺韻

鹽土實太瘠，八口地數弓。即令屢豐年，亦苦凍餒從。力作無老幼，終歲勞其躬。況乃值乾旱，厥心更怨恫。藷蕷尚不飽，何來糜粥充。那識占雨晴，但解望九重。石田鑿山半，妄貪天之功。我公甫下車，覰此內洶洶。惻焉撫瘝痍，直與父母同。有腳來陽春，煖氣失三冬。頻推好惡心，置之民腹中。父老相告語，其樂也融融。更聞精星象，甘石今再逢。爲民築斯臺，欲以精誠通。盥手讀公詩，佳興不能窮。願書億萬本，永爲有位風。藹如仁人言，匪徒字句工。公詩與公心，俱堪質蒼穹。

古蹟志

蹟者何？《莊子》曰："蹟者，履之所自出也[1]。"大抵古名賢託足於斯，百年後人往風微，羨之者猶嘖嘖稱之曰："某山某水，某人所遊。"如莘之耕，渭之釣，名迹所留，亦何地蔑有？吾鹽僻處偏隅，歷代來或名人所流連，騷客所吟咏，僊人

---

[1]　"蹟者，履之所自出也"，明世德堂本《南華真經》卷五作"夫迹，履之所出"。

羽士所鍊氣飛昇，好事者歷歷指之，覺山川爲之生色。爰備録之，以誌雪泥鴻爪云。續《古蹟志》七。

唐碑，《嚴忠武將軍墓誌》，載《丘墓》。

宋碑，在今華嚴寺。《重修浄土院記》，景祐五年四川巡撫周撰，隸書，文殘缺未録。寺後石壁有古洞，小如拳，深數寸，内甚滑澤。傳言此洞當日漏米，故名米薪山。

宋碑，咸豐九年，土人開墾玉龍鎮西寺荒塍，得古碑一，字勢遒勁，係紹聖元年重陽後一日提舉王聖欽題，鹽亭縣主簿張浩書丹，縣令蒲昌齡立石。詩曰："寓目林光山邐迤，轉流溪面水漣漪。我逢十日無黃菊，閒詠鹽亭馬首詩。"碑存玉龍鎮書院。

萬曆碑，在龍吼觀玉皇殿。貳順慶府事楚允祚書，萬曆癸巳秋七月，鹽亭縣知縣趙立石，題云："闊寂真宜静者居，罿罿樓閣入清虚。白雲深處渾無事，盡日焚香手道書。"其五言云："靈岫跨平沙，行行逕路賒。危峯欹殿閣，臥柳醉煙霞。斯道原無極，人生況有涯。鑑湖吾欲乞，夢破即浮華。"

清曦亭，在縣東北舊永泰縣，今廢。文與可詩云："木杪照初日，捲簾知曉晴。軒窗無限思，圖史有餘清。露下滛花重，風來泛竹輕。何須嫌五斗，持此謝淵明。"

石燈籠，縣城南十里。石形似燈籠，相傳内藏珠，夜光四照，後被術士竊去，石無光矣。此地至今猶呼石燈籠云。

樹包碑，縣東百二十里。古柏一株，枝幹瑰奇，千百年物也。下有碑，長五六尺許，其樹擁腫，將碑圍護，僅空一面，故歷年雖久，字猶可尋。閲之，係明修橋碑誌，東關縣教諭某所書。

五臺山，縣北。章邦寺後有古洞，幽窈莫測，人迹罕到，即月現和尚修真處。洞外古木參天，勒"存理遏慾"四字，筆法勁秀。沿溪上數武，林木蔭翳，曰龍灘子，又曰浴丹池。水中有龍形，盤旋夭矯，係沙土結成，水草擁護，歷數百年江水沖激無少缺，即月現浴丹處。月現，見舊志《仙釋》。

麟亭埡，縣北五十里。兩峯迴抱，長江環繞。嘉慶時，上建奎閣，下砌石門，若雄關然。相傳昔日麟見於此，故名。

龍懷鋪，縣西南十里，下臨梓江。

轉機石，縣東百二十里。有鉅石□立，均高二丈，圍三丈許。極方正，無椎鑿痕。相去各三四尺，排若鴈行，向前稍仆若人行狀。一石中空，一縫内銜圓石，可捫不可取。相傳昔日仙人驅石若豕行，有人當路，仙云："曷阻吾豕？"人曰："石也，何爲豕？"仙人逐趺石上。至今石上猶存坐股及兩足跟印。

大壩口烏木記　胥乾熙作

今夫水土之生木，常也，非變也。以既伐之木置水土中，愈久愈堅，雖不生猶生，亦常也，非變也。奈何以生於水土之木，偶生於水土之中，而反驚其變哉？千百年來，木生於水土中而不出於水土外，變莫變於此矣。如以爲非變，則天下之生於水而不出於水者，何木乎？天下之生於土而仍伏於土者，何木乎？然莫謂無是木也。同治庚午，鹽邑大壩口沙洲上創修字庫，經始欲覓石底，以值基掘二丈許，有泉湧出，淤泥併至，頃刻而坎盈。次日，復興工，將及石底而沙水又至，如是者數次。延月餘，力疲資竭，均欲止。適予自東關書院歸，齋沐虔禱，鳩數百人，多置畚揭水具，宣呼踴躍，併力攻之。至石底，見烏木橫臥，大約合抱，幹有小枝帶青葉，本末悉伏泥沙中，不可測也。皮甲粗厚似柳，有鱗文，色黑，以利鋤斷而視之，皮內黃青色，木質粗而紅，滴水似血，氣臭腥。維時泉水四湧，轟然有聲。衆懼，急掩之，於烏木之旁砌石成庫。或曰："此木柳必得上天柳星之精。"或又曰："上天角星主木，爲蛟龍之角，上有尺木者最神，此木殆蛟龍之屬。梓潼帝君之烏木潭，非明驗乎？"余曰："是不必張大其詞也。溪在昔年，必深潭巨壑。此木或連根帶葉，仆於水中。得水土以養之，無雪霜之侵、斧斤之伐，養之也靜，息之也深，故得氣獨厚。君不見乎幽人乎？隱岩穴之中，蟄藏龜息，自完其天，觀其貌則鶴髮虬髯，驗其神則晴光閃爍。養深積厚，凡靜藏者類然。氣盛如此，木奚獨異是？"或曰："木之色則赤也，水則似血而腥也，泉則洶湧以爲之護也，殆神也，何但以氣盛目之？"余曰："昔人以大樹有神之說問朱子，朱子曰：'得天地之氣盛也。'氣之聚處即有神，推之名山大川，風雲雷雨皆然。此地溪狹水淺，詢之耄齡，百餘年來如是。若深潭大壑，又不知在何代何年。高岸爲谷，深谷爲陵，川谷已遷，此木猶磅礴離奇，以顯氣化之盛。安知千百年後，極之天荒地老，其發育更何如乎？"吾無以謂之，仍以得氣之盛謂之，若曰"神非吾所及知也"。

龍洞，縣北五十里，舊碑可考。

大神樹，各殿廟大樹一株，內包神像二尊，年久生機仍暢，故名。

立仙埫，縣北二十里。相傳康熙時有仙女遊立於此，故名。至今石上有仙女迹。

石公、石母，衡家溝，地名金大盆。有二石人，分男女形，人呼爲石公、石母。鄉民小兒有疾，禱之甚驗。宋末東關縣教諭衡鼎芝落業於此。

連株樹，縣東北六十里，地名橋灣。有黄槤古樹，一本十三株，枝葉茂盛，鵲噪鳥棲，陰蔭半里。

老鷹石，在麻秧場，梓江邊。

龍洞山，城北六十里。山半有一洞，不知底。止傳言當日有人放鴨入洞探之，鴨從石溪廟出。洞裏有泉，大旱不竭。

山川志

河潤百里，泰山之雲不崇朝而雨天下，是山川興雲致雨，澤被羣生，所以祀典五嶽視三公，四瀆視諸侯也。鹽亭，彈丸邑，無名山大川，而陵阜陂池、草木果蓏皆足備斯民之用。若青蓮濯筆於雲溪，老杜吟詩於瀰水，與可登臨於永樂，又有得於山水之外者。山不在高，水不在深，登臨憑眺，地以人名，爰登簡册，以稽古而信今。續《山川志》八。

文中山，縣東南三十五里，一名小衣祿。同治二年，知縣程宗潤創建石塔於上。

碎石嶺，縣東五里。圓石鑿鑿，白如珠玉。陳耆《過碎石嶺》詩云："岫曲時藏霧，山尊每鬱煙。徑穿紅葉底，人到白雲邊。喘息真難定，流離誰復憐。愁看諸婦子，哽咽和寒蟬。"

五面山八景　　縣北四十[1]里，見舊志。

虎洞苔封　　地僻巖深，人迹罕到，即虎神修煉虎[2]。

石泉珠滴　　峭壁崇岩，石無罅隙，泉乳浸潤，點滴如珠。以石缸承之，其聲琳琅，煎茶甘美。缸之四圍漸漬處石色皆白，所謂白石精瑩，即此石也。

土鐘突冗　　山前，地名鐘灣。土阜突起，其形似鐘，故名。

白石精瑩　　石白如粉，生岩石中數道，磨之有光，燭之晶瑩洞澈。石泉滴處徧地小白石，皆水爲之。

龍洞雲深　　洞在岩上，相傳國初時水起數丈，前一土阜爲水衝去。

---

〔1〕 "四十"，二十八年本作 "二十"，五十一年本作 "二十五"。
〔2〕 "虎"，疑當作 "處"。

龍潭月映　龍去□〔1〕現一洞，深邃莫測。洞下成潭，潭水四季澄清，大旱不渴〔2〕。

石窟僧開　山下有獨石，方正而長，堅甚，劈分爲三，無錐鑿痕。中有圓洞，滑澤可愛。相傳昔有番僧至此，書符鍊藥數日，人不爲意。夜半聲如雷，詰朝觀之，石破矣，石洞中不知何物被僧竊去。

石溪龍伏　山下有小溪，沿溪皆石，石上有龍形起伏，蜿蜒鱗爪，皆其水涸時見之。

尖鳳山，縣東四十里。祀川主，禱雨輒應。同治十一年，總督吳撰"服教畏神""福蔭全川"匾額，封禁廟樹。

高觀山，縣北六十里。形如斗，孤峯秀出，天朗氣清，登之可望百里。

五福山，縣北六十里。泉甘土肥，樹木蔭緊，故名。

四方山，縣東九十里金孔場。

豐隆山，縣東一百二十里。

走馬山，縣北二十五里。昔傳月明之下有白馬遊於其上，故名。今人呼爲走馬嶺。

三龍山，城北五十里，其山似三龍聚首。

天馬山，縣東南三十五里。高約百丈，其形似馬。與衣禄〔3〕山對峙，當梓江之衝，橫截水口，俗呼爲天馬欄江。

鷔背山，縣東百二十里。山形如鷔，樹色青葱可愛。

公子山，縣東百里。

公子山記

光緒八年，胥君静山纂修《鹽亭縣志》，余濫竽其間，〔4〕暇縱談及邑山水。余曰："董叔山，記德也；女徒山，記功也。他如太白、真武，則以仙釋名之。獨所謂公子山者，其義何居？"静山曰："聞之宋王文正公之孫名鞏，仕蜀，避遼之亂來鹽，家於此，故後名之曰公子也。"曰："可據乎？"曰："未可知也。"余曰："公子者，貴之辭，亦尊之辭也。《周南》之詩曰：'振振公子。'春秋時，公子見稱於《左氏傳》者指不勝屈。降及戰國，若信陵、平原、孟嘗、春申諸公子，豪華任俠，食客數千。六朝之季，則有太原公子者，常人莫能匹。及明末，又有三公子，以文章節

---

〔1〕　"□"，疑當爲"後"。

〔2〕　"渴"，疑當作"竭"。

〔3〕　"禄"，二十八、五十一年本俱作"綠"。

〔4〕　"暇"前疑脱一"聞"字。

義著於天下。茲之所謂公子者，其亦豪華任俠如信陵諸公子乎？抑或文章氣節比於三公子乎？其亦如董叔之記德、女徒之記功乎？抑或如太白、真武之各有其實乎？不然，則公子當日不過亦朱輪駟馬、金玉錦繡，與賓從戚黨登臨於此山之間，所謂膏梁〔1〕子弟、紈袴氣習輩等耳。借山以呼之，嘲之乎？諷之乎？惡在其爲公子之尊且貴也？"靜山曰："今近山麓數十里許，皆王姓人，庠序者不乏人。詢之，則曰'鞏之後'，其不知者亦曰'公子之後'，似非無據也。"余曰："不知其前觀其後，不知其後觀其先，公子之流風遺書蔑如也。夫由宋至元及明以迄於我朝，八九百年，國家三四易姓，其故家大族湮滅而弗傳者不知凡幾，獨公子之後與是山之名相與並垂於不朽，則公子之爲公子，又不可以常情測也。"胥君靜山曰："盍錄以爲之記？"遂書之。

鹽邑之水，惟梓江爲最。考《山海經·東山經》云"子桐之山，子桐之水出焉"，郝懿行箋註："按《玉篇》引司馬相如《梓桐山賦》云'礧碕'，即此山也。梓、子聲同。"按長卿蜀人，所賦者宜是梓潼山。王莽時改梓潼爲子同，是子桐乃水之本名，爲鹽襟帶之梓潼水亦可呼爲子桐水也。

可波水，《通志》："射洪縣東五十里，源從鹽亭縣可波池入梓潼水。"可波池，未詳今在何處。

黃滸水，《寰宇記》："黃滸水，源從鹽亭東南流入通泉縣，合涪江。"黃滸水即今洋溪鎮，乃雍江之隨地易名者。雍江，見舊志。

沈水，射洪東南八十里，一名沅水。其源由南部入鹽亭界，下合涪水。《後漢書》"建武十一年，岑彭伐公孫述，輔將軍臧宮與孫述將延岑戰於沈水〔2〕，大破之"，註："沈水出廣漢縣，下合涪江。"

響馬潭，縣北五十里。潭有石，酷似馬形。水聲潺湲，仿佛鈴聲。

八卦井，在城東百二十里東街子，即舊時東關故井也。其水清冷，夏涼冬溫，盛寒復有濃煙突出。

---

〔1〕"梁"，疑當作"粱"。

〔2〕"輔將軍臧宮與孫述將延岑戰於沈水"，百衲本《後漢書》卷一下作"輔威將軍臧宮與公孫述將延岑戰於沈水"，當是。

寺觀志

吾鹽蕞爾微區，而庵觀寺院徧於山澤間，或欲毀之，竊以爲不然。今之釋道皆中國人，不自西域來也。鹽民士農相半，鄉愚無知，往往語官府長上而不畏，語以佛祖菩薩則駭然驚，語桁楊刀鋸而不懼，語以刀山劍樹則懾然服。今釋道談因説果，祈福禳愆，勸勉愚頑，亦可以補教化所不及。《易》曰"幽以資乎神明"，其謂是乎？然則尸而祝之，社而稷之，亦姑聽之可也。續《寺觀志》九。

昭格大帝祠傳見舊志，祠一在負戴山頂，一在本地會館，舊名寶臺觀、川主宮。初建南街，嘉慶八年改建於此。三月十五日爲神誕辰，演劇慶祝，餘詳舊志。光緒元年，邑侯邢公改前殿爲同文書院。

武聖帝君廟，在負戴山麓，陝西商氏崇祀。

禹王宮，在小東街，湖廣客民崇祀。

天后宮，在南街，福建客民崇祀。

萬壽宮，在南街，江西商民崇祀。

淨土院，即今樂平鄉華嚴寺，見前《古蹟》宋碑。

玉泉寺，縣東柏臺埡。

東龕寺，縣東百里。

虎神祠，縣北三十里許，地名猫兒洞。居人張姓，亦不詳其年代。相傳有張某者，事親孝而家貧無以爲養。一日，遇人授以衣，曰："爾夜間服此至野外，可得美食以養親，歸即卸去，勿令人見。"張如其言服之，即化爲虎。至山野，得獐、雉、兔、鹿，歸以奉母。久之，母覺其異，張以實告。後其妻苗亦化爲虎。母殁，夫婦同至洞修鍊，不知所終。鄉人咸以爲神，遂塑像供之，而柏梓埡及上乘寺皆塑像，張姓祠內亦奉張公、苗母木主。咸豐辛酉夏，賊擾玉龍鎮，城內戒嚴，邑令韓公危之。適賊遣人夜偵，望城上兵勇林立，又聞虎嘯聲，賊遂遁。

按：化虎事近荒唐，而城鄉多祀之，且著靈異，故誌其大畧如此。

龍吼觀，縣東南五十里，古廟兩重，明宣宗宣德五年建。

會龍山，城南一百二十里，明成化時建修。

飛鳳山，城南一百三十里，乾隆五年建修。

八角亭，縣東南一百二十里金龜山前。奉真武，大旱禱雨甚驗。

金孔寺，在金孔場。

石龍宮，在城北六十二里。

福隆宮，在城北五十五里。

大佛寺，城東一百二十里，元時建。

七寶寺，縣北二十里。七峰聯絡似寶，故名。郅治[1]元年建。

海門寺　見舊志，陳書題對聯云：

不必問雙林八水，味道參禪，看山翠溪深，即是維摩淨土。

但能空五蘊六根，雨花點石，聽虫吟鳥語，如聞般若真言。

觀音寺，在城北四十三里，明嘉靖八年建。

觀音閣，在毛公場孝靈山麓，下臨梓江。乾隆時建。

五龍廟，縣北四十里。五山相向，故名。前殿創自前明，後殿創自康熙年間。古柏二十餘株，經前朝封禁，遺留至今。

平岡寺，在縣東八十里。

秋日登平岡寺絕頂　　姚紹中

秋色滿平岡，雲深石徑荒。疏鐘敲落葉，飛鳥下斜陽。遠水連天碧，遙峯入霧蒼。飄然凌絕頂，獨立向微茫。

上乘寺大雄殿楹聯　　陳書

襟鳳嶺，帶鷺溪，自唐迄明，千百年刼火無情，僅見靈光留勝蹟。

輝星橋，煥雲驛，由今溯昔，億萬載昇平有象，長懸慧日照清時。

東關廟楹聯　　陳書

班尊五岳之東，赫聲濯靈，不異日觀孤峯，洞壑雲霞傳古蹟。

位鎮三川之北，彰善癉惡，永看雷封百里，歲時伏臘走村翁。

匾：雲連海岱。

梓瞳[2]觀，縣南二十五里，大明萬曆甲申十二年建。

---

〔1〕 "郅治"，疑當作"至治"。

〔2〕 "瞳"，疑當作"潼"。

鎮江廟，縣南二十五里，大明萬曆丁丑四年建。

石溪廟，縣北五十里。

金龜山東嶽廟，縣東八十里高登場下。

玉皇廟，縣北一百二十里，乾隆戊辰節婦黃張氏捐修。

丘墓志

《周禮》："墓大夫掌邦墓之地，令國民族葬[1]。"古帝王德洽幽冥，九京衘恩矣。而斷碣殘碑，封遺馬鬣，亦難保其歷久而不湮。是以漢寢唐陵，荊榛滿目，生存華屋，零落山丘，千古有同慨焉。鹽古墓如唐之忠武，宋之湖州，以及萬人、漏澤諸義塚，霧銷雲封，荒丘纍纍，風瀟雨晦，螢火燐燐，不筆之書，日就湮没，幾何不犁而爲田也。續《丘墓志》十。

嚴烈墓，縣西門外鳳池壩，唐時嚴府遺址也。光緒三年丁丑三月初八，王姓者掘地尺許，得方碑二，合臥土中，長二尺，以水滌之，文尚可讀，字迹之剝蝕無幾也。文曰：

忠武將軍守左武律將軍員外[2]上柱國賜紫金魚袋嚴公墓誌

公諱烈，字志烈，其先會稽人也。十七代祖顏，閬中郡守，先主克蜀，爲飛所降，後遂家焉。祖本，性沖融達節，匡居佐人之才。開皇中，屬有隋之亂，將家遁於此山，至今隸爲縣人焉。皇考休，博通經籍，鄭生萬卷，墨子五車，才高位卑，棄之不仕，遂退静考槃，早歸黃壤。公武藝絶倫，弓穿七札，力如董父，皷勇軍門。摧獫狁於邊陲，討不庭於塞外，屢建功績，咸聞上京。天子賜以將軍，爪牙駈[3]使，同廉頗之捍國，類相如之全璧，折衝千里，威若雷霆。居國既忠，在家則孝，兄弟有同衾之美，朋友蒙脱驂之恩。由是州牧縣宰每有所屆者，莫不仰[4]其清風，

---

〔1〕"墓大夫……族葬"，《四部叢刊》本《周禮》卷五作"墓大夫掌凡邦墓之地域，爲之圖，令國民族葬，而掌其禁令。"

〔2〕後文"員外"後有"郎"字。

〔3〕"駈"，光緒二十三年本《新修潼川府志》卷七作"驅"。

〔4〕"仰"，據光緒二十三年本《新修潼川府志》卷七補。

慕其仁智。開皇中，秦州刺史李適之紆星軒而舍公岑館，謂公皇考曰：“此子有將軍之器，果如李公言，將永保倪年，揚名後代。”何圖上蒼不憖善人，降年不融？春秋三十有九，因寢疾，方以去年十二月二十五日捐於館舍。嗚呼哀哉！麟何爲亡？鵬何爲崇〔1〕？於上元二年歲序辛丑四月丙辰朔十九日癸酉，卜其宅兆，始葬於縣北山崇巒，禮也。此下殘缺不錄。

嚴震墓，詳舊志。

嚴幹墓，在縣東神殿垭。

宋任伯傳墓，縣東百里安佛寺金鼎山麓里許。又縣南二十里金井壩，古墳高丈許，俗名侍郎墳，即伯傳父母墓。舊志云“廬墓，有靈芝體〔2〕泉之祥”，即此。墓前望親樓遺址尚存。

王養臣墓，在棟樹垭附近之野猪溝，事蹟詳《人物志》。

江建威將軍墓，縣北江家坪，詳《人物志》。

杜廷楷墓，城東南八十里龍潭子。

義塚，縣北十八里三清廟側，癸酉舉人孫遇春施。

宋末東關縣知縣胥震墓，在胥村溝胥華垇。

宋進士王文燦墓，在金孔場王躲垇。

津梁志 　場鎮附

鹽邑多山，山之下必有水，潢汙行潦，所在皆是。每大雨行時，漂沙坼岸，則枯木朽株，礧磈充塞，行者傷之。幸邑人好義，首成春聚橋，大者興義渡，小者支略彴，架石梁，徧於瀰、雍、鷰、櫸諸溪之間。由是而市鎮星羅，商賈雲集，使閭閻之人往來利涉，無褰裳之歎焉，亦盛舉也。續《津梁志》十一。

渡船嘴義渡，縣南三里。梓江係川北通衢，舊渡不知廢於何時。同治十三年，公設渡船三隻，置義田以養渡夫。

---

〔1〕 “崇”，光緒二十三年本《新修潼川府志》卷七作“崇”，當是。
〔2〕 “體”，二十八、五十一年本俱作“醴”，當是。

渡船嘴義渡碑記　知鹽亭縣事邢序

環鹽邑皆水也，其發源梓潼，透[1]邐於邑之西南，與瀰江合流者爲尤大。上至省垣，下通果、閬，往來行人所必經。舊有船隻，係渡夫自造，河水漲發，多事勒索，每望洋而興嘆焉。余自壬申宰斯邑，躬履其境，思有以利濟而未逮。越甲戌，邑之紳耆父老以興設義渡請，誠善舉也。爰給印薄，廣爲勸募，不數月而得二千餘金。造舟雇夫以濟行旅，置產收租以養舟子，使行人獲利濟之安，過客免勒索之苦，皆士庶好善樂施爲之也。自茲以往，首事人等其克永成義舉也，神必相之；其有假公濟私，義而不義也，天必殛之。余既喜其有成，而尤冀其樂善不倦，是故樂爲之序，勒諸貞珉，以垂久遠云。

重修春聚橋，縣東南門外，跨瀰江上。舊橋圮於乾隆時，同治十三年募衆重修。

建修春聚大橋記　邑舉人張鵬騫

今夫古蹟之圮廢，無人焉經理而興之，則廢者不能興。即創始者有志興之，而其事非一人可任，其功非一日可畢。或有他務以間之，無有成其志者以竟其功，而廢者亦必不能興。昌黎有言曰："莫爲之前，雖美弗彰；莫爲之後，雖盛弗傳。"每三復斯言，而嘆創始與成功，誠有相須甚殷，而相遇恐疏者也。吾鹽南郭外舊有橋，名曰春聚，蓋由杜詩"江橋春聚船"而得名也。乾隆時被水災，橋遂圮，而其遺蹟，諸老猶能述之，以爲美談。惜哉！無人尋既湮之片石，而興再建之思也。遂使一邑之名勝日就湮沒，而欲濟者寄慨無舟，弔古者難倣題柱。雖古蹟之廢興亦自有數，而創始者誰[2]有心人亦莫可如何也。同治壬申秋，河北申甫邢公守此土，莅此民，慨然有再修之志而未暇也。迨甲戌，諸事就緒，俱有條理，爰集紳糧議之，人皆有以諒公之心也。僉曰："都哉！"遂給印簿，募化以成義舉，莫不踴躍，集有成數。於夏五月開山動工，迄丙子而功將成。閱時三載，統計費萬餘金。斯役也，雖酌派紳糧經理，而公則於政事之暇時時親自督役，一切支用，公必主其議乃行，蓋如此其慎也。斯橋之成，巍巍然爲一邑之壯觀，不惟利涉者感公於無既，而一時之騷人墨客選勝訪奇者，無不羨公之功焉。使借寇數年，公於此方將殫其心力，以蕆此大功矣。丙子夏，奉上憲札，權成都篆務，士民依依，如赤子之離慈父母云。而公亦

---

〔1〕 "透"，疑當作"迤"。
〔2〕 "誰"，疑當作"雖"。

以功之未成者，時介於心，適關中耐沈吳公奉札瓜代，來守斯土，公猶切切焉以斯役相託也。而吳公毅然懷成美之心，仍督紳糧於未竣之功，必完其闕而底於成。是邢公創於前，吳公成於後，相須殷而相得益彰，二公之功偉哉！然而竊有感焉者。大凡賢人君子之涖官於一邑一郡也，皆有遺惠在民，一時播爲善政，後日留爲勝蹟。百世而下，考古流連者往往因其蹟以想其人及其政，低徊慨慕於無窮，而其人其蹟俱傳不朽。白傅之築湖堤，東坡之成六橋，皆其類也。二公俱學道愛人，美政不止此，而此特其一端也。且又烏知斯橋之興，適當斯時，非二公皆若有所使，以爲吾鹽成此大功耶？不然，何二人之心相契，功相資也？若夫虹腰長臥，鴈齒密排，憑欄眺望，心曠神怡，波光漾而人影倒印於夕陽，雪花飛而驢背間尋夫詩句，往來絡繹，不絕如織。倘善畫者摹而繪之，善詩者取而咏之，天然圖畫，絕妙詩料。千載後覽斯景者，我知其必以二公爲今之白傅、東坡，流風逸韻，常在人間也。然則二公之功豈僅一時而已哉？至於風脈之説，形家所言，二公之心雖不專在於此，而亦有所厚望也。橋洞六，大二、小四，成品字形，長二十四丈零，寬二丈。大洞高十四丈，小洞高十丈，石欄、鐵鐘玉備。自甲戌興工，越丁丑四月告竣焉。是爲序。

蘇家河義渡，陳光明、孫壽宗等募衆興設。

三洞磑義渡，陳光明、孫壽宗等募衆興設。

亭子菴義渡，何玉壽及射邑張星吉募衆興設。

玉龍鎮義渡，鄉街捐募興設。

鄭家壩義渡，縣南十里梓江，文生任載道募衆興設。

覺靈寺義渡，程炳文等倡捐興設。

覺皇寺義渡。

接鳳橋，在金雞場東小神埡。

梓江橋，縣北毛公場，咸豐年間建修。

濟公橋，七洞，在黃泥堡，王國鈞建。

復元橋，縣北二十里七寶山下，孫朝春建。

迴龍橋，縣東五里，李蘭香捐修。

大橋，十洞，金雞場左。

接龍橋，十一洞，在黃殿場，王國鈞捐修。

鎖龍橋，八洞，在枇杷埡，王國鈞捐修。

□

□

□

□，咸豐九年胥調魁募衆捐修。

三元橋，縣東百里，胥姓等捐修。

文星橋，六洞，縣北九十里，程炳文捐修。

楊家磨橋，十一洞，文生任載道募衆建修。

會龍橋，縣東百二十里，胥宗發募衆建修。

富貴橋，十一洞，縣東胥壩，咸豐元年胥開基募修。

海門寺橋，何□捐修。

福星橋，在石坎河，光緒七年建修。

市鎮附，舊志已載者不敘

何店鎮

白馬鎮

宕渠鎮

鶩溪鎮　按《九域志》"縣有何店、白馬、宕渠、臨江、鶩溪五鎮"，舊志"鶩溪"，今皆廢。

玉屏鎮　在縣東百二十里何家坪，今廢。

茶亭場

永興場

永泰場

大坪〔1〕場

麻秧〔2〕場

永安場　即馮家河。

柏梓埡

海門寺

定光寺

界牌場

九龍場

安佛場

---

〔1〕 "大坪"，二十八年本作"大平"，五十一年本作"太平"。

〔2〕 "秧"，《鄉土志》作"央"。

古來場

龍竇場

永豐場

金元場

砦堡志

砦堡，所以障民居、蔽籬藩也，而吾蜀則修之於山以爲避兵計，故舊志莫詳焉。鹽邑重岡叠巘，素稱山縣，登高山而眺望，奇峰插天，築砦堡以禦賊者，所在多有。蓋自嘉慶初教匪滋擾，咸豐間藍逆猖亂，叠奉憲札修砦，於是危峰峭壁，碉堡相連，誠一夫當關，萬夫莫禦。賊至時，他邑不免蹂躪，而鹽獨瓦全，誠以國家養兵以衛民，不若民之自衛也。續補《砦堡志》十二。

太平砦，縣東三十里。

人和砦，縣東四十里。高峰突起，如鳳欲飛，故名飛鳳山。

天官砦，縣東南四十里，即衣禄[1]山。

五城砦，縣東南五十里，即大悲埡。高峯嵯峨，怪石磊落。咸豐十一年五月二十四日，朱逆突至玉鎮來攻。砦首胥仕典、王信等率衆掘石，紿賊將朱先鋒上砦，鋤殺之。夜則繼以烏[2]銃劈山，傷賊數百。迨明，追賊，奪獲旗幟、烏銃八十餘桿，賊怒甚。二十六日午時，併力合圍，砦民鏖礫渴不能支。忽天雨雹，賊稍退，婦孺皆拾雹而食，罵不絶口。賊徐曰："天活汝矣！"燒毁民房五百餘間而去。前署縣韓據實以聞，奉宫保駱札，以六品軍功賞給砦首二人，餘十人皆給八品功牌云。

木鵲砦，縣東六十里。

玉龍砦，縣東六十里。

煙堆砦，縣東六十里。峭崿崢嶸，煙林薈蔚。咸豐庚申，邑教職馬來賓、監生趙金城、貢生趙魁三等奉示修築，並建觀音閣於其上。

伏龍砦，縣東七十里。

---

〔1〕"禄"，二十八、五十一年本俱作"绿"。

〔2〕"烏"，疑當作"鳥"，後同。

臥虎砦，縣東七十里。

金龍砦，縣東七十里。

鳳凰砦，縣東八十里。

獅子砦，縣東五十里。

觀音砦，縣東六十里。積穀備荒，每歲立鄉學四堂。

隆平砦，縣東百里三房岩。峭壁崇巖，四面水田環之。岩間有唐時避賊古洞，字迹可考。

順天砦，縣東金雞場。

天生砦，縣東百二十里。

鼓樓砦，在古東關縣後。

榮華砦，縣東百二十里。

大佛砦，縣東百二十里。

福星砦，縣西十里，即虞家砦。

清平砦，縣南二十里。

麒麟砦，縣東八十里。

金龜砦，縣東八十里。

土產志

舊志載鹽邑多開墾，一年成熟，二年而腴，四五年而瘠。此言山土磽薄，若平原土壤則不然。即近今所產言之，穀則稻、粱、菽、麥，蔬則蔬、瓜、芋、薯，果則桃、李、杏、栗，木則松、柏、榆、柳、樟、桐，至於蠶桑之利，甲於他邑。物產之饒如此，豈獨舊志所云關東[1]產鉄、鵝溪白絹一二端而已哉！續《土產志》十三。

穀類

秋，即苞穀也，出於西番，名番麥。以其曾進御，故曰御麥。幹類甘蔗而葉長大，花類稻穗。其苞圓而長，其鬚如紅絨，粒如芡實，大而黃。白花開於頂，實結

---

[1] "關東"，疑當作 "東關"，東關產鐵事見五十一年本卷四。

於節。

蕎麥，因地早寒，故民多植之。蕎有甜、苦二種，皆資民食，一歲可種二季。

粟穀，其莖桿似禾而粗大，米較小，故粟註謂"細如丹砂"。粟有紅、白數種，可以釀酒，亦可以爲食。

胡豆，種來西域，故曰胡。十月而種，二三月始開花結角，其實大如指。

豌豆，李時珍曰："其苗柔弱宛宛，故曰豌豆。"九月而種，二三月開花結角，其實圓而小。種出西湖，百穀中之先登者也。

黃豆，夏種秋收，開花結角。其豆礦之，可作豆腐。有黃、黑二色，其種類甚多。又有綠豆、小豆、紅小豆諸名，不一而足。

蔬類

蓮花菜，出雲南大理府洱河東上滄湖。□[1]州僧清簡園中蔓菁變爲蓮，即此。葉深碧，初生如傘，臺高數尺，繼則萬葉內攢，層層包裹，如印盂然。味甘脆，與蓮同潔，又曰蓮花白。

海椒，其味最辣，可以調羹。

茴香，曰懷香，曰回香，能除臭氣。

磨芋，頭似芋，幹多斑點。八九月熟，磨而煮之。亦名豆腐，但白色稍遜。

洋芋，似芋而味異，種出西洋，道光年間官兵出征帶歸。種宜山坡瘠土，然亦宜糞。種洋芋之地，貧民不愁乏食。

茭筍，一名魚筍，叢生水中，葉似菖蒲而直。九月成熟，味鮮，烹之易熟，勝於竹筍。

煙草，姚放[2]《露書》："呂宋國有草名淡巴菰，一名金絲醺[3]。"《食物本草》："一名煙酒。春花，秋日取其葉曝乾，置之煙筒，火而吸之。氣味辛溫，入口涎至[4]。"《本草備要》："煙草，[5]溫有毒，治風寒溼痹、滯氣停痰、山嵐瘴霧。

---

〔1〕 "□"，疑當從四部叢刊影明本《酉陽雜俎》前集卷之四作"婆"。

〔2〕 "放"，疑當作"旅"。

〔3〕 "呂宋國有草名淡巴菰，一名金絲醺"，明天啟本《露書》卷十作"呂宋國出一草名淡巴菰，一名曰醺"，當是。

〔4〕 "一名煙酒……入口涎至"，康熙四十七年本《佩文齋廣羣芳譜》卷九十二引《食物本草》作"一名烟酒。味辛溫，有毒……春種夏花，秋日取葉曝乾"，當是。

〔5〕 康熙三十三年本《增訂本草備要》卷二"溫"前有"辛"字。

其氣入口[1]，醉能使醒，醒能使醉，飢能使飽，飽能使飢。人以代酒代茗，終身不厭，故一名相思草。然火氣薰灼，枯[2]血損年，人自不覺耳。閩産者佳。"鹽地亦間有之，不及他邑之多。

地芝曰菌，菌音郡。菌之大者名鬪雞菰，生桑樹上者名樹雞，生櫟松林中有黃、白、赤、綠四種，可食。其面上如石灰[3]，殺人。用黃土和水漿煮之，可解毒。

菓類

木蜜，一名拐棗，一名枳枸，俗名梨棗子。葉形如桑柘，夏月開花，枝頭結實，蒂如雞爪。結實似鈕，經霜乃黃。味甜如蜜，能解酒毒。

梨金子，樹高二三丈，枝幹拳曲，葉小而圓，子形似鈕，色微黃，採之可食。

荔枝，花□中間有種者。文同《謝任瀘州師中寄荔枝》詩云："有客來山中，云附瀘南信。開門得君書，歡喜失鄙吝。筠籢包荔子，四角俱封印。童稚瞥聞之，羣來列[4]如陣。競言此佳果，生眼不識認。相煎[5]求拆觀，顆顆紅且潤。眾子[6]攫之去，爭奪遞追趁。貪多乃爲得，廉恥曾不論。喧鬧俄頃間，咀嚼一時盡。空餘皮與核，狼藉[7]入煨爐。"

瓜之屬曰：

線瓜，形似絲瓜，熟之絲絲如線。

金瓜，形如珠圓，金黃可愛。

地瓜，實生土內，似苦而多汁，渴者每生食之。

木之屬曰：

枏，生童童若幢蓋，然枝葉不相礙[8]，茂葉若[9]陰，人多植之。樹甚端偉，[10]

---

〔1〕 康熙三十三年本《增訂本草備要》卷二"入口"後有"不循常度。頃刻而周一身，令人通體俱快"三句。

〔2〕 "枯"，康熙三十三年本《增訂本草備要》卷二作"耗"。

〔3〕 《函海》本《蜀語》"石灰"後有"者"字，當是。

〔4〕 "列"，明汲古閣本《丹淵集》卷四作"立"。

〔5〕 "煎"，文淵閣《四庫全書》本《丹淵集》卷四作"前"，當是。

〔6〕 "子"，明汲古閣本《丹淵集》卷四作"手"。

〔7〕 "藉"，明汲古閣本《丹淵集》卷四作"籍"。

〔8〕 "礙"，據嘉慶二十一年本《四川通志》卷七十五補。

〔9〕 "若"，嘉慶二十一年本《四川通志》卷七十五作"美"。

〔10〕 嘉慶二十一年本《四川通志》卷七十五"經"前有"葉"字。

經歲不凋，至春，陳新相換，有花實似母丁香。

橙，民家蒔之，不三年，材可倍常薪之用，里人以爲利。杜子美贊曰：“厥植易安，數歲輒林。民賴其用，實代其薪。不棟不梁，亦破[1]斧斤[2]。”又王守溪問蜀士曰：“橙木，韻書音楷，王荆公則曰音欹，當何從？”士曰：“當從欹。荆公詩曰：‘濯錦江邊木有橙，野園封植仵華滋。地偏竟[3]免桓魋伐，歲晚還[4]同庾信移。’”守溪悅服。

蒙梓樹，徧體生刺，細葉，人採爲茶。

香樟樹，木極香，大者合抱，四季不凋，雕工多用之。

紅豆樹，木最堅實，開花結角，豆色鮮紅。

牛箭[5]樹，木堅而直，即檀木。

刺楸樹，幹直而少枝，徧體皆刺。

桐樹，桐有數種，此爲膏桐。其木能知寒，花當清明節開。若清明不開，將來必有大寒，故布穀者視以爲節。其子作油然燈。

黃荆樹，皮淡黃，葉尖，其子可入藥。

黃葛，枝葉甚茂，根喜緣崖壁生，擁腫屈曲，不爲材用，天可千歲。一名榕，南海、桂林多植之。

花類

狀元紅花，葉似蕉而小，蒂蘂皆鮮紅。升菴詩云：“西樓第一紅多葉，東苑無雙紫壓枝[6]。夢裏春[7]風忙裏過，蒲團藥鼎鬢成絲[8]。”

梔子花，其色雪白，五月而放，香氣撲鼻，人爭戴之。曰越桃，曰木丹，曰林蘭，曰禪友，皆別名也。

罌粟，有深紅、淡紅、純紅、藍紫諸色，土人割取売上漿汁，名曰泥熟，煮而火食。始爲紈絝子家或種植，今則徧天下吸之也。

---

〔1〕 “破”，《學津討原》本《益部方物略記》卷一作“被”，當是。

〔2〕 按題作“杜子美”疑是後人傳訛。此贊當係宋祁所作，收宋祁撰《益部方物略記》。《全蜀藝文志》卷四十四亦收爲“宋祁”作。

〔3〕 “竟”，《四部叢刊》本《臨川先生文集》卷二十八作“或”。

〔4〕 “還”，《四部叢刊》本《臨川先生文集》卷二十八作“聊”。

〔5〕 “箭”，疑當作“筋”。

〔6〕 “秇”，文淵閣《四庫全書》本《全蜀藝文志》卷十九作“枝”，當是。

〔7〕 “春”，文淵閣《四庫全書》本《全蜀藝文志》卷十九作“東”。

〔8〕 此詩《升菴先生文集》未載，《全蜀藝文志》卷十九收爲“范成大”作。

插秧花，開當首夏，其色淡紅。

清明花，色鮮紅，枝幹有刺，清明始開。

夜合花，曰合歡，曰合昏，又曰躅忿。其葉晝開夜合。

夢花，枝條柔軟，凡作惡夢，輒曲其枝爲環，仍然生發。

七星花，條高四五尺，每株七朵，如星張列，故名。

夜來香，其色皎潔如雪，入夜輒薰香逼人。

水錢花，養盆内石水中，其開如錢而潔。

蝴蝶花，有紅、白、黑數種，俗呼爲金蝴蝶、銀蝴蝶、黑蝴蝶是也。

四季柑，樹高丈餘，葉似柑而刺多。實小，色青黄可愛，味苦而不可食，隨結隨隕，終歲不缺。

臘梅，樹高數尺，蘂色淡黄。待臘而開，交春方謝，花落始生枝葉。

佛手柑，樹似柑而短小，結實有二種，直則如掌，屈則如拳，其氣甚香，浸之酒中，可成佳釀。

旱蓮花，陸地叢生，葉似芭蕉而小，花黄色，一樹一葩，久而不謝。

水仙花，色淡白，心黄，栽近水邊，葉茂似龍爪，幽潔可愛。

龍爪花，有紅、白二種，先發幹開花，花謝然後生葉。

子午蓮，盆底盛土，盤根於中，灌水於上。花白色，葉大如錢，浮水面，子開午謝，故名。

壽仙橘，樹僅尺餘，栽盆中，結實如彈子大，色青而微黄，經霜不隕。

茉莉花，以盆養之，高尺許。葉青而花白，置花茶鐔中有異香。

扁蘭，葉似水仙而粗，花淡墨色，春二月開。

舊朝衣，樹似菊，四月開花，始開紅色，久之變黄。

葵花，幹高四五尺，葉粗花黄，朝東暮西，隨日仰覆。花謝，子亦可食。

紫荆花，俗名紫薇。

夾竹桃，樹高五六尺，葉似竹而小，栽於竹林則茂。花色淡紅，開能耐久。

扁柏。

羅漢松。

鉄甲松。

貨類

棉，按《南史·高昌國傳》："有草實如繭，中絲爲細纑，名曰白疊，取以爲布，甚軟白〔1〕。"西域木棉謂之兜羅，佛手曰兜羅手，謂如毾㲪之柔軟也。史炤《釋文》云〔2〕："棉以三月下種，一月三薅，至夏生花結實。熟時皮四裂，其中綻出如毾。土人以鐵鋌碾去其核，取如毾者，制木弓牽弦彈之，令其勻細。卷爲筒，就車紡之，自然抽緒，織以爲布〔3〕。"

藥類

欵冬花、川續斷、霍香、牛膝、生地黃、天門冬、地骨皮、筋骨草、巴戟、前胡根、山豆根、紫蘇、香茹子、川楝子、三角峯、龍膽草、楊梅、半夏。

杏仁方，景焕《野人閒話》："翰林學士辛寅遜在青城道院中夢皇姑謂曰：'可服杏仁，令汝聰明，老而健壯，心力不倦，亦資於年壽矣。'其方用杏仁一味，每盥漱畢，納口中良久，脱去皮，細嚼，和津液頓嚥。日日食之，一年必換血，令人輕健。與申天師《怡神論》同。寅遜日日食之，老而輕健。年逾從心，猶多著述。"

豨薟方，蘇頌曰："蜀人單服豨薟法：五月五日、六月六日、九月九日，采葉，去根莖花實，净洗曝乾。入甑中，層層洒上〔4〕與蜜蒸之，又曝。如此九過，則氣味極香美。熬搗篩末，蜜丸服之。〔5〕甚益元氣，治肝腎風氣，四肢麻木〔6〕、筋〔7〕骨間冷、腰膝無力〔8〕，亦能行大腸氣。"

五加皮。

旋覆根。

蘴草曰蘮麻，蘮音涎。苗似苧麻，芒刺螫人，痛不可忍，又名蘴麻。有紅、白二種，紅者可治痢症，以葉之紫者入藥，能治風疹。杜子美《夔州除草》詩即此。

白蠟虫，虫生於冬青樹枝上，殼大如圓眼半核。穀雨節摘下，殼内細〔9〕如

---

〔1〕 "有草實如繭……甚軟白"，百衲本《南史》卷七十九作"有草實如繭，繭中絲爲細纑，名曰白疊子，國人取織以爲布，布甚軟白"，當是。

〔2〕 按以下引文非出自史炤《資治通鑑釋文》，實爲《資治通鑑》卷一百五十九胡三省注文。

〔3〕 "棉以三月……織以爲布"，嘉慶二十一年胡克家影元刻本《資治通鑑》卷一百五十九作"木綿，江南多有之，以春二三月之晦下子種之。既生，須一月三薅其四旁。失時不薅，則爲草所荒穢，輒萎死。入夏漸茂，至秋生黃花結實。及熟時，其皮四裂，其中綻出如綿。土人以鐵鋌碾去其核，取如綿者，以竹爲小弓，長尺四五寸許，牽弦以彈緜，令其勻細。卷爲小筩，就車紡之，自然抽緒，如繰絲狀，不勞紉緝，織以爲布"。

〔4〕 "上"，明萬曆三十一年本《本草綱目》卷十五作"酒"，當是。

〔5〕 明萬曆三十一年本《本草綱目》卷十五"甚"前有"云"字。

〔6〕 "木"，明萬曆三十一年本《本草綱目》卷十五作"痹"。

〔7〕 明萬曆三十一年本《本草綱目》卷十五無"筋"字。

〔8〕 明萬曆三十一年本《本草綱目》卷十五"無力"後有"者"字。

〔9〕 《函海》本《蜀語》"細"後有"蟲"字，當是。

蟻[1]。至立夏節，生足能行，用桐葉包繫冬青枝上。其殼底虫能作白蠟，走向葉背上住。其壳口虫仍爲虫種，走向葉面上住，如入定狀。七日後，葉背上者蜕皮走聚住枝上，身生白衣漸厚，即白蜡也。至處暑節采下煎爲蜡。葉面上者蜕皮走散住枝上，漸漸長大，初如蟻如蝨，漸如粟如黍，至冬如豌豆大[2]，至明年穀雨，所謂大如圓眼半核者，殼上有蜜一點。至穀雨，蜜乾可摘，此即虫種也。冬青樹俗名白蠟樹。

〔1〕 "蟻"，《函海》本《蜀語》作"蟻"。
〔2〕 "大"，《函海》本《蜀語》作"如大豆"。

卷二 人民部

官師表

志者，誌也，而官師獨曰表，尊賢任能表其德，受職分符表其爵，廉明仁愛表其行，即倣史家之例書之，誰曰不可？鹽亭設縣肇自漢時，其守令之埋没不彰者不知凡幾。五代屢升爲郡，其太守之埋没不彰者又不知凡幾。世遠年湮，文獻無徵，能無惜乎？謹題歷任之姓字，以備異時之採擇。續《官師表》十四。

宋	知縣	教諭	訓導	主簿
紹聖元年	蒲昌齡			張浩
宋末東關縣	胥震　江南人。	衡鼎芝　東關教諭，陝西閿鄉縣人。		
		劉琰		
			何永年	
國朝	知縣	教諭	訓導	典史
	龔巽　江蘇江寧府江寧縣乙酉科舉人。			
	衛筠操　河南河南府澠池縣辛酉科舉人。			

乾隆五十四年		熊德芸　重慶府涪州乙酉科舉人。	
乾隆五十三年	淡士灝　陝西同州府大荔縣庚寅科舉人。	張澐　順慶府廣安州歲貢。	
乾隆五十五年	辛大彬　江西袁州府萬載縣戊子科舉人。		
	裘澄　江西南昌府新建縣丁酉科舉人。		趙清　浙江杭州府錢塘縣監生。
乾隆五十六年		韓瑾　夔州府巫山縣歲貢。	段膺紳　江西吉安府芦縣監生。
乾隆五十七年	任綬　江蘇常州府荊溪縣壬午科舉人。	袁懷璞　順慶府西充縣丁酉科拔貢。　李繩武　重慶府巴縣歲貢。	
乾隆五十八年		胡文藻　嘉定府夾江縣歲貢。	
乾隆五十九年	曹岐山　浙江杭州府仁和縣吏員。		
乾隆六十年	劉憲德　山東青州府安丘縣甲午科舉人。		
	張位中　江蘇松江府上海縣己酉科進士。		
嘉慶元年	袁鳳孫　雲南臨安府石屏州癸卯科舉人。		
	張心敬　湖北江夏縣監生，係軍營補授，未到任。		
嘉慶三年	胡上青　浙江海寧州監生，係軍營補授，未到任。		

嘉慶四年	袁鳳孫		周鳳岡　嘉定府峩眉縣歲貢。	關熊　廣東廣州府上海縣監生。
嘉慶六年	張天祿　順天府大興縣監生，捐吏目，係接署。			
嘉慶七年	李勗　山東武定府濱州辛卯科副榜。			王彝勳　江蘇江寧府江寧縣監生。
	楊道南　福建福州府閩縣癸卯科舉人。			
	吳枛　安徽歙縣己卯科拔貢。			
嘉慶八年	喬奕約　山西蒲州府猗氏縣庚子科舉人。			
	母爾信　山西汾州府平遥縣乙西科拔貢。			
嘉慶十一年			黃金銘　嘉定府威遠縣恩貢生。	
嘉慶十二年			羅華國　敍州府南溪縣貢生。	
嘉慶十三年	楊如桂　甘肅秦州庚子科舉人。			
	劉松屏　河南河南府登封縣辛酉科舉人。			
嘉慶十五年	羅德嚴　直隸順天大興縣吏員。			
	劉松屏　回任。			
		袁懷璞　自乾隆五十七年起，至嘉慶十六年仍留原任。		段胥紳　自乾隆五十六年起，至嘉慶十六年止留原任。
嘉慶十七年		周長達　順慶府廣安州廩生，戊午科舉人。		

		劉超元　成都府簡州廩貢生。	
嘉慶十八年		洪嘉稦　松潘廳辛酉科拔貢，至二十二年五月十六日奉文裁汰，撥爲三台縣學[1]，即於是年八月二十三日交代訓導彭池。	
		蘇鳴喈　資州內江縣廩生，捐貢，候選訓導。十九年正月初五日奉文兼署教諭，九月初一日離任，將兼署學務交彭池。	
嘉慶十九年			彭池　敘州府隆昌縣廩貢生。
嘉慶二十年	朱壬　浙江紹興府上虞縣附貢，壬子科舉人。		
嘉慶二十一年			周景榮　順天三河縣監生，未入流，歸雙月，即用□補授。
嘉慶二十三年	陳景初　浙江紹興府山陰縣監生。		
嘉慶二十四年	陸錫祺　廣西桂林府灌陽縣廩貢生。		
	黃楷　安徽安慶府桐城人。		
嘉慶二十五年	陳登華　福建福州府侯管[2]縣附生，庚申科舉人。		江潤輝　安徽潁州府潁上縣拔貢，直隸州判。
道光元年	程式金　順天大興縣廩貢，癸酉舉人，庚辰進士。		龔翼修　順慶府廣安州廩生，癸酉科拔貢。

〔1〕 “學”後疑脫“教諭”二字。

〔2〕 “管”，光緒二十三年本《新修潼川府志》卷十九作“官”，當是。

續表

道光元年	余埕　河南開封府禹州戊午科舉人。			
道光二年			墻地　忠州墊江縣廩貢生。	
道光三年	劉文蔚　順天大興縣，原籍江蘇，丙子科舉人。			王元斌　順天宛平縣，原籍浙江，議敘從九。
	仲續堟　山東登州府萊陽縣監生。			
道光七年				易永〔1〕恒　湖南長沙府湘鄉縣監生。
				陳名姓　廣東肇慶府廣林〔2〕縣監生。
道光八年	袁桐　甘肅鞏昌府隴西縣廩生，舉孝廉方正。			
道光九年	余用序　江西南昌府南昌縣辛酉科拔貢。			
道光十二年	陳仲〔3〕良　廣東廣州府番禺縣附生，戊辰科舉人。			
	張樹堂　江西吉安府安福縣，原籍甘肅，乙丑科副榜。			
道光十三年			謝彤鈁　潼川府三台縣廩貢，援例訓導。	
			王侑　順慶府營山縣廩生。	
道光十四年				程維垣　江西饒州府樂平縣，未入流。

---

〔1〕　"永"，光緒二十三年本《新修潼川府志》卷十九作"承"。

〔2〕　"林"，光緒二十三年本《新修潼川府志》卷十九作"寧"，當是。

〔3〕　"仲"，據後文補。

道光十六年			康樹型　成都府華陽縣廩貢生，援例訓導。	汪必達　安徽寧國府旌德縣監生。
道光十七年	劉觀渡　山西絳州聞喜縣廩貢生。			蘇玉瑄　順天大興縣，原籍安徽，議敘未入流。
道光十八年	陳汝銓　浙江金華府金華縣廩生，甲午科舉人，乙未科貢士，丙申進士。			湯臣鳩　順天大興縣，原籍江西。
道光十九年	周世南　湖北黃州府蘄水縣附生，戊辰科舉人。		陳清源　成都府華陽縣廩生，乙酉科舉人。	
			曾紹祖　綏定府新寧縣廩貢，援例訓導。	
			姚學海　重慶府拔貢。	
道光二十年				謝文淇　順天大興縣，原籍浙江，議敘未入流。
				班士升　陝西西安府富平縣，援例未入流。
道光二十三年				于肇[1]章　順天府通州未滿吏，援例未入流。
道光二十四年	武錫廣　陝西鳳翔府岐山縣乙酉科拔貢，教諭，保知縣。			
道光二十五年	金斿　內務府正白旗滿洲文生，戊寅科舉人，議敘知縣。			
道光二十六年			李存誥　保寧府閬中縣增貢，援例訓導。	

---

〔1〕 "肇"，光緒二十三年本《新修潼川府志》卷十九作"棨"，當是。

續表

道光二十七年			王文淵　陝西漢中府城固縣監生，援例未入流。
道光二十八年	褚[1]熙昌　浙江嘉興府嘉興縣廩生，辛巳科舉人。		
	陳紹惠　湖北武昌府江夏縣監生。		赵樹勳　陝西同州府華陰縣增生，援例未入流。
道光二十九年		宿錦新　嘉定府夾江縣舉人。	
道光三十年	孫濂　貴州貴陽府貴筑縣己亥舉人，辛丑進士。		陶澤　重慶府綦江縣壬辰舉人。
咸豐元年	吳東照　浙江湖州府烏程縣監生。		
	李德良　順天寶坻縣府學廩生，己酉科拔貢，朝考知縣。		
咸豐二年	鄧清淦　陝西西安府長安縣己亥舉人，丁未進士。		孫嘉謨　順天大興縣監生，援例未入流，歸捐班前先用。
咸豐三年			陳兆沅　浙江海寧州監生，不論雙單月未入流。
咸豐四年			孫振遠　江蘇常州府金匱縣，援例未入流。
咸豐五年	林璋　雲南雲南府祿豐縣副貢，癸卯科舉人。		祝祥　直隸順天府大興縣監生，援例未入流。
咸豐七年	呂華賓　江西九江府德化縣，廩襲知縣。		陸世權　浙江紹興府山陰縣監生，援例未入流。

----

〔1〕 "褚"，疑當作"褚"。

續表

				金熙治　浙江紹興府山陰縣監生，援例典史。
咸豐八年	鄧清淦　回任，故。			
	楊行端　雲南雲南府昆明縣附生，己卯舉人，援例知縣。			
	邵坤　浙江紹興府山陰縣監生。			
咸豐九年	錢濤　安徽安慶府懷寧縣監生，捐河工經費，保知縣。			
咸豐十年	韓清桂　江蘇蘇州府元和縣，試用通判。			
咸豐十一年	錢濤　回任，故。			
同治二年	鄧元鎰　江蘇常州府無錫縣監生，援例通判。			江瑞芝　安徽滁州全椒縣副貢生。
同治四年	程宗潤　河南開封府祥符縣監生，原籍江蘇。			
	李汝湘　浙江紹興府山陰縣監生。			
同治六年			嚴履端　成都府華陽縣廩生，援例訓導。	
同治八年	郭爾鍵　福建福州府閩縣監生，援例通判。			
同治九年	劉濟瀛　陝西乾州武功縣廩生，己亥舉人，癸亥進士。		稅有餘　成都府雙流縣附生，辛亥科舉人。	沈清淦　陝西西安府長寧[1]縣監生，原籍浙江，援例從九。
同治十年	李汝湘　回任。			

〔1〕"寧"，光緒二十三年本《新修潼川府志》卷十九作"安"。

續表

同治十一年	張汝勵　江西袁州府萍鄉縣監生。			
	邢錫晉　直隸河間府吳橋縣廩生，辛酉科舉人，癸亥貢士，乙丑進士。			
光緒元年				金熙治　回任，四年病故。
光緒二年	吳培棠　陝西西安府咸寧縣附貢生。			
光緒三年	孫廷搉　浙江紹興府山陰縣監生。			
光緒四年	潘潤之　湖北施南府利川縣辛酉科拔貢。			汪釗　江蘇徐州府碭山縣監生，援例未入流。
光緒五年	邢錫晉　現任。			許錫齡　甘肅蘭州府皋蘭縣監生。
				莊稼秀　江蘇常州府武進縣監生，援例典史。

計開六房典吏：吏房趙應順、户房岳朗山、禮房寇安賢、兵房蒲光斗、刑房胥慶雲、工房何焕章。

政蹟志

《漢書》稱循史[1]者，不過盡子諒，勤撫字，盡己之職而已。而愛戴者尊曰神君，頌曰慈父，一再傳後，猶稱道弗衰，如中牟魯恭、桐鄉朱邑，尚矣。鹽雖蕞爾邑，宰兹土者代有循良，舊志彰彰可考。百年來人往風微矣，然政蹟之昭著，文獻足徵；父考之流傳，口碑猶在。棠封可溯，樾蔭如新，因續斯篇，永彰遺愛。續《政蹟志》十五。

---

〔1〕“史”，疑當作“吏”。

國朝

王文，甘肅涼州府武威縣人，乾隆五年庚申由川北保寧營任鹽亭把總。性忠勇，嫻韜畧，日以除盜安民爲事。時有夏姓者左道惑衆，陰謀不軌。汛往擒之，得僞軍籍，載紳民甚夥，投諸水，免累者以千計。尤好施濟，所得心紅有餘，悉以濟貧。解綏日難爲歸計，慕鹽俗樸，遂家焉。厥後子孫繁衍，署河南新安縣知縣王錫元，其曾孫也，至今門第猶盛。

袁鳳孫，嘉慶庚申教匪犯境，築土城，募鄉勇，請官兵以守之。賊臨富村驛，聞鹽有備，從間道至涪。是時賜紫山文昌宮湫隘，捐廉三百餘金，補葺黝堊，煥然改觀。

朱壬，浙江□□□□子舉人，嘉慶二十年莅任。性慈祥，有幹濟才。來鹽設義學、修石城，加賦三載始竣。興此大役，書吏董紳罔或侵漁，鄉閭不擾，鹽民德之。

陳仲良，廣東番禺舉人。好理學，道光十二年莅鹽，來時無他物，惟載書八十箱，盈途塞道。士子有未稽典故，由禮書請訓，便將故事始末開示明晰。教人以德行爲本，嘗作《二業合併箴》及《咏朱子白鹿洞教條》以教士，俱膾炙人口。捐廉建修文場，旋代理三台，調鹽邑。文童至潼縣試，捐送閤邑試卷，士林親之如父，敬之如師。下鄉輕騎減從，與民相接，輙教以栽桑、種桐、孝弟、力田諸事。判訟時必詢書役需索否，以此頌聲遠播。升南陽知府。子太初，入詞林；次邃初，舉於鄉。

孫濂，貴州貴筑人。道光己亥科解元，辛丑進士。道光三十年權鹽亭篆，下車數日，廉名達於四境。書役有應上規費，均不取；有訟事，亦不許書吏苛求。聽斷如神，幾於無訟，儼有訟庭花落之趣。去鹽時，送者塞道，臨別詩有"渺茫天意催遷客，醇厚民風愛腐官"之句。後升成綿道。

陶澤，字惠敷，綦江縣壬辰科舉人，道光三十年任鹽邑訓導。在鹽日久，性廉潔，下鄉宣諭，與士相接，不立崖岸。三次俸滿引見，陞茂川教授。

選舉志 軍功 廩生 援例附

選舉廢而科目興，論功業者或以詞章之學爲士病，亦偏矣。虞廷登俊，不廢考言；漢舉賢良，依然對策。文字淵源，通乎性命，可謂科目中無人乎？又況高宗廷試，十朋、閻、梁三鼎甲，皆屬名人；皇祐己丑，文同、任、何三進士，盡鹽英俊。我朝開科，登明選公，得人最盛。鹿鳴、鷹揚外，兼有功貲諸典。鹽亭近年科目雖無多人，而以軍功起者特著偉績，斯亦盛矣。備登之，以爲邑乘光，一以爲多士勸。

續《選舉》十六。

進士		
唐		
貞元	嚴公貺　見《通志》。	
宋		
紹興	鈞宏	
紹興二十七年	文仔仔[1]　丙子科王十朋榜，爲青城尉，文同曾孫。	
	税元容　見《通志》。	
	陳同　見賢良祠。	
明		
洪武	黄衡　户部郎中。	
洪武十七年	譚紹祖　甲子科舉人。	
孝宗	黄宗本　癸巳科，渝城縣教授。	
國朝		
道光二十年	杜廷楷　庚子科，即用知縣，宰直隸容城、慶雲、南皮、永年、内丘五縣。	
舉人		
明		
	黄大奎　明時舉人，科分無考。	
萬曆十六年	方叔忠　戊子科。	
國朝		
乾隆五十四年	梁啟鯤　己酉科，註選知縣，祀忠孝。	
乾隆六十年	杜廷枚　乙卯科，嘉慶丁丑大挑一等，湖南慈利縣知縣，詳《人物志》。	
乾隆六十年	曹正中　乙卯科，仁壽縣教諭。	
嘉慶六年	任型方　辛酉科。	
嘉慶七年	杜士林　己卯科，即枚字，係主考更名。	
嘉慶十三年	曹元中　戊辰科，大竹縣教諭。	
道光三年	王朝用　壬午科，雙流縣訓導。	
道光五年	杜廷樹　己酉科，大挑二等，授嘉定府樂山縣訓導，保陞知縣。	

---

〔1〕 "文仔仔"，疑衍一"仔"字，當從後文作"文仔"。

道光十二年	趙璽	壬辰科。
道光十四年	杜廷楷	甲午科。
同治三年	蕭澍濂	甲子科。
	楊定國	甲子科恩舉人。
同治六年	趙國霖	丁卯科。
	張鵬騫	丁卯科，大挑二等，以教職用。

武科

進士		
國朝		
嘉慶九年	趙魁萬	甲子科，廣西南寧守備，陞左江鎮都司。
道光十三年	毛三元	壬辰科[1]，藍翎侍衛，授雲南景蒙營守備，詳《忠孝志》。
舉人		
國朝		
嘉慶	趙魁萬	
嘉慶十二年	蕭應鵬	丁卯科。
	趙中元	丁卯科。
嘉慶十八年	孫遇春	癸酉科。
嘉慶二十一年	李應魁	丙子科。
嘉慶二十三年	鄭太平	戊寅恩科。
道光五年	許開第	乙酉科。
道光十二年[2]	毛三元	辛卯科。
道光十三年[3]	毛三超	壬辰恩科。

---

〔1〕 據光緒二十三年本《新修潼川府志》卷十五，毛三元爲道光十三年癸巳補正科武進士，作“壬辰科”誤，當爲“癸巳科”。

〔2〕 據光緒二十三年本《新修潼川府志》卷十五，毛三元爲道光十一年辛卯恩科武舉人，作“道光十二年”誤，當爲“道光十一年”。

〔3〕 據光緒二十三年本《新修潼川府志》卷十五，毛三超爲道光十二年壬辰補行正科武舉人，作“道光十三年”誤，當爲“道光十二年”。

續表

道光十四年	任奏凱	甲午科。
道光二十年	馮應魁	庚子科。
道光二十三年	孫定國	癸卯科。
道光二十四年	蕭射斗	甲辰恩科。
	張鵬飛	甲辰恩科。
道光二十九年	毛治仁	己酉科。
咸豐九年	蕭定山	己未恩科。

副榜

國朝		
嘉慶十二年	趙定基	丁卯科。
同治六年	馬作賓	丁卯科，光緒三年署江安縣訓導。

拔貢

明		
	胥永澄	湖廣茶陵州教諭。
國朝		
嘉慶辛酉	張方勤	蘆山縣教諭。
嘉慶癸酉	杜懷南	賦南胞兄，雙生。
道光乙酉	姚紹中	
道光丁酉	張書雲	
道光己酉	黃明恕	直隸州判。
咸豐辛酉	趙宗藩	朝考一等，以知縣用，簽分江西，光緒元年署會昌縣知縣。
同治癸酉	黃輝策	

恩歲貢生

明		
天啟二年	王夢	貢生，墓在大山岩。
天啟四年	王芥	貢生，墓在華子塲。
天啟七年	王子蘭	歲貢，墓在公子灣。
	胥開先	新繁縣教諭。

天啓七年	王相乾	歲貢，墓在公子灣。
	許應皞	年分無考。
國朝		
康熙八年	王化昭	歲貢，墓在公子灣。
乾隆	胥楨國	恩貢，舊志遺。
乾隆五十三年	趙崇岱	歲貢。
乾隆五十五年	黃志高	歲貢。
乾隆五十八年	程曰鄉	歲貢。
乾隆六十年	馬華麟	歲貢。
嘉慶元年	劉鍾璠	歲貢。
	彭建猷	恩貢。
嘉慶三年	王文揆	歲貢。
嘉慶五年	王頊	歲貢。
嘉慶八年	任履尚	歲貢。
嘉慶九年	任培元	歲貢。
嘉慶十一年	王鳳鑑	歲貢。
嘉慶十二年	張雲鴻	恩貢。
嘉慶十三年	何家光	歲貢。
嘉慶十五年	張正域	恩貢。
	勾榮岳	歲貢。
嘉慶十九年	蒲心濚	歲貢。
嘉慶二十二年	曹擁青	歲貢。
道光元年	陶文煥	歲貢。
	何昌年	歲貢。
道光八年	杜賦南	歲貢，即廷樹之父，懷南之胞弟。
	黃濬	歲貢生，號靜淵。副榜繼紱之父，拔貢明恕之祖，輝册之曾祖。
道光十年	楊定國	歲貢。
道光十四年	鄧森奎	歲貢。

續表

道光十六年	楊調元 恩貢。
	曹部陞 歲貢。
道光十八年	蕭冠林 歲貢。
道光二十一年	杜華松 歲貢。
道光二十四年	曹部庸 歲貢。
道光二十八年	杜廷杰 歲貢。
道光二十九年	曾毓禄 歲貢。
咸豐元年	袁閎中 歲貢。
咸豐二年	孫鍾岷 歲貢。
咸豐四年	陶杰 歲貢。
咸豐五年	顧良俊 歲貢。
咸豐六年	陶祝三 恩貢。
咸豐七年	李詩 歲貢。
咸豐七年	許文淵 歲貢。
咸豐十年	趙丙成 歲貢，光緒二年署名山縣教諭，請封典，加內閣典籍銜。
同治元年	張羽儀 恩貢。
同治元年	陶泳
同治三年	趙魁三 恩貢。
同治五年	陶餘慶 恩貢。
同治五年	趙鴻鼎 歲貢。
同治八年	王履中 歲貢。
同治八年	顧蘭亭 歲貢。
同治十一年	趙榮芝 恩貢。
同治十三年	江濟用 恩貢，以軍功保舉教諭。
光緒元年	虞登俊 歲貢。
光緒二年	李元雲 恩貢。
光緒二年	何人傑 歲貢。
光緒四年	鄧鳴珂 歲貢。

光緒七年	趙國治	恩貢。
	趙鴻霖	歲貢。
光緒八年	胥乾熙	恩貢。
	王德炳	歲貢。

援例貢生

國朝		
嘉慶十年	赵玉彰	
	李榮之	
嘉慶二十四年	劉鍾靈	增貢。
道光十七年	蕭治馨	
道光十八年	□慧慧	
咸豐九年	王廷吉	
同治二年	毛潤豐	附貢。
	康文桂	
	何天良	
	毛治武	
	任汝霖	
同治三年	陶鳳來	附貢。
同治六年	岳秉崑	
	孫樹德	
同治九年	陶天覺	增貢。
同治十一年	杜炳林	
光緒元年	蒙晉	
光緒四年	鄧正高	
	楊澤培	
光緒五年	蕭澤南	附貢。
	任錫鏞	
	王潤芳	
	楊偕時	附貢。

軍功議敘

國朝

王勳，字旂常，城西鳳池壩人。由武生入行伍，攻緬甸建功，擢雲南大理府守備。以子貴，誥封武翼將軍。

王愈安，守府勳之子。隸雲南行伍，以功累官至浙江溫州水師副將。歸里後，值嘉慶庚申教匪亂，爲守禦策，城賴保全。

陶紹虞，延紫溝人，入綏靖營。嘉慶庚申，平定教匪出力，授把總。屢著戰功，陞雲南大理府游擊。

達勝超，累著戰功，擢松潘鎮標中營守備、貴州永安協都司、古州鎮標遊擊、朗洞營參將，陞松桃協副將。

劉朝林，由行伍歷保至松潘左營守備，詳《忠孝志》。

張懋修，字應宗。嘉慶二十二年修城工，議敘，署中江、崇寧訓導。

達天培，隸貴州行伍，任鎮標把總。道光二十二年隨松桃鎮達協鎮出師廣東，以功擢貴州鎮標守備。咸豐元年剿辦粵匪出力，陞仁懷營都司。

江長貴，號良臣，江家坪人，由行伍累功至福建陸路提督。予諡建威將軍，建立專祠，並祀鄉賢，詳《人物志》。

羅國寶，由行伍以功任天全州把總。

江長泰，號東山，建威將軍之弟。咸豐元年由行伍出師湘、鄂等省，迭著戰功，保副將銜、資勇巴圖魯名號，賞戴花翎，補四川太平營遊擊。歷署督左、會、鹽各遊擊及永寧參將。

江應遠，疊溪營外委，見《忠義志》。

江應斗，號微卿。投效軍營，以功擢遂寧千總、儘先遊擊，賞戴花翎。

江應鴻，號海文。投效直隸軍營，保藍翎儘先把總，補廣元營外委。

江應超，號漢卿。投效湖北軍營，擢儘先都司，賞戴花翎。歷署茂邊、順慶等營守備。

江應魁，號禹卿。由武生入營，保藍翎儘先把總，補順慶營外委。

江應高，以武童投效湖北軍營立功，保藍翎儘先把總。

江國林，號襄廷。性樸誠，遇事有膽略。道光二十九年投效崇化營，出師江、皖，戰功卓著。歷擢至儘先副將，署疊溪、廣元、會鹽、松潘等營遊擊，會理營參將，維州協副將。

馬來賓，歲貢生，候選訓導，以軍功保知縣選用。

楊三陞，督吏，勸辦[1]防剿文案，保選府經縣丞，後以知縣儘先前補用。

楊煜，文生。隨營克復鄂、黔兩省雲夢、應城、天門、下游[2]等縣，保舉貴州候補知縣，加同知銜。

康文松，咸豐庚申藍逆犯境，以軍功議敘從九，儘先選用。同治二年加布理問銜，誥封二代。

黃繼哲，院吏，保州判用。

李開第，附生，辦團，議敘巡檢。

蕭如璽，監生，議敘六品頂戴。

何文瀚，廩生，保舉訓導。

王淦清，軍功保舉訓導，六品頂戴。

寇安平，府經縣丞選用。

胥端方，督吏，保知縣選用。

何竹清，議敘知縣選用。

袁仕鳳，保舉鹽大使。

汪大中，保舉鹽大使。

楊三級，督吏，辦理軍務文案，保藍翎參將，留四川督標中營效力候補。

胥謨颺，督憲工科吏，乾隆時從征金川，蒙欽差溫保舉六品軍功。

胥錞，督院吏。征[3]征金川，保舉六品軍功。

馮餘慶，督吏，因藍逆滋擾，帶勇出力，賞給五品藍翎。旋以勸辦防剿文案保選府經縣丞，後以知縣儘先補用。

胥戴颺，督院吏，乾隆三十九年隨營受傷，給養傷銀十四兩、銀牌，予六品軍功銜。

---

〔1〕 "辦"，疑當作 "辦"，後同誤者則逕改，不另出注。

〔2〕 "游"，疑當作 "江"。

〔3〕 "征"，疑當作 "從"。

廩生		
國朝	毛治信	守備毛三元之子，難廩承襲雲騎尉。
	劉大受	守備劉朝林之子，承襲難廩。
	江應葵	建威將軍之子，承襲一品恩廩，由軍功議敍，即選同知直隸州知州，加運同銜，賞戴花翎。
	江起璪	應葵之子，承襲一品廩生。
	楊朝建	楊熾昌之子，難廩襲雲騎尉世職。
	江起恩	外委江應遠之子，難廩承襲雲騎尉。
	毛榮福	治信之子，守備三元之孫，承襲雲騎尉。
援例職員		
宋	任軨	京兆府咸陽縣主簿伯傳之子。
元	胥有容	山東泰安州巡檢。
	胥有光	雲南大理府教授。
	廖榮宗	直隸衡水縣典史。
明		
成化十八年	黃鐘	襄陽倉大使。
	胥永端	營山縣教諭。
	胥加官	江南定遠縣知縣，陞補永寧府知府。
	胥加裔	湖廣新寧縣知縣。
國朝	王臣	貴州銅仁府省溪長官司吏目。
	王朝芳	州同銜。
	王國泰	江西吉安府泰和縣早和〔1〕市巡檢。
	王心一	廣東惠州府歸善縣平出。
	王錫元	河南洛陽縣縣丞，署新安縣知縣，誥封奉直大夫。

---

〔1〕 "和"，疑當作 "禾"。

國朝	趙天榜	援例縣丞。
	王海宗	州同銜。
	王德銓	陝西延安府膚施縣典史。
	黃明廉	翰林院待誥。
	岳興仁	候選從九。
	馮升瀛	增生，陝西候補縣丞。
	杜桂森	選用縣丞。
	譚學詩	廩生，加捐教諭。
	向崇基	藩司吏，光緒三年援例報捐從九，雙月選。
	王席珍	已滿吏，加捐從九。

人物志

鹽邑鳳山東峙，梓水西環，山嶽鍾靈，宏才碩德，迭起循生。或以節，或以德，偉烈豐功，不區區以文學著，所謂"六經之外，自有偉人"也。爰倣常君《先賢志》[1]、《益部耆舊傳》[2]，再續斯篇，後之人景仰前徽，爭自樹立焉。可續《人物志》十七。

懷古八首　趙宗藩

嚴忠穆見舊志

高山大澤產龍蛇，新舊《唐書》擬世家。奉表將軍迎駱谷，蒙塵天子出褒斜。兩州團練新開府，一代平章起押衙。報國忠魂歸梓里，墓門終古有啼鴉。

重尋遺蹟盼庭柯，不解仍孫易姓何。雍正間，嚴氏改姓何，謂因年大將，故可異也。

---

[1] 按《先賢志》當指（東晉）常璩《華陽國志》卷十《先賢士女總讚論》。
[2] 按《益部耆舊傳》，（西晉）陳壽撰。

此日城開春郭麗，當年門聚德星多。郎官貴日施行馬，希府遷時臥橐駝。畢竟相公遺廣廈，萬家門户盡包羅。聞縣署即公舊宅，今石獅猶存。

文湖州

鄒魯門庭教化新，天生大雅許扶輪。詩書名畫稱三絶，秋月晴雲第一人。微妙祇[1]教蘇子識，品題尤得潞公親。吴興太守才如許，不作天階視草□。

鵝溪溪上嫩晴天，草木葱蘢思悄然。白絹有誰題畫册，青錢無處買詩篇。《丹淵集》久已失傳，購尚未得。洋川舊竹都無種，石室遺經已失傳。唯有山嵐終不改，似公手迹染松煙。

趙徵君

巍巍長平山，浩浩梓江水。其中有畸人，自號東巖子。抗懷王霸畧，足不履城市。人世無往來，閉户著經史。唯有李謫仙，願稱門下士。天子聞其名，召之終不起。

一卷《長短經》，《四庫》籤其名。購求不可得，後乃得燕京。讀之如《陰符》，其術實縱橫。囊括《史》《漢》策，諸子掇其英。分類别門户，擇語詳且精。堅實如老泉，卓識如孫卿。胸真具兵甲，不僅以舌爭。堪笑樊處士，貽譏盜虚聲。

張槎齋_{見舊志}

嚴家德星飛，文公石經腐。吾鹽數百年，後乃稱張府。先世列冠裳，公益啟門户。□朝甫龍興，天運日當午。公能讀父書，驥子傳四五。一家孝廉船，子孫繩祖武。累葉珥漢貂，滿堂悉簪組。我猶見老成，依稀舊章甫。回首數十年，忽又成今古

我昨來梓州，道經小河口。山峽塚纍纍，華表森左右。借問誰家墳，云是張公某。子孫歷數傳，捐書力田畝。停車坐太息，富貴孰長久。天運密流遷，白雲變蒼狗。況自我朝來，二百餘年後。巨族與世家，幾輩化烏有。公家且綿綿，想見公德厚。兹閲邑□篇，序言記公手。感歎題此詩，□公傳不朽。

唐

嚴烈，字志烈。先世居會稽，十七世祖顔任閬中守，降蜀漢。隋開皇中避亂來

鹽，至負戴山麓，遂家焉。烈性嚴明，少讀書，有經世志。及長，力能挽強。秦□刺史李□之[1]善知人，謂其父曰：「此子虎頭燕頷，韜畧異常，當封侯萬里。」至太宗、高宗時，朔漠多故，突厥及薛延陀、鐵勒等先後煽亂，朝廷命將征之。烈奮其智勇，迅掃窮荒，威靈震讋。天子嘉之，疊次晉爵忠武將軍、守左武律將軍、員外郎、上柱國、賜紫金魚袋。平生事親孝，待諸昆友愛。與僚輩處，以信義相聯，不隨俗波靡。督師紀律嚴明，師行處，民俱德之。上元二年卒，葬負戴山麓。雖享年不永，而嚴氏自烈後，科名世業，終唐之世爲鹽望族云。見《墓誌銘》。

　　李湛，《舊唐書·李義府傳》：「家於永泰。少子湛，六歲以父授周王文學[2]。神農[3]初，累遷左[4]散騎常侍，襲[5]河間郡公。時鳳閣待[6]郎張柬之將誅張易之兄弟，遂引湛爲左羽林將軍，令與敬暉等啓請皇太子，備陳將誅易之兄弟意，太子許之。及兵發，湛與左[7]羽林大將軍李多祚等詣東宮迎皇太子，拒而不[8]出。湛進啓曰：‘逆豎反道亂常，將圖不軌，宗社危敗，實在須臾。湛等諸將與南衙執事尅期誅翦，伏願陛下暫至玄武門，以副衆望。’太子曰：‘凶豎悖亂，誠合誅夷，然聖躬不豫，慮有驚動。公等且止，以俟後圖。’湛曰：‘諸將棄家族，共宰相同心戮力，匡扶社稷，殿下奈何不哀其懇誠，而欲陷之鼎鑊？湛等微命雖不足惜，殿下速出自止遏。’太子乃馳馬就路，湛從至玄武門，斬關而入，率所部兵直至則天所寢長生殿，環繞侍衛。因奏：‘臣等奉命[9]誅逆賊易之、昌宗，恐有漏洩，遂不獲預奏。輒陳兵禁掖，是臣等死罪。’則天謂湛曰：‘卿亦是誅易之軍將耶？我於汝父子恩不少，何至是也！’則天移就上陽宮，因留湛宿衛。中宗即位，拜右羽林大將軍，進封趙國公。」《新唐書·李多祚傳》：「湛字興宗，沉厚有度。武后徙上陽宮，留湛宿衛。頃之，復爲右散騎常侍，賜鐵券。三思惡之，貶果州刺史。歷洺、絳二州，累遷左領軍大將軍。開元十年卒，贈幽州都督。初，義府以立武后故得宰相，而湛爲中興功臣，世不以其父惡爲貶云。」《忠義傳》：「功臣畫像圖凌煙閣，左領軍大將軍、趙

---

〔1〕據前文，當爲「秦州刺史李適之」。

〔2〕「六歲以父授周王文學」，百衲本《舊唐書》卷八十二作「年六歲時，以父貴授周王文學」。

〔3〕「農」，百衲本《舊唐書》卷八十二作「龍」，當是。

〔4〕「左」，百衲本《舊唐書》卷八十二作「右」，當是。

〔5〕百衲本《舊唐書》卷八十二「襲」後有「封」字。

〔6〕「待」，百衲本《舊唐書》卷八十二作「侍」，當是。

〔7〕「左」，百衲本《舊唐書》卷八十二作「右」，當是。

〔8〕百衲本《舊唐書》卷八十二「不」後有「時」字。

〔9〕「命」，百衲本《舊唐書》卷八十二作「令」。

國公李湛第二等。”真西山嘗曰：“義府，奸邪人也。若李湛者，可謂蓋父之愆矣[1]。”府志載在射洪，依《通志·辨僞[2]》載入鹽亭。

嚴審紀，鹽亭人，先世居馮翊。隋大業初，父嚴知本任梓州刺史，因隸籍鹽亭。審紀仕唐，官至太子太保。子嚴侁，至德年間進士，贈中丞。

嚴礪，傳見舊志。

劍門銘　柳宗元

惟蜀都重險多貨，混同戎蠻，人尨俗剽，嗜爲寇亂。皇帝憲宗[3]元年八月，帥喪衆暴，羣疑不制，時韋皋、劉闢亂。妖孽搧[4]行。怙恃富强，滔天阻兵，攻陷他部，北包劍門。憑負丘陵，以張鷙猛，堅利鋒鏑，以拒大順，謂雷霆之誅莫己加也。惟梁守臣時嚴礪爲山南西道節度使。禮部尚書嚴公，以國害爲私讎，以天討爲己任。推仁仗信，不待司死，而人致其命；立義抗憤，不待喋血，而士一其心，悉師出次，祇[5]俟明詔。凡諸侯之師，必出於是，儲峙[6]饔餼，取其豐穰。乃遣前軍嚴秦，礪命秦收劍州。奉揚王誅，延[7]告南土。十一月，右師逾利州，蹈寇地，乘山斬虜，以遏奔衝。左師出於劍門，大攘頑囂，諭引刼脅，蟻潰鼠駭，險無以固，收奪地利[8]，以須王師，刳剔腎腸，振拔根柢，俾無以肆毒，用集我勳力。鼖鼓一振，元戎啟行，取其渠魁，以爲大戮。由公忠勇憤悱，授任堅明，謀獻[9]宏長，用能啟闢險阨，夷爲大途，衰沮害氣，對乎天意。帝用休嘉，議功居首，增秩師長，進爲大藩，宅是南服。將校羣吏，願刊山石，昭著公之功，垂號無窮。銘曰：

井絡坤垠，時爲外區。介[10]山爲門，環於蜀都。叢險積貨，混幷羌、髳。狂猾窺隙，狺狺嘯呼。憑據勢勝，厚其凶徒。皇帝之仁，宥而不誅。暴非德馴，害及巴渝。乃出王旅，命高崇文與礪同討。乃司[11]列岳。牧臣司梁，當其要束。器備攸積，

---

〔1〕 “義府……愆矣”，宋福州學官刻元修本《西山先生真文忠公讀書記甲集》卷十一作“李義府，姦臣也，其子湛以忠義聞。若勁與湛，可謂能蓋其父之愆矣”。

〔2〕 “僞”，嘉慶二十一年本《四川通志》卷二百四作“譌”，當是。

〔3〕 宋世綵堂本《河東先生集》卷二十無“憲宗”二字。

〔4〕 “搧”，宋世綵堂本《河東先生集》卷二十作“扇”。

〔5〕 “祇”，宋世綵堂本《河東先生集》卷二十作“祗”，當是。

〔6〕 “峙”，宋世綵堂本《河東先生集》卷二十作“偫”，當是。

〔7〕 “延”，宋世綵堂本《河東先生集》卷二十作“誕”。

〔8〕 “地利”，宋世綵堂本《河東先生集》卷二十作“利地”。

〔9〕 “獻”，宋世綵堂本《河東先生集》卷二十作“猷”，當是。

〔10〕 “介”，宋世綵堂本《河東先生集》卷二十作“界”。

〔11〕 “司”，宋世綵堂本《河東先生集》卷二十作“咨”。

糗糧是蓄。人無增賦，師以饒足。喋血誓士，玄機在握。分明[1]貔豻，陳爲犄[2]角。右逾岷山，左直劍門。攻出九地，上披重雲。攀天蹈空，夷視阻艱。破裂層壘，殄滅[3]羣頑。內獲固圍，外臨平原。天兵徐驅，卒乘嘽嘽。大憝囚戮，戎夏咸歡。帝圖厥功，惟良是先。開國進位，南服於藩。邦之清夷，人以完安。銘功鑒亂，永代是觀。

內有前軍嚴秦。考震爲山南節度時，即以礪爲牙將，兹之嚴秦，諒亦礪族，存之待考。

嚴幹，字元楨，中丞嚴佽子也。爲川東節度使參謀、朝議郎、監察、試大理司直。見《墓誌》。

嚴譔，嚴震之後，鎮南軍節度使。

嚴龜，《新唐書·昭宗本紀》：“天復二年正月，給事中嚴龜爲汴、岐協和[4]使。”《藝文志·醫術類》“嚴龜《食法》十卷”，注：“震之後，鎮南[5]軍節度使譔子也，昭宗時宣慰汴蔡[6]。”

宋

文同[7]，《通省志》：“文氏，文翁之裔。有龜年者，唐乾符中明經及第，至彰明令。孫曰谷，爲孟蜀侍御史。再傳曰大章，仕宋，爲國子祭酒。兄弟五人，一居漢州，一居梓，一居緜，一居邛，一居温江。至同登進士第，仕至太常博士、集賢校理。元豐初，出守吳興，至宛丘驛，忽留不行，沐浴衣冠，正坐而逝。”《通志》又云：“同官西川，樂岷山勝概，欲家焉，不果。子孫始來居郫。曾孫文仔，紹興丙子進士，官青城尉。同卒四世，故書尚無恙。”

文同常寓射洪，過子昂讀書臺，輒流連不忍去，曰：“惜哉！其不講出處之道也。”作《拾遺亭記》。

拾遺亭記

庚子秋，同被詔校《唐書》新本，見史策伯玉與傅奕、呂才同傳，謂伯玉以王

---

〔1〕 “明”，宋世綵堂本《河東先生集》卷二十作“命”。

〔2〕 “犄”，宋世綵堂本《河東先生集》卷二十作“掎”。

〔3〕 “滅”，宋世綵堂本《河東先生集》卷二十作“殲”。

〔4〕 “協和”，百衲本《新唐書》卷十作“和協”。

〔5〕 “南”，百衲本《新唐書》卷五十九作“西”，疑誤。

〔6〕 “蔡”，百衲本《新唐書》卷五十九作“寨”。

〔7〕 “文同”後復有“文同”二字，疑衍，今删。

者之術説武瞾，故《贊》貶之，曰："子昂之於言，其聲罃罃與！"〔1〕甚哉，其不探伯玉之爲理政書〔2〕之深意也！明堂大學，在昔帝王所以恢大教化之地，自非右文好治之主爲之，猶愧無以備其舉〔3〕，豈淫豔荒惑、險刻殘很〔4〕婦人之所宜與乎？緣事警姦，立文矯僭，伯玉之言有味乎其中矣。彼傅、吕者，本好曆數才技之書，但能畧領大體，頗務記覽，以濟其末學，詎可引伯玉而爲之等夷〔5〕耶？杜子美、韓退之，唐之偉人也。杜云："終古立忠義，《感遇》有遺編。"韓云："國朝盛文章，子昂始高蹈。"其推尚伯玉之功〔6〕如此。後人或以己見而遽抑之，人之才識，信乎有相絶者矣。同當時嘗欲具疏於朝廷，以解伯玉之不然，會除外官不果。癸卯春，伯玉縣人金華道士喻拱之過〔7〕，言其邑令龐君子明於本觀陳公讀書臺舊基，構大屋四楹，題曰"拾遺亭"。棟宇宏豁，軒檻虚顯，步倚眺聽，依然風尚。將記其實，願煩執事。同曰："伯玉，同之郡人也。昔不幸而死於賊簡之手，心常〔8〕悼之矣。今不幸而不得列於佳傳，是故懇懇欲〔9〕爲之伸地下之枉耳，記此何敢妄。"遂述前事，使揭於亭上，聊以闡獨坐之幽。其山川之勝，登臨之美，今古不易，有子美之詩在焉。

謝就差知興元府表　文同

〔10〕便私之情〔11〕，輒昧死以上聞；欲從之仁，遽推恩而下及。臣何爲者？幸至此〔12〕哉！舉千里之大而使之撫綏，顧一介之輕而敢不勤瘁，望過心悸，感深涕流。臣〔13〕誤緣科名，竊篒館閣。是正偶〔14〕謬，學問淺而未精；講磨本元，才識短而多泥。居中無補，請外尤頻。嚮蒙朝廷俾守仁壽，當禀〔15〕行條詔之始，固勿憚簿書之

〔1〕　明萬曆本《補續全蜀藝文志》卷二十七"甚哉"前有"嗚呼"二字。

〔2〕　"爲理政書"，明萬曆本《補續全蜀藝文志》卷二十七作"爲政理書"，當是。

〔3〕　"猶愧無以備其舉"，明萬曆本《補續全蜀藝文志》卷二十七作"且猶愧無以稱其舉"，當是。

〔4〕　"很"，明萬曆本《補續全蜀藝文志》卷二十七作"詖"。

〔5〕　"夷"，文淵閣《四庫全書》本《四川通志》卷四十一作"齊"。

〔6〕　明萬曆本《補續全蜀藝文志》卷二十七"功"後有"也"字。

〔7〕　明萬曆本《補續全蜀藝文志》卷二十七"過"後有"門"字。

〔8〕　"常"，明萬曆本《補續全蜀藝文志》卷二十七作"嘗"。

〔9〕　明萬曆本《補續全蜀藝文志》卷二十七"欲"後有"一"字。

〔10〕　明汲古閣本《丹淵集》卷二十八"便私"前有"臣某言：今月二十日，進奏院遞到勑牒一道，伏蒙聖慈，以臣陳乞，特除授臣知興元府，仍放朝辭者"七句。

〔11〕　"情"，明汲古閣本《丹淵集》卷二十八作"請"，當是。

〔12〕　"此"，明汲古閣本《丹淵集》卷二十八作"是"。

〔13〕　明汲古閣本《丹淵集》卷二十八"臣"後有"某誠惶誠恐，頓首頓首。念臣"三句。

〔14〕　"偶"，明汲古閣本《丹淵集》卷二十八作"譌"。

〔15〕　"禀"，明汲古閣本《丹淵集》卷二十八作"奉"。

勞，踰年於茲，庶事頗集。殆將滿歲，當趣遠[1]朝。因念骨肉衆多，道途緬邈，加有爲累之婚嫁，殊無可仰之耕桑，何所買[2]瑯琊之田，徒爾索長安之米。以再求僻郡，少緩私門。豈謂伏遇皇帝陛下照以天光，涵[3]之海量，俯矜愚妄，特誼誅夷。亟下武都之書，使紆南鄭之綬。矧茲善地，實曰鄰鄉，川陸寬平，魚稻豐美。顧惟多士，有願往而不能；豈爾臣賤[4]，或陳請而遂得。被恩若此，圖報用何？止俟交官，即赴新治。誓盡么麽[5]之一節，庶酬汪濊之萬分。但竭愚忱，敢符天鑒[6]。

王聞修曰：“讀此表，想見當時君臣，真如家人父子。”

楊升菴云：“坡公亟稱文與可之詩，而世罕傳。《丹淵集》余家有之，其五言律有韋蘇州、孟襄陽之風，信坡公不虛賞也。今録其數首於此：

《詠閑樂》云：

晝睡欲過午，好風吹竹床。溪雲生薄暮，山雨送微涼。粉裹衣裳潤，蘭薰枕席香。歸來閑且樂，多謝墨君堂。

《過友人谿居》云：

籬菴[7]隔菰蒲，閑扇[8]掩自娱。水蟲行插岸，林鳥過提壺。白浪搖秋艇，青煙蓋晚厨。主人誇野飯，爲我煮秋鱸。

《晚次江上》云：

宛轉下江岸，霜風繞人衣。翩翩渚鴻墅，閃閃林鴉歸。前塋已重靄，遠峯[9]猶落暉。孤舟欲何向，擘浪去如飛。

《玉峯園避暑值雨》云：

南園避中伏，適意[10]晚忘歸。牆外谷雲起，簷前山雨飛。興饒思秉燭，坐久欲添衣。爲愛東岩下，泉聲通翠微。

《極寒》云：

燈火宜冬杪，圖書稱夜長。簾鈎掛新月，窗紙漏飛霜。酒醴惡孤宧，氈裘逐異

---

[1] “遠”，明汲古閣本《丹淵集》卷二十八作“還”。
[2] “買”，明汲古閣本《丹淵集》卷二十八作“賣”，當是。
[3] “涵”，明汲古閣本《丹淵集》卷二十八作“函”。
[4] “臣賤”，明汲古閣本《丹淵集》卷二十八作“賤臣”，當是。
[5] “麽”，明汲古閣本《丹淵集》卷二十八作“麿”。
[6] “但竭愚忱，敢符天鑒”，明汲古閣本《丹淵集》卷二十八作“但竭愚衷，敢誣天鑒”。明汲古閣本《丹淵集》卷二十八“天鑒”後有“臣無任感神荷聖、忭蹈欣躍、激切屏營之至，謹奉表稱謝以聞”三句。
[7] “菴”，明萬曆二十九年本《升菴先生文集》卷五十八作“巷”。
[8] “扇”，明萬曆二十九年本《升菴先生文集》卷五十八作“扉”，當是。
[9] “峯”，明萬曆二十九年本《升菴先生文集》卷五十八作“風”，疑誤。
[10] “適意”，明萬曆二十九年本《升菴先生文集》卷五十八作“意適”。

鄉。誰知舊山下，梅豔滿東牆。

《江上主人》云：

客路逢江國，人家古[1]畫圖。青林隨遠岸，白水滿平湖。魚小猶論尺，鷗輕欲問銖。何時遂休去，來此伴潛夫。

《詠梨花》云：

素質靜相依，清香暖更飛。笑從風外歇，噭向雨中歸。江令歌瓊樹，甄妃夢玉衣。畫堂明月地，常此惜芳菲。

《詠杏花》云：

仙杏一番新，妖嬈洗露晨。待粧嫌粉重，欲點要酥勻。月淡斜分影，池清倒寫真。君須憐舊物，曾伴曲江春。

此八首[2]置之開元諸公集中，殆不可別。今曰宋無詩，豈其然乎!"見《楊升菴集》。

一字至十字咏竹　文同

竹，竹。森寒，潔綠。湘江頭[3]，渭水曲。帷幔翠錦，戈矛蒼玉。心虛異衆草，節勁踰凡木。化龍杖[4]入仙陂，呼鳳律鳴神谷。月娥巾帔靜苒苒，風女[5]笙竽清簌簌。林間飲酒奇[6]影搖尊[7]，石上圍棋輕陰覆局。屈大夫逐去徒悅椒蘭，陶先生歸來但尋松菊。若論檀欒之操無敵於君，欲圖瀟灑之姿莫賢於僕。

《圖繪寶鑑》："文同善畫墨竹，知名於時。或戲作古槎、老柟[8]，淡墨一掃，雖丹青極毫[9]楮之妙者，[10] 所不能及也。"文同撰《丹淵集》四十卷，同曾孫黿[11]編。《拾遺》二卷、《年譜》一卷、《附錄》二卷，皆慶元中家誠之編。同以畫竹著名，文章遂爲畫所掩。核其全集，馳驅於黃、秦、晁、張之間，如驥之靳也。

---

〔1〕 "古"，明萬曆二十九年本《升菴先生文集》卷五十八作 "占"。

〔2〕 "首"，明萬曆二十九年本《升菴先生文集》卷五十八作 "詩"。

〔3〕 "頭"，明汲古閣本《丹淵集》卷十七作 "濱"。

〔4〕 "杖"，明汲古閣本《丹淵集》卷十七作 "枝"。

〔5〕 "女"，明汲古閣本《丹淵集》卷十七作 "生"。

〔6〕 "奇"，明汲古閣本《丹淵集》卷十七作 "碎"。

〔7〕 "尊"，明汲古閣本《丹淵集》卷十七作 "罇"。

〔8〕 "柟"，元至正本《圖繪寶鑑》卷三作 "枏"。

〔9〕 "毫"，元至正本《圖繪寶鑑》卷三作 "豪"。

〔10〕 元至正本《圖繪寶鑑》卷三 "所" 前有 "形容" 二字。

〔11〕 "黿"，疑當作 "鼋"。

明

黃衡，邑東青衣溝人。學術純正，立身方嚴。洪武八年乙卯科選拔，戊午舉進士。任刑部陝西判案所清吏司，尋遷都察院都御史，轉戶部郎中。没後，峻節高風，人皆慕之。永樂三年崇祀鄉賢，宣德二年奉旨旌表，建坊於第側。

譚紹祖，縣北四十里白土溝人。洪武時進士，仕至禮部侍郎，建文時爲國子祭酒。靖難兵入，從建文出亡，不知所終。譚永昌、譚聘、譚嘉虞，累世簪纓，皆其後裔。

何卿，邑東順水溝人。正德中爲指揮僉事，以能擢筇連守備。從巡撫盛應期擊斬叛賊謝文禮、謝文義。世宗立，論功，進署都指揮僉事，充左參將，協守松潘。嘉靖初，芒部土舍隴政、土婦支祿等叛。卿討之，斬首二百餘級，降其衆數百人。政奔烏撒，卿檄土官安寧禽〔1〕以獻。寧佯諾，而匿政不出。巡撫湯沐言狀，帝奪卿冠帶。川、貴兵合討，賊始滅，還冠帶如初。五年春，擢副總兵，仍鎮松潘。隴氏已絕，改芒部爲鎮雄府，設流官。未幾，政遺黨沙保復叛。卿偕參將魏武、參議姚汝皋等並進，斬保等賊首七人，餘盡殄。錄功，武最，卿次之，賜賚有差。黑虎五砦番反，圍長安諸堡，烏都、勃鴿諸番亦繼叛，卿皆剿〔2〕平之，就進都督僉事。威茂番十餘砦連兵刼軍餉，且攻茂州及長寧諸堡，要撫賞。卿與副使朱紈築茂州外城以困之，旋以計殲〔3〕其衆，戰屢捷，遂攻深溝，焚其碉砦。諸番窘，請贖罪。卿責獻首惡，番不應。復分剿深溝、渾水二砦，殲之。諸番乃爭獻首惡，插血斷指〔4〕，且誓不復叛。卿乃與刻木爲約，分處其曹，畫疆守，松潘路復通。巡撫潘鑑等上二人功，詔賚銀幣，進署都督同知，鎮守如故。久之，以疾致仕。二十三年，塞上多警，召卿，以疾辭。帝怒，奪其都督，命以都指揮使詣部聽調。未幾，寇逼畿輔，命營廬溝橋。松潘副總兵李爵爲巡撫邱養浩劾罷，詔以卿代。給事中許天倫言卿賄養浩劾爵，自爲地。帝怒，褫卿及養浩官，令巡按冉崇禮覈實。時兵事棘，翁萬達復薦卿，還其都督僉事，督東官廳軍馬。已而崇禮具言爵貪污："卿鎮松潘十七年，爲蜀保障，軍民頌德，且貧，安〔5〕得賄？"帝意乃解。四川白草番爲亂，副總兵高岡鳳被劾，兵部尚書路迎奏卿代之。卿再蒞松潘，將士咸喜，乃倉〔6〕巡撫張時徹討

---

〔1〕 "禽"，百衲本《明史》卷二百十一作"擒"，後同。
〔2〕 "剿"，百衲本《明史》卷二百十一作"破"。
〔3〕 "殲"，百衲本《明史》卷二百十一作"殘"。
〔4〕 百衲本《明史》卷二百十一"指"後有"耳"字。
〔5〕 百衲本《明史》卷二百十一"安"後有"所"字。
〔6〕 "倉"，百衲本《明史》卷二百十一作"會"，當是。

禽渠惡數人，俘斬九百七十有奇，克營砦四十七，毀碉房四千八百，獲馬牛器械儲積各萬計。進署都督同知。卿素有威望，爲番人所憚。自威茂迄松潘、龍安，夾道築牆數百里，行旌往來，無剽攻患。先後蒞鎮二十四年，軍民戴之若慈母。再以疾歸。三十三年，倭寇海上，詔卿與沈希儀各率家衆赴蘇、松軍門。明年，充副總兵，總理浙江及蘇、松海防。卿，蜀中名將，不諳海道，年已老，兵與將不習，竟不能有所爲。[1] 巡按御史周如斗劾罷，卒。《貴州通志》：“卿在鎮，禮賢事老，澤及枯骨，民爲立碑。太史楊慎作《雪關謠》曰：‘雪山關，寒[2]風起。十二月，斷行旅。霖[3]爲箐，冰爲臺。馬毛縮，鳥聲哀。將軍不再[4]來，西路何時開？’”傳見《明史》，《雪關謠》見《升菴集》。

按：今父老傳言：卿少力大，能舉石輪。有欺之者，訟於官。役至，卿正犁田，差役喚之出。卿怒，輟耕，舉牛浴於池。役懼，不敢前，歸縣，白之官。官奇其勇，折柬招至，欲試其膽略。正行禮時，暗於身後舉碬，卿神色不變，官曰：“將才也。”薦於當事，後擢至松潘鎮總兵。至今數百年，後裔一住松潘，一住鹽亭。何氏祠尚有木主。

國朝

王養臣，縣東石渠人，其先世侯姓。性倜儻，有膽略。少讀書，通大義。順治元年，母虞氏因獻賊之亂没於兵。養臣日夜涕泣，欲從軍以復母仇，旋以王師未至，不果。三年，適肅王入蜀，殲賊於西充鳳凰坡，養臣之心稍遂，然終以未親刃賊首爲憾。戊子，蜀大饑，時射洪郭大長，獻賊餘黨也，自號無主大將軍，殺掠鄉村，殭尸積野。養臣奮袂大呼曰：“養臣！爾忘流賊之殺爾母乎？”與内戚任九級謀，招集義勇，爲詐降計。賊至石狗埡，養臣率衆迎之，具供給。養臣係土著，熟地勢，爲賊布置諸營，即暗設計。賊不知其詐，反德之。時養臣年十九，貌不凡，賊善其才，收爲義子。至夜，養臣取四鄉猪牛犒賊，賊甚歡。賊首郭大長亦暢飲於村樓，欲食燒餅，養臣辦以進。方暢飲時，養臣求郭授劍術，郭下席教之[5]，養臣請學舞於前以爲樂。是時羣賊飲樓下，郭大長左手執餅，右手執犀角杯。養臣見郭全不介意，將劍向賊一揮，賊首落地。遂由樓捷足上屋瓴，呼衆賊，告曰：“無主將軍，我

---

〔1〕 百衲本《明史》卷二百十一“巡按”前有“爲”字，當是。

〔2〕 “寒”，明萬曆二十九年本《升菴先生文集》卷三十九作“雪”。

〔3〕 “霖”，明萬曆二十九年本《升菴先生文集》卷三十九作“霧”。

〔4〕 “再”，明萬曆二十九年本《升菴先生文集》卷三十九作“重”。

〔5〕 “郭下席教之”，《鄉土志》作“部下教之”。

已梟其首矣，汝等各宜逃生。不然，王師明日至，汝無遺類也。"賊倉皇，計無所出。是夜逃者半，明晨賊悉去。當事奏於朝，任九級以知州用，養臣給守備銜。上憲奇其才，屢檄養臣供職，養臣曰："母仇得報，爲親盡孝，爲國盡忠，此心遂矣，毋苟圖富貴也。"自甘淡泊，以壽終。

按：養臣平賊之功，本與任九級同。舊志獨載任九級，亦如奚施與弦高同犒師，而奚施弗著；王叕與李冰同導水，而王叕弗傳；守睢陽者有姚闇，而人止知張、許；刺秦政者有宋意，而人止知荆軻。潛德弗彰，千古同慨。特採輿論，以補舊志之畧。

陳書，字玉簡，邑南水集口人。父四聰，餼於庠，以孝友聞。書純孝，酷似其父，而和婉過之。康熙丁卯舉於鄉，戊辰成進士，授内閣中書。回籍省親，眷戀慈闈不忍去，檄催供職。甲戌補内閣撰文舍人。能文，工書翰，凡撰制誥及宮禁王府屏聯，多出其手。冢宰熊公器重之，條陳時政，熊公悉代爲啟奏，見諸施行。擢至禮部郎中，惜年不永，卒於官。凡所言所行無巨細，夜必焚香書之，數十年如一日。文集遺失，惟《鵑聲詩集》行世。

擬古　陳書

孤鶴有高巢，在彼蓊蔥樹。陰雨久棄捐，一心懷百慮。瞥見丹鳳凰，鍛翮征長路。結交共翻飛，巢雛義不顧。歲月忽以移，縞衣黏霜露。晝遊飽艱辛，暮棲成獨瘔。引領發哀鳴，不能言其故。

其二

青松峙雲表，風雨撼其枝。梅花吐寒豔，冰雪戕其姿。彼美隔山岳，此愁當控誰。斲桐寫衷愫，清夜理絃絲。商音隨風發，草木盡欲萎。栖鳥傍徨鳴，空雲輾轉馳。泠泠玉軫間，慷慨有餘悲。伶工挾俳優，秦箏次第隨。入門共嘈雜，各自懷所私。清聲違衆好，鼓竟罕人知。一語不入意，萬曲總可嗤。物理固若彼，奚事悃悵爲。鸚鵡繫金籠，鴻鵠自高飛。

其三

中天有明月，皎皎照涼夕。問予何所爲，斂眉失歡懌。今晨鵲噪中，客至門初闢。貽我雙鯉魚，捧持如拱璧。中有萬里書，幅小不盈尺。下無長相思，上無久行役。但言重意氣，積憂將致癖。書語不數行，行行深自責。展玩再三嘆，恨乏雙飛翮。起舞明月中，露浸衣裳襞。涼風復動樹，衣久寒漸逼。月自淨無塵，人自摧肝膈。

瑤池古冰雪爲秦節母賦

瑤池古冰雪，積素蓬萊宅。寒影動璃樓，冷豔浮銀闕。光輝被四隔，處處皆瑩徹。皎若深秋月，湛若江清冽。煙雲未易侵，何處著塵屑。我思堅白姿，往往受磷涅。隋珠皎夜光，勻圓易轉側。趙璧美連城，追琢爲環玦。卓哉秦節母，追芳古貞烈。持此一片心，終始完名節。節將冰比清，心與雪爭潔。願言播聲詩，壽之以貞碣。

放歌次韻

古人廬天地，我謂如孤蓬。煙雲挂飛帆，篙櫓借颮風。自昔渾敦斧鑿就，迄今行色恒匆匆。百花相代發，草樹各成叢。顧盼即茵褥，堪與錦衣通。五岳峻嶒起，氣色皆鬱葱。撫摩等艙舷，安所見龍駥。篷窗開闔如日月，錦纜搖曳見蜕虹。高談狂嘯乘興發，迅雷怪雨驚愚蒙。噫嘻乎嗟哉！貧乞子，貴王公。紛紛入我孤航内，千秋萬歲何時終。

楊甲仁，字愧菴，射洪理學名儒也。著有《易學驗來録》《下學録》《憂患録》《與李中孚遊城北録》等書。二曲曰：“愧菴天姿高渾，篤學力行，蓋幾於道者也。”在京與玉簡交最篤。愧菴致仕歸里時，贈玉簡字扇一柄，詩斗方二幅。題扇詩云：“五百鍾靈起鳳毛，丹淵劍氣會冲宵。子瞻雅致推金馬，與可清風震墨濤。寧静直涵參兩秘，真誠應合地天交。山樵洗耳涪江上，竚聽經綸滿治朝。”

杜廷枚，字吉甫，號卜山。乾隆乙卯舉人，嘉慶丁丑大挑一等，簽分湖南，署慈利縣事。邑豪某結黨爲民害，歷任莫能發其奸。公廉得實，計誘之，以罪服[1]，民大悦。未三月，丁艱歸。慈民愛戴，作歌誦之，詞曰：惟兹慈邑，風移俗醇。善政慈惠，布化同遵。錯枉舉直，培苗除莠。我公有之，令德孔厚。雷山嶸嶸，澧水洋洋。願公之節，山高水長。遵素經濟，世傳清白。願公繼之，垂勳竹帛。

鄭太平，麟亭坳人。性沉静，貌魁梧，舉止不苟。少讀書，未卒業，習弓馬，以射著名。嘗於黑夜射炷香，百無一失。嘉慶戊寅恩科鄉試，制憲蔣稱爲人箭雙絶，遂領解。人以遠到相期，奈年不永，士論惜之。門前有石如蟠龍，又有印石一塊，遺迹尚存。

江長貴，字良臣，行三。先世山東濟南人，成化間，祖灝官樂山令，罷歸，愛

鹽亭俗僕，遂家焉。至長貴祖貴祥、父占元，有陰德，以長貴貴，贈如其官。長貴性樸誠，少有大志，隸綏靖營行伍。歷年調辦獉夷，擢重慶千總。咸豐元年，粵匪煽亂，檄鎮兵協剿，從向忠武轉戰湘、鄂、皖、浙數省，所向克捷，累官皖南鎮總兵。同治二年，徽防署定，請假葬親，未卒事，奉廷命急赴直隸軍營，署直隸提督事。賊平，赴湖北本任。八年，調福建陸路提督。十二年，以疾乞歸，給食全俸。光緒二年二月辛巳卒於省寓。長貴生平習岳威信、楊忠武兵法，並師其人，故所向克捷。任重慶時，仿武侯陣圖，常至江灘磊石爲陣，玩其起伏向背，以爲行軍之要。每駐營，必將遠近關隘熟悉胸中，然後截殺追剿。及臨陣，冒險衝鋒，士卒從之，罔不以一當百。計督師二十餘年，身經千百戰，惟在廣德失利，餘罔不勝。其戰功之最著者，咸豐四年七月，髪逆數十萬攻陷安徽之祁門，江浙險要全失。長貴馳援，率所部五百人深入血戰，連克東流、建德等縣，並以祁門爲江浙運道，激勵勇丁，奮力刲賊。入城堅守，聲言大兵將至，賊不敢回犯。及移營徽防，駐嚴寺街，被圍，鎗炮如雨。長貴以少擊衆，身先士卒，縱橫掃蕩，身受重傷，猶手刃悍賊五名，賊遂潰。議者謂曾文正在祁門凡十一戰，禦賊數十萬，摧挫賊鋒，厥後江寧克復，皆賴此十一戰之力。長貴實先後血戰，佐以成功。江浙既平，各處告急赴援，所向克捷，收復名城大邑以數十計。駐徽日久，江都司之名，婦孺皆知。擢至提鎮，猶曰："江都司在此，即吾輩萬里長城矣！"或餽以酒食，亦姑受之，以慰其感戴之意。回籍後，分潤宗族，並創義學、置義田，捐軍餉萬五千金，加廣學額。尤篤於倫紀，友愛昆季。歿後，予諡建威將軍，本籍及皖省均建專祠。光緒四年，崇祀鄉賢。子應葵、孫起璪，承襲恩廕。

黃繼黼，字黼堂，本邑人。入射洪學[1]，嘉慶丙子中副車。性孝友，工書翰。教人以德行爲先，嘗批《古文鐸》《制藝鐸》以訓士。鹽、射間名宿，悉門下士也。簡默寡言，得宋儒主靜之功。除應試及主講，終身不履城市。年八十有四，元旦，無疾終。子明恕，孫輝策，俱拔貢生。

---

[1]　"學"，《鄉土志》作"籍"。

卷三　人民部

忠義志

先儒語録云："惟天地間第一等人，乃能幹第一等事。"披肝胆，仗節義，百折不回，所謂"鐵中錚錚，庸中佼佼"，豈不偉歟！鹽邑以忠義著者，抱誠守掘[1]，似無他奇。然臨大事，不避艱險，衝鋒破敵，與張睢陽、顔常山輩後先輝映，載之簡册，知千秋俎豆，猶懔懔有生氣焉。續《忠義志[2]》十八。

黄文朗，增生。嘉慶五年教匪入境，同子上英率衆守龍泉砦。衆潰，被執不屈，罵賊死。

黄上英

董英才

督吏王國周

武生王復壽即國周子

黄朝服

任焕然

許貴

以上七人與黄文朗同時戰死。《通省志》："入祀昭忠祠。"

衡仕美

---

〔1〕 "掘"，疑當作"拙"。
〔2〕 "志"字原脱，據前後文意補。

何廷林

趙文琮

馮應明

范連[1]進

陳先進

六人均砦首，庚申禦賊陣亡。

毛三元，邑井子口人。道光壬辰武進士，藍翎侍衛，授雲南景蒙營守備，調元江營守備。剿思茅游[2]匪，赴猛旺，至金家灣，與賊力戰，陣亡。賜世襲雲騎尉，子志信、孫榮福承襲。

江應遠，建威將軍之子。咸豐元年，投效軍營。五年，補四川疊溪營外委。七年，攻賊於湖熟，裹創血戰，陣亡。子起恩，襲雲騎尉。

劉朝林，道光十四年入懋功營，出師羗邊、粤東、瞻對，以功補阜和營外委。咸豐二年出師湖南剿粤匪，隨提督蘇追賊立功，保藍翎千總。克復婺源，賞換花翎，補四川松潘右營守備，加都司銜。十年四月，帶隊於安徽進攻太平縣屬甘棠地方，血戰陣亡。事聞，照遊擊例給恤。子大受，襲雲騎尉。

王常松，監生。咸豐十一年藍逆入境，帶團禦賊，被縛，不屈死。給雲騎尉世職。

楊熾昌，增生。咸豐十一年藍逆突至，圍昌於書館，強作示，昌罵之，遂遇害。奏請議恤，給雲騎尉世職，子朝建承廕。

王文林，辛酉，賊破泗方砦，被執，罵賊，不屈死。

任朝慶，係黃冠。賊破泗方砦，罵賊[3]。

胡文燦，金雞場人，年八十餘。辛酉避賊於胡家巖洞，以鋤擊賊，洞賴保全。賊縛其二子，對剮之，文燦罵不絕口，遂乏嗣以終。

鄧鳴珂，邑明經。咸豐辛酉，珂爲泗方砦首，砦破被執。勸之降，以母老辭。迫以酷刑，身無完膚，瀕死者再。偽統領救之，得生，後逃歸。邑廣文陶贈之以詩，有"守我堅貞志，由他毒刃加"之句。

---

〔1〕 "連"，《鄉土志》作"廷"。

〔2〕 "游"，《鄉土志》作"進"，疑誤。

〔3〕 "罵賊"後疑有脫文，光緒二十三年本《新修潼川府志》卷二十三作"任朝慶被執，不屈死"。

孝友志

必誦《詩》《書》而後言孝弟，則孝弟不原於天；必資師友而後言孝弟，則孝弟不由於性。《中庸》論達道曰誠，誠者，性天也，豈謂孝弟由性天出者非乎？吾鹽讀書者少，士半業農，邇來割股救親，推財讓弟，所在多有。夫割股之説，昔賢非之。然事苟出於至誠，無一毫沽名釣譽之私，則愚夫愚婦即天地間祥麟威鳳也。急補之邑乘，以表懿德。續《孝友志》十九。

張正紀妻唐氏，姑田氏病篤，醫藥罔效，唐割股痊之。見《通志》。

程仕綱妻趙氏，姑病垂危，醫藥罔效，趙割股以痊，鄉人賢之。見《通志》。

曹升庸，歲貢生，性至孝。父患痔，醫罔效，夜臥，恍惚有人示曰："病惟吕宋豆可療。"醒，異之，徧訪無此藥。適其子蕭應潼郡試，於賣藥籃中得數粒歸，研水冲服，遂愈。壽八十餘，無疾而終。

張登魁，[1]弟登鼇友愛極篤，鄉里稱之。爲樹一匾於中庭，曰"友恭同敦"，以爲兄弟法。孝廉鵬騫，登鼇之長曾孫也。

王恢基，邑貢生，弟二人。母卒，居喪盡禮。命弟善事繼母，[2]慰父心，待繼母弟尤篤愛。父卒，廬墓，事繼母尤謹。

張大朝，家極貧，以孝聞。父目病盲，朝虔禱願以身代，目復明，咸以爲孝感。

譚慎修，附貢生，石船溝人。性純篤，分爨後兄歿，遺孤六人，窘甚。修小康，勸嫂同爨，財產與共。一堂雍睦，人稱羨之。

楊仕才，雙龍場人。兄仕德主家計，多私積，願分與才，才堅辭不受。年四十無子，市中一丐女，或戲才曰："君乏嗣，盍娶之？"才曰："可。"遂成婦禮，生子誼章，孫數人。晚年力行善事。

顧見文，素習儒業。父歿，撫二弟成立。母氏趙病危，割股痊之。

王德馨，邑增生。幼失怙，事母孝。庚申之亂，偕族衆十七人避兵，行至張村坡，德馨忽思幼子，歸與俱來，至則十七人皆遇害，人以爲天之保護孝子云。後年

---

〔1〕 光緒二十三年本《新修潼川府志》卷二十三、《鄉土志》"弟"前俱有"與"字。

〔2〕《鄉土志》"慰"前有"以"字。

逾七十，前縣張旌其門。

楊勾氏，大芳之妻。夫歿，姑孀病思肉，貧無以爲計，氏鬻髮市肉奉姑，病遂愈。

勾文才，奉孀母，仁孝性成。家極貧，自八歲傭工，凡一飲一食，無不留以奉母，鄉里稱之無間言。

楊大順，賈村溝人。性純孝，父多病，順割股五次以進。居喪，哀毀幾死。

馬洪有，小馬溝人。幼承節母趙氏桃，盡孝。晚歲爲藩吏，歸，尤善體母心。子教職來賓、作賓，孺慕肫摯。作賓以副貢署江安訓導。

黃金榜，武生，河堰溝人。六歲喪父，母王氏性嚴烈，偶違志，則對案不食，榜長跪終日，祈霽顏。晚年，勸母赴鄰舍宴，母執杖責之，曰：“我數十年未踰閾，何污吾耳！”榜跪而受之，其純孝類如此。

孫朝春，邑增生。父病篤，割股以進。虔禱，願滅[1]己壽以益父，[2]頓愈。養孤獨，刻《慾海慈航》以勸世，採先輩格言刊碑以遺後嗣，家規肅然。

孫鍾岷，字碧山，邑明經。性孝友，兄弟俱貧，勸與共爨，代償宿債無蒂芥。設教以敦品爲先。子四人遊庠，皆有父風。

李含章，邑增生，性極孝。母氏何，雙目失明。庚申，藍逆入境，章負母避難。值暑日，汗下如雨。母曰：“賊至矣，子宜速行，勿以我累。”章泣曰：“母在此，兒何之？”章素體弱，至此精力數倍，違賊里許，竟獲免。

李長培，邑庠生。性和順，曲體親心，尤善事繼母。分產時，推多取少，鄉里稱之。

謝李氏，文生長培養女也。培素以孝友聞，病劇，醫言不治。氏暗中泣禱，割臂救之，遂愈，人稱爲孝。

劉榮美，監生。早孤，慷慨好義，事祖母以孝聞。廣文稅公贈聯云：李子陳情，歡欣並美；鮑公高誼，慨慷同心。

趙鳳英，武生宴清之女，文生正義之妹。性貞靜，嫻女訓。母病，醫言不治。女年十五，寢食俱廢。夜禱，割股奉母，病頓愈。久之，家人見其創痕，始知之。先，宴清事母孝。故語云“孝順還生孝順子”。

王元棟，天性誠慤。父朝魁病篤，棟割股以進，病愈。

---

〔1〕 “滅”，光緒二十三年本《新修潼川府志》卷二十三、《鄉土志》俱作“減”。
〔2〕 光緒二十三年本《新修潼川府志》卷二十三“頓”前有“遂”字，《鄉土志》“頓”前有“父”字。

馮孝山，朽石坎人，孺慕肫摯。少孤，過繼承嗣，其母與生母俱係節孝。家貧，教讀養親。光緒六年，母病，割股截指痊之。親歿，廬墓守制。

王德龍，青土埡人，曾割股救母。辛酉，賊脅至縣州，得痢疾，幾死。偶夢人告曰："汝能孝親，免汝於難。"醒後疾愈，次夜遂逃歸。

岳廷榮，邑庠生，渭南知縣冠華之孫也。事母至孝，嘉慶五年避教匪亂，負母至山谷中。賊突至，不及逃，被獲。賊曰："當血[1]吾刃。"廷榮泣曰："死不敢辭，但勿傷吾母。"遂延頸以待。賊感其孝，釋之。見《潼川府崇聖祠忠孝題名記》。

張映斗，青年遊泮。兄庸懦，嫂勃谿，父母命分爨。田產家資，映斗皆讓兄多取。二老甘旨，舌耕供之。親歿，苫塊盡禮，喪葬皆斗所具。後兄貧不能支，勸與己夥居，強而後可。事之如父母，售己產代償宿債。凡兄男女，一一婚嫁之。嫂或唾罵，愉婉順受。子孝友，少遊泮，能紹家風。

劉天柱，邑庠生。持身愨謹，事親孝。弟兄分爨後，家貧不能養親，柱一人任之，所置產悉分與諸昆弟。妻貌寢目眇，至老和諧。厚待鄰里，一生教授，造就多人。

李詩，邑明經。早孤，事母至孝。母責之，詩膝行受杖。每讀《陳情表》，必潸焉泣下。性和厚，鄉里有睚眦者，必委婉開導，使之中止。立身方正，雖密邇城市，不染塵囂，人目爲士林冠冕云。

謝及申，邑文庠。弱冠時，叔文生上林抱以承嗣，克順親心。後上林生子朝枚，受室分爨，良田盡歸朝枚，申無怨意。未幾，枚生一子，妻卒，復娶，生一女。枚亦卒，家式微，上林年老成病。申曲慰之，命姪與己共爨，教養嫁娶如己出。申年三十，妻歿不娶。

寇義興，寇家壩人，係庶母所生。嫡母病，刲股截指療之，病愈。

黃發衷，邑文生。家極窘，歲當飢饉，乞貸無門，割股以奉親。

節烈志 節孝 義夫附

忠孝節義，人生所並重者也，而吾謂爲千古之忠臣易，爲一代之節婦難，何也？忠臣孝子，必國家不幸適遭其變而舍生取義，一刻可以千秋。至於節婦則不然，空

---

〔1〕《鄉土志》"血"後有"告"字。

房隻影，必歷數十年無纖毫過失，猶松柏之貫四時而不改柯易葉者，乃稱完人。或堂前姑老，膝下雛單，處貧賤難，處富貴尤難。人生之苦，無有逾於此者。鹽邑近多節孝，或謂蜀位西南，於卦爲坤，故貞節多。余曰：此政教之首也，急彰之以觀風化焉。續《節烈志[1]》十九[2]。

後漢廖伯妻殷紀配，《華陽國志》："紀配，廣漢殷氏女，年十六適伯。伯早亡，有美色，慮人求己，作詩三章自誓心，而求者猶衆。父母將許，乃斷指明情。養子猛終義。太守薛鴻圖象府庭。"

楊文妻李平，《華陽國志》："李平，字正流，廣漢李元女。適文，有一男一女而文歿，以織履爲業。父欲改嫁，乃自投水中。宗族抹之，幾死，得免。太守五方爲之圖象。"按《華陽國志‧士女讚》□目□皆舉縣□□。廣漢，縣也，非郡也。

楊氏，勾仕珍妻。遇強不從，被踢死。

何氏，增生黃文朗妻。嘉慶五年，文朗同子上英禦賊殉難，氏被虜，不屈死。

廖氏，黃朝服妻。嘉慶五年教匪滋事，罵賊被戕。

王氏代定兒[3]，王藩之女，代姓童養媳。遭橫逆，捐軀明志。前任縣母詳請旌表。

馬女子，廷文女。遇強不從，被毆死。道光十六年前任縣陳詳請旌表。

胥任氏，遇暴不從，搭傷死。光緒二年隨案聲請旌表。

胡馮氏，武生春桂妻。咸豐辛酉，同母避難巖洞。賊攻弗克，佯去，伏林中。衆懼，遂逃去。氏方緣梯至地，賊來，衆呼氏急走，氏不忍棄其母，被執，罵不絕口，遂遇害。其戀母之情，呼母之慘，死事之烈，母在洞口一一望見之，涕泣遂至失明。

節孝 《通志》曰完節

王輔妻彭非，《華陽國志》："彭非，廣漢王輔妻。輔早亡，欲嫁非，乃詣太守五方，截髮自誓。"按《通省志》："廣漢□縣言。"

吳氏，王若賢妻。

鄧氏，許鴻儒妻。

寇氏，寇貴卿女，王用聰妻。二十九歲而嫠，不厭清貧，篤盡婦道，孝事翁姑，

---

〔1〕 "志"字原脫，據前後文意補。

〔2〕 按前已有《孝友志》十九，此當作二十，以後遞推到二十二，與《學校》二十四相銜接。

〔3〕 "王氏代定兒"，《鄉土志》作"王代定兒"，光緒二十三年本《新修潼川府志》卷二十四作"王代弟兒"。

慈育三子，後家豐裕。嘉慶二十二年旌表。道光甲辰，五世同堂，申請御賜“慶衍期頤”匾額。年九十三終。次子國學文亨念母清節，爲立坊建祠、置蒸嘗。以孝聞，亦五世同堂。

胥氏，胥成瓏女，蕭鳳翌妻。年二十九歲居孀，事親撫孤，孝慈兼盡，鄉鄰重之。嘉慶二十三年旌表。

何氏，王大德妻。

李氏，王德運妻。

王氏，張正墍妻。二十三歲夫故，矢志撫孤，家範肅然。四十三年足迹不出户庭，族戚輩亦罕見其面。嘉慶二十年旌表。

胥氏，任廷樹妻。嘉慶五年，廷樹被賊鎗傷死，時氏二十九歲。誓不二天，抱子承祧。嘉慶二十一年旌表。

涂氏，勾樂江妻。適勾一歲而夫歿，越三月遺腹子生。氏矢志撫孤，事翁四十餘年，鄉人罕覿其面。咸豐三年旌表。子瑞龍早卒，媳文氏守志教子，食飱於庠。孫女長適蘇，次適王，俱青年早寡。一門四節，悉本節婦之教，鄉里賢之。

胥氏，陳光靈妻。二十八歲夫歿，上奉翁姑，下育孤子，冰玉之操，重於里黨。年八十餘。道光二十二年旌表。

張唐氏。

程趙氏。

康氏，馮玉妻。年二十四夫歿，釵瑱不御，鮮彩不服，守節撫孤。道光二十五年旌表。

何氏，胡肇英妻。年二十八而孀，孝事翁姑，課三子讀，督責甚嚴。長子列成均，次、三均入泮。平生好施濟，賢聲卓著。道光二十六年旌表。

王氏，黃繼玉妻。年二十六夫卒，撫子明慶，不墜書香，貽謀甚善。道光二十八年旌表。

馬氏，杜坤林之妻。年十九夫故，遺腹子閱一月生。上養高堂，下撫孤子，典簪珥、勤鍼黹以佐之。含辛茹[1]苦，閭里共聞。道光三十一年旌表。

杜氏，胥廷元妻。二十九歲夫卒，誓不再醮。中饋女紅，恪守閨範。年七十有六。道光三十一年旌表。

杜氏，馬洪春妻。年二十五而孀，撫子有成，里黨賢之。道光三十年旌表。

---

〔1〕“茄”，疑當作“茹”。

趙氏，劉鍾元妻。年二十二夫卒，事姑色養，苦節自甘，治家嚴肅。晚年號素封，人以爲苦節之報。道光十九年旌表。

程氏，顧其晉妻。顧卒，氏年二十一。家無斗筲，紡績奉親，抱子成[1]桃。道光十七年旌表。

蒲氏，趙必昌妻。年二十六，守節撫嬰，事姑孝，尤好濟貧。道光二十八年旌表。

杜氏，李春義妻。夫故，家貧甚，園蔬井臼，皆力任之。課子詩成貢生，孫延昺亦饌於庠，人以爲苦節之報。道光二十二年旌表。

趙氏，馬元妻。十九而寡，貧無立錐，有勸改適者，以死誓。越三年，夫兄生子洪有，抱以承嗣。長爲藩吏，當蘇黿石藩蜀時，因公詢及孺人節孝，札縣取結請旌。孫來賓、作賓皆教職。氏年九十有六，無疾而終。

盧氏，胥繼國妻。夫沒時，年二十九。姑娣皆寡，氏安貧奉母，養育二子。有勸改嫁者，氏矢死不去。日傭工，夜紡績，辛苦弗倦。弟婦貧，寄食於氏，氏分甘與之，待姪女如己出。咸豐十一年旌表。

王氏，黃中興妻。年二十八歲守節，誓死靡他，撫孤子成名。咸豐元年旌表。

涂氏，國學趙朝宦妻。夫沒，撫子成立。後十餘年，長子卒，媳李氏亦立志守節。道光二十五年請旌建坊。年七十二，無疾而終。

張氏，王子元妻。年二十八，夫死乏嗣，抱子承桃，課耕讀有方。咸豐元年旌表。

涂氏，趙金聲妻。年二十九金聲歿，矢志撫子永福，咸稱苦節。咸豐八年旌表。現年八十七歲。

李氏，趙金貴妻。年二十九守志，[2]子永壽成立。品正行端，樂施好善，皆氏教誨之功。冰玉之操，始終如一。咸豐九年旌表。現年八十三歲。

蕭氏，武生馮福修妻。二十二歲夫卒，矢志守貞，事親教子，甘苦備嘗。咸豐九年旌表。

趙氏，楊元魁之妻。二十九歲夫歿，養親撫子，竭力盡心，拮据弗厭。年八十卒。咸豐八年旌表。

王氏，楊犟妻。年二十五歲夫故，父母憐之，勸改適，氏泣不從，以孝養終。

---

[1] "成"，疑當作"承"。
[2] "子"前疑脫"撫"字。

咸豐八年旌表。

王氏，李三甲妻。年二十九夫故，矢志勵節，事奉姑嫜，撫子成立，不求旌揚。

王姓一門五節，監生王國任子安壽、永壽，孫德玉，皆早逝。子婦黃氏、胡氏，孫婦孫氏，均青年守志，奉旨旌表。長女王氏爲黃繼玉妻，亦以節孝旌表其門。曾孫承烈娶趙氏，二年而夭，趙氏誓不再醮，迄今已二十一年。一門貞節，俱係王養臣耳孫，不愧爲忠義後云。

趙氏，文生趙美弼女，楊先盛妻。二十八歲夫歿，養親撫孤，課讀尤嚴。子思震入泮。年七十有二卒。咸豐九年旌表。

王氏，馬應科妻。年二十四歲，夫歿無子，撫胞弟長子承祧。咸豐九年旌表。

王氏，趙繼芳妻。年二十五夫卒，守節三十二年。茹蘗[1]飲冰，克盡婦道。咸豐十年請旌。

李氏，勾貴江妻。夫故無子，矢志守節，抱子承祧。孝養翁姑，堅貞之操，閭里均知。咸豐十年請旌。

吳氏，杜萬均妻。年二十二夫歿，割髮自誓，事親教子。年八十卒。咸豐十一年請旌。

陳氏，吳仁桂妻。夫歿撫子，矢志堅貞。咸豐九年請旌。

羅氏，李智妻。二十六歲夫卒，子一女一，甫離懷抱，翁姑俱老。氏仰事俯畜，備受勤劬。子廷珍，名列膠庠。年九十六終。

張氏，袁在魁妻。生二子，襁負未離，夫卒，氏勤劬教子。咸豐十年請旌。

李氏，毛三貴妻。年二十九夫亡，守節全貞，課三子習弓馬。長子治仁，武舉；次子清平，武庠。咸豐十年請旌。

楊氏，文生何荷鼎妻。夫歿，立志守節，侍奉翁姑。被譴責，無怨言。抱子承祧。咸豐十年請旌。

和氏，何昶之妻。年二十六守節，上事孀母，下撫遺孤，勤勤弗懈。咸豐十年旌表。

王氏，李國柄妻。年二十八夫故，三子俱幼。家甚窘，氏立志撫子事親。同治九年旌表。

謝氏，程國經妻。年二十五夫故，遺子一女一，守節。姑與太姑俱孀，氏日課耕，夜績紡，以奉羞膳。年七十，子孫繞膝，點頷爲歡。同治十二年旌表。

---

〔1〕“蘗”，疑當作“蘗”。

王氏，楊槐春妻。嘉慶庚申，氏夫斃於賊。氏年二十七，養親撫孤，曲盡婦道。年九十三，無疾而終。光緒五年旌表。

楊氏，王宗榮妻。十九于歸，治家勤儉，生一子。夫歿，家貧親老，矢志養親。七十三歲卒。光緒三年請旌。

劉氏，孫榮華妻。年十七于歸，一載夫歿，無子，抱姪作霖承祧。氏事親教子，內外盡心，今孫支繁衍。光緒二年請旌。

王氏，黃成三妻。年二十八夫歿，子幼。守節全貞，備嘗辛苦。光緒四年請旌。

楊氏，胥東權妻。夫歿，孝養翁姑，勤理耕稼，撫子文林成立。年八十餘，無疾而終。光緒四年請旌。

楊氏，岳培秀妻。夫故，教子有方，持身甚嚴，言笑不苟，里人重之。光緒三年請旌。

余氏，蕭永貴妻。年二十一夫故，家貧，撫子養親。光緒五年旌表。

顧氏，張方元妻。夫歿，養老撫孤，矢志不渝。未幾翁故，嗣子亦故，奉孀姑，撫幼孫，零丁孤苦，歷盡艱難。年七十三，諸孫繞膝，堅貞之名，鄉里無間。光緒三年請旌。

楊氏，任仕朝妻。夫卒，氏年二十五，誓不再醮。持身治家，禮儀嚴肅。年七十三。光緒四年請旌。

勾氏，何天福妻。夫歿，子官正甫離懷抱。矢志守貞，四十餘年如一日。光緒三年請旌。

徐氏，胥瓊林妻。年二十夫歿，父母憐其幼，欲令再醮，氏泣不從。性溫柔，寡言笑。事親恪誠，嚴課子讀。光緒三年請旌。

馬氏，楊映才妻。年二十五夫歿，守志孝親，教子孫宗震入泮。年七十終。光緒三[1]請旌。

蒲氏，楊映樹妻。生三子。夫歿，立志守節。光緒三年請旌。

楊氏，羅廷林妻。夫歿，家貧甚，力農奉姑，三十餘年無難色。光緒四年請旌。

何氏，趙文桂妻。生一子。夫歿，氏年二十四，斷髮毀容，誓不再醮。家貧窶，紡績養親。課子讀，鬻粧匳以助之，厥後孫懋林遊泮。光緒三年請旌。

馮氏，陳宗虞妻。生一子思林。夫歿，氏年二十三，守節不渝，撫孤成立。光緒三年請旌。

---

〔1〕"三"後疑脫"年"字。

王氏，杜慶芳繼妻。于歸後，偕夫宦遊樂山縣學署。夫卒，氏年十八，立志守節，堅於金石。撫遺孤，苦節清操，數十年無間言。光緒三年請旌。

劉氏，陳康元妻。年二十五夫卒，遺一子，矢志不嫁，教子耕讀。光緒三年請旌。

黃氏，鄒世家妻。生一子。夫歿，冰霜矢志，上奉二老，下撫遺孤，恩勤備至。光緒三年請旌。

吳氏，鄒世泰妻。夫歿，守志不嫁。今五十餘年，不求旌獎。

胡氏，孫全喜妻。夫歿守節，孝慈兼盡，人無間言。年七十餘。光緒三年請旌。

王氏，馮在先妻；馬氏，馮在睿妻，先後也。在先卒，無子，王氏守志不嫁。在睿生一子，名孝山，又卒，馬氏亦守節不嫁。二氏俱在青年，遂以孝山承繼兩房。時在先母尚存，二氏和睦，養親教子。孝山長成，又割度盡孝於馬氏。光緒三年請旌建坊，人以爲一門雙節云。

黃氏，楊宗春妻。夫歿，生遺腹子。族某利其產，欲嫁之，氏終不從。搆害百端，受其欺侮，厥後孫輩繁衍。年九十四終。請旌。

胥氏，羅世賓妻。嘉慶庚申教匪亂，世賓歿於賊。氏一女無子，家貧甚，矢志冰操。弟姪輩俱幼，氏撫之如己出。有不法者，嚴斥之曰："吾寧死不願見汝輩有是行也！"弟姪均成名。學憲王贈"志堅金石"匾額以旌之。光緒五年請旌。

余氏，張先品妻。夫故，氏方少艾，屏棄釵瑱，上奉孀母，下撫遺孤，節孝兩全。年八十六。光緒三年請旌。

桑氏，李慶餘妻。夫故，子在襁褓，氏年二十四，養老撫孤。人以孝親慈幼、立節興家譽之，氏曰："此人生當盡之道，何足異！"年七十。光緒三年請旌。

勾氏，胥上林妻。年二十六，夫死無子，抱姪承嗣，持家勤儉。光緒三年請旌。

王氏，任桂芳妻。二十六歲而寡，事親撫孤盡道。光緒三年請旌。

趙氏，胡文道妻。生一子。夫故，氏年二十五，守節撫子，善事翁姑。年七十八。光緒三年請旌。

伏氏，勾映有妻。夫故，親老子幼，氏養親撫子，丕振家聲。已請旌表。

馮氏，楊廷奇妻。二十六歲夫故，幼子孀姑，竭力供養。年七十。光緒三年請旌表。

王氏，杜華芳妻。夫歿時，氏年二十五。撫孤教子，清操自矢，孫皆成名，家亦饒裕。光緒三年請旌表。

何氏，王恩詔妻。子甫離懷抱，夫故。氏事母盡孝，撫孤盡慈。光緒三年請旌表。

陳氏，袁中城妻。夫故無子，矢志守節，撫姪承祧。家貧，奉親教子，身任其艱。光緒五年請旌表。

馬氏，李存智妻。夫歿，子甫三歲，氏不厭清貧，孝養兼盡。光緒五年旌表。

梁氏，何文禹妻。夫歿，氏二十四，事姑教子，以孝慈稱。子朝義，授府經廳州同銜。孫凌雲、曾[1]鍾棣俱遊泮。光緒五年請旌。

吳氏，劉樹謹妻。早孀，抱子承祧，守節二十六年而歿。光緒六年請旌。

張氏，黃臣極妻。青年寡居，矢志守節，奉親撫子。後八孫繞膝，長孫成名。氏好善樂施，修造石橋，費千餘金。年八十。已請旌表。

梁氏，馮奇陞妻。二十四歲夫故，守制盡禮。有以再醮勸者，痛遭呵斥。子成名興家。已請旌表。

劉氏，何德友妻。子耀宗。夫歿，氏上奉翁姑，下撫孤子。年八十。已請旌表。

鄭氏，李成綱妻。守節奉親，清操自矢。秉性剛直，勤儉致富。年八十，無疾而終。已請旌表。

達氏，江登第妻。夫歿，生遺腹子，守志立節。家寒，紡績奉親，藜藿自甘。年五十九卒。已請旌表。

何氏，孫鍾華妻。氏年二十四夫歿，子周歲，遺腹又生一女。姑老家貧，夜紡績，晝備工，苦勞拮据，終無他志。撫子成立，竟致富有。光緒六年請旌表。

趙氏，李仕學妻。二十四歲夫卒，抱子誓不再醮，守節數十年，玉潔冰清。已請旌表。

殷氏，文生鄧玉書妻。氏青年守節，家貧常不舉火。氏雖生長富家，能耐飢寒，事母撫孤，備嘗辛苦。子鄧林，十歲，咸豐庚申被賊裹脅入營，後竟逃歸。氏日夜課讀，弱冠遊庠。已請旌表。

曾氏，監生劉永言妻。二十七歲夫卒，子幼，氏守節。母憐女，欲醮之，使人示意。氏待使去即雉經，家人救免。氏持家教子，清白之聲，閭里無間。已請旌表。

陳氏，李進賢妻。夫死守節，誓不再醮。先氏姑以節孝聞，氏事親撫孤，不異於母，同請旌表。

左氏，李春來妻。二十四歲夫故，矢志守節。養親撫孤，盡心竭力。已請旌表。

高氏，謝廷佑妻。年二十于歸，甫數月夫故。家貧，繼嗣晚年富累千金，亦享

---

〔1〕"曾"後疑脫"孫"字。

高壽。光緒七年請旌表。

黃氏，任治邦妻，性和厚。夫爲縣吏，早歿。氏青年守節，撫子歷盡艱辛。已請旌表。

謝氏，儒士馮文侃妻。十八于歸，生子泰吉，甫周歲而斃。事親撫孤，拮据弗厭。後家素封，諸孫滿堂，欲請旌表，氏曰：“勒銘綽楔，非吾所願。願爾輩讀書立品，足矣。”後三孫及曾孫均遊泮。咸豐元年旌表節孝。光緒庚辰，氏滿百歲，五世同堂，恩賜“貞壽之門”匾額，並給坊銀、緞疋。

王氏，邱嘉軾妻。光緒七年請旌。

鄒氏，何開榮妻。夫歿，撫子瑞麟，日課之讀。光緒七年請旌。

李氏，岳培位妻，性樸誠。夫歿，姑欲嫁之，氏不從，立節撫孤。年六十一。光緒六年請旌。

崔氏，岳培盛妻。年二十二而斃，性情和厚，克盡婦道。光緒六年請旌。

王氏，胥泌明妻。賦性溫柔，容貌端肅。夫歿，養親撫子，備極辛勤，人未見其疾言遽色。年九十二。光緒六年請旌。

馬氏，許述和妻。年二十六居孀，繼子承嗣。家赤貧，紡績爲食。迨六孫成立，日課耕，夜操武，後三孫入武庠。氏年九十有六，五世同堂。

何氏，王廷選妻，歲貢何昌嚴妹。夫歿，氏年十九，課子成立。年九十二。

梁氏，李暢妻。子二女二。年二十七寡，家貧，奉姑歷盡艱辛。年七十七卒。

袁氏，譚堯春妻。夫歿，氏年三十二。子在褓抱，貧困無依，或勸他適，氏以死誓。年六十餘。

張氏，文生袁忠義媳。夫文淵，讀書未就，家貧，應江軍門募入營。臨別時，氏年二十三，膝下一子甫逾月。淵泣曰：“此去生死難保，若有不測，煩善撫此子。”氏泣不能聲，已心許之。淵從軍福建陣亡，氏立志撫孤，備嘗辛苦，至今子已成立。氏年四十有餘，克守婦道，人無間言。

羅氏，胥玉文妻。二十七歲而寡，恪守婦道。現年六十八歲。

王氏，黃思虞妻。十九歲而寡，成家撫嗣，備嘗艱辛。年八十四。

胥氏，黃映芳妻。守節堅貞，奉翁姑以孝聞。性慈和，睦妯娌，鄉鄰多沐其推解。年九十二，無疾而終。

何氏，孫寬妻。氏年二十七夫故，子三齡，家貧乏，翁姑憐其少，欲醮之。氏矢志靡他，甘貧守節，人稱貞孝。

何氏，梁心美妻。夫卒，遺子女三，產業無幾。氏撫孤守節，日夜勤劬，言笑不苟三十餘年，鄰族敬之。

程氏，陶憲中妻。二十四歲而寡，守節撫孤。至今四十八歲。

李氏，廩生王鴻寶妻。翁歿，氏勸夫力學，不數年遊庠食餼。未幾，鴻寶亦故，氏守節孝姑，零丁孤苦，撫子成立。國學王遴臣，其季子也。

王氏，王前元妻。青年守志，教子成名。冰清玉潔，四十餘年如一日。嘉慶四年，前任縣陳以"懿德永齡"匾額旌之。

陳氏，陳宗富女，何時富妻。

黃氏，梁啟仁妻。二十六歲夫故，立志撫孤。年七十八。

程氏，陶超妻。二十四歲夫故，曲盡婦道。年八十八，無疾終。

王氏，黃大朋妻。年二十一夫歿，時孤子如文與胞弟四人率皆幼稺，氏含辛茹苦，撫之成立，人皆以友愛稱之。以上十四名尚未請旌。

何氏，任廷綏妻。二十七歲而寡，撫子秉醇成名。已請旌表。

義夫

程萬里，年二十九歲妻杜氏歿，終身不復娶。年八十餘卒。

王三品，性謹厚，好善樂施。年三十妻馮氏卒，子二歲，終不復娶。

黃德芳，年二十九妻何氏歿，守義不娶。爲藩司禮科吏，終身勤謹。

王九成，年二十四喪偶，守義鰥居。年八十，共稱長厚。

逸行志

《易》曰："天地閉，賢人隱。"竊謂不盡然。堯、舜在上，下有巢、許，可云閉乎？大抵士各有志，其或少年不遇，退居山谷，及春秋既高，不慕榮利，即平居所見所聞，勒爲成書，藏之名山。亦或一歌一咏，嘯傲吟哦於山巔水涯之外，不求聞達，以此終老。吾鹽歷代以來，士之終老岩穴，湮滅弗彰者，何可勝道？世且以隱者目之，而不知此非隱者，其人皆有可用之才，而不得志於時耳。然其逸行，真有百世不刊，卓卓可傳者。續《逸行志》二十。

隋

嚴休，博通經史，當隋末唐初，隱居不仕。子嚴烈，仕唐，封忠武將軍。

唐

趙蕤，著《長短經》十卷，其文亦《申鑒》《論衡》之流。自序云：“大旨在乎寧固根蒂，革易時弊，興亡治亂，具載諸篇。”《北夢瑣言》云：“蕤，梓州鹽亭人。博學韜鈐，長於經世。夫婦俱有隱操，不應辟召。論王霸機權變正之術[1]。”第十卷載陰謀家，本缺，今存六十四篇。按《欽定全唐文》云：“蕤字大賓，鹽亭人，後徙居郪，隱居長平山定[2]昌巖。開元中，三詔召之不起。”

仙釋志

二氏之教，非楊、墨比，先儒每斥之，非斥其妄也，斥其説之似是而亂真也。蒙莊受學子夏，術則學仙；張無垢受學龜山，逃儒歸釋。李翺解中庸曰滅情，蘇氏目中和曰佛法，言皆雜矣。夫元宗釋典，無論其理之若何，苟平情論之，均能屏乎耳目口鼻之欲，絕乎功名富貴之緣，亦自道其所道。奈世之立説者，總欲混而一之，不惟儒之理晦，即真仙真釋之理亦晦。世有真仙真釋乎？世有真仙真釋，是真能超乎塵俗者也。續《仙釋志》二十一。

五代

何點，《寶誌公建康混迹》[3]題名，云：“齊梁時[4]處士何點，字子皙，何尚公之孫也[5]。見世代變遷，人情叵測，遂戡破仕路[6]。或駕柴車，或躡草履，隨意所適，必醉乃止[7]，人謂之通隱。梁武[8]賜鹿皮巾，召入華林園，拜常侍。捋帝鬚曰：‘乃欲臣老子耶？’遂辭去，西入宕渠[9]。是時，梁武初改廣漢爲宕渠郡宕渠

---

〔1〕“蕤……之術”，文淵閣《四庫全書》本《北夢瑣言》卷五作“趙蕤者，梓州鹽亭縣人也。博學韜鈐，長於經世。夫婦俱有節操，不受交辟。撰《長短經》十卷，王霸之道，見於行世”。

〔2〕“定”，嘉慶內府刻本《全唐文》卷三百五十八作“安”，當是。

〔3〕按《寶誌公建康混迹》見康熙本《神仙通鑑》二集卷十三第一節。

〔4〕康熙本《神仙通鑑》卷十三無“齊梁時”三字。

〔5〕“何尚公之孫也”，康熙本《神仙通鑑》卷十三作“尚之孫”。

〔6〕“人情叵測，遂戡破仕路”，康熙本《神仙通鑑》卷十三作“人情反復，愈戡破仕路”。

〔7〕“必醉乃止”，康熙本《神仙通鑑》卷十三作“必醉而歸”。

〔8〕“梁武”，康熙本《神仙通鑑》卷十三作“帝”。

〔9〕康熙本《神仙通鑑》卷十三“宕渠”後有“漫遊”二字。

縣〔1〕。土人云有洞曰角竹，樵牧每見多羊自山〔2〕洞而出，比〔3〕之復回，因名羊山。點遂結廬以居，山中人皆來請教，點與之講學。一日，有二羊跪聽〔4〕，衆驅之不去，點乃跨一頭，任其所之。逕走入洞，見數人列坐茗戰，揖入奉茶，聽所談皆玄妙。良久，示羊送出。點知不能留，請〔5〕問道者從來。一人曰：'向在綏山大蓬，偶來憩此。知君清品，得飲蒙山新茶，嫌乏仙骨耳。'點辭〔6〕出，復乘羊至洞口，羊忽化小木橙〔7〕。點自服此茶，口吻常香，身輕瘦如鵠，〔8〕壽九十二。"

唐

鳳凰山麓浴丹泉，易玄子浴丹處。舊志云"不知何許人"。按《一統志》云："□〔9〕時有落魄仙張姓者，賣鼠藥於梓州。獄吏王昌市藥以歸，鼠食之，皆飛去。後昌入□〔10〕，又遇之，乃易其藥餌之，呼昌爲易玄子，授以道術。取馬送昌歸，至家，馬化龍入潭，昌後遂仙去。"又《野人閑話》云"賣鼠藥李客"，事亦相同。是易玄子即王昌也。

陳道人，邑南花溪溝人，於巴壁寺洞中兀坐多年。尸解，停櫬洞中，至今如故。洞口沙土中有黃色藥丸，能療百疾。

袁在道，治北二十五里章帮〔11〕寺人。年三十，膝下有子，因至遂寧廣德進香。途次遇一道長，仙骨珊珊，授以黃白之術，錫號曰了塵。在道拜曰："道岸遙遙，浮生碌碌，焉成大道？"道長曰："子勿慮。道岸非遙，能精純誠篤，即超凡入聖矣。自今以後，改作道裝，髮宜結成二髻。髻落時，是子成功之日。"言畢忽逝。道歸家，不染俗緣，終歲不問家事。於白社埡、石寶灘、章帮寺三處修鍊，晝夜兀坐，不畏寒暑。歷四十載，左髻忽脫，知將離塵，爰召家人，從容囑咐。次日，右髻復脫，盤足長笑而逝，没時異香滿室。

---

〔1〕 康熙本《神仙通鑑》卷十三無"是時……宕渠縣"二句，當係此本作者注文。
〔2〕 康熙本《神仙通鑑》卷十三無"山"字。
〔3〕 "比"，康熙本《神仙通鑑》卷十三作"叱"，當是。
〔4〕 "跪聽"，康熙本《神仙通鑑》卷十三作"跪而聽講"。
〔5〕 "請"，康熙本《神仙通鑑》卷十三作"起"。
〔6〕 "辭"，康熙本《神仙通鑑》卷十三作"謝"。
〔7〕 "橙"，康熙本《神仙通鑑》卷十三作"橝"。
〔8〕 康熙本《神仙通鑑》卷十三"壽"前有"享"字。
〔9〕 "□"，《四部叢刊續編》本《大清一統志》卷四百十二作"唐"。
〔10〕 "□"，《四部叢刊續編》本《大清一統志》卷四百十二作"瀘"。
〔11〕 "帮"，或作"邦"，後同。

耆德志 大年附 淑德附

唐虞養國老於上庠，養庶老於下庠，三代因之。後漢以桓榮、李躬爲三老、五更[1]。晉魏之間，悉仍其舊。雖云異代不相襲，然養老之典，其義一也。熙朝二百餘年，千叟耆英，叠開恩晏[2]。鄉飲鉅典，特設大賓。錫羨延洪，曠古未有。吾鹽俗僕風醇，民多耆耇，若者皓首龐眉，若者老成恪謹，舊志悉以《大年》書之，似非齒德並尊之意。別爲《耆德》，庶於聖天子重德尚齒之義有合焉。續《耆老志》二十二。

耆德

任洪富，文生載道祖。幼讀且耕，年九十餘，烟蓑雨笠自若也。咸豐元年滿百歲，五世同堂。

趙鵬起，幼困童軍，長不墮志，訓蒙自給。貧無所嗜，惟講讀書則津津有味，無識者恒誚之，自若也。年七十餘。

蒲卓，庠生。品端嚴，性和厚。授徒以敦行爲先，不計修脯，遊其門者終身不易師。親没，廬墓。年八十八，易簀之日，隔年已知。

趙步階，嘉慶五年爲邑兵科史。教匪擾川北，殺戮滿野，施棺五十。晚年好讀書，讀朱子《集註》，喃喃不倦。年九十，無疾終。其孫宗藩，以拔貢官江西會昌縣知縣。

胥鑑，性和平，出言婉而多風，即尋常俗語，人皆引爲鑑戒，故數十年鄉鄰無爭訟。親没，廬墓三年。兄食指繁，以千金產與之。年八十，除夕自爲祭文，家人問之，曰：“明旦吾將逝矣。”遂沐浴冠帶而終。

貢生袁閎中，父好善樂施，晚年生。閎中天性篤誠，有古人風。年七十餘，士林咸重之。

趙顯輝，精岐黃，貧不受值，孜孜救人，至老不倦。壽九十四。

趙鵬儀，少孤，以孝聞。家教嚴，子玉成、孫之藺蜚聲庠序。年八十餘。

趙玉魁，邑庠生。少應童子試未售，遂絕意功名，以讀書明理爲務。歲五十八，父老强之試，遂入泮。今年八十餘，猶誦讀不倦。

---

〔1〕 按《通典》卷十九云“漢明帝以李躬爲三老，桓榮爲五更”，當是。
〔2〕 “晏”，疑當作“宴”。

馮守邦，重義輕財，不能喪葬者，傾囊贈之。遇爭競，反覆開導，息而後已。年八十八，恩賜八品壽士。

陶文煥，歲貢生，素行孝友。年七十餘。

曹部庸，歲貢生，純謹老成。年八十餘。

蒲德睿，爲人樸誠，伐樹得銀一甕，以爲意外財，不宜獨享。鄉里貧不能嫁娶喪葬者，分給之。天〔1〕八十八。

何元秀，性仁孝。母氏王，〔2〕八十八，每場必市餅餌以進〔3〕。母咤之，起敬起孝，人稱爲老孝子。

段廷碧，性孝友。咸豐三年，五世同堂，恩賜建坊銀兩、緞疋。

趙含翼，性和平，篤友愛。道光二十五年，五世同堂，恩賜銀兩建坊。

張秉聰，守正不阿。公薦爲鄉約，一錢不入私門。邑令以"正直化導"匾額旌之。

陳玉喜，性和厚，善氣迎人，衆號曰歡伯。家僅中貲，樂善好施，遠邇稱之。

趙德宗，好善，倡捐修橋二，建字庫一。賤買穀，貴時平糶以濟貧，鄉里稱爲善人。

許醇儒，字静菴，邑庠生。貌端嚴，性慈惠。除夕讀書樓上，聞鄰舍泣，詢之，知乏食。時有米四升，分半與之。後家漸裕，矜孤恤寡，樂善不倦。歲飢，倡捐賑濟，全活甚衆。其徒王朝用無力鄉試，欣助之，攜與俱行，榜發獲佳〔4〕。及公車北上，釀金以促其行。晚歲割二千餘金產業助鳳山書院膏火，士林爲請議敘，不可。人稱爲篤行君子。

毛治詩，字頌三。和順寡言，曲盡孝友。誨及門先器識，後文藝。隱居林下，淡如也。胸襟瀟灑，飄飄若世外人。年六十四卒。

蒙德馨，號明齋，與弟天錫以孝友聞。置義田，設鄉學。販米者被竊，與店主拚命，明齋贈錢三千，其禍遂息。歲凶，設粥廠賑飢民。刻善書以勸世。天錫效兄所爲，捐千金產建宗祠。

王國均，家裕好善。黃殿場接龍橋十一洞、黃泥堡濟公橋七洞、枇杷埡銷龍橋八洞，均獨力捐修，修石板路數十丈。前縣陳贈"好義可風"匾，前任周贈"輕財

---

〔1〕 "天"，《鄉土志》作"年"，當是。

〔2〕 《鄉土志》"八"前有"年"字，當是。

〔3〕 "每場必市餅餌以進"，《鄉土志》作"元每入市，必攜餅餌以進"。

〔4〕 "佳"，《鄉土志》作"售"，當是。

禮士"匾。其孫重修接龍橋，贈"克繩祖武"匾額。

楊定國，厚重寡言，孝友性成。文生趙必昌，蒙師也，年老家貧，迎養數載，禮貌不衰。沒後，喪葬悉己出。課徒之暇，恭錄聖諭、家訓、格言及《息訟歌》以勸世，曰："吾人所以忠於國、教於鄉者，如是而已。"年八十餘，甲子科恩賜副貢。

黃正明，字肅亭。讀書明大義，爲藩吏，從軍越嶲[1]。吏滿，授從九品。見善必爲，尤好培植士類。邑有陳氏子，少孤，祝髮蘭若，一見器之，贖之，齒諸子，更名思陳。讀書數載，應府試，冠童軍，未及院試病沒。其他濟急扶危諸善事，未可更僕數。年九十六，子孫蕃衍，世繼書香。

胥相文，貢生。貌端嚴，性仁慈，人侮之，弗與較。鄉里化之，設館授徒，領青衿者數十輩，後嗣世業青箱。年九十，無疾而終。門人思之，爲建教澤碑。

羅岱彥，年七十餘。慷慨樂施，人皆稱善。

任載道，號星山。平生興設義渡、鄉學，修書院、文棚，置砦倉以備荒，置祭田以睦族，皆倡捐以成盛舉。年七十[2]，猶嗜學不倦。

張羽儀，邑貢生。性純靜，不履城[3]市。一室齋居，雖至親罕覿其面。置義莊，荒年仰食者衆。年七十餘，尚強健。

趙魁三，邑貢生。學優品正，賦性樸誠，時人憚其方嚴。年七十六。

任賢，邑庠生。舉動不苟，入市必整禮[4]冠。一生好行陰隲。年九十四。

胥星辰，孝親養志承歡，待弟分多潤寡，一生未入公門。生平嚴於戒酒，尊師重道。子光遠，孫天馨、天儲，玄孫庚耀，俱入膠庠。年八十六。

江浩，待人和厚，遇文人學士，必敬禮之。尤好推解，鄰有以命案牽累者，浩憐其苦，援以自誣，費金數十。人笑其癡，浩曰："非癡也，但恐一命不了，又斃一命，將奈何？"其厚德恒如此。年八十，妻杜氏年八十有八。

梁廷仁，少力學未第，爲塾師，教鄉鄰五十餘年，不取束脩。年八十六。子啟賢，家貧力學，以岐黃壽世，訓蒙亦不索脩脯。孫齊泰、宗晉，均成名。

胥宗恪，少讀書，明大義。言笑不苟，居家僮僕嗫聲。課子讀，雖令節良辰不稍輟。家裕於財，凡有紛難未解、貧困求濟者，皆應之曰"下得台"，故人即以此三字稱之。年七十，無疾終。

---

〔1〕 "嶲"，《鄉土志》作"嶲"。

〔2〕 "年七十"，《鄉土志》作"年八十餘"。

〔3〕 "城"，《鄉土志》作"廛"。

〔4〕 "禮"，疑當作"衣"。

任維域，侄早孤，撫之成立。析戶時，分產如己子。人以"仁厚世傳"匾額贈之。年九十。

張雲鴻，乾隆時歲貢。學優品正，註銓教諭。年九十。

李才，務農爲業。凡造橋修路及一切義舉，俱力爲之，尤好培古墓。年八十二。

楊仕璽，性孝友。居近渡口，支署祒以利渡，歷久不倦。暇則編惜字簍，徧施之。好善之誠，出於天性。年七十。

大年

袁戴，忠厚傳家，敬惜字紙。年七旬，剛健過於少年。

王瑞林，八品壽士。

顧良俊，性樸誠，年八十。

馮岐松，邑監生。性慷慨，好善樂施。現年七十。

王國佐，性樸實，享年九十。

任型仁，善語言，性剛介。爲人排難解紛，好談因果，里人重之。妻岳氏，年俱八十二。

金萬受，人長厚，年八十七，恩賜八品壽士。

孫煥，篤友愛，睦鄉鄰，年八十一。其孫應遠守家訓，修崎路，年八十八。

顧其詩，性長厚，妻湯氏亦賢淑。詩八十四，湯八十五。

張爲政，性忠實，年八十六。妻董氏，克嫻婦道，年九十五。十子二女，恪守家教。

張友，貌質心慈，年八十四。

張奇文，寬厚長者，年八十八。

何國棟，精醫理，年九十六。

張大德，居心長厚，年八十五。

杜延爵，年九十八，勤儉古樸，言可爲坊。同治辛未，自正月不雨，至於夏四月。先延爵率諸孫斸氊坼田，斷秧末，備分栽，如其言者後大熟，故諺云："杜陵野老九十八，遇旱颸言皆警拔。乃孫扶犂氊坼田，斷秧服疇看納秸。"

何現舉，性古樸，年八十八。

王廷壽，性古樸，九十一歲尚能服田力穡。

王泰階，年八十二。

黃正鳳，勤儉持家，不慕勢利。同治十二年，百歲，恩賜"昇平人瑞"匾額並綵緞。

江蘇，生平正直勤儉，尊崇文教。年九十，無疾終。

胥椿華，年九十二。

胥登富，現年九十六。

金萬朝，年九十餘。

劉廷梁，年七十三。

王國昌，係江西巡檢國泰之兄，恩賜八品壽士。

馮文淵，自幼讀書明理，立身正直，鄉鄰重之。享年八十。

何孝山，一生敬字，年八十二。

馮啟秀，賴古埡人，年滿百齡，其子平年九十四。兩世提躬，樸實誠懇動人。

祝如洪，年九十八，五世同堂。

蕭雲漢，壽九十有六。

顧金宗，讀書未第，處家孝友，尤能正直化人。年九十三。

金萬有，少習石工，早喪偶，守義不娶。年七十六。

以上三名俱八品壽士。

淑德

范氏，文生譚懋修妻。夫歿，氏青年寡居，撫五子，貧甚，夫弟慎修復合爨。氏性賢淑，善待鄉鄰。年八旬，強健如初。

任氏，何宗山妻。三十一而寡，歲收穀不過三石。近水磨灣，溪溝阻隔，氏立願修橋二座。人謂食且不足，奚善為？氏節儉，敝衣惡食數十年，竟將靈應堂小橋、水磨灣大橋次第成功，人以財助者悉不受。橋成，罔不咨嗟，謂是婦也，有愚公移山之志。能如是，天下無不可成之事。眾欲請旌，惜違年例，謹志之以勸來者。

趙氏，王德成妻。年三十一歲，夫隨宦遊雲南協鎮趙維屏任，終身未歸。氏躬親耕耘，嚴於課子，後書香不絕。年七十餘。

陳氏，武生孫顯名妻。性仁慈，子五孫十，年百有六歲，五世同堂。恩賜"貞壽之門"匾額。

胥氏，趙鵬羽妻。性慈好施，年九十一，五世同堂。次子丙成，以恩貢署名山教諭，誥封孺人。

王氏，趙鵬翼妻，年九十七。

申氏，趙鵬義妻，年九十二。

趙氏，協鎮王愈安之母，年百有四歲。坊建北街。

蕭氏，性孝，善事翁姑，賙恤鄉鄰。年九十三。

胡趙氏，早歲居孀，撫子成家，井井有條。年八十餘。

許氏，顧其嗣妻。早孀，教家嚴，待人厚。年八十五。

程氏，張秉忠妻，立志撫孤。年九十六。

王氏，李潛修妻。矜孤恤寡，敬老憐貧。年百有二。

陳氏，張啟信妻。早寡，節儉持家，待人慈厚。年七十九。

趙杜氏，年九十七。

何潘氏，年九十一。

趙王氏，年九十四。

李氏，張文銀妻。夫早沒，貞靜可風，力行善事。邑令贈"不負所天"匾額旌其門。

任氏，王宏壽妻。早孀，家窘甚，茹苦含辛，課二子讀。居家力作，徹夜不寢。二子，長德炳，歲貢；次庠生。現年八十。

劉氏，貢生虞登俊母。青年守志，慈惠性成。享年九十餘。

胥氏，楊登春妻。持身淑慎，年百齡。

胥氏，王廷之妻。性誠謹，平日事親教子，克守婦道，以賢淑稱。年九十六。

張氏，王節之妻，年九十八。

王氏，李元秀妻。家甚寒，結縭後生一子。夫遠出未歸，氏守貞持家，傭工養子，辛苦異常。晚年家裕，年八十。

趙氏，任澤清之妻。年三十一，夫卒守志，撫姪承嗣。年六十四。

陶氏，孫文富妻。事親持家，賢聲丕著。年九十。

劉氏，牟揚久妻，持家有法。現年九十，精神不衰。

杜陽氏，時魁妻，青年守節。現年八十，五世同堂。

杜岳氏，杜侯越妻。夫早沒，守節完貞，享年八十五。曾孫玉山入泮。

王氏，武舉陶咸熙妻。咸熙品正行端，為鄉閭式，不幸早沒。氏事親教子，克盡婦道，子遊庠。現年九十有三。

嚴氏，汪朝官之祖母。年八十八歲，曾玄繞膝，五世同堂。

趙王氏，趙鵬新妻，現年九十五歲。

趙王氏，趙鵬福妻，年九十。

任趙氏，武生任九疇之母。現年百歲，詳請建坊。

卷四　政事部

學校志

蜀自文翁而後，號曰洙泗，固文人淵藪也。前有相如、子雲、王袞[1]，蔚爲詞宗；後有南軒、鶴山、舜臣，昌明理學。以是爲江漢炳靈也，而不知石室禮殿文教之遺澤者長。夫民風世俗，不馴之以詩書禮樂，則氣弗醇；俊秀英髦，不範之以俎豆衣冠，則性弗定。古帝王恢宏教化，必於黌宮泮璧壯其規模者，此也。熙朝文教昌明，人才蔚起，鹽之學宮，屢次建修，悉詳舊志。同治癸亥，移建城西北隅，卑者增之，狹者闊之，規模舊制，煥然改觀。夏月落成，金桂花開，香盈泮水，鍾靈毓秀，於焉卜之。續《學校志[2]》二十四。

鹽之文廟，唐宋時屢經遷徙，嘉靖十七年建於城之西北，熙朝時屢更新之。但地勢卑下，殿宇湫隘，歷年來每議重修不果。同治癸亥冬，邑侯錢公將文廟移左三丈許，地基升高七尺，以教職馬來賓、監生趙春霖董其事。廟址仍枕營盤山，向奎閣，襟雲溪，帶灅江，鳳山左環，負戴右抱。新建崇聖祠三間，兩廡，東西各一。正殿共七間，高三丈六尺。棟梁殿柱俱採古柏爲之，大約五六尺圍。東西廡各五間，大成門五間。兩廈，左祀名宦，右祀鄉賢。東西鐘樓、鼓樓，接連官廳、茶廳、神廚、禮器、沐浴、更衣諸所，室共有八。以外欞星門上峻閣凌霄，泮璧池前黌橋跨水。自是而賢關，而聖域，而宮牆，制度規模，罔不畢具。左右牆垣各二十丈，地

---

〔1〕 "袞"，或作"褒"。
〔2〕 "志"字原脱，據前後文意補。

基寬十丈。廟向奎閣，奎閣加高三層。巽方鳳凰山舊有董叔亭，知久圮，亦新建焉。廟後買負郭隙地，種植樹株，以培氣脈。外砂文中山建火甎字庫一座，拱向於前。甲子夏功竣，核其所費至一萬一千餘金，氣象規模較之舊廟超越遠甚。

移修文廟碑記 邑令錢濤

　　三代而上，聖人以道治天下，君相之權尊，治術隆而風化美一時；三代而下，聖人以道教天下，師儒之德盛，學術正而廟享逮萬世。自漢高帝以太牢祀孔子，歷代襃封，祀典大備。我朝定鼎，文教聿新，詔天下郡邑莫不廟祀孔子，故祭典之隆，跨越前代。鹽亭，古高渠地也，爲潼川屬邑。舊有夫子廟，在城之西北隅。余攝篆後，春秋釋菜行禮，其間殿宇傾圮，湫隘囂塵，無以妥神靈，爲悵然者久之。□退而考諸舊志，廟創自宋大觀間，明嘉靖中補修之，又數百年矣，宜乎滿目荒涼，無以備禮。屢欲移修之，以兵燹後未果。癸亥冬，傳集三鄉紳糧，面諭移修。事甫舉，適今天子命下，詔定文廟先賢先儒位次，編列成書，頒行天下。學宮以文到日即行修補，典至鉅也。余因告諸生曰："學校，王政之本也。教化之盛衰，人才之消長，胥係夫此。我皇上崇儒重道，而鹽邑偏隅，聖廟傾圮。余爲守土吏，不克宣上德意，又奚以敦崇治本哉？"於是膠庠士類，闔邑人民，奮義捐輸，卜地於營盤山之麓。鳩工庀材，費金萬餘，閱數月而工竣。堂成，自後殿、兩廡、名宦、鄉賢、櫺星、戟門、齋舍、泮池、宮牆、臺砌、丹塈艧□，雕鏤一新。廟移舊基北，枕盤山，翼鳳嶺，奎閣聚星，瀰江映帶，形勢佳麗，遂爲一邑巨觀焉。今夫學校之設，豈徒欲士子繪章飾句，作爲文章，以掇科名、取青紫而已哉？實欲以廣儲賢才，爲先聖繼正學，爲萬世開太平計也。不見夫黌宮之巍巍乎，道德之崇懿，而品行之端方視此也；不見夫泮水之洋洋乎，性天之活潑，義蘊之淵涵視此也。而聖域賢關可以肅瞻視，禮門義路可以示率由，宮牆萬仞可以見規模，翠柏蒼松可以增節烈。春秋時修薦享，率諸生揖讓其中，恍見杏壇化雨，闕里春風。在趨蹌拜跪間，先聖先賢在天之靈，爽有不妥侑而默相者耶？余也簿書鞅掌，愧未修明禮樂，以爲諸生倡。而新廟既作，山川靈秀，人文蔚起，余既樂乎士民之渾樸，且樂董事者之公而蕆事速也。仁見經明行修之儒，敦崇實學；龍蟠鳳逸之士，出爲名臣。上而襄郅治，輔鴻猷，以仰聖天子文明之治。將文湖州之博雅克媲美於前，張泰階之流風可繼承於後，而一時之治術隆，學術正，蒸蒸焉與三代比烈也，豈不盛哉！事竣，諸生請誌於余，因爲記其巔末，而刻諸其廡以俟。

學額

縣學額，廩生二十名，增生二十名。二年一貢科，歲取進十二名。嘉慶間，提學劉裁二名，撥中江歲科取進十名。咸豐初，捐助軍餉，每歲按糧津貼，籌辦捐輸，屢次加廣學額。嗣經邑紳請停止加廣，將連年捐輸積至萬兩。同治五年，蒙學憲楊奏請，永廣文武學額各一名。邑宦江軍門捐軍餉銀一萬餘，永廣文武學額各一名。又學憲楊以鹽亭路當孔道，支應學差，爲費甚鉅，且應試人衆，撥文武府學各一名。

書院志　文棚附

唐李寬建石鼓書院，宋賜以額，而書院之名始。五代蔣維東居衡嶽教授，而山長之名傳。鹽自峻夫興教，風化已開，原設東亭[1]、太元、聚賢、青蓮、鳳山諸書院，舊志已臚陳之，或興或廢，沿革靡常。嗣設義學、鄉學，修玉龍、東關二書院，膏火賓興，已次第並舉矣。丙子，建同文書院於西城寶臺觀，顏曰“同文”，非取乎道一風同，亦欲使學者顧名思義，景仰湖州於弗替。而邑紳亦咸輕財好義，作興斯文。其安家場則鵝溪，毛公場則孝靈，東關廟則麟亭，石船溝則鳳臺，諸書院相繼並興，鄉學林立，人文蔚起。縣試號舍不能容，乃復增修文棚、棹橙，易之以石，鋪之以板，共九百餘號。歷觀文囿，泛覽辭林，鹽之文風，蒸蒸日上。使學者白璧持躬，青雲勵志，以仰副聖天子作人之化，斯則宰斯土者之所企望云爾。續《書院志》二十五。

同文書院。

鳳山書院，舊在邑北街，地近塵囂，非講學地。光緒元年移建西城寶臺觀，顏曰“同文”。非特爲嚴忠穆故址，據一邑之勝，亦使學者景仰鄉賢，效文湖公之爲人耳。

讀朱子《白鹿洞教條》兼勉士子　邑令陳仲良

天地本橐籥，羣材資陶甄。作君與作師，其義實相均。尼山念狂簡，曰歸歎在陳。斷斷洙泗間，善誘何循循。鄒嶧黜異端，聖道賴功臣。六經炳日星，後竟火於

---

〔1〕“亭”，《志書》、二十八、五十一年本俱作“臺”，當是。

秦。漢儒事訓詁，轉恐失其真。宋代煥奎章，周程相引伸。橫渠作《西銘》，一綫延火薪。卓哉考亭公，造深養逾純。傳道吾得徒，黃幹及李淳。老友呼蔡沈，諸子中獨醇。及知南康軍，封事尚紫宸。立學白鹿洞，復使道誼親。教條揭門楣，不憚誨諄諄。慨焉慕唐虞，首重惟五倫。循此漸進序，修此百年身。君子貴反求，推己而及人。上接羣聖統，不復慮湮淪。士苟飾詞華，漫詡筆有神。譬如棄璞玉，而拾澗底珉。又如刈松柏，兩手植荊榛。迄今讀遺規，懍懍知所遵。吾人志聖賢，悉當書諸紳。

膏火義莊

許醇儒施買業貳千零七十五串。高山岩

楊榮禄施當業九百串。石坎子

陳明言施當業叁百壹拾三串。水磨河

張天現施買業貳百五拾捌串。辛家溝

任中樹施買業貳百貳拾貳串。高正山

何宗貴施買業壹百五拾串。母家井

謝萬貴施當業壹百壹拾串。苦生碥

程萬信、模施買業壹百壹拾陸串。柏梓埡

任長福施當業壹百肆拾捌串。大梁村

何登福等共施當買各業陸百壹拾肆串。

每年收佃作膏火費。

玉龍書院，縣東南五十里玉龍鎮。同治甲子，候選教諭馬來賓等承修，抽鎮各項以作膏火。

東關書院，縣東南百二十里。同治七年，監生岳衡等承修，前署縣劉詳請立案。

東關書院記

國初詔州縣立書院，聘致仕卿大夫、鄉先生教之，學校之盛，超前代矣。二百年來，漸即廢弛，官不以登請名儒爲任，師亦不嚴立教條，聽生徒出院遊蕩，致品壞學荒，使父兄以進院讀書爲戒。是時，有志文教者於場鎮設鄉書院，此一扶世翼教之一端也。奈儲蓄未厚，無力延科目有文望人，僅擇就近學行較優者，禮而聘之。未幾，有託情而來者矣，有濡滯不去者矣，而起視諸人，又或意見各殊，遂致紛紛，鄉書院又爲虛置也。近城中書院已成，碎瓦隳垣，不復聞誦讀聲。金雞場諸君子，殷然以振興學校，合資建修書院。其址即唐賢趙蕤別業也，名曰東關，從舊誌也。

其講藝之堂，讀書之室，垣墉之厚，閈閎之高，厨舍器物，無不備具，四方來學便焉。惟冀同事人永肩一心，不至有初鮮終，與他鄉書院等，則人文炳蔚，可立而待矣。落成，釋奠有日，門人胥生乾熙、岳生衡請余爲記，以垂久遠，余用是慨然矣。向讀永叔、子固、介甫諸學記，歎其説學精詳，余不能再爲之辭也。余所酷愛者，《袁州學記》也。蓋李公從學廢後，直於出處大原大聲疾呼，唤醒贸贸，而文詞簡當高古，直逼西京。學者頟[1]誦數過，真有頑廉懦立之意。康熙朝，蔡聞之主鰲峯講席，鄭魚門遺書云："近日士子廉恥盡矣，急須大發其羞恶之心[2]。"此言切中今病，更願諸君子立石，將余言大書而深刻之，以遺後之爲師爲弟子者。

鵝溪書院，縣西北八十里安家場。附近有鵝溪，文與可詩"待將一疋鵝溪絹，寫取寒梢萬丈長"，東坡詩"爲愛鵝溪白繭光"是也，下與梓江合流。光緒元年，邑紳請示以本場斗秤羡餘延師課讀，批准立案，永遠准行。

孝靈書院，縣西北三十里毛公場，即西宕渠地，下臨梓江。光緒五年，貢生許文淵等請示抽收該場，各行建修，批准在案。院依孝靈山，故名。

麟亭書院，邑北五十里大觀廟。覲鳳諸峯左右環繞，麟亭獨據上游，誠勝境也。貢生譚慎修倡捐，興設文會。光緒五年，延師課讀，請示立案，名曰麟亭。

鳳臺書院，邑北五十里石船溝。亦光緒五年貢生譚慎修等捐資興修，請示立案，名曰鳳臺。

九峯書院，邑東九十里金孔場。光緒八年，貢生鄧鳴珂等抽捐本場神貲，就文昌宫添修書舍請示立案，名曰九峯。

義學四堂，嘉慶間興設，城内一，三鄉各一。每堂束脩□二十八千文，出自城鄉市鎮斗行。

鄉學十二堂，前任縣仲奉督憲戴札倡捐募化，共銀一千二百三十四兩，發商生息。設學十二處，每館束脩歲十兩。

永賢鄉四堂、安樂鄉五堂、樂平鄉三堂。

觀音砦會及鄉學會添設鄉學十七堂，文生任載道等仿戴制軍《鄉學條規》，請示立案，永遠遵行。

靈應堂一、伏家溝一、觀音堂一、駙馬山一、趙家溝一、雙鳳山一、楊家橋一、會陽觀一、川主廟一、金龜山一、珠琳宫一、鳳凰山一、孫家溝一、蓮池寺一、棗

---

〔1〕"頟"，疑當作"雒"。

〔2〕據《張文襄幕府紀聞》卷上，此係蔡漳浦（聞之）致鄭魚門信中語。

園溝一、金星山一、老師溝一。

廖家橋鄉學一堂，胥、張、廖、趙四姓興設。

大壩口鄉學一堂，胥江富、胥德淵興設。

木岡寺鄉學一堂，衆姓興設。

定香寺鄉學一堂，陳坤元等興設。

文棚

鹽邑素無文棚，歷任俱於公署校士。道光乙未，陳公羅山任斯土，學道愛人，留心教化，乃創修文場。落成，作《二業合併箴》，泐石勸士，至今士林傳誦。

二業合併箴 _{邑令陳仲良}

庠序樂育，論秀書升。仕學一致，體立用行。所以三代，士士盈庭。選舉道廢，科舉乃興。詩賦論策，奔趨利名。一朝綺靡，聖道以傾。唐宋而後，繼以帖經。有明制義，半山是承。虛車同誚，於道何曾。前賢建議，時弊欲更。積重難返，至今相仍。余維髦士，祇在立志。今樂猶古，矧此道藝。發念之初，別義與利。爲己爲人，行同情異。粒剖銖分，毋爲物累。晦翁諄諄，多士是勵。洎乎甘泉，發明此義。德業舉業，盡聖賢事。二業合併，勿參[1]勿貳。勿爲剽竊，盜名欺世。巧鳥好音，如組如織。牛頭馬脯，行同狗彘。世道人心，念之歔欷。大科訓規，痛懲士類。如何下手，明道正誼。倫常內省，步步實地。惻隱見仁，擴充匪易。義端云何，行求無愧。辨是與非，厥惟曰智。禮以持情，莊敬勿肆。信爲實心，四端焉寄。五常存省，早作夜思。踐之於身，著誠去僞。家有嚴君，愛敬交致。同屬於毛，孝則能弟。義以型于，正彼中饋。孝以作忠，不懈於位。毋比淫朋，相親道味。倫常著矣，蘊釀乃深。闇室屋漏，無愧影衾。五官收斂，神氣內含。端倪靜養，不爲物侵。讀書著己，得失相尋。發爲文章，是謂德音。從而應舉，理足詞醇。無營無欲，任彼升沈。處則井渫，出則爲霖。如斯豪傑，何分古今？才成有用，懋我儒林。嗟余不佞，於道曷諝。少存此志，至今懷懣。往往中夜，自咎沈吟。惟彼聲色，罔敢或耽。惟彼貨利，祛吝或貪。一行作吏，顧畏民喦。懍懍慄慄，防之尤嚴。仕學交儆，惟懼弗堪。端形正表，神鬼如臨。以厚風俗，以正人心。辭繁不殺，古訓是欽。治人自治，敬布斯箴。

---

[1] "參"，或作"叅"。

添修文場記　知縣事邢錫晉

鹽亭縣舊有書院而無文棚，自道光乙未，前任羅山陳公創修文棚於署後，誠善舉也。至今人文蔚起，號舍窄狹，試期不能容，權借衙署安置，如遇風雨，士子不堪其苦。書院向在北街，其地隘，其制卑，近市囂塵，殊非講席重地。斯二者，皆守土之責也。余自壬申秋宰斯邑，試士屢矣，竊以爲縣中急務，莫重於此。因與紳糧謀同橋工義渡，詳請上憲，飭勸募捐資。慎擇董事，鳩工庀材。文棚則因舊制而補葺之，添修六間，棹橙從新更易，約九百餘號。棟宇牆垣，煥然一新。書院別遷城西門內，寶臺觀照舊制，左右共添修十一間，新造門樓一座，棹橙、臥具俱全。又培修文湖州祠、武廟、啟聖祠、董叔亭工程。是役也，經始於光緒元年八月，落成於二月[1]三月。需錢壹千三百餘串，而礁功林木不與焉，退取賓興膏火壹千餘金。尚樸實而黜華麗，原期垂諸久遠，非苟且爲一時計也。蓋士爲四民之首，考棚宏闊，藏修者益切觀光；書院壯麗，肄業者咸思上進。聖朝作人雅化，州縣莫不隆書院、考棚，以裨益文人學士。況鹽邑嚴氏昆季盛於唐，與可文翁顯於宋，近如張、任、陳、杜，代産英奇，兼之虹橋掩映，瀾、梓交輝，士風有不蒸蒸日上者哉！惟冀後之宰斯土者，因時補葺，以垂久遠。固士之幸，亦余之願也。

江軍門捐廉廣學額碑記　訓導稅有餘

自來忠勇之將，專爲國家建勳業，何暇爲桑梓計功名。所以汾陽富貴，止照耀於一門；文正義田，僅推施於羣族也。若吾邑江公印長貴字良臣者，身列戎行，克稱元老。名標楚省，譽滿全川。職膺軍門，生平多慷慨自與；思推故里，士氣得俯仰常伸。捐廉俸以廣學額，一舉而永定千秋；本武弁而惠膠庠，此風亦罕聞當代。幸逢帝心簡在，現得閩省榮陞，竊聞鸞詔頻頒，更赴都門拜稽。想他年單刀直入，平賊必盡掃狼煙；至此日萬金可揮，同鄉亦共沾德澤。所以文武諸生等光叨靡已，義舉難忘。爰合大衆以同心，用識高風於泐石，俾後起者知吾邑文武永廣學額一名，由公之曲而成之。即極之世遠年湮，睹斯況者，無不仰公之慨當以慷，而增輝於一邑三鄉間也。謹序。

賓興

鹽地瘠，少生計，多寒俊。每逢大比，率困於資斧，應試寥寥。道光二十二年，

前任縣周募捐得錢三千三百串零，置田收租，以作賓興。

一買王開用地土房屋兩業，價一千三百串。

一買任德中田地房屋一業，價一千一百二十串。蒲剛灣

一買劉華盛田地房屋一業，價八百九十六串。羅灘垻

一何奇書施當，價錢三百二十串。永賢鄉四房溝

趙正树施當，價三十六千文。安樂鄉蒙子溪

陳萬品施當，價十七千。安樂鄉毛公場

置買後池壩一業。安樂鄉

置買任宗道，價四百六十八千。樂平鄉蒲剛塆

置陳明德田地，價六百四十二千。安樂鄉月圓壩

當劉安治，價一百五十千。安樂鄉月圓壩

當李陽春，價一百千。安樂鄉石子嶺

濟倉撥入鳳凰山一業。安樂鄉城東門外

當顧存中，價一百二十千。安樂鄉柏菓樹溝

置李文順土地，價一百五十三千。安樂鄉月圓壩

壇廟志

《漢·郊祀志》云[1]："帝王之興，必有聖明顯懿之德，然後精誠通於神明，爲鬼神所福饗，天下所往歸[2]。"熙朝御宇，百神效靈。祀典之隆，遠邁前古。下逮州縣，典禮僉同。鹽邑諸神廟，固已隨時禋祀，備極尊崇，不僅祀昭格於寶臺，祠湖州於巴壁已。官斯土者，倘能潛通肸饗，貫徹幽明，將萬物昌、風雨節、寒暑時、陰陽和，謂非至治馨香，感於神明者歟？續《壇廟志》二十六。

城隍廟，同治四年邑令程宗潤重修。舊存城隍廟聯云：

爲保障弗爲繭絲，宰官神明，此理由來一貫；

---

〔1〕 按以下引文不見於《漢書·郊祀志》，實見《漢書·敘傳上》。

〔2〕 "帝王之興，必有聖明顯懿之德，然後精誠通於神明，爲鬼神所福饗，天下所往歸"，百衲本《漢書》卷一百作 "帝王之祚，必有明聖顯懿之德，豐功厚利積絫之業。然後精誠通於神明，流澤加於生民。故能爲鬼神所福饗，天下所歸往"，當是。

論善惡不論財勢，天堂地獄，其間只有兩途。陳書題。

龍神祠，道光八年邑令仲續壩倡捐興修，在治西街。

龍神祠碑　邑令仲續壩

縣令受天子爵祿，撫綏斯邑。每當大旱，虔求雨澤，皆爲民重稼穡也。故自涖任以來，山川百里，暘雨應時，百穀用成，伊誰之賜與？《易》曰："雲從龍。"蓋油然作雲，沛然下雨。龍固有獨靈者，乃合縣皆建祠以祀之，而鹽亭獨無。有功則祀之謂何？無乃非聖朝崇德報功之意也。爰集紳耆，辨方正位。命匠鳩工，閱寒暑，廟貌尊嚴矣。然非本縣一人之力也，其間急公向義，解囊相助者，指不勝屈。本縣不過畧以答神庥，以崇祀典，且仰體聖天子霖雨蒼生之意云爾。故於落成之日，勒數語誌之。

厲壇。

厲壇祀典，每歲春清明日、秋七月望、冬十月朔致祭。先期三日，主祭官齋戒。補服，備香燭、酒果，詣城隍廟。就位，二跪六叩，詣神位前獻爵，讀告文，復位，二跪六叩，禮畢。至祭日，迎城隍神牌位，設於壇上，祭物用牲饌、酒醴。設孤魂牌位於壇下，左右相向，祭物用一羊一豕解作殽，置於盤，酒三、湯三、飲[1]五、肉五。儀注：承祭官就位，二跪六叩[2]，詣城隍牌位前跪，獻爵，叩，興，詣讀祝位，跪讀畢，復位，二跪六叩。

告城隍文

四川潼川府鹽亭縣爲祭祀事。竊照時序流遷，節屆仲秋、春、冬，爰稽祀典，例設厲祭。幽明異路，人鬼難通，用告尊神，預行召集縣屬境內無祀鬼魂，均會赴享。並請降臨神所，鎮肅祀壇。俾沴戾咸消，阜安稱慶。敬告。

祭厲壇祝文

維某年月日，官某等各官致祭於本縣城隍輔德大王之神曰：遵禮部劄付，爲祭祀事。欽奉聖旨："普天之下，莫不有人，莫不有鬼。人鬼之道，幽明雖殊，其理則一。有等鬼魂，或因饑饉流亡而死者，或因刀兵殺戮而死者，或因墻屋傾頹而壓死

---

〔1〕"飲"，乾隆四年本《雅州府志》卷六作"飯"。
〔2〕"二跪六叩"，道光本《遵義府志》卷八作"一跪三叩"，後同。

者，或因刑禍囹圄而死者，或因懸梁自縊而死者，或因火燹水溺而死者，或因岩崩樹折而死者，或因天災流行瘟疫而死者，或因毒虫猛獸而傷死者，或因死後無子孫者。此等孤魂，死無所依，精魄未散，或悲號於星月之下，或呻吟於風雨之中。心思陽世，魂杳杳以無歸；身墮沈淪，意懸懸而望祭。故勅天下有司，敬謹設壇於城北，依時祭享，仍命本處城隍以主此祭。"欽奉如此，不敢有違。今值年　月　日，謹備牲、醴、湯、飯〔1〕，致祭本縣闔境無祀等衆，靈其不昧。尚享。

昭忠祠　　在小南街。

節孝祠　　在南城根。

鄉賢祠　　在文廟側。

名宦祠　　在文廟側。

貢賦志

小民戴高履厚，所忠於上者，惟貢賦而已。鹽地磽确無上田，自富村驛併入南部，餘田不足三百頃，征銀僅二千有奇。貢賦無多，幅員狹隘。然歷年來蠲賦蠲稅，叠荷皇恩；免津免捐，屢叨高厚。謹登邑乘，永示無忘。續《貢賦志〔2〕》二十七。

額徵丁糧：銀二千二百三十二兩四錢四分八厘七毫八系五忽九塵一纖一沙五渺五漠一埃。康熙九年，奉文遇閏每兩加徵三分六厘三毫五系零，火耗每兩加徵一錢五分。舊志原編祭祀、鋪司、孤貧、倉夫、斗級、訓導、斗膳、典史、衙役各欵，由地丁留支，嗣奉文隨地丁申解請領。

現編戶口：永賢鄉，男二萬零七百七十五丁，女一萬五千六百四十五口。安樂鄉，男三萬九千六百三十九丁，女三萬零一十四口。樂平鄉，男二萬二千七百二十三丁，女一萬八千四百六十五口。三鄉總共男八萬三千一百三十七丁，女六萬四千一百二十四口。男女共一十四萬七千二百六十一丁口。聖世蕃滋，永不加賦。

蠲政

康熙二十五年奉恩旨，蠲免二十六年地丁錢糧。上諭："昔年爲賊竊踞，民遭累苦。

---

〔1〕　"飯"，道光本《遵義府志》卷八作"飲"。

〔2〕　"志"字原脱，據前後文意補。

今雖獲有寧宇，更宜培養以厚民生。”是時蓋在吳逆初平之後。

康熙三十二年奉恩旨，蠲免三十三年地丁錢糧。

康熙四十二年奉恩詔，蠲免四十三年地丁錢糧。

康熙四十九年奉恩詔，蠲免五十年地丁錢。詔云：“朕八齡踐阼[1]，太皇太后問朕何欲，朕對：‘臣無他欲，惟願生民樂業，共享太平。’迨今五十年，惓惓此心，未嘗少釋。比來省方時，已歷七旬[2]。見民生未盡殷阜，良由戶口日蕃，產不加增，爰不靳敷仁，用甦民力。”

康熙五十二年奉恩旨，嗣後各省人丁，以康熙五十年丁數定爲常額，續生丁永不加賦。

雍正七年閏二月奉恩旨，蠲免八年地丁錢糧。詔云：“數年以來用兵西藏，剿撫苗疆，糧餉轉輸，有資民力。”

乾隆十年六月初六日奉恩旨，蠲免十一年地丁錢糧。

乾隆十三年奉恩旨，蠲免地丁錢糧。

乾隆三十五年元旦奉恩旨，蠲免地丁錢糧。是年皇太后八旬萬壽，特沛殊恩。

乾隆四十一年三月二十日奉恩旨，蠲免地丁錢糧。因金川蕩平。

乾隆四十二年正月二十四日奉恩旨，蠲免地丁錢糧。上諭：“前因聖母萬壽，普蠲各省錢糧。本欲俟聖母九旬，再普蠲一次。今仙馭升遐，更無可推廣慈仁，庫帑又積至七千餘萬。因再蠲免，俾億兆人民永申感慕，以舒朕罔極之忱。”

乾隆五十五年元旦奉恩旨，蠲免地丁錢糧。八旬萬壽。

乾隆六十年十月初八日奉恩旨，蠲免嘉慶元年地丁錢糧。詔曰：“朕八旬有五，丙辰元旦舉行歸政典禮，大廷授受，篤祜延釐，實爲曠古吉祥盛事。允宜廣沛恩綸，以示朕與嗣皇帝愛育閭閻至意。”

乾隆六十年九月二十三日奉恩旨，蠲免嘉慶二年地丁十分之二。元年普免各省積欠，惟川省年清年欵，並無可免。因格外加恩，以昭公允。

嘉慶五年，教匪煽亂。二月初六日奉恩旨，地丁緩征，旋被賊蹂。五月十五日奉恩旨，本年地丁加恩豁免。

嘉慶六年二月二十日奉恩旨，本年地丁暫緩開征。

嘉慶七年二月二十九日奉恩旨，緩征嘉慶六年地丁銀兩。

嘉慶七年三月二十一日奉恩旨，蠲免地丁十分之二。因連年捐輸津貼加恩豁免。

---

〔1〕 文淵閣《四庫全書》本《四川通志》卷十三下“踐阼”後有“之初”二字。

〔2〕 “旬”，文淵閣《四庫全書》本《四川通志》卷十三下作“省”。

原編

文武各壇廟祭祀銀三十二兩，加增祭祀三十四兩。每□赴司請頒田房稅契，原額征銀一百三十五兩三錢四分。嘉慶十六年，奉文加增銀二百兩。全年共徵解銀三百三十五兩三錢四分。

教諭一員，俸銀四十兩，向歸地丁留支。嘉慶二十二年奉文裁撤，撥歸三台縣。

按糧津貼，咸豐四年軍興，奉文按糧徵津貼銀二千二百一十兩零一錢二分五厘。同治十一年遭旱，奉文豁免一年。光緒二年，奉文豁免三年。五年，奉文豁免二年。六年，制憲批准豁免五年。各在案。

捐輸

咸豐十一年，奉文隨糧捐輸助餉。同治十一年，吳制憲巡閱過境，見鹽邑土瘠民貧，惻然憫之，題詩云：“廿年杼柚困難支，鵠面鶉衣夾道隨。西蜀富饒天下羨，那知山縣久啼飢。”即下札將鹽邑捐輸豁免，以後未派捐輸。

孤貧

額設八名，道光三年，奉文添設四名，共一十二名。每名日給口糧銀一分，扣除小建，遇閏加增。向由地丁留□，近奉文隨地丁申解請領。

額外孤貧三十名。道光十九年，趙必仲、趙金榜施趙家灣□□□分，每年收佃錢一百四十四千文。前任縣陳令案明立案支給。

倉儲

常監二倉，原存倉斗穀五千二百五十石，咸豐三年、七年，兩次奉文出糶四千一百五十石，解撥軍餉。下存倉斗穀一千一百石，實儲在倉。

濟倉，嘉慶二十二年，奉文派捐濟穀，共收來倉斗穀四千四百六十四石九斗。道光八年，前任縣仲稟明糶穀獲價，置田收租。至光緒七年止，除奉文變價豁免參追及歷年完糧開除外，現存倉斗穀三千六百八十三石八斗八升，實儲在倉。

石牛溝濟田，何德友、謝映才承佃，每年上納倉斗租穀三十六石。

皂角溝濟田，孫榮泰承佃，每年上納倉斗租穀玖石五斗。

李滿溝濟田，陳應乾、王思舉承佃，每年上納倉斗租穀四十八石。

以上每年共收倉斗租穀玖拾叁石五斗。

杜家溝濟田，杜大才承佃，每年佃錢十千文，作完糧修倉之費。

舖司

向設舖司六處，兵十八名。咸豐四年奉文裁汰，扣六留四，改設役遞六名，號書二名，共八名。每歲公食銀四十三兩二錢，遇閏加增，赴司請領。

鹽課

額行計口陸引五百零七張，共征課稅羨截銀三百二十八兩五錢三分六厘，向歸商人就本地行銷。道光三十年，鹽商故絕，無人承充。前任縣陳稟明，引張歸竈戶行銷。奉批："歸竈與歸丁無異，引張截存道庫，勿庸請領。"

額行水引八十五張，共征課稅羨截銀七百二十二兩五錢，向歸商運行銷申解。嗣因井老水枯，無鹽運配，商人龍增惠連年與富順廠商搆訟。道光三十年，奉鹽憲清訊結，由富順商人朱仁和等永遠認行潼屬鹽亭水引八十五張，取具甘結，隨同該商額引採配富鹽，赴黔省行銷，札飭在案。

行鹽沿革源流，光緒六年稟鹽憲：敬稟者，案奉憲檄，以川省鹽務從前改配，每多滋弊。釐定新章刊發，悉心查明縣屬廠鹽額行何處引岸，何年加增，何年停配，現在每年產鹽若干，配引若干，能否配運有餘，可飭原行各岸之引照舊歸還。抑或不敷若干，應改若干，並於何州何縣附近易於運行之處，一並據實稟覆等因。奉此，遵查卑縣額行黔邊水引八十五張，向係在縣境本廠配鹽，由涪州公灘住店，換截引紙，彭水繳紙根，思渠投稅，運赴黔省行銷，每年應征課稅羨截銀七百二十二兩五錢。是行黔引鹽，本爲潼商專岸，一由公灘行銷思南府，一由白馬鎮行銷正安州，此皆係卑縣水引應行地面。嗣因潼廠井枯，犍廠較旺，潼商借配犍鹽。乾隆二十二年，犍商圖行黔岸，請增黔引，借岸行銷。乾隆二十五年，犍商議設戳記，由涪州詳定案內，將鹽亭行黔引張註定白馬鎮起岸，陸運黔省行銷。其由公灘行銷思南口岸，犍商與三、射、蓬、中各商專利把持。但鹽亭引鹽由白馬鎮起岸陸行，必須七日始抵正安，且係雇人背運，腳價較重，獲利甚微，領運已覺勉強。自乾隆四十年以後，卑縣井老廠衰，水引不敷供配。至五十九年，經商人許天成將水引八十五張呈明前憲台，推代富順等處行銷。嘉慶二十四年以後，故商龍增惠將承領八十五張，歷年推代昭化、榮縣各商行銷。道光十三年，龍增惠赴前憲台李控爭行鹽地面，連年涉訟。十九年，奉前憲台周以"廠可改而岸不可越"飭令該商龍增惠仍赴白馬陸運，正安發賣。從此該商承領引張，既因口岸難以行銷，即推代各縣行銷，得價不敷課稅十分之二，以致積欠纍纍。而龍增惠故絕鹽商，無人承充。道光三十年，經前署縣陳據實通稟，奉前憲台清查訊斷，由富順縣邊商朱仁和等永遠認行潼屬鹽亭水引八十五張，取具甘結，隨同商額引採配富鹽，運赴黔省行銷，札飭遵照，各在案。伏查卑縣井老水枯，所產之鹽，僅足供本地食用，兼以貧竈無力煎燒，汲賣鹽水，貧民買食鹽水者頗多，是以引商無人承充。即勒令承充，亦鹽不敷配。此水引八十五張，碍難復舊。宜仍遵照前案，推交富商朱仁和等代爲行銷，即由富順縣每年造報之實在情形也。至卑縣額行陸引五百零七張，共征課稅羨銀三百二十八兩五錢三分六厘，向歸卑縣竈户本廠配鹽，在本地行銷。道光元年，竈户母凌臣援井老水枯，推代救課章程，請將元、二兩年未領陸引一千零十四張，推交榮縣商人張太和代銷，之後歷任三十年，概由各前任備文交竈户赴憲轅請領引張，推交榮縣、達縣等處商人代銷，即由行銷地面申繳殘引。所有陸引課羨及井課共征銀四百六十五兩六錢八分，併歸竈户按年完解，均係年清年欵，並未歸入地丁，此卑縣陸引歷年推代之情形也。嗣於道光三十年經前署縣陳稟請，將卑縣額行陸引五百零七張，應由卑縣竈户領引分配行銷，按引征課完納。奉前憲台清札知轉，奉前督憲徐批"該縣計引項下正稅、羨截既歸竈户完納，是竈户所出之鹽即係官鹽，不必引張，皆可聽其在縣境隨地售銷，實與課歸地丁無異。引張皆成無用，此後該縣計引應即截存道庫，勿庸轉發，以免別滋弊竇"等因各在案。自道光三十年以後至光緒五年，每年額行陸引五百零七張，歷年皆截存憲庫。所有課稅、羨截，每年征銀四百六十五兩六錢八分。除同治十一年前署縣張令汝勵征齊挪用，未據申解，節經卑職又歷任並委員稟請追繳外，餘俱係年清年欵。此又卑縣陸引課稅歸竈完納，引張截存憲庫之實情也。竊思課從引出，引賴商行，卑縣引商無人領充已三十年，歸竈與歸丁無異。所產之鹽，適符本地之用，不能遠及，亦無庸議改。所有遵札查明卑縣額行水引，因井老廠衰，無鹽供配，應請仍照定案，永遠由富商行銷，以免課懸。陸引仍請截存憲庫，暨卑縣井竈鹽勛適足敷本地食用，照舊辦理，無庸議改。各緣由理合據實覆請憲台俯賜察核，批示祗遵。爲此具稟須至稟者。

稟查明卑縣產鹽，僅敷本地食用，無餘供配。額行水引，礙難復舊，應請仍照定案，永由富商行銷。陸引截存憲庫，歸竈完課，無庸議改，以免課懸[1]由。奉鹽憲崧批"據稟已悉，仰候查核照辦繳"。

雜記

《易》序六十四卦，而以《雜傳》終篇，蓋參伍錯綜，不如此不足以盡其變。承祚《耆舊傳》、廬陵《五代史》皆有《雜記》一篇，意殆倣此。舊志以土地、人民、政事提其綱，而各條附之，可謂條分縷晰矣。然依類以附者附之，無類可依者必至遺忘。

---

〔1〕"由"前疑脱"緣"字。

如怪異災祥，既無可附之條，又非可刪之列。統紀篇末，使知滄海遺珠，咸歸鐵網焉已。爰竊《禮經·雜記》之名，用仿《雜傳》經篇之意。續《雜記》二十八。

武帝永明九年十一月，廣漢縣人墾田，獲古銅[1]一枚。形高三尺八寸，圍四尺七寸，縣長柄[2]一尺二寸，合高五尺，四面各九孔。更於陶所瓦間見有白光，窺尋無物，自後夜夜輒復有光。既經旬日，村民張慶宣運[3]瓦作屋，又於屋間見光照內外。慶宣疑之，以告孔休先，乃共發視，獲玉璽一紐[4]，璧方八分，上有鼻，文曰"帝真"。見《通志》。

貞觀中，蜀人李義甫[5]八歲，以[6]神童。至京師，太宗在上林苑便對，有得烏者，上賜義甫，義甫登時進詩曰："日裏揚朝彩，琴中半[7]夜嗁。上林多許樹，不借一枝棲。"上笑曰："朕今以全樹借汝。"後相高宗。《唐語林》。

孫光憲《北夢瑣言》："嚴司空震，梓州鹽亭縣人，所居枕釜[8]戴山，但有鹿鳴，即嚴氏一人必殞。忽[9]一日，有親表對坐，聞有[10]鹿鳴，其表曰：'釜戴山中鹿又鳴。'嚴曰：'此際必[11]應到表兄。'其表遽對曰：'表兄不是嚴家子，合是三兄與四弟[12]。'不日嚴氏子一人果亡，是何異也！"

崔公度嘗與文[13]同同爲館職，見同京南，殊無言，及將別，但云："明日復來乎？與子話。"公度意以"話"爲"畫"，明日再往，同曰："與公話。"則左右顧，恐有聽者。公度方知同將[14]言，非畫也。同曰："吾聞人不妄語者，舌可過鼻。"即吐其舌，三疊之如餅狀，引之至眉間，公度大驚。及京中傳同死，公度乃悟所見非生者。《宋史》。

王建永平三年正月，麟見永泰。

---

[1] "銅"，百衲本《南齊書》卷十八作"鍾"。

[2] "縣長柄"，百衲本《南齊書》卷十八作"縣柄長"，當是。

[3] 百衲本《南齊書》卷十八無"運"字。

[4] "紐"，百衲本《南齊書》卷十八作"鈕"，當是。

[5] "甫"，百衲本《舊唐書》卷八十二作"府"，當是，後同。

[6] "以"，文淵閣《四庫全書》本《唐語林》卷三作"號"，當是。

[7] "半"，文淵閣《四庫全書》本《唐語林》卷三作"伴"，當是。

[8] "釜"，或作"負"，後同。

[9] "忽"，明《稗海》本《北夢瑣言》卷十二作"或"。

[10] 明《稗海》本《北夢瑣言》卷十二無"有"字。

[11] "必"，明《稗海》本《北夢瑣言》卷十二作"多"。

[12] "弟"，明《稗海》本《北夢瑣言》卷十二作"兄"，當是。

[13] 百衲本《宋史》卷四百四十三無"文"字。

[14] 百衲本《宋史》卷四百四十三"將"後有"有"字。

端拱元年，永泰縣民羅德牛產二犢。

嘉慶五年春，教匪入境，鄉民築砦避之。白蓮教王三槐等以庚申年元宵作亂達州。二月十九，提督軍門朱射斗追賊於西、鹽接壤之火燒馬埡，鏖戰良久，寡不敵眾，死之。賊遂猖獗，長驅入境。扎金孔場三日，殭尸徧野，白晝昏暗。賊去，遇達軍門迎頭奮擊，復於三月十八日奔潰過境，越宿而去。

道光八年戊子，大雨雹。金孔場一帶被災尤甚。

道光十八年戊戌夏，大旱，己亥又早[1]。庚子歲，大飢。

道光二十年庚子秋，大水。

咸豐三年癸丑秋九月，豺。一食金龜山下馮文煥之子，一見玉泉山，一見小馬溝。

咸豐七年丁巳春，甘露降柏葉。其甘如蜜，人採食之。

夏五月，天殞石。五月初四日午刻，石殞於金雞場等處。天鼓鳴，石殞時金光閃爍，颯然有聲。落地入土尺許，力田輩取之，黑色，有硫磺氣。碎之，其中色白，與他石無異。辛酉，金雞場一帶皆被賊擾，即其先驗歟？

咸豐庚申年，桐樹生刀。見於高燈場杜家溝，刀柄、刀環皆具。

咸豐庚申，有異鳥至。翅如蝙蝠，不知其名，或以蝗呼之。未至之先，有鳥，見惡人，啄之即死。日後一見於金剛寺佛座，一見衣祿[2]山佛座，一見於胥保方家龕。月餘不鳴不飛，不食不死，焚香炳炬，送之戶外。

咸豐辛酉，滇匪入境，攻梓潼廟、四方山、牛王宮、水觀音等砦，砦潰。時五月二十三也。

夏五月，慧星見。光芒數丈，橫互河漢間。是時賊匪自仁和鎮分竄玉龍鎮、金孔場等處，旋至棉[3]州攻城。秋八月，駱宮保帥師來川，大破之。

同治戊辰，創建東關書院，得古錢窖。於院前右邊築牆，掘出古窖。大小鐵錢朽腐，惟銅錢如故。驗之，皆宋治平、熙寧、元豐、崇寧、大觀、政和、靖康年號。錢之大小，約有數種。

同治辛未夏，大旱。壬申大飢。斗米值錢二千餘，野有餓莩。

光緒四年，饑，宮保丁發銀二千兩賑之。

光緒五年二月朔，大雪盈尺。初十夜半始雪，片大如掌，頃刻堆積，竹木皆偃。

夏五月，地震。五月十二日卯初，地震如簸，前後數日屢震。此後至庚辰春，地震率以爲常，但不爲災。

---

〔1〕 "旱"，疑當作"旱"。

〔2〕 "祿"，二十八、五十一年本俱作"綠"。

〔3〕 "棉"，疑當作"綿"。

光緒六年庚辰，大有年。奉宮保丁札，徧設社倉。

乾隆初，耕者出古匣。啟之，獲金玉簪環。城南二十里白家壩，相傳有前朝白尚書墓。又有白娘娘，孫尚書之女，被選而未天[1]宮者。乾隆間，土人掘地，得一匣。開之，內有金耳環一對，玉簪一雙，胡桃數枚，今尚存李生家中。

光緒元年乙亥，五色蝙蝠始見於兩板石。縣西北五面山下，地名兩板橋，離城三十里。其地有五色蝙蝠，前此所未有也。自光緒元年始見青、黃、赤、白、黑各一隻，長約六七寸，兩翅寬約二尺，較尋常蝙蝠倍大。其鳴如鴉，噪耳。每歲夏日，羣出飛舞，然亦不常見也。久晴見之必雨，久雨見之必晴，農人試之屢驗。考《拾遺記》，岱輿山北有五色蝙蝠，但彼仙境，靈氣所鍾。以鹽之僻壤而有此，或時和世泰，物亦效靈歟？

---

〔1〕 “天”，疑當作“入”。

四川潼川府鹽亭縣鄉土志

鹽亭縣圖説

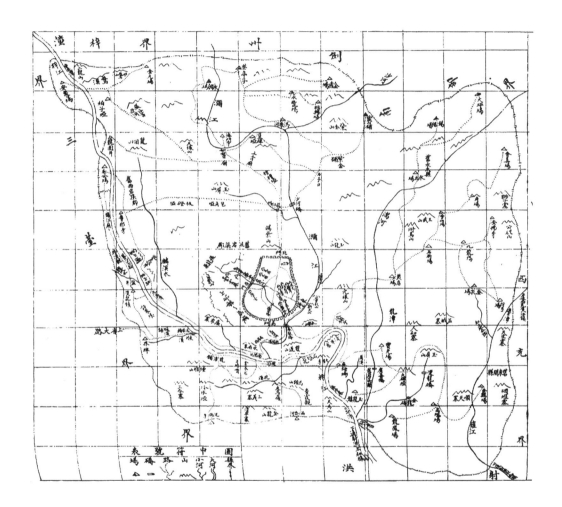

鹽亭，在潼川府東偏北一百二十里，去成都省城四百四十里，去京師陸程五千五百十五里，水程一萬五百三十里。地球經度：在京師偏西十一度八分。緯度：赤道北三十一度二十五分。東西徑一百一十里，南北徑一百里。全縣向分三鄉：曰安樂鄉，在縣西北；曰永賢鄉，在縣東北；曰樂平鄉，在縣東南。統場三十四：曰復興場，離縣城九十里。永豐場，七十里。茶亭場，九十里。金鼎場，九十里。永興場，七十里。錫福場，九十里。靈山場，三十里。永太場，六十里。大坪場，一百里。八角場，九十里。會真場，一百二十里。會仙場，六十里。石狗場，七十里。以上十三場屬永賢鄉。曰章邦寺，陸路離縣城二十五里，水路六十里。毛公場，陸路四十里，水路八十里。龍固井，陸路六十里，水路一百二十里。安家場，陸路九十里，水路一百六十里。麻秧場，陸路三十里，水路四十里。玉龍鎮，陸路六十里，水路八十里。柏梓埡，六十里。金元場，一百里。海門寺，三十里。馮家河，四十里。黃店場，三十里。界牌，三十里。雙碑埡，五十里。雙龍鎮，陸路三十里，水路五十五里。以上十四場屬安樂鄉。曰高燈場，離縣城九十里。金鷄場，一百二十里。折弓場，一百二十里。安福場，一百里。金孔場，一百一十里。九龍場，九十里。龍鳳場，七十五里。以上七場屬樂平鄉。今年秋，開辦勸學所，又擬分十區。縣城及界牌曰中區。永太場、石狗場、會仙場、黃店場，此四場爲東一區。玉龍鎮、麻秧場、定光寺爲東二區。金孔場、折弓場、安福場爲東三區。八角場、九龍場、會真場、錫福場、大坪場爲東四區。高燈場、金鷄場、龍鳳場爲東五區。毛公場、章邦寺、大埡口、雙龍場爲山南一區。靈山場、馮家河、海門寺、永興場爲北一區。復興場、永豐場、茶亭場、金鼎場爲北二區。柏梓埡、龍固井、安家場、金元場爲北三區。此現在所分之十區也。至全縣疆域，北與保寧劍州界，東北與保寧南部縣界，東南與順慶西充縣界，南與本府射洪縣界，西與本府三臺縣界，西北與綿州梓潼縣界。此鹽亭四至八到之界劃也。

歷史　建置沿革

鹽亭縣，舊屬郡治，梁置北宕渠郡今治城地及縣，西魏恭帝改郡、縣俱名鹽亭。未置本境以前，夏時爲《禹貢》梁州之域，秦蜀郡地，漢廣漢縣地，王莽改爲廣信，後漢復名廣漢。既置本境以後，劉宋文帝元嘉十九年置西宕渠郡今毛公場許家壩，領縣四。梁武帝天監中廢。《齊志》：“西宕渠郡有東關縣。”今金鷄場地，梁、魏時廢。

周保定中置高渠郡。隋文帝開皇三年廢高渠爲縣，煬帝大業三年縣亦廢，併入鹽亭。唐高帝武德四年分置，地號永泰縣，屬梓州。宋高宗三十一年復置永泰縣，併仍置東關縣，屬潼川府。元至元、至正間省東關、永泰二縣，併入鹽亭縣，屬潼川府。明降潼川府，屬潼川州。國朝因之，雍正十二年陞潼川州爲府，鹽亭縣仍屬潼川府。

政績 興利

董叔封，隋開皇四年爲邑令。每政事之暇，出遊城東山。勤[1]課農桑，訓誨士民。邑知重農桑自此始。後人思之，以董叔名其山。祀名宦。

扈充，宋熙寧間令永泰。興學立教，頗多善政。祀名宦。

趙希著[2]，宋宗室，嘉定間以顯謨閣丞出宰鹽亭。祀神恤民，興舉善政。祀名宦。

吳昌衍，明進士，宣德間爲邑令。惠愛子民，爲之因地制賦，以開財源。後徵入爲御史，遷四川參政。祀名宦。

雷轟，明嘉靖間令。勤慎有聲。時值歲歉，賑荒無遺，饑民多所全活。祀名宦。

梁一桂，明嘉靖間令。政尚簡靜，不事紛擾，而百事振興，教養兼備。祀名宦。

史步高，國朝康熙間令。葺學宮，置祭器，釐學基，修築城池，最多善政。

袁鳳孫，嘉慶庚申令。教匪犯境，築土城，募鄉勇，請官兵守之。賊臨富村驛，聞鹽有備，從間道至涪，捐廉三伯[3]餘金，修賜紫山文昌宮。

朱壬，浙江舉人，嘉慶二十年令。設義學，修石城，屢加賦興役，紳吏罔敢侵漁，鄉民不擾。

陳仲良，廣東番禺舉人，道光十二年令。教人以德行爲本，嘗作《二業合併箴》及《咏朱子白鹿洞教條》以教士。捐廉修邑文場，每輕騎巡鄉，課民以栽桑、種桐、孝弟、力田諸事。判訟時，必詢書役需索否，頌聲遠播。後尹南陽。

宋家蒸，字雲浦，江西奉新縣進士，光緒九年令鹽亭。書役例進規費，一無所取。終日坐堂上，一蒼頭應門。民有爭訟，直入申訴。間令原告執牒，被訴者至，

---

[1] "勤"，或作"勸"。
[2] "著"，明萬曆四十七年序刊本《重脩潼川州志》卷十二作"普"。
[3] "伯"，疑當作"佰"，後同。

即爲剖斷，訟解，一無所費。倡設學業、育嬰，訪紳董質實者司其事。首捐廉五伯金爲倡，繼募貲萬餘，民不爲擾。在任年餘，盜賊絶迹。十年春，制府丁公巡閲過縣，供張簡率，所餽米肉蔬菜，費不過數金。丁公悉其廉，手書"風清四野"四字，勒石道旁，跋云："甲申春，王巡閲過鹽。見民風肅穆，比户安閒，知雲浦大令勤廉敦樸，著有成效也，書此以志嚮往云云。"

政績 去害

李匡遠，唐開元中爲邑令。時西羌盜賊競起，多方擒捕，以禦民害，賊爲之遠遁，民稱健令。祀名宦。

張雍，宋開寶間爲東關主簿。蠲除煩苛。後知梓州，值李順之亂，守城却賊，忠義著聞，東關人立祠祀之。卒官尚書。祀名宦。

陳琓[1]，明成化間令。剛直有才，驛路去保閬[2]甚遠，夫役苦之。琓議令南部民出柳邊驛接遞，又申免戍邊民丁，邑人稱之。祀名宦。

胡進律，正德間令。剛介明敏，修築城池，爲邑保障。時鄢、藍賊犯境，率衆禦賊，人民免害。祀名宦。

張寬，正德間令。時值兵燹，供億得宜，民免苛虐。祀名宦。

劉堂，康熙間令。邑多浮徵，申請豁免，以甦民困。初設義塾，公事之暇，親自訓誨。

高鈘，康熙間令。勤敏强毅，時值番變，軍需旁午，力爲詳免，民稱爲高佛子。

王文，甘肅涼州府武威縣人，乾隆五年庚申任鹽把總，日以除盜安民爲事。時有夏姓者，左道惑衆，陰謀不軌，汎往擒之，得僞軍籍，載糧民甚夥，投諸水，免累者以千計。

趙朝棟，直隸進士，乾隆十年任邑令。嚴緝匪盜，四境清謐。建修公署，悉捐己俸，不耗民間分文。

---

〔1〕"琓"，或作"玩"，後同。

〔2〕"閬"，《志書》、二十八、五十一年本俱作"寧"，當是。

政績　平訟

吳宏，字月芬[1]，康熙間令。仁恕明敏，時有冤獄久不決，宏到任，廉得其情，覓獲屍所，立白之，爲文紀其事。興養立教，百廢具興。祀名宦。

劉瑢，康熙間令。潔己愛民，禁私派，絶餽賂，尤善平獄訟，如燃犀鑄鼎，羣情莫遁，人號爲神君。

孫濂，貴州貴筑人。道光己亥解元，道光三年任鹽亭。廉名達於四境。有訟事，不許書吏苛取。平獄訟，聽斷如神，幾於無訟。

兵事

《周書·宇文貴傳》：“豐足[2]。三年，詔宇文貴代尉遲迥[3]鎮蜀。時隆州人開府李光賜反於鹽亭，與其黨帛玉成、寇金堂《蜀典》作“金堂”，《周書》作“食堂”、譙淹、蒲皓、馬術等攻圍隆[4]，貴乃救隆州。光賜與張遁、李祜等勢蹙，遂降，執送京師。”

《蓬溪縣志》：“崇禎十年丁丑[5]，闖賊李自成分兵掠蓬溪，尋退去。先是，賊於五月自秦州犯蜀，連陷通江、南江等縣。十月，陷梓潼，三分其軍：一趨綿州，一出鹽亭，一指江油。鹽亭股賊抄西充，折遂寧、蓬溪，趨潼川。”《鹽亭縣志》謂“丁丑十月十三日，有流賊數百騎猝至。破城，殘殺街民幾盡”，正謂此耳。

順治元年甲申十月，張獻忠恨鹽民不附己，發兵萬餘，將至屠城。邑人聞之，夜半於西城水洞逃去。縣西三十里有許、羅、陳三巖兩洞，上據峻嶺，下瞰梓江，地極險要，結塞[6]拒之。十一月二十二日，賊併力攻，幾不能支。忽山頂崩一大

---

〔1〕 “月芬”，二十八、五十一年本俱作“芬月”，當是，後同。

〔2〕 乾隆武英殿本《周書》卷十九云：“貴表請於梁州置屯田，數州豐足。三年，詔貴代尉遲迥鎮蜀。”此本作“豐足三年”，疑是作者誤以“豐足”爲年號。

〔3〕 “迥”，乾隆武英殿本《周書》卷十九作“迥”，當是。

〔4〕 乾隆武英殿本《周書》卷十九“隆”後有“州”字，當是。

〔5〕 道光二十五年本《蓬溪縣志》卷九“丁丑”後有“十月”二字。

〔6〕 “塞”，二十八、五十一年本作“寨”，當是。

石，如數間屋，橫截路口，賊衆辟易。復有神附一巫曰："今夜當大風雨，可隨我去。"夜果風雨，衆隨巫逃免大半。

順治三年丙戌冬十二月，獻忠率衆出川北，肅親王率師討之。兵至漢中，賊將劉進忠迎降。王問獻忠所在，進忠曰："在順慶府金山舖，爲西充、鹽亭交境。"遂領官軍至賊營對山，發矢殪賊，獻忠伏誅。

按《蜀碧》諸書，獻忠伏誅在西充鳳凰山；《明史》謂在鹽亭境；《蜀故》謂西充、鹽亭交境。

咸豐中，藍逆擾潼，先圍遂。及遂圍解，有朱姓賊一股，酷好屠戮。沂射至鹽，攻縣東五十里五城砦亦名大悲砦甚銳。砦素無軍火，兼少壯丁。砦首胥士[1]典、王信等編農家婦，把鋤防堵，狀若娘子軍。賊將朱先鋒奮袂爭登，禽獲，殪之。繼以劈山礮傷賊數百人，乘間奪獲旗幟、烏[2]槍八十餘桿。賊怒，圍攻三日不解。砦民苦無食水，幾不支。忽大雨雹，男婦含雹饗賊，氣益勁，賊失利引去。署縣韓據狀詳憲，賞給功照有差。光緒壬寅秋，僞紅燈教匪既入射邑太和鎮城，上游一帶望風瓦解。有匪黨陶天華等窺鹽亭玉龍鎮不備，褰旗入寺，約奸民黃帽子爲鄉導，俟夜三鼓時，聽鐘聲起兵。鄉紳黃輝鑑、胡德璋等密聯團保，選丁壯入寺偵探，陽言與匪合，隨捧石灰繼之。丁壯借觀匪黨佩刀反擊之，擒獲五人，以灰覆目，就戮於市，餘各逃竄，緝黃帽子送縣正法。玉鎮團練，名聞川北云。

耆舊　本籍宦績

嚴審紀，先世居馮翊。隋大業初，父知本任梓州刺史，因隸籍鹽亭。審紀仕唐，官至太子太保。子佽，至德間進士，贈中丞。

嚴幹，字元楨，中丞嚴佽子也。爲東川節度使參謀、朝議郎、監察、試大理司直。

嚴震，字遐聞，與兄恍登進士，累爲鳳州團練使。好興利除害，號稱清嚴。建中間，韋正[3]狀其治行爲山南第一，遷山南西道節度使，尋加檢校户部尚書、馮翊

---

〔1〕"士"，光緒八年本作"仕"。

〔2〕"烏"，疑當作"鳥"。

〔3〕"正"，乾隆武英殿本《新唐書》卷一百五十八作"楨"，當是。

郡王，加檢校尚書左僕射。久之，進同中書門下平章[1]。德宗幸奉天，進封太保。貞元十五年卒，諡忠穆，祀鄉賢。詳見《唐書》本傳。

黃衡，邑東青衣溝人。學術純正，洪武八年選拔，戊午舉進士。任刑部陝西判案所清吏司，尋遷都察院御史，轉戶部郎中。沒後，峻節高風，人皆慕之。永樂三年崇祀鄉賢，宣德二年奉旨建坊於第側。

譚紹祖，縣北四十里白土溝人。洪武時進士，仕至禮部侍郎。建文時爲國子祭酒。靖難兵入，從建文出亡，不知所終。譚永昌、譚聘、譚嘉虞，累世簪纓，皆其後裔。

張漢，字雲倬，泰階子。生九歲失怙，大母撫養成立。康熙戊子鄉試中副榜，授滎經縣教諭。以挽運功議敘，升雲南大理府雲南縣知縣、宣威州知州，擢廣西南寧府知府，授右江道。前後涖官十三年，所至之地，凡不便於民者，悉除去之。頌聲洋溢，民夷愛戴。其守南寧時，曾攝太平府[2]，所屬鄧橫、安馬二寨苗民梗化。既殲鄧橫，議者欲并剿安馬，漢曰：“兵者，不得已而用之。安馬雖蠻夷，合寨豈無良善？玉石俱焚，非所以廣皇仁也。”漢遂親至夷寨，反覆開導，皆悔懼投誠。民綜諸善政，繪爲十六圖，徵詩以美之。

顧琎，字丹麓，鹽亭人，康熙辛酉舉於鄉。初令粵西。首邑，三江[3]，猺、獞雜處，最號難治。琎恩威兼施，治列上考，擢陳州知州。下車適值水患，捐賑緩征。[4] 以大疫，施藥全活者甚衆。自是嚴保甲，興學校，善政以次畢舉。後六載，卒於官。陳民德之，自裹[5]糧送柩歸蜀，號泣三日而後去。

王勃[6]，字又[7]安，鹽亭太學生，授雲南寧州牧。大理、江州四海口已淤[8]，令民築隄營田；崎嶇隙壤，令各樹木。至今滇南田增數萬畝，叢林茂密[9]，皆勃之力也。後再補昆陽州。告休歸里，卒。

杜廷枚，字吉甫，號卜山，邑人。乾隆乙卯舉於鄉，嘉慶丁丑大挑一等，簽分

---

〔1〕 二十八年本“章”後有“事”字，當是。
〔2〕 二十八、五十一年本“太平府”後俱有“事”字，當是。
〔3〕 “首邑，三江”，二十八年本作“蒼梧，附府首邑，三江孔道，僻居邊陲”，當是。
〔4〕 二十八、五十一年本“以”前俱有“繼”字，當是。
〔5〕 二十八、五十一年本“糧”前俱有“餱”字，當是。
〔6〕 “勃”，二十八年本作“敎”，後同。
〔7〕 “又”，二十八、五十一年本俱作“子”，疑誤。
〔8〕 “大理、江州四海口已淤”，二十八、五十一年本、光緒二十三年本《新修潼川府志》卷二十二俱作“條陳滇屬昆明、澂江、大理、江州四海口已淤”，當是。
〔9〕 二十八、五十一年本“茂密”後俱有“者”字。

湖南，署慈利縣事。邑豪某結黨爲民害，歷任莫能發其奸，公廉得實，計誘服罪[1]，民大悦。未三月，丁艱歸。民作歌誦之，詞曰：惟兹慈邑，風移俗醇。善政慈惠，布化同遵。錯枉舉直，培苗除莠。我公有之，令德孔厚。雷山嶸嶸，澧[2]水洋洋。願公之節，山高水長。遵素經濟，世傳清白。願公繼之，垂勳竹帛。

趙宗藩，字介臣。拔貢，朝考知縣，署江西會昌。志趣高潔，公餘以詩酒自娛。及罷歸，清風兩袖，人比之陶彭澤云。

耆舊 先賢行誼

任伯傳，舊《通志》："[3]伯傳，鹽亭人。宋皇祐初登進士，官職方郎。以孝行稱，居喪廬墓，有靈芝醴泉之祥。"

馮伯瑜，鹽亭人《縣志》作東關人。性至孝，父才運病篤，瑜割股瘥之。縣令卞詵築臺道傍，立石表其孝。

王奭，明永泰人。性至孝，居親喪，負土成墳，廬於墓側。靈禽異鳥悉集其所，時以爲孝所感。祀忠孝。

雷應春，邑人。事親至孝，父喪既葬，廬於墓側。馴兔入室，異木倏生，人以爲孝感所致。

張泰階，字徵平，順治辛卯舉於鄉。幼值寇變，父被虜，泰階哀求請代，賊感動，并釋之。事繼母以孝聞，撫諸弟，友愛甚篤。康熙二年任恭城縣知縣，時猺目黃天貴等踞業[4]木寨，劫掠四出，泰階乃募幹事者探知賊情。狀於總制[5]，檄廣東、湖廣二省合師進剿。泰階戎服躍馬，請以部下數百人冒險先登，大師繼之，遂平賊。後遷深州知州、廬州府同知，所至有政聲。著《鹽亭志畧》。

---

[1] "計誘服罪"，光緒八年本作"計誘之，以罪服"。
[2] "澧"，光緒八年本作"澧"，當是。
[3] 文淵閣《四庫全書》本《四川通志》卷十上"伯傳"前有"任"字，當是。
[4] "業"，雍正四年本《平樂府志》卷十、二十八、五十一年本俱作"叢"，當是。
[5] "狀於總制"，二十八、五十一年本俱作"狀聞於總制屈，屈大駭"，當是。

耆舊 近世行誼 孝友

陳四聰，事親至孝，孺慕之思，垂老不忘。尤好獎進後學，士林奉爲楷範。子書，官郎中。

文敘，貢生，宋與可之後。性謹默，不事浮靡。奉母于氏，克盡孝養。于年九十乃終，敘亦年至七十。一日沐浴畢，整衣冠，坐語子曰：“門外夫役候久，可多與錢楮，吾去矣。”遂卒。

岳廷榮，邑庠生，渭南知縣冠華之孫也。事母至孝，嘉慶五年避教匪亂，負母至山谷中。賊突至，不及逃，被獲。賊曰：“當血告〔1〕吾刃。”廷榮泣曰：“死不敢辭，但勿傷吾母。”遂延頸以待。賊感其孝，釋之〔2〕。

張登魁，邑人。與弟登黿友愛極篤，鄉人稱之，以爲楷則。登黿孫慶元，九十四無疾終。曾孫鵬騫，同治丁卯鄉薦，實授巴州學正。

王恢基，邑貢生。母卒，居喪盡禮。奉繼母恭謹，諄諄戒二弟善事〔3〕，以慰父心。父卒，廬墓終制。

謝及申，邑庠生。弱冠出爲叔上林後，承事恭順。上林更生子朝枚，受室分爨，良田悉以歸之，申無怨意。未幾枚卒，家式微，子女伶仃，申命與己共居，教養嫁娶如己出。

楊大順，邑人。性純孝，父多病，順割股五次以進。居喪，哀毀幾死。

黃金榜，邑武生。六歲喪父，母王氏性嚴烈，偶違志，則對案不食，榜長跪終日，祈霽顏。晚年，勸母赴鄰舍宴，母執杖責之，曰：“我數年未踰閾，何污吾耳！”榜跪而受之，其純孝類如此。

孫朝春，邑增生。父病篤，割股以進。虔禱，願減己壽以益父，父頓愈。

孫鍾岷，字碧山，邑貢生。性孝友，兄弟俱貧，勸與共爨，代償宿債無蔕芥。設教以敦品爲先。子四人遊庠，皆有父風。

李含章，邑增生，性極孝。母氏何，雙目失明。庚申，藍逆入境，章負母避難。

---

〔1〕 光緒八年本無“告”字。

〔2〕 光緒八年本“釋之”後有“見《潼川府崇聖祠忠孝題名記》”一句。

〔3〕 光緒八年本“善事”後有“繼母”二字，當是。

值暑日，汗下如雨。母曰："賊至矣，子宜速行，勿以我累。"章泣曰："母在此，兒何之？"章素體弱，至此精神數倍，違賊里許，竟獲免。

劉天柱，邑庠生。持身愨謹，事親孝。弟兄分爨後，家貧不能養[1]，柱一人任之，所置產悉分與諸昆弟。尤厚待鄉里，一生教授，造就多人。

李詩，邑貢生。早孤，事母至孝。母責之，詩膝行受杖。每讀《陳情表》，必潸焉泣下。性和厚，鄉里有睚眦者，[2] 委婉開導，使之中止。立身方正，雖密邇城市，不染塵囂，人目爲士林冠冕云。

劉榮美，監生。少孤，事祖母以孝聞。

王元棟，邑人，天性誠愨。父朝魁病篤，棟割股以進，病愈。

馮孝山，邑人，孺慕肫摯。少孤，過繼承嗣，其母與生母俱節孝。家貧，教讀養親。光緒六年，母病，割股截指痊之。親歿，廬墓守制。

王德龍，邑人，曾割股救母。辛酉，賊脅至綿州，得痢疾，幾死。偶夢人告曰："汝能孝親，免汝於難。"醒後疾愈，次夜遂逃歸。

寇義興，邑人，庶母所生。嫡母病，剖股截指療之，病愈。

黃發衷，鹽亭庠生。家極貧，歲饑饉，乞貸無門，割股以奉親。

何元秀，邑人，性仁孝。母氏王，年八十八，元每入市，必携餅餌以進。母或叱之，起敬起孝，人稱爲老孝子。

胥鑑，邑人，性和順孝友。親歿，廬墓三年。兄食指繁，以千金產與之。年八十，除夕自爲祭文，家人問之，曰："明旦吾將逝矣。"遂沐浴冠帶而終。

蒲卓，庠生。品端嚴，性和厚。授徒以敦行爲先，不計修脯，遊其門者終身不易師。親沒，廬墓。年八十八，易簀之日，隔年已知。

趙鵬儀，少孤，以孝聞。家教嚴肅，子玉成，蜚聲黌序；孫之藺，拔貢，朝考知縣；次孫之麗，優廩生。

王之訓，誠樸好學。少孤，遺弟及妹俱幼，諸兄弟促訓分產，泣阻之，爲文告於寢，情辭悱惻，衆爲泣下。訖分，訓不忍有所取。爲人傭書，撫弟及妹，以至成立。子王清，孫國政，皆質樸重義，政封徵仕郎。曾孫大禄，和厚好施與，封奉直大夫。

胥星辰，孝親養志承歡，待弟分多潤寡，一生未入公門。生平嚴於戒酒，尊師

---

〔1〕 光緒八年本"養"後有"親"字。
〔2〕 光緒八年本"委婉"前有"必"字。

重道。子光遠，孫天馨、天儲[1]，俱入膠庠。年八十六。

馬炳林，增生，邑名宿馬來賓子。母患目瘡，腐潰難近。炳林靜夜焚香籲天，刲股以進。每晨盥漱畢，即以舌舐母患處，數月不懈，病良已。光緒二十年春，林病，子元生刲股調羹，弗令父知。病稍瘳，至夏轉劇。元生調治罔效，涕泣累日不食，私謂所親馬定朝曰：「父病如有不可，願代父死。」朝呵之，未甚介意。是夜，見父垂危，沐浴焚香畢，向弟囑家要事，就寢小樓。家人以其勞憊也，聽之。雞鳴呼之，不應。排門入，撫其體，已僵。見榻前未盡毒藥，始知自酖也。而目瞑[2]口閉，不類尋常毒死者。蓋蓄志代父，誠甘之矣。噫！割肝刲心，世爲愚孝。然子痛親之心，至無可如何，而卒以身殉，一任人歌之、泣之、非之、責之，彼其心固未嘗計及也。以視漠然君父者，不誠霄壤哉！孔子曰「愚不可及」，余於孝子何訾焉？

近代行誼 睦嫻 任卹

杜惠南，字愛亭，邑增生。性方嚴，持躬治家，動遵禮法。以樸學課諸子，尊師重道，超越時流。勇於爲善，濟困扶危，有如不及。嘉慶初，教匪擾境，羣賊相戒毋得躪杜封翁家。時秧田水涸，賊決堰水溉之，復採桑飼其蠶而去，比鄰因此獲全，其義聲流播如此。長子廷枚，以舉人大挑官湖南知縣；五子廷楷，以進士官直隸知縣，俱有政聲。累封奉直大夫。妻氏趙[3]，封宜人。

勾元哲，字朗軒，家小康。嘉慶初，邑饑，罄貲至涪，買米歸貸饑者。月餘米盡，而貸者大至，乃益轉貸親友金數千，悉市米接濟。凡乞貸者，識與不識，咸概給之。明年再歉，一無所問。又明年，大稔，貸米者爭償以絲。數月，絲大昂貴，以此得倍息，家大裕。益樂善好施，惠周鄉黨。年八十七，與婦趙氏白首齊眉，鄉里重之。

趙步階，嘉慶五年爲邑兵科吏。教匪擾川北，殺戮滿野，施棺五十具。晚年好讀朱子《集註》，喃喃不倦。年九十，無疾終。其孫宗藩，以拔貢朝考知縣。

馮守邦，重義輕財，不能喪葬者，傾囊贈之。遇爭競，反覆開導，息而後已。

---

〔1〕 光緒八年本「天儲」後有「玄孫庚耀」四字。

〔2〕 「瞑」，疑當作「瞑」。

〔3〕 「妻氏趙」，疑當作「妻趙氏」。

年八十八，恩賜八品壽士。

蒲德睿，爲人樸誠，伐樹得銀一甕，以爲意外財，不宜獨享。鄉里貧不能嫁娶喪葬者，分給之。年八十八。

許醇儒，字静菴，邑庠生。貌端嚴，性慈惠。除夕讀書樓上，聞鄰舍泣，詢之，知乏食。時有米四升，分半與之。後家漸裕，矜孤恤寡，樂善不倦。歲饑，倡捐賑濟，全活甚衆。其徒王朝用無力鄉試，欣助之，携與俱行，榜發獲售。及公車北上，釀金以促其行。晚歲割二千餘金産業助鳳山書院膏火，士林爲請議敍，不可。人稱爲篤行君子。

蒙德馨，號明齋，與弟天錫以孝友聞。置義田，設鄉學。販米者被竊，與店主拚命，明齋贈錢三千，其禍遂息。歲凶，設粥廠賑饑民。刻善書以勸世。天錫效兄所爲，捐千金産建宗祠。

黄正明，字肅亭。讀書明大義，爲藩吏，從軍越嶲。吏滿，授[1]九品。見善必爲，尤好培植士類。邑有陳氏子，少孤，祝髮蘭若，一見器之，贖之，齒諸子，更名思陳。讀書數載，應府試，冠童軍，未及院試，病没。其他濟急扶危諸善事，未可更僕數。年九十六。孫輝斗，恩貢生，爲邑名宿；輝鑑、輝琳，列東西兩庠。

任載道，號星山。平生興設義渡、鄉學，修書院、文棚，置砦倉以備荒，置祭田以睦族，皆倡捐之，以成盛舉。年八十餘[2]，猶嗜學不倦。光緒癸巳科恩賜舉人。

羅岱彥，年七十餘。慷慨樂施，人皆稱善。

張羽儀，邑貢生。性純静，不履塵[3]市。一室齋居，雖至親罕覯其面。置義莊，荒年仰食者衆。年七十餘，尚强健。

趙魁三，邑貢生。學優品正，信於友誼，不輕然諾，時人憚其方嚴。

楊定國，厚重寡言，孝友成性。文生趙必昌，蒙師也，年老家貧，定國迎養數載，禮貌不衰。没後，喪葬必己出。課徒之暇，恭録聖諭、家訓、格言以勸世，曰："吾人所以忠於國、教於鄉者，如是而已。"年八十餘，甲子科恩賜副貢。

王國均，家小康，好善。獨力捐修黄殿場、黄泥堡、枇杷埡各石橋并一帶石路，費金甚鉅。署縣陳、周二公先後贈"好義可風""輕財禮士"匾式。

---

〔1〕 光緒八年本"九"前有"從"字。

〔2〕 "年八十餘"，光緒八年本作"年七十"。

〔3〕 "塵"，光緒八年本作"城"。

本境文學

趙蕤，著《長短經》十卷，其文亦《申鑒》《論衡》之流。自序云："大旨在乎寧固根蒂，革易時弊，興亡治亂，具載諸篇。"《北夢瑣言》云："蕤，梓州鹽亭人。博學韜鈐，長於經世。夫婦俱有隱操，不應辟召。論王霸機權變正之術[1]。"第十卷載陰謀家，本缺，今存六十四篇。

按王初桐記唐睿宗問蜀士於蘇頲，對曰："李白文章，趙蕤術數。"蕤固與李白齊名也。

文同，字與可，永泰人，漢文翁之後，祀鄉賢。時稱石室先生。方口秀眉，操行高潔。以文學知名，皇祐元年以博學宏詞登進士第。歷官陵、洋、湖三州，興利除害，不避權勢。善詩、文、篆、隸、行、草、飛白，又善畫竹。文彥博奇之，曰："襟懷灑落，如晴雲秋月，塵埃不到。"與蘇軾交最善，嘗爲同竹[2]《篔簹谷記》《畫竹記》，詩篇倡和尤多。同著有《丹淵集》行世。後文鼇[3]著《丹淵集拾遺》二卷，又《文湖州年譜》一卷、《附錄》一卷[4]。

陳書，字玉簡，邑南水集口人。父四聰，餼於庠，以孝友聞。書純孝，酷似其父。康熙丁卯舉於鄉，戊辰成進士，授內閣中書。回籍省親，眷戀慈闈不忍去，檄催供職。甲戌補內閣撰文舍人。能文，工書翰，凡撰制誥及宮禁王府屏聯，多出其手。冢宰熊公器重之，條陳時政，熊公悉代爲啟奏，見諸施行。擢至禮部郎中，卒於官。凡所言所行無巨細，夜必焚香書之，數十年如一日。文集遺失，惟《鵑聲詩集》行世。

黃繼皺，字麟堂，邑人。入射洪籍[5]，嘉慶丙子副榜。性孝友，工書翰。守宋儒主靜宗旨，教人以德行爲先。嘗批《古文鐸》《制藝鐸》以訓士，鹽、射間名宿多出其門。年八十四，元旦無疾終。子明恕，孫輝策，俱拔貢生。

馬來賓，字遠侯，廩貢生。講學玉龍書院，以敦品勵行爲目的。門下著録者百

---

〔1〕"蕤……之術"，文淵閣《四庫全書》本《北夢瑣言》卷五作"趙蕤者，梓州鹽亭縣人也。博學韜鈐，長於經世。夫婦俱有節操，不受交辟。撰《長短經》十卷，王霸之道，見於行世"。
〔2〕"竹"，五十一年本作"作"，當是。
〔3〕"鼇"，疑當作"鵞"。
〔4〕按《丹淵集拾遺》《文湖州年譜》《附錄》當爲宋慶元間家誠之重刊《丹淵集》時所增補者。
〔5〕"籍"，光緒八年本作"學"。

餘人，采録先正格言，輯《初學箴規》四卷、《俗訓箴規》二卷，梓行於世。弟作賓，字虞廷，居家孝友，署江安縣訓導。

勾芹芳，字香泉。少孤，有至性，事母以孝聞。好讀書，目數行下。論辨古事，口如懸河。治《毛詩》，寢饋不間。所爲文得温柔敦厚之旨。光緒戊子登賢書，旋丁内艱。服闋北遊，不樂仕進，置經濟書數千金以歸。著有《覆瓿草文集》二卷。集中育才議對，爲今日學校先聲。文集同《北上詩草》均膾炙人口。

本籍武略

何卿，邑東順水溝人。明正德中爲指揮僉事，進署都指揮僉事，充左參將。鎮松潘，屢殄番寇，戰功聿著，爲蜀保障。莅鎮二十四年，禮賢事老，澤及枯骨，軍民戴之若慈母。詳見《明史》列傳。

江長貴，字良臣，先世山東濟南人。成化間，祖灝官樂山令，罷歸，愛鹽亭俗樸，遂家焉。長貴性樸誠，少有大志，隸綏靖營行五[1]。歷年調辦猓夷，擢重慶千總。咸豐元年，粵匪煽亂，檄鎮兵協剿，從向忠武轉戰湘、鄂、皖、浙數省，所向克捷，累官皖南鎮總兵。同治二年，徽防署定，請葬親，未卒事，奉廷命急赴直隸軍營，署直隸提督事。賊平，赴湖北本任。八年，調福建陸路提督。十二年，以疾乞歸，給食全俸。光緒二年二月[2]卒於省寓。長貴生平師岳威信、楊忠武之爲人，故所向克捷。回籍後，分潤宗族，並創義學、置義田，捐軍餉萬五千金，加廣學額。尤篤於倫紀，友愛昆弟。既殁後，予謚建威將軍，本籍及皖省均建專祠。光緒四年，崇祀鄉賢。子應葵、孫起琭承襲[3]。

任九級，字大升。順治戊子，射洪流賊餘黨郭大長招賊數千，徧掠鄉村，九級率鄉勇王養臣誘賊殲之。後署眉州知州。

王養臣，縣東人。性倜儻，有膽畧。少讀書，通大義。順治甲申元年，母虞氏因獻賊之亂没於兵。養臣日夜涕泣，欲從軍以復母仇，不果。三年，肅王入蜀，殲賊於西充鳳凰坡，養臣以未及手刃賊首爲憾。戊子，蜀大饑。射洪郭大長，獻賊餘

---

[1] "五"，光緒八年本作"伍"，當是。
[2] 光緒八年本"二月"後有"辛巳"二字。
[3] 光緒八年本"承襲"後有"恩蔭"二字，當是。

黨也，自號無主大將軍，殺掠鄉村，殭尸積野。養臣奮袂大呼曰："養臣！而忘流賊之殺而母乎？"與內戚任九級招集義勇，爲詐降計。賊至石狗埡，養臣率衆迎之，具供給，爲布置諸營。賊不知其詐，反德之。時養臣年十九，貌不凡，賊收爲義子。至夜，養臣取四鄰豬牛犒賊，賊甚歡。郭大長欲食燒餅，養臣辦以進。方暢飲時，養臣求授劍術，部下教之[1]，養臣請學舞於前以爲樂。是時羣賊飲樓下，郭大長左手執餅，右手執犀角杯，不介意。養臣取劍揮之，賊首落地。即捷足上屋瓵，呼曰："無主將軍，我已梟其首矣，汝等各宜逃生。不然，王師明日至，汝無遺類矣。"賊倉皇去。當事奏於朝，任九級以知州用，養臣給守備銜。上憲奇其才，屢檄供職，養臣曰："母仇得報，此心遂矣，毋苟圖富貴也。"自甘淡泊，以壽終。

本籍忠節

黃文朗，鹽亭諸生。嘉慶五年教匪入境，率衆守龍泉砦。衆潰，被執不屈，罵賊死。黃上英、董英才、王國周、王復壽、黃朝服、任煥然、許貴等七人，與黃文朗同時戰死。衛士美、何廷林、趙文琮、馮應明、范廷[2]進、陳先進等六人，亦以砦首禦賊死。

毛三元，鹽亭人，以武進士授雲南元江營守備。剿思茅進[3]匪，赴猛旺，至金家灣陣亡。子志信，襲雲騎尉。

江應遠，鹽亭人，任疊溪營外委。咸豐七年攻賊于湖熟，陣亡。子起恩，襲雲騎尉。

劉朝林，鹽亭人，松潘右營守備。咸豐十年隨大軍轉戰安徽，進攻太平縣，陣亡。事聞，以遊擊例議卹。子大受，襲雲騎尉。

楊熾昌，鹽亭諸生。咸豐十一年爲賊所執，强作示，昌大罵不絶，遂遇害；監生王常松帶團禦賊，被執不屈，死。事聞，皆賜雲騎尉世職。

鄧鳴珂，鹽亭貢生。守泗方[4]，砦破，砦民王文林、任朝慶被執，不屈死。鳴珂亦被執，賊勸之降，以母老堅辭。迫以酷刑，終不屈。僞統領救之，乃得生還。

---

[1]"部下教之"，光緒八年本作"郭下席教之"。
[2]"廷"，光緒八年本作"連"。
[3]"進"，光緒八年本作"游"，當是。
[4]"泗方"後疑脱"砦"字。

胡文燦，鹽亭金雞場人。避藍賊于胡家巖洞，以鋤擊賊，洞賴保全。賊殺其二子。

官於本境忠節

李紹先，崇禎間知鹽亭縣。流賊陷城，被執不屈，死之。贈光禄大夫，廕一子。舊《府志》作紹元。

本境節烈

汪氏，盧州府同知張泰階妻。幼通《孝經》《內則》。泰階歷任司馬，惠政及民，汪匡贊之力居多。年二十九，泰階没，守節，教子成立。乾隆初旌表，載《一統志》。

袁氏，張玫妻。玫病篤，語袁曰："身後事，吾不爲汝計也。"袁泣，截指以見志。及卒，撫孤教子，曲盡苦心，人稱貞節。

劉氏，霸州知州張士權長子、廕生張煇妻。乾隆二十年，欲往父任，即便赴選，憂母久病，不忍離。劉曰："顯親揚名，乃爲大孝，何憂此行？晨昏定省，氏可代焉。"及煇没京師，劉年二十七。守節事親，克盡婦道。撫子正域，食餼於庠。

朱氏，王松壽妻，射洪縣舉人朱衣點之女。松抱疾，朱百計請禱，割股醫救。及卒，哀傷至慟，三年不出戶庭。年二十六，無子。孝事舅姑，撫過繼子以禮成立。

謝氏，馮文侃妻。年十八于歸，生子泰吉，甫周歲，夫故。事親撫孤，拮据弗厭。後家小康，諸孫欲請旌表，謝曰："勒銘綽褉[1]，非所願也。止願爾輩讀書立品，足矣。"後三孫成名。曾孫馮詩，綿州訓導。馮書，精算術，著《開方表》《四元玉鑑代數釋》二種。

何氏，增生黃文朗妻。嘉慶五年，文朗同子上英禦賊殉難，何亦被擄，不屈死。

廖氏，黃朝服妻。嘉慶五年教匪犯境，挺身罵賊被殺。

---

〔1〕"褉"，光緒八年本作"禊"，當是。

王代定兒[1]，王藩女。年十六，橫遭强暴，捐軀明志。知縣母爾信詳請旌表。

馬女子，馬廷文女。遇强不從，被毆死。道光十六年旌表。

馮氏，武生胡春桂妻。咸豐辛酉，同母避難巖洞。賊至，衆呼馮急走，馮不忍棄母去，被執，罵不絕口，遂遇害。

林氏，趙國理妻。國理餼於庠，幕遊涪州，林與俱。理病故，林扶柩歸，經營齋葬，并爲夫撫子立主。是日，客未散而林服藥死。親友爲具狀請旌。

任氏，胥某妻。遇暴不從，搒傷死。光緒二年旌表。

按：瘠土之民，知尚節義。本境如夫亡守志，節孝著聞，新、舊志累牘連篇，不勝悉數。茲因《例目》有附入《節烈》一條，謹采其事件之特別者載之，以爲將來女學龜鑑。餘詳縣志，此故從略。

風俗

按：鹽亭僻在山陬，土習民風，勤謹誠樸。《志》稱文翁之後，擇里徙鹽，故宋與可先生猶銘石室。其後淵源紹述，訓俗型方。雖文翁之化全蜀漸摩，而流風餘教百世不改者，推鹽爲最。明季兵燹，他邑咸鳥獸散，鹽人獨重去其鄉。即如光緒壬寅以至甲辰，邑連大祲，民安貧守分，寧忍渴忍饑而不忍流離他境者，幸賴米脂李少川、錢塘孫少川兩邑侯先後盡心賑撫，靡有流亡，未始非由里俗敦龐，隱回造化也。尤難得者，當偏災急告，待賑孔殷之際，經李侯在先勸募義賑柒千餘金，繼經孫侯捐廉提倡，紳民慷慨輸將，更集義賑，兩捐至二萬餘金。不徒急公好義之風，見之於磽瘠頻災之地，從知鹽邑之興，其未有艾矣。綴其大畧，藉以彰往勸來，并爲日後續修志乘之攷證云耳。

---

〔1〕"王代定兒"，光緒八年本作"王氏代定兒"，光緒二十三年本《新修潼川府志》卷二十四作"王代弟兒"。

户口

《潼川府志》載："鹽亭民[1]壹萬伍千壹百捌拾肆户，男肆萬零肆百伍拾丁，婦叁萬零壹百叁拾伍口。"係據以前册報舊數，近年實不止此。光緒壬寅，邑大祲，前縣李公辦賑查户，計極次貧民丁口七萬有奇，而限於十家牌，以致向偶[2]者尚復不少。越甲辰，再祲，邑侯孫公集嗷甦涸，竭思殫精，於查户一端，尤再三審慎。既委紳札保，叠次分查，時復輕騎巡鄉，親問疾苦，始知以前舊册有一牌花户管至三四十家者。乃增置牌首，核實賑撫，向隅饑民賴斯全活。故所賑丁口雖過十萬以外，實無涓滴冒濫。今計現在民數約五萬肆千叁百餘户，男拾叁萬陸千捌百零，女拾壹萬肆千捌百零。

氏族

舊志稱鹽亭地瘠俗古[3]，安土重遷。歷唐宋至今，雖屢經兵燹，仍多土著大姓。然自獻賊荼毒後，譜牒多焚燬無餘。故如嚴氏簪纓，轟隆宇内；湖州文采，照耀人間，問其世系源流，且多淪滅於荒煙蔓草中者，其餘概可知也。近代大姓，若杜、若馮、若胡、若黃、若蕭、若鄒、若王、若張、若趙、若勾、若陳、若蒙，類多瓜瓞昌蕃，衣冠盛美。而攷其歷傳，溯其受氏，多嗟代遠難徵。故《氏族》一篇，暫從闕略。

宗教

本境外教：一回教，係漢人自明成化時入境，凡十姓，今三百八十餘户，約丁

---

〔1〕"鹽亭民"，光緒二十三年本《新修潼川府志》卷十一作"鹽亭縣所屬民數"。

〔2〕"偶"，據後文，疑當作"隅"。

〔3〕"古"，《志書》作"固"。

口二千一百零。一耶穌教，一天主教，均於城內及玉龍鎮設有講堂。惟奉教者多有出此入彼，人數殊難查攷云。

實業

《管子》分列四民，各專其業。今東西國殖民之政多祖之，國之富強基礎於此。本境不通舟楫，商民寥寥，間有陝商僑居，亦不甚夥。惟學校漸興，初等小學開辦未及一年，而學齡將近三千人。以前應科目者各就年格入普通師範各學者亦不下數百人，其老學究先生猶不在此數。至各等工藝占四千三百餘人，但無尚業。此外則業農者多。現邑侯方銳意維新，試辦勸工農政。將來改良去窳，必有漸進文明者也。

地理　疆域

鹽亭縣屬潼川府，井、鬼分野。在潼川府東北一百二十里，至成都省城四百四十里。去京師陸程五千五百十五里，水程一萬五百三十里。本境分四正、四隅：正東至保寧府南部縣界八十里，正西至本府三臺縣界三十里，共徑一百一十里。正南至本府射洪縣界三十里，正北至保寧府劍州界七十里，共徑一百里。東南隅至順慶府西充縣界一百二十里，西北隅至綿州梓潼縣界八十里，共徑二百里。東北隅至保寧府南部縣界九十里，西南隅至本府三臺縣界三十里，共徑一百二十里。周四百二十里。

鄉土

鹽亭壤地褊小而磽瘠，城北六十里之富村驛，城南六十里之秋林驛，其先均屬鹽亭管轄，後乃省富村入南部，省秋林入三台，而鹽亭僅管轄三鄉。永賢鄉居縣正中，分設十四場鎮；安樂鄉居縣西北，分設十三場鎮；樂平鄉居縣東南，分設七場鎮。三鄉共三十四場鎮。城鄉古蹟、祠廟等類，舊志具在。迄光緒三十一年，各場鎮均立初等小學堂，而各鄉村教育亦漸普及。絃歌之聲日夜不絕，蓋彬彬乎有學校如林之象矣。

山勢

縣居萬山中，卻無名山以資雄鎮。第統全縣之山而論，惟城西一里負戴山爲最。按負戴山高五里，由劍門南來，經梓潼縣入境，起伏四百里，枝脚橫出，如蜈蚣狀。至城西，峰巒秀拔，聳入雲霄。一名高山。故唐杜甫從明皇幸蜀，流寓於此，有"馬首見鹽亭，高山擁縣青"之句。設遇兵燹，守山即所以守城。且此山右分一枝，插至城南之梓、瀰二江合流處，下爲南渡，上即水南寨，形如踞虎。其分枝處有短灣，可容萬馬。灣口有橋曰廣漢，距城二里許。凡城南險塞，除三臺縣所轄秋林夾道而外，莫此爲奇。又此山左分一枝，插至城北十里之沙河橋，橫列如屏，名曰玉屏山。與井子口之金紫山針鋒相對，中夾瀰江，而磴道即蛇行於岸，此爲城北之險塞。至於城東十里之光祿阪[1]，與四十里之天馬寨，皆壁立梓江干，與隔江山之元交鎖爲東面門户二重，此又城東之險塞也。至於負戴以西，亂山叢峙，小徑紆迴，隨處可以設險。其餘如南面之金龍山，西面之三臺山，北面之靈山，東面之附馬、王武、公祖、古樓等山。勢雖低小，而葱蘢秀削，亦足壯遊子之觀。大抵西北之山類雄飛，東南之山類雌伏。雌伏者利於耕，雄飛者利於守，有兩得其便者矣。

水程

全縣之水，惟梓江爲最。其源出梓潼縣之梓潼山，由縣西北隅安家場入境，有本境叩鵞山發源之鵞溪水注焉。自安家灘以上，舟不可行，自安[2]灘以下，水勢稍急，尚可行小舟，舟只能載十石餘。南流至毛公場之許家壩，即宋、齊時西宕渠郡舊址。又南流至雙龍場之梓潼觀，即周保定時高渠郡舊址，亦即隋開皇時高渠縣舊址，有綿州魏城驛之水注焉。乃折而東，經洗馬灘，有麟溪水注焉。至龍淮舖，有

---

〔1〕 "阪"，或作"坂"，後同。
〔2〕 據前文，"安"後疑脱"家"字。

界牌場之堠溪水注焉。又七里至南渡，距城三里，爲繞城之瀰江水所注，蓋瀰江較梓江稍狹。其源自保寧府劍州而來，至本境兩河口，與自閬中經南部縣來之沙河會，有竹溪水注焉。又十里至城東南門，有董叔山之浴丹泉，與負戴山之飛龍泉注焉。按飛龍泉爲雲溪之源，入城西水洞，出城東水洞，與瀰江合。東流里許，至春聚橋舊址，折而南，遂與梓江合，其合處有灘曰磨灘。遇盛夏時，洪濤氾漲，往往逆貫入城，則東南半壁易成沮洳。自磨灘流至石燈籠，有花溪水注焉。北折入光祿阪，爲城東第一重門户。又東流至天馬寨，勢若蛇行，爲城東第二重門户。漸折而南，與發源於黃家村，流經廣善橋，至亭子菴入江之黃溪水會。又與發源於南部縣岨井旁，流經本境舊永泰縣黃殿壩、孫家埡入江之湍河會。遂流經玉龍鎮，至大佛寺出境，交射洪界。又流四十五里，至龍寶山入涪江。此梓水之原委也。

其本境西北之櫟溪，發源於玉龍山，經八角場、九龍場、石坎河，流至龍潭子，過中峯寺，至玉龍鎮，與梓水合焉。

又本境極東之雍江，自順慶府西充縣來，經本境大唐[1]寺與舊東關縣，至射洪縣楊桃溪入涪江，此雍江之原委也。但雍水僻在一隅，與全縣無關得失，故次及之。

道里

山縣之路，紛若瓜絲，然先明其幹，而枝自不難縷晰。鹽亭幹路，南通潼川，北通保寧，加以山盤水聚，形勢峻險，可謂川北之咽喉。由幹論枝，即以本城爲起點。自本城達正中永賢鄉之復興場九十里，永豐場七十里，茶亭場九十里，金鼎場九十里，永興場七十里，錫福場九十里，靈山場三十里，蔴[2]秧場近屬安樂鄉，旱路三十里，水路四十里，永泰場六十里，大坪[3]場一百里，八角場九十里，會真場一百二十里，會仙場六十里，石狗場七十里。又自本城達西北安樂鄉之界牌旱路三十里，双碑埡旱路五十里，双龍鎮旱路三十里，水路五十五里，章邦寺旱路二十五里，水路六十里，毛公場旱路四十里，水路八十里，龍骨井旱路六十里，水路一百二十里，柏子埡六十里，安家場旱路九十里，水路一百六十里，金元場一百里，海

---

[1] "唐"，或作 "塘"。
[2] "蔴"，或作 "麻"。
[3] "大坪"，二十八年本、後文俱作 "大平"，五十一年本作 "太平"。

門寺三十里，馮家河四十里，玉龍鎮旱路六十里，水路八十里，黃殿場三十里。又自本城達東南樂平鄉之高燈場九十里，金雞場一百二十里，折弓場一百二十里，安福場一百里，金孔場一百一十里，九龍場九十里，龍鳳場七十五里。此三鄉場鎮之枝路，與本城幹路相聯絡矣。

物産

地球歷史據物産衰旺，分地質爲四大時代，曰太古、古生、中生、新生。現今地質，四大代之最新者也，故生物界較前亦新。其以前原殖物品，又或有逐漸减退者。舊志載："鹽亭土産出鹽、紬、桑、粟。"《九域志》云："鹽亭舊東關出鐵冶。"今則動植各類，固較舊志有過之，至鐵礦遂爲缺點。惟間有火山原質，噴出於沈澱巖内，名曰火井。邑東見之，但不甚旺。所謂代衰代旺者，不益信歟？玅初等小學弟三年授博物學科。夫博物，必舉凡物之形態、解剖、生理、分類，方見完全。兹仿日本齋田氏《植物入門》例，僅就本地物産有關研究者表列之，餘暫略焉。抑新志有誇靡不實之處，今只就實有者列之。其土産除紅苕、鹽業之外，別無大宗；陶器、石灰之外，別無礦質，故皆不及列表云。

天然常産植物表

食物類	釋名	形質	實用	製造
蕎麥	《本草》："蕎麥莖弱而翹然，易長[1]。"故名。	形如小麥，有甜、苦二種，種宜旱地。	民佐穀食。	製麵作餅，味甘而腴。
大、小麥	天降瑞麥，一來二鋒。來，言天所來也。	其鬚象芒刺之形。	仝上。	大麥間用釀酒，小麥製掛麵及糖菓。
粟穀	《説文》："嘉穀實也。"	其莖似禾而粗，其米細如丹砂。有紅、白二種。	仝上。	釀酒、熬糖。

〔1〕"蕎麥……易長"，明萬曆三十一年本《本草綱目》卷二十二作"蕎麥之莖弱而翹然，易長易收"。

續表

豌豆	李時珍曰："其苗柔弱宛宛，故名。"	開花結角，實圓而小，內含澱粉質。	全上。	造皮粉。
胡豆	種來西域，故名胡。	結角較黑，實大如指，有澱粉質。	全上。	造醬。
黄豆	同紅豆、綠豆，均以色名。	結角粗毛，多澱粉質。	全〔1〕。	磨漿、製豆腐。
膏糧		葉大子紅。	全上。	釀酒。
苞谷	古名秫種，出西番。因進御，又名御麥。	苞圓而長，鬚如紅絨，粒如芡實。	全上。	
秔稻	稻穀總名。	有早、晚二種。米性具中和氣，居百穀首。	民食。	碾米，間用熬糖。
胡麻	俗名脂麻，以能取油故名。	葉幹毛粗，結角出米如粟。	多販買糖舖用。	製油。
油菜	以能取油故名。	從菜心出薹開花，結角出子如粟。		全上。
蘿蔔	原名萊菔，魯人名菈蓬。	四季能種，葉可煮食，其根多鬚。	民佐粒食。	細切作絲，晒乾，間有販賣。
胡蘿蔔	元時自胡地來，故名。俗名紅蘿蔔。	葉不可食，味較蘿蔔稍辛。	全上。	
蓮花菜	出雲南大理府僧清簡園中。亦名蓮花白。	初生葉如傘，繼則萬葉內包，層層如蒜。	全上。	
落花生	言落花生〔2〕時始生。	形如莢豆，種宜沙土。	全上。	製油。
薑	以性強故名。	葉青如竹，盤實多芽。	食之解穢、祛寒。	
水、旱芋	《續博物志》："芋以十二子爲衛，應月之數也。"	葉大如何〔3〕，實中大旁小，多澱粉質。	佐穀食。	
青椒	俗名海椒，味最辛。	結實有厚、薄二種，厚名肉海椒，味稍淡。	調食品。	
蒜	《韻會》："葷菜也。"	葉綠多汁，根荄成瓣，有白皮層護。	全上。	

〔1〕 "仝"後疑脱"上"字。

〔2〕 "生"字疑衍。

〔3〕 "何"，疑當作"荷"。

葵	《農書》："葵，陽草也，爲百菜之主。"	花大如盤，隨日旋轉，結子味甘美。	烹食。	
韭	一名草鍾乳。	根白葉青。	調實〔1〕，性溫。	
葱	一名和事草，一名鹿胎。《本草》："葱有忽通之象。"	根白葉青，中空多汁。	有發散通氣之功，兼解百毒。	
莧	《爾雅》："蕢，赤莧。"註："今莧菜之有赤莖者。"	有白、紅二種，葉厚多汁。	佐穀食。	
扁豆	一名羊眼豆，又名沿籬豆。	皮厚而肥，子亦味美。	仝上。	
水豆	以物性涼，故名水。	同碗〔2〕豆結角，子圓而薄。	仝上。	製水粉。
蔴菱	一名胡荽。	葉柔細而根多鬚。	仝上。	
南瓜	種出南番，故名。	藤苗蔓延，瓜大如桶，質有澱粉。	仝上。	
冬瓜	因能經霜，故名。	形質同上，惟此熟於秋。	仝上。	
苦瓜	亦名錦荔枝，一名癩葡萄。	藤苗柔軟，瓜上多芒刺。	仝上。	
絲瓜	老則筋絲羅織，故名。	藤苗仝上，瓜性滋陰。	仝上。	
黄瓜	老則色黄，故名。	藤苗仝上，瓜生、熟可食。	仝上。	
茄子	紫、白、青各異種。	樹莖低小，結實累大。	仝上。	
豇豆	肥、瘦種各不同。	藤苗延細，結豆如釵。	仝上	
紅苕	一名藷，京洛名番藷。別有白色一種。	藤苗肥茂可食，苕多澱粉質，最補益人。	縣民田少，全仗此爲民食大宗。	磨麵、熬糖。
木本類附花草、果實、藥材				
柏	《六書精薀》："柏，陰木也。木皆向陽而柏向陰，指西〔3〕。"	葉緑，四時不彫，枝幹堅貞可貴。	工業原料。	棟宇、棺槨等多取此製以垂久。

〔1〕 "實"，疑當作"食"。

〔2〕 "碗"，疑當作"豌"。

〔3〕 "柏……指西"，明嘉靖十九年本《六書精薀》卷六作"萬木皆向陽，惟柏西指，蓋陰木而有貞德者也"。

續表

樟	因其木香，又名香樟。實名樟腦。	枝幹粗大，質不甚堅。	仝上。	木能彫刻各器，具[1]實能製朝腦。
桐	桐有數種，此名膏桐，以能取油。	木性知寒，清明時開花先後知寒暖遲早。	木作薪。	子製油然燈。
慈竹	《説文》："竹，象形，下垂[2]。"	外直中空。	農具原料。	製簟席、筲箕、釜蓋、釜甑等類。
斑竹	皮多白粉斑文，故名。	較慈竹質更堅厚。	仝上。	大作鹽井水筒，小折轎、几等類。
椶樹	《説文》："栟櫚也。"	幹高數丈，葉如車輪，木杪有椶，層層包護。	仝上。	木可製小飯碗，椶作雨衣并簑縟等物。
皂筴	名從色。	樹高多刺，結筴肥大。別有牙皂一種，較小。	大皂浣汙，牙皂入藥。	製胰皂。
核桃	以桃肉内有核隔之，故名。	外壳堅圓，内肉甘美。	民取生食。	
桃	有早、晚各種。另有蟠桃一種，不可食。	結實甘美，其仁充滿多脂。	民取生食，其仁入藥行血。	
杏	俗名梅子。	結實味稍酸，其仁入藥。	仝上，入藥化痰。	
李	味酸，屬肝，東方之果也。	實大如錢，青色多汁。	民取生食。	
梨		邑産味多不佳。性寒，袪暑。	仝上。	木能雕刻字板。
櫻桃		花粉紅色，先百果而熟，實如珍珠。	仝上。	製糖、造羹。
棗	有米棗、拐棗二種。	皮肉多薄，不如靈寶及西安。	仝上。	
柑	《草木狀》："柑橘屬。"	實大於橘，皮内白壳層護。	仝上。	

---

[1] "具"，疑當作"其"。

[2] "竹……下垂"，宋本《説文解字》卷五上作"竹，冬生草也。象形。下垂者，箁箬也"。

續表

椿		木堅實而葉香可啖。方春，人多取芽食之。		木能製金匣及飯甑、飯瓢等物。
桑		葉不如江浙肥大，質內有漿。	飼蠶。	
櫈木	亦名水青岡。	枝葉易長，轉眼成林。	葉糞田，木作薪。	
青岡	亦名旱青岡。	枝葉仝上，質較剛堅。	工業原料。	製水車板。
榆	亦名榆錢樹。	開花如錢，可食。		
蠟樹	名女貞，亦名冬青。	少陰之精，經冬益翠。間有買蠟蟲養放。		
棉	史炤《釋文》[1]："棉以三月下種，至夏生花結實[2]。"	實大如指，白花內結，花內又有黑子如豆。		以鐵鋌碾去其核，用木弓彈之，紡織成布，核取油。
萆麻		子大如豆，有油。	取油入印色。	
桂花	有紅、白二種[3]。白名銀桂，紅名丹桂，黃色多。	葉綠，冬榮，秋日開花如粟，最香。	入茗、伴酒。	
芭蕉	亦名甘蕉，或名芭苴。	葉大如扇，冬則捲心。		
菊花	有仙鶴翎、火練秋金各種。花大如碗。	得秋金[4]爽氣，質能耐霜。		
金銀花	名忍冬藤，陶隱居云："凌冬不凋，故名忍冬。"	藤蔓滋多，花皆兩出，一白如銀，一黃如金。	入藥，清暑、解毒。	
蒲草	亦名光棍草。	葉長而細。		製扇。
菖蒲	名堯韭，一名水劍草。	仝上	入藥，通氣。	
艾草	一名醫草，以能炙百病故名。	葉香可佩。	入藥，炙病、去毒。	
芭茅		葉幹粗大。沼水種之，易成巨藪。	燒鹽。	
茅草		小於芭茅。山坡多產，霜後斫取。	燒鹽。	結茅屋。

[1] 按以下引文非出自史炤《資治通鑑釋文》，實爲《資治通鑑》卷一百五十九胡三省注文。

[2] "棉以……結實"，嘉慶二十一年胡克家影元刻本《資治通鑑》卷一百五十九作"木綿，江南多有之，以春二三月之晦下子種之。既生，須一月三薅其四旁。失時不薅，則爲草所荒穢，輒萎死。入夏漸茂，至秋生黃花結實"。

[3] "有紅、白二種"，五十一年本作"有白、黃、紅三種"，當是。

[4] "秋金"，疑當作"金秋"。

天然常産動物表

羽毛族	釋名	形質	實用	製造
牛	《禮》:"牛曰一元大武。"本境産不多。	脊椎中空,外附筋骨堅勁,占動物界中最高位置。	農用,耕犁。	皮毛骨角,皆係工業原料。
羊		孕四月而生,其目無神,腸多縈曲。	畜食,温補。	皮爲裘褥等類。
犬	《説文》以"狗之有縣蹏者"爲犬。	同羊而無角,性能守。	爲人警夜。	
豕	《禮》:"豕曰剛鬣。"言豕肥則鬣剛也。	雖骨骼構成全形而質最蠢,與羊、犬異。	畜食。	
貓	鼠善害苗,貓能捕鼠,故字從苗。	形狀類虎,雄驁異常畜。	除鼠。	
雞	稽也,能考時也,又爲昴宿之精。	觜爪犀利,有雌、雄二種,雄能司晨。	畜食。	毛作催風匣具并紮帚、拂塵。
鴨	亦名舒鳧。《禽經》曰"鴨鳴呷呷",名象聲。	毛柔弱而性馴。	仝上。	毛能製衣貨,本地未能造。
馬	生於午,稟火氣。火不能生木,故馬有肝無膽。	與驢同屬天駟,養蠶時不宜肥馬。	乘騎。	
鵝	《爾雅》謂之舒雁。	其顙如瘤,長脰。夜鳴應更,項善旋轉。	畜食。	
鴿	本野鳥而性馴,必待家畜,方傳其種。	形狀如鳩而飛甚疾,能傳遞書信。	仝上。	
翠鳥	水族,以色名。	捕魚而食,徧身翠色,間有獵取。		翠可點花釵、屏障等物。
白鷳	羽族中最幽奇者也。	素質黑章,文如漣漪,尾長二三尺。		
雉	俗名野雞。	其體文明,性復鷙悍。		

續表

鷺	水鳥也，亦謂之白鳥。	毛衣純白，捕魚爲食。		脊有深毛，上年外國人購買一空，爲製衣服用。
鵲	陽鳥也。	純烏色。先物而動，先事而應。		
鶯	一名黄栗留，一名黄伯勞，一名蒼庚，皆一物。	徧體金衣，羽毛可愛。		
百勞		春分鳴則衆芳榮，秋分鳴則衆芳歇。		
鳩	鳥之謹慤者，一意於所棲之木，又名一宿鳥。	毛羽多白斑文。		
獺	一名小狗。	似狐而小，皮毛全黑，捕魚爲食。		皮可製裘領、袖頭。
兔		唇缺身毛，害苗。	獵食。	毛穎可製毛筆。
鼠	穴虫之黠者。	善竊，晝伏夜動。		
烏	孝鳥也。	性慈善，能反哺其母。		
布穀	鳴鳩也。江東呼爲穫穀，亦曰郭公。	狀大如鳩，鳴聲大異。		
鷹	爽鳩也。	身體健鷙異常，眼疾，肉食。		
竹雞	亦名山菌子，言味美如菌。	形狀如鳩，多肉，産竹蔸内。	獵食。	
鱗蟲族附介蟲諸蟲				
鯉	爲魚中主名，以生黄河内爲最美。	本境櫸溪一種：深紅色，名爲金絲鯉魚。	鮮食。	
鯽	旅行吹沫相即，故名從即。	鱗小於鯉。	鮮食。	
鰱		小口、細鱗、腹肥、色白、形扁，略似鯿魚。	鮮食。	
鱓	俗名黄鱓。别有白鱓一種，不多。	腹黄，如蛇而短，多産水田内。		

續表

鰌	俗名泥鰌。	似鱓而短,多產泥內,不大。		
烏魚	全似草魚,以色名。	間有一種,背多金點,名七星魚。	鮮食。	
鱖	山溪中間有之。	方口,無鱗。	鮮食。	
鰕	屬胸甲類。	磔髭鉞鼻,背有斷節,尾有硬鱗。		
蟹	全上。亦名螃蜞。	徧身有甲,盤脚橫行,石穴多產之。		
鼈	《易》"離爲鼈",以其剛在外也。	有甲,多肉。別有三足一種,不可食。	甲入藥,除涎。	
龜	甲蟲三百六十,而龜爲之長。	甲同鼈而背有八卦文,目綠色。	甲入藥,祛邪。	
螺	間生池堰中,有石螺一種。	生水田中,含泥在腹,能伏气飲露。		
蠶	從蚕,取此物爲天下弟一蟲之義。	蠕動物之大有作用者。卵生蛹伏,旋變蛾出卵。		作繭製絲。
蜂	土人間有畜養,名曰家蜂。	狀不甚大,腰脚與蠅同,稍大。		釀蜜,不夥。
螢	温風始至,腐草化爲螢。	色紅翅黑,夜飛有火光如燐。		
蝶	大曰蝶,小曰蛾,皆屬鱗翅類。	翅面附著細粉,有小鱗以蔽護之。		
蟻	《爾雅》名蚍蜉,大者名螱[1],赤者名蠪,飛者名蠪。	四肢膜質而無脈,有雌蟻、職蟻、雄蟻各種。		
蛇	屬爬蟲類。	脊椎、筋骼甚多而無胸、背,頭部有毒。		
蚓	屬環蟲類。	全體環節所成,無足。表面帶湮[2]氣,爲呼吸之用。		

---

[1] 按《爾雅·釋蟲》云:"蚍蜉,大螱。小者螱。"

[2] "湮",疑當作"涅"。

續表

蛤	屬瓣顋類。	外有双殼護軟體,殼之内有外套膜,膜之内部有瓣顋。		
蝸	屬腹足類。	體軟,無肢翅。負旋狀之殼,匍匐以行。頭角司感觸。		
蜻蜓	屬脈翅類。	前後兩翅皆有網狀之細脈,吸露生食。		
蜘蛛		體圓,多足。腹部有肉突起以分泌黏液,觸空氣成絲布網。		
蟬	屬脈翅類。	無口而鳴,飲露不食。護體有壳,生三十日而蛻。	殼入藥。	

天然特產植物表 分類式同前

茭筍	亦名魚筍。	叢生水中。葉似菖蒲,根白如銀,味甚鮮美。	佐食。	
藍子	三種:一、蓼藍,二、染緑,三、大藍,本境少有種者。			染布。
磨芋		頭似水、旱芋,葉幹多斑。		磨細,煮造豆腐。
黃花		花多肥沃成瓣,色黃味美。		
粉瓜		大如冬瓜,煮熟破之,内出線粉。		
金瓜		面上紅色如金,間以白直線,圓大似小碗。		
青菜	亦名家菜。	葉肥且大,取水煮過,伏一二日後,味酸而美。		煮伏後取出晒乾,名曰干酸菜,外邑無之。

泡參		葉如野菜，根淨白。	入藥，補肺。	
天台烏	亦名烏藥。	枝葉不高，根黑。	入藥，理氣。	
無花果		實如櫻桃而堅，清香可愛。	泡酒。	

天然特產動物表 同前

龍蝦		似蝦而大。甲壳內肉白如銀，肥美可愛。		
金魚	多係人家自養，春間擺子成種。	龍眼，双尾，翅多身短。初黑色，隨變純紅。		
巴石魚	此魚多産巴州，本境亦間有産者。	腹常附石，取而去之，腹平而坦，色白味美。		

商務

　　現全球一商戰世界，以前風氣閉塞之處，今亦逐漸開通。鹽亭襟帶梓、灞，尾閭涪、射，達京畿藩鎮之道，介劍、潼、果、閬之間，將來灌輸文明，商務必徵發達。惟現在初購地質，産製有根，而舟楫運載亦不容多。特舉交易各品表列之，以爲商務起點。

本境物品行銷本地表

物品	約計出數	約計銷數	物品	約計出數	約計銷數
食鹽	每月陸萬陸千陸百觔。	全數自銷。	條粉	每歲柒萬餘觔。	全銷。
白布	每歲柒萬餘件。	每歲陸萬餘件。	酒	每歲伍拾肆萬陸千陸百觔。	
桐油	每歲壹百萬餘觔。	全數銷。			
菜油	每歲貳百萬餘觔。	同上。	草履	每歲拾萬餘双。	全銷。
麻油	每歲九千餘觔。	同上。	雨笠	每歲柒萬餘頂。	同上。
椶衣	每歲玖千餘件。	全數銷。	頭繩	前作細絲提手，此刻概由本地勸工局。	除提絲外，所出所銷皆不夥。
曬簟	每歲伍千餘。	仝上。	布帶	歲寬、仄各貳拾萬丈。	全銷。
竹席	每歲壹萬餘。	仝上。	釜蓋、甑	歲製肆萬具。	仝上。
水、旱木犁	每歲貳千餘具。	仝上。	料香	歲貳拾餘萬包。	仝上。
水、旱木耙	每歲貳千餘具。	仝上。	青香	歲玖拾餘萬觔。	仝上。
草扇	每歲貳拾萬柄。	仝上。	牛燭	歲伍千餘觔。	仝上。
掛麵	每歲叁拾餘萬觔。	仝上。	米篩	歲捌千餘面。	仝上。
陶泥用器	每歲拾餘萬具。	仝上。	鐵水、旱鏵	歲貳萬餘隻。	仝上。多換舊鏵鐵冶鑄。
片瓦	土人間有甏陶自製，無常數。	仝上。	各種稻穀	地瘠少收，豐歉碍難定數。	全數且不敷食，時仗外來接濟。
石灰	土人興工，間有自製，不多。	仝上。	各種旱糧	仝上。	全數銷。

本境行銷外境物品表

物品	外來處所	水、陸運	約本境銷數
草紙	銅梁	水	歲伍萬石
雜紙	大竹 綿竹	水 陸	歲陸千餘挑
麻布	隆昌	陸	歲粗伍千餘疋、細肆千餘疋
麻	温江	陸	歲貳萬玖千餘觔
錢串	仝上	陸	歲伍拾萬付
白蠟	嘉定 新鎮壩	陸	歲肆百餘觔 貳百餘觔
洋紗	重慶	水	月銷玖百餘觔
煙土	重華堰	陸	歲柒千餘觔
煤油	重慶	水	月拾餘箱
花油	三台 中江	陸 水	月肆千餘觔 肆千餘觔
鐵鍋	巴州	陸	歲貳千玖百餘口
掛麵	中江、射洪	水	歲貳萬餘觔
茸子	龍安	陸	歲壹千肆百餘觔
黛絲	太和鎮	水、陸不等	歲陸千餘觔
米蝦	仝上	仝上	歲壹千餘觔
洋粉	重慶	仝上	歲貳千餘觔
酒	中江	水	月壹千餘觔
土碗	鄰水	水	歲大、小共拾萬餘付
木瓢	龍安	陸	歲小、大共拾萬餘柄
燈草	定遠	陸	歲陸萬餘觔
鐵貨	銅梁 大足	水	歲叁千餘觔 叁千觔
煤炭	合州	水	歲叁拾萬觔有奇
水菸	皮縣[1]、石邡[2]	水、陸不等	歲肆萬餘觔

〔1〕"皮縣"，疑當作"郫縣"。
〔2〕"石邡"，疑當作"什邡"。

續表

葉菸	仝上	仝上	歲叁萬餘觔
菜油	三台 遂寧	陸 水	歲柒萬餘觔
茶	大邑、灌縣	陸	歲腹引伍拾張
花椒	文縣	陸	歲壹千玖百餘觔
黃糖	金堂	水、陸不等	歲柒千玖百餘觔
白糖	仝[1]	仝	歲捌千柒百餘觔
草帽	成都	陸	歲玖千餘頂
藥材	中壩 重慶	陸 水	歲拾萬餘觔 捌萬餘觔
稻穀	綿州所屬	水	隨每歲豐歉銷買，無常數
白米	合州	水	仝
大麥	綿州芙盧谿	水、陸	仝
膏糧	中江觀音場	水、陸	仝

本境所產、製物品行銷外境表

物品	銷路	水、陸運	約計數目
細絲	滬上	水	豐旺歲玖拾萬兩零
粗絲	成都	陸	豐旺歲伍拾萬兩零
庄綢	成都	陸	豐旺歲肆百挑零
土布	堰門壩	陸	歲肆拾餘挑每挑叁拾陸件
棉花子	合州	水	歲貳萬餘觔
竹子	重慶	水	歲貳萬餘捆
竹製簟席	合州、重慶	水	歲貳萬餘床
釜蓋、甑	合州、重慶	水	歲叁萬餘套
泡參	重慶 中壩	水 陸	所出不夥，間有外販，售銷無常數
台烏	仝	仝	仝
蟬蛻	仝	仝	仝

---

〔1〕 "仝"，疑當作 "仝上"，後同。

續表

牛皮	重慶	水	仝
雞、鴨毛	重慶	水	仝
猪、牛骨	中江	水	仝
各種木料	合州、重慶	水	仝
繭子	合州、中江、射洪	水、陸不等	豐旺歲貳拾餘石

古蹟

治城内

留餘閣，在縣署内，陳書有銘辭。久廢。

稽古閣，署内，前縣陳公仲良所建。公餘課子讀書其上。其下傍池，有愛蓮軒，今并圮。

觀象臺，陳公仲良築，在署後圃小阜。今圮。

北宕渠故城，今縣治。《元和志》："本廣漢縣地。"

鳳山書院，在北街，今改爲行臺。

龍井，在西街南角。泉甘，浚之則雨。

見龍樓，縣署西數武。樓中舊懸鐘鼓，擊之聲聞四野。乾隆二十四年圮。

文同墨竹碑，在小東街。今毁。

雨花亭亦名華，在上乘寺。今廢。

治正東　附東南、東北路

潺亭，在董叔山。今廢，改修董叔亭。

叩雲亭，宋任[1]傳記云："西跨鳳山，東馳白馬。"文湖州舊有題詠。《志》誤爲縣西北，實今縣東南二里迴龍廟地。

孝義臺，東南一百二十里。爲宋孝子馮伯瑜取肝愈父處，故築臺旌之。今圮。

文同故里，東北六十里舊永泰縣，今名舊縣壩。相傳石巖下有洞，文同微時讀書處。

---

〔1〕 "任"後疑脱 "伯"字。

墨君堂舊址，即與可故宅。今無。

東關故城，在縣東南百里。《寰宇記》：“本雍江草市也。宋乾德四年外[1]爲縣。”元至正二十年併入鹽亭。今金雞場。

吳道子觀音像碑，在附郭一里大士閣内。高四尺，宛然如生。

趙蕤別墅，在雍江上，今作東關書院。

寶蓮石塔，東南一里，爲明嘉[2]二十四年邑令劉演翊修，久廢。乾隆四十九年邑人建奎星閣於上。

光禄坂，東十里，杜工部有《光禄坂行》。

浴丹泉，董叔山下，易玄子浴丹於此。

龍吼泉，東南五十里玉泉山。泉水湧出，聲如龍吼，故名。

龍潭，東八十里。相傳有烏龍洞，叩之風雨即至。

清曦亭，舊永泰縣。文同詩：“木杪照初日，捲簾知曉晴。”今廢。

宋文湖州祠，康熙三十三年重修，邑令吳月芬[3]記。

凌雲閣。

治正西　附西南、北路

曇雲菴，城西一里。杜工部曾寓此，號曇雲深處。今廢爲關帝廟。

嚴氏溪，在曇雲菴下。杜工部有《放歌行》一首，中云“秋宿霜溪”，即此也。

鳳池，嚴太保故宅後有池爲雲溪水所注，名鳳池，後又誤爲後池。此池在今高等小學堂之右，其左爲飛龍泉，即雲溪之源，雲溪疑即嚴氏溪也。飛龍泉，出負戴山。

蟠龍泉，負戴山半。相傳昔有雲氣覆之，龍蟠其中，故名。流經虎洞橋，合雲溪水入瀰江。

花園井，城西北隅。相傳嚴太保宅後花園於此汲水灌花。今井水澄清如鏡。

紫微仙洞，在負戴山上，相傳張峻夫栖隱斬蟒處。有石穴，通春聚橋下。

治北路

望江樓，[4]北賜紫山舊有望江樓，久廢。前邑令吳月芬[5]有重修是樓記。乾隆壬寅邑被水災，梓州太守沈澹園查勘，宿此，有題壁長句。

---

〔1〕 “外”，文淵閣《四庫全書》本《太平寰宇記》卷八十二作“升”，當是。

〔2〕 “嘉”後疑脱“靖”字。

〔3〕 “月芬”，二十八、五十一年本俱作“芬月”，當是。

〔4〕 “北”前疑脱“縣”字。

〔5〕 “月芬”，二十八、五十一年本俱作“芬月”，當是。

紫金廢城，縣北十里金紫山。相傳因嚴忠穆公兄弟有光禄金紫之榮，故名。宋寶祐二年西川帥余晦城紫金山，即此。今廢。

靈山故亭，北三十里與南部交界有亭翼然。僉事杜朝紳詩云"溪深雲度碧"，即此也。今廢。

立仙埡，北二十里。相傳康熙時有仙女遊立於此，故名。今有仙女迹。

麟亭，北五十里。兩峯迴抱，下憨[1]長江。嘉慶時，上建奎閣，下砌石門，若雄關然。相傳昔有麟見於此。今廢。

西宕渠故城，《寰宇記》："在北三十二里安樂村。"李膺《留[2]記》："劉宋文帝元嘉十九年置西宕渠郡，梁武帝天監中廢。"即今許家墕。

祠廟

治城內

文廟，舊夫子廟創自宋大觀中，明嘉靖十七年重建於城西北，近移建於北街營盤山麓。

關帝廟，北街玄靈觀內，康熙四十一年邑令李玉銘捐修。

城隍廟，文廟右。明洪武九年李時美刱建，同治四年邑令程宗潤重修。

節孝祠，城內小東街。

天后宮，在南街。

禹王宮，在小東街。

萬壽宮，南街。

昭忠祠，在小南街。

鄉賢祠，在文廟側。

名宦祠，在文廟側。

龍王廟，舊在西街有祠，邑令仲續埰建，今重修。

上乘寺，在北街，乾隆時重修。

火神廟，一在南街，一附北街武帝廟左廡。

---

〔1〕"憨"，疑當作"瞰"。
〔2〕"留"，疑當作"蜀"。

土地祠，在縣署二門右。

寶臺觀，西街後突起一阜，中有圓石如珠。嚴忠穆捨宅爲之，今改爲本地會館。

治正東　附東南、東北路

三學寺，東三十里。

常樂寺，東三十里。

梵慧寺，東七十里，康熙五十四年建。

觀音寺，東八十里。

金魚寺，東四十里。

龍臺寺，東五十里，相傳唐時有九龍十八殿。久廢。

空相寺，東八十里，康熙六年建。

白鹿寺，東八十里，宋紹興中建。枸[1]傳昔有白鹿見此，故名。今碑文剝落。

中峯寺，東南六十里。

會仙觀，東南六十里，康熙五十一年建。

安佛寺，東八十里，元至正中建。

净山寺，東南九十里，雍正中建，在天台山上。

羊禄觀，東南一百里，康熙四年建。

羅木寺，東南一百二十里，宋紹興中建，今廢。

平岡寺，東八十里。

會龍山寺，南一百二十里，明成化時建。

飛鳳山寺，南一百三十里，乾隆五年建。

定光寺，南二十里，元至正間重修。

青霞觀，南二十里。相傳唐開元初，道士陳大有見青霞覆山，因建。

佛寶寺，南三十里，宋紹興間建，今廢。

鎮江廟，南二十五里，明萬曆四年建。

梓潼觀，南二十五里，明萬曆十二年建。

圓覺寺，東一里寶蓮山麓。

超果寺，東五十里，元至正中建，今廢。

鳳臺觀，東五十里。

金剛寺，東南一百二十里，近東關廢縣。

---

〔1〕“枸”，二十八、五十一年本俱作“相”，當是。

千佛寺，東南一百二十里，雍正元年建。

大唐[1]寺，東南一百二十里。

大佛寺，東南一百二十里。

天禄觀，東百里，宋紹興時建，元延祐四年重修。

太原[2]觀，東北四十里。舊有太原書院，爲宋文與可讀書處。今作太原。

金龜山東嶽廟，東八十里高燈場下。

孚應廟，東八十里。宋熙寧中，禱雨有應，聞於朝，因賜廟[3]曰"孚應"。

東亭[4]寺，南四十里，舊有東亭書院，今圮。

張右丞祠，南一百二十里舊東關縣鼓樓山上，祀宋張雍。有宋主簿馮華祖碑。

昭格行祠，南一百二十里舊東關縣隸之高山廟，祀張峻夫。元邑令咎子和有碑記，叙神居處甚詳。

治正西　附西南、北路

衣禄寺，西三十里，乾隆四十七年建。

鶩溪寺，西北八十里。明隆慶元年邑令蔣其才重修，有記。溪以鶩名者，古謂西隅舊有嚴太師墓，瑞氣鍾秀，有鶩起集於斯，故有仙鶩池、叩鶩山、鶩宿潭、金鶩鎮之名，寺之得名亦爲此耳。又相傳溪之上有七人墓，係唐嚴氏登進士榜者七人卒葬於兹，惜無誌石可攷。

龍台寺，縣北四十里，宋紹興中建。

福隆宮，城北五十五里。

石龍宮，城北六十二里。

七寶寺，北二十里。七峯聯絡似寶，故名。郅治[5]元年建。

海門寺，北五十里。

觀音寺，北四十三里，明嘉靖八年建。

觀音閣，北四十里毛公場孝靈山麓，下臨梓江。乾隆時建。

五龍廟，北四十里。五山相向，故名。前殿創自明，後殿創自康熙間。

石溪廟，北五十里。

---

〔1〕 "唐"，明嘉靖《潼川志》鈔本卷八、萬曆四十七年序刊本《重脩潼川州志》卷五俱作"塘"。

〔2〕 "原"，二十八、五十一年本俱作"元"，當是，後同。

〔3〕 二十八、五十一年本"廟"後俱有"號"字，當是。

〔4〕 "亭"，《志書》、二十八、五十一年本俱作"臺"，當是，後同。

〔5〕 "郅治"，疑當作"至治"。

王[1]皇廟，北一百二十里，乾隆戊辰節婦黃張氏捐修。

坊表

治城內

節孝坊，小東街節孝祠。

三世大夫坊，張觀察祠外。

百歲坊，北街王建。

治正東　附東南、東北路

百歲坊，黃殿場枇杷埡，爲任洪富建。

建威將軍坊，東一百二十里千佛寺，爲軍門江忠源建，坿在祠外。

任氏節孝坊，在九龍場。

杜氏三孝廉坊，東八十里龍潭子，舉人杜廷楷、廷枚、廷樹建。

趙氏節孝坊，在縣東六十五里釣魚台，趙朝宦妻涂[2]氏建。

趙氏節孝坊，東八十里金龍橋，趙金桂妻李氏，即涂氏媳。

趙氏三節坊，東一百里高燈場趙氏總祠之前，趙朝宦妻涂氏、趙金聲妻涂氏、趙金桂[3]李氏合建。

馮氏一門雙節坊，東一百里高燈場，馮孝山建。

趙氏節孝坊，南二十里定光寺。

進士坊，東南九十里東嶽廟，進士杜廷楷建。

馬氏貞節坊，縣東南一百里高燈場，貞烈女馬女子建。

節孝總坊，城南一里，公建。

---

[1]　“王”，光緒八年本作“玉”，當是。

[2]　“涂”，光緒八年本作“涂”，當是，後同。

[3]　“桂”後疑脫“妻”字。

橋梁

治城内

德星橋，南街口，跨雲溪上。元時邑令羅元祐建。

春穀[1]橋，西街雲溪上。本作春郭，取杜詩句。

蓮花橋，文廟右側。其下舊有嚴太保蓮花池，故名。

治正東　附東南、東北路

彭家橋，東二十五里。

黄店橋，東三十里，乾隆二十六年建。

楊家橋，東五十里，乾隆十二年建。

王武橋，東六十里，乾隆五年建，旁有明將軍王武墓。

蒙樹橋，東八十里，乾隆二年補修。

洛陽橋，東八十里，乾隆八年建。

廖家橋，東南一百二十里，乾隆元年建。

大板橋，東南六十里，一在東南七十里，乾隆六年建。

飛龍橋，東南一百二十里。

章華橋，東南一百二十里。

龍定橋，東南六十里。

玉坪橋，東南一百二十里。

龍鳳橋，東南一百二十里。

金剛橋，東南一百二十里。

永泰橋，東北六十里，乾隆二十年建。

桂香橋，東九十里，乾隆三十二年建。

玉龍橋，東南六十里，乾隆二十五年[2]。

廣善橋，東南四十里，乾隆三十七年建。

天星橋，東六十里，乾隆二十七年重修。

---

〔1〕 “穀”，《志書》、二十八、五十一年本俱作“谷”，當是。

〔2〕 “年”後疑脫“建”字。

文峯橋，東五十里，乾隆二十七年建。

接、鎖龍橋，東三十里，王國鈞修。

虎洞橋，南門外數武，取明尚書甘爲霖"虎洞雲深"之句。

双龍橋，東南七十里，乾隆十九年建。

金龍橋，東南七十里，趙氏捐修。

春聚橋，南東門外二百步，取杜詩"江橋春聚船"之句，乾隆二十七年建。

龍門橋，南東門外八十步，雲溪入江處。

廣漢橋，南五百步，在先農壇前。

佛寶橋，南三十里，乾隆三十年建。

高陞橋，南十里，乾隆三十七年建。

廣德橋，南四十里，乾隆二十二年建。

治正西　附西南、北路

泥壩橋，西南十五里。

章邦橋，西北三十里，乾隆十一年建。

湍水橋，西北七十里，順治五年建。

文星橋，西北八十里，康熙三十五年建。

鶩溪橋，西北八十里，乾隆七年建。

永泰橋，西北一百三十里。宋治平元年重修，文與可作記，辭甚瑰麗。

玄武橋，北一里。橋畔山似龜蛇，故名。

沙河橋，北八里，跨瀰江上。

慎成橋，北十二里。

大板橋，北二十里。

兩板橋，北四十里，乾隆二十二年建。

已開初等小學堂校地表

學區尚未分定，暫從舊有鄉名。至經費、學齡，應遵章力求進步，逐漸增加，故表內礙難定數云。

永賢鄉	安樂鄉	樂平鄉
會仙場壹堂	毛公場壹堂	金孔場貳堂
永泰場壹堂	章邦寺壹堂	折弓場壹堂
八角場壹堂	龍骨井壹堂	龍鳳場壹堂
錫福場壹堂	海門場壹堂	高燈場壹堂
會真觀壹堂	馮家河壹堂	金雞場壹堂
大平[1]場壹堂	雙碑埡壹堂	任氏祠壹堂
石狗場貳堂	安家場壹堂	古來場壹堂
九龍場壹堂	金元場壹堂	金剛寺壹堂
安佛場壹堂	柏梓埡壹堂	三台山壹堂
靈山場壹堂	麻央[2]場壹堂	崇善堂壹堂
永豐場壹堂	定光場壹堂	金盂山壹堂
福興場壹堂	黃殿場壹堂	白鹿寺壹堂
茶亭場壹堂	玉龍鎮貳堂	洋溪場壹堂
孫家溝壹堂	天寶山壹堂	青果寺壹堂
老人埡壹堂	花台宮壹堂	龍城山壹堂
松郭嶺壹堂	大埡口壹堂	梓桐廟壹堂
崇真觀壹堂	梔子院壹堂	老馬坪壹堂
龍潭子壹堂	桐梓坡壹堂	飛仙廟壹堂
定相寺壹堂	天真觀壹堂	
大板橋壹堂	上許壩壹堂	

[1]　"大平"，五十一年本作 "太平"，光緒八年本、前文俱作 "大坪"。
[2]　"央"，光緒八年本作 "秧"。

七寶山壹堂	大興寺壹堂	
王家壩壹堂	對揚山壹堂	
麟亭埡壹堂	走馬嶺壹堂	
三清廟壹堂	牌坊壪壹堂	
東嶽廟壹堂	迴龍寺壹堂	
禄水寺壹堂	踏水橋壹堂	
龍台寺壹堂	長樂寺壹堂	
金龜山壹堂	永寧菴壹堂	
盛水溝壹堂	龍台寺壹堂	
廟埡子壹堂	雙龍場壹堂	
荒溝壹堂	界牌場壹堂	
汪家溝壹堂	崦嵫山壹堂	
趙家溝壹堂	水樓山壹堂	
來龍場貳堂	申家溝壹堂	
公子山壹堂	梁家溝壹堂	
楊家坪壹堂	覺皇寺壹堂	
三尊堂壹堂	金魚橋壹堂	
	青土埡壹堂	
	小連溝壹堂	
	蔡家溝壹堂	
	鳳凰山壹堂	
	楊家灣壹堂	
	譚氏祠壹堂	

附録一　明本《鹽亭縣志》輯録

明本《鹽亭縣志》輯録説明

輯録所據底本爲萬曆四十七年序刊本《重脩潼川州志》，五十四卷，明陳時宜修，张世雍等纂。此係日本國會圖書館所藏孤本，現已收入《日本藏巴蜀珍稀文獻彙刊》第一輯、《日本藏巴蜀稀見地方志集成》等叢書。

潼川州此前分別於成化、嘉靖間兩次修志，二志刻本今均已佚，惟嘉靖志尚存民國鈔本。嘉靖《潼川志》鈔本體量較《重脩潼川州志》爲小，且可能由於所據底本保存狀況不佳等原因，《潼川志》鈔本闕文、脱頁的情況相當嚴重，故此本只宜作爲參校本。

至於《明一統志》以及明代嘉靖、萬曆等朝所修《四川總志》，由於其書所涉範圍太廣，且往往限於統一規定好的門目和體裁，於單獨縣份之記載多有去取，内容相對疏略，況點校縣志五種時也已經參考。故亦不宜作爲輯録之底本。

關於輯録方式，體例一仍《州志》，不過書中少數無關鹽亭的門目則不予保留。至於《藝文志》，由於其内容絶大部分仍見於後志，在本書正文中又已同原書對校，故只存其目，不録其文。當然，由於所據《重脩潼川州志》究竟是州府志，其内容體例自然會與縣志有一些微小的區別，例如部分門類是站在州府的立場上表述的，讀來怪異在所難免，望讀者理解。

關於輯録内容，也需要作一説明。此次基本只輯録明確標出"鹽亭""東關""永泰""秋林驛"等字樣的人、事，受此嚴格標準影響最大的自然是《科第表》等記録，不少見於後志的人物在《州志》中俱非鹽亭人，這種前後記載的差異或有一定的研究參考價值。同時，我們也須指出，這些前後齟齬的記載也完全可能是《州志》自身的錯誤，在利用之前還需仔細甄別。例如在《科第表》中，任伯傳被記作"郪縣人"，而明嘉靖本《四川總志》卷十一卻記作"鹽亭人"。再如蒲規，《州志》載爲"永泰人"，未知同在《州志》中，其子蒲玉度何以又成"射洪人"，是皆不可解者。

輯録内容中有相當一部分已不見於後志，例如萬曆間鹽亭的戶口、賦稅等資料，再如書中所記有關鹽亭官師選舉的記載，都具有很高的研究價值。同時，輯録内容中又有部分觀點已被推翻。例如關於杜甫《光禄坂行》詩中"光禄坂"的所在，杜詩舊注"光禄坂在銅山縣"，而銅山縣後併入中江，《州志》遂以爲"鹽亭亦刻在志，因鹽亭有光禄山而誤也，今仍載中江爲是"。二十八、五十一年本俱非之，仍堅持光禄坂在鹽亭。1984年，鹽亭縣黄甸鎮南山村出土一宋碑，作"光禄坂高鹽亭東，潼江直下如彎弓。山長水遠快望眼，少陵過後名不空。當時江山意不在，草動怕賊悲途窮。客行益遠心益泰，即今羨開元中。崇寧元年閏六月廿五日，道祖再按鹽亭，經光禄坂，留題頓軒"，此碑一錘定音，證實了光禄坂屬鹽亭之説，從知《州志》之非。

此外，《州志》還存在着漏收、失收的問題。據明正德十一年本《新城縣志》卷七載，江西新城人、正統十一年歲例貢曾益曾任鹽亭知縣。再如明隆慶本《岳州府志》卷五載，湖南臨湘人徐天凱亦曾任鹽亭知縣。此二人《州志》及後志均失收，類似情況值得注意。

郡縣沿革表

梁大同元年	置北宕渠郡鹽亭縣。
西魏恭帝二年	仍置鹽亭縣，尋改爲郡。
隋開皇元年	罷鹽亭郡，復爲縣，隸梓州。
唐武德二年	□鹽亭分置永泰、東關二縣，隸梓州。
元至元十年	併永泰、東關二縣入鹽亭，隸潼川。
國　朝	改潼川爲州，普、遂爲縣，與蓬溪、中江、射洪、鹽亭、樂至併屬潼川，隸布政司，分屬川北道。

分野

天文所屬觜鑴[1]參之次，入參[2]一度。

山川志

山

鳳凰山，鹽亭縣東二里。亦名董淑山，《寰宇記》云："隋開皇四年，縣令董淑封嘗遊于此。後人思之，故名[3]。"

龍峰山，鹽亭縣東四十里。

五面山，鹽亭縣東六十里。

鼓樓山，鹽亭縣東百五十里。

鹽絲山，鹽亭縣東六十里。《九域志》云："遠近士女上春日至此祈鹽[4]。"

負戴山，鹽亭縣。

名山，鹽亭縣。

高山，鹽亭縣東一里。

久峰山，鹽亭縣西五十里。

石城山，鹽亭縣。

寶蓮山，鹽亭縣南一里。

光禄山，鹽亭縣南十里。

金峰山，鹽亭縣南五十里。

---

[1] 明嘉靖《潼川志》鈔本卷一無"鑴"字，當是。

[2] "參"，明嘉靖《潼川志》鈔本卷一作"觜"。

[3] "隋開皇……故名"，文淵閣《四庫全書》本《太平寰宇記》卷八十二作"隋開皇四年，縣令董叔封嘗遊宴於此。後人思其德政，號曰董叔山"。

[4] "遠近……祈鹽"，文淵閣《四庫全書》本《元豐九域志》卷七作"每上春七日，遠近士女遊於此山，以祈鹽絲"。

天馬山，鹽亭縣南六十里，下即富村驛。

女徒山，鹽亭縣南七十里。女徒千人行役，遇盜，乃于山嶺置棚禦之。今有祠。

江

瀾江，在鹽亭縣東十里。

沙河，在鹽亭縣東一里。

梓江，在鹽亭縣南二里。其源自劍州陰平縣，經三百里入于涪。

溪

楊桃溪，在鹽亭縣東五十里。

麟溪，在鹽亭縣南三里。

雲溪，在鹽亭縣。

苕溪，在鹽亭縣北四十里。

鵝溪，在鹽亭北八十里。即[1]杜工部[2]"爲愛鵝[3]白繭光"，即此處也。

泉

浴丹泉，在鹽亭縣東一里，易玄子浴丹于此。

飛龍泉，在鹽亭縣西一里。

春雨泉，在鹽亭縣。

井

龍會井，在鹽亭縣北六十里。

鎮

玉龍鎮，鹽亭南八十里。

塚墓

唐忠臣二節度墓，在鹽亭縣西一里負戴山下。

馮孝子墓，鹽亭東百二十里。

宋文學士與可墓，在廢永泰東四十里。

古蹟

東關縣，在鹽亭縣東一百二十里。

湧泉縣，在鹽亭北六十里。

---

〔1〕 "即"字疑衍。

〔2〕 "杜工部"，疑"蘇東坡"。

〔3〕 "鵝"後疑脱"溪"字。

永泰縣，在鹽亭北六十里。

岩[1]渠縣，在鹽亭北三十里。

疆域

州東一百一十里爲鹽亭。鹽亭東一百四十里至西充縣界，西三十里至潼川界，南五十里至射洪界，北六十里至保寧府界。東西廣一百七十里，南北袤一百一十里。

形勢[2]

高山雄峙，瀰水環流。介乎劍、潼、果、閬之間，盖西北之要衝也。任伯傳謂“東跨鳳凰之高，西馳白馬之深[3]”。

風俗

男女力穡，不尚爭訟。事簡民淳，有周南遺風。

建置志

鹽亭縣署，在鳳凰山南古鹽亭治。宋元祐七年脩，李駿卿有記。國朝洪武柒年知縣李時美重建。

行署、察院行臺，在治東北。布政分司，在治東北。按察分司、州舘，俱在治北。

---

〔1〕“岩”，疑當作“宕”。

〔2〕此本卷三第四十八頁原脱，“形勢”二字據明嘉靖《潼川志》鈔本卷一補。

〔3〕“東跨……之深”，二十八、五十一年本俱作“西跨鳳山之高，東馳白馬之深”，疑誤。

儒學，舊在縣治西隅。宋大觀四年知縣林村[1]重脩，劉千之有記。國初，知縣李時美移建于治南。嘉靖間，知縣陳傑、雷轟、訓導崔戀再遷于負戴山麓。社學，在治東。

雲谿驛，在治西。[2] 富村驛，在縣東六十里，百户王亳建。

陰陽學、醫學，俱在治西。申明亭、旌善亭，俱在治前。僧會司，在定光寺。道會司，在定光觀。盈[3]濟倉、預備倉，俱在治西北，知縣梁一桂脩。養濟院，在縣西。

城池，成化間，知縣李惟中築土城，正德四年，知縣胡進律重築石城。周七里，高一丈七尺，厚稱之。門四[4]。東因瀰江爲池，西、北、南皆壍土爲之。

教場，在縣南一里。

急遞鋪、縣門鋪，在治前。達潼川龍淮鋪、堠子鋪，達保寧沙河鋪、紫荆鋪、靈山鋪、東溪鋪、富村鋪，達西充白馬鋪、大慶鋪、沽酒鋪、金溪鋪、丹鳳鋪。靈山公館，在縣東北三十里，知縣梁一桂建。堠溪公館，在縣南二十里，知縣劉演建。

禋祀志

先師廟，洪武初，知縣李時美重建。啟聖祠同。

社稷壇，在縣西一里。風雲雷雨山川壇，在縣南。邑厲壇，在縣北。城隍廟，在治南。

文昌祠，在儒學西。昭格廟，在負戴山，祀洛陽張峻夫。蕭公廟，在縣一里。孚應廟，在縣東十里，宋熙寧賜號"孚應"。雙忠廟，在縣四十里，分巡僉事楊瞻建，祀寧藩衛百户賈雄、茂州知州汪鳳朝。正德間，籃[5]、鄢賊寇劫柳邊。雄適至，獎率部卒，奮然迎敵；鳳朝亦以公事次鹽亭，驅兵赴之，俱遇難。

---

[1] "村"，明嘉靖《潼川志》鈔本卷二、二十八、五十一年本俱作"棟"，當是。

[2] 明嘉靖《潼川志》鈔本卷二"富村驛"前有"秋林驛，在縣西五十里，洪武二十五年百户楊德建"三句。

[3] "盈"，明嘉靖《潼川志》鈔本卷二作"益"。

[4] 明嘉靖《潼川志》鈔本卷二"門四"後有"東曰鳳儀，南曰雲谿，西曰春谷，北曰瀰江"四句。

[5] "籃"，二十八、五十一年本俱作"藍"，當是。

宫室

叩雲亭，在鹽亭縣。伯傳有記，有宋文同詩[1]。

橋梁

虎洞橋，在縣南。

金馬橋，在縣南三十里。

勾溪橋，在縣西十五里。

接金橋，在縣北一里。

都陵橋，在金華山。

坊表

承流、宣化，在治左右。

飛騰，李奎。

折桂，杜容。

育材，在儒學前。

文光，陳萬正、伏思輔。

雄飛，胥璿。

衣錦，胥景志。

寺觀

定光寺　城西隅。	金龍寺　東二十里。	元祥寺　東三十里。	南山寺　東二十里。
三學寺　東二十里。	長樂寺　東二十里。	超果寺	大塘[2]寺
方廣寺　俱東七十里。	圓覺寺　南一里，潼川杜舒傳有詩[3]。	[4]净慈寺　南三十里。	千佛寺　南五十里。

---

〔1〕 按明嘉靖《潼川志》鈔本卷二於叩雲亭之後另載有"東臺院，任源有記""孝義臺，在縣東百三十里，卞誄爲馮伯瑜築"兩條，亦當屬鹽亭宫室。東臺院、孝義臺俱載於卷二第十七頁前段，據東臺院往前内容係抄録文同《永樂山叩雲亭》詩可知其前當爲叩雲亭。明嘉靖《潼川志》鈔本卷二無第十六頁，則脱去的第十六頁是否還載有其他鹽亭宫室已不得而知。

〔2〕 "塘"，二十八、五十一年本俱作"唐"。

〔3〕 明嘉靖《潼川志》鈔本卷八引原詩"自夢黄金人，天西來白馬。坐令耳目移，四海一陶冶。祇園珠樹新，變狀丹青假。追意唐虞前，何以治中夏？南薰吹寥寥，搔首不能寫"。

〔4〕 明嘉靖《潼川志》鈔本卷八"净慈"前有"定光、彌陀，俱南十五里""佛寶，南二十里"二條。

續表

覺林寺　西十五里。	廣福寺　西五十里。	觀音寺　北六里。	東林寺　北二十里。
淨名寺　北四十里。	禄水寺　北三十里。	永和寺　北四十里。	龍臺寺　北五十里。
安佛寺　北八十里。			
定光觀　城西一里有阜如臺，有石珠，故又稱爲寶臺。	泰元觀　東十里。	佑聖觀	混元觀　俱東十里。
叢林觀	元道觀　俱東〔1〕十里。	玉清觀	真常觀
清真觀　俱東五十里。	上清觀	文昌觀　俱東七十里。	天禄觀　東一百〔2〕，宋進士張朝〔3〕創。
青霞觀　南十五里。唐開元初，道士陳大有嘗見青色霞現此。	玄妙觀　南二十里。	龍吼觀　南四十里。	元道觀　北四十里。
崇孝觀　北五十里。	豐〔4〕樂觀　北七十里。		

賦役志

嘉靖間戶四百八十八。

軍戶二百二十六，民戶一百二十，雜戶一百三十六〔5〕。

口一萬三千八百一十一。

男八千五百六十五，女五千二百四十六。

萬曆己未年戶四百八十八戶。

---

〔1〕　明嘉靖《潼川志》鈔本卷八“十”前有“三”字。

〔2〕　明嘉靖《潼川志》鈔本卷八“百”後有“里”字。

〔3〕　“張朝”，《志略》作“張朝禄”，二十八、五十一年本俱作“章朝”。

〔4〕　“豐”，疑當作“豐”。

〔5〕　按以上數據或有謬誤，然明嘉靖《潼川志》鈔本卷五無第七、八頁，相關內容隨之失落，恐不復可考。後文所載萬曆己未年戶口數均與嘉靖間同，竊疑嘉靖間鹽亭戶口相關記載在萬曆中即不得見，俾萬曆本編者以己未年戶口數假充。

軍戶二百二十六，民戶一百二十，雜戶一百三十六。

口一萬三千八百一十一。

男八千五百六十五口，女五千二百四十六口。

正賦，夏税秋糧一千七十五石四斗五升六抄。

雜賦，各色課鈔共銀四兩四錢七分七厘二毫，有閏則增。

里甲[1]

鹽亭編鄉凡三：安樂、樂平、永賢。

水利志

鹽亭堰凡三十。

鹽法志

鹽亭井凡一十有七。嘉靖辛亥間，鈔凡四千一百一十六口，課凡一千八十五兩一錢五分三毫七絲，有閏則增。

驛傳

秋林驛，軍站。原額官旗甲軍共一百一十三員名，田地其[2]二百八十五石九斗五升三合三勺，馬驢共六十八頭匹。

雲谿驛，民站。原編糧五千五百二十二石一斗八升八合二勺，永充夫一十三名，馬三匹。

今州縣每歲議編，迄無定額。

---

〔1〕　此本卷六第七頁原脱，"里甲"二字據明嘉靖《潼川志》鈔本卷五補。
〔2〕　"其"，後文作"共"，當是。

食貨譜

	穀	蔬	瓜菓
春	麦　名大麦，有皮者。	蔓青　俗名青菜。	
	蚕豆　又名胡豆。	萵苣菜	枇杷
	弯豆	芥菜	
	蕎　名春蕎。	葱	
		韮	
		胡荽	
		萊菔　即蘿葡〔1〕，有黃、白二種。	
夏	䵚麥　白麥、藍麥、油麥，凡三種。	莧菜　野生者爲莧陸。	梅
	粟　飯粟、酒粟，凡二種。	韮、葱	杏
	粱　伴稷收。		櫻桃
	黍	赤根菜	桃
	稷　即粟，以稷字不通俗存名。	萊菔	李　蓬溪者佳。
	蕎　名夏蕎。	茄、黃瓜	菱角
		瓟、絲瓜	
		葫蘆、菜瓜	
		西瓜　遂寧産。	
秋	稻　香稻、晚稻、粳稻、粘稻、白稻，凡五種。	萊菔	粟〔2〕、石榴
		白菜	棗、銀杏
	粱　伴菽收。	冬瓜	梨、葡萄
	菽　大豆、赤豆、菉豆、巴山豆，凡四種。	白扁豆	柿、蔗
			胡桃

〔1〕 "葡"，疑當作"萄"。
〔2〕 "粟"，疑當作"栗"。

續表

		萊菔	香圓
冬	蕎　名冬蕎。	蔓青	橘　遂寧多。
		冬瓜	
		萵苣　十二月薹，至正月、二月止。	
貨	綾　秋林出。	絹　秋林出。	絲　郡縣出。
	綿　郡縣出。	鹽　郡縣出。	油　桐油、麻油、菜油。
	紅苍　郡縣出。	蠟　白蠟、黃蠟。	構紙　郡出。

木	竹	藥	附苍卉
柏、椿	班竹	前胡、柴胡	牡丹
松、榆	慈竹	當歸、荊芥	芍藥
楠、桑	苦竹	薄荷、地黃	棣棠
樟、楮	荊竹	牽牛、瓜蔞	山礬
槐、梧	鳳尾竹	牛膝、苦楝	海棠、百日紅
桐、柳	香竹　即觀音竹。新葉香，因名。	枳殼、枳實	辛夷
黃連		倉耳、茵粟	薔薇
		鬱金、何首烏	菊
		史君子、天冬	葵
		麦冬、蛇	迎春
		龍膽、虎耳	木犀
		金沸草、半夏	芙蓉
			玉簪

獸	禽	鱗	介虫
牛、豕	鵝、鴨、雉、烏	鯉	龜、蟲
馬、犬	雞、雁、鵲、雀	魴	鱉、蚕
驢、兔	鳧、梟、鷹、鶴	鯽	蟹、蜂
騾、猫	鵪、鳩、鷺、杜鵑	鱧	蛤、蜈蚣
羊、狐	啄木、百舌、畫眉、鸚鴿	鮎	螺、蛇□
		魚舅	虫類頗多，不盡載。

（郡縣）出納須知志

鹽亭縣，原額糧一千七十五石四斗五升六杪，南京料米一百七斗九石一斗四升六杪，每石折徵銀五錢，共銀八十九兩五錢七分三系。

松潘□化倉，本折夏米三百四十石，每石折徵銀二兩□錢四分，共銀七百六十一兩六錢。

小河倉，綿花六十四斤，每斤折徵銀七分，共四兩四錢八分。

四川廣濟庫，荒絲米二十六石三斗一升，[1] 折荒絲一斤，共二十六斤四兩九錢六分，每斤折徵銀五錢，共銀一十三兩一錢五分。有閏，加荒絲二斤一兩七錢八厘，折銀一兩五分三厘三毫七系五忽。另奉交以縣額粮一千七十五石四斗五升六杪，每石加銀一厘，共一兩七分五厘四毫五系六塵，存留本縣。

盈濟倉，秋米二百石，每石折徵銀七錢，共銀一百四十兩。

儒學，秋米三百三十石，每石折徵銀七錢，共銀二百三十一兩。

奉文於縣額內加派軍民黃冊紙劄銀一兩七分五厘四毫五系。

各色課鈔，有閏共銀七十五兩六錢八分六厘六毫八系二忽，無閏該銀六十九兩八分八厘二忽。

户口鈔銀，有閏該銀七十兩三錢六分三厘，無閏該銀六十四兩一錢八分八厘。

磨課鈔銀，有閏該銀四錢八分一厘一毫八系二忽，無閏該銀四錢四分四厘。

魚課鈔銀，有閏該銀二錢三分四厘，無閏該銀二錢二厘二忽。

商稅鈔銀，有閏該銀四兩六錢八厘五毫，無閏該銀四兩二錢五分四厘。

力差，有閏該銀四千一百五十六兩四錢，無閏該銀三千八百六十七兩三錢。

本縣察院看司一名，有閏該銀五兩八錢，無閏該銀五兩五錢。

本縣布、按二司看司二名，有閏該銀九兩六錢，無閏該銀九兩。

本縣庫書一名，有閏該銀七兩八錢，無閏該銀七兩二錢。

本縣知縣門子二名，有閏該銀一十五兩六錢，無閏該銀一十四兩四錢。

皂隸八名、直堂弓兵一十二名，共二十名。有閏該銀一百五十六兩，無閏該銀一百四十四兩。

---

〔1〕 "折"前疑脱"每石"二字。

主簿門子一名、皂隸四名，有閏該銀三十九兩，無閏該銀三十六兩。

典史門子一名、皂隸二名，有閏該銀二十三兩四錢，無閏該銀二十一兩六錢。

禁子四名，有閏該銀三十四兩四錢，無閏該銀三十二兩。

本縣縣門、龍淮、塓溪、沙河、紫荆、靈山、東溪、富村八舖司兵三十九名，有閏該銀三百三十五兩四錢，無閏該銀三百一十二兩。

小路大慶、白馬、沽酒、丹鳳、金雞五舖司兵五名，萬曆四十五年奉文裁革。有閏該銀一十九兩五錢，無閏該銀一十八兩。工食徵收貯庫。每年三司城垣傾頹，量工詳動脩理。

南河渡夫三名，有閏該銀二十三兩四錢，無閏該銀二十一兩六錢。

沙河渡夫一名，工食有閏該銀三兩九錢，無閏該銀三兩六錢。

儒學門子二名、廟夫一名、祭器庫子一名，共四名。有閏該銀三十一兩二錢，無閏該銀二十八兩八錢。

看庫庫夫二名，有閏該銀一十五兩六錢，無閏該銀一十四兩四錢。

預備倉斗級二名，有閏該銀二十六兩，無閏該銀二十四兩。

原額民兵一百七十六名，内抽解安綿道團操民兵二十六名，有閏該銀二百二兩八錢，無閏該銀一百八十七兩二錢。又奉文抽解布政司防播民兵三十名，有閏該銀二百三十四兩，無閏該銀二百一十六兩。

實在守城民兵一百二十名，有閏該銀九百三十六兩，無閏銀八百六十四兩。

募夫一百四十名，有閏該銀一千九十二兩，無閏銀一千八兩。

馬四十五匹，有閏該銀九百四十五兩，無閏銀九百兩。

銀差銀八百九十四兩八分六厘，遇閏加增。

柴馬銀七兩。

齋夫銀四兩。

膳夫銀四兩一錢六分六厘七毫。

提舉司皂隸一兩二錢。

知縣、主簿、典史、柴薪、馬夫，有閏該銀二百一十一兩，無閏銀二百四兩。

鄉飲酒禮銀八兩。

春秋祭祀銀四十八兩。

啟聖宮、雙思[1]祠銀六兩。

---

〔1〕　"思"，疑當作"忠"。

儒學齋夫，銀有閏該五十二兩，無閏銀四十八兩。

儒學膳夫，有閏該銀五十四兩一錢六分六厘七毫，無閏銀五十兩。

歲貢盤纏銀二十二兩五錢。

甲、丁二庫料銀四十兩。

南京麂皮銀七十兩。

京料段實盤纏銀二十兩。

舉人盤纏銀二十一兩八錢。

提舉司皂隸二名，有閏該銀一十五兩六錢，無閏銀一十四兩四錢。

黃蠟價銀二十三兩四錢。

白蠟價銀四十二兩。

進士坊牌銀二兩七錢六分五厘。

南河船價銀八兩七錢五分六厘七毫。

四季循環紙劄銀四兩。

公費銀二百五十七兩九分五厘，奉文加增脩理城垣銀二兩五錢七分，共二百六十兩四錢六分五厘。

本縣雲谿驛馬三十匹，共該銀一百七十六兩七錢七分三厘三毫八系四微五塵。三十七年內奉文每匹加銀三兩六錢，共一百八兩，通共二百八十四兩七錢七分三厘三毫八系四微五塵。奉文加派監府供應廩粮銀三兩九錢八厘。

官守志

屬縣官師表

知縣

隋	
開皇四年	董叔封　令鹽，有德政。公餘遊鳳皇山，後人感而思之，因號其山曰董叔。
唐	
開元年	李匡遠　歷通會[1]、射洪等縣爲令。時西羌賊亂，東川受害爲最。匡遠擒捕獨多，號稱能吏。

〔1〕"會"，元泰定三年廬陵武溪書院刻明修本《古今事文類聚外集》卷十四作"泉"，當是。

續表

宋	
嘉定年	趙希普[1]　宗室，以顯謨閣承出任。敬神恤民，興利除害，百姓思之。
慶曆年	焦德潤
大觀年	劉迁[2]之
嘉祐年	侯正臣
紹興年	杜時用
熙寧年	宋适
乾道年	楊安厚
淳熙年	卞洗[3]
嘉定[4]年	趙坤厚
元	
大德年	公[5]孫世榮
延祐年	成世榮
元統二年[6]	呇子和
至正年	楊鼎

國朝	知縣	主簿	典史	教諭	訓導
洪武年	李時美　草刱之初，勤勞獨著。			羅虓[7]　江西人。	
		朱隆			王和　由舉人。陞宗人府經歷。
宣德年	吳昌衍　由進士。勤恤民隱，因地制賦，鹽民德之。歷官御史，至右參政。		白茂		

〔1〕　“普”，明嘉靖《潼川志》鈔本、《志書》、二十八、五十一年本俱作“著”。

〔2〕　“迁”，二十八、五十一年本俱作“千”。

〔3〕　“洗”，二十八、五十一年本俱作“詵”，當是。

〔4〕　“嘉定”，二十八、五十一年本俱作“嘉祐”。

〔5〕　二十八、五十一年本俱無“公”字。

〔6〕　按二十八、五十一年本均以呇子和爲延祐間知縣，當是。呇氏《昭格行祠記》末題“延祐四年丁巳正月”可證。

〔7〕　“虓”，明嘉靖《潼川志》鈔本卷四作“虎”，二十八、五十一年本俱作“彪”。

		杜甫[1]民		
			蕭奇	
	葉嵩　由進士。德政有聲，陞平定知州。	張萬甫		
				劉應　孝感人。
正統元年	黎應　由監生。德性淳厚，存心愛民。	曹安		劉溢　太和人，由舉人。
		任源　涇陽人。		
五年	羅紳　由監生。廉能有聲。	常遇仙　山西人。		
天順年	李維[2]中　陝西人，由監生。歷官清慎。	楊勝麟　陝西人。		葉著　慈谿人，由儒士。
	萬全　陝西人，由舉人。	李靖[3]　同州人。		丁懋仁　麻城人。
		汪[4]本　麻城人。		
成化年	陳琬　高郵州人，由監生。剛直有爲，奏請取南部夫馬出柳邊接迎，以紓民力。至今思之。			宋奎　麻城人，由舉人。訓誨有方，生徒樂育。
		劉經　平涼人。		李一本　忠州人，由舉人。才學善譽，有《三場軌範》傳于鹽。陞太和知縣。

---

〔1〕"甫"，明嘉靖《潼川志》鈔本卷四作"輔"。

〔2〕"維"，《志書》、二十八、五十一年本俱作"惟"。

〔3〕"靖"，二十八、五十一年本俱作"清"。

〔4〕二十八、五十一年本"汪"後俱有"均"字。

成化年	馮瓚　瑞昌縣人，由舉人。愷弟君子，聿脩學宮，表率多士。		廖芳　襄陽人。	
		李齡　同州人，由吏員。		
			潘繒　武昌人，由舉人。師摸嚴重，誨教不倦。聘典河南考試。
弘治年	彭政　湖廣人，由監生。	李迪　陝西人，由監生。		
弘治年	文慶　陝西人，由舉人。平易近民。			楊鑑　太和人。
		丁相　陝西人，由監生。		
正德年	胡進律　平凉人，由舉人。剛介有守，陞成都府同知。			繆芳　曲靖人，由舉人。
		鄧本端[1]　隴西人。		
		石傑　平江人，由監生。		郭堅　湖廣人，由監生。
正德年	張寬　應山人，由舉人。宅心平恕，時值兵燹，保障得宜。			胡世濟　陝西人。
		程希元　徐州人，由監生。		張塤　清平人。
	楊大倫　雲南人，由監生。		彭隆　莆田人。	

---

〔1〕 "端"，二十八、五十一年本俱作"瑞"。

				俞金　楚雄人，由舉人。	
正德年	劉永　大理人，由舉人。	薛應春　枝江人，由監生。			
嘉靖元年	陳傑　如皋人，由監生。				周昇　泰〔1〕和人。
		楊襲　保〔2〕慶人，由監生。			
八年	雷轟　都勻〔3〕人。清慎著聲，救荒民賴。陞知州。			顧昂　清平人，由監生。	
			楊應〔4〕乾　華州人。剛斷有爲，陞綿州吏目。		
十年	梁一桂　廣西人，由舉人。			胡郁　雲南人，由監生。	
		范塘　瀘城人，由監生。			鍾傑　泰〔5〕和人。
十五年	陳憲　南巢人，由監生。脩學有功。				
		蔣錫　平樂人。			
十六年	曹詔　黃崗〔6〕人，由舉人。			劉琰　常德人。	崔巒　湖廣均州人。

〔1〕　"泰"，二十八、五十一年本俱作"太"。

〔2〕　"保"，二十八、五十一年本俱作"寶"，當是。

〔3〕　"勻"，《志書》、二十八、五十一年本俱作"勻"，當是。

〔4〕　"應"，明嘉靖《潼川志》鈔本卷四、二十八、五十一年本俱作"盈"，當是。

〔5〕　"泰"，二十八、五十一年本俱作"太"。

〔6〕　"崗"，二十八、五十一年本俱作"岡"。

續表

		劉爵　西寧人，由監生。			
十八年	田徹　扶風人，由監生。				
			張秀　桃源人。		何永年　南陽人。
二十年	劉演　永昌人，由舉人。	王傑　洋縣人，由監生。		馬暘　桂林人，由舉人。明經脩行，多士楷模。陞助教，歷通判。	
					葉鳳暘[1]南溪人，陞河北教諭。
二十五年	朱璣　興隆人，由監生。				
		何鋭　衡州人，由監生。廉潔持身，有《衡白山人集》刻于縣。			
二十八年	陳金　雲南人，由恩生。		李文宦　麻城人。謹恪平恕，陞吏目。	雷卯[2]衛藍山縣人，由監生。	
					彭濚[3]湖廣人。
三十年	何舜雲　枝江人，由監生。			李瀚[4]鎮南州人，由選貢。	
		胡廷和　衢州人，由監生。			尹良甫　慶陽人，陞漢州學正。
三十四年	李棟　永寧人，由舉人。才幹敏捷，以採木卒于夷徼，士民哀之。				

---

〔1〕 "暘"，二十八、五十一年本俱作 "陽"。

〔2〕 "卯"，明嘉靖《潼川志》鈔本卷四、二十八、五十一年本俱作 "邦"，當是。

〔3〕 "濚"，二十八、五十一年本俱作 "濴"。

〔4〕 "瀚"，二十八、五十一年本俱作 "翰"。

			羅嘉遜 湖廣人。	張友直 潯甸府人。	
		龔惠 豐[1]城人，由吏員。			陳鷥 監利人。
三十六年	朱儼 蒙化府人，由舉人。			李顯陽 貴州人，由舉人。陞潼川知州。	
四十二年	吳之翰 蘄州人，由舉人。嚴明吏畏，妖賊之変，捍禦有方。陞府通判。		劉邦達 監利人，狡猾貪婪。	陳漸 普寧州人，陞教諭。	
				張輅 思南人，陞登封知縣。	
		汪東秀 歙縣人，由吏員。操守、才幹俱優，以征夷功受欽賞，陞江西按察司知事。			
隆慶元年	蔣其才 銅仁府人，由舉人。廉介律己，平易近民。陞雲南禄勸知州。		張可用 江西人，奸貪民怨。		王纘思[2] 同州人，陞教授。
				胡崇儒 涇陽人。	
四年	馬文禮 雲南人，由監生。			陳東陽 南鎮人。	
				田秋 道州人，陞教諭。	
萬曆元年	王世元 曲靖人，由歲貢。		朱應徵	胡來鶴 江夏人，由舉人。陞知縣。	
		林鳴鷹 潮州人，由監生。			
五年	周世科 湘鄉人，由監生。		李應乾 綏德人。	李尚銘 羅江人，陞教授。	

續表

					鍾朝賓 貴陽府人。
八年	陳訪 陝西人，由恩貢。				王聘 巴州人。
九年		喻以義 湖廣人，由吏員。	徐一桂 浙江人。		曹炳 綿竹人。
十一年	吳契 夷陵人，由監生。			短效先 臨安人。	
		龔玉瓚 上海人，由吏員。			鄢學堯 簡州人。
十五年	馬宗孟 太和人，由舉人。		齊惟遜 浙江淳安人。	羅嘉論 彭山人。	
		於洛 南直四州人，由監生。			孟學孔 新津人。
二十年	趙性粹 陝西固原人，由舉人。有才能，歷陞通判、知府、按察司副使、兵備雲南安普道。			賈純 彭山人。	
		李感 順天人，由監生。			胡可達 廬山人。
			陳銘 浙江建德人。		
		趙盈 江西分宜人，由監生。		蔡宗舜 會州人。	何爲經 梓橦[1]人。
二十六年	蔡獻清 湖廣崇陽人，由舉人。		陳烺 紹興府人。		
		熊民選 興國州人，由監生。		權度 陝西人。	吳應文 昭化人。
二十九年	蔣大孝 湖廣孝感人，由舉人。		吳道中 江西樂平人。		
		陳嘉耕 直隸壽州人，由吏員。		郭登科	
三十二年	楊胤蕃 江西信豐[2]人，由歲貢。	呂大化 浙江山陰人，由吏員。	蔡良輔 廣東人。		

〔1〕“橦”，或作“潼”。

〔2〕“豐”，疑當作“豐”。

續表

				周序　陝西人。	王曰恕　威州人。
三十六年	苗有土　山西澤州人，由舉人。		黃用中　麻城人。		
三十七年	蒲以懌　湖廣永明人，由選貢。	傳翕　湖廣漢陽人，由吏員。	周國賢　湖廣善化人。		
		周良佐　浙江臨海人，由吏員。			
四十三年	胡機　湖廣京山人，由舉人。陞山西知州。	邢夏時　山西汾西縣人，由歲貢。		先升階　納貲人。	
			朱良翰　江西南昌人。		
四十七年		孫成龍　江西德安縣人，由監〔1〕。		柳敬南　南充人。	拜爲相　雲南人。
四十八年			劉以時　浙江分水人。		
天啟元年		蕭希彥　直隸陸安人，由監生。		李道烱　流陽縣人。	
天啟二年	區緒　廣東高要人，由舉人。	王懋謙　江西德興人，由吏員。			

（屬縣）官守列傳

　　文同，字與可，梓州永泰縣人。漢文翁之後，蜀人猶以石室名其家。同方口秀眉，以學名世。操韻高潔，自號咲咲先生。善詩、文、篆、隸、行、草、飛白，文彥博守成都，奇之。司馬光嘗致書同，曰：“與可襟韻洒落，如晴雲秋月，塵埃不到。”司馬光、蘇軾猶敬重之。軾，同之從表弟也。同又善畫竹，初不自貴重，四方之人持縑素詣者，足相躡于門。初舉進士，稍遷博士、祠部員外郎，賜五品服，知

---

〔1〕 “監”後疑脫“生”字。

普州，歷知陵州、洋州。元豐初拜湖州，至宛丘卒。其詳在范百禄《墓志銘》中。

辟舉表

唐	李湛　見《列傳》。
	王文燦　永泰人。以孝廉舉，仕至渝州刺史。
	嚴礦　附《列傳》。
	嚴昌文　永泰人。陞侍御史，以言事不合，黜令合江。卒于官。

科第表

唐	
貞觀年	李義甫　永泰人。仕至尚書、同中書門下三品。《唐書》入《姦佞傳》。
文明元年	嚴佽　鹽亭人，附《列傳》。
貞元年	嚴公弼　附《列傳》。
宋	
端拱元年	牟袞　見《列傳》。
景祐元年	蒲規　永泰人。有文名，爲洪雅令。
皇祐元年	任伯傳　郪縣人。
	文同　見《列傳》。
元	
大德年	張重禄　鹽亭人。
國朝	進士
萬曆二十三年〔1〕	任時芳　授金鄉知縣，歷陞刑部主事、員外郎中、兗州知府、江西副使。
	舉人
永樂三年	羅定安〔2〕　鹽亭人，仕河南府通判。

〔1〕　據二十八、五十一年本及後文，作“萬曆二十三年”誤，當爲“萬曆十四年”。

〔2〕　明嘉靖本《四川總志》卷十一無“安”字。

十年	胥[1]撝	鹽亭人。
	胥馨[2]	鹽亭人。
十六年	句榮	鹽亭人。
宣德七年	杜容	鹽亭人，仕澧州教諭[3]。
景泰元年	李奎	鹽亭人。
四年	胥璿	鹽亭人，仕至柳州知州[4]。
弘治十二年	陳萬正	鹽亭人。
	伏思輔	鹽亭人。
萬曆十三年	任時芳	鹽亭人。
十六年	張繡	鹽亭人，授儀真知縣。
四十三年	顧胤昌[5]	鹽亭人。

歲貢表

宋	無	
國朝		
永樂間	劉俊	仕[6]斷事司吏目。
	梁暹	仕兵馬司[7]兵馬。
	黃衡	仕兵部主事，陞户部郎中。
	趙弻	仕穀城縣主簿。
	胥景	
宣德間	蒲琮	
	胥景志	仕雲南教諭。

〔1〕 "胥"，明嘉靖本《四川總志》卷十一作"馮"。

〔2〕 "馨"，明嘉靖本《四川總志》卷十一作"磬"。

〔3〕 "澧州教諭"，明嘉靖《潼川志》鈔本卷六作"澧州教授"，二十八年本作"湖廣醴州王府教授"。

〔4〕 "柳州知州"，據明萬曆本《彬州志》卷二、二十八年本，作"彬州知州"是。

〔5〕 "顧胤昌"，《志略》作"顧昌胤"，二十八、五十一年本俱作"顧應昌"。

〔6〕 明嘉靖《潼川志》鈔本卷七"仕"後有"廣西"二字。

〔7〕 明嘉靖《潼川志》鈔本卷七"司"後有"副"字。

續表

正統間	楊昱[1]	仕桐[2]仁府經歷。
	杜[3]楫	仕徐州府通判。
	趙敬	仕雷州府通判。
	王政[4]	仕德清縣縣丞。
	蒲馨	仕臨潼縣縣丞。
	張純	仕安順州吏目。
	趙昇	仕河源縣縣丞。
景泰間	任勝	仕鄧州訓導。
	王榮	仕斷事，擢通判。
	何從	仕湖州吏目。
	黃賢	仕弥勒州吏目。
天順間	杜諒	仕姚安州判官。
	趙純	仕臨洮府通判。
	陳璽[5]	仕西安府推官。
	趙清	仕楚雄府訓導。
成化間	胡清	仕太寧衛經歷[6]。
	杜聰	仕廣平縣縣丞。
	杜鎡	
	李秉倫	仕臨潼縣教諭[7]。
	文明	
	伏觀	
	蘇本金	
	譚永昌	仕寶縣訓導，陞王府教授[8]。

---

〔1〕 "昱"，二十八、五十一年本俱作"旻"。

〔2〕 "桐"，明嘉靖《潼川志》鈔本卷七、二十八、五十一年本俱作"銅"，當是。

〔3〕 "杜"，二十八、五十一年本俱作"林"。

〔4〕 "政"，二十八、五十一年本俱作"政"。

〔5〕 "璽"，二十八年本作"璽"。

〔6〕 "太寧衛經歷"，二十八、五十一年本俱作"大寧左衛經歷"。

〔7〕 "臨潼縣教諭"，明嘉靖《潼川志》鈔本卷七作"臨潼□□教授"，二十八、五十一年本俱作"臨漳王府教授"。

〔8〕 "仕寶縣……教授"，明嘉靖《潼川志》鈔本卷七作"初仕寶雞縣訓導，擢寧夏王府教授"，當是。

成化間	陳涇　仕益王府教授。
	王南　仕耀州訓導。
	梁嵩　仕辰州訓導。
弘治間	李澄　仕開城縣訓導。
	顧良佐　仕源清[1]主簿。
	胥安　仕茶陵州訓導。
	周榮
	趙經
	李希賢　仕洵陽縣訓導。
	趙舉　仕昆明縣訓導，擢貴州教授。
	江鵬　仕羅田縣主簿。
	許司正　仕渭南縣縣丞。
	何湍　仕吉府奉祠。
	任禮　仕新化縣縣丞。
	廖廣　仕襄府引禮。
	陳昇　仕保應縣主簿。
	羅凱　仕攸縣主簿。
	彭應時　仕知事。
	蒲輪　仕衛經歷[2]。
	李森
	孫崇禮　仕訓導，陞教諭。
	張旭
正德間	衡守常　仕雲南都[3]事。
	李廷相　仕安化縣訓導。
	何秉茂　仕[4]吏目。

〔1〕"源清"，明嘉靖《潼川志》鈔本卷七、二十八、五十一年本俱作"清源"，當是。

〔2〕"衛經歷"，二十八、五十一年本俱作"陝西左衛經歷"。

〔3〕"都"，二十八、五十一年本俱作"斷"。

〔4〕二十八、五十一年本"吏目"前俱有"雲南"二字。

正德間	伏萬選
	王卿　仕青陽縣訓導。
	胥範
	雷鳴
	劉恩　仕太倉州同知。
	王制[1]
	趙明[2]　仕常德府審理。
	何洪鼎　仕崇仁縣縣丞。
嘉靖間	衡平
	劉惇　仕興國州訓導。
	江璽　仕湘陰縣主簿。
	陳友士　仕嵩縣訓導。
	衡守璧　仕邠州訓導。
	顧玥　仕孝感縣主簿。
	陳仁　仕榮昌縣教諭。
	王峯　冠帶不仕。
	廖祺[3]　仕舞陽縣訓導。
	何濬　仕監利縣訓導。
	任友端　歷仕泗州學正。
	陳友契　仕長葛縣訓導。
	杜邦臬[4]
	杜惟勛[5]
	范廷琮[6]

〔1〕二十八、五十一年本“王制”後俱有“武岡州知州”五字。

〔2〕“明”，二十八、五十一年本俱作“朗”。

〔3〕“祺”，明嘉靖《潼川志》鈔本卷七作“棋”。

〔4〕二十八、五十一年本“臬”後俱有“閺鄉縣丞”四字。

〔5〕二十八、五十一年本“勛”後俱有“黃州府照磨”五字。

〔6〕二十八、五十一年本“琮”後俱有“臨湘縣訓導”五字。

萬曆間	胥時用　仕灌縣訓導，陞合江縣教諭。
	任繡　　見《列傳》。
	王吉元　仕訓導，陞教授。
	王三錫
	趙加言　仕崇慶州訓導，歷陞教授。
	顧坦　　仕簡州訓導。
	顧察　　仕光化縣訓導。
	顧守　　仕馬湖府訓導，歷陞教授。
	雷建　　仕漢中府經歷，歷陞新平縣知縣。
	衡澄　　仕疊溪所訓導。
	雷時敬　仕梁山縣訓導。
	王加聘　仕訓導，陞教授。
	胥薦元　仕新都縣訓導。
	任志遠
	王加彥　仕訓導，陞教授。
	衡章
	衡烈
	周錫爵　仕渭南縣訓導。
	王濟
	顧阜　　仕雅州訓導。
	王一制
	王訪

人物列傳

李湛，字興宗，中書義府子也。幹父之蠱，立朝以忠義聞，以蔭補員外郎。真西山曰：“李義甫[1]，奸臣也，其子湛以忠義聞。若湛者，可謂能盖父之愆者也[2]。”

　　嚴震，字遐聞，梓州鹽亭人。本農家子，以財役里閭。至德、乾元中，數出貲助邊，得爲州長史。西川節度使嚴武知其才，署押衙，[3]恒王府司馬，委以軍府衆務。武卒，[4]歸。東川節度表爲渝州刺史，改鳳州。母喪，復除興、鳳兩州團練使，好興利除害。建中中，劍南黜陟使韋楨[5]表震治行第一，賜上[6]攷，封勛[7]國公。治鳳十四年，號稱清嚴，遠邇咨美。遷山南西道節度使。朱泚反，遣劉腹[8]以帛書誘之，震斬以聞。是時，李懷光與賊連和，奉天危蹙，帝欲徙蹕山南。震聞，馳表奉迎，遣將發兵護衛。發奉天，賊兵欲襲乘輿，賴山南以免。加震檢校[9]尚書、馮翊郡王。上至梁州，宰相以地貧無所仰給，請幸成都。震曰：“山南密邇畿輔，李晟銳于收復，方藉六師爲聲援。今引而西，則諸將顧望，責功無期。”會晟表亦至，帝意決。駐蹕梁、洋，其供億咸給于震。事平，車駕將還，加[10]左僕射。以梁州爲興元府，震爲尹。進同中書門下平章事。貞元十五年卒，年七十二[11]，贈太保，謚曰忠穆。

　　礪字元明，震從[12]弟，以表薦爲玄武尉。德宗時，主餽餉有功，累官刺史。震卒，以礪權主留府事，遺言薦之，拜本道節度使。劉闢反，以儲備有素，加檢校尚書[13]僕射。卒，贈司空。御史元禎劾其贓[14]，請加惡謚，不聽，止籍其家。

　　佽，震之兄。登進士第，工文詞。仕至行軍司馬、屯田員外郎，加侍御史。

　　公弼，震子。貞元中進士，歷官山南使，有善政。

　　譔，震孫。咸通中，累進觀察使，擢江南節度使。

---

〔1〕“甫”，宋福州學官刻元修本《西山先生真文忠公讀書記甲集》卷十一作“府”，當是。

〔2〕“奸臣也……者也”，宋福州學官刻元修本《西山先生真文忠公讀書記甲集》卷十一作“姦臣也，其子湛以忠義聞。若勁與湛，可謂能蓋其父之愆矣”。

〔3〕乾隆武英殿本《新唐書》卷一百五十八“恒”前有“遷”字，當是。

〔4〕乾隆武英殿本《新唐書》卷一百五十八“歸”前有“罷”字，當是。

〔5〕“楨”，乾隆武英殿本《新唐書》卷一百五十八作“楨”，當是。

〔6〕乾隆武英殿本《新唐書》卷一百五十八“上”後有“下”字，當是。

〔7〕“勛”，乾隆武英殿本《新唐書》卷一百五十八作“鄭”，當是。

〔8〕“劉腹”，乾隆武英殿本《新唐書》卷一百五十八作“腹心穆廷光等”，當是。

〔9〕乾隆武英殿本《新唐書》卷一百五十八“檢校”後有“戶部”二字，當是。

〔10〕乾隆武英殿本《新唐書》卷一百五十八“左僕射”前有“檢校尚書”四字，當是。

〔11〕“二”，乾隆武英殿本《新唐書》卷一百五十八作“六”，當是。

〔12〕乾隆武英殿本《新唐書》卷一百四十四“從”後有“祖”字，當是。

〔13〕乾隆武英殿本《新唐書》卷一百四十四“僕射”前有“左”字，當是。

〔14〕“御史元禎劾其贓”，乾隆武英殿本《新唐書》卷一百四十四作“監察御史元積奉使東川，劾發其贓”，當是。

牟袞，字君華，鹽亭人，舉端拱元年進士[1]。少負奇志，嘗受學於普州多岳，以文章著名。後累官翰林學士，天禧間致政。家居惟以著述自娛，有詩文行于世。其後人有用中、義先[2]、積中、學元[3]兄弟，皆後先中省試，時號一門四桂。

文同，字與可，梓州永泰人。漢文翁之後，蜀人猶以石室名其家。同方口秀眉，以學名世。操韻高潔，自號笑笑先生。善詩、文、篆、隸、行、草、飛白。又善畫竹，初不自貴重，四方之人持縑素請者，足相躡于門。同厭之，投縑于地，曰："吾將以爲襪。"好事者傳之以爲咲。初舉進士，稍遷太常博士、集賢校理。知陵州，元豐間知湖州，所至皆有政績。重恤民事，民有不便，必爲除之而後已。行至陳州宛丘驛，忽留不行，沐浴衣冠，正坐而卒。同性方廉，居家不問資產。齋居一室，惟以琴書圖畫自娛，所與游者皆名節文行之士。司馬光嘗遺書云："與可襟韻蕭灑，如晴雲秋月，塵埃不到。光心服者，不特辭翰而已。"蘇軾尤敬重之。著《丹淵集》四十卷行于世。

武職表

宋	無
國朝	江通　鹽亭人，武舉。
	李逢陽　鹽亭人，武舉。
	江遂　鹽亭人，武舉。
	衡濤　鹽亭人，武舉。
	胥登瀛　鹽亭人，武舉。

---

〔1〕　"端拱元年進士"，明景泰本《寰宇通志》卷六十六作"宋端拱二年陳堯叟榜"，當是。

〔2〕　"先"，或作"元"。

〔3〕　"元"，或作"先"。

封贈表

宋	無
元	無
國朝	
嘉靖間	黄谷用　鹽亭人，以子衡贈户部郎中。 譚思賢　鹽亭人，以子紹祖贈國子監學正。 任纘　見《列傳》。

封贈列傳

　　任纘，字克孝，鹽亭人。幼穎異，天性孝友，宅心長厚，接人謙和。自伊吾鉛槧之外，別無所事事。經史百家，罔不淹貫。遇試輒冠高等，里中後進皆師事之。問字質疑者，户屨常滿。以數奇止薦明經。初授内江縣學訓，課誨多士，多成就。歲乙酉登雋九人，悉出門下素所奬與者。尋陞陝西永壽縣學諭，時子時芳登賢書，因翻然曰："策名明時有後人矣，何用青氊爲?"遂懸車，不復就道，享年七十一卒。以子貴，贈承德郎、刑部主事。

孝義傳

宋

任伯傳，郪人，仕職方員外郎。以孝稱，喪母廬墓，卒有靈芝醴泉之應。

王奭，永泰人。親卒，躬負土成墓，廬於其側，後有異鳥集于木。

馮伯瑜，東關人。性至孝，父才適病篤，瑜剖腹取肝嚥之，時稱馮孝子云。

國朝

雷應春，鹽亭人。事親至孝，父喪，水漿數日不入口。既葬，廬墓側。後馴兔入室，異木覆墓。

貞烈傳

國朝

虞氏，鹽亭人許昇妻。昇卒，虞年甫十九，誓不再適。撫其遺孤，終克成立，人咸重之。

蘇氏，鹽亭人陳子剛妻。子剛卒，生遺腹子魁。紡績養姑，教魁以義。終其身言動不苟，爲親里所敬憚。

李氏，秋林驛人，生員侯□妻。侯卒，李年二十一，生一子在襁褓，矢志撫孤。其親識見李幼且工苦，微以蔓詞探之，欲令改節。李懼然作色，曰：“夫死妾死，義也。我不死者，以孤在耳。”聞者慙阻。自是，鉛華不飾，縞素貞潔，勵操者五十三年。教子成名，享年八十卒，有司累旌其閭。

隱逸傳

唐

趙蕤，字大賓，鹽亭人。玄宗屢徵不就，隱梓州長平山。博考六經諸家異同，著《長短經》，明王伯大略。李白嘗造其廬訪焉，贈趙徵君詩[1]。後郡守于舊居建三召亭。

嚴本，鹽亭人。少負不羈，嘗浪迹方外，不求仕進。

國朝

陳漢，鹽亭人。元末，劇賊徐壽輝據蘄、黃，漢爲萬户，率所部攻之。洪武初

---

〔1〕“贈趙徵君詩”，明嘉靖《潼川志》鈔本卷七作“白詩”，後録李白《淮南卧病書懷寄蜀中趙徵君蕤》全詩。

歸附，太祖嘉其知幾識主，拜大[1]軍、都督府斷事。因其名漢親賜以説，因其乞休賜以歌。

僑寓傳

宋

多岳，天彭人。蜀孟昶遺使徵之，不就。潛入普，寓居鐵峰，教授生徒，門下多名士。卒，葬鳳凰山下。

國朝

王德成，武進人。洪武中謫戍秋林，携子九皋、九齡同行，遂定籍焉。後四世同居。積善好施，人多頌之。

藝文志

賦		
宋		
文同	超然臺賦	
	蓮賦	
	松賦	
蘇轍	墨竹賦	
詩 遊覽		
唐		
杜甫	嚴氏溪放歌[2]	

---

〔1〕 二十八、五十一年本"大"後俱有"將"字，當是。
〔2〕 二十八、五十一年本"歌"後俱有"行"字。

續表

宋		
文同	鹽亭縣永樂山叩雲亭	
	早晴至報恩寺	
	永泰劉令清曦亭	
	均逸亭普州三亭	
	東溪亭	
	碧崖亭	
何耕	雲溪	
國朝		
王元正	遊定光寺[1]	
杜舒傳	圓覺觀	
林鳴鷹	圓覺寺	
	遊寶臺觀	
	天禄觀	
詩　贈送　賡和		
唐		
李白	寄趙徵君蕤[2]	
杜甫	相從行贈嚴二別駕	
	行次鹽亭縣題四韻奉簡嚴遂州蓬州兩使君咨議諸昆玉[3]	
詩　紀行		
唐		
杜甫	光禄版[4]行	
	倚杖	

---

〔1〕　“遊定光寺”，後文作“遊守光寺”，疑誤。二十八、五十一年本俱作“上乘寺”。

〔2〕　“寄趙徵君蕤”，二十八、五十一年本俱作“淮南臥病書懷寄蜀中趙徵君蕤”。

〔3〕　“行次……昆玉”，二十八、五十一年本俱作“行次鹽亭縣聊題四韻奉簡嚴遂州蓬州兩使君諮議諸昆季”。

〔4〕　“版”，二十八、五十一年本俱作“坂”，當是，後同。

國朝	
楊廷和	秋林驛
	鹽亭縣
	鹽亭道中
余子俊	鹽亭次杜韻[1]
詩 題詠	
宋	
蘇軾	書與可墨竹
	題與可墨竹
蘇轍	題與可學士墨君堂
詩 閑居	
宋	
文同	閑居述懷
詩 哀輓	
國朝	
楊名	牟衮墓
記	
宋	
文同	梓州中江縣新堤記
	梓州永泰縣重建北橋記
	射洪縣重脩儒學記
	射洪縣拾遺亭記
	梓州中江縣樂閑堂記
李駿卿	鹽亭縣廨宇記
蘇軾	墨君堂記

---

〔1〕 "鹽亭次杜韻"，二十八、五十一年本俱作 "和杜工部行次鹽亭韻"。

啟		
唐		
柳宗元	寄嚴東川啟[1]	
宋		
文同	賀正益梓題轉知府	
	賀東川知府朱少卿	
	謝梓州知府太[2]監	
贊		
宋		
蘇軾	與可畫墨竹屏風贊	
	戒壇院與可畫墨竹贊	
	石室先生画竹贊	
	與可飛白贊	
	與可枯木贊	
	與可畫竹木石贊	
説		
宋		
蘇軾	文與可字説一首	
銘		
宋		
蘇軾	與可琴銘	
范百禄	宋尚書司封員外郎充秘閣校理新知湖州文公墓志銘	
文		
宋		
蘇軾	祭與可文	
	黄州再祭文與可	

[1] "寄嚴東川啟"，宋世綵堂本《河東先生集》卷三十六作"上嚴東川寄劍門銘啟"。

[2] "太"，明汲古閣本《丹淵集》卷三十一作"大"。

跋		
宋		
蘇軾	跋與可墨竹	
	跋與可紆竹	
	跋趙玑屏風文與可竹	
	跋與可草書	
	跋與可論草書後	

考證志

光禄版

杜工部《光禄版行》詩註"在銅山縣"，而此詩鹽亭亦刻在志，因鹽亭有光禄山而誤也，今仍載中江爲是。

牟衮、楊天惠

安岳舊志《人物》載牟衮，今攷《一統志》及鹽亭志，皆以爲鹽亭人。蓋止遊學於普，未必遂爲普人。如郪人楊天惠止寓於郪，《莫侯堂記》已道其故，而《全蜀志》遂載爲郪人，或皆未深攷也。

紀異志

鹽□〔1〕蟒妖

隋洛陽張浚〔2〕夫遊蜀，至鹽亭，遇一老嫗泣。問之，曰："地有井蟒，每歲祭以男女方可汲，今輪次當以某男女祭矣。"浚夫聞之愕然，許以除害。次日，縛男女以祭，蟒從井出，欲噬，浚夫即拔劒投之，蟒遁山洞滅跡。浚夫登上，將洞口封以

---

〔1〕 "□"，疑當爲"亭"。
〔2〕 "浚"，二十八、五十一年本俱作"峻"，當是，後同。

巨石，書“紫微仙洞”四字於上，蟒害遂除。

文與可

與可自京至陳州宛丘邑，忽不行，遂衣冠正坐而逝。昔與崔公度同館，度後在南京，偶相遇，殊無言。將別，但言：“明日復來與子話。”明日果往，謂度曰：“吾聞不妄語者，舌可過鼻。”即吐舌，三疊之如餅然，復引之至眉間，度大驚。時夕京中傳同已卒，始悞[1]見非生者。

汪鳳翔[2]、賈雄

正德間，值鄢、藍之變，賈雄奉檄往征，汪鳳翔單騎赴敵，共歿於陣。後總制彭公澤督軍剿群賊，其授首之區與二公委身之地不遠。人見是日雲間恍惚有二將軍，□人馬馳驟若風霆，賊遂就擒，人謂二公陰助。

博古志

古今書目

《文學士丹淵集》，文同著，刻板在鹽亭縣。

金石刻

文與可詩碑，在鹽亭學宮。

---

[1] “悞”，疑當作“悟”。

[2] “翔”，前文、明嘉靖《潼川志》鈔本卷三、二十八、五十一年本俱作“朝”，當是，後同。

附錄二　鹽亭縣志官師表補遺

時代	姓名	官職	出處
北周			
	柳玄	鹽亭郡守	《大唐光州定城縣令柳君墓誌銘并序》
隋			
	蘇宣	鹽亭太守	《大周故承議郎行德州蓨縣令上騎都尉蘇君墓誌銘并序》
唐			
永徽三年	崔沖	縣尉	《唐故恒州行唐縣主簿崔府君墓誌銘并序》
永徽六年之前	杜無忝	縣令	《故滕王府諮議杜公神道碑》,見《全唐文》卷三百十二 《唐故朝散大夫揚州江陽縣令上柱國杜府君墓誌銘并序》
上元二年之前	霍處訥	縣令	《唐梓州鹽亭縣令霍府君墓誌銘并序》
天授二年之前	曹玄機	漫漶難識	《大周故曹府君墓誌銘并序》
大足元年之前	裴聞一	縣丞	《唐故隴州汧陽縣令河東裴府君墓誌銘并序》
長安元年之前	吉琯	縣丞	《周故靈武軍副使吉公誌文》
武周前後	李詳	縣尉	明《稗海》本《大唐新語》卷二
開元三年之前	崔景晊	縣丞	《唐贈太子少師崔公神道碑》,見《全唐文》卷三百十八 《太子少師崔公墓誌銘》,見《全唐文》卷三百二十一

續表

大曆十四年之前	顏覿	縣尉	《唐故祕書省著作郎夔州都督長史上護軍顏君神道碑》
宋			
端拱前	張鷟	縣令	文淵閣《四庫全書》本《東都事略》卷五十一
紹聖二年之前	邊珣	縣令	《通直郎邊公墓誌銘》,見文淵閣《四庫全書》本《陶山集》卷十四
宣和前後	李璩	縣令	《潼川府修城記》,見文淵閣《四庫全書》本《跨鼇集》卷十六
淳熙前後	趙揚	縣尉	《趙待制開墓誌銘》,見《名臣碑傳琬琰集》中集卷三十二
寶慶三年之前	王其賢	縣尉	《朝散大夫知眉州王君墓誌》,見《四部叢刊》本《鶴山先生大全文集》卷七十五
紹定五年之前	杜廣心	縣令	《永康軍通判杜君墓誌銘》,見《四部叢刊》本《鶴山先生大全文集》卷八十二
	白彥洪	主簿	明嘉靖《潼川志》鈔本卷四
	鐵栖榛	永泰縣尉	明嘉靖《潼川志》鈔本卷四
明〔1〕			
正統前後	曾益	知縣	明正德十一年本《新城縣志》卷七
嘉靖前後	段秉彝	教諭	嘉慶七年本《重修延安府志》卷二十四
隆慶前後	徐天凱	知縣	明隆慶本《岳州府志》卷五
	樊一萐	教諭	光緒二十一年本《敘州府志》卷三十一
	鄒士〔2〕俊	教諭	明天啟本《新修成都府志》卷二十一
	江浩	主簿	明嘉靖《潼川志》鈔本卷四
清			
雍正九年	尤玉璽	鹽亭縣事、試用縣丞	《清代吏治史料·官員管理史料》第四十三冊,24902 頁
雍正九年	陳如平	代理鹽亭縣事	《清代吏治史料·官員管理史料》第四十三冊,24902 頁
乾隆末	鄭璇	知縣	《光緒庚辰科會試鄭言紹硃卷》

〔1〕 按明萬曆四十七年序刊本《重脩潼川州志》卷十二《官師表》中共有六十九名明代官師在後志失收,這六十九名官師的時代均集中在嘉靖及以後。由於本書附錄一《明本〈鹽亭縣志〉輯録》已將《州志·官師表》中涉及鹽亭的部分全文收録,故不贅引。

〔2〕 "士",乾隆十一年本《犍爲縣志》卷三作"世"。

乾隆六十年十一月	劉大經	知縣，未到任	臺灣"中央研究院"歷史語言研究所藏明清史料 003685 號
嘉慶初	朱垣	知縣	光緒五年本《靖江縣志》卷十三
嘉慶初	王明晉	知縣	《光緒己卯科鄉試王同德硃卷》
嘉慶七年	葉文馥	知縣	臺灣"中央研究院"歷史語言研究所藏明清史料 158946 號
嘉慶十七年	周長達	教諭	光緒二十三年本《新修潼川府志》卷十九
嘉慶十八年	劉超元	教諭	光緒二十三年本《新修潼川府志》卷十九
嘉慶十九年正月	沈瑞雲	知縣	光緒二十三年本《新修潼川府志》卷十九
道光十一年十月	曾萬鈞	代理知縣	光緒二十三年本《新修潼川府志》卷十九
道光十一年十一月	宋調元	知縣	光緒二十三年本《新修潼川府志》卷十九
道光十六年五月	鄒福鴻	典史	光緒二十三年本《新修潼川府志》卷十九
道光十六年七月	余騰霄	訓導	光緒二十三年本《新修潼川府志》卷十九
道光十九年八月	諸鈺	典史	光緒二十三年本《新修潼川府志》卷十九
道光二十七年八月	周澤溥	訓導	光緒二十三年本《新修潼川府志》卷十九
咸豐七年五月	俞圻	典史	光緒二十三年本《新修潼川府志》卷十九
咸豐八年四月	黃其士	代理知縣	光緒二十三年本《新修潼川府志》卷十九
咸豐八年六月	劉肇堂	代理知縣	光緒二十三年本《新修潼川府志》卷十九
咸豐八年十一月	吳培棠	代理知縣	光緒二十三年本《新修潼川府志》卷十九
同治二年十二月	莊蔭葵	代理知縣	光緒二十三年本《新修潼川府志》卷十九
光緒元年五月	丁苢豐	代理典史	光緒二十三年本《新修潼川府志》卷十九
光緒九年三月	張炘	代理知縣	光緒二十三年本《新修潼川府志》卷十九
光緒九年四月	宋家蒸	知縣	光緒二十三年本《新修潼川府志》卷十九
光緒九年六月	甯希俞	訓導	光緒二十三年本《新修潼川府志》卷十九
光緒九年九月	羅志韜	訓導	光緒二十三年本《新修潼川府志》卷十九
光緒十一年三月	吳延綸	代理典史	光緒二十三年本《新修潼川府志》卷十九
光緒十一年六月	張聲泰	代理知縣	光緒二十三年本《新修潼川府志》卷十九
光緒十三年閏四月	陳偉哲	知縣	光緒二十三年本《新修潼川府志》卷十九
光緒十三年十月	賴九皋	訓導	光緒二十三年本《新修潼川府志》卷十九

續表

光緒十四年十二月	徐敬武	知縣	光緒二十三年本《新修潼川府志》卷十九
光緒十五年九月	嵇汝葵	代理典史	光緒二十三年本《新修潼川府志》卷十九
光緒十五年十一月	王永平	知縣	光緒二十三年本《新修潼川府志》卷十九
光緒十七年五月	馮恩榮	代理典史	光緒二十三年本《新修潼川府志》卷十九
光緒十九年八月	陳謨鈞	代理典史	光緒二十三年本《新修潼川府志》卷十九
光緒十九年九月	王世明	典史	光緒二十三年本《新修潼川府志》卷十九
光緒二十年	趙瑋	典史	光緒二十年秋《縉紳全書》
光緒二十年十月	劉寶謙	典史	光緒二十三年本《新修潼川府志》卷十九
光緒二十一年十月	陳樹名	典史	光緒二十三年本《新修潼川府志》卷十九
光緒二十二年二月	張炘	代理知縣	光緒二十三年本《新修潼川府志》卷十九
光緒二十二年三月	魏雲鴻	知縣	光緒二十三年本《新修潼川府志》卷十九
光緒二十二年十月〔1〕	孫士衡	典史	光緒二十三年本《新修潼川府志》卷十九
光緒二十八年	鄧昶	訓導	光緒二十八年春《縉紳全書》
光緒二十九年	孫錫祺	知縣	光緒二十九年夏《縉紳全書》
宣統元年	馬文燦	知縣	《奏請准以馬文燦試署鹽亭摺》,臺灣故宮博物院圖書文獻處藏軍機處檔摺件

　　關於民國時期鹽亭縣官任職情況,鹽亭縣志辦已整理成《民國時期鹽亭的縣官》一文,見《鹽亭文史資料選輯》第一輯,此不贅錄。

---

〔1〕　按孫士衡已見於光緒二十一年夏《縉紳全書》。

附録三　蒙文通《漢潺亭考》

《蜀中廣記》五十四於鹽亭云："秦亭也，梁大同始縣。"又云："廢方安縣，李膺《蜀記》云：靈江東鹽亭井，古方安縣也。《周地記》：梁大同元年於此立亭，因爲縣，而方安廢矣。"斯鹽亭之置，沿於方安。而方安之名，於漢唐皆無所考見；秦亭之説，更無聞焉。《太平寰宇記》於鹽亭云："董叔山在縣東九十步，高一里，隔瀰江，孤峰絶島，峭壁千仞，舊名潺亭山。隋開皇四年，縣令董叔封嘗游宴於此，後人思其德政，號曰董叔山。"是鹽亭舊有潺亭之名，遠在隋開皇前。《漢書·地理志》：廣漢郡涪縣"潺亭"。《續漢志》廣漢郡涪縣劉注引《巴漢志》曰："潺水出潺山。"豈涪之潺亭，即在鹽亭，故曹氏有秦亭之説耶？《水經注》言："梓潼水自縣南逕涪城東，又南入于涪水。"梓潼水既逕涪城縣，潺亭接梓水，則鹽亭自屬於涪縣也。《寰宇記》謂："羅江縣本漢廣漢涪地，晉於梓潼水尾萬安故城置萬安縣，李雄之亂，移就潺亭，今縣城是也。"梓潼水即漢之馳水，於唐爲射水，出梓潼五婦山，經鹽亭至今射洪右會於涪；羅江縣有水入中江縣，古稱五城水，於三台縣左會於涪。東西縣絶，今羅江縣何緣得涉梓潼水？則《寰宇記》之誤也。然以此足知梓潼水尾有萬安縣，後乃移就潺亭，則是《蜀記》《周地記》之方安，乃萬安之誤，萬之別體爲万，傳寫不察，訛爲方耳。方安既實爲萬安，則由梓潼水尾移就潺亭，決鹽亭之即古潺亭。潺鹽乃一音之變，潺亭著於《班志》，此正所謂秦亭者也，是曹氏之説，爲有所本。《寰宇記》八十二："梓州，《禹貢》梁州之域，秦爲蜀國鹽亭地，兩漢屬廣漢、巴二郡。"此當即秦亭之説所自出。惟秦漢爲潺亭，非鹽亭，殆後人誤改之耳。《蜀中廣記》五十一稱李膺云："晉於梓潼水尾萬安故城置萬安縣。"復云："晉末亂移就潺亭。"則《寰宇記》所云悉本諸李膺之《記》。膺既曾爲涪令，其記萬安事，地固相接不過百里；説晉事於梁時亦近，不過數十年，誠可信據。然後人誤李膺萬安之説於今羅江者，殆亦有故。晉末移梓潼水尾之萬安於潺亭，至梁大同元年立鹽亭而萬安廢，有鹽亭無萬安也。《隋書·地理志》言："新城郡鹽亭縣，西魏置鹽亭郡，開皇初廢，有高渠縣，大業初并入焉。"又云："金山郡萬安縣舊有潺亭，西魏改名焉，置萬安郡，開皇初廢。"晉之萬安在今鹽亭者，於梁時已廢，西魏則爲鹽亭郡。而金山郡之萬安在今羅江者，西魏時始有萬安之名。然李膺所言，自應爲晉時之萬安，原在梓潼水尾，若西魏時今羅江之萬安，誠非李膺之所得論。後人徒知在後魏始立之萬安，而不知在梁已廢之萬安。因誤取李膺之説，繫之羅江。羅江安得涉梓潼水？李膺安得記西魏事？其爲繆誤，不俟煩言。《江水注》言："洛水又南逕洛縣，劉備自將攻洛，龐士元中流矢死於此。"是士元死在雒縣。今考士元死處爲落鳳坡，在羅江縣西十五里，近在咫尺，是今羅江於漢屬雒而不屬涪。《漢志》潺亭在涪而不在雒，則安可以潺亭爲在羅江？是誠《寰宇記》之妄也。李氏惟言萬安"以晉末亂移就潺亭"，《寰宇記》則云："李雄之亂，移就潺亭。"考之《華陽國志》，梓潼郡領縣五，固無萬安。稽諸常氏《序志》言："肇自開闢，終乎永和三年凡十篇。"道將書無萬安，知晉置萬安在永和三祀以後。而李雄之亂，在晉惠時。桓温滅蜀，乃適在永和三年。《寰宇記》取李膺書不能詳審，於晉末亂移就潺亭一語，妄以李雄實之，不知訖李勢之滅，尚未置萬安，焉得先已有移就潺亭事？況李雄時何可言晉末？此《寰宇記》襲取李膺説而妄爲改易，是其誕謾未足爲據。至桓温滅蜀，始稍增置郡縣，著在《晉·地理志》，意者梓潼水尾萬安之建，宜在此時。《益州記》所謂晉末亂移就潺亭者，蓋爲譙縱之亂，乃可以言晉末。以縱之始禍，起於五城水口。毛璩至略城聞變奔還成都，縱遂襲殺毛瑾於涪城。而劉敬宣伐蜀，與譙道福相持拒於黃虎者六十日。地皆接於梓潼水尾。《方輿紀要》且云："略城在鹽亭西南。"是咫尺之間，戰伐頻仍，此正萬安移就潺亭時也。李膺所謂，當指譙縱，時劉裕已興，乃可以云晉末。至大同元年，梁樊文熾圍晉壽，在廣元。魏傅敬和降，遂復東益州。梁蘭欽攻南鄭，魏梁州刺史元羅降，遂復漢中。漢中之没於魏者，於此已三十年，然後江左聲靈，乃復振於蜀土。廢萬安置鹽亭，適在此年，知區區一縣之廢置，尋諸史籍，皆有所由。《周地記》所言，當可徵信。然云"大同元年於此立亭"，而潺亭實沿於秦漢，斯殆失據。《寰宇記》引《周地記》作"大同元年於此亭置縣，因井爲名"，則曹氏徵文之誤也。至誤梓潼水尾之萬安於後之羅江，尚不自《寰宇記》始。萬安之名，先屬鹽亭而後移於羅江，潺亭之名，因亦自鹽亭而移於羅江，則唐修《隋書》固已如此。劉昭注《志》所稱《巴漢志》"潺水出潺山"，潺亭既爲鹽亭，則屛水屛山，自應於今鹽亭求之。潺亭臨瀰江，是瀰江即屛水也。屛山即瀰江所出之山，亦自可決。劉昭既梁人，於屛亭所在，自不容誤。《寰宇記》以瀰江自閬州西水縣來，考今之瀰江，源於劍閣之元山。一方居民，尚稱之爲鹽山。是潺亭既變而爲鹽亭，潺山亦變而爲鹽山，又變爲元山，皆一音之轉，則元山即潺山也。又瀰江者，乃唐以來之名，由《李膺記》言之，梁時瀰江稱靈江也。《水經注》言："涪水出剛氐道，東南流逕涪城西，王莽之統睦矣，自此水上，縣有潺水，出潺山，本源有金銀礦，洗取火合之，以成金銀。潺水歷潺亭而下注涪水。"楊守敬圖《水經》，以今自安縣來之安昌河當之。按道元《涪水注》最不實，如於潺水下言："涪水又東南與建始水合，水發平洛郡西溪，屈而東南流入于涪。涪水又東南逕江油戍北，鄧艾自陰平入蜀逕江油廣漢者也。涪水又東南逕南安郡，又南與金堂水會，水出廣漢新都縣，東南流入涪。涪水又南，枝津出焉，西逕廣漢五城縣爲五城水，又西至成都入于江。"此其所言，顛倒紛錯無一實。五城爲今之中江縣，有水自羅江來經中江，所謂五城水，至三台縣入於涪。謂此水西至成都入江，其妄豈足辨耶？蓋道元北人，於涪水經躔，原非所察，徒以《漢志》涪有潺亭，因姑繫屛水於涪縣當下而已。《華陽國志》二："梓潼郡涪縣：屛水出屛山，其源出金銀礦，洗取火融合之爲金銀。"審道元之文，即本之《常志》。《常志》僅謂縣有潺水，未明著其位置，何可遽以於涪城來會之安昌河當之？道元既本之常氏，而以安昌河當之可乎？且以潺水即安縣之安昌河，事固有絕不可者，《梁書·劉季連傳》："巴西人趙續伯反，有衆二萬，出廣漢，季連遣李奉伯由涪路討之，奉伯別軍自潺亭，與大軍會於城，大破之。"涪於今爲綿陽，沿涪趨廣漢，於今爲射洪，別軍出潺亭，爲沿梓潼水以會於涪水，即會於廣漢城也。若潺水爲安昌河，則在涪水上游。由涪趨廣漢爲向東南，別軍出安昌河，是反向西北，本期會師，而背道以進，揆諸情實，有是理耶？考安縣於晉爲晉興、益昌二縣，及西充國分地，於周隋爲金山益昌、神泉，《寰宇記》言："晉武帝僑置西充國。"而晉興、益昌，明著於宋、齊二《志》，斯其建置，皆遠在酈氏屬注之先。果潺水即安昌河，道元胡爲不言水出益昌或晉興？則其非安昌河，不足疑也。況安縣既已不屬於涪，而道元僅言："自此水上，縣有潺水。"是明以水出涪縣。則其非自晉興或益昌來，事更明著焉。得以爲即安昌河，乃求此水於今之綿陽，渺不可得。是道元既不知潺水，且亦不知今之安昌河，故徒言歷潺亭而下注涪水。於水之在涪東或其西，不能指實，而漫言其下注涪水，不知潺水注於馳，固不注涪，是徒因《漢志》潺亭之文，姑取《華陽國志》之說繫之明矣。後人又姑以安昌河當之，而未知道元果以爲即安昌河者，則不可言縣有潺水及山也。凡道元於南方水地，謬誤實多，而蜀爲甚。如《漾水注》言："强水東北逕武都、陰平、梓潼、南安入江。"此王先謙所謂"山川隔越，無相入之理"者也。《江水注》言："江水又東絕綿洛，逕五城界，至廣都北岸南入於江，謂之五城水口。"此李文子所謂"初無相干，舛誤甚矣"者也。又說夷水分江自魚復，皆虛妄不足論。唐人修《隋書》，既誤以西魏之萬安即晉宋之萬安，因移潺亭於今之羅江。後人又復以《水經·涪水注》之潺山潺水，並移之於羅江。《蜀中廣記》於羅江言《舊經》云："有唐開元二十四年立潺亭碑，文字磨滅，尚有潺亭二字。宋嘉祐間宋彥嘉訪古迹碑仆田中，其潺亭二字，亦不復覩。"傳訛襲誤，乃至如此。《酈注》之潺水不涉羅江，後人又移其山水於羅江。楊守敬圖《水經》亦著潺亭於此，斯又顯違道元。則以依違《酈注》《隋志》之間，進退失據，益無取焉。兹一以李膺之書爲主，凡《酈注》《隋書》以來之誤，皆可冰解凍釋而無疑。李膺爲梁武帝同時人，《南史·鄧元起傳》言："涪令李膺有才辯，武帝悦之，以爲益州別駕，著《益州記》三卷。"《隋書·經籍志》："《益州記》三卷，李氏撰。"而《後漢書注》《元和郡縣志》《太平寰宇記》《太平御覽》，並引李膺《益州記》，《寰宇記》劍南東道又屢稱李膺《蜀記》，是《蜀記》即《益州記》，兹又稱《李膺記》，本自一書。説萬安、潺亭事，無先於《益州記》者，固足據也。《李膺記》之方安爲萬安之誤，既如前釋。而求之《晉書》，梓潼郡有黃安無萬安，與《李記》不合，斯殆《晉書·地理志》之誤，於宋、齊二書《地志》，梓潼皆有萬安無黃安，則《晉志》之誤，自無待辯。《隋·地理志》普安郡云："黃安舊曰華陽，西魏改焉。"黃安之名始於西魏，則晉時安得有黃安？《方輿紀要》言："齊僑置華陽縣，梁改曰梁安。"《輿地廣記》言："梁置梁安縣，周武帝天和中改梁安縣爲黃安，唐末改黃安爲普成。"所述至悉。黃安即普成，後省入劍州，故城在今劍閣之王家河，地當鹽亭之北。倘唐修《晉書》不察，因誤萬安爲黃安耳。其在晉宋，尚未有黃安之稱也。羅江之萬安始西魏，是晉、宋、齊三《志》之萬安，自在鹽亭，而潺亭之果爲鹽亭又審矣。至《李記》所謂"梓潼水尾萬安故城"者，則以移就潺亭之新治而言耳。自昔地志紛錯既多，又失讐校，董理豈易言哉。

《後漢書·臧宮傳》："宮與公孫述將延岑戰於沈水，大破之。"《水經·梓潼水注》："昔臧宮自江州從涪水上，公孫述令延岑盛兵於沈水，宮大破岑軍，沈水出廣漢。"地在今射洪縣，正涪水合梓潼水處。《元和郡縣志》云："通泉縣沈水，北自鹽亭縣界流入，延岑盛兵沈水，臧宮縱擊大破之，即此也。"知道元所云廣漢縣之沈水，爲鹽亭流入通泉注涪之水，即今楊桃溪也。通泉元省入射洪。《元豐九域志》及《輿地廣記》並云：東關縣"有鼓樓山楊桃溪"。而東關爲宋分鹽亭置，明沈水爲出自鹽亭之水。是鹽亭縱小縣，而水之見於漢者有三，曰馳水，曰潺水，曰沈水，是固一邑之光也。《太平寰宇記》云：“黄潺水源從鹽亭縣東南流入通泉縣合涪江。”《輿地紀勝》《輿地廣記》並以黄潺水即黄虎，是臧宫、延岑戰處，即劉敬宣、譙道福戰處，固先後一喋血地。漢之沈水於六朝爲黄虎川，即宋以來之楊桃溪，同爲一水。蓋源出鹽亭而於射洪縣入涪江，固無别水可以當之。沈水在唐固鹽亭水，及分鹽亭置東關縣而楊桃溪在東關，元省東關入鹽亭，於是沈水復在鹽亭也。《水經注》：“高祖置廣漢郡於乘鄉。”又云：“雒縣有沈鄉。”《華陽國志》云：“廣漢郡本治繩鄉，安帝時移涪，後治雒城。”王先謙謂：“乘、繩、沈一音字變。”《方輿紀要》於射洪云：“縣東南百里漢廣漢郡，本治廣漢縣之繩鄉，後移涪，又移雒。”是沈鄉原在今射洪，即以沈水得名。乘鄉固東關境也。《太平寰宇記》言：“東關縣本鹽亭雍江草市也，僞蜀明德四年，以地去縣遠，徵輸稍難，寇盜盤泊之所，劃樂平等三鄉立招茸院。乾德四年升爲縣，從古東關原地之名，從本州知州張澹之所請也。”則東關之置，爲割鹽亭之三鄉。所謂“從古東關原地之名”者，《寰宇記》：“鹽亭，廢宕渠在縣西北三十二里安樂村。李膺《蜀記》云：宋元嘉十九年置西宕渠郡，領縣四，宕渠、宣城、漢初、東關是也，梁天監中廢。”《方輿紀要》謂宕渠爲高渠之誤，而不知宋齊間以獠禍之故，宕渠人西徙，僑置郡縣於此，故有鹽亭爲東關原地之説。高渠之置在北周，李膺不得記高渠也。及元至元二十年省東關入鹽亭，宋之東關有桃楊溪[1]，省東關而楊桃溪入於射洪。則在昔鹽亭南境，以東關之置廢而舊壤以狹也。《輿地紀勝》言：“西充縣，唐武德四年析南充，及梓州之鹽亭，及閬州之南部置。”則鹽亭之東境，以西充之置而舊壤又狹也。《寰宇記》言：“梓州，《禹貢》梁州之域，秦爲蜀國鹽亭地。”梁以上鹽亭原爲潺亭，此殆後人妄改之失。是今之三台亦爲鹽亭地，而鹽亭西境又以狹。明時秋林驛猶屬鹽亭，及清初而始入於三台，是以今視明時，境又狹也。《寰宇記》言：“永泰縣，唐武德四年巡檢皇甫無逸以四境遥遠，又多草寇，遂於當州鹽亭、劍州黄安、閬州西水，三縣界村置此縣，以永泰爲名。”《新唐地志》及《輿地廣記》並同。《元和郡縣志》亦作黄安。《新唐志》云：“劍州普成，本黄安，唐末更名。”而《舊唐志》云：“分鹽亭、武安二縣置。”是武爲誤字，唐無武安縣也。黄安後并入劍閣，西水并入南部，今南部之西河區域，即古西水地。《宋會要》云：“永泰縣，熙寧五年省爲鎮，入鹽亭。十年復置，建中靖國初改名安泰。《圖經》云：紹興初復爲縣，未幾復廢。紹興三十一年復置永泰縣。”

---

〔1〕 “桃楊溪”，疑當作“楊桃溪”。

而元又省入鹽亭。永泰之置，初爲劃分三縣界村，及永泰之廢，惟云并入鹽亭，然以西水一隅言之，今全爲南部地。則永泰既廢，三縣之境，皆復其舊，故西水入南部，而西水流域之地，畢入於南部也。南部之富村驛，明時固爲鹽亭地，當亦唐宋舊境。至清初而富村驛入於南部，則鹽亭北境以富村之削而又狹於前也。則古之鹽亭，爲侈然一大縣，八到所屆，皆逾百里。以梓州爲秦蜀國潺亭地言之，則地更遼闊。茲姑就鹽亭舊壤，以考潺亭舊壤，殆秦漢時郪水以上，涪江東岸，均爲潺亭，殆方二百餘里。秦漢之世，亭有二制。一爲鄉亭，一爲邊境之亭候。潺亭殆蜀境鄰巴之亭候耶。《華陽國志》江州有龜亭，此亦巴境鄰蜀之一亭候也。

戰國時巴蜀封疆約可考見。就《讀史方輿紀要》求之，今江安、富順、長寧，皆漢江陽縣。今永川、大足，皆漢江州地。今合川、武勝、銅梁及安岳之一部，皆漢墊江縣。今南部、南充、西充，爲漢充國縣。今蒼溪、閬中，皆漢之閬中縣。今廣元、昭化，爲漢葭萌縣。今劍閣爲漢梓潼縣，今鹽亭爲廣漢縣。然由《水經注》言“梓潼水自縣南逕涪城東，又南入涪水”論之，是應爲涪縣。今遂寧、蓬溪及射洪之一部，爲漢廣漢縣。今資中、內江、隆昌、榮昌及安岳之一部，皆漢資中縣。充國、閬中、墊江、江州、江陽屬巴郡，由此而東，皆巴國也。葭萌、梓潼、涪縣、廣漢屬廣漢郡，資中屬犍爲郡，由此而西，皆蜀國也。秦滅楚、魏，爲楚郡、魏郡，巴、蜀二郡，即所滅二國境也。《華陽國志》益州以蜀郡、廣漢、犍爲爲三蜀，巴郡、巴東、巴西爲三巴，此巴蜀境地之大略可言者。《巴志》又言：“高帝乃分巴置廣漢郡，孝武帝又兩割置犍爲郡。”蓋江陽初屬巴郡，武帝改屬犍爲，此犍爲割巴之可考者。《巴志》言：“其地西至僰道。”今江安西接南溪，爲漢之南廣縣，屬犍爲，慶符爲自南溪分出，皆原僰道地。故巴接於僰，應劭注《漢志》云：“故僰侯國也。”而廣漢亦分巴郡，則事有難考。以形勢衡之，分巴爲廣漢，自應在廣漢東境。則墊江而上，巴蜀當以涪江爲界，分爭之勢，固不得不然也。而今遂寧之一部，及蓬溪一縣，並爲廣漢地之在涪江東岸者，則以漢既置廣漢縣於今遂寧，因割巴郡地益之，斯固統一之後於勢亦不得不然者也。《寰宇記》云：有“郪王城”，豈郪水一道，別有國於巴蜀之間，而爲後之廣漢歟？要之，蓬溪近在充國肘腋，此其爲廣漢分巴之顯然者，舍此不可得分巴爲廣漢之迹也。合川青石山，李膺《益州記》言：“昔巴蜀爭界，久而不決，漢高八年，一朝密霧，山爲之裂，自上及下，破處直若引繩，於是州界始判。”此正墊江、廣漢二縣之界。若巴蜀二國，應自有界，漢高八年始判者，此正漢高分巴益蜀之證，則蓬溪及遂寧涪東地，舊爲巴地明矣。《蜀志》及《水經·江水注》以高帝六年置廣漢郡，《晉書·地理志》同，至八年始判，故云爭久不決。審是知水之入於蓬溪赤水者皆巴地，而水之入於鹽亭、射洪楊桃溪者皆蜀地，以地形論之，蓋自西水縣以東，南迄東關，凡水之入於涪者，悉爲蜀地，亦即潺亭之域，此潺亭固蜀之亭候也。《華陽國志》言："巴子後治閬中。"巴蜀相攻，自巴趨蜀，以爭邊徼，而潺亭固爲戰伐頻仍之地。《華陽國志・蜀志》言："蜀王別封弟葭萌於漢中，號苴侯，命其邑曰葭萌焉。苴侯與巴王爲好，巴與蜀仇，故蜀王怒伐苴侯，苴侯奔巴，求救於秦。"《巴志》言："蜀王弟苴侯私親於巴，巴蜀世戰爭，周慎王五年蜀王伐苴侯，苴侯奔巴，巴爲求救於秦。"而秦實因此以滅巴蜀。以苴侯之故，巴蜀世戰爭，巴子後治閬中，葭萌在今廣元，祝穆《方輿勝覽》云："劍門，漢廣漢郡葭萌縣地。"知巴蜀之戰自在北境。蜀境之突出於涪江以東者，皆巴之所爭。苴據劍門以北以合於巴，而潺亭遂爲重鎮。《蜀故》言"康熙二十九年，四川巡撫以劍門驛路，久爲榛莽，入蜀由蒼溪、閬中、鹽亭、潼川，以達漢州，率皆鳥道"云云。王父吉菴公與劍閣李申夫同遊白劍蚨先生門下，又於劍之嘉氏、温氏，皆爲通家。以故於劍閣南部境壤接處，往來者數，窮山磴道，略皆知之。嘗言鹽亭至閬中，舊經茶亭及瀰江寺，以至南部之分水嶺，達於閬中，驛路馬棧，猶有存者，往時曾見之。此道循瀰江行可百里，以今證古，知潼閬之間，古官道可徑出潺水，則古昔巴蜀之爭，潺水一道，爲馳逐之區，固非虛也。則鹽亭今誠蓁[1]爾一小邑，而水地之著於《漢書》者三焉，豈偶然哉？其在戰國，殆爲戰爭之中心地。及秦漢混一，而潺亭爲腹心，爲涪縣東境，其爲衝要之故，乃不可見。此考潺亭屬地之形勢，合之巴蜀二國之邊境，雖書闕有間，而其事固可推而知也。

至鹽亭縣治，李膺云："靈江東鹽亭井，古方安縣也。"知城在江東。今城乃在江西者，《寰宇記》云："負戴山一名高山，廢高渠郡城也。"蓋周保定初置高渠郡，依負戴山麓，自在江西，隋開皇末廢郡爲縣，縣亦尋廢，鹽亭縣城乃由江東移於江西，則以因高渠舊城故耳。自唐以來，縣城皆在今地，實自周保定始。《元和郡縣志》云："鹽亭本漢廣漢縣地，梁於此置北宕渠郡及縣，後魏恭帝改爲鹽亭縣，以近鹽井因名，隋開皇三年罷郡屬梓州。"此謂魏始稱鹽亭，説與《李膺記》不合，或《李記》原作潺亭，後人誤改爲鹽亭，《梁書・劉季連傳》作潺亭，《周書・宇文貴傳》作鹽亭，則《元和志》之言非虛。是大同始縣，仍名潺亭，後魏恭帝乃稱鹽亭也。惟《寰宇記》言："梁普通三年於漢宕渠縣置北宕渠郡。"有始安，爲今廣安；有流江，爲今渠縣。若依《元和志》言，則梁有兩北宕渠郡，是不若依《李膺記》

---

〔1〕"蓁"，疑當作"蕞"。

作西宕渠爲可據也。至李記之稱靈江，又當有説。今縣東北三十里有靈山，澗谷泉源所匯一溪，下注瀰江。《清一統志》謂之小沙河，則靈江即小沙河也。河源出南部縣境，梁天監二年置南部縣，知是後由閬中走鹽亭，道出南部。自富村以下，皆傍靈江。則南部置後，新道以靈江爲重。梁魏爭蜀，梁天監四年夏侯道遷以漢中叛降於魏，魏遣邢巒征梁益。晉壽太守王景胤據石亭，巒遣將擊走之。巴西太守龐景民據郡不下，郡民嚴玄思附於魏，攻景民斬之，巒使李仲遷守巴西。梁遣魯方達戍南安，巒遣統軍王足擊破之，遂入劍閣，魯方達、王景胤三十九人皆敗死。足破梓潼，偪涪城，梁州十四郡地東西七百里，南北千里，皆入於魏，蜀人震恐。既而王足引還，遂不能定蜀，巴西人亦斬李仲遷首以城歸梁，於是爭戰歷三十載，大同元年而漢中乃復歸於梁。及蕭循以漢中降魏，劍北皆失，蓋又歷二十八年而尉遲迴取蜀。梁之巴西在閬中，涪城在綿陽，南安在劍閣，晉壽在廣元。邢巒上表於巴西、涪城，皆再言之，明爲兩地。《蜀鑑》以巴西在涪城，是未知於時梁之巴西仍在閬中，後乃改置巴西於涪城。是則凡今梓潼、劍閣、廣元、閬中，皆爲魏有，而綿陽、三台、鹽亭、南部遂爲梁魏之邊，孤懸於敵。知靈江一道，實爲兵要。況以巴西叛服，尤屬不恒，則情勢之急，益可概見。梁時靈江爲重，李膺稱潺水爲靈江，誠非無由也。靈江由東北流趨西南，李稱靈江東，正爲江之東南。梁魏爲南北之爭，梁置縣在江東南，周置高渠縣在江西北，又形勢之必然者。靈、瀰二水，合流以趨縣城，自可互受通稱。戰國時巴蜀之爭，由閬中走鹽亭爲古道，出潺水，故潺水爲著。六朝時梁魏之爭，由南部走鹽亭爲新道傍靈江，故靈江爲著。前爲東西之爭，後爲南北之爭，勢固不同，鹽亭遂爲樞爲軸。《寰宇記》："鹽亭縣，負戴山在縣西，高二里，自劍門南來，其山龍盤虎踞，起伏四百餘里，至此屹然蹲峙。"蓋一邑之山，適當嘉陵、涪江分水之脊，叢岡坂折，屬之大劍，深谷迴阻，水流悍急，故梓潼水於漢曰馳水，於唐曰射水。因其流急如奔箭，在宋復見湍水。蓋以勢居剛險，塞扼衝要，其爲攻戰所爭，豈偶然哉？魏廢帝三年，宇文貴鎮蜀，開府李光賜反於鹽亭，圍攻隆州，在閬中縣。唐元和中高崇文討劉闢，亦自閬州趣梓州。宋寶祐二年西川帥余晦城紫金山，在縣北十五里，蜀之要地也，蒙古帥汪德臣襲取之。明末張獻忠北拒清兵，遂斃於鳳凰山，在縣東西充界上，西充爲唐分鹽亭地置。況黃虎沈水，復控內水之衝。秦漢而來，山水著見者多，胥是故也。

前論梓潼水尾萬安之置，宜在桓温滅蜀之後，兹考梓潼水尾，於漢爲廣漢縣，後漢析陰平置德陽，原在後之龍安。晉太康中乃移治於今之射洪，則以處流人也。李特時置德陽郡，永和中廢，改屬遂寧郡，正爲桓氏克蜀之後，《寰宇記》："晉穆帝永和十一年置遂寧郡。"所屬小溪縣在遂寧，巴興縣在蓬溪，亦永和十一年置。廢德陽，置萬安，殆即在是年。譙縱之亂，遂寧移於石呲，而萬安亦於時移就潺亭。梁大同元年置鹽亭而萬安廢，梁亦於是時置通泉縣，即在今射洪，事之相因固如此，皆歷歷可證。西魏時始置射江縣，土人訛江爲洪，後周從俗，改縣爲射洪，北人之野樸至足鄙。以視梁之潺亭，後魏恭帝改稱鹽亭，因鹽井爲名，其事正同。是鹽亭之名，始於後魏，又可驗矣。求諸鄰境之故而鹽亭事益可見，故附之簡末焉。

王士正《蜀道驛程記》

康熙十一年閏七月二十二日，小憩香潭子，南部縣界，土人云："自獻賊亂後，惟南部蠶桑絲枲之利，甲於川北。"雨行六十里抵柳邊驛。二十三日雨行四十里次天馬山富村驛，楊文忠公詩："才到富村風景別，竹林松徑是人家。"今豺虎窟穴耳。窗外即荒山。二十四日雨行，午次鹽亭縣。縣東北里許，石壁奇峭，俯臨一溪曰瀾水。溪東爲屏亭山，水自閬州來，逕城東南合梓潼水，水源出劍州陰平廢縣，歷梓潼縣至鹽亭城南，雲溪水出城西來與之合，三水同流入涪江。《酈注》"屏水出屏山，歷屏亭下注涪水"者也。又鵝溪在城北，亦流入涪，溪上人家，以絹爲業，堅潔異他處。文與可詩所云"鵝溪絹"也。杜詩："雲溪花淡淡，春郭水泠泠。全蜀多名士，嚴家聚德星。"縣有德星、春郭二橋，以此。縣城堞已毀，居民尚數百家。冒雨出南門，渡梓潼江，緣光祿山行，即杜《光祿坂》詩所謂"山行落日下絕壁"者也。又三十里登蟾毒山，險惡殊甚。雨中望四山林木鬱影，暝色漸合，令人心悸。下山行十五里次秋林驛，在深箐中，目前種種如地獄變相，恐非復吳生畫筆所辦。人家十餘，結茅竹在箐中，土人云蛇虎雖多，與人無害。

方象瑛《使蜀日記》

康熙二十二年八月二十三日，次柳邊驛，頗多居民。晚次富村驛。二十四日，由靈山舖至鹽亭縣。川北自保寧以下，舊稱陸海，明末張獻忠屠戮最慘，城廓村鎮盡煅，田野荒蕪，人民死徙，處處皆然，頹垣廢畦間，猶想見昔日之盛。二十五日，抵秋林驛，僧寺佛像最古，小銅佛尤精巧，眉目態度皆有生意，與時製迥異。唐玄宗、僖宗幸蜀，畫師巧工悉從，故蜀寺觀多名畫鑄像，皆煅於寇，此猶倖見之。

陳奕禧《益州于役記》

壬戌之秋（乾隆七年）十月廿二日，二十里富村舊驛，裁丞而設站。二十三日十里碧山廟，十五里紫荊舖，巖阿羣鹿，大者如馬，往來於荒田中，止息甚閒。紫荊河南流即鵝溪，子瞻[1]詩“愛煞鵝溪白繭光”，指此矣。自閬南來此，水始有滂薄之勢。二十五里鹽亭縣，宿店。鹽亭之南，石巖下有洞，宋文與可少貧時讀書於此。鹽亭、南部皆有鹽井，惟南部多至五十二井，鹽亭十六，爲亂兵所塞，止存其一。二十四日渡鵝溪二十里猴子舖，十里廟埡，見虎。稍下有泉涓涓左出路旁，土人相傳水不可飲，及視壁間，有甘爲霖刻蟾泉水毒石碑詩，戒人勿輕酌，泉能殺人也。過梓潼水即射洪，潼、涪合流，急如箭奔射，蜀人謂水口爲洪，故名之。十里秋林舊驛，宿店。自蟾泉至驛，山境林木復密，驛南有金剛山，松柏竹樹交蔭，羣巒環列，清溪曲流，前朝縉紳卜築者二十餘家，今並無居人矣。峰下有廣福寺，復修於明洪武時，謫官王成德攬據勝概，幽悄可以安禪，寺後高閣，藏經滿架，終夕羣虎逐鹿，鳴聲繞林不絕。

　　按明清之交，劍路蕪塞，至清康熙二十九年始復通。王、方二氏入蜀，皆在舊道未復之前，故出閬中，漁洋於康熙三十四年再入蜀，著《秦蜀驛程記》，遂由綿陽，以劍路已復也。陳奕禧入蜀，所謂壬戌之秋，爲乾隆七年，以其與王、方二氏所述，頗相符應，故並取之。三《記》於閬道荒殘之情，叙之至悉，不徒記道途所出足資考證而已。明時富村、秋林兩驛，皆屬鹽亭，茲所采擷，亦備取焉，於時一縣之故，遂如目睹。三《記》皆由南部至鹽亭，而彼時驛路爲由閬中迳至鹽亭者，固以潺水一道，視靈江爲徑耳。《鹽亭縣志》稱獻忠至鹽亭不妄殺戮，以獲孝廉張泰階故。張氏幡然一老，方負母以逃，詢得其情，獻忠撫鞍大笑，曰吾張門固有孝子，故縣得不屠。文通家世居縣北，臨瀰江，自明嘉靖、天啟以來，碑碣猶有存者，足徵《縣志》所述不誣。獻忠遂以斃於境上，所謂將死其言也善者也。而三《記》所叙草木榛狂，蛇虎逼人之概乃如彼，豈以民氓奔動，遂致邑荒人散耶？佳兵不祥之患，誠足畏哉！清初驛路由瀰江，倘以去富村官道差遠，人猶安堵，旅宿之供，尚易得耳。其間亦頗有明時巨室，亂後人或於荊棘中往往得之，知其存者之亦倖矣。則三《記》所叙，不僅可以識官道遷革之故，亂後衰殘之景，亦足以裨邑乘所闕。至所稱山水，每有不合，則以訪求不實，考證偶疏，以非茲篇所究，不復辨析。

附一 《鹽亭縣志》書後

　　鹽亭有志，始於明弘治間，見《千頃堂書目》，而《內閣大庫書目》言之稍詳。

---

[1] “瞻”，疑當作“瞻”。

謂縣教諭潘繒撰，繒武昌舉人也。書久亡佚，不可考見。清順治間，邑孝廉張泰階惜前《志》之亡，作《古鹽志略》。乾隆間縣令董夢增[1]得舊《志》殘篇，云："約爲嘉靖中物。"遂重修之。而邑進士陳書謂："升庵、玉壘、方洲三太史之所輯，此蜀志之源流也。昔思一見舊本不可得，康熙丙子在京師見萬曆《杜志》於人家，爰摘録《潼川志》一冊。"是皆前《志》之權輿耶！嗣是邑令吳竹城，郡守張松孫，皆重修之。同治間，邑孝廉張鵬翮等又作《續志》，董修曾得舊《志》殘篇，而張、陳兩家書，倘亦有裨焉，故於唐宋人物故實，尚爲詳備。則以文獻未墜故也。嘉靖作《志》事未可考，倘即《潘繒志》耶。文通年來稍治蜀故，於縣故實，間得一二。《蜀中廣記》《寰宇通志》二書，皆作於弘治後。斯二編者，殆多取方志成之，而所記多今《志》所未及者，或本之潘繒書，而後來無識者或削之耶。《志》於唐有嚴侁登進士第，詞氣豪贍。復有嚴公弼，亦登貞元五年進士，弟公覒，俱有時名，皆嚴震之子。《輿地紀勝》言："嚴震之子公弼，建中中爲鳳州刺史，治行爲山南第一。"又李湛亦鹽亭人，《志》云："其先饒陽人，湛曾祖爲射洪丞，因家永泰。"湛，義甫子也，封郡王，《唐書》有傳。於宋有牟袞，字君華，端拱二年陳堯叟榜進士（《太平治蹟統類》二十八言：雍熙二年得進士陳堯叟等一百八十六人），廷試第七，以文章名，累官翰林學士，有詩文集行於世。《蜀人物志》言：袞，中江人，天禧間致仕，以著書自娛。《曹記》又以袞爲安岳人，《志》謂："天彭人多岳先生，自孟蜀時授徒於普，袞受學於多岳先生，及卒，袞率諸子弟葬之，爲立普應廟。"蓋《志》以君華遊學於普，遂誤以爲安岳人也。《安岳舊志》因之以袞爲端拱丙戌進士，丙戌者，雍熙三年也。《安岳新志》知其非，以端拱元年爲戊子，徑臆改之爲端拱戊子葉齊榜。然《寰宇通志》言："端拱二年陳堯叟榜。"與《宋史·堯叟傳》合。《宋史》又訛二年爲三年，翻藉此志，以訂其誤字。以端拱無三年，其三年乃淳化之元年，歲叙庚寅。《鹽亭縣志》舊著牟袞，張松孫削之，未是也。袞後有用中、義先、積中、學先兄弟，皆仕顯，號曰一門四桂。《張志》削君華而留四桂，於義何居？《張志》增漢馮緄諸人，此爲大誤，而反津津言之。漢之宕渠，不涉鹽亭，鹽亭於宋齊始僑置宕渠，張據宋齊之縣，而牽引漢之宕渠人入之，其爲瞀亂，乃至如此。張澍《蜀典》以宋有蹇駒，不言所本。按駒，字少劉，小字蟾客，紹興十八年三甲第七名進士，此則見《紹興十八年同年小録》。又《紹興十八年題名録》言：蹇駒，潼川府鹽亭龍池鄉龍池里人。以駒爲鹽亭人，事固有徵。駒有《縉雲先生馮時可廟碑》，及

[1] "增"，疑當作"曾"。

《采石瓜州斃亮記》，斯其佚文之可求者；《馮碑》末著朝奉郎雅州軍事沿邊都巡檢使，此則其仕履之可知者。《輿地紀勝》言：“趙蕤，鹽亭人，今祠堂即其故宅。”《記》言：“趙蕤，鹽亭人。好學不仕，隱於梓州長平山，玄宗屢徵不就，李白嘗就學焉。”此足解趙徵君爲梓州人之疑也。既曰李白嘗就學，又言“縣有濯筆溪，太白從徵君習書處也”。《廣輿記》言：“蕤篤學不仕，與白爲布衣交，《梓州志》稱其人傑。”王阮亭引楊天惠《彰明遺事》云：“潼江趙蕤任俠有氣，善爲縱橫學，著《長短經》。”斯皆《乾隆志》論焉不詳者也。《志》言：“董叔山舊名潺亭，隋開皇中縣令董叔封遊此。”《記》言：“開皇四年董叔爲縣令，勤課農桑，首建學校，德政著聞，暇遊鳳凰山，後人思之，號爲董叔山。”《十道記》言：“董叔山隋開皇中縣令叔封，高雅之士，去官之後，民咸思其德，因指此爲董政山。”所記各有詳略。縣有浴丹井，在治東，昔易玄子浴丹於此。《志》謂：“唐王祀號易玄子，爲東川獄吏，多陰德。遇異人授靈丹於長平山，後僊去。”此皆《乾隆志》略而斯志較詳備者也。《三台志》以易玄子爲王昌，則又不同。《輿地紀勝》又云：“易玄子王昌遇，郪縣人，夫妻好道，遇異人授丹訣，曰汝宜稱易玄子，唐大中時登州院市傍碧梧仙去。大觀間賜號保和真人。”而《夷堅志》云：“潼川王藻爲獄吏，日暮懷金與妻，妻疑受賄，嘗遣婢餽食有失，藻訊婢，引杖而逐之，將出門，妻曰：君爲推司，日持錢歸，我固疑爲鍛鍊成獄，姑以婢試，安有是哉？藻大悟，取筆題壁，曰：枷栲推求祇爲金，轉增冤債幾何深。從今不願顧刀筆，放下歸來遊翠林。辭役棄家學道，飛昇，政和間賜號保和真人。”王藻固即王昌遇，其賜號究爲政和抑大觀，則傳聞各異，要爲一人也。又記述隋張峻夫斬蛟事，亦較悉，云出《神異記》。又《方輿紀要》云：“略城在西南，晉末益州刺史毛璩東討桓振於江陵，至略城會譙縱作亂，奔還成都。”又云：“金紫山在縣北十五里，一名紫金山。”宋寶祐二年西川帥余晦以紫金山蜀之要地也，遣都統甘闓以兵數萬城之，蒙古將汪德臣選精卒銜枚夜進，大破之，遂據其城。城即在靈江一道。此皆舊《志》所未及。《志》又云：“縣學，唐貞觀間建，宋元因之。定光寺在縣治西北，僧會司在焉。”斯皆有裨於聞見，撮記於此，以待後之廣志乘者取信焉。

上論《鹽亭志》，溯源於明潘綰，茲考《輿地紀勝》於縣之女徒山，引《舊經》述女徒捍賊事，與今《志》文合，知《志》之更導源於宋也。明清又從而襲之。王氏又稱《舊圖經》引岑象求《趙嚴記》云：“東漢以來，人物可見者僅數人，其間以禮自持，不應辟命者，殆居其半。”此正說趙大賓事，而今《志》無之。則以清世所得，非明《志》之完編故也。《紀勝·形勢》中云：“梓州出趙蕤之智術，陳子昂之文章，所謂人杰地靈。"自注："趙蕤，鹽亭人，篤學不仕，與李白善，故黄庭堅云云。"象之説如此，諒必與《圖經》相應而後可，此亦足補前文之所遺。象之書謂："《舊圖經》李宗諤序，《新潼川志》劉甲序。"此二編者，王氏書恒引之。又云："《梓潼古今記》淳熙間孫汝聰作。《梓潼風俗譜》元祐間石慶嗣作。"二書爲記潼川事，潼川隋唐爲梓州，又稱梓潼郡，故書以名焉。此皆有關於《鹽亭縣志》之源流者也。清初張陳諸氏，殷勤搜訪，而明《志》終不可復，惜哉。明末亂後，士大夫尚以訪求故志爲事，誠以學緒未墜，亦可記也。孫汝聰，眉山人，作《成都古今前後記》六十卷，又作《眉州志》。而李宗諤别有《開州圖經》《重慶圖經》。《宋藝文志》李所撰圖經九十八卷，又七十七卷，其述作誠富。此僅云序者，《宋志》有袁觀《潼川府圖經》十一卷，李之所序，倘即袁觀書耶？劉甲亦别有《清化前志》，其《續志》則李鈞撰，清化爲今南江縣。是諸先生者，固宋世之勤於著述者耶！蜀在宋代，史學特盛，方志之多，非偶然也，斯獨非一邦之光乎？文獻之傳，所可藉資於前哲者，亦云厚矣。余往者以《營山志》事，搜討累年，始得縣之明《志》於郪范氏，爲萬曆間王廷稷撰，書固本之於正德，溯之於成化，而遠源於《咸安志》。因廣之以爲書。蓋以文有其實，學有其源，逞儉腹而肆虚辭，將何以免於後賢之誚？嗣更追溯《咸安志》，輯其佚文，雖所得不過三數十條，僅數千言，然强半在明《志》外，亦稍可以資補益。乃知明人妄删前文，斯爲巨失。蓋宋代方志之學，蜀中最盛。一時作者，皆非率爾操觚。事豐義遠，胥足以資後來之求。以文通之寡聞淺見，舊所考知者，無慮百種以上。《宋·藝文志》之所載者，猶未及其半。倪燦所補，殊無足觀。當時僻遠山陬，亦皆有志。如史憲《茂州圖經》，李嗣文《雅安志》，王寅孫《沈黎志》，則今之漢源也。楊熹《龍門志》，則今之龍安也，復有《續志》，未知即《宋史》王向弼之《龍門記》三卷否？有鄒孟卿《寧武志》，則昭化也。《大寧圖經》，則巫溪也。長寧有賀寅東《志》，有《續志》，有《圖經》。閬苑有朱涉《記》，有何求《前記》，董無忌《後記》，王震《新記》，《宋史》惟著王書三十卷。夔州、重慶各有四五書，他更可知。其書之多者，或三四十卷，少者或五六卷或二三卷，佚聞舊典，往往而在，後之來者，其可以深長思也。近世有宥齋劉氏作《雙流足徵録》，所以補舊志之闕者，多至七卷，義趣深遠，足紹宋賢之緒，誠一代之雄乎！余今論鹽亭事，竟短促不成篇，豈前獻之果無徵，將亦搜討未勤之咎耳。《趙巖記》謂："東漢以來人物，僅有數人。"意者當時必别有説。鹽亭始建於梁，在漢則屬於涪與廣漢二縣，二縣人物，見於常璩書者爲多，漢縣地廣，其人必有屬於鹽亭者，而今不能考，其在唐宋，必當有説，故《岑記》云然。以當時二縣人物各十數，何得云僅有數人，則又非指廣漢或涪言之也。王象之紀"東臺院在鹽亭縣，郎中任伯傳於山上建亭，讀書十年，而兄弟子孫登科者十餘人，其孫任源有記"。意宋之爲志者，必能悉言之，今已不復可知。《元豐九域志》云："鹽亭縣九鄉，何店、白馬、宕渠、臨江、鵝溪五鎮，六鹽井，有浦泉山，鹽亭水，東關縣三鄉，四鹽井，一鐵冶，永泰三鄉，大汁、永豐二鎮。"《元和郡縣志》："永泰縣大汁鹽井在縣東四十二里，又有小汁鹽井、歌井、斜井。"亦爲舊志所不載，並補記於此。以上諸篇，皆非定稿，以鄉之舊好，促付剞劂，勉爲寫出，復索稿還，更爲補綴改訂者屢矣。豈云舊志所佚，僅止於是，倘遲以歲月，勤奮赴之，或有所就也。別輯《潺亭文徵》二卷，待續刊。

民國三十八年仲秋文通識於澹廳閣

　　昔聞諸井研龔先生，謂修《營山縣志》，依《水經注》以決今之流江河爲《禹貢》之潛水，精解創獲，鑿鑿不可易，使人驚歎，於後嘔思搜求先生文字，乃多已湮散，積年無所獲。及文通於役營山，始得先生《縣志稿·疆域沿革考》一篇，縱橫博辨，決事鋒銳，前之作方志者，未有此法也。今夏雨潦橫集，閉戶多暇，略師其意，就所知作《潺亭考》，將以貽之鄉人。而學疏識陋，終病未似，高山嚮往，力不能至，人之識量相去，亦何遠耶！馬君仲乾以鄉之縉紳先生聞有此篇，多欲傳錄，亟持稿去，付之鉛槧，以供讀者之求，因取《鹽亭舊志書後》一篇並附之。校印將竣，復取龔先生《四川郡縣通志稿》核之，以求是正，乃各所持論，多未能合。《通志稿》博收約取，拾墜鉤沈，最爲卓絕，昔之爲通志者，亦未有此法也。《營山志稿》以一縣爲主，而縱論各代。《通志稿》以分代爲主，而橫論諸縣。立論之體不一，爲表之式亦殊。施各有宜，而法亦隨異。通人着筆，與眾自殊。以視嘉慶《舊志》，徒鈔《一統志》者，相去豈不霄壤間哉？惟《省通志稿》浩穰殊甚，博搜之功誠多，而稽決之趣蓋寡，至每失檢照，不免牴牾，茲以涉鹽亭事言之。蕞爾一縣，於北周既爲鹽亭郡，領鹽亭、高渠二縣；又復有高渠郡，領高渠縣。彈丸尺壤，同時遂有二郡二縣，理似難通。以一縣而屬之二郡，更事所必無。蓋《隋志》惟言"西魏置鹽亭郡，開皇初廢"，略周置高渠郡未言，此正可據《寰宇記》以補其闕。以《隋志》於齊梁建置，言之多略，非祇一事。殆周析鹽亭置高渠縣，因改鹽亭郡爲高渠郡，開皇初郡廢，大業間又以高渠縣并入鹽亭，其始末固如此，惟可據樂史書以補《隋志》之略，詎可增高渠於鹽亭之外，致有二郡二縣，促處一邑之中？《寰宇記》以縣有廢宕渠縣，引"李膺《蜀記》宋置西宕渠郡，領縣四，宕渠是其一也"。不言梁有置北宕渠事。《元和志》言縣於"梁置北宕渠郡，領宕渠縣"。此當即西宕渠之誤，宜加辨正。安有一縣而同時領於二郡？況梁於流江既有北宕渠郡，此復有之，義無所謂。惜《通志稿》並列二郡，資爲故實，於事之當否，概從舊文，不復究論。於宋既列鹽亭、永泰二縣，永泰廢置不恒，別列爲縣可也；乃永泰之外，又列安泰，安泰爲諱永字而改，紹興中仍爲永泰，徑並列爲二縣，事未可歟！又於《晉志》黃安，知爲萬安之誤，而謂萬安在劍閣西，則仍以黃安釋萬安，意皆不可解。復於宋齊二代，皆謂萬安在羅江，則又以隋唐之事爲説，亦嫌自相違異。至《西魏沿革篇》中，突謂萬安"治今梓潼縣北"，竟無佐驗。不解先生何爲作此不根矛盾之語。於晉、宋、齊、魏之事，義既紛紜，而稽諸《沿革表》中，皆了無其事。若斯之類，觸目微多，英雄欺人，作戲已甚。凡此誠非末學之所敢雷同者也。蓋《通志稿》勤於蒐討舊文，而於參互錯綜，鮮加抉析，複沓既多，藤葛滋蔓，以視《營山志》之斷割犀利，固未足以騁其逸足耶！抑垂老成書又寡襄助，事復廣於一縣，難易有不同耶？要之，先生《井研志稿》，高於《通志》，而《營山志稿》，又高於《井研》，故兹篇所究，雖未合於前修，詎敢舍己從人，以貽貌同心異之誚？以不可學柳下惠之可，庶幾汙不至阿其所好者也。以《營山沿革考》之法，校論於《四川通志稿》之後，其亦先生之所許耶？稿凡屢易，猶未敢自信其是，俟續有所獲，再爲刊正，俾成定本。

《後漢書・光武紀》："遣驃騎大將軍杜茂屯北邊，築亭候。"李注："伺候望敵之所。"《西羌傳》："亭燧相望。"《史記》："築亭障以逐戎人。"皆謂邊敵之亭也。《韓非子》："吳起爲魏西河守，秦有小亭臨境，起攻亭，一朝而拔之。"《漢書・匈奴傳》："見畜布野，而無人牧者，怪之，乃攻亭。"《後漢書・公孫瓚傳》："卒逢鮮卑數百騎，乃退入空亭。"皆足證秦時蜀國潺亭正邊敵之亭障也。《漢書・地理志》所見之亭尚多，殆皆以備不賓之人。鹽亭鄰於西水、南部，二縣皆自閬中分置，賓人板楯，漢時居於閬中，與潺水相接，漢之潺亭，豈又以備板楯者耶！前説亭候撮略，此更論之。

本文 1949 年秋由鹽亭縣參議會排印單行本，後於自用本上多所批改，兹據批改本整理。

後記

　　本書是自二〇二〇年十二月開始着手整理的，從搜集底本到最終出版，用了將近兩年的時間。在此過程中，我得到了衆多師友的關心和幫助。特別是山東大學文學院院長杜澤遜教授全程指導了本書的整理工作，從本書基本體例和點校原則的擬定，到整理過程中具體問題和疑難的解答，都使我獲益良多。可以説没有杜老師，本書不可能達到如今的面貌。同時師母程遠芬教授的鼓勵也給我整理本書增添了莫大的信心和動力，令我銘感至深。

　　感謝四川大學歷史文化學院何崝教授、山東大學文學院王輝副教授撥冗審閱書稿並指出不足。感謝山東大學李振聚教授、江曦副教授，針對拙文《鹽亭縣志十種考論》提出許多寶貴的修改建議。感謝我中學時期的好友李卓成、羅三泰兩位同學，他們不僅幫忙解決了一些技術問題，還不憚煩地親自前往國家圖書館和北碚圖書館幫助覈驗資料。

　　感謝巴蜀書社侯安國總編輯對於本書出版自始至終的關心和支持。感謝本書責任編輯且志宇博士的辛勤付出。且博士工作一絲不苟，不僅細致地復覈五種縣志的底本，糾正了不少原稿的疏誤，而且提出了大量富有建設性的意見。

　　此外，我還要感謝我的父親、母親。寒暑假在家期間，他們犧牲自己的休息時間，輪流和我一起進行文字的校對工作。在這過程中，我們結結實實體驗了一回劉向所謂"一人持本，一人讀書"的校書方式，至今想來，仍舊很覺趣味。

　　書成之後，幸承盧昊縣長、杜澤遜教授和何崝教授不棄，於百忙之中慨然賜序，爲本書增色不少，不勝感激之至。

　　儘管書稿經過了反復的修改、檢查，但由於學力有限，疏誤仍是在所難免，敬
祈方家讀者不吝批評指正。

胥潤東

二〇二二年八月二十一日於成都